Die Jahr 2000-Lösung

Dean Sims, Jeanne Minahan Robinson, Christopher McConnell,
Eileen Silo, Jay Shapiro, Chad Wilbanks

Die Jahr 2000-Lösung

Übersetzung aus dem Amerikanischen von Beate Majetschak
und Reinhard Engel

Die Deutsche Bibliothek – CIP-Einheitsaufnahme

Dean Sims:
Die Jahr-2000-Lösung /
Übersetzung aus dem Amerikanischen von Beate Majetschak und
Reinhard Engel – 1. Aufl. – Bonn
ITP, 1998
  ISBN 3-8266-0435-1
NE: Jeanne Minahan Robinson, Christopher McConnell, Eileen Silo, Jay
Shapiro, Chad Wilbanks

ISBN 3-8266-0435-1
1. Auflage 1998

Alle Rechte, auch die der Übersetzung, vorbehalten. Kein Teil des Werkes darf in irgendeiner Form (Druck, Fotokopie, Mikrofilm oder einem anderen Verfahren) ohne schriftliche Genehmigung des Verlages reproduziert oder unter Verwendung elektronischer Systeme verarbeitet, vervielfältigt oder verbreitet werden. Der Verlag übernimmt keine Gewähr für die Funktion einzelner Programme oder von Teilen derselben. Insbesondere übernimmt er keinerlei Haftung für eventuelle, aus dem Gebrauch resultierende Folgeschäden.

Die Wiedergabe von Gebrauchsnamen, Handelsnamen, Warenbezeichnungen usw. in diesem Werk berechtigt auch ohne besondere Kennzeichnung nicht zu der Annahme, daß solche Namen im Sinne der Warenzeichen- und Markenschutz-Gesetzgebung als frei zu betrachten wären und daher von jedermann benutzt werden dürften.

Übersetzung der amerikanischen Originalausgabe
Raytheon E-Systems: How to 2000
Original English Language Edition© 1998 IDG Books Woldwide INC.
All rights reserved including the right of reproduction in whole part or in part in any form.
This edition published by arrangement with the original publisher, IDG Books Worldwide, INC.,
Foster City, California, USA

Printed in Germany
© Copyright 1998 by ITP Verlag GmbH, Bonn

Lektorat: Hans-Jörg Ehren, ITP
Korrektorat: Dirk Müller, Köln
Druck: Media-Print, Paderborn
Umschlaggestaltung: TASK, Bad Honnef
Satz und Layout: Reemers EDV-Satz, Krefeld

Inhaltsverzeichnis

Vorwort		**17**
Wer dieses Buch lesen sollte		*18*
Aufbau dieses Buches		*18*
Inhalt der CD-ROM		*20*
Konventionen dieses Buches		*21*
Was kommt als Nächstes?		*23*
Einleitung		**25**
Der Weg zum Jahr 2000		*25*
Das Jahr 2000-Dilemma		*25*
Ein Gang durch die Jahr 2000-Anpassung		*30*
Richtlinien für Die Jahr 2000-Lösung		*47*
Geschichtliches		*49*
1	**Phase 1: Planung und Bewußtmachung**	**55**
	Problembewußtsein schaffen	*55*
	Zusammenfassung der Deliverables	*57*
	Deliverables, Aufgaben und Abhängigkeiten	*59*
	1.1 Problembewußtsein schaffen	60
	1.2 Definition der Konformität	65
	1.3 Unternehmensorganigramm	67
	1.4 Kampagne zur organisationsweiten Bewußtmachung	72
	1.5 Der Kommunikationsplan für das Jahr 2000-Projekt	83
	1.6 Verfahrens- und PR-Plan	87
	1.7 Anfänglicher Projektplan	90
	1.8 Pläne für Bestandsaufnahme und Entscheidungsfindung	99

		Einflüsse auf das Geschäft	104
		Phasenrisiken	105
		Erfolgsfaktoren	107
		Weiterführende Informationen	110
2		**Phase 2: Bestandsaufnahme**	**111**
		Ausführen der Bestandsaufnahme	111
		Zusammenfassung der Deliverables	113
		Deliverables, Aufgaben und Abhängigkeiten	115
	2.1	Beginn der Bestandsaufnahmephase	115
	2.2	Bestandsaufnahme der internen Werkzeuge	123
	2.3	Analyse der Werkzeuge und Identifikation der Lieferantenwerkzeuge	130
	2.4	Abschätzung des Personalbedarfs und Übersicht über Dienstleister	135
	2.5	Systembestandsaufnahme	142
	2.6	Bestandsorganigramm	151
	2.7	Statusbericht über die Systemkonfiguration	154
	2.8	Abhängigkeiten der Bestandselemente	157
	2.9	Abschätzung der technischen Risiken	160
		Einflüsse auf das Geschäft	164
		Phasenrisiken	164
		Erfolgsfaktoren	166
		Weiterführende Informationen	169
3		**Phase 3: Entscheidungsfindung**	**171**
		Strategische Entscheidungen	171
		Zusammenfassung der Deliverables	173
		Deliverables, Aufgaben und Abhängigkeiten	173
	3.1	Beginn der Entscheidungsfindungsphase	173
	3.2	Geschäftliche Risiken und Prioritäten	177
	3.3	Plan für die Detailplanungsphase	184

	Einflüsse auf das Geschäft	193
	Phasenrisiken	194
	Erfolgsfaktoren	196
	Weiterführende Informationen	198
4	**Phase 4: Detailplanung**	**199**
	Detaillierte Problembewertung	*199*
	Zusammenfassung der Deliverables	*200*
	Deliverables, Aufgaben und Abhängigkeiten	*201*
	4.1 Beginn der Detailplanungsphase	201
	4.2 Systembewertung	208
	4.3 Lösungsvorschläge entwerfen	216
	4.4 Plan zur Systemkorrektur	220
	4.5 Projektplan für die Korrekturzyklen	231
	Einflüsse auf das Geschäft	*241*
	Phasenrisiken	*242*
	Erfolgsfaktoren	*244*
	Weiterführende Informationen	*247*
5	**Phase 5: Korrektur**	**249**
	Jahr 2000-Probleme lösen	*249*
	Zusammenfassung der Deliverables	*251*
	Deliverables, Aufgaben und Abhängigkeiten	*252*
	5.1 Beginn der Korrekturphase	253
	5.2 Systemausmusterung	263
	5.3 Systemreparatur oder -ersatz	267
	5.4 Einheitentests	273
	5.5 Dokumentation	277
	Einflüsse auf das Geschäft	*280*
	Phasenrisiken	*281*
	Erfolgsfaktoren	*285*
	Weiterführende Informationen	*287*

6 Phase 6: Testplanung — 289

Die Testphase vorbereiten — 289
Zusammenfassung der Deliverables — 291
Deliverables, Aufgaben und Abhängigkeiten — 293
6.1 Beginn der Testplanungs- und -ausführungsphase — 293
6.2 Bericht über die Testumgebung — 306
6.3 Anforderungen an die Testhilfswerkzeuge — 313
6.4 Testplan für die elektronischen Partnerschaften — 318
6.5 Beschreibung der Partitionstests und Testdaten — 322
6.6 Beschreibung der Integrationstests und Testdaten — 334
Einflüsse auf das Geschäft — 340
Phasenrisiken — 340
Erfolgsfaktoren — 342
Weiterführende Informationen — 345

7 Phase 7: Testausführung — 347

Systemtests durchführen — 347
Zusammenfassung der Deliverables — 348
Deliverables, Aufgaben und Abhängigkeiten — 350
7.1 Bericht über den formellen Trockenlauf — 350
7.2 Besprechung über den Teststart — 354
7.3 Bericht über die Testausführung — 356
7.4 Bericht über die Rezertifizierung der elektronischen Partner — 361
Einflüsse auf das Geschäft — 365
Phasenrisiken — 366
Erfolgsfaktoren — 368
Weiterführende Informationen — 370

8 Phase 8: Systemeinsatz — 371

Korrekturzyklus beenden — 371
Zusammenfassung der Deliverables — 373
Deliverables, Aufgaben und Abhängigkeiten — 375

8.1	Beginn der Einsatzphase	375
8.2	Datenumwandlungsplan	378
8.3	Einsatzplan	382
8.4	Einsatzvorbereitung	396
8.5	Datenumwandlung	401
8.6	Einsatz durchführen	407
8.7	Einsatzprüfung	411
8.8	Rollback	415

Einflüsse auf das Geschäft — 417
Phasenrisiken — 419
Erfolgsfaktoren — 422
Weiterführende Informationen — 424

9 Phase 9: Fallout — 425

Die Jahr 2000-Konformität aufrechterhalten — 425
Zusammenfassung der Deliverables — 426
Deliverables, Aufgaben und Abhängigkeiten — 428

9.1	Bericht über die QS- und KM-Prozeduren	428
9.2	Bericht über den Kundendienst	433
9.3	Kontrollbericht über die Brücken	437
9.4	Bericht über Bestandsänderungen	442
9.5	Bericht über die Neueinschätzung der Systeme	444
9.6	Gewonnene Erfahrungen	448

Einflüsse auf das Geschäft — 451
Phasenrisiken — 452
Erfolgsfaktoren — 453
Weiterführende Informationen — 455

Anhang A: Problemdefinitionskatalog — 457

Jahr 2000-Software-Fehler kategorisieren — 458

A.1	Mehrdeutige Repräsentation des Jahrhunderts	458
A.2	Schnittstellen	459

A.3	Das Datum als spezielles Flag oder Datenelement	460
A.4	Konfigurationsfehler	461
A.5	Überlauf von Daten vom Typ Datum	462
A.6	Schaltjahrprobleme	463
A.7	Programmiertricks	463

Anhang B: Lösungsansätze 465

Zeit und Aufwand 465

Eine oder viele Lösungen 466

Projektstandards 467

Wartung 467

B.1	Mehrdeutige Repräsentation des Jahrhunderts	468
B.2	Schnittstellen	468
B.3	Das Datum als spezielles Flag oder Datenelement	469
B.4	Konfigurationsfehler	469
B.5	Überlauf von Daten vom Typ Datum	470
B.6	Schaltjahrprobleme	470
B.7	Programmiertricks	470

Problemkategorie 1: Mehrdeutige Repräsentation des Jahrhunderts 471

Lösung 1: Repräsentieren Sie das Datum mit einer vierstelligen Jahreszahl 471

Lösung 2: Repräsentieren Sie das Datum als Offset von einem spezifizierten Datum 472

Lösung 3: Verschlüsselt komprimieren/dekomprimieren 474

Lösung 4: Zeitfenster (fix) 476

Lösung 5: Zeitfenster (gleitend) 477

Lösung 6: Zeitfenster (fix oder gleitend) mit Programmeinkapselung 479

Problemkategorie 2: Schnittstellen 480

Lösung 1: Übersetzungsbrücke 480

Lösung 2: Mehrere Datumsformate weitergeben 482

Lösung 3: Mehrere Schnittstellenformate weitergeben 483

Lösung 4: Mehrstufige Schnittstelle	484
Lösung 5: Kombination mehrerer Schnittstellen	485
Problemkategorie 3: Das Datum als spezielles Flag	***486***
Lösung 1: Anderen Datumswert für die Sonderbehandlung verwenden	486
Lösung 2: Anderes Flag für die Sonderbehandlung verwenden	487
Problemkategorie 4: Konfigurationsfehler	***488***
Lösung 1: Den »am besten passenden« Quellcode korrigieren	488
Lösung 2: Disassemblierte Version des Quellcodes korrigieren	489
Lösung 3: Das Anwendungssystem so ändern, daß dieses Programm nicht mehr benötigt wird	489
Lösung 4: Programm einkapseln	490
Lösung 5: Objektcode patchen	490
Problemkategorie 5: Überlauf von Daten vom Typ Datum	***491***
Lösung 1: Datenfelder vom Typ Datum vergrößern	491
Lösung 2: Basisdatum ändern	492
Problemkategorie 6: Schaltjahrprobleme	***493***
Lösung 1: Schaltjahrberechnungen ändern	493
Problemkategorie 7: Programmiertricks	***493***
Lösung 1: Neue »magische Zahl« festlegen	494
Lösung 2: Durch ein »standardmäßigeres« Verarbeitungsverfahren ersetzen 494	
Lösung 3: Andere	495

Anhang C: Rechtliche und vertragliche Aspekte 497

Anhang D: Beispielpräsentationen 499

Microsoft PowerPoint	*499*
Die Präsentationen anpassen	*500*
Die Präsentationen	*500*
Ein kurzer Überblick	500

Allgemeine Bewußtmachung 500
Technische Probleme und Lösungen 501
Detaillierter Managementüberblick 501
Messe 501
Information der Geschäftsleitung 501
Entscheidungsfindung-Besprechung 501

Anhang E: Anwendbarkeit von Werkzeugen 503

Funktionsumfang der Werkzeuge *504*
Werkzeugplattformen *504*
Natives Umwandlungssystem 505
Separates Umwandlungssystem 506
Beschreibungen der Werkzeugklassen *507*
Daten-Repositorium 507
Software-Bestandsaufnahme 508
Code-Scanner 509
Code-Parser 510
Code-Editor 511
Reverse Engineering 512
Konfigurationsmanagement 513
Manipulation ausführbaren Codes 514
Debugger 515
Script-Playback 515
Datumssimulator 516
Schnittstellensimulator 517
Datenumwandlung 518
Arbeitskostenabschätzung 519
Phasen-/Werkzeug-Anforderungen *520*

Anhang F: Übersicht über die Schlüsselaufgaben 521

Projektüberwachung *521*
Planung und Bewußtmachung 521

Bestandsaufnahme	523
Entscheidungsfindung	524
Detailplanung	525
Korrektur	527
Testplanung	528
Testausführung	528
Systemeinsatz	529
Fallout	529
Konfigurationsmanagement	**530**
Planung und Bewußtmachung	531
Bestandsaufnahme	531
Entscheidungsfindung	532
Detailplanung	532
Korrektur	535
Testplanung	536
Testausführung	537
Systemeinsatz	538
Fallout	539
Qualitätssicherung	**540**
Planung und Bewußtmachung	540
Bestandsaufnahme	541
Entscheidungsfindung	541
Detailplanung	542
Korrektur	544
Testplanung	545
Testausführung	546
Systemeinsatz	546
Fallout	547

Anhang G: Jahr 2000-Projektdatenbank 549

Hardware-Plattformen 551
Allgemeine Informationen über Anwendungssysteme 552
Kommerzielle Standardsysteme (COTS) 555

Kontaktinformationen über Lieferanten,
Vertragspartner und Fremdherstellerschnittstellen — 558
Informationen über Module — 559
Datenstruktur — 561
Fremdherstellerschnittstellen — 563

Anhang H: Integrierter Projektplan — 565

Microsoft Project — 565
Felder — 566

Anhang I: Jahr 2000-Risikomanagement — 569

Risikodefinition — 570
Der Risikoprozeß — 571
Risiken Ihres Jahr 2000-Projekts — 572
Technisches Risiko — 573
Geschäftliches Risiko — 573
Projektbezogenes Risiko — 574
Schlußfolgerung — 575

Anhang J: Ihren PC auf das Jahr 2000 vorbereiten — 577

Aufgabe J1: BIOS-Firmware auf Konformität testen — 578
Test J1A: Automatischer Wechsel des Computers in das Jahr 2000 — 578
Test J1B: Falls der Computer Test J1A nicht besteht, die manuelle Einstellung des Datums testen — 579
Test J1C: Schaltjahrtest — 579
Aufgabe J2: Konformität von Windows herstellen — 580
J2A: Windows 3.1x — 580
J2B: Windows 95 — 581
J2C: Windows NT — 581
Aufgabe J3: Konformität der Software-Anwendungen herstellen — 581
J3A: MS Office, Windows-3.1x-Version — 582

J3B: MS Office 95   585
J3C: MS Office 97   588
J3D: Andere Software-Anwendungen   591
Aufgabe J4: Konformität von nicht standardmäßiger und benutzerdefinierter Software herstellen   592
Aktivität J4A: Ist die Software immer noch im Einsatz?   593
Aktivität J4B: Ist die Software wirklich notwendig, um meine Aufgaben rechtzeitig auszuführen?   593
Aktivität J4C: Gibt es eine andere Methode, die Jahr 2000-konform ist oder standardmäßig in meiner Organisation eingesetzt wird?   593
Aktivität J4D: Ist sie geschäftskritisch?   593

Anhang K: Was befindet sich auf der CD-ROM?   595

ProjPlan: Der Jahr 2000-Projektplan   595
Der Jahr 2000-Projektplan (der Ordner ProjPlan)   595
Repos: Jahr 2000-Projektdatenbank   596
Die Schablone der Jahr 2000-Projektdatenbank (der Ordner Repos)   596
Present: Jahr 2000-Projektpräsentationen   597
Jahr 2000-Projekt Präsentationen (der Ordner Present)   598
Web: World-Wide-Web-Bookmarks für Jahr 2000-Informationen   598
World-Wide-Web-Bookmarks für Jahr 2000-Informationen (der Ordner Web)   599

Glossar   601

Index   627

Vorwort

Man sagt, daß das Jahr 2000-Problem das heimtückischste Wirtschaftsproblem unseres Jahrhunderts ist, weit mehr als eine Software-Angelegenheit. Einfach ausgedrückt ist es das Risiko kostenträchtiger Betriebsstörungen oder der geschäftlichen Haftung, die von Produkt- oder Dienstleistungsfehlern ausgehen, welche ihre Ursache in der falschen Behandlung von Daten zum Ende oder vor dem Ende dieses Jahrhunderts haben.

Die Jahr 2000-Lösung ist ein Werkzeug für das Risikomanagement. Es ist ein einzigartiges und detailliertes Jahr 2000-Hilfsmittel, das auf Geschäfts- oder Regierungsaktivitäten aller Größenanordnungen anwendbar ist. Es ist ein kosten- und zeitsparendes Hilfsmittel, das Ihnen die Definition der Erfordernisse ermöglicht, die Sie für Ihre Anstrengungen zur Erreichung der Konformität im Jahr 2000 benötigen – eine strukturierte und systematische Annäherung an die Jahr 2000-Analyse, an das Risikomanagement, die Projektverfolgung, die Qualitätssicherung und die Änderungsdurchführung. Dieses Buch bietet klare und leicht verständliche Anleitungen, wie Sie Ihre Systeme zum Jahr 2000 in Übereinstimmung bringen. Es hilft Ihnen, Fragen wie etwa die folgenden zu beantworten:

- Wie wirkt sich das Jahr 2000-Problem auf Ihr Geschäft aus?
- Mittels welcher Methoden können Sie Ihre Jahr 2000-Situation abschätzen?
- Wie können Sie Ihre Jahr 2000-Maßnahmen korrekt betrachten und vorausplanen?
- Welchen Automatisierungsgrad können Sie diesem Prozeß zuordnen?
- Auf welche Fußangeln werden Sie bei der Auswahl geeigneter Lösungen stoßen?
- Wie planen Sie eine erfolgreiche technische Durchführung, und wie stellen Sie einen vollständigen Testlauf sicher?
- Was müssen Sie zur Kontrolle dieser Maßnahme beachten?
- Wie können Sie bei diesem Prozeß Änderungen in Steuerung und Qualität bewerkstelligen?

- Wie müssen Sie die Kriterien festlegen, nach denen Sie Systeme und Daten herausziehen, wiederherstellen und ersetzen?
- Was geschieht, nachdem Ihre Systeme wieder in Ordnung sind?
- Wo können Sie sich nach Ressourcen umsehen?

Wer dieses Buch lesen sollte

Für viele Leute aus allen Geschäftsbereichen wird *Die Jahr 2000-Lösung* von unschätzbarem Wert sein:

- Geschäftsführer können es zur Risikobewältigung und zur Durchführung der Änderungsmaßnahmen benutzen.
- Manager können es als Projekthandbuch benutzen, um die Kommunikation zu erleichtern und den Fortschritt zu verfolgen.
- Mitglieder von Projekten und technischen Teams können aus den detaillierten Aufgabenbeschreibungen, den technischen Anhängen und den auf der CD-ROM befindlichen Werkzeugen Nutzen ziehen (Die CD-ROM enthält Vorlagen für die Projektplanung, ein funktionierendes Jahr 2000-Verzeichnis, grafische Darstellungen und vieles mehr).
- Betriebsprüfer und Unternehmensberater können es benutzen, um die Vollständigkeit und Qualität sicherzustellen.

Aufbau dieses Buches

Der Kernpunkt dieses Buches ist, daß es eine brauchbare Methodik bietet. Projektphasen werden klar beschrieben, wobei für jede Phase des Projekts einzelne Resultate oder Arbeitsergebnisse als Maßstab für den Erfolg festgelegt sind. Der Prozeß ist in neun zusammenhängende Projektphasen unterteilt, von denen jede einzelne in einem besonderen Kapitel dieses Buches behandelt wird:

- **Kapitel 1, Phase 1; Planung und Bewußtmachung:** In dieser Phase institutionalisieren Sie das Bewußtsein für Jahr 2000, vertreiben Mythen, definieren Konformität, beleuchten Ihr Projekt und gewinnen die Unterstützung des Managements.
- **Kapitel 2, Phase 2; Bestandsaufnahme:** Während dieser Phase erstellen Sie einen Jahr 2000-Bereich, koordinieren die erforderlichen Tools, Systeme zur Bestandsaufnahme, Software, Einrichtungen, Ausrüstung und Verträge; und Sie legen Ihre technischen Risiken fest.

- **Kapitel 3, Phase 3; Entscheidungsfindung:** Während dieser Phase bewerten Sie technische, geschäftliche und gesetzliche Risiken, und Sie setzen Prioritäten für das, was zuerst getan werden muß und was eventuell überhaupt nicht getan zu werden braucht.
- **Kapitel 4, Phase 4; Detailplanung:** Während dieser Phase stellen Sie fest, an welcher Stelle jeder Jahr 2000-Fehler auftreten kann, bestimmen die effektivste Lösung dafür und planen und schätzen die Zeit und die Kosten, um Ihre Systeme zu reparieren, zu überarbeiten, aus dem Verkehr zu ziehen oder zu ersetzen.
- **Kapitel 5, Phase 5; Korrektur:** In dieser Phase reparieren, überarbeiten, beseitigen oder ersetzen Sie Ihre Systeme. Sie erstellen Brücken und Patches für die Verbindung mit anderen Systemen, und Sie beginnen mit dem Testen Ihrer Änderungen.
- **Kapitel 6, Phase 6; Testplanung:** Während dieser Phase erstellen Sie Testpläne, bestimmen und bereiten die Mittel für den Test vor und verhandeln über Unterstützung von außen.
- **Kapitel 7, Phase 7; Testausführung:** In dieser Phase führen Sie einen Trockenlauf Ihrer Testpläne durch, überprüfen und genehmigen Systemfunktionen und Jahr 2000-Änderungen, testen Einbindungen von außen, halten Testergebnisse fest, beseitigen Test-Anomalien und bereiten den Einsatz übereinstimmender Systeme vor.
- **Kapitel 8, Phase 8; Systemeinsatz:** In dieser Phase beobachten Sie die betreffenden Parteien, machen Pläne für sogenannte Rollbacks, leiten die Umwandlung von Daten und führen Systemeinsätze und Installationen aus. Und wenn nötig, machen Sie Einsätze wieder rückgängig (rollback).
- **Kapitel 9, Phase 9; Fallout:** Während dieser Phase verwalten Sie das Entfernen von Brücken und Patches, Sie erneuern die Zertifizierung von Standards (EDI, EFT und so weiter), kontrollieren Konfigurationen und Qualität und machen sich die erlernten Lektionen erneut nutzbar.

Diese Kapitel werden von einem detaillierten Satz an Anhängen, einem Glossar, einem Index und einer CD-ROM begleitet:

- **Anhang A, Problemdefinitionskatalog:** Bestimmt und kategorisiert technische Probleme im Zusammenhang mit dem Jahr 2000.
- **Anhang B, Lösungsansätze:** Stellt die Verbindung zum Problemdefinitionskatalog her, bietet für alle Probleme technische Lösungen an und wägt das Für und Wider jeder Lösung ab.

Vorwort

- **Anhang C, Rechtliche und vertragliche Aspekte:** Weist auf juristische Belange des Jahr 2000-Problems für die öffentlichen und privaten Bereiche hin.

- **Anhang D, Beispielpräsentationen:** Beschreibt mehrere Präsentationsvorlagen, die sich auf der CD-ROM befinden.

- **Anhang E, Anwendbarkeit von Werkzeugen:** Zeigt den Umfang an automatisierten Hilfsmitteln auf, den Sie für das Jahr 2000-Projekt anwenden können, legt die Art der verfügbaren Werkzeuge fest und beschreibt ihre Vor- und Nachteile.

- **Anhang F, Übersicht über die Schlüsselaufgaben:** Legt die Funktionen für das oft fehlende Projektmanagement fest, für das Konfigurationsmanagement und für die Aktivitäten der Qualitätskontrolle.

- **Anhang G, Jahr 2000-Projektdatenbank:** Umreißt ein funktionierendes Jahr 2000-Verzeichnis auf der CD-ROM und bietet Hinweise betreffend der Jahr 2000-Informationen, die Sie erfassen und aktualisieren sollten.

- **Anhang H, Integrierter Projektplan:** Erläutert, wie Sie zu einer Vorlage für einen integrierten Jahr 2000-Projektplan kommen, der sich auf der CD-ROM befindet.

- **Anhang I, Die Jahr 2000-Lösung Risikomanagement:** Beschreibt den Weg ins Risikomanagement, bespricht die geschäftlichen, technischen und mit dem Projekt verbundenen Risiken.

- **Anhang J: Ihren PC auf das Jahr 2000 vorbereiten:** Bietet klare Anweisungen, denen Sie folgen können, um damit sicherstellen, daß Ihr PC und einige bekannte Software bereit für das Jahr 2000 sind.

- **Anhang K, Was befindet sich auf der CD-ROM?:** Beschreibt den Inhalt der CD-ROM, die diesem Buch beiliegt.

- **Glossar:** Erläutert die verwendeten technischen und geschäftlichen Ausdrücke. Das Glossar beinhaltet auch die in bezug auf das Jahr 2000 üblichen Definitionen für den privaten und den geschäftlichen Bereich und hilft Ihnen, Zeit zu sparen (die englischen Begriffe werden übersetzt und erklärt).

Inhalt der CD-ROM

Die Begleit-CD-ROM bietet Ihrem Jahr 2000-Team wertvolle Werkzeuge und Quellen, die Sie unmittelbar für Ihr Projekt benutzen können. Diese Werkzeuge versetzen Ihr Team in die Lage, bei der Projektsteuerung einen Vorsprung zu erreichen und hilft Ihnen mit einer Tag-für-Tag-Projektanweisung. Die CD-ROM enthält:

- Eine Microsoft-Projektplanungsvorlage analog zu *Die Jahr 2000-Lösung*
- Eine zu Microsoft Access kompatible Datenbank, die ein funktionierendes Jahr 2000-Verzeichnis bietet
- Microsoft-PowerPoint-Präsentationsvorlagen für die Vorlage beim Management der Kunden, für die Unterstützung bei Verkaufsvorführungen und für Präsentationen zur Entscheidungsfindung
- World-Wide-Web-Seite mit Bookmarks zu über 300 Jahr 2000-Sites.

 Hinweis Bitte beachten Sie, daß Sie für einige der auf der CD-ROM vorgesehenen Vorlagen eine registrierte Version der Microsoft-Anwendersoftware benötigen. Siehe auch Anhang K für eine Beschreibung des Inhaltes der CD-ROM.

- Wegen ihres modularen Aufbaus können die Ressourcen der CD-ROM leicht entnommen, den Arbeitsgruppen zugeteilt und dadurch den Erfordernissen Ihres Unternehmens angepaßt werden.

Konventionen dieses Buches

Der Hauptteil dieses Buches beschreibt das erforderliche Management sowie die erforderliche Technik und die gesetzlichen Gegebenheiten, um mit Ihrem Jahr 2000-Projekt Konformität zu erreichen. Zusammen mit allen Deliverables erhalten Sie die Details, die Überlegungen zu den Aufgaben des »Jahr 2000-Unikums« beschreiben, sowie die benötigten Eingaben, Ergebnisse und die individuellen Aufgabenabläufe.

Jedes Kapitel enthält:

- **Eine Inhaltsangabe zu jeder Phase:** Jedes Kapitel von *Die Jahr 2000-Lösung* beginnt mit einer Inhaltsangabe, um dem Leser einen schnellen Überblick über die Materialien in dieser Phase zu geben.
- **Eine Auflistung der Ziele des Kapitels:** Jedes Kapitel beginnt mit einer Auflistung der Ziele, die mit den in der Einleitung genannten Zielsetzungen übereinstimmen.

Kosten

Wieviel Zeit?

- **Ein Phasenüberblick:** Jedes Kapitel beginnt mit einem Kurzkommentar über den Zweck dieser Phase, die Arten der Aktivitäten, die in dieser Phase auftreten können, und ihren Wert für die Gesamtheit des Projekts. Ebenfalls enthalten sind die Eckdaten für die aufzuwendenden Kosten und Zeiten. Diese Eckdaten sind als grobe Richtlinien vorgesehen, damit Sie Ihre Fortschritte im Vergleich zu den Durchschnittswerten der *Jahr 2000-Lösung* bestimmen können.

- **Zusammenfassung der Deliverables:** Dieser Abschnitt faßt die Arbeitsergebnisse der Phase zusammen, um einen Überblick darüber zu ermöglichen.
- **Deliverables, Aufgaben und Abhängigkeiten:** Diese detaillierten Abschnitte bilden das Herz des Jahr 2000-Prozesses. Deliverables sind klar definierte »Arbeitsergebnisse«, die als ein Teil Ihrer Bemühungen um die Erfüllung der Vorgaben entstanden sind. *Die Jahr 2000-Lösung* benutzt die Erzeugung von Ergebnissen, um den Fortschritt bei der Erfüllung der Vorgaben zu messen. Jedes Resultat wird in die zugehörigen Aufgaben zerlegt, die zu seiner Erzeugung geführt haben. Sie werden zuerst zusammengefaßt und dann im Detail besprochen. Diese detaillierten Besprechungen beschreiben die Aufgaben und geben oft Hinweise auf wichtige Jahr 2000-Umstände. Die Aufgaben sind in Übereinstimmung mit den entsprechenden Aufgaben numeriert, welche sich im beigefügten integrierten Projektplan (Anhang H) befinden. Wie im folgenden Beispiel zu sehen ist, sind Ressourcen, Inputs, Outputs und Ablaufinformationen grafisch aufbereitet, um die Verständlichkeit zu verbessern.

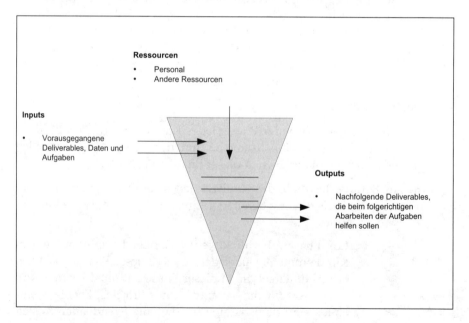

- **Geschäftliche Auswirkungen:** Diese Abschnitte beschreiben, welche Auswirkungen die Einführung dieses Projektes auf Ihr Unternehmen haben kann, die unternehmenspolitischen Erwägungen, andere Bemühungen um die Erfüllung und die Einflüsse der Nichterfüllung.
- **Risiken der einzelnen Phasen:** Diese Abschnitte liefern Ihnen eine Auflistung der für jede Phase relevanten Risiken und schlagen Ihnen dann Wege vor, wie Sie diese Risiken klein halten können. Geschäftliche Risiken, technische Risiken und Projekt- oder Phasenrisiken werden an den entsprechenden Stellen behandelt.
- **Erfolgsfaktoren:** Jede Beschreibung einer Phase endet mit einer Checkliste möglicher Faktoren für den Erfolg des Projekts. Benutzen Sie diese Checkliste, um sicher zu stellen, daß daß Sie alle kritischen Projektkomponenten und Phasenelemente berücksichtigt haben.
- **Weiterführende Informationen:** Dieser Abschnitt weist Sie auf relevantes Support-Material und Quick-Start-Elemente für das Jahr 2000-Projekt hin, das Sie in den Anhängen und auf der CD-ROM finden können.

Was kommt als Nächstes?

Die Jahr 2000-Lösung bezieht sich nicht auf ein einzelnes Werkzeug oder das Angehen eines einzelnen technischen Problems. Das richtige Herangehen, das richtige Tool und die richtige Technik werden mit Sicherheit je nach den Erfordernissen Ihres Unternehmens variieren. Was für Sie »richtig« ist, wird durch die Anforderungen Ihrer individuellen Jahr 2000-Schwierigkeiten und durch Ihre Unternehmens-Ressourcen bestimmt. Wenn Sie dieser Methodik folgen, können Sie das für Ihr Unternehmen richtige Herangehen an die Ausführung auswählen, um dabei die technologischen Fortschritte mit implementieren zu können. *Die Jahr 2000-Lösung* zeigt Ihnen, wie Sie die Jahr 2000-Konformität erreichen können. Die Methoden, die Sie benutzen, die Werkzeuge, die Sie anwenden, und die Lösungsmöglichkeiten, die Sie auswählen, entscheiden wahrscheinlich, ob Sie im Geschäft bleiben.

Einleitung

Das Jahr 2000 kommt schnell näher, und zusammen mit ihm naht das Gespenst der Jahr 2000-Computerdatenprobleme. Was ist nun das Jahr 2000-Problem, und was können Sie tun, um Ihr Unternehmen vor ihm zu schützen? Diese Einleitung zeigt die Ursprünge und das Ausmaß des Problems und bietet einen Überblick auf den detaillierten, aus neun Phasen bestehenden Weg zum Erreichen der Jahr 2000-Konformität.

Der Weg zum Jahr 2000

Die Kapitel dieses Buches erläutern einen sehr detaillierten und aus neun Phasen bestehenden Anpassungsprozeß an das Jahr 2000. Sie liefern Richtlinien für das Risikomanagement, die Projektverfolgung, das Konfigurations-Management und die Qualitätskontrolle. Die Durchführung dieser Prozesse wird Ihnen dabei, daß Ihr Unternehmen das Jahr 2000-Datenproblem überlebt.

Das Jahr 2000-Dilemma

»[Das Jahr 2000 ist der] erste Jahrhundertwechsel, dem jemals eine automatisierte Gesellschaft gegenübergestanden hat« (Caper Jones, SPC Inc.)

Das Jahr 2000-Computerdatenproblem ist ein Geschäftsproblem von niederschmetternder Größe, das die meisten größeren Computersysteme auf der ganzen Welt gleichzeitig trifft. Die aus diesem Dilemma herrührenden Fehler werden am 1. Januar 2000 oder davor immer weiter um sich greifende geschäftliche Probleme bereiten. Ob Sie nun ein Industrieunternehmen sind, eine Bank, ein Zulieferer für die Rüstungs- oder Automobilindustrie, eine öffentliche Institution oder eine multinationale Firmengruppe, Sie werden davon betroffen.

Einleitung

Unsere Wirtschaft hängt vom Gebrauch von Computern ab. Firmen und ihre Partner sind auf komplizierte Weise mit computerisierten Technologien verknüpft. Die meisten Computersysteme beruhen auf einem korrekten Gebrauch von Daten, die unter anderem für Kontoeröffnungen und Buchhaltung benutzt werden, für Abläufe, Sortierungen und Organisation, arithmetische Operationen und für das Veranlassen von Geschehnissen und ihre Steuerung. Viele Prozesse, die Daten speichern oder berechnen, sind nur für das zwanzigste Jahrhundert gemacht worden und können keine Jahreszahlen bearbeiten, die mit 20 statt 19 beginnen. Wenn von Prozessen verlangt wird, das Datum des Jahres 2000 zu benutzen, werden sie versagen, und Fehler können ganze Computersysteme zum Versagen veranlassen. Noch schlimmer, das Computersystem versagt vielleicht nicht ganz, sondern liefert nur falsche Informationen oder Steuerdaten.

Das Jahrhundertdatenproblem des Jahres 2000 betrifft Software, Hardware (eingebettete Systeme) und Datenbanken jeglicher Art. Die Grundursache dieses Problems zu verstehen ist nicht schwer. Während der letzten 30 Jahre sind die meisten Computersysteme dafür entworfen worden, Jahreszahlen mit zwei statt mit vier Ziffern darzustellen (1999 wird beispielsweise als 99 dargestellt, wie in 31.12.99). Die heutige Technologie setzt voraus, daß die ersten beiden Ziffern für das Jahrhundert die 1 und die 9 (19) sind. Wenn Computer das Jahr 2000 nur als 00 darstellen, können Fehler in der Datumsdarstellung und -berechnung auftreten. Im schlimmsten Fall wird das Computersystem versagen. (Und denken Sie daran, wenn mit Datumzahlen umgegangen wird, kann ein einprozentiger Fehler ein hundertprozentiges Versagen hervorrufen.) Systeme versagen aus verschiedenen Gründen, von denen hier einige der gebräuchlichsten aufgelistet sind:

- Fehlinterpretation von 00 als 1900 und nicht als 2000
- Irrtümlicherweise gemeinsame Nutzung von Systeminformationen
- Fehlfunktion durch fehlende Programme und Informationen
- Falsches Sortieren von Daten
- Betrachten von Datumszahlen als Flags
- Probleme bei Jahresübergängen
- Abschalten, weil das Datum in arithmetische Berechnungen eingeflossen ist (Division durch Null)
- Ablauf von Paßworten und Software-Lizenzen

Wenn ein Computersystem versagt, schließt sich eine schnelle Kettenreaktion von Ereignissen an, bei denen Systemanomalien in ganz reelle Geschäftsprobleme umgewandelt werden. In der Nähe der Jahrtausendgrenze können Da-

Einleitung

tumsfehlfunktionen im Jahrhundertbereich dazu führen, daß Lohnbuchhaltungssysteme versagen, Ungenauigkeiten bei Geschäftsprognosen und Fakturierungen auftreten, Fertigungslinien abschalten, Navigationssysteme versagen, Vorhersagen fehlerhaft sind oder ungenaue Verbindlichkeitsangaben erfolgen. Andere Unternehmensbereiche werden dann ebenfalls betroffen, einschließlich Elektrizitätsversorgung, Feueralarme, Sicherheitssysteme, Aufzüge, Telefone, Kreditkarten, Kopiergeräte, Scheckbearbeitung, rote Ampeln und sogar die kompletten Flugverkehrskontrollsysteme.

Die Lösung der Jahr 2000-Probleme kann auch ein Wettbewerbsvorteil sein. Wenn Sie Ihre Jahr 2000-Probleme im Griff haben, können Sie Ihren Kunden Dienste und Konformitäten anbieten, die ein anderes Unternehmen vielleicht nicht hat. Wenn Sie Ihre Jahr 2000-Probleme nicht lösen, werden sich die Probleme beim Kundendienst und in der Produktivität in Geschäftsverlusten niederschlagen.

Das Jahr 2000-Problem ist kompliziert, weil Datumsangaben an subtilen und zum Teil unvorhersagbaren Stellen gebraucht werden, einschließlich des Einsatzes in den unergründlichen Tiefen der Systemlogik von Computern. Die Aufgabe besteht dann darin, *alle* Probleme aufzudecken, ohne dabei die geschäftlichen Funktionen zu stören.

Kurz gesagt, Sie befinden sich in einem Rennen gegen die Zeit. Mit dem Heranrücken des Jahres 2000 sollten Sie sich selbst diese Fragen stellen:

- Wie werden sich die Aspekte des Jahr 2000-Problems in meinem Unternehmen auswirken?
- Wie steht es dabei um meine Zulieferer und Partner?
- Gibt es gesetzliche Erwägungen?
- Wie hoch werden die tatsächlichen Unkosten zur Fehlerbehebung sein?
- Wer hat die Werkzeuge zur Beseitigung des Problems?
- Was geschieht mit der Qualitäts- und Änderungskontrolle, und was passiert mit den Normen?
- Können wir mit diesem Problem allein umgehen?
- Wie hoch ist das Risiko für mein Unternehmen?
- Wo fangen wir an, und wie?

 Für das Jahr 2000-Problem gibt es nicht »die Lösung« (siehe *Anhang B, Lösungsansätze*).

Einleitung

Weil der Gebrauch von Datumsangaben so allgegenwärtig ist, setzt sich das Jahr 2000-Problem aus den erschwerenden Faktoren zusammen, die in der folgenden Tabelle aufgeführt sind.

Erschwerende Faktoren	Beschreibung
Eine Vielfalt an Software, Hardware und Betriebssysteme	Viele Händler, Versionen und Releases von Software, Hardware und Betriebssystemen sind zur Zeit mit unpassender Datumslogik verknüpft. Die Zulieferung/Verbreitung von Technologien, Sprachen und Computerplattformen erzeugen ein Umfeld, das nur schwer handhabbar ist.
Händlerunterstützung	Technologie-Verkäufer sehen sich mit teuren Support-Aufgaben konfrontiert, die Ihre Bemühungen um die Erfüllung Ihrer Aufgabe tangieren: Einige Verkäufer/Händler geben lieber auf, als ein teures Jahr 2000-Upgrade zu unterstützen. Dadurch müssen Sie alternative Lösungen suchen. Andere wollen ihre Unkosten ausgleichen, indem sie Sie durch den Kauf neuer Releases zu einem »Upgrade« zwingen. Einige dieser Release können Bestandteile enthalten, die Sie nicht wünschen oder nicht benötigen. Jahr 2000-Konformität wird nicht bei allen Händlern gleichzeitig erfüllt sein, wodurch Sie gezwungen sind, das Testen und die Implementation der Händler-Technologien selbst zu managen.
Einfluß der Zuliefererkette	Wenn Ihre Zuliefererkette das Jahr 2000-Problem nicht adäquat angeht, kann sich das auf Ihre Fähigkeit zum Liefern von Waren und Dienstleistungen auswirken. Suchen Sie nach einem Weg, der sicherstellt, daß Sie in die Jahr 2000-Pläne Ihrer Partner eingebunden sind.
Verbreitung elektronischer Schnittstellen	Die heutigen Systeme stehen nicht für sich alleine da. Sie sind mittels elektronischer Schnittstellen mit anderen Systemen und Netzwerken verbunden. Es kann sein, daß sich viele der Schnittstellen, mit denen Sie in Berührung kommen, nicht in Ihrem Kontrollbereich befinden. Beachten Sie, daß einige Unternehmen nichts im Hinblick auf das Jahr 2000-Problem tun. Diese Unternehmen können Ihre Fähigkeit beeinflussen, Ihre wichtigsten Aktivitäten auszuführen.

Erschwerende Faktoren	Beschreibung
Testläufe	Wahrscheinlich können nicht alle Ihre Probleme auf einen Schlag gelöst werden. Brücken (siehe Glossar) und Patches, welche Systeme und Schnittstellen nachbilden, müssen erstellt werden, um die Funktionen nach Erreichen der Konformität vollständig testen zu können. Die Prüfung geeigneter Systeme beinhaltet die Entwicklung, die Integration, die Herstellung, den Gebrauch und die Entfernung von Brücken. Der Umgang mit dieser dynamischen Umgebung wird eine Herausforderung sein.
Knappheit an Systemressourcen	Sie werden Ressourcen »auf Produktionsebene« benötigen, um umfassende Systemtests durchführen zu können. Diese Ressourcen stehen Ihnen vielleicht in Ihrem Haus nicht zur Verfügung. Wenn sich viele Firmen auf solche Tests vorbereiten, kann es zu einer Verknappung an Computeranlagen und Ressourcen kommen.
Ungenügende Personalressourcen	Mit Annäherung an die Jahrtausendgrenze werden Computerfachleute in steigendem Maße schwieriger anzuheuern sein. Der Bedarf an Computerfachleuten kann die Kosten für ihren »Einkauf« und ihren Erhalt verdreifachen.
Vielfalt der Datumsdarstellungen	Datumsangaben gibt es buchstäblich auf tausenderlei Arten. Viele Formen sind raffiniert ausgetüftelt, wodurch es zu einer Herausforderung wird, alle Formen noch vor dem Jahr 2000 zu identifizieren, und zwar in allen Sprachen, auf allen Computersystemen.
Die Entstehung gesetzlicher sowie versicherungs- und beschaffungstechnischer Erwägungen	Es kann gesetzliche Aspekte in bezug auf die Produktgarantie geben, unsaubere Daten von Fremdherstellern, Exportbeschränkungen, Offenlegung von Finanzen, Verpflichtung von durch die Börsenaufsicht benannten Personen und Versicherung der Unterbrechung der Geschäftstätigkeit.
Fortpflanzung des Problems	Das Jahr 2000-Problem bleibt bestehen, da Verbesserungen und Korrekturen neue Probleme in der Software erzeugen können. Es kann sogar sein, daß sich die Fehler bei neueren Technologien schwerer feststellen lassen, bei denen Computer-Code in Objekte, Symbole und Modelle eingebettet ist.

Einleitung

Erschwerende Faktoren	Beschreibung
Vielfalt der technischen Umsetzungen	Das Problem betrifft Dateien mit Daten, Bildschirme, Hilfsprogramme, gepackte Anwendungen, Berichte, Schnittstellen, Betriebssysteme, Steuersprachen, Parameter-Bibliotheken, Benennungsnormen, Hardware und mehr. Zusätzlich berührt das Problem noch Hilfsmittel wie Telefone, Aufzüge, Sicherheits- und Beleuchtungssysteme, alles Einrichtungen, die man bisher nicht als Problembereiche erkannt hat.
Verfolgen der Aufzeichnungen	Viele EDV-Abteilungen haben eine ganze Liste von Terminüberschreitungen und zu späten Lieferungen. Aber seien Sie gewarnt: Das Jahr 2000-Problem, das die Datumsangaben betrifft, wird sich nicht ausschließen lassen!

Weil jedes Projekt der Jahr 2000-Konformität einzigartig sein wird, verlangt Ihr Projekt geradezu nach einem gut gegliederten und disziplinierten Management, nach einem Plan, der bewährte Vorgehensweisen benutzt. *Die Jahr 2000-Lösung* bietet Ihnen sowohl eine Führung durch diesen kritischen Bereich als auch entsprechende Erfahrungen.

Ein Gang durch die Jahr 2000-Anpassung

Die Jahr 2000-Lösung ist in neun Kapitel eingeteilt – jedes davon beschreibt eine spezielle Phase im Anpassungsprozeß an das Jahr 2000 (Die zur Jahr 2000-Konformität nötigen neun Phasen werden in den folgenden Abschnitten noch einmal kurz beschrieben). Jedes Kapitel beinhaltet klar bezeichnete Resultate und bietet detaillierte Anweisungen darüber, wie Sie Ihre Konformitätsbemühungen managen sollten – was Ihnen dabei hilft, sicher sein zu können, daß Ihr Projekt planmäßig und zu den geringstmöglichen Kosten fertiggestellt wird.

Die Jahr 2000-Lösung bietet eine Methodik an, die auf Deliverables basiert. Die Phasen und ihre Ergebnisse sind so gestaltet, daß sie auf den vorangehenden aufbauen. Die Deliverables folgen so aufeinander, daß sie dabei sicherstellen, daß Ihre Anforderungen erfüllt werden. Im Verlauf der Phasen zeigt Ihnen *Die Jahr 2000-Lösung*, wie Sie auf die richtige Detaillierungsebene kommen, während Sie Ihre Jahr 2000-Probleme zum frühestmöglichen Zeitpunkt aufdecken. *Die Jahr 2000-Lösung* bietet einen klaren Leitfaden zur Anpassung an das Jahr 2000, wie Sie in der Grafik auf Seite 32 und 33 sehen können.

Beim Messen Ihres Fortschrittes helfen Ihnen vorher festgelegte Projekt-Meilensteine. Der Schritt-für-Schritt-Gebrauch der Prozeßdefinitionen wird Ihre Konformitätsbemühungen beschleunigen.

Die Jahr 2000-Lösung hilft Ihnen:

- bei der Jahrhundertdatumsanpassung für das Jahr 2000
- mit den Risiken des Jahres 2000 umzugehen
- bei der Kostenreduktion
- bei der Sichtbarmachung des Projektfortschrittes durch die Verwendung von detaillierten Verfolgungstechniken
- sicherzustellen, daß sich Ihr Unternehmen in den Jahr 2000-Plänen Ihrer Partner und Händler befindet
- während der Kontrolle der Änderungen an Ihrem System die Qualität sicherzustellen
- beim Entdecken wichtiger Ressourcen, mit denen Sie die Fertigstellung Ihres Jahr 2000-Projekts beschleunigen können
- beim Vermitteln strategischer Jahr 2000-Entscheidungen und -Positionen
- die richtigen Werkzeuge zu erhalten, richtig zu planen und das richtige Hilfspersonal zu requirieren
- im Geschäft zu bleiben

Ermittlung und Korrektur

Die neun Phasen der Anpassung sind in zwei logische Phasen aufgeteilt: die Ermittlung und die Korrektur. Während der anfänglichen Ermittlungsphase definieren Sie die Konformitätsmodalitäten, lokalisieren individuelle Probleme und bewerten den Umfang Ihrer Korrekturbemühungen. Dieser Ermittlungsprozeß wird tiefschürfender in Kapitel 1, *Planung und Bewußtmachung*, Kapitel 2, *Bestandsaufnahme*, Kapitel 3, *Entscheidungsfindung* und Kapitel 4, *Detailplanung* behandelt werden.

Während der Korrekturphase entfernen, reparieren, ersetzen oder erneuern Sie Systemkomponenten und -daten. Sie schaffen Brücken und Patches für die Verwaltung fremder Schnittstellen, Sie testen und installieren korrigierte Systeme in die Produktionsprozesse des Unternehmens. Der Korrekturverlauf wird im Detail in den Kapiteln 5, *Korrektur*, Kapitel 6, *Testplanung*, Kapitel 7, *Testdurchführung* und Kapitel 8, *Systemeinsatz* beschrieben.

Entdeckungsstufe

- Versicherung, daß das Management das Problem erkennt
- Erhalt der Zusage durch das Management
- Genehmigung der Bestandsaufnahme- und Entscheidungsfindungspläne
- Erstellen eines Jahr-2000-Unternehmensorganigramms

PLANUNG UND BEWUSSTMACHUNG

- Definition von Konformität
- Organisationspolitik und PR
- Unternehmensorganigramm

BESTANDS-AUFNAHME

- Identifizierung der Bestandselemente
- Basis für Entscheidungsfindung ein richten
- Prüfung der Software

- Ressourcen, Werkzeuge
- Lösungsansätze
- Partitionsdefinitionen

DETAILPLANUNG

- Lokalisierung der Jahr-2000-Anomalien
- Problemklassifizierung
- Definition von Lösungen
- Genehmigung des Korrekturplans

- Systembestand
- Katalog der elektronischen Partnerschaften
- Anwendungen geordnet nach Plattform
- Liste der im Haus verfügbaren Werkzeuge
- Technische Risiken
- Jahr-2000-Projektdatenbank

- Werkzeuge
- Geschäftliche Risiken
- Bestandselemente, die bewertet werden müssen

- Partitionsdefinitionen
- Lösungsansätze
- Zeitplan für die Integration

ENTSCHEIDUNGS-FINDUNG

- Zuweisung der Jahr-2000-Projektprioritäten
- Genehmigung für den Plan der Detailplanungsphase einholen

Road Map zu Die Jahr 2000-Lösung

Einleitung

Korrekturstufe

- Korrektur, Ersatz oder Ausmusterung von Systemen
- Aktualisierung der Dokumentationen

JAHR-2000-KONFORME SYSTEME

- Von Entwicklern getestete Systeme
- Testproblembericht

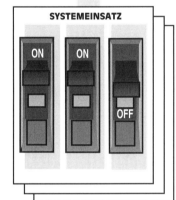

- Jahr 2000-konforme Systeme operational machen
- Datenkonvertierung
- Rezertifizierung elektronischer Partnerschaften

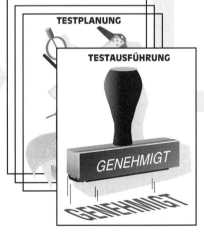

- Von Benutzern akzeptierte Systeme
- Einsatzplan
- Alternativplan
- Brücken zu Fremdherstellern

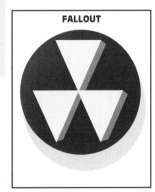

- Kundendienst verbessern
- Rezertifizierungsstandards
- Konfigurationsmanagement

Sobald die erste korrigierte Funktion im Einsatz ist, wird diese Funktion als konform betrachtet. Nun beginnt das Management von Kundendienst und Konfiguration der Brücken. Dieser Abschnitt wird als »Fallout« bezeichnet, weil jetzt so viele unvorhersehbare Variablen ans Tageslicht kommen. Der »Fallout« wird in Kapitel 9 behandelt. »Business as usual« kann erst dann wieder eintreten, wenn die sich Nebenwirkungen Ihrer Konformitätsbemühungen aufgelöst haben. Die Menge an übriggebliebener Fallout-Zeit variiert in Abhängigkeit von der Qualität Ihrer Anpassungsbemühungen und Ihrer Abhängigkeit von den Konformitätsanstrengungen anderer Unternehmen oder Personen, die mit Ihnen in geschäftlichem Kontakt stehen.

Projektfinanzierung

Sie sollten die Finanzierung Ihres Jahr 2000-Projekts in vier unterschiedliche Budgets aufteilen:

Budget-Gruppe	Grundprinzip
Planung und Bewußtmachung	Relativ kleines Budget. Wird gebraucht, um die Anpassung zu definieren, für das Bekanntmachen im Unternehmen zu sorgen sowie für die ersten Planungsschritte.
Entscheidungsfindung	Das Budget muß groß genug sein, um eine Bestandsaufnahme der potentiell betroffenen Systeme zu machen und Prioritäten für die Begutachtung dieser Systeme zu setzen.
Detailplanung	Das Budget muß groß genug sein, um jede Jahr 2000-Anomalie zu lokalisieren und ihre Reparatur, ihren Ersatz oder ihre Entfernung zu planen.
Korrektur	Das Budget muß groß genug sein, um Lösungen zu finanzieren, sie zu testen und geeignete Systeme zu entwickeln. Vergessen Sie nicht, an dieser Stelle Ressourcen für die Alternativplanung mit einzubeziehen.

Wenn Sie Ressourcen von außen in Anspruch nehmen müssen, sollten Sie sie parallel zu den Entdeckungs- und Korrekturphasen einbeziehen. Es sollte dabei zwei getrennte Sätze von Kontrakten geben, wobei jeder Kontrakt mit dem Ziel der betreffenden Phase korrespondiert.

In *Die Jahr 2000-Lösung* werden die Anpassungsphasen in logischer Schritt-für-Schritt-Reihenfolge beschrieben, um sie leichter verständlich zu machen. Sie sollten aber so oft wie möglich Aufgaben von mehreren Projektphasen gleichzeitig durchführen, um Kosten und Zeit zu sparen.

Die Phase der Planung und Bewußtmachung

Ziele:

- Definieren der Konformitätskriterien für Ihr Unternehmen.
- Vermittlung der Komplexität und der Tiefe des Jahr 2000-Problems an die oberste Geschäftsleitung.
- Entwicklung eines »Unternehmens-Netzplans«, der die Beziehungen aller Computersysteme und Netzwerke untereinander aufzeigt.
- Bestimmen Sie den geschäftlichen Einfluß, den eine Nichtanpassung haben würde, und sprechen Sie in Ihrem Unternehmen darüber.
- Erwirken Sie die Zustimmung Ihrer obersten Geschäftsleitung für das Jahr 2000-Projekt.
- Erwirken Sie die Genehmigung der obersten Geschäftsleitung für die Ausgaben zur Bestandsaufnahme, Entscheidungsfindung und für die Ressourcen.

Planung und Bewußtwerdung (Kapitel 1) ist der erste Schritt in der Phase der Entdeckung und der Anstoß für Ihre Jahr 2000-Anpassungsleistung. Die Hauptaufgaben bestehen aus der Festlegung der Konformitätsmaßnahmen für Ihr Unternehmen, einem Ausgangsprojektplan mitsamt Budget, der Freigabe durch das Firmen-Management, der Bewußtwerdung des organisatorischen Aufwands für die Jahr 2000-Anpassung und ihrer möglichen Auswirkungen sowie dem Erhalt der Genehmigung der Ressourcen und finanziellen Mittel für die Jahr 2000-Bestandsaufnahme und die Sortierung (die nächsten beiden Phasen im Anpassungsprozeß).

In dieser Phase sollte Ihr Jahr 2000-Team ein Firmen-Organigramm erstellen, aus dem alle größeren automatisierten Systeme und Netzwerke Ihres Unternehmens ersichtlich sind (siehe das Organigramm in Kapitel 1). Das Firmen-Organigramm ist eine grafische Darstellung Ihrer Systemumgebung. Das vervollständigte Schema wird die Systeme im Kontrollbereich Ihrer Organisation darstellen, die Systeme im Einflußbereich Ihrer Organisation und die Systeme, über die Sie keine Kontrolle haben.

Während des Erstellens dieses Diagramms sollten Sie eine offizielle Bilanzprüfung oder eine »Vertrags-Bestandsaufnahme« Ihrer vertraglichen Verpflichtungen und der Zuliefererverpflichtungen durchführen. Stellen Sie fest, ob Sie juristisch fundierte Verpflichtungen durch Garantieleistungen und Support-Verträge haben und wie hoch und welcher Art diese sind. Sie benötigen diese Informationen in späteren Phasen, um Ihnen bei der Setzung von Prioritäten während der System-Reparatur zu helfen und um die erforderlichen vertraglichen Aktionen vorzubereiten.

Das Firmen-Organigramm und die Vertrags-Bestandsaufnahme werden Ihnen dabei helfen, die Grenzen Ihres Projekts abzustecken und den möglichen Jahr 2000-Einfluß auf Ihre geschäftlichen Belange zu erkennen. Die in dieser Phase vorbereiteten und dargestellten Ergebnisse sind dazu gedacht, Ihrem Unternehmen das Problem und das Projekt die ganze Zeit über aufzuzeigen. Die Institutionalisierung Ihres Jahr 2000-Programms ist der Schlüssel zu Ihrem Erfolg.

Die Bestandsaufnahmephase

Ziele:

- Erstellen Sie Ihre Jahr 2000-Projektdatenbank.
- Ermitteln Sie alle in Ihrem Unternehmen vorhandenen automatisierten Systeme oder Elemente für die Bestandsaufnahme.
- Katalogisieren Sie Ihre elektronischen Partner und die Schnittstellen.
- Bringen Sie in Erfahrung, welche Systeme vom Jahr 2000-Problem betroffen sind.
- Identifizieren und katalogisieren Sie interne Werkzeuge, die bei der Aufdeckung und Korrektur der Jahr 2000-Probleme helfen können.
- Bewerten Sie die technischen Risiken, die mit jedem System verbunden sind.

Wenn die einleitende Planung vollständig ist und Ihre Organisation sich auf dem Weg zum Verständnis des Problems befindet, müssen Sie eine Bestandsaufnahme der automatisierten Systeme machen, die Ihr Unternehmen unterstützen (siehe Kapitel 2). Benutzen Sie das Firmen-Organigramm als Startpunkt und untersuchen Sie jedes vorhandene System, um die Anwendungsmöglichkeiten und die dazugehörigen Systeme festzustellen. Beachten Sie, daß automatisierte Systeme nicht nur aus Mainframe-, mittelgroßen und Desktop-Systemen bestehen. In Fabrikationsanlagen beinhalten sie eingebettete Systeme, Aufzüge, Telefonvermittlungen, Sicherheits- und Beleuchtungssysteme und mehr. Zusätzlich gehören zum Firmen-Organigramm auch noch die elektronischen Schnittstellen.

Richten Sie einen Datenspeicher oder ein Jahr 2000-Repositorium ein. Sie werden dieses Verzeichnis während des Anpassungsvorganges brauchen, um Daten für das Verfolgen und Nachprüfen des Projektfortschritts zu sammeln. Dieses Verzeichnis wird Ihrer Organisation noch lange nach dem Jahr 2000 von Nutzen sein. Sie können es benutzen, um in Ihrem Unternehmen die Kosten zukünftiger Systemänderungen zu kontrollieren und um technologische Änderungen durchzuführen. Informationen aus der Bestandsaufnahme, die im Jahr 2000-Projektdatenbank eingetragen werden, werden zur Ausgangsbasis Ihrer Konfiguration. Sie sollten Ihr aktuelles Konfigurationsmanagementsystem zum Aufzeichnen von Verzeichnisdaten benutzen (siehe Anhang G, *Jahr 2000-Projektdatenbank*). Wenn die Ausgangsbasis erst einmal komplett ist, können Sie von den einzelnen Systemkomponenten qualitative Jahr 2000-Einschätzungen machen. Erstellen Sie auch einen »Systemkonfigurations-Statusbericht«, der die Konfigurationselement festlegt (siehe Glossar), die inkompatibel sind, die fehlen und die unbenutzt oder archiviert sind. (Einige Organisationen erstellen diesen Report als einen Teil der Phase 4, *Detailplanung*, andere benutzen die Information über den Systemkonfigurationsstatus als Teil der Entscheidungsfindung).

Führen Sie eine gut ausbalancierte Bestandsaufnahme aus, indem Sie bestimmen, welche Informationsmenge Ihr Unternehmen benötigt, um Entscheidungen zu treffen (die Entscheidungsfindung wird weiter unten besprochen). Die Identifikation und Klassifikation spezieller Probleme ist *nicht* der Zweck der Bestandsaufnahme. Achten Sie aber trotzdem darauf, daß Sie den Schritt der Bestandsaufnahme nicht übergehen. Das Versäumnis, ein nicht angepaßtes Bestandsaufnahmeelement zu erkennen, kann ernsthafte Rückschläge zur Folge haben. Während späterer Testphasen könnten ganze Systeme als nicht angepaßt aufgelistet werden, nur weil dieses eine Bestandsaufnahmeelement fehlt. Und nicht nur dies, ein Versäumnis, die anfängliche Bestandsaufnahmephase in Zusammenhang mit einer Rechnungsprüfung gesetzlich durchzuführen, kann zu Problemen bei der Bewahrung der Rechte Ihrer Organisation gegenüber den Software-Händlern führen.

Die Entscheidungsfindungsphase

Ziele:

- Abschätzung der mit jedem System verbundenen geschäftlichen Risiken.
- Weisen Sie jedem System- oder Bestandsaufnahmelement eine unternehmerische Priorität zu.
- Bestimmung eines Bereiches durch die Entscheidung, welche Systeme den Jahr 2000-Ermittlungs- und Korrekturmaßnahmen unterliegen.

- Entwicklung von Plänen, Kostenaufstellungen und Terminplänen für die detaillierte Abschätzung, und Erhalt der Genehmigung für diese Elemente durch das oberste Management.

Der Zweck der Entscheidungsfindung (siehe Kapitel 3) ist die Überprüfung Ihrer wichtigsten Geschäftsoperationen und die vorrangige Behandlung Ihrer Jahr 2000-Arbeit, um so die kommende Detailplanungsphase vorzubereiten. Sie sollten jeder Systemkomponente eine Prioritätsstufe zuweisen, die auf ihrem Einfluß auf das Unternehmen basiert, auf den vertraglichen Verpflichtungen, den Kosten und dem zu erwartenden Zeitaufwand für Reparaturen. Einige Systemkomponentem werden letzlich von der Jahr 2000-Begutachtung nicht berührt, und Sie können diese Elemente von den weiteren Jahr 2000-Begutachtungen ausschließen, um den Projektaufwand und die Kosten zu verringern. Ermitteln Sie als nächstes die zu erwartenden technischen und geschäftlichen Risiken, und erstellen Sie einen ersten Plan zur Verminderung dieser Risiken. Überarbeiten Sie die Jahr 2000-Projektdatenbank, um so die Prioritäten und die Entscheidungen für die Risikoverringerung einfließen zu lassen.

Dieses Buch erklärt, wie ein Plan für die detaillierte Begutachtung erstellt wird, in welchem Sie spezielle Jahr 2000-Probleme identifizieren und Pläne zu ihrer Korrektur einfließen lassen. In die Entscheidungsfindung muß die oberste Geschäftsleitung mit einbezogen werden. Die Entscheidungsfindung muß die zu erwartenden Auswirkungen auf die geschäftlichen Operationen und die Kosten detailliert aufführen. Beim Abschluß dieser Phase sollten Sie über ein finanziell und personell ausreichend ausgestattetes Team für die detaillierte Begutachtung verfügen.

 Hinweis In Großunternehmen müssen Bestandsaufnahme und Entscheidungsfindung in periodischer Folge wiederholt werden, um sicherzustellen, daß Neuanschaffungen oder Systementwicklungen Jahr 2000-konform sind.

Die Detailplanungsphase

Ziele:

- Vollständige Detailplanung für jedes System (detaillierte Problem-Identifizierung und -Klassifizierung).
- Zusammenfassung von Systemen in logische Partitionen, um sie so besser durch den Korrekturzyklus (Problembeseitigung, Test und Systemeinsatz) führen zu können.

- Entscheidung zur Reparatur, zum Ersatz oder zur Entfernung spezieller betroffener Systeme.
- Entwicklung detaillierter Vorgehens-, Zeit- und Kostenpläne für den Korrekturzyklus.
- Besprechung des expliziten Umfangs und der Grenzen Ihres Jahr 2000-Problems mit der obersten Geschäftsleitung, um die Genehmigung für den Korrekturzyklus zu erhalten.

Die Detailplanung (siehe Kapitel 4), die abschließende Ermittlungsphase, befaßt sich mit den Einzelheiten Ihres Jahr 2000-Problems. Während dieser Phase ermitteln Sie die Position jeder einzelnen Jahr 2000-Anomalie, Sie kategorisieren das Problem (siehe *Anhang A, Problemdefinitionskatalog*), Sie bestimmen die passenden Lösungsansätze (siehe *Anhang B, Lösungsansätze*), und Sie entwickeln umfassende Vorgehenszeit- und Kostenpläne für die Korrektur Ihres Problems. Sie müssen auch die Jahr 2000-Projektdatenbank überarbeiten und benutzen, welche Sie bei der Bestandsaufnahme zusammengestellt und bei der Entscheidungsfindung verfeinert haben. Sie müssen auch die Computersysteme in logische Einheiten oder Partitionen einteilen. Partitionierungsgruppen werden als Gruppen repariert, getestet und in Betrieb genommen. Die Partitionierung basiert auf der Identifizierung von großen Gruppen miteinander in Beziehung stehender Systemkomponenten. Diese Gruppen von Systemen können repariert und in die Produktion übernommen werden, ohne daß das Geschäft unterbrochen wird und mit nur minimalem Aufwand an Brücken und Patches.

Kurz vor Beendigung der Detailplanungsphase sollten Sie erneut eine Entscheidungsfindung (Triage) ausführen. Es ist unbedingt erforderlich, daß Sie zuerst diejenigen Systeme korrigieren, die den größten Einfluß auf Ihre Organisation haben. Diese Systeme sind entweder diejenigen, von denen Sie annehmen können, daß sie zuerst versagen, oder die, auf denen Ihr Unternehmen am meisten abhängig ist. Große, verzweigte Organisationen haben vielleicht nicht die Zeit oder die Ressourcen, um alle ihre Probleme zu lösen. Aus diesem Grund wird die Planung, was jetzt in Angriff genommen wird, was später und was überhaupt nicht, Ihre Maßnahmen stark beeinflussen. In der Detailplanungsphase planen Sie Ihre technischen Maßnahmen. Dieser Plan bildet dann die Grundlage für die Steuerung, die Kostenrechnung und die Zeitplanung der Art und des Aussehens Ihres Korrekturzyklus. Wenn diese Phase abgeschlossen ist, sollten Sie wissen, wie groß Ihr Jahr 2000-Problem ist. Dadurch haben Sie dann eine Handlungsgrundlage für die erwartete Auswirkung, die es auf Ihr Unternehmen haben wird. Sie müssen von Ihrer obersten Geschäftsleitung die Genehmigung der Kosten und des Zeitplans haben, denn die hier getroffenen Entscheidungen wirken sich auf Systeme und Geschäftsgewinne aus, und sie betreffen Akquisitionen, Partner, Verträge. Zulieferverträge und Investoren.

 Hinweis Es gibt viele Werkzeuge, die Ihnen in der Detailplanungsphase helfen. Es ist wichtig, den richtigen Tool-Satz zu ermitteln und zu benutzen. Denken Sie aber daran, daß ein großer Teil Ihrer Jahr 2000-Arbeit nicht automatisiert werden kann.

Die Korrekturphase

Ziele:

- Einführung der Entscheidungen zur Korrektur (Reparatur, Ersatz oder Entfernen eines Systems).
- Definieren Sie Weiter-Stopp-Kriterien auf Systemebene.
- Kaufen und verwenden Sie kommerziell erhältliche Produkte (COTS) für die Jahr 2000-Lösung.
- Entwickeln Sie maßgeschneiderte Lösungen, und führen Sie sie aus.
- Schließen Sie die ersten Einzeltests der beigefügten Lösungen ab.
- Sehen Sie für die Anwender, die von den Jahr 2000-Korrekturen betroffen sind, Dokumentationen und Schulungen vor.
- Ermitteln Sie den zu erwartenden Fallout und den Einfluß/die Einflüsse der Anwendung der betreffenden Korrektur.

Die Korrektur (siehe Kapitel 5) ist die erste Phase im Korrekturzyklus. Während der Korrektur lösen Sie spezielle Jahr 2000-Probleme. Die Lösungskriterien basieren darauf, wie Ihre Organisation die Konformität definiert (zur Erläuterung des Begriffs »Konformität« siehe Glossar). Diese Phase beinhaltet ingenieurtechnische Maßnahmen, um sowohl Systemdaten als auch konvertierte Daten zu reparieren, zu ersetzen, neu aufzubauen oder zu entfernen. Zusätzlich erstellen Sie technische Brücken und Patches, um sicherzustellen, daß Ihre Systeme weiterhin mit Fremdherstellern in Verbindung stehen, und dies sowohl während als auch nach Ihren Korrekturmaßnahmen. Getrennte Gruppen, die in der Detailplanungsphase bestimmt wurden, sollten paketweise Korruktur, Test und Einsatz durchlaufen. Sie können einer einzelnen Gruppe verschiedene, unterschiedliche Lösungen beigeben. *Anhang B, Lösungsansätze*, enthält eine Liste möglicher Lösungen, zusammen mit ihren Vor- und Nachteilen. Die Spezifikationen für die Lösungsphase sollten auch die Kriterien für eine Weiter-Stopp-Entscheidung über ihren Einsatz beinhalten. Weiter-Stopp-Entscheidungen basieren auf dem Konformitätsgrad, der von jeder Partition, unabhängig von der Konformitätsdefinition Ihres Unternehmens erreicht wird. Die Definitionen von Konformität werden zu Kriterien für die Fertigstellung, die dem technischen Stab beim Beibehalten des Überblicks helfen.

Definition und Kontrolle der Schnittstellen ist ein wichtiger Teil der Korrekturphase. Jede Position könnte spezielle Brücken benötigen, um mit nicht konformen Partnern und Systemen verbunden zu werden. Brücken sollten schon während der Programmerstellung vorbereitet werden. Während der Lösung finden auch vorausgehende Einheitentests und Programmierungen der Datenumwandlung statt.

An diesem Punkt werden außer Betrieb befindliche Systeme herausgenommen und die Benachrichtigung der Anwender begonnen. Dies bildet einen Teil des Gesamtplans. Systeme, die im Begriff sind, entfernt zu werden, können in einem 1999-Status festgehalten werden, um Zugriff auf vergangene Daten zu behalten.

Diese Phase beginnt mit einem Zyklus von gleichzeitigen, parallelen Abläufen bei der Projektbearbeitung. Einige abgeteilte Gruppen durchlaufen simultan einen Zyklus von Korrektur, Test und Einsatz. Weil Systeme Änderungen unterliegen, wird die Jahr 2000-Projektdatenbank ein unbezahlbares Werkzeug für das Konfigurationsmanagement, das Ihnen beim Managen von Versionen, Releases und Datenaustausch jedes betroffenen Moduls hilft. Ihre gesamte projektübergreifende Kommunikation und Koordination wird an dieser Stelle des Jahr 2000-Projekts zwingend.

Die Testplanungsphase

Ziele:

- Entwicklung umfassender Testpläne zur Vermeidung nicht konformer Lösungen, die aus erreichten Fertigungsoperationen stammen.
- Koordinierung mit Fremdherstellern und elektronischen Schnittstellen von Partnern.
- Erstellung von Krisenplänen, einschließlich der Pläne für Fallout und Rückgriffe.
- Erhalt und Konstruktion der die Realität widerspiegelnden Testumgebungen (Environments) und Testdaten.
- Erwerb von Testwerkzeugen und Schulung der Anwender in ihrem Gebrauch.

Einleitung

Die Herausforderungen für den Jahr 2000-Test sind für die meisten Organisationen enorm. Sie müssen Abhängigkeiten vom Betriebssystem berücksichtigen, fremde Schnittstellen, Abhängigkeiten von Händlern, Systemressourcen für Tests und die potentielle Erfordernis von Rücknahmetests. Übliche Tests könnten sich als nicht adäquat erweisen.

Der Test sollte in zwei getrennten Phasen ablaufen, der Testplanung (Kapitel 6) und der Testausführung (Kapitel 7). Die Aktivitäten der Testplanung beginnen während der Detailplanung, um auftretende Anforderungen zu erkennen. Der größte Teil der Testplanung läuft jedoch mit der Korrekturphase parallel.

Der Zweck der Testplanung ist es, Ihnen bei der Entwicklung von Testplänen zu helfen, mit denen Sie die Jahr 2000-Anpassung auf Teilbereichsebene nachprüfen und für OK befinden können. Sie entwickeln einen Testplan für jeden Teilbereich, indem Sie sich durch den Korrekturzyklus bewegen. Während der Testplanung kommunizieren Sie mit Systemen und Schnittstellen von Fremdherstellern, die nicht Ihrer Kontrolle unterliegen, und koordinieren sie. Wenn möglich, stellen Sie sicher, daß sich Ihre Jahr 2000-Bedürfnisse in den Anpassungsplänen dieser Fremdhersteller-Schnittstellen wiederfinden.

Während der Testplanungsphase sollten Sie auch Pläne für Eventualfälle entwickeln, einschließlich eines »Rollback«-Plans. Ein Rollback ist gegeben, wenn eine neu eingerichtete Partition ein unerwartetes und nicht akzeptables Geschäftsproblem verursacht. Die Systeme werden dann auf ihren Originalzustand vor der Jahr 2000-Korrektur und vor ihrem Einsatz »zurückgeworfen«.

Testpläne für Teilbereiche sollten sowohl Datenumwandlungen als auch das Testen verschiedener Produktionszyklen (täglich, am Wochenende, am Monatsende und so weiter) beinhalten. Wenn Ihre Systeme besondere Geschäftszyklen veranlassen (zum Beispiel zusammengesetzte periodische Aufwands- und Ertragsrechnungen, Testen von wichtigen, durch das Jahr 2000 beeinflußter Datumszahlen, Überarbeiten von Bestandsaufnahmedaten und so weiter), müssen Sie sicherstellen, daß diese Zyklen auch in Ihren Testplänen vorkommen.

Die Testausführungsphase

Ziele:

- Bestätigung, daß alle diesbezüglichen Entwicklungs- und Testvorbereitungen komplett sind.

- Vollständiger Test jeder Partition oder »Entwicklungseinheit«, einschließlich der Brücken und Datenkonversionen.
- Einbeziehen der Endbenutzer in die Durchführung des Tests.
- Handeln Sie mit den betroffenen Außenstehenden Anpassungsverträge und/oder Brückenausführungen aus.

Der Zweck der Testausführungsphase (Kapitel 7) ist die Bestätigung und Gültigkeitsprüfung der Jahr 2000-Verträglichkeit von Systemen, die einer Änderung und einem Einzeltest unterworfen waren. Die Testausführung erfolgt nach genauen Testplänen.

Das festgesetzte Testteam und das Management des Endbentzers treffen die letztgültige Entscheidung über den Einsatz reparierter oder ersetzter Systeme. Testanomalien sollten in die Jahr 2000-Projektdatenbank eingetragen und mangelhafte Module an den Bereich Korrektur zurückgesandt werden.

Die Systemeinsatzphase

Ziele:

- Sicherstellung, daß die Krisenpläne bereitliegen.
- Durchführung abschließender Koordinationsmaßnahmen mit Fremdherstellern und elektronischen Partnern.
- Bereitmachen der geeigneten Brücken und Datenkonversionen für den Einsatz.
- Einsetzen der Systeme in die Produktionsabläufe.
- Ausführung einer abschließenden Überprüfung aller Systeme.
- Treffen von Weiter-Stopp-Entscheidungen.
- Vorbereitungen für einen Ausfall.

Der Systemeinsatz (Kapitel 8) ist die Schlußphase im Korrekturzyklus. Einmal eingesetzt sollte Ihr System als Jahr 2000-geeignet gelten können. Aber trotzdem verfügen einige Ihrer Systeme noch über Jahr 2000-Brücken und Patches, die die Schnittstellen-Kommunikation unterstützen.

Während des Einsatzes werden korrigierte und getestete Systeme in den Fertigungsablauf eingeschleust. Sobald die getestete Partition im Einsatz ist, wird die abschließende Funktionsprüfung durchgeführt und die Weiter-Stopp-Entscheidung getroffen.

Eine Weiter-Stopp-Entscheidung führt zur Ausführung des Rollback-Plans, der Systeme auf ihren Ausgangszustand zurücksetzt. Eine Weiter-Entscheidung signalisiert die Freigabe eines Jahr 2000-Systems für den Fertigungsprozeß. Weil jedoch nicht alle angepaßten Systeme gleichseitig eingesetzt werden, benötigen Sie zeitweise noch Brücken. Sie sollten die Jahr 2000-Projektdatenbank überarbeiten, um die Freigabe einer Teilversion festzuhalten. Sie sollten auch spezielle Schnittstellenbrücken von Fremdherstellern in die Jahr 2000-Projektdatenbank aufnehmen.

Brücken und konvertierte Daten werden zusammen mit konformen Partitionen eingesetzt. Der Einsatz kann auf beteiligte Fremdhersteller und elektronische Partner ernstaften Einfluß ausüben. Es ist unbedingt erforderlich, daß Sie den Einsatz mit Fremdherstellern und durch Schnittstellen angekoppelten Systemeignern koordinieren.

Die Fallout-Phase

Ziele:

- Regelung einer andauernden Jahr 2000-Konformität.
- Minimierung der Auswirkungen von Anpassungsmaßnahmen auf die geschäftlichen Maßnahmen.
- Sicherstellung eines ununterbrochenen Kundendienstes.
- Erneuerung fremder Zertifizierungen (EDI, EFT und so weiter).
- Beibehalten der Kontrolle über die Änderungen an den Jahr 2000-Brücken und -Schnittstellen.

Zweck der Fallout-Phase (Kapitel 9) ist die Sicherstellung eines langandauernden Erfolges von den Jahr 2000-Bemühungen. In den Fallout eingeschlossen sind Aufgaben, deren Durchführung der Implementation eines angepaßten System-Kundendienstes folgen muß, also Kontrolle von Brücken, Reparatur von Anomalien, Qualitätssicherung und Konfigurationsmanagement, um nur ein paar zu nennen. In den Fallout sind auch Aufgaben einbezogen, die nach dem 1. Januar 2000 fertiggestellt werden müssen.

Um die Auswirkungen auf das Unternehmen so gering wie möglich zu halten, sollte der Kundendienst eine zuverlässige Infrastruktur erhalten. Die Jahr 2000-Brücken werden verschwinden, wenn die durch Schnittstellen angeschlossenen Systeme angepaßt wurden, und Probleme, die während der Korrekturen entstanden sind, müssen angegangen werden. Wenn diese Dinge auftreten, müssen Sie neue Tests und einen erneuten Systemeinsatz erwägen. Einige Unternehmen wenden sich dann wiederum der früheren Entscheidungsfindung zu, betreffs der Freigabe jeder angepaßten Partition.

Während des Fallouts muß Ihre Jahr 2000-Projektdatenbank mit Ihrer Datenbank für die reguläre Verwaltung von Produktionsänderungen verbunden sein. Das Systemkonfigurationsmanagement kann zu den regulären Operationen zurückkehren. Letztendlich fließen die während der Fallout-Phase erlernten Lektionen wieder zurück in Ihren Anpassungsprozeß. Erinnern Sie sich daran, daß Sie Ihre Systeme gruppenweise in die Fertigung einführen.

 Ein Fallout bedeutet nicht die Rückkehr zu regulären Produktionsprozessen. Die Fallout-Phase ist beendet, wenn:

- es keine Jahr 2000-Patches oder -Brücken gibt
- die Anomalien der neuen Systeme korrigiert sind
- die reguläre Firmentätigkeit begonnen hat

 Die Jahr 2000-Lösung macht keinen Versuch, den Umfang Ihrer Fallout-Maßnahmen zu bestimmen.

Das in *Die Jahr 2000-Lösung* beschriebene Neun-Phasen-Verfahren ist einzigartig. Es gibt zur Zeit viele Jahr 2000-Lösungansätze. Die meisten davon bieten nur fünf Anpassungsphasen, bieten also logischerweise eine geringere Differenzierung. Die folgende Tabelle liefert einen Funktionsvergleich zwischen den einzelnen Phasen von *Die Jahr 2000-Lösung* und anderen Planungen.

Phasen von *Die Jahr 2000-Lösung*	Fünf-Phasen-Prozeß	Hauptelemente in *Die Jahr 2000-Lösung*
Planung und Bewußtmachung	Bewußtwerdung	• Das Unternehmensorganigramm • Bestandsaufnahme der juristischen Verträge • Vorbereitete Präsentationen u. Memos Vorbereitung zum Erstellen des Projektplans
Bestandsaufnahme		• Bestandsaufnahme der Firmensysteme und Abläufe, einschl. Software, Hardware, eingebettete Systeme; Schnittstellen zu Fremdherstellern Jahr 2000-Projektdatenbank Erfassung und Begutachtung der Werkzeuge für das Jahr 2000 Begutachtung der technischen Risiken Vorbereitung und Genehmigung der Software

Einleitung

Phasen von *Die Jahr 2000-Lösung*	Fünf-Phasen-Prozeß	Hauptelemente in *Die Jahr 2000-Lösung*
Entscheidungsfindung		Abschätzen der geschäftlichen Risiken Prioritätensetzung und Planung der geschäftlichen, juristischen und technischen Systeme Detaillierte Planung des Abschätzvorganges
Detailplanung	Abschätzung	Systemabschätzung Entwicklung der Paritionen Planen der Lösungs- und Korrekturzyklen
Korrektur	Erneuerung	Außer Betrieb nehmen, ersetzen oder neu aufbauen Entwicklung von Brücken Entwicklung der Daten-Konvertierung Testen der Einheiten
Testplanung		Testumgebung/Vorbereitung der Werkzeuge Planung der Integrations- und Zurücknahmetests Koordination der elektronischen Partnerschaften
Testausführung	Nachweis	• Formeller Trockenlauf • Ausführung des Testplans Beteiligte Fremdhersteller und elektronische Partner miteinander abstimmen
Systemeinsatz	Implementierung	Planung von Systemeinsatz und Datenumsetzung Strategie zur Speicherung von Archivdaten Ausführung von Brücken und Patches Krisenplanung (Rollback)
Fallout (nur bei *Die Jahr 2000-Lösung*)		Kundendienst nach dem Einsatz Reparatur von Lösungsanomalien Brücken- und Patch-Management Erlernte Lektionen

Richtlinien für Die Jahr 2000-Lösung

Es gibt nur wenige Projekte, die in dem Maße Geschäftsbereiche, Befehlsketten, Kontrollbereiche, technische Systeme und finanzielle Budgets berühren wie dies das Jahr 2000-Projekt erfordert. Mit dem Jahr 2000-Projekt sind signifikante technische und geschäftsmäßige Herausforderungen verbunden. Das Einbeziehen von wohlerwogenen Managementroutinen ist für Ihren Erfolg entscheidend. Zur Ereichung der Konformität bietet *Die Jahr 2000-Lösung* einen Leitfaden für die folgenden vier grundsätzlichen Managementbereiche.

- **Risikomanagement:** Dieses Buch ist in großen Teilen ein Werkzeug für das Risikomanagement. *Anhang I, Jahr 2000-Risikomanagement* von *Die Jahr 2000-Lösung*, beschreibt die Risikoverringerung und definiert die hauptsächlichsten Risikoarten, die mit Ihren Anpassungsbemühungen verbunden sind. Geschäftsrisiko, technisches Risiko und Projektrisiko werden in den entsprechenden Phasen besprochen, und *Die Jahr 2000-Lösung* bietet Techniken für die Risikoverringerung und das Risikomanagement.

- **Projektverfolgung:** Die Maßnahme der Jahr 2000-Anpassung ist ein Projekt, das sorgfältige Planung, sorgfältiges Management und sorgfältige Kontrolle verlangt. *Die Jahr 2000-Lösung* bietet besondere Hinweise und Arbeitsaufgaben, um Entwicklungsergebnisse, Bewältigungen, Risiken, Schätzungen, Verpflichtungen und Pläne nachzuprüfen. Der Zweck dieser Arbeitsaufgaben ist es, nachzuprüfen ob echte Fortschritte gemacht werden, und Korrekturmaßnahmen einzuleiten, wenn die Ausführung von den vorgesehenen Plänen abweicht. Für einen Überblick über die Projektverfolgungsaufgaben in *Die Jahr 2000-Lösung* beachten Sie bitte auch den Abschnitt über die Projektverfolgung in *Anhang F, Überblick über die Schlüsselaufgaben*.

- **Konfigurationsmanagement:** Die Initiativen für die Jahr 2000-Anpassung verlangen beim Konfigurationsmanagement strenge Disziplin. Wenn Sie den detaillierten Instruktionen in *Die Jahr 2000-Lösung* folgen, werden Sie die entsprechenden Daten der Systemkomponenten (Software, Hardware und Daten) für die Analyse und Kontrolle der Systemänderungen aufrechterhalten. Sie werden die relevanten Änderungsdaten sowohl mit den Entwicklern als auch mit den Benutzern teilen. Die Jahr 2000-Ergebnisse sind ebenfalls dem Konfigurationsmanagement und der Kontrolle unterworfen. Die Konfigurationsdaten werden notiert, analysiert und in der Jahr 2000-Projektdatenbank verwahrt (siehe Anhang G). Für einen Überblick über die Aufgaben des Jahr 2000-Konfigurationsmanagements beachten Sie bitte *Anhang F, Überblick über die Schlüsselaufgaben*.

Einleitung

- **Qualitätskontrolle:** Die Entwicklung von Resultaten muß festgelegten und geplanten Zielsetzungen folgen. *Die Jahr 2000-Lösung* hat überall im Anpassungsprozeß Aufgaben zur Qualitätskontrolle eingebaut, um so die Qualität von Systemen und Resultaten im Griff zu behalten. Für einen Überblick über die Aufgaben der Jahr 2000-Qualitätskontrolle beachten Sie bitte den Abschnitt über die Qualitätskontrolle im *Anhang F, Überblick über die Schlüsselaufgaben*.

Dieses Buch zeigt verschiedene Standards auf, nach denen der Fortschritt Ihres Jahr 2000-Projekts gemessen werden kann. (Vergleichen Sie die nachfolgende Grafik über die Jahr 2000-Phasen-Benchmarks. Die Prozentzahlen stammen von einigen Anpassungsprojekten von Raytheon-Software, wobei eine kombinierte Fenster- und 4-Ziffern-Technik verwendet wird). Diese Daten stellen Durchschnitts- und Richtwerte, die Sie als Richtwerte (Benchmarks) zum Einschätzen Ihres Jahr 2000-Fortschritts nehmen können. Die Benchmark-Grafik von *Die Jahr 2000-Lösung* zeigt die folgenden fünf Kriterien:

- **Kosten:** Relative Kosten jeder Phase, dargestellt als Prozentsatz der erwarteten Gesamtkosten.
- **Zeit:** Der relative Zeitaufwand für jede Phase als Prozentsatz der erwarteten Gesamtprojektzeit. Beachten Sie, daß der Fallout in der Prozentzahl des Gesamtprojektes nicht enthalten ist. Der Fallout entsteht während der Wiederaufnahme des normalen Geschäftsbetriebs.
- **Risiko:** Die von *Die Jahr 2000-Lösung* empfohlenen Punkte zur Risikoabschätzung. Sie sollten in den verschiedenen Projektphasen auch verschiedene Arten von Risiken veranschlagen.
- **Budget:** Es ist wichtig, das oberste Management in das Projekt einzubeziehen und involviert zu behalten. *Die Jahr 2000-Lösung* hat empfohlene Zeitpunkte für Budgetgenehmigungen und Projektbesprechungen als Mechanismen für die Projektverfolgung und -visualisierung eingerichtet.
- **Werkzeuge für Händler/Verkäufer**: Es gibt Hunderte von Werkzeugen, die Ihnen bei Ihren Anpassungsmaßnahmen helfen können (viele davon sind auf der Begleit-CD-ROM dieses Buches im HTML- oder Web-Format aufgeführt). Während der verschiedenen Anpassungsphasen werden auch verschiedene Werkzeuge benötigt. *Die Jahr 2000-Lösung* vergleicht die Effektivität der Händler-Werkzeuge gegenüber jeder Phase. Diese Effektivitätsmessungen zeigen den Grad der Automatisierung an, den Sie jeder Phase zuordnen können.

Hier einige allgemeingültige Richtlinien für Ihr Projekt:

- Besorgen Sie sich die Unterstützung der obersten Geschäftsführung.
- Die besten Leute für die Durchführung Ihres Projekts sind diejenigen, die Ihr System kennen.

- Betrachten Sie das Jahr 2000 als ein Firmenproblem:
  - Warensortiment (Verbindlichkeiten, Geldschwierigkeiten, Geschäftsverluste)
  - Interne Systeme
  - Anwender-Desktops
  - Institutionalisieren Sie Ihr Projekt. Schließen Sie jeden mit ein!
  - Kontrollieren Sie die bestehenden Verträge nach möglichen Verpflichtungen.
  - Begrenzen Sie die Nachforschungen nicht auf die Jahr 2000-Spezialitäten selbst. Berücksichtigen Sie auch Garantien gegen Defekte und Fehler.
  - Führen Sie Jahr 2000 als ein separates und meßbares Projekt aus.
  - Führen Sie so viele Phasen wie möglich parallel zueinander aus.
  - Die für das Projekt verantwortliche Person sollte der obersten Unternehmensleitung Bericht erstatten.
  - Hindern Sie das Problem am Wachsen, indem Sie Beschaffung und Verträge mit einbeziehen.
  - Beschaffen Sie Hilfe, um Ihr Personal bei seiner Arbeit zu unterstützen.
  - Überprüfen Sie alle neuen, kommerziellen COTS-Produkte.
  - Lassen Sie sich nicht durch die Werbesprüche von Tool-Verkäufern täuschen. Denken Sie immer daran, Werkzeuge sind gut, aber greifen nur bei einen Teil des Problems.
  - Versuchen Sie möglichst früh im 4. Quartal 1998 mit der Arbeit zu beginnen, und lassen Sie sich genügend Zeit für sorgfältige Tests.
  - Erwarten Sie keinen schnellen Abschluß.
  - Stellen Sie einen Krisenplan auf.
  - Wenn Sie bisher noch nicht mit den Jahr 2000-Arbeiten begonnen haben, tun Sie es jetzt!

Geschichtliches

Keine Jahr 2000-Diskussion wäre vollständig, wenn dabei nicht darüber gestritten würde, wer für dieses Schlamassel verantwortlich ist. Tatsächlich sind ökonomische und finanztaktische Geschäftsentscheidungen verantwortlich zu machen. Die folgende Tabelle listet einige der Ursachen auf, die während der letzten 30 Jahre entstanden sind.

Ursache	Beschreibung
Eingeschränkte Rechner-Ressourcen	Bis vor kurzem waren Arbeitsspeicher- und Massenspeicherplatz teuer. Manager wurden darin unterstützt, wenig Speicherplatz zu verbrauchen. Programmierer benutzten zweiziffrige statt vierziffrige Datumszahlen, um Geld zu sparen.
Fehlende Normen	Es gibt keine universell eingeführten Normen für die Darstellung von Daten aller Art; die Programmierer stellten Datumsangaben in einer Form dar, die für das betrefende Programm gerade zweckdienlich war, ohne die Benutzung von Übereinkünften betreffend der Benennung von Datumsangaben oder Datenfeldern.
Langlebige Applikationen	Nur wenige rechneten damit, daß Programme, die in den 60er und 70er Jahren geschrieben wurden, noch heute in Gebrauch sind. Man dachte damals, daß diese Programme durch neuere ersetzt werden würden. Dieses Problem kann auch heute noch bestehen, auch bei den neuen Sprachen.
Rückwärts-Kompatibilität	Die Anwender verlangen, daß neue Software-Releases mit alten kompatibel sind – das bedeutet, daß die neuen Releases die Jahreszahlen mit nur zwei Ziffern darstellen, weil das bei den alten aus den oben erwähnten Gründen auch der Fall war. Die Anwender wollen Daten und Dateien nicht konvertieren (Kosten und Bequemlichkeit).
Wiederverwendung von altem Code	Die Sparsamkeit gebietet die Wiederverwendung von Code. Programmierer werden dazu angehalten, nicht das Rad neu zu erfinden, also schreiben sie lieber neue Systeme, die alte Daten enthalten, als daß sie neue Techniken benutzen, um eine Ausbreitung des Problems zu verhindern.
Kundenwunsch	Bei der Datumseingabe Zeit sparen – die Anwender möchten zwei Ziffern eintragen statt vier.

Ursache	Beschreibung
Kreatives Programmieren	Ingenieure haben das Datum aus einer Unzahl von technischen Gründen benutzt (Dateiende, Ablauf von Datumsfristen, Zeiger und so weiter). All diese Faktoren tragen zu der Größe und Differenziertheit des Jahr 2000-Problems bei.
Menschliche Angewohnheiten	Die Menschen dieser Generation haben ihr Leben damit verbracht, in zweiziffrigen Jahrhundertzahlen zu denken und zu schreiben (Schecks, Verträge, Programme und so weiter). Ingenieure benutzen nur, was sie bereits kennen, und das Problem besteht weiter.

Einleitung

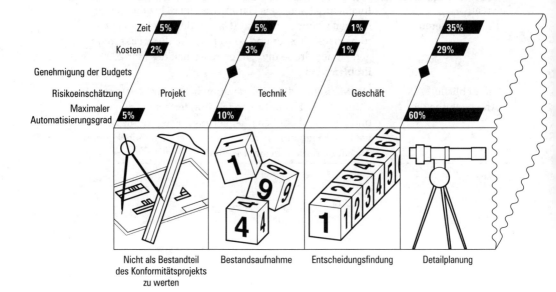

Die Jahr 2000-

Phasen-Benchmarks

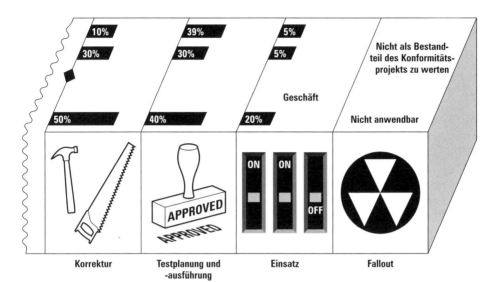

Element	Beschreibung
Zeit	Relative Zeit, die für jede Phase aufgewendet werden muß, repräsentiert als prozentualer Anteil am erwarteten Gesamtzeitbedarf.
Kosten	Relative Kosten jeder Phase representiert als prozentualer Anteil an den erwarteten Gesamtkosten.
Genemigung des Budgets	Empfehlenswerte Punkte für die Genehmigung Ihres Budgets für die Jahr 2000-Planung.
Risikoeinschätzung	Empfohlene Risikoeinschätzung nach Phase für die Jahr 2000-Planung.
Maximaler Automationsgrad	Relative Effektivität der Lieferantenwerkzeuge, die in den einzelnen Phasen eingesetzt werden.

Phase 1: Planung und Bewußtmachung

Ziele:

- Definition von Konformität für Ihr Unternehmen.
- Gespräch über Komplexität und Größe des Jahr 2000-Problems mit Ihrem obersten Management
- Entwicklung eines Firmen-Organisationsdiagramms (Organigramm), das die Beziehungen aller Computersysteme und Netzwerke untereinander zeigt
- Ermittlung des geschäftlichen Einflusses, den eine Nichtkonformität und eine fehlende Kommunikation auf Ihr Unternehmen haben
- Erhalt der Zustimmung Ihres obersten Managements für das Jahr 2000-Projekt
- Erhalt der Genehmigung seitens Ihres obersten Managements für die Kosten der Bestandsaufnahme, der Entscheidungsfindung und der Ressourcen-Bereitstellung

Die erste Phase der Entdeckungsstufe, Planung und Bewußtmachung, tritt dann ein, wenn Sie Ihr Konformitätsprojekt aus der Taufe heben. Es ist für den weiteren Erfolg Ihres Projekts von ausschlaggebender Wichtigkeit, daß Sie den richtigen Anfang finden.

Problembewußtsein schaffen

Während der Planungs- und Bewußtmachungsphase erwächst Ihnen ein Bewußtsein für den potentiellen Ernst der Jahr 2000-Probleme für Ihre Organisation, und Sie bekommen einen Ausblick auf die Anstrengungen vermittelt, die mit dem Aufspüren und Ansprechen dieser Probleme verbunden sind. Sie müssen ein Jahr 2000-Projekt erstellen, indem Sie einen systematischen Rahmen erstellen, innerhalb dessen diese Probleme gelöst werden müssen.

Es ist schwierig, die Ausmaße des Jahr 2000-Problems deutlich zu machen. Sie werden auf Betriebssysteme, Paßwort- und Sicherheits-Codes, Hardware, eingebettete und Software-Systeme (sowohl kommerzielle als auch maßgeschneiderte) und viele andere automatisierten Systeme stoßen, die nicht

Jahr 2000-konform sind. Aus diesem Grund müssen Sie den Managern aller Ebenen und aller Geschäftsbereiche und -abteilungen das Bewußtsein für die Existenz des Jahr 2000-Problems vermitteln. Sie müssen verstehen, welche Ressourcen sie benötigen werden, um das Jahr 2000-Problem zu bewältigen, das Sie in Ihrem Unternehmen haben werden.

Zur Bereitstellung der für das Jahr 2000-Projekt erforderlichen Ressourcen benötigen Sie das oberste Management, zur Bewältigung der Jahr 2000-Aufgaben benötigen Sie außerdem die Hilfe des gesamten Unternehmens-Managements. Es muß Kommunikation und Unterstützung geben, und dies nicht nur zwischen allen Unternehmensbereichen, sondern auch mit Kunden und Geschäftspartnern. Es ist wichtig, das Jahr 2000-Projekt mit den entsprechenden Projekten der verschiedenen Firmen, den Abteilungen, bestehenden Programmen und den Entwicklungsbemühungen in Einklang zu bringen.

Die Jahr 2000-Lösung liefert mächtige Werkzeuge, um die von Ihnen benötigte Unterstützung durch das Management zu erreichen: Anhang A, *Problemdefinitionskatalog*, und Anhang B, *Lösungsansätze*, definieren verschiedene Kategorien von Jahr 2000-Problemen, auf die die meisten Organisationen stoßen werden, und bieten Hilfe für ihre Lösung. Sie sollten dieses Material Ihren Erfordernissen anpassen und es im Zusammenhang mit anderen Themen bei Besprechungen mit dem Management benutzen.

Bei diesen Besprechungen müssen Sie auch die Bedürfnisse derjenigen leitenden Angestellten, Manager und Mitarbeiter ansprechen, die der Meinung sind, daß das Jahr 2000-Problem übertrieben wird. Sie sollten das Jahr 2000 in folgenden passenden Zusammenhang bringen: Es ist nicht nur ein kompliziertes technisches Problem, sondern es enthält auch eine Reihe von schwierigen Management- und geschäftlichen Problemen, die eine sehr reale Auswirkung auf die Ertragskraft Ihres Unternehmens haben, auch auf den Kundendienst und auch auf die Produktion.

Nach Abschluß der Phase *Planung und Bewußtmachung* sollten Sie die Zustimmung zum Beginn der Phasen *Bestandsaufnahme* und *Entscheidungsfindung* für Ihr Jahr 2000-Projekt erhalten haben, zusammen mit dem für das Durchführen dieser Phasen erforderlichen Budget.

  Die Kosten für die vollständige Durchführung der Phase *Planung und Bewußtmachung* sollte 2 Prozent der Jahr 2000-Projektkosten nicht überschreiten.

 Die für die Planungs- und Bewußtmachungsaufgaben vorgesehene Zeit sollte annähernd 5 Prozent des Zeitplanes für das Jahr 2000-Projekt betragen.

Zusammenfassung der Deliverables

Dieser Abschnitt faßt die Deliverables für diese Phase des Jahr 2000-Konformitätsprojekts zusammen. Der Abschnitt *Deliverables, Aufgaben und Abhängigkeiten* weiter unten in diesem Kapitel enthält detaillierte Beschreibungen jedes Deliverables samt der zugehörigen Unterstützungsaufgaben.

Problembewußtsein im Management schaffen

Diese Besprechungsreihe sollte der Geschäftsleitung ein umfassendes Verständnis für die möglichen Auswirkungen des Jahr 2000-Problems auf die Aktivitäten des Unternehmens vermitteln. Die Präsentation dieses Materials hilft Ihnen, die Genehmigung zu erhalten für eine Ingangsetzung der Bemühungen, das Jahr 2000-Projekt publik zu machen. Sie benötigen auch die Genehmigung, mit den Kosten- und Zeitplanungskalkulationen für Inventur und Entscheidungsfindung fortzufahren.

Jahr 2000-Konformität definieren

Die Definition des Begriffs »Jahr 2000-Konformität« ist oft von einer Organisation zur anderen unterschiedlich. Hier entwerfen Sie eine Definition der Konformität, welche Ihr geschäftliches Umfeld und Ihre erwarteten Jahr 2000-Probleme in Einklang bringt. Ihre Konformitätsdefinition ist ein wichtiger Maßstab für den Erfolg und die Fertigstellung der Konformitätsmaßnahmen. Ihre Definition von Konformität sollte mögliche Quellen von Jahr 2000-Problemen aufdecken und die Funktionsweise des Jahr 2000-Konformitätssystems beschreiben. Das Glossar enthält Beispiele von Konformitätsdefinitionen.

Unternehmensorganigramm

Ein »Unternehmensorganigramm« bildet die wesentlichen automatisierten Systeme und Schnittstellen Ihrer Organisation schematisch ab. Dies beinhaltet Hardware-Systeme, die wichtigen Software-Applikationen, Schnittstellen und Schutzmechanismen, die Ihre Organisation direkt betreffen. Sie verfügen möglicherweise bereits über Top-level- und verschiedene Lower-level-Schemata, die automatisierte Systeme bestimmter Geschäftseinheiten oder Abteilungen beschreiben. Sie finden ein Muster-Organigramm in dem Deliverable *Unternehmens-Organigramm* (Kapitel 1.3), das weiter unten erklärt wird.

Problembewußtsein in der Organisation schaffen

Die Kampagne zur Bewußtmachung im Unternehmen besteht aus einem Satz von Bekanntmachungen, durch die die verschiedenen Abteilungen Ihres Unternehmens über das Jahr 2000-Programm informiert werden. Diese Bekanntmachungen warnen das Personal sowie das mittlere Management und die Führungsebene, daß Ihre Jahr 2000-Maßnahmen begonnen haben. Die Institutionalisierung Ihrer Jahr 2000-Maßnahmen stellt sicher, daß keine einzelne Abteilung die Gesamtverantwortung tragen muß. Jede abteilungsspezifische Bekanntmachung sollte die Rolle der betreffenden Abteilung bei der Mithilfe zu diesem Programm definieren und festschreiben, was die Abteilung tun kann, um das bestehende Problem zu minimieren. Zusätzlich müssen Ihre Lieferanten, Auftraggeber und Geschäftspartner von den Plänen Ihres Unternehmens erfahren, um mögliche, sie betreffende Jahr 2000-Probleme zu lösen.

Jahr 2000-Projektkommunikationsplan

Der Kommunikationsplan für das Jahr 2000-Projekt legt die Kommunikationskanäle fest, die Ihr Jahr 2000-Projekt benutzen wird – sowohl die innerhalb Ihrer Organisation als auch diejenigen, die Sie für Ihre Auftraggeber und Zulieferer benutzen. Obwohl Sie wann immer möglich Kommunikationskanäle einrichten sollten, können sie sich als unzureichend herausstellen. Dies kommt daher, daß die Jahr 2000-Belange sich oft viel mehr als die sonst üblichen Geschäftsaktivitäten über Systeme, Managementketten und Budgets hinweg erstrecken. Es ist deshalb wichtig, daß Sie robuste und effiziente Kommunikationskanäle einrichten, um die Informationsverteilung, die das Jahr 2000-Projekt betrifft, zu unterstützen.

Verfahrens- und PR-Plan

Der Verfahrens- und PR-Plan beschreibt, wie mit den juristischen Auswirkungen einer Nichtkonformität an Jahr 2000 umgegangen wird, und er beschreibt die PR-Maßnahmen, die Sie vielleicht ergreifen müssen, um mögliche Jahr 2000-Ängste auf Seiten der Kunden, der Aktionäre, der Aufsichtsbehörden oder der Pressemedien zu verringern. Der Plan erklärt, wie sichergestellt wird, daß die bestehende vertragliche und juristische Sprache Ihres Unternehmens Jahr 2000-verträglich ist. Außerdem umreißt er, wie in zukünftigen Verträgen oder bei Beschaffungsmaßnahmen Jahr 2000-Konformitätsprobleme vermieden werden können. Dieser Plan sollte auch Methoden beinhalten, mit denen Sie die Unterstützung der PR-Mechanismen Ihres Unternehmens erhalten.

Anfänglicher Projektplan

Der anfängliche Projektplan sieht für das Jahr 2000-Projekt eine größenordnungsmäßige Schätzung des Bedarfs an Finanzierungen, Hilfsmitteln und für die Terminsetzungen vor. Er sollte auch eine Schätzung des Kosten-, Zeit- und Personalaufwandes für jede Phase beinhalten, wobei diese Werte als Prozentzahlen der Gesamtaufwendungen für Kosten, Zeit und Personal ausgedrückt werden sollten.

Beachten Sie, daß ein Vorlegen Ihres anfänglichen Jahr 2000-Plans bei Ihrer Geschäftsleitung eine Unterstützung Ihrer Arbeit bringen kann, aber nicht die Priorität vor anderen weniger wichtigen Projekten. Sorgen Sie dafür, daß Ihre Geschäftsleitung beides unterstützt, Plan und Prioritäten. Achten Sie darauf, daß Sie für die Rationalisierung Ihres anfänglichen Plans nicht zu viel Zeit anwenden. Versichern Sie dem Management, daß Ihrem Plan detaillierte Erläuterungen und präzise Kostenschätzungen folgen werden.

Pläne für Bestandsaufnahme und Entscheidungsfindungsphase

Die Pläne für Bestandsaufnahme (Inventur) und Entscheidungsfindung beschreiben spezielle Aufgaben, die während der Entwicklung dieser Pläne ausgeführt werden. Die Pläne sollten Zeitangaben und Budgets für dieselben beinhalten.

Deliverables, Aufgaben und Abhängigkeiten

Die in dieser Phase vorbereiteten und dargestellten Deliverables machen das Jahr 2000-Problem und das Projekt innerhalb des Unternehmens deutlich. Alle Managementebenen müssen verstehen, daß das Andauern des Unternehmenserfolgs vom Erfolg des Jahr 2000-Projekts abhängt. Wie Sie diese erste Phase behandeln, bestimmt den Tenor des Projekts und kann für seinen erfolgreichen Abschluß entscheidend sein.

Sie müssen eventuell die Reihenfolge der Deliverables oder die individuellen Aufgabeninputs und -outputs ändern, damit sie mit Ihrem geschäftlichen Umfeld oder der Unternehmenskultur übereinstimmen.

1.1 Problembewußtsein schaffen

Dieses Deliverable hat die Aufgabe, dem Management die ernsten Konsequenzen vor Augen zu führen, die bei Nichtbeachten des Jahr 2000-Problems durch Ihr Unternehmens zu erwarten sind.

Die damit auftretenden Aufgaben sollten für ihre Erledigung keine lange Zeit benötigen, sie sind aber wichtig für den Erfolg des Projekts.

Aufgabenüberblick

- Jahr 2000-Problem untersuchen
- Eigenständige Geschäftseinheiten identifizieren
- Präsentationen zur Bewußtmachung des Problems im Management vorbereiten
- Präsentationen zur Bewußtmachung des Problems im Management durchführen

1.1.1 Aufgabe: Jahr 2000-Problem untersuchen

Der Schlüssel zum Erhalt der Zustimmung durch das Management ist die Kommunikation darüber, wie die Möglichkeit Ihrer Organisation, im Geschäft zu bleiben, direkt mit den Jahr 2000-Aspekten verbunden ist: Ein Verständnis der verschiedenen Arten, wie der Jahrhundertwechsel die manuellen und automatisierten Datenverarbeitungsaktivitäten berühren kann, ist für sich allein nicht ausreichend.

In dieser Aufgabe:

- Benutzen Sie die Anhänge von *Die Jahr 2000-Lösung* und die CD-ROM, um Hintergrundinformationen über das Jahr 2000-Problem zu erhalten und sie dann auf Ihr Unternehmen zu beziehen.
- benutzen Sie andere Quellen (Internet, Zeitungen, Zeitschriften), um Ihr Verständnis des Jahr 2000-Problems und seines Zeitdrucks zu vertiefen. Die CD-ROM von *Die Jahr 2000-Lösung* stellt eine Web-Seite zur Verfügung, die Links zu den größeren Jahr 2000-Web-Seiten und Jahr 2000-Dienstleistungen anbietet.

Phase 1: Planung und Bewußtmachung

- Bestimmen Sie den Bewußtseinsstand für die Jahr 2000-Aufgaben innerhalb Ihres Unternehmens und auf den verschiedenen Ebenen des Managements.
- Sprechen Sie mit Projektmanagern und Managern des Informationsdienstes (IS), um sich zu informieren, was diese durch ihre Kontakte erfahren haben:
  - Lieferanten, die Jahr 2000-verträgliche Releases anbieten
  - Elektronische Partner
  - Wirtschaftsprüfer und Aufsichtsbehörden
  - Anwender, bei denen vielleicht schon Probleme bestehen (zum Beispiel auslaufende Verträge, Budget-Fortschreibungen)
  - Jahr 2000-bezogene Fristen und Konditionen, die in Beschaffungsbestimmungen oder -richtlinien erscheinen
- Identifizieren Sie die unternehmerischen Risiken, die mit einer Nichtbeachtung des Jahr 2000-Problems für Ihre Organisation verbunden sind.

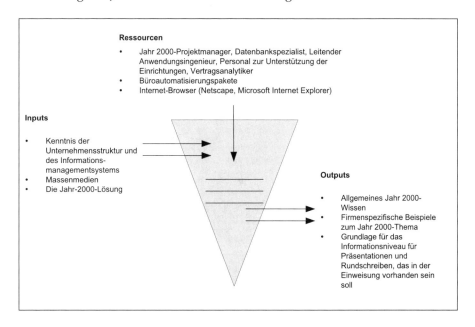

1.1.2 Aufgabe: Eigenständige Geschäftseinheiten identifizieren

Ihre Organisation kann Geschäftseinheiten enthalten, die ihr eigenes Informationsdienstpersonal (IS) haben oder die mit getrennten Budgets arbeiten. Diese »selbständigen Geschäftseinheiten« arbeiten oft in abgesicherten Bereichen und benutzen klassifizierte Systeme und Daten. Die klare Ermittlung dieser Einheiten wird Ihnen später helfen, Ihr Unternehmensschema (Organigramm) zu erstellen und die Vollständigkeit des Jahr 2000-Projekts zu gewährleisten. In dieser Aufgabe:

- Identifizieren Sie die selbständigen Geschäftseinheiten in Ihrem Unternehmen.
- Umreißen Sie in den Managementmitteilungen zur Bewußtmachung die Informationsdienststruktur dieser Einheiten, soweit sie spezielle Management-, Finanzierungs- und Koordinationsprobleme haben.
- Laden Sie die Manager der selbständigen Geschäftseinheiten zu Ihren Management-Bewußtmachungsbesprechungen ein.

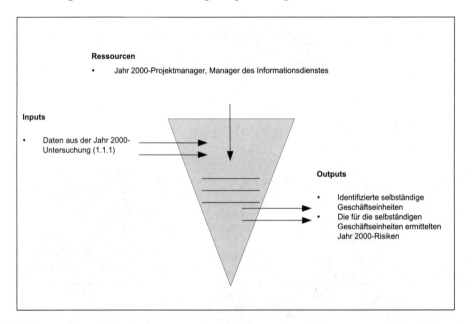

1.1.3 Aufgabe: Präsentationen zur Bewußtmachung des Problems im Management vorbereiten

Diese Aufgabe beinhaltet die Entwicklung einer Einweisungsreihe, durch die die Geschäftsleitung mit Informationen versorgt wird, mit deren Hilfe sie:

- ein Jahr 2000-Projekt formell einrichten kann
- eine Bekanntgabe des Jahr 2000-Projekts an alle betreffenden Geschäftsbereiche veranlassen kann, einschließlich Richtlinien für die Verminderung der Entstehung neuer Jahr 2000-Probleme
- Personal und finanzielle Mittel genehmigen, die zur Komplettierung der Resultate dienen, die in dieser Phase den allgemeinen Überblick über das Projekt bieten
- die Bekanntgabe von Mitteilungen über das Jahr 2000-Projekt an Lieferanten sowie Geschäfts- und elektronische Partner autorisieren
- den Plan zur Verfolgung der Jahr 2000-Fortschritte genehmigen

Anhang D beinhaltet eine Musterausgabe einer Managementpräsentation. Dieses detaillierte Muster beinhaltet alle Elemente, die zum Besprechen des Jahr 2000-Problems erforderlich sind. Sie können diese Präsentation in mehrere Mini-Darstellungen aufteilen, um sie Ihren Projekterfordernissen anzupassen. Sie können auch zusätzliche Elemente einfügen, die für Ihre Organisation zutreffend sind.

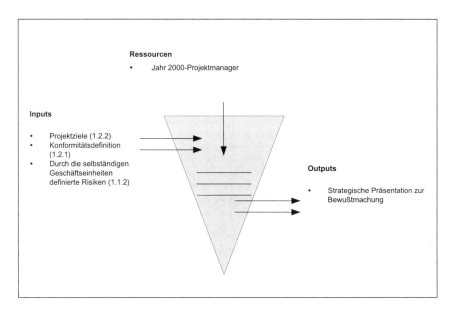

1.1.4 Aufgabe: Vorstellen der Präsentationen für die Bewußtmachung beim Management

Wenn Sie erst einmal die notwendigen Informationen über die Jahr 2000-Probleme erhalten und die möglichen Jahr 2000-Konsequenzen für Ihre Organisation analysiert haben, sind Sie fertig für die Unterrichtung des Managements. Bei dieser Aufgabe präsentieren Sie das Material für die Jahr 2000-Bewußtmachung zum mindesten den folgenden Managementebenen:

- Geschäftsleitung nach vorausgegangener Budget-Genehmigung
- Manager, die mit Schlüsseldaten des Unternehmens arbeiten und die verstehen, was passieren kann, wenn das Jahr 2000-Problem nicht beachtet wird
- Manager (zum Beispiel Manager für Programme oder Warengruppen), deren Genehmigung eingeholt werden muß, um die erforderliche Absegnung von Budgets und Ressourcen zu erhalten und um mit externen Partnern, Kunden und so weiter sprechen zu können
- Die Einweisungen sollen beinhalten:
- Eine allgemeine Beschreibung des Jahr 2000-Problems und seine möglichen Auswirkungen auf Ihre Organisation
- Die Risiken einer Lösungsverzögerung des Jahr 2000-Problems
- Einen Überblick über die Lösungsoptionen des Jahr 2000-Problems
- Die möglichen betrieblichen Auswirkungen des Jahr 2000-Lösungsprozesses
- Einen Überblick über die Meilensteine des Plans und die Beurteilungen des Managements (dadurch wird für das Management sichergestellt, daß zukünftige Klarstellungen und Details zusammen mit zusätzlichen Informationen gegeben werden können)

Ihre Einweisungen sollten die Höhepunkte Ihrer Versuche sein, das Management über das Jahr 2000-Problem zu informieren. Ihre Einweisungen haben Erfolg, wenn Sie:

- die Zustimmung der Geschäftsleitung für das Projekt bekommen
- die Genehmigungen für die Durchführung der in dieser Phase noch durchzuführenden Arbeitsmaßnahmen erhalten

Problembewußtsein im Management schaffen vollständig. Die Qualitätssicherung prüft, ob das Deliverable zielkonform ist. Die Projektüberwachung fixiert das Deliverable und aktualisiert die Überwachungsmaße.

Phase 1: Planung und Bewußtmachung

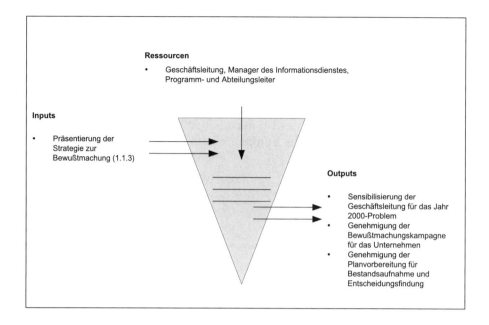

1.2 Definition der Konformität

Während oder direkt nach der Präsentation zur Bewußtmachung beim Management stellen Sie explizit das Ziel Ihres Jahr 2000-Projekts dar und auch die Maßnahmen, die Ihnen zum Erreichen dieses Ziels helfen. Sowohl das Ziel – die Konformität – als auch die Unterstützungsmaßnahmen müssen deutlich und knapp definiert sein.

Im Glossar gibt es einige Musterdefinitionen des Begriffs »Konformität«. Sie können diese Definitionen benutzen, um eine Konformitätsdefinition zu erstellen, die für Ihr Unternehmen sinnvoll ist.

Aufgabenüberblick

- Jahr 2000-Konformität definieren
- Jahr 2000-Konformität für Ihre Organisation definieren

1.2.1 Aufgabe: Jahr 2000-Konformität für Ihre Organisation definieren

Definieren Sie die Konformität, um so Ihr Unternehmen und die zu erwartenden Jahr 2000-Probleme in Einklang zu bringen. Es könnte nützlich sein, Konformitäts-»Level« festzulegen, mit speziellen Konformitätskriterien für jeden Level. Ihre Definition der Konformität sollte mögliche Jahr 2000-Problemquellen aufzeigen und die Funktionalität eines an das Jahr 2000 angepaßten Systems beschreiben.

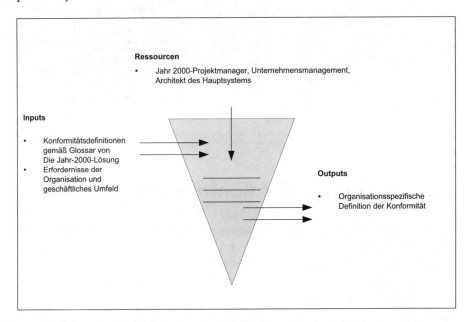

1.2.2 Aufgabe: Jahr 2000-Projektziele für Ihre Organisation definieren

Nachdem Sie eine unternehmensspezifische Definition von Konformität erarbeitet haben, müssen Sie die Jahr 2000-Projektziele entwickeln, die Ihnen beim Erreichen der Konformität helfen sollen. Diese Ziele sollten Terminpläne und die für eine Organisation spezifischen Funktionen enthalten. Sie müssen diese Ziele allen Managern, Angestellten, Lieferanten, Geschäftspartnern und elektronischen Partnern als Teile Ihrer Firmenbewußtmachungskampagne bekanntgeben. Wenn Sie Geschäftssysteme mit einem jährlichen Zyklus haben (zum Beispiel das Rechnungswesen), müssen Sie sie vor Ende 1998 einführen.

Hier einige Beispiele für Jahr 2000-Ziele:

- Sicherstellen der Konformität mit allen kritischen Geschäftssysteme bis Dezember 1998.
- Sicherstellen der Konformität mit allen elektronischen Partnern bis Dezember 1999.
- Sicherstellen, daß die jährlichen Produktionszyklen, die vor Ende 1998 abgeschlossen sind, den Jahrhundertwechsel mit umfassen.

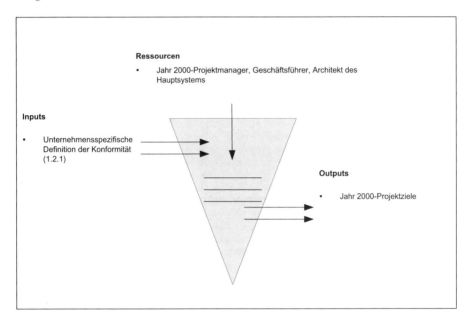

 Meilenstein

Jahr 2000-Konformität definieren vollständig. Die Qualitätssicherung prüft, ob das Deliverable zielkonform ist. Die Projektüberwachung fixiert das Deliverable und aktualisiert die Überwachungsmaße.

1.3 Unternehmensorganigramm

Ein Jahr 2000-Organigramm ist eine schematische Zeichnung, die alle Computer und automatisierten Systeme, Anwendungen, Daten- und Steuerungsschnittstellen (einschließlich der zu den elektronischen Partnern), Verbindungen, Firewalls usw. eines Unternehmens darstellt. Das Schema bildet auch große, eingebettete Systeme wie sicherheits- und umweltbezogene Systeme ab. Ein Beispiel eines Unternehmensorganigramms sehen Sie in der folgenden Graphik.

Kapitel 1

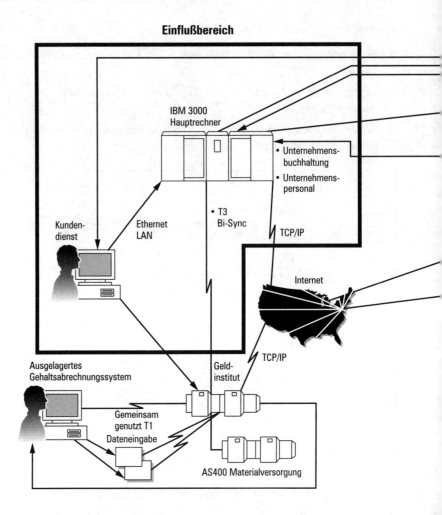

Phase 1: Planung und Bewußtmachung

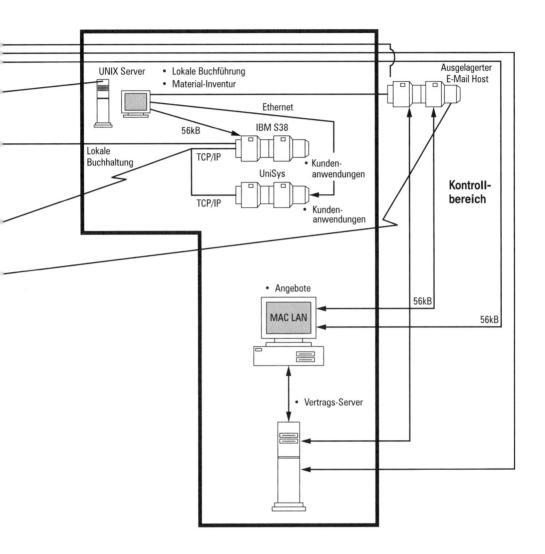

Das Unternehmensorganigramm bietet verschiedene vitale Funktionen:

- Es zeigt deutlich den Geltungsbereich Ihrer erwarteten Jahr 2000-Maßnahmen.
- Es stellt diejenigen Systeme dar, die:
  - von Ihnen kontrolliert werden.
  - von Ihnen beeinflußt werden.
  - Sie weder kontrollieren noch beeinflussen, von denen Sie aber berührt werden (Beispiele hierfür sind das Internet, umfangreichere kommerzielle Software und so weiter).
- Es bietet eine Grundlage für Ihre Maßnahmen zur Bestandsaufnahme.

Aufgabenüberblick

- Unternehmensorganigramm entwerfen
- Entwurf des Unternehmensorganigramms begutachten

1.3.1 Aufgabe: Unternehmensorganigramm entwerfen

Ihre Informationstechnologiegruppe verfügt vielleicht schon über ein Firmen-Organigramm. Wenn dies der Fall ist, können Sie es überarbeiten und so sicherstellen, daß es alle Systeme des Unternehmens umfaßt. Erwägen Sie zusätzlich noch die Anforderung von Berichten aus Ihrer Beschaffungsabteilung, um neu gekaufte Teile ermitteln zu können, die auf andere Weise nicht aufzufinden wären.

Abhängig von der Organisation und der baulichen Lage Ihres Unternehmens müssen Sie eventuell verschiedene »lokale« Organigramme erstellen oder überarbeiten, von denen jedes einen oder mehrere Geschäftsbereiche abdeckt. Isolierte Geschäftseinheiten müssen Ihre Organisationspläne ebenfalls erstellen oder überarbeiten, wenn sie ihre Jahr 2000-Aktivitäten planen.

Dieser Organisationsplan bzw. Satz von Plänen bildet die Grundlage für die Budgetierung und Ausführung der Bestandsaufnahmephase; er identifiziert die Bereiche, die überprüft werden müssen, und sollte deshalb so vollständig und ausführlich wie möglich sein. Die Erstellung eines Master-Organigramms, das die Beziehungen zwischen den Unternehmen darstellt, wird Ihnen helfen, diese Vollständigkeit sicherzustellen.

Phase 1: Planung und Bewußtmachung

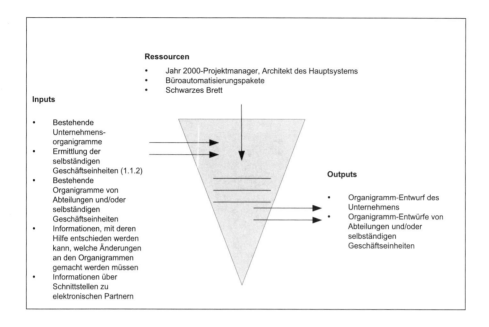

1.3.2 Aufgabe: Entwurf des Unternehmensorganigramms begutachten

Die Entwürfe des Unternehmensorganigramms und aller lokalen Unternehmensorganigramme sollten von den betreffenden Geschäftsführern und Programmanagern besprochen und, wenn erforderlich, revidiert werden. Die Geschäftsführer müssen die Verantwortung für Genauigkeit und Vollständigkeit derjenigen Teile des Unternehmensorganigramms übernehmen, der mit ihren Bereichen übereinstimmt. Für die Dauer des Jahr 2000-Projekts muß ein Mechanismus zur Kontrolle von Änderungen am Organigramm eingesetzt werden.

Meilenstein *Unternehmensorganigramm und Organigramme von Abteilungen und selbständigen Geschäftseinheiten* vollständig. Die Qualitätssicherung prüft, ob das Deliverable zielkonform ist. Die Projektüberwachung fixiert das Deliverable und aktualisiert die Überwachungsmaße.

Kapitel 1

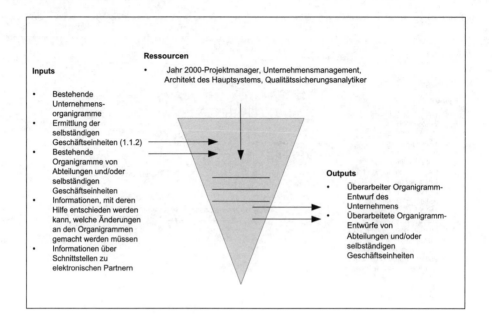

1.4 Kampagne zur organisationsweiten Bewußtmachung

Die Kampagne zur Bewußtmachung für die gesamte Organisation wird in zwei Abschnitten durchgeführt. Der erste Abschnitt beinhaltet eine formelle Benachrichtigung der einzelnen Abteilungen Ihres Unternehmens und der Geschäftseinheiten über die erfolgte Einrichtung eines Jahr 2000-Projekts. Der zweite Abschnitt besteht aus mehr ins Detail gehenden Mitteilungen, die spezielle Aktionen verlangen.

Die erste formelle Benachrichtigung sollte vom obersten Management ausgehen. Diese allgemeine Bekanntmachung sollte die Abteilungsleiter und die Führung der Geschäftseinheiten über die Einrichtung des Jahr 2000-Projekts informieren und um ihre Kooperation in diesem Prozeß bitten.

Der zweite Satz Mitteilungen kommt dann vom Team des Jahr 2000-Projekts. Diese Mitteilungen sind auf jeden einzelnen Empfänger zugeschnitten. Ihr Zweck ist die Klärung der Rolle, die jede Abteilung oder Gruppe bei der Jahr 2000-Maßnahme spielen wird, um so deren aktive Mitarbeit und Feedback zu erreichen und um Beratung bei ihren Aktivitäten anzubieten. Diese Mitteilungen sollten auch beschreiben, wie ein weiteres Anwachsen des Jahr 2000-Problems durch die Erzeugung nicht Jahr 2000-konformer Soft- und Hardware vermieden werden kann.

Jede mit dieser Phase verbundene Aufgabe wendet sich an ein bestimmtes Publikum und betrifft die Vorbereitung, die Genehmigung und die Verteilung der zugeschnittenen Mitteilungen, die das Jahr 2000-Projekt betreffen.

Sie sollten Ihrem gesamten Unternehmenspersonal Besprechungen zur Bewußtmachung anbieten. Um die Konformitätsmaßnahmen zeitgerecht abzuschließen, erhalten die Organisationen Unterstützung aus dem allgemeinen Personalbestand (die Prüfung der Computer-Arbeitsplätze ist ein Beispiel für diese Unterstützung; für Details siehe Anhang J). Ziehen Sie das Anbieten von »Frühstücks«-Bewußtmachungsbesprechungen in Erwägung, in denen die speziellen, Ihr Unternehmen betreffenden Aspekte geklärt werden können.

Betrachten Sie das Einrichten Ihres Jahr 2000-Programms als Schulung auf Raten. Sie können dabei sogar Datenumspeicherungen bei neuen oder umorganisierten PCs durchführen, einschließlich der Festschreibung Ihrer Jahr 2000-Konformität (siehe wiederum Anhang J).

Aufgabenüberblick

- Mitteilung über den Start des Jahr 2000-Projekts verteilen
- Jahr 2000-Mitteilungen an IS-Personal verteilen
- Jahr 2000-Mitteilungen an den Einkauf und die Beschaffung verteilen
- Jahr 2000-Mitteilungen an die Rechtsberatung verteilen
- Jahr 2000-Mitteilungen an die PR-Abteilung der Organisation verteilen
- Jahr 2000-Mitteilungen an die eigenständigen Geschäftseinheiten verteilen
- Jahr 2000-Mitteilungen an Vertrags- und Geschäftspartner sowie an elektronische Partner verteilen
- Verteilen der Jahr 2000-Bekanntmachung an die Mitarbeiter im Unternehmen

1.4.1 Aufgabe: Mitteilung über den Start des Jahr 2000-Projekts verteilen

Die Bekanntmachung über die Einrichtung des Projekts kommt von der Geschäftsleitung. Es informiert die leitenden Manager darüber, daß ein formelles Jahr 2000-Projekt eingerichtet worden ist und bestimmt die wichtigsten Mitglieder des Personals für das Jahr 2000-Projekt. Diese Bekanntmachung gibt dem Jahr 2000-Projektteam die Autorität, mit den Managern Kontakt aufzunehmen. Ihre Mitarbeit ist nicht nur erforderlich, damit sie ihr Personal informieren, sondern auch, damit Sie auf Personal-Ressourcen für das Jahr 2000-Projekt zugreifen können.

Kapitel 1

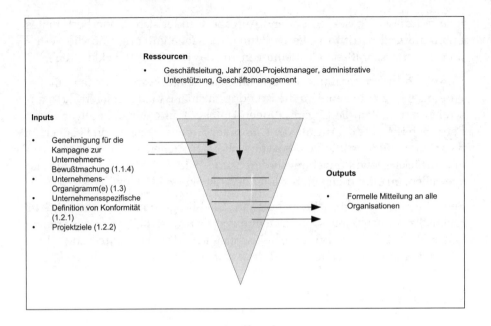

1.4.2 Aufgabe: Jahr 2000-Mitteilungen an IS-Personal verteilen

Die Zusammenarbeit mit dem Personal des Informationsdienstes Ihrer Organisation ist für den Erfolg Ihres Jahr 2000-Projekts von äußerster Wichtigkeit. Die Bekanntmachungen bestehen aus verschiedenen Arten von Hausmitteilungen und Besprechungen.

- Bekanntgabe an das Management des Informationsdienstes. Wenn die Leitung des Informantionsdienstes an einer Ihrer Besprechungen über die Bewußtmachung für das Management nicht teilnimmt, sollten Sie sie über das Gesamtprojekt informieren und um ihre Teilnahme bitten.
- Benachrichtigung des Informationsdienstpersonals. Arbeiten Sie zur Erstellung folgender Mitteilungen mit dem Management des Informationsdienstes zusammen:
  - Benachrichtigung des Informationsdienstpersonals über das Projekt und seine Phasen
  - Beschreibung, wie sie das Auftreten neuer Jahr 2000-Probleme vermeiden können
  - Erläuterung, welche Aktivitäten während der Bestandsaufnahme auftreten

- Beschreibung der Arten von Berichten, die sie erhalten sollen, wenn potentielle Probleme auftauchen, zusammen mit der Bewertung der Fortschritts- und Berichtserfordernisse
- Sie sollten das Informationsdienstpersonal und die Manager gesondert auffordern, Richtlinien zu entwickeln, damit sichergestellt wird, daß alle neu gekaufte oder entwickelte Hardware und Software Jahr 2000-konform ist.

Ermutigen Sie das Personal des Informationsdienstes, Ihrer Organisation so viel Feedback wie möglich über die Jahr 2000-Problemlösungen zu geben. Für den Informationsaustausch können Sie auch einen E-Mail-Briefkasten oder eine Web-Seite einrichten.

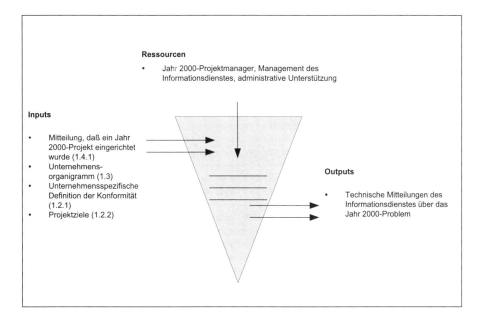

1.4.3 Aufgabe: Jahr 2000-Mitteilungen an den Einkauf und die Beschaffung verteilen

In dieser Serie von Bekanntmachungen informieren Sie Ihre Lieferanten, Unterlieferanten und das Personal der Einkaufsabteilung, dem das Jahr 2000-Projekt angehört, über die Notwendigkeit für:

- das Vorsehen von Schutzmaßnahmen in Ihrem Unternehmen für Systeme, Hardware und Software, die für externe Kunden entwickelt wurden oder gerade entwickelt werden

Kapitel 1

- die Sicherstellung, daß alle eingekauften neuen Systeme, Software oder Hardware Jahr 2000-konform sind
- die Sicherstellung, daß alle von Ihrer Organisation oder im Namen Ihres Unternehmens entwickelten Systeme, Hardware oder Software Jahr 2000-konform sind
- das Benachrichtigen der Geschäftsbereiche oder selbständigen Geschäftseinheiten über die speziellen Jahr 2000-Liefer- und Beschaffungsmaßnahmen
- das Aktualisieren der Konformität und Lieferantenauswahl, damit die Anforderungen der Jahr 2000-Konformität berücksichtigt werden

Wenn Ihr Unternehmen die Jahr 2000-Konformität durchführt, sollten Ihre Zulieferer und Ihr Einkaufspersonal eng mit Ihrem Rechtsberater zusammenarbeiten. Sie müssen gegebenenfalls vertragliche Absicherungen, die Position von Abteilungen oder die sprachliche Ausdrucksweise mit Hilfe Ihrer Rechtsberatung entwickeln, um das Unternehmen, seine Beschäftigten und seine Erzeugnisse zu schützen. Beispiele für Konformitätsübereinkünfte sowie andere Vertragsdokumente finden Sie im Internet (siehe Anhang C). Hier folgt nun eine Beispielsmitteilung.

```
Unternehmen        Klassifikation: keine
                   Arbeits-Nr.
                   Datei-Nr.
Datum:             8. Nov. 1997
An:                Leiter Beschaffungswesen
Von:               Projektmanager Jahr 2000
Betr.:             Jahr 2000-betreffende Beschaffungen und Unterverträge


Wie Sie wissen, ist innerhalb unserer Organisation eine Gruppe für das Jahr 2000-
Unternehmen ins Leben gerufen worden. Wir benutzen zur Zeit Die Jahr 2000-Lösung
als Hilfe beim Zugang zu den Jahr 2000-Aufgaben und ihrer Lösung. Sie sind eingela-
den, an unseren Bemühungen als Mitglied der Gruppe für die Jahr 2000-Aufgabe mitzu-
wirken. Es wird eine Reihe von Zusammenkünften geben, bei denen Ihre Teilnahme für
den Erfolg unserer Arbeit unbedingt erforderlich ist. Die besonderen Aufgaben, die
Ihre Sachkenntnis verlangen, sind:

1. Sicherstellen, daß alle von unserem Unternehmen neu gekaufte oder gemietete
   Hard- oder Software Jahr 2000-konform ist.

2. Sicherstellen, daß die für unser Unternehmen entwickelte Software und/oder
   Hardware Jahr 2000-geeignet ist.

3. Sicherstellen, daß die nach außen vergebene Instandhaltung der Hardware- oder
   Software-Produkte keine nicht konformen Produkte erzeugen oder ins Unternehmen
   einführen, und daß Probleme der Nichtkonformität, die von den von uns beauf-
   tragten Instandhaltungs- und Support-Unternehmen erkannt werden, unserer Orga-
   nisation vollständig mitgeteilt werden.
```

Phase 1: Planung und Bewußtmachung

Unsere Organisation muß auch darauf vorbereitet sein, für unsere Produkte eine Jahr 2000-Garantie abzugeben, um so den Anforderungen eventueller neuer Regierungsaufträge zu genügen. Diese Aufgabe verlangt von Ihrer Abteilung zum Teil nicht unerhebliche Anstrengungen.

Als ersten Schritt zum Erreichen der oben angeführten Ziele sehe ich die beiliegende Information vor, die benutzt werden sollte, um geeignete Bedingungen für die Beschaffung und Anmietung von Fahrzeugen zu entwickeln. Sie werden gebeten, an einem Treffen am 8. November teilzunehmen, bei dem diese Eingabe mit dem Ziel besprochen werden soll, einen Entwurf von »Beschaffungsrichtlinien« für unser Unternehmen zu erstellen. Wir hoffen, daß dieser Entwurf am 22. November fertiggestellt sein wird. Ein endgültiger Entwurf wird dann im Verlauf des ersten Quartals 1998 vorbereitet sein. Wir müssen den Entwurf und die endgültige Version innerhalb dieses Zeitrahmens fertigstellen, um unseren internen und externen Jahr 2000-Verpflichtungen nachzukommen. Natürlich sollte jede Abteilung unseres Unternehmens geeignete Variationen des vorliegenden Schreibens, das auf das Beschaffungswesen zugeschnitten ist, verwenden.

Falls Sie weitergehende Informationen zu erhalten wünschen, wenden Sie sich bitte an mein Büro.

Ihre Unterstützung bei dieser Maßnahme wissen wir sehr zu schätzen.

Anlage 1: Definition von Konformität
Vereinbarung über die Jahr 2000-Konformität
Jahr 2000-Garantie
Verlangter Jahr 2000-Vertragstext

Ressourcen
- Jahr 2000-Projektmanager, Unternehmensmanagement, administrative Unterstützung
- Mustervorlage aus »Die Jahr-2000-Lösung«

Inputs
- Bekanntgabe, daß ein Jahr 2000-Projekt eingerichtet wurde (1.4.1)
- Genehmigung für die Bewußtmachung (1.1.4)
- Firmenspezifische Definition der Konformität (1.2.1)
- Projektziele (1.2.2)

Outputs
- Verträge, Unterverträge, versandte innerbetriebliche Mitteilungen

1.4.4 Aufgabe: Jahr 2000-Mitteilungen an die Rechtsberatung verteilen

Diese Mitteilung erklärt das Jahr 2000-Projekt, seinen Zweck und seine Ziele. Es verdeutlicht auch die möglichen rechtlichen Belange, die sich aus einer Nichtkonformität an das Jahr 2000 ergeben, und es verlangt die aktive Mitwirkung des Rechtsbeistands bei den folgenden Punkten:

- Festlegen (zusammen mit der PR-Abteilung) der die Jahr 2000-Konformität betreffenden Unternehmenspolitik durch die Kommunikation mit Kunden, Wirtschaftsprüfern, Aufsichtsbehörden, Aktionären und öffentlichen Medien
- Bearbeiten von Verträgen und Unterverträgen unter Einbeziehung des Personals der Einkaufsabteilungen, um eine Jahr 2000-geeignete Sprachform zu entwickeln
- Aufbau eines Verständnisses für potentielle Schwierigkeiten, die auf Unternehmen und Personal zukommen, wenn keine Jahr 2000-Konformität erreicht würde
- Der Forderung der Wirtschaftsprüfer und der Aufsichtsbehörden nach Offenlegung nachkommen
- Begutachtung der Versicherungen von Direktoren und leitenden Angestellten, Haftungsbegrenzungen und Begrenzung der Unternehmenshaftung, um den Programmierern für den Fall einer Nichtkonformität an das Jahr 2000 Schutz zu geben

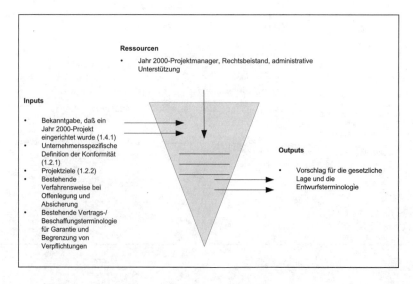

1.4.5 Aufgabe: Jahr 2000-Mitteilungen an die PR-Abteilung der Organisation verteilen

Wenn Sie einen zentralen Koordinator für externe Anfragen haben (z.B. von Kunden, Wirtschaftsprüfern, Aktionären, öffentlichen Medien), senden Sie ihm eine Mitteilung über das Jahr 2000-Projekt, seinen Zweck und seine Ziele. Diese sollte Kommentare und Fragen erbitten und nach einer Teilnahme an der Entwicklung eines Planes über Taktik und PR-Maßnahmen für das Jahr 2000-Projekt fragen. Falls der Koordinator nicht auf der Original-Verteilerliste war, fügen Sie eine Kopie der Jahr 2000-Genehmigungsmitteilung bei.

Wenn Ihr Unternehmen Zulieferer oder selbständige Geschäftseinheiten besitzt, die ihre eigene PR-Arbeit machen, schicken Sie eine Kopie dieser Mitteilung an deren Manager für ihre PR-Kontakte. Diese Kontaktstellen müssen wissen, daß ein übergreifender taktischer Plan und PR-Plan für das Jahr 2000-Projekt entwickelt werden soll. Fragen Sie diese Projektmanager oder ihre für das Projekt zugeteilten PR-Koordinatoren nach Input. Sprechen Sie mit ihnen über die Möglichkeit von Anfragen an die öffentlichen Medien, Aktionäre, Aufsichtsbehörden, Wirtschaftsprüfer und Kunden. Bieten Sie an, die Antworten auf diese Anfragen zu koordinieren, und bereiten Sie Informationen für die Presse vor, für Aktionärsmitteilungen und für Anfragen der Aufsichtsbehörden, Wirtschaftsprüfer und Kunden.

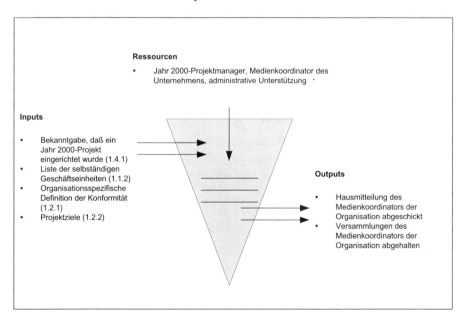

1.4.6 Aufgabe: Jahr 2000-Mitteilungen an die eigenständigen Geschäftseinheiten verteilen

Sie müssen alle Geschäftseinheiten – einschließlich der selbständigen – vom Jahr 2000-Projekt, seinem Zweck und seinen Zielen unterrichten. Obwohl die Manager dieser Einheiten wenigstens an einer Ihrer Besprechungen mit dem Management teilgenommen haben sollten, sollte die Benachrichtigung alle für die betreffende Geschäftseinheit erforderlichen Informationen enthalten. Dazu gehören:

- Die Notwendigkeit, das Personal in der Durchführung der Aktivitäten für das Jahr 2000-Projekt zu schulen.
- Die Notwendigkeit, Sie über bestehende Sicherheitsmaßnahmen (z.B. Freigaben) dieser Geschäftseinheit zu unterrichten.
- Die Notwendigkeit, für alle ihre Einheiten ein aktuelles Firmen-Organigramm vorzusehen und anzubieten.
- Die Notwendigkeit, die Ressourcen zu planen, die sie für die Inangriffnahme und Lösung ihrer Jahr 2000-Probleme in Übereinstimmung mit der anerkannten Methode benötigen.

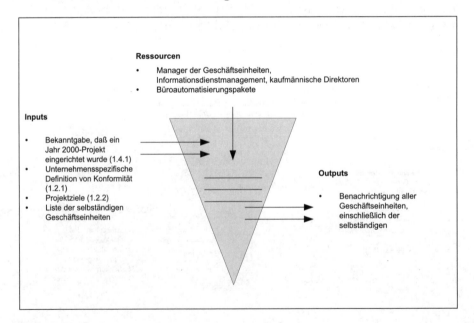

1.4.7 Aufgabe: Jahr 2000-Mitteilungen an Vertrags- und Geschäftspartner sowie an elektronische Partner verteilen

Diese Mitteilung erläutert das Jahr 2000-Projekt, seinen Zweck und seine Ziele. Sie verlangt von Lieferanten, Geschäftspartnern und elektronischen Partnern Feedback und aktive Teilnahme. Die Mitteilung an die elektronischen Partner sollte folgendes verlangen:

- Stand der Jahr 2000-Konformität ihrer Schnittstellen zu Ihrem Unternehmen
- Information über alle Anforderungen von Rezertifizierungen oder Normen
- Die Konformitäts-Definition für die Lieferanten

In Abhängigkeit von Ihrem geschäftlichen Umfeld kann es erforderlich sein, daß diese Mitteilung von den Geschäftseinheiten selbst verschickt wird.

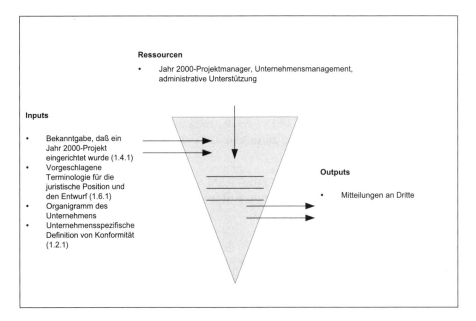

1.4.8 Aufgabe: Verteilen der Jahr 2000-Mitteilung an die Mitarbeiter im Unternehmen

Diese Mitteilung kann verschiedene Formen haben: Hausmitteilungen, E-Mails, allgemeine Besprechungen und Ankündigungen am Schwarzen Brett, die die Unternehmensmitarbeiter vom Zweck und den Zielen des Konformitätsprojekts informieren. Individuelle Mitteilungen, die gegebenenfalls von den Abteilungsleitern für ihr Personal erstellt und abgezeichnet werden, sollten folgendes beinhalten:

- Eine Erläuterung, wie der Jahrhundertdatumswechsel ihre Arbeit beeinflussen kann.
- Festlegung breiter Bereiche, in denen die Beschäftigten gegebenenfalls PC-Software, Datenbanken und/oder andere Geschäftsroutinen überarbeiten müssen.
- Machen Sie deutlich, daß Mitarbeiter benachrichtigt werden, wenn sie von den durchgeführten Systemänderungen betroffen werden (z.B. Systemausfälle, Schulungen).
- Erwähnen Sie die Wichtigkeit, die das momentane Personal für das Jahr 2000-Projekt besitzt. Stellen Sie fest, daß der Bestand einer ausgewählten Personengruppe ein wichtiger Faktor für Ihren Erfolg ist. Einige Unternehmen werden sich während der Ausführung ihres Jahr 2000-Projekts weiter verkleinern. Sie müssen die Empfindungen erkennen und managen, die die Systemänderungen auf das Hauptpersonal haben werden.

Im Kommunikationsplan für das Jahr 2000-Projekt (Abschnitt 1.5) werden Sie Mechanismen für eine fortwährende Kommunikation mit den Beschäftigten und deren Feedback aufbauen.

 Problembewußtsein in der Organisation schaffen vollständig. Die Qualitätssicherung prüft, ob das Deliverable zielkonform ist. Die Projektüberwachung fixiert das Deliverable und aktualisiert die Überwachungsmaße.

Phase 1: Planung und Bewußtmachung

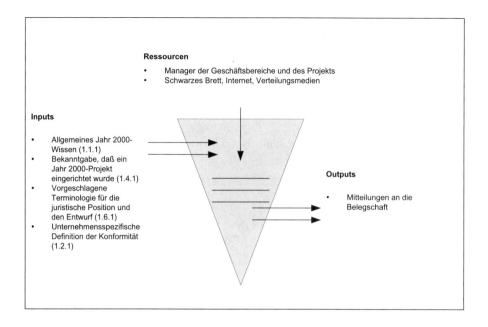

1.5 Der Kommunikationsplan für das Jahr 2000-Projekt

Bei dieser Aufgabe legen Sie fest, wie und wem Sie Projektinformationen und Aktualisierungen übermitteln. Sie legen auch fest, wie Sie Kommentare, Vorschläge und Informationen erhalten werden. Es ist von hervorragender Wichtigkeit, Kommunikationskanäle zu Lieferanten, Geschäftspartnern und elektronischen Partnern einzurichten.

Aufgabenüberblick

- Kommunikationswege zu allen Managementebenen einrichten
- Kommunikationswege zu Vertrags- und Geschäftspartnern sowie zu den elektronischen Partnern einrichten
- Mitarbeiter auf dem laufenden halten
- Jahr 2000-Projektkommunikationsplan präsentieren und genehmigen lassen

1.5.1 Aufgabe: Kommunikationswege zu allen Managementebenen einrichten

Sie müssen für das Projekt Management-Kommunikationskanäle einrichten. Diese Kanäle müssen einen häufigen Kontakt im Rahmen der Erfordernisse und Fortschritte des Projekts ermöglichen. Kontakte können über Konferenzschaltungen, Zusammenkünfte, Einweisungen, Hausmitteilungen oder E-Mail stattfinden. Jede Phase kann Konformitätsmaßnahmen in den Kommunikationsmethoden erfordern.

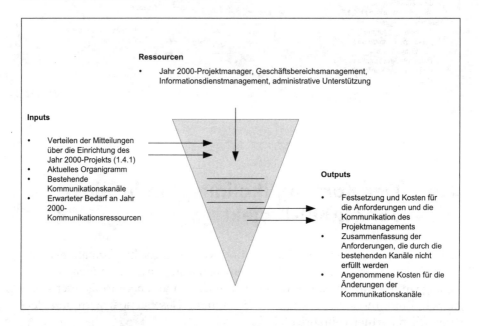

1.5.2 Aufgabe: Kommunikationswege zu Vertrags- und Geschäftspartnern sowie zu den elektronischen Partnern einrichten

Die Wichtigkeit einer effektiven wechselseitigen Kommunikation mit Lieferanten, Geschäftspartnern und elektronischen Partnern kann gar nicht überbewertet werden. Sie haben keine Kontrolle über externe Terminpläne und Budgets, aber Sie müssen Ihre eigenen Konformitätskriterien erfüllen und dabei die externe Zusammenarbeit und die bestehenden Geschäftsverträge beibehalten. Sie müssen Entscheidungen treffen, nicht nur betreffend der Terminpläne von relevanten externen Jahr 2000-Konformitätsmaßnahmen, sondern auch darüber, ob diese Terminpläne mit den Erfordernissen Ihrer verschiedenen Geschäftsbereiche und des gesamten Jahr 2000-Projekts in Einklang stehen. Wenn dies nicht der Fall ist, erstellen Sie Pläne, um Schnittstellenbrücken zu entwerfen, zu kontrollieren und letztendlich instand zu halten – alles innerhalb der Jahr 2000-Frist.

Benutzen Sie das Unternehmensorganigramm als Hilfe bei der Ermittlung derjenigen Systeme, welche von Ihnen gesteuert werden, auf die Sie Einfluß haben oder diejenigen, die Sie nicht beeinflussen können, die sich aber auf Ihre Maßnahmen auswirken.

Um dies alles zustande zu bringen, müssen Sie klare Kommunikationsverfahren einrichten: Telefonkonferenzen oder persönliche Treffen, unterstützt durch Kurzmitteilungen, Briefe oder E-Mails. Ob formell oder nicht, die Kommunikation muß häufig, kooperativ und informativ sein.

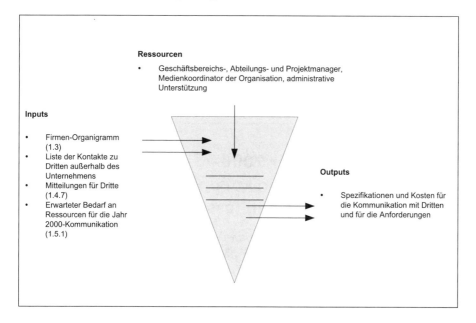

1.5.3 Aufgabe: Mitarbeiter auf dem laufenden halten

Arbeiten Sie Methoden aus, mit denen Sie die Belegschaft über das Konformitätsverfahren und den Projektfortschritt auf dem laufenden halten. Sie können dies durch periodische Versammlungen, E-Mails, eine Web-Seite, Hausmitteilungen oder Notizen am Schwarzen Brett tun. Wenn Sie Notizen

Kapitel 1

am Schwarzen Brett oder eine Web-Seite benutzen, halten Sie sie auf dem neuesten Stand, und teilen Sie mit, wie oft Updates herausgebracht werden; andernfalls neigen die Leute dazu, sie abzulehnen.

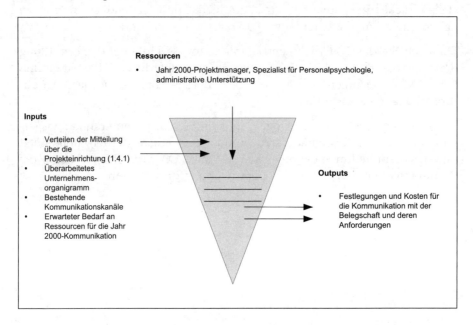

1.5.4 Aufgabe: Jahr 2000- Projektkommunikationsplan präsentieren und genehmigen lassen

Lassen Sie Ihren Kommunikationsplan des Jahr 2000-Projekts genehmigen. Erhalten Sie die Ressourcen und/oder das Budget, das zu seiner Aktivierung nötig ist.

 Meilenstein *Jahr 2000-Projektkommunikationsplan* vollständig und genehmigt. Die Qualitätssicherung prüft, ob das Deliverable zielkonform ist. Die Projektüberwachung fixiert das Deliverable und aktualisiert die Überwachungsmaße.

Phase 1: Planung und Bewußtmachung

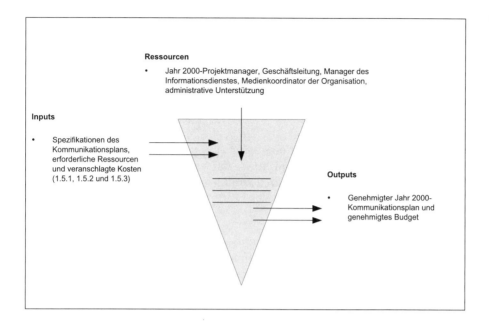

1.6 Verfahrens- und PR-Plan

Dieser Plan beinhaltet Aufgaben, die das Ansprechen der juristischen Auswirkungen einer Jahr 2000-Nichtkonformität und die Koordinierung der PR-Maßnahmen für die Beantwortung der Fragen über den Jahr 2000-Konformitätsstand Ihrer Organisation betreffen.

Aufgabenüberblick

- Projektbezogene Verantwortlichkeiten der Rechtsabteilung identifizieren
- Projektbezogene Aufgaben der Public-Relations-Abteilung identifizieren

1.6.1 Aufgabe: Projektbezogene Verantwortlichkeiten der Rechtsabteilung identifizieren

Der Rechtsbeistand Ihrer Organisation sowie die Mitarbeiter von Zuliefer- und Beschaffungsabteilungen müssen mit einer Jahr 2000-erfahrenen Person zusammenarbeiten, um die Auswahlkriterien der Lieferanten in Hinsicht auf die Jahr 2000-Konformität zu überarbeiten. Sie brauchen auch Rechtshilfe, um eine Beratung in folgenden Bereichen anbieten zu können:

- Bestimmung der Unternehmenspolitik (zusammen mit PR). Dies betrifft die Kommunikation mit Kunden, Wirtschaftsprüfern, Aufsichtsbehörden, Aktionären und außenstehenden Medien betreffend der Jahr 2000-Konformität
- Zusammenarbeit mit den Mitarbeitern von Zuliefer- und Beschaffungsabteilungen, um eine geeignete Terminologie für die Jahr 2000-Konformität zu erstellen
- Entwicklung eines Verständnisses für eine potentielle Verantwortlichkeit und Verpflichtung der Organisation, der Vorgesetzten und der Mitarbeiter in Hinblick auf eine Nichtkonformität an das Jahr 2000
- Verfolgung des Offenlegungsbedarfs von seiten der Wirtschaftsprüfer und Aufsichtsbehörden
- Verfolgung der Versicherungen, der Begrenzung der Verantwortlichkeiten und der Absicherung des Unternehmens, um einen Schutz der Angestellten im Fall einer Jahr 2000-Nichtkonformität zu gewährleisten.

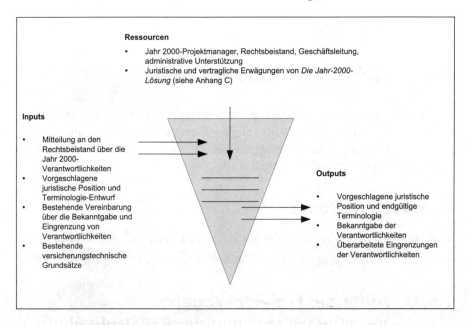

Der Plan sollte Methoden für eine fortwährende Information während des Fortschreitens des Projekts einführen. Er sollte Aufgaben enthalten, um eine juristische Bestandsaufnahme der Systeme und Verträge durchzuführen, die durch die Jahr 2000-Anomalien berührt werden könnten. Die juristische Inventur ist ein wichtiger Teil der Erzeugung eines »angemessenen Eifers« (statt einer üblen Nachlässigkeit). Der Plan sollte außerdem Anforderungen und einen Zeitplan für die Entwicklung der vorgeschlagenen Jahr 2000-Terminologie vorsehen, Richtlinien zur Beantwortung von Fragen, die den Jahr 2000-Konformitätsstatus Ihrer Organisation betreffen, und Überprüfungskriterien für die Auswahl von Lieferanten und Zulieferern, die die Anforderungen der Jahr 2000-Konformität erfüllen. Die Entwicklung der Überprüfungskriterien liegt am besten in der Verantwortung des Beschaffungs- und Einkaufspersonals, benötigt aber juristische Hilfe. Diese Kriterien sollten auch den Projektmanagern oder Managern der selbständigen Geschäftseinheiten mitgeteilt werden, soweit sie in die Auswahl von Lieferanten oder Waren involviert sind.

1.6.2 Aufgabe: Projektbezogene Aufgaben der Public-Relations-Abteilung identifizieren

Auch wenn Ihre Organisation nicht ausdrücklich eine Jahr 2000-Konformität verlangt, sind Sie gut beraten, wenn Sie sich darum bemühen. Für Aktionäre, Kunden, außenstehende Medien, Aufsichtsbehörden und Wirtschaftsprüfer gibt es einen wichtigen Grund für ihr Interesse an einer Jahr 2000-Konformität Ihrer Organisation: Sie kann einen großen Einfluß auf Ihre Rentabilität haben und auch darauf, ob Sie im Geschäft bleiben.

Die Pläne über die Unternehmenspolitik und PR-Maßnahmen müssen Methoden für die Bekanntgabe von Projektzielen und Fortschritten an externe Parteien einführen, und sie müssen klar die Personen oder Büros festlegen, die die Anfragen aus den diversen Quellen beantworten. Aber Sie sollten auch Methoden für eine interne Berichterstattung festlegen, um sicherzustellen, daß immer die neuesten Informationen über den Projektfortschritt verfügbar sind.

Meilenstein *Verfahrens- und PR-Plan* vollständig und genehmigt. Die Qualitätssicherung prüft, ob das Deliverable zielkonform ist. Die Projektüberwachung fixiert das Deliverable und aktualisiert die Überwachungsmaße.

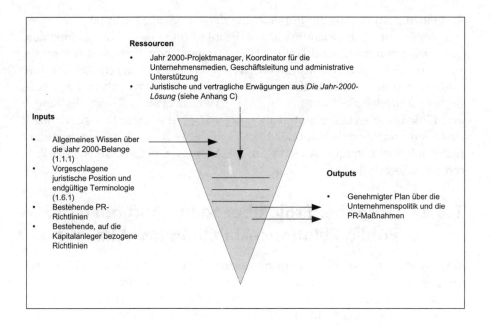

1.7 Anfänglicher Projektplan

Ihr Jahr 2000-Projektplan muß enthalten:

- Eine Beschreibung der Methoden, wie während des Projektablaufs die Genehmigungen für Terminpläne, Budgets und Ressourcen erhalten werden können.
- Eine Beschreibung der Verantwortlichkeiten der Jahr 2000-Manager, damit sie auf erforderliche Ressourcen zugreifen können. Wegen des Gesamtumfangs der Aufgabe, des Levels gleichzeitig erforderlicher Aktivitäten und wegen des kurzfristigen Termins benötigen Sie eine klare Definition dieser Autorität.
- Ein Konzept darüber, wie die Leiter einzelner Projektphasen oder Abschnitte mit externen Partnern zusammenarbeiten (Zum Beispiel müssen Sie klären, wieviel Autorität sie haben, um externen Entitäten Mitteilungen über Zeiten und Terminpläne mitzuteilen, oder Sie müssen anordnen, daß sie angeben, in welchem Ausmaß sie nach externen Zeitvorgaben arbeiten).

Aufgabenüberblick

- Schlüsselmitglieder des Projektteams identifizieren
- Globale Projektrisiken abschätzen
- Vorhandene Konfigurationsmanagementpläne begutachten und auf das Jahr 2000-Projekt anwenden
- Vorhandene Qualitätssicherungspläne begutachten und auf das Jahr 2000-Projekt anwenden
- Projektzeitplan, Projektbudget und Plan zur Überwachung des Projektfortschritts entwickeln
- Anfänglichen Projektplan präsentieren und genehmigen lassen

1.7.1 Aufgabe: Schlüsselmitglieder des Projektteams identifizieren

Bestimmen Sie die Mitglieder für das Hauptteam des Projekts, ihre Verantwortlichkeiten, die Grenzen ihrer Autorität und ihre Berichtskanäle. Diese Leute werden für die Durchführung der Jahr 2000-Projektphasen verantwortlich sein, einige Deliverables bearbeiten, Budgets aufstellen, Ressourcen erschließen (Personal und Ausrüstung), Zeitpläne ausarbeiten und über den Projektfortschritt berichten. Die folgenden Positionen sollten besetzt werden:

- Der stellvertretende Leiter für das Jahr 2000-Projekt wird dem Projektmanager bei Datenprüfungen, Zusammenkünften, Koordinationsmaßnahmen sowie bei der internen und externen Kommunikation und werden bei Bekanntmachungen helfen. Außerdem wird laufend die aktuellen Zeitpläne, Budgets und Ressourcen mit den zugehörigen Planungsvorgaben verglichen.

- Die Leiter der Jahr 2000-Phasen werden die einzelnen Phasen oder Phasenteile unter der Leitung des Jahr 2000-Projektmanagers und des stellvertretenden Leiters durchführen. Diese Phasenmanager werden die Erfüllung der Phasenvorgaben beaufsichtigen und sicherstellen, daß das Personal, das zur Durchführung der Phasen eingeteilt ist, über die Werkzeuge und Ressourcen verfügt, um jede Arbeit termingerecht auszuführen.

- Ihr Unternehmensorganigramm, zuzüglich einiger kleinerer Schemata von komplexen Unternehmensbereichen, wird Ihnen eine Vorstellung davon geben, wie verbreitet und komplex Ihr Jahr 2000-Projekt werden kann. Benutzen Sie diese Diagramme zur Bestimmung des technischen Personals: Chefprogrammierer für die einzelnen Level, Experten für die

Kapitel 1

einzelnen Themen, Architekten für das Hauptsystem und anderes hochwertiges Personal, das voraussichtlich für das gesamte Projekt benötigt wird. Dieser geschätzte Bedarf kann sich während der Durchführung jeder Phase ändern und vergrößern. Aber das Management braucht eine geschätzte Größenordnung, um absehen zu können, ob es Berater, Dienstleistungen und Zeitpersonal zur Durchführung des Projekts benötigt, oder ob es die Ressourcen von außerhalb anheuert.

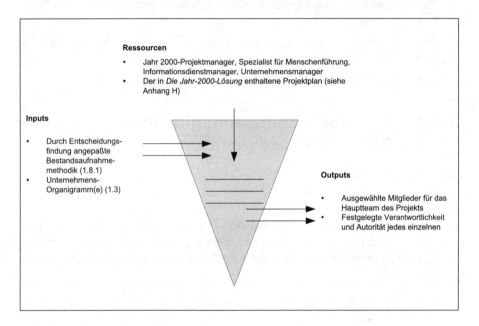

1.7.2 Aufgabe: Globale Projektrisiken abschätzen

Anhang I behandelt das Risikomanagement. Sehen Sie sich diesen Anhang an, und identifizieren und bewerten Sie die erwarteten Risiken, auf die Sie während des Jahr 2000-Projekts zu stoßen glauben. Diese Bewertung legt den Grundstock zu den phasenspezifischen Einschätzungen des Projektrisikos, die am Anfang jeder Phase des Jahr 2000-Projekts steht. Die folgende Tabelle zeigt Risiken, auf die Sie in mehr als nur einer Phase des Jahr 2000-Projekts treffen werden. Dies sind »mögliche Risiken«. Sie müssen diese Liste entsprechend den Gegebenheiten Ihres Unternehmens und Ihres Jahr 2000-Projekts ändern und ergänzen.

Phase 1: Planung und Bewußtmachung

Potentielles Ereignis	Wahrscheinlichkeit	Einfluß	Risiko
Nicht genug Personal	Mittel	Hoch	Hoch
Nichteinhaltung Terminplan	Hoch	Hoch	Hoch

Zwei Risiken, die sehr wahrscheinlich auf alle Unternehmen zutreffen, sind

- **Nicht genügend Personal.** Ein Risiko, auf das wahrscheinlich jeder Jahr 2000-Projektmanager stößt, ist das mögliche Scheitern seiner Bemühungen, das zur Vollendung des Projekts erforderliche Personal zu erhalten. Das Personal ist die kritische Ressource bei jeder Bemühung um das Jahr 2000, und eine unzureichende Personalausstattung ist ein Risiko, das Sie in jedem Stadium des Jahr 2000-Projekts erwägen sollten. Das Zurückhalten von Personal ist eine bedeutende Komponente des Risikos nicht ausreichender Arbeitskräfte. Stellen Sie fest, wie viele Leute Sie für Ihren Erfolg brauchen und wie Sie sie erhalten können, und erwägen Sie dann die Aufstellung und Initiierung eines »Alternatioplans für Personalengpässe«, insbesondere als ein Mittel für den eventuell erforderlich werdenden Ersatz von Personal, das für Ihr Projekt unerläßlich ist. Zusätzlich sollten die Geschäftsführer von dem notwendigen Bedarf an Personalstunden wissen, wenn das Jahr 2000-Projekt Erfolg haben soll.

- **Nichteinhaltung des Terminplans.** Es ist augenfällig, daß der Jahr 2000-Stichtag nicht verschoben werden kann. Auf dem Terminkalender wird der 1. Januar 2000 unwiderruflich erscheinen. Wahrscheinlich wird Ihnen auch die Zeit knapp, so daß Ihr Jahr 2000-Projekt keine großräumige Terminverschiebung mehr tolerieren kann. Sehen Sie sich die Geschichte Ihres Unternehmens in bezug auf verspätete oder gelöschte Softwareprojekte an. Weil man die Nichteinhaltung von Terminen bei einem Jahr 2000-Manager als katastrophal bezeichnen muß, sollte er sich des gewaltigen Risikos bewußt sein. Um dieses Risiko im Blickfeld zu behalten, können Sie standardisierte Terminverfolgungsmechanismen benutzen. Sie sollten einen Krisenplan aufstellen, der eventuelle Terminverschiebungen berücksichtigt. Weil sich das Enddatum des Ablaufplans nicht verschieben läßt (1. Januar 2000), sollte das einleitende Projekt Pläne zur Überwachung und Wiederherstellung des Terminplans beinhalten. Pläne zur Überwachung und Wiederherstellung können Maßnahmen wie zum Beispiel periodische und auf dem Fortschritt basierende interne Besprechungen enthalten und Korrekturmaßnahmen vorsehen, Wiedereinrichtung von menschlichen und Computer-Ressourcen, Vergrößerung der Belegschaft durch Zeitarbeits- oder Anstellungsverträge, Verpflichtung von Anbietern schlüsselfertiger Lösungspakete, Einbeziehung zusätzlicher Tools, neuerliche Prioritätszuweisung für benötigte Systeme, und so weiter.

Kapitel 1

Wenn Sie einmal die gesamten möglichen Projektrisiken für Ihre Organisation aufgelistet und bewertet haben, heben Sie diese Risiken in Ihren Besprechungen hervor, zusammen mit den risikoverringernden Möglichkeiten, und nennen Sie den geschätzten Zeitaufwand und die Kosten dieser Möglichkeiten. Sobald Sie die selbständigen Geschäftseinheiten in Ihrem Unternehmen ermittelt haben, müssen Sie die Jahr 2000-Risiken zusammen mit ihnen für jede einzelne dieser Einheiten identifizieren.

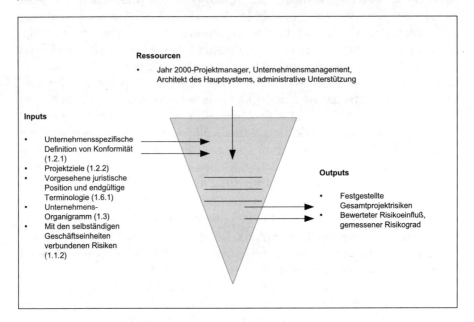

1.7.3 Aufgabe: Vorhandene Konfigurationsmanagementpläne begutachten und auf das Jahr 2000-Projekt anwenden

In dieser Aufgabe kontrollieren Sie den Plan für das Konfigurationsmanagement und vergewissern sich, daß die Verfahren die Jahr 2000-Aufgaben behandeln. Fügen Sie dem Plan die geeigneten Verfahren hinzu, um die Jahr 2000-Aktivitäten eindeutig behandeln zu können. Zum Beispiel können verschiedene Systeme unterschiedliche Konfigurationsmanagementprozesse oder -produkte benutzen; oder verschiedene Prozesse können für den internen Gebrauch bzw. für die Verwendung durch Lieferanten oder elektronische Partner vorhanden sein. Wenn dies der Fall ist, müssen Sie festlegen,

Phase 1: Planung und Bewußtmachung

welche Konfigurationsmanagementkontrollen Sie für jede Phase benötigen, und sicherstellen, daß es einen Konfigurationsmanagementprozeß gibt, der auf diese Anforderungen zutrifft. Wenn Sie keine Konfigurationsmanagementverfahren haben, *ziehen Sie nicht in Erwägung*, einen ganzen Konfigurationsmanagementprozeß als Teil Ihres Jahr 2000-Plans zu implementieren; Sie haben nicht genug Zeit dafür! Implementieren Sie nur die Kontrollen, die Sie brauchen, um durch den Jahr 2000-Konformitätsprozeß zu kommen (zum Beispiel Verfolgen der Lieferanten, Ermittlung von Anomalien, Tests, Versionskontrollen, und so weiter).

Machen Sie den Konfigurationsmanagementplan allen Parteien zugänglich, die an dem Projekt arbeiten, und notieren Sie alle Änderungen, die Sie an den Standardplänen machen.

Richten Sie eine KM-Projektdatenbank für das Jahr 2000-Projekt ein.

Geben Sie eine Mitteilung heraus, in der Sie das Festhalten an dem Konfigurationsmanagementplan verlangen. Diese Mitteilung sollte die Projektrisiken bei einer Nichtbefolgung des Konfigurationsmanagementplans hervorheben. Jeder muß diese Risiken begreifen.

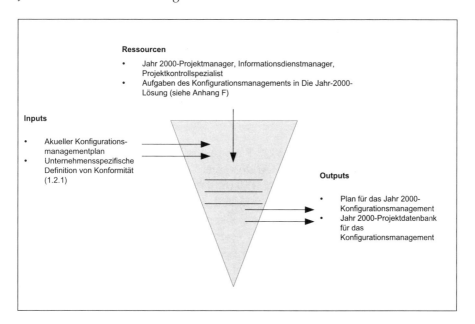

1.7.4 Aufgabe: Vorhandene Qualitätssicherungspläne begutachten und auf das Jahr 2000-Projekt anwenden

Stellen Sie die Qualität sowohl für das Jahr 2000 als auch für die von Ihnen reparierten Systeme sicher. Sie müssen wahrscheinlich den Plan zur Qualitätssicherung bzw. Qualitätskontrolle ändern oder erweitern, um die einzelnen Aufgaben des Jahr 2000-Projekts erfüllen zu können. Die Qualitätssicherung (QS) für das Jahr 2000-Projekt sollte auf einen Level gebracht werden, der wenigstens dem entspricht, wie er im aktuellen Plan festgelegt ist. Sie sollten der Rolle, die die QS spielt, aber vielleicht noch mehr Gewichtigkeit geben. Für Projekte, die sich nach den Maßgaben oder Normen von Kunden richten, müssen die Änderungen im QS-Plan natürlich mit diesen Maßgaben übereinstimmen. Einzelheiten, die bei der Erweiterung des QS-Plans berücksichtigt werden müssen, beinhalten:

- Zusätzliche oder unterschiedliche Maßnahmen
- Qualität und Vollständigkeit der Jahr 2000-Projektdatenbank
- Konformität mit geänderten Entwicklungsverfahren und Normen für Hardware, Software und Systeme
- Konformität mit dem Jahr 2000-Projektplan
- Verfolgung bis zum Abschluß und Berichterstattung an das Management über Abweichungen vom Jahr 2000-Plan, von Prozeduren und Normen
- Übereinstimmung mit bestehenden und geänderten Qualitätsanforderungen

Verteilen Sie den überarbeiteten QS-Plan an alle Personen, die an dem Projekt arbeiten, und machen Sie die Änderungen gegenüber dem Originalplan deutlich. Vergessen Sie nicht, in der dem neuen QS-Plan mitgegebenen Mitteilung die Empfänger an die Wichtigkeit der Einhaltung der QS-Anforderungen zu erinnern und auch an die Risiken, die mit einer Nichtübereinstimmung verbunden sind. Wegen des engen und starren Zeitplans für das Jahr 2000-Projekt wird ein Scheitern der Konformität an die soliden QS-Richtlinien den Erfolg des Projekts aufs Spiel setzen. Bei Projekten, die für den QS-Plan eine Genehmigung von seiten des Kunden benötigen, müssen Sie diese einholen.

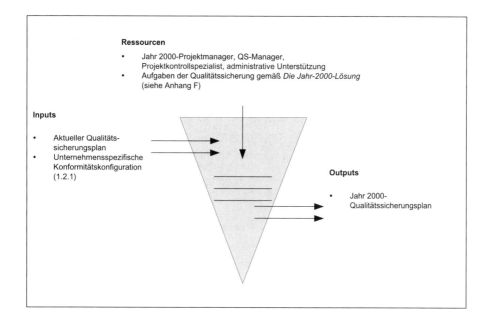

1.7.5 Aufgabe: Projektzeitplan, Projektbudget und Plan zur Fortschrittsüberwachung entwickeln

In dieser Aufgabe benutzen Sie alle Informationen, die Sie haben, für die Erstellung eines groben größenspezifischen Zeitplans und Budgets für das Jahr 2000-Projekt. Dieser Zeitplan sollte einen Fahrplan für die Durchführung jeder Projektphase haben. Es ist wichtig, dem Management zu zeigen, wie die Jahr 2000-Projektaktivitäten mit denjenigen anderer Abteilungen und mit laufenden Projekten koordiniert sind. Der Terminplan sollte jede Phase und die dazugehörigen Resultate und Aufgaben zeigen, zusammen mit der Equipment-Auslastung im Verlauf derselben Kalenderperiode. Die vorgesehenen Ressourcen-Anforderungen werden Ihnen in Zusammenhang mit dem Zeitplan erlauben, ein größenordnungsmäßiges Budget für das Gesamtprojekt aufzustellen. Die erste Verfeinerung dieses Budgets nach der Genehmigung des Ausgangsprojektplans wird als ein Teil der Aufgabe stattfinden, in der detaillierte Pläne für die Phasen der Bestandsaufnahme und der Entscheidungsfindung entwickelt werden.

Dieses Buch schildert die möglichen Risiken, die während jeder Projektphase auftreten können. Bauen Sie in die Zeitschätzungen für jede Jahr 2000-Projektphase genug »Luft« ein, damit Sie beim Auftreten von Problemen diese noch bearbeiten können.

Kapitel 1

Der anfängliche Projektplan sollte auch den offiziellen Plan für die Fortschrittsüberwachung während der Jahr 2000-Arbeiten enthalten. Der Überwachungsplan soll den periodischen und ereignisbezogenen Nachprüfungen dienen, die sich auf die Übereinstimmung mit den geplanten technischen Maßnahmen, dem Termin, dem Budget und der Ressourcen-Ausnutzung beziehen. Der Überwachungsplan sollte dem Management auch Feedback-Mechanismen nennen, mit denen Entscheidungen für die Zuweisung von Ressourcen unterstützt und andere Jahr 2000-Terminpläne, die auf den erlernten Lektionen basieren, überarbeitet werden können.

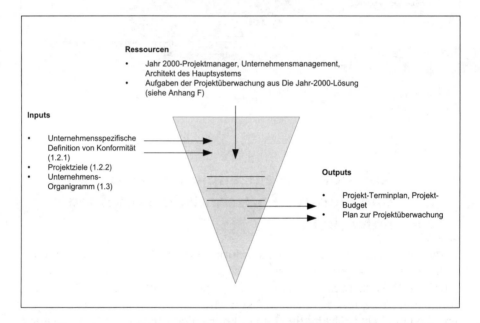

1.7.6 Aufgabe: Anfänglichen Projektplan präsentieren und genehmigen lassen

Dies ist in Ihrem Jahr 2000-Projekt ein größerer zu genehmigender Punkt. Wenn Sie im Projekt weiterkommen, werden Sie die Genehmigung für detailliertere Phasenterminpläne und Phasenbudgets erhalten, dies hier ist aber der Punkt, an dem Sie die Freigabe dafür erhalten, daß Sie nun sicherstellen sollen, daß Ihr Unternehmen die Jahr 2000-Konformität erreicht. Die Wichtigkeit dieser Aufgabe kann in Relation zu Ihrem gesamten Konformitätsziel gar nicht überbewertet werden. Das Management wird an Ihren Zeit- und Kostenschätzungen besonders interessiert sein. Die Planungen von Budget und Ressourcen werden wichtige Faktoren sein, die das Management erwägen muß, bevor es die Positionen der Mitglieder Ihres Projekt-Hauptteams und des Ausgangsplans genehmigt. Beachten Sie, daß dieser Vorgang eventuell mehr als einmal wiederholt werden muß.

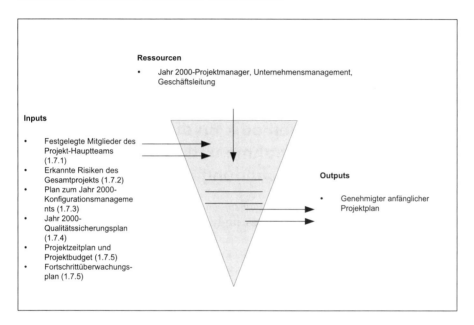

 Anfänglicher Projektplan vollständig und genehmigt. Die Qualitätssicherung prüft, ob das Deliverable zielkonform ist. Die Projektüberwachung fixiert das Deliverable und aktualisiert die Überwachungsmaße.

1.8 Pläne für Bestandsaufnahme und Entscheidungsfindung

Nach der Genehmigung des anfänglichen Projektplans müssen Sie einige detailliertere Pläne für die Phasen der Bestandsaufnahme und der Entscheidungsfindung Ihres Jahr 2000-Projekts machen. Bevor Sie detaillierte Pläne für die nachfolgenden Konformitätsphasen machen, müssen Sie die Entscheidungsfindungsaktiviäten beenden.

Kapitel 1

Aufgabenüberblick

- Methodik an die Bestandsaufnahme und Entscheidungsfindung anpassen
- Ressourcenanforderungen für die Bestandsaufnahme und Entscheidungsfindung identifizieren
- Zeitplan/Budget für Bestandsaufnahme und Entscheidungsfindung entwickeln
- Zeitplan/Budget für Bestandsaufnahme und Entscheidungsfindung präsentieren und genehmigen lassen

1.8.1 Aufgabe: Methodik an die Bestandsaufnahme und Entscheidungsfindung anpassen

Benutzen Sie die Abschnitte *Bestandsaufnahme* und *Entscheidungsfindung* als Basis, von der aus die Deliverables und Ziele der Durchführung von Bestandsaufnahme und Entscheidungsfindung in Ihrer Organisation aufgelistet werden. Überlegen Sie, wie Sie diese Phasen innerhalb des Prozesses, der Struktur und der Kultur Ihres Unternehmens am besten durchführen können. Verschiedene Geschäftsbereiche und besondere, selbständige Geschäftseinheiten können besondere Ansätze verlangen. Erläutern Sie in Ihrem Plan diese Entscheidungen. Diese Information wird auch als Input für den anfänglichen Projektplan benutzt.

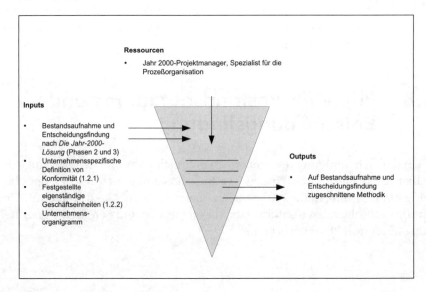

1.8.2 Aufgabe: Ressourcenanforderungen für die Bestandsaufnahme und Entscheidungsfindung identifizieren

In dieser Aufgabe listen Sie die Ressourcen auf, die Sie für die Durchführung der Aktivitäten zur Bestandsaufnahme und Entscheidungsfindung benötigen. Diese Ressourcen beinhalten nicht nur Personal, sondern auch die für die Bestandsaufnahme erforderlichen allgemeinen Verwaltungswerkzeuge sowie die Werkzeuge für das Zusammenstellen, Aufbauen und die Pflege der Projektdatenbank. Für eine komplette Bestimmung der Werkzeuge siehe Anhang E.

Abhängig von der Größe Ihres Unternehmens und der Differenziertheit Ihres Umfeldes kann es sein, daß Sie mehrere Teams für die Bestandsaufnahme haben müssen. Dies erlaubt Ihnen, die Inventurzeit kurz, die Kosten niedrig und das Projekt in Bewegung zu halten. Jedes Team sollte wenigstens einen leitenden Programmierer, einen leitenden Analysten und zwei weitere Programmierer haben.

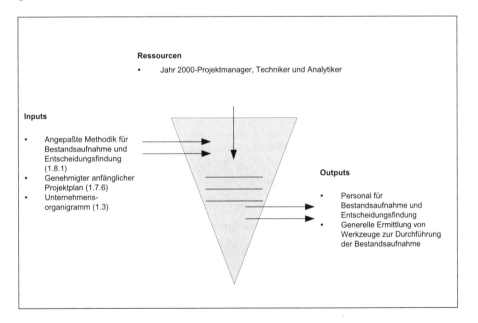

1.8.3 Aufgabe: Zeitplan/Budget für Bestandsaufnahme und Entscheidungsfindung entwickeln

Um den Zeitplan zu entwickeln, müssen Sie berücksichtigen, an welchem Punkt Ihre Phase der Bestandsaufnahme beginnt. Wenn Ihre Übung in Bestandsaufnahmen gering ist, müssen Sie zusätzliche Zeit einplanen. Wenn für die Konfiguration nur eine lockere Verwaltung besteht, müssen Sie mit dem Auftreten von Ungenauigkeiten rechnen und mit nicht vorhandenen Berichten über Aktualisierungen, durchgeführte Wartungen und den verwendeten Quell-Code rechnen. Sie könnten dann auch auf Systemteile treffen, die von jemandem mit einem Paßwortschutz versehen worden sind, der nicht mehr in Ihrem Unternehmen beschäftigt ist. Oder Sie stoßen auf Systeme, die entwickelt oder gekauft worden sind, bevor Ihr Unternehmen ein beständiges Konfigurationsmanagement eingerichtet hatte.

Wenn Sie festlegen, wie viele der Maßnahmen parallel ausgeführt werden können und wie hoch die Kosten sein werden, können Sie folgende Entscheidungsgrundlagen benutzen:

- Den größenordnungsspezifische Zeitplan und das Budget, die im anfänglichen Projektplan enthalten sind
- Die Entscheidung darüber, ob zur Durchführung der Bestandsaufnahme hauseigene oder hinzugezogene Arbeitskräfte verwendet werden
- Ihren Startpunkt für die Bestandsaufnahme – solide oder oberflächliche Informationen

Der Zeitplan sollte sowohl einfach ermittelte Fortschrittspunkte als auch Meilensteine enthalten, an denen der Projektfortschritt gemessen werden kann. Die Beispiele könnten enthalten:

- Bestandsaufnahme der XYZ-Abteilung abgeschlossen
- Rechnungsprüfung der Bestandsaufnahme bei der XYZ-Abteilung abgeschlossen, Bestandsaufnahme überarbeitet
- Bestandsaufnahme abgeschlossen
- Entscheidungsfindung abgeschlossen

Wenn erst die Bestandsaufnahme und anschließend die Entscheidungsfindung beendet sind, sollten Sie einen Rückblick vornehmen, um die Übereinstimmung der tatsächlichen technischen Arbeiten, des Zeitplans, des Budgets und der Ressourcennutzung mit den im Plan vorgesehenen zu vergleichen. Sie sollten ein besonderes Feedback verlangen und auch erhalten, damit die Jahr 2000-Planer die verbleibenden Arbeiten genauer planen können.

Phase 1: Planung und Bewußtmachung

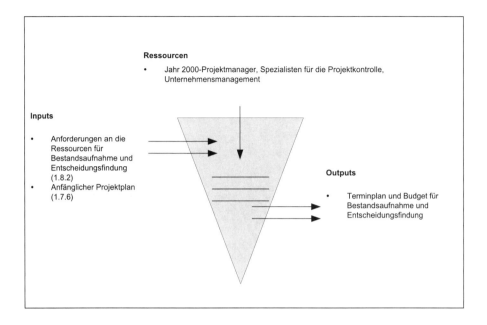

1.8.4 Aufgabe: Zeitplan/Budget für Bestandsaufnahme und Entscheidungsfindung präsentieren und genehmigen lassen

Das Management ist am meisten an Ihrem Budget interessiert, in zweiter und dritter Linie an Ihrem Personalbedarf und am Zeitplan. Diese Punkte sind wichtig wegen der Art und Weise, in der sie den Fortschritt, die gewinnbringenden Projekte oder die geplante Aufstockung der Abteilungen berühren. Lassen Sie sich Ihren Plan genehmigen (einschließlich Budget, Terminplan und Personalbedarf), und gehen Sie zu Bestandsaufnahme und Entscheidungsfindung weiter.

 Pläne der Bestandsaufnahme- und Entscheidungsfindungsphase vollständig und genehmigt. Die Qualitätssicherung prüft, ob das Deliverable zielkonform ist. Die Projektüberwachung fixiert das Deliverable und aktualisiert die Überwachungsmaße.

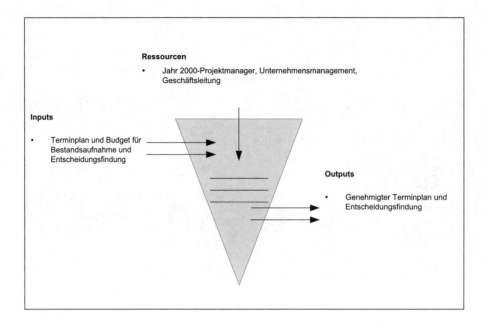

Einflüsse auf das Geschäft

Die während der Phase der Planung und Bewußtmachung durchgeführten Aufgaben werden Ihren Geschäftsbetrieb nicht spürbar beeinflussen. Da diese Phase in erster Linie das Jahr 2000-Personal und die Geschäftsleitung betrifft, werden hierfür nur wenige Ressourcen verwendet.

Aber die Langzeitauswirkungen der Planungs- und Bewußtmachungsaktivitäten werden deutlich sein. Die Manager des Unternehmens müssen Pläne zur Konformität ihrer Tätigkeiten an die bevorstehenden Aktivitäten des Jahr 2000-Projekts in Angriff nehmen. Die hierzu erforderlichen Änderungen betreffen die folgenden Angelegenheiten:

- **Das weitere Anwachsen der Jahr 2000-Probleme muß gestoppt werden.** Zusätzlich zur Lösung bestehender Jahr 2000-Konformitätsprobleme müssen Sie neuen Beispielen von Nichtkonformität vorbeugen. Beschaffungspersonal, Angestellte für Fremdvergabe, Designer und Entwickler müssen sicherstellen, daß neu entwickelte Systeme und neu gekaufte Standardprodukte und -software Jahr 2000-konform sind.

- **Die Kapazität von System und Umfeld müssen ausreichend groß sein, um die Jahr 2000-Problemlösungen aufnehmen zu können.** Um die Jahr 2000-Problemlösungen aufnehmen zu können, müssen bestehende

EDV-Systeme und ihr Umfeld eventuell mit zusätzlicher Speicher- und Bearbeitungskapazität sowie mit größeren bzw. zusätzlichen Festplatten ausgerüstet werden.

- **Die Lösung des Jahr 2000-Problems kann umfangreiche Zuteilung von Arbeits- und Ausrüstungs-Ressourcen erfordern.** Sie müssen entscheiden, wie Sie mit dem erwarteten Bedarf an Personal und Ausrüstung zur Implementierung der Jahr 2000-Lösungen umgehen. Sie müssen wählen, ob Sie eigenes oder fremdes Personal einsetzen wollen, um die erforderlichen 100 Prozent Ihrer aktiven Systeme und Codes zu überprüfen und möglicherweise eine erhebliche Menge davon neu zu schreiben – und das, während der normale Betrieb weiterläuft. Sie können diese Entscheidung ganz gut in einem frühen Stadium des Jahr 2000-Projekts treffen, oder Sie warten damit bis weit in die Phase der detaillierten Systemanalyse hinein. Weil bei Näherrücken des Jahres 2000 der Bedarf an Jahr 2000-Programmierern anwachsen wird, müssen Sie auch einen Plan zum Festhalten neu angeheuerter Programmierer entwickeln. Sie sollten ein Programm einrichten, das für das Jahr 2000-Personal Anreize zum Bleiben gibt.
- **Existierende Budgets bedürfen eventuell der Änderung.** Die Ermittlung und Implementation der Jahr 2000-Lösungen betreffen Personal, Budgets und innerbetriebliche Hardware-Ressourcen. Fertige Budgets für das laufende Jahr und die kommenden Jahre benötigen eine Konformität an die Aufgaben des Jahr 2000-Projekts.
- **Es kann klug sein, gleichzeitig laufende, konkurrierende Entwicklungen zu stoppen.** Sie sollten wegen des organisatorischen Ausmaßes der Infrastruktur-Entwicklungsprojekte die vom Informationsdienst verantworteten Projekte sorgfältig überprüfen und bewerten, bevor Sie eine weiterführende Entwicklung genehmigen. Im Fall der Entwicklung von Projekten kann es sicherer sein, sie zu verschieben als das Risiko des Auftauchens von Schnittstellenunverträglichkeiten zwischen Jahr 2000-konformen und nichtkonformen Systemen einzugehen.

Phasenrisiken

Potentielles Ereignis	Wahrscheinlichkeit	Einfluß	Risiko
Unternehmensorganigramm falsch	Mittel	Hoch	Hoch
Anfänglicher Projektplan unterschätzt die notwendigen Jahr 2000-Ressourcen	Mittel	Hoch	Hoch

Risiken der Planungs- und Bewußtmachungsphase

Es gibt zwei Hauptrisiken, die mit der Phase der Planung und Bewußtmachung verbunden sind: Das Organigramm des Unternehmens kann falsch sein, und der anfängliche Projektplan unterschätzt die für das Jahr 2000-Projekt notwendigen Ressourcen.

Falsches Unternehmensorganigramm

Das Unternehmensorganigramm ist die Basis für den Gesamtüberblick über den Aufbau Ihrer Organisation. Wenn dieser Überblick mangelhaft ist, werden Ihre Jahr 2000-Bemühungen es auch sein. Im schlimmsten Fall könnte es passieren, daß daß Sie die Jahr 2000-Konformität der entscheidenden Systeme nicht erreichen, weil ein Unternehmensorganigramm fehlerhaft ist. Unrichtige oder nicht vollständige Organigramme können auch zu großen Ungenauigkeiten bei Planung und Budgetierung führen, zusammen mit dem damit einhergehenden Verlust an Glaubwürdigkeit des Programms und dem Wegfall von Kapital und Ressourcen. Mit anderen Worten, ein ungenaues Unternehmensorganigramm ist ein bedeutendes Risiko für Planung und Bewußtmachung.

Zur Verringerung dieses Risikos gibt es zwei Wege:

- Richten Sie einen Mechanismus zum Nachprüfen des Unternehmensorganigramms ein. Alte Versionen sollten sorgfältig betrachtet und von so vielen sachverständigen Leuten wie möglich überprüft werden. Wenn möglich, sollte das Unternehmensorganigramm von Personen aus allen Geschäftsbereichen oder -abteilungen überprüft werden.

- Machen Sie die Manager des Unternehmens für das Prüfen und Bestätigen der Teile des Organigramms verantwortlich, die auf ihre Abteilungen oder Geschäftsbereiche zutreffen. Auf diese Weise werden sie Ihnen viel eher bei der Entwicklung dieses Schemas behilflich sein. Zusätzlich sollten Sie sicherstellen, daß diese Manager sich über die langfristige Auswirkung des Organigramms im klaren sind.

Der Projektplan unterschätzt die für das Jahr 2000-Projekt notwendigen Ressourcen

Die meisten Systementwickler wissen, wie schwer es ist, Projektressourcen genau abzuschätzen. Auch für das Jahr 2000-Projekt kann diese Aufgabe teilweise beschwerlich sein. Es ist sehr wahrscheinlich, daß Sie noch nie an einem Projekt mitgearbeitet haben, das so viele Systeme und so viele Geschäftsvorgänge Ihres Unternehmens betrifft. Sie haben keinerlei Anhaltspunkte, und aus diesem Grund können Ihre Schätzungen des Jahr 2000-Ressourcenbedarfs extrem ungenau sein. Stellen Sie sicher, daß das Management weiß, daß eine zusätzliche Akquisition von Ressourcen notwendig werden kann.

Zur Verringerung dieses Risikos gibt es zwei Wege:

- Kontrollieren Sie Ihre Schätzungen auf Genauigkeit, aber nicht auf hohe Präzision. Stellen Sie Ihre Schätzungen besser als Zahlenbereich statt als festgelegte Zahl dar (Zum Beispiel: »Die Personalressourcen für die Bestandsaufnahme werden auf 8 000 bis 10 000 Personalstunden geschätzt«). Dokumentieren Sie Ihre Annahmen und auch alle Unsicherheiten. Vergessen Sie nicht, daß die Tests wiederholt ablaufen; alle Systeme werden nicht gleichzeitig angepaßt sein. Dies kann die Größe Ihres Plans beeinflussen.

- Entwickeln Sie einen Plan für Eventualfälle, nach dem Sie zusätzliche Projektressourcen hinzuziehen können. Korrigieren Sie die Zuweisung von Projektressourcen mehrmals im Verlauf des Projekts. Akquirieren Sie in Übereinstimmung mit dem Eventualfallplan zusätzliche Ressourcen. Machen Sie dem Management verständlich, daß in den späteren Phasen des Jahr 2000-Projekts noch zusätzliche Ressourcen angefordert werden könnten.

Erfolgsfaktoren

Bei einer erfolgreichen Komplettierung der Planungs- und Bewußtmachungsphase haben Sie folgende Schritte ausgeführt:

Erfolgsfaktor	Deliverable
Ermittlung des Jahr 2000-Problems und seines möglichen Einflusses auf Ihre Organisation	Problembewußtsein im Management schaffen
Ermittlung selbständiger Geschäftseinheiten	Problembewußtsein im Management schaffen
Unterrichtung der Geschäftsleitung über die Bedeutung des Jahr 2000-Projekts für das Management	Problembewußtsein im Management schaffen
Erhalt der Genehmigung zur Initialisierung eines Jahr 2000-Projekts für das Management	Problembewußtsein im Management schaffen
Definieren der Jahr 2000-Konformität für Ihre Organisation	Jahr 2000-Konformität definieren

Erfolgsfaktor	Deliverable
Entwicklung von Organigrammen für Ihr Unternehmen und dessen Geschäftsbereiche	Unternehmensorganigramm
Bewußtseinsbildung bei allen betroffenen Abteilungen für ihre Rollen und Verantwortlichkeiten beim Jahr 2000-Projekt. Zu diesen Abteilungen gehören Informationsdienst, Beschaffung, Rechtsbeistand, PR-Abteilung, selbständige Geschäftseinheiten, Zulieferer sowie geschäftliche und elektronische Partner.	Problembewußtsein in der Organisation schaffen
Entwicklung eines Plans zur Einrichtung von Kommunikationskanälen und Prozessen zur Unterstützung des Jahr 2000-Projekts	Jahr 2000-Projektkommunikationsplan
Entwicklung eines Jahr 2000-Plans für die juristische Vorgehensweise	Verfahrens- und PR-Plan
Entwicklung eines Jahr 2000-PR-Plans	Verfahrens- und PR-Plan
Festlegung der Schätzung für Geltungsbereich und Größe des Gesamtprojektes, einschließlich der zugrundeliegenden Annahmen	Anfänglicher Projektplan
Veranschlagtes Projektgesamtrisiko	Anfänglicher Projektplan
Begutachtung des bestehenden Plans für das Konfigurationsmanagement und Zuschneiden auf die Bedürfnisse des Jahr 2000-Projekts	Anfänglicher Projektplan
Begutachtung des bestehenden Plans für die Qualitätssicherung und Zuschneiden auf die Bedürfnisse des Jahr 2000-Projekts	Anfänglicher Projektplan
Veranschlagung des gesamten Zeitplans für das Jahr 2000-Projekt bis zur endgültigen Einführung	Anfänglicher Projektplan
Festlegen von Fortschrittsmeilensteinen für das Jahr 2000-Projekt	Anfänglicher Projektplan
Festlegung wichtiger Ressourcen im Projektplan, die für den Erfolg des Jahr 2000-Projekts benötigt werden	Anfänglicher Projektplan
Entwicklung der Abschätzungen der Gesamtprojektkosten für die technischen Ressourcen, basierend auf Geltungsbereich und Größe	Anfänglicher Projektplan
Erhalt von Ausgangsbudget, Terminplan und Plan für das Jahr 2000-Projekt	Anfänglicher Projektplan
Entwicklung eines Plans für Personal, Zeitplan und Budget zur Bestandsaufnahme und Entscheidungsfindung	Pläne der Bestandsaufnahme- und Entscheidungsfindungsphase

Phase 1: Planung und Bewußtmachung

Erfolgsfaktor	Deliverable
Erhalt des genehmigten Budgets für Bestandsaufnahme und Entscheidungsfindung	Pläne der Bestandsaufnahme- und Entscheidungsfindungsphase
Sie haben die Phasenrisiken und mögliche Ansätze zur Risikominderung identifiziert	Alle Deliverables
Sie haben die Deliverables identifiziert, die während dieser Phase entwickelt wurden	Alle Deliverables
Sie haben passende Kommunikationsschnittstellen in Ihrer gesamten Organisation benutzt, um die Aufgabe dieser Phase zu unterstützen	Alle Deliverables
Sie haben die Aufgaben dieser Phase an verschiedene Gruppen in Ihrer Organisation delegiert und sichergestellt, daß diese Aufgaben die Zustimmung des Managements hatten	Alle Deliverables
Sie haben die Deliverables identifiziert, für die jede Gruppe verantwortlich war, und sichergestellt, daß die Verantwortung für das Deliverable von jeder Gruppe übernommen wurde	Alle Deliverables
Sie haben die Meilensteine für die Erfüllung der Aufgaben dieser Phase identifiziert	Alle Deliverables
Sie haben an den Meilensteinen die Grenzwerte identifiziert, bei deren Überschreiten korrektive Maßnahmen ergriffen werden würden	Alle Deliverables
Sie haben Meßwerte benutzt, um anhand der Meilensteine den Fortschritt zu überwachen und zu messen	Alle Deliverables
Sie haben sichergestellt, daß jede verantwortliche Gruppe den Zeitplan für die Fertigstellung dieser Phase akzeptiert und eingehalten hat	Alle Deliverables

Weiterführende Informationen

Die folgende Liste nennt Materialien im Anhang, denen Sie weitere Informationen über diese Phase Ihres Jahr 2000-Konformitätsprojekts entnehmen können:

- Anhang A, Problemdefinitionskatalog
- Anhang B, Lösungsansätze
- Anhang C, Rechtliche und vertragliche Aspekte
- Anhang D, Beispielpräsentationen
- Anhang E, Anwendbarkeit von Werkzeugen
- Anhang F, Übersicht über die Schlüsselaufgaben
- Anhang H, Integrierter Projektplan
- Anhang I, Jahr 2000-Risikomanagement
- Glossar
- CD-ROM zu *Die Jahr 2000-Lösung*

Phase 2: Bestandsaufnahme

2

Ziele:

- Einrichten Ihrer Jahr 2000-Projektdatenbank
- Bestimmen aller automatisierten Systeme in Ihrer Organisation
- Katalogisieren der elektronischen Partner und der Schnittstellen
- Ermitteln jener Systeme, die vom Jahr 2000-Datum betroffen werden
- Bestimmen und katalogisieren der internen Tools, die bei den Jahr 2000-Ermittlungs- und Korrekturmaßnahmen helfen könnten
- Bewerten der mit jedem System verbundenen technischen Risiken

In der Phase 2, *Bestandsaufnahme*, machen Sie eine Bestandsaufnahme Ihrer aktuellen Systeme, damit Sie die beste Methode ermitteln können, wie Sie Jahr 2000-Konformität erreichen können.

Ausführen der Bestandsaufnahme

Bevor Sie entscheiden können, wie Sie das Jahr 2000-Problem anzugehen haben, müssen Sie die Größe und die Grenzen des Problems erkennen. Wie viele der Systeme Ihrer Organisation werden von den Jahr 2000-Problemen betroffen sein? In welchem Ausmaß sind diese Probleme und Systeme untereinander verknüpft? Welche dieser Systeme wurden innerhalb Ihrer Organisation entwickelt, und welche sind Fremdsysteme? Welche dieser Systeme werden in Ihrer Organisation dauernd gebraucht und welche nur gelegentlich?

Zur Beantwortung dieser Fragen müssen Sie die beiden Aufgaben der Identifizierung und der Aufdeckung durchführen: Identifizieren aller Systeme in Ihrer Organisation, und aufdecken, wie viele dieser Systeme wahrscheinlich von den Jahr 2000-Problemen berührt werden. Genau dies tun Sie in der Phase der Bestandsaufnahme.

Das primäre Ziel dieser Phase ist die Durchführung einer Bestandsaufnahme aller automatisierten Systeme (oder Bestandsaufnahmeelemente) in Ihrem Unternehmen. Die Systeme Ihrer Organisation werden Software-Anwendungen, Betriebssysteme, fremde kommerzielle Software, Computer-Hardware, Schnittstellen zu Fremdherstellern und eingebettete Systeme (z.B. EPROMS, Mikrochips, PC-BIOS und so weiter) beinhalten. Die Teilnehmer an der Bestandsaufnahme müssen zwei Dinge tun: Die Systeme identifizieren, die vom Jahr 2000-Problem betroffen werden, und abschätzen, bis zu welchem Grad diese Systeme betroffen werden. Ein zweites Ziel ist die Bestimmung automatisierter Tools, die Ihr Jahr 2000-Projekt unterstützen können.

Weil Ihre Organisation auch außerhalb des Lebens Ihres Jahr 2000-Projekts weiter neue Systeme kaufen und/oder entwickeln wird, können in Ihrem organisatorischen Umfeld neue Jahr 2000-Probleme auftauchen, während Sie noch an der Feststellung der bestehenden sind.

Konsequenterweise wird man nun von Ihnen verlangen, die Aktivitäten der Bestandsaufnahmephase zu wiederholen. Aber wegen des dynamischen Umfeldes, in dem die meistem Unternehmen arbeiten, können verschiedene Wiederholungen sowohl der Bestandsaufnahme als auch der Entscheidungsfindung notwendig werden.

Die Qualitätssicherung hat während der Bestandsaufnahme eine untergeordnete Rolle. Wegen der Neuheit der Aufgaben, die in dieser Phase durchgeführt werden, hat Ihr Unternehmen vielleicht noch keine geeigneten Normen (Standards) oder Qualitäts-Direktiven. Die Qualitätssicherung sollte aber die Aktivitäten beobachten, um sicherzustellen, daß alle relevanten Plänen beachtet werden. Alle Abweichungen von diesen Plänen sollten berichtet und verfolgt werden.

Die während der Bestandsaufnahme gesammelten Informationen werden in der Jahr 2000-Projektdatenbank gespeichert. Diese Datenbank dient den Managern als die Informationsquelle, die sie während der Jahr 2000-Bemühungen zum Treffen richtiger Entscheidungen benötigen.

Die Kosten für die gesamte Bestandsaufnahme sollten 3 Prozent der Gesamtkosten des Jahr 2000-Projekts nicht überschreiten.

Die für die Aufgaben der Bestandsaufnahme gebrauchte Zeit sollte 5 Prozent des Jahr 2000-Projektzeitplans betragen.

Zusammenfassung der Deliverables

Dieser Abschnitt faßt die Deliverables für diese Phase Ihres Jahr 2000-Konformitätsplans zusammen. Der Abschnitt *Deliverables, Aufgaben und Abhängigkeiten* weiter unten in diesem Kapitel enthält detaillierte Beschreibungen jedes Deliverables und der damit verbundenen unterstützenden Aufgaben.

Beginn der Bestandsaufnahmephase

Der Beginn der Bestandsaufnahmephase bietet das erforderliche Arbeitsumfeld für die Bestandsaufnahme.

Bestandsaufnahme der internen Werkzeuge

Die Bestandsaufnahme der internen Werkzeuge liefert eine Auflistung der automatisierten Werkzeuge, die Ihre Jahr 2000-Anstrengungen unterstützen können.

Analyse der Werkzeuge und Identifikation der Lieferanten

Die Analyse der Werkzeuge und Identifikation der Lieferanten bietet eine Bewertung der speziellen Arten automatisierter Tools, mit denen das Jahr 2000-Projekt fertiggestellt werden kann. Diese Bewertung ist mit der internen Werkzeugbestandsaufnahme vergleichbar, es werden die fehlenden organisatorischen Werkzeuge ermittelt. Dieses Deliverable sieht auch eine Auflistung der Lieferantenwerkzeuge vor, die Aufgaben unterstützen, für deren Bewältigung Werkzeugmängel festgestellt wurden.

Abschätzung des Personalbedarfs und Übersicht über die Dienstleister

Die Abschätzung des Personalbedarfs und Übersicht über die Dienstleister liefert eine Schätzung des Personals, das zur Fertigstellung des Jahr 2000-Projekts nötig ist. Basierend auf dieser Schätzung können Defizite beim Jahr 2000-Personal erkannt werden. Das Deliverable sieht auch eine Auflistung von Dienstleistungen vor, die die Aufgaben unterstützen können, für deren Ausführung der Personalmangel festgestellt wurde.

Systembestandsaufnahme

Das Deliverable der Systeminventur sieht eine umfassende Bestandsaufnahme aller Systeme in Ihrer Organisation vor. Informationen, die mittels der Systembestandsaufnahme erhalten werden, werden in der Jahr 2000-Projektdatenbank gespeichert.

Bestandsorganigramm

Das Bestandsorganigramm bildet die Systeme und die Beziehungen der Systeme ab, die gegenwärtig in Ihrem Unternehmen in Betrieb sind. Dieses Organigramm basiert auf den Informationen, die in der Jahr 2000-Projektdatenbank enthalten sind, und es dient als maßgebende Zusammenfassung dieser Informationen.

Statusbericht über die Systemkonfiguration

Der Statusbericht über die Systemkonfiguration beschreibt alle bestehenden Konfigurationsprobleme, die mit den Systemen Ihrer Organisation verbunden sind, einschließlich der Beispiele von fehlangepaßten Objekten und Quell-Code, der Beispiele, in denen der Quell-Code nicht kompiliert ist, und der Beispiele, in denen bestimmte Systemkomponenten nicht mehr existieren. Diese Informationen können wichtige Entscheidungen beeinflussen, die während der Phase der Entscheidungsfindung getroffen werden. Zusätzlich werden diese Informationen die Verminderung von Zeitaufwand und Ressourcen erleichtern, die für die Aufgaben der Phase der detaillierten Bewertung benötigt wird.

Die Abhängigkeiten der Bestandselemente

Der Bereich der Abhängigkeiten der Bestandselemente liefert eine Liste der technischen Abhängigkeiten der verschiedenen Systeme oder Bestandselemente, die zur Zeit in Ihrer Organisation in Betrieb sind. Ein Beispiel für eine technische Abhängigkeit wäre:»Die Textverarbeitung X verlangt, daß das Betriebssystem Z richtig funktioniert«.

Abschätzung der technischen Risiken

Das Deliverable der Abschätzung der technischen Risiken liefert eine Liste der technischen Risiken, die mit jedem System Ihrer Organisation verbunden sind. Das Beispiel eines technischen Risikos: »Wenn das Betriebssystem Z nicht richtig arbeitet, sind die Software-Anwendungen W, X und Y nicht in der Lage, richtig zu funktionieren«. Technische Risiken, welche die Funktionsfähigkeit eines Systems betreffen, dürfen nicht mit Geschäftsrisiken verwechselt werden, die den Einfluß eines Systems auf unternehmerische Ziele betreffen.

Deliverables, Aufgaben und Abhängigkeiten

Die in der Phase der Bestandsaufnahme fertiggestellten Deliverables erlauben Ihnen den Erhalt detaillierter Informationen über die Systeme in Ihrer Organisation und über die Werkzeuge und Dienste, die Sie als Hilfe bei Ihrer Jahr 2000-Anstrengung benötigen.

2.1 Beginn der Bestandsaufnahmephase

Der Beginn der Bestandsaufnahmephase liefert die Ressourcen, die zur Verfügung stehen müssen, damit die effiziente Beendigung aller Aufgaben der Bestandsaufnahmephase sichergestellt werden kann. Nach Beendigung dieses Deliverables ist das Umfeld, das zu einer erfolgreichen Ausführung der Bestandsaufnahmephase erforderlich ist, bereitgestellt.

Aufgabenüberblick

- Personal für die Bestandsaufnahme abstellen
- Überwachung der Bestandsaufnahme einrichten
- Personal über den Plan zur Bestandsaufnahme unterrichten
- Detaillierte Anforderungen an die Werkzeuge zur Bestandsaufnahme definieren
- Werkzeuge für die Bestandsaufnahme bereitstellen
- Arbeitsumgebung für die Bestandsaufnahme einrichten
- Projektdatenbank und KM-Umgebung einrichten

2.1.1 Aufgabe: Personal für die Bestandsaufnahme abstellen

Sie bestimmen die speziellen Personen, die an den Aktivitäten der Bestandsaufnahme teilnehmen sollen. Sie stellen sicher, daß mit diesen Personen Kontakt aufgenommen wird und sie einleitende Informationen für den Beginn der Aufgabe zur Verfügung gestellt bekommen. Diese Personen erhalten erst später detaillierte Anweisungen zu dieser Aufgabe.

Die Einzelheiten der Personalakquisition hängen von der Struktur Ihrer Organisation ab, von den Verfahren, mit dem die Leute den Aufgaben zugeordnet werden, der Gesamtpersonalsituation und der Priorität, die die Geschäftsleitung Ihrem Jahr 2000-Projekt gegeben hat.

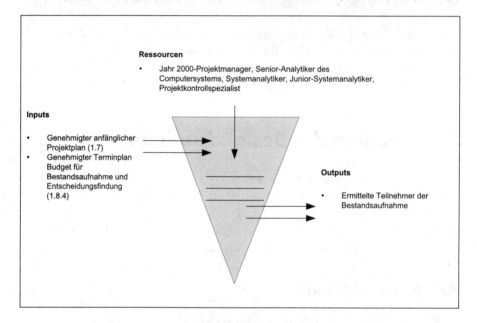

Aufgabenrichtlinien

- Sie sollten interaktive Konferenzen anregen und Ihre Auswahl aus dem Personaldienstplan treffen.
- Sie sollten für die Auswahl eine beliebige Kommunikationsmethode wählen (Hausmitteilung, Telefon, Fax, E-Mail), um dem betroffenen Personenkreis Nachrichten zu übermitteln.

2.1.2 Aufgabe: Überwachung der Bestandsaufnahme einrichten

Der Gebrauch der Anforderungen an das Messen von Terminplan und Fortschritt, die im Projektverfolgungsplan (1.7.5) herausgegeben wurden, bestimmt die speziellen Phasenmeilensteine, Meßpunkte und Treffen zur Besprechung der Fortschritte, durch die Sie Ihr tatsächliches Weiterkommen gegenüber dem Gesamtzeitplan für diese Phase abschätzen können.

Wenn Sie den Fortschritt Ihrem Zeitplan für die Phase der Bestandsaufnahme gegenüberstellen, betrachten Sie sowohl den Stand der Arbeitsergebnisse als auch die für ihre Erzeugung benutzten Ressourcen. Sie sollten den Stand der Aktivitäten zur Risikoverminderung kontinuierlich auswerten. Wenn Sie Abweichungen zwischen den geplanten und den tatsächlichen Aufgabenerfüllungen finden, sollten Sie erneut geeignete Ressourcen zuteilen. Zusätzlich sollten Sie auch die Feedback-Mechanismen benutzen, die sich im Fortschrittverfolgungsplan befinden, damit das in dieser Phase erhaltene Wissen die zukünftigen Entscheidungen der Verfolgung und des Terminplans beeinflussen kann.

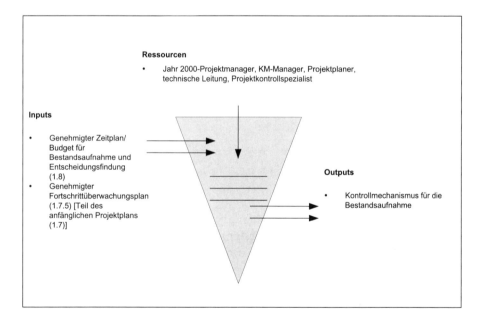

2.1.3 Aufgabe: Personal über den Plan zur Bestandsaufnahme informieren

Sehen Sie eine umfassende Einweisung aller der Personen in die Phase der Bestandsaufnahme vor, die an den Aktivitäten der Bestandsaufnahme teilnehmen. Die Themen sollten die persönlichen Verantwortlichkeiten in dieser Phase enthalten, die Verpflichtung der Hauptmitwirkenden, den Zeitplan für die Phase der Bestandsaufnahme und entsprechende Informationen, die das Arbeitsumfeld der Bestandsaufnahmephase betreffen.

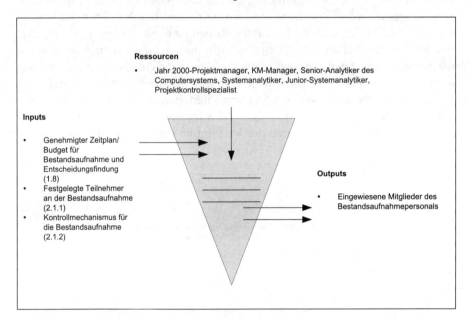

Aufgabenrichtlinie

- Diese Einweisung betrifft die anfängliche Erfassung »aller Hände«. Die Person oder die Personen, die die Einweisung durchführen, haben somit die einzigartige Gelegenheit, die Atmosphäre für das gesamte Jahr 2000-Unternehmen zu erzeugen. Die Begeisterung, die Sie zu dieser Einweisung mitbringen, wird den Grad der Begeisterung beeinflussen, den jedes Mitglied des Personals gegenüber den Aktivitäten der Bestandsaufnahme aufbringt.

2.1.4 Aufgabe: Detaillierte Anforderungen an die Werkzeuge zur Bestandsaufnahme definieren

Die frühere Planung für die Bestandsaufnahme (siehe die Phase der Planung und Bewußtmachung und die Deliverables für die Phasenpläne der Entscheidungsfindung) beinhalten das Festlegen von Werkzeugen, die während der Bestandsaufnahme benutzt werden. Zu diesen Werkzeugen gehören

- Allgemeine Verwaltung (Textverarbeitungswerkzeuge)
- Ein Datenrepositorium zum Erhalt und zur Pflege der während dieser Phase gesammelten Informationen

Während dieser Phase spezifizieren Sie die Anforderungsdetails für diese Werkzeuge.

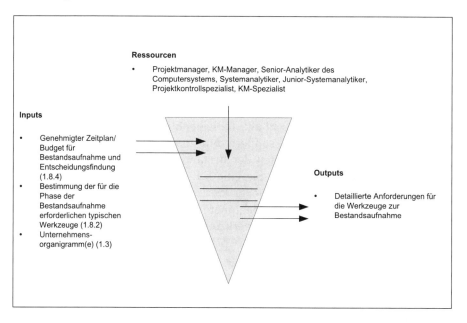

Aufgabenrichtlinien

- Die Wichtigkeit des Datenrepositoriums als Werkzeug kann nicht hoch genug eingeschätzt werden. In diesem Datenspeicher werden alle Informationen über die Systeme, die von Ihrem Jahr 2000-Projekt betroffen sind, bereitgehalten. Diese Informationen werden benötigt, um das kritische Denken und die Entscheidungsfindung während des Jahr 2000-Konformitätsprozesses zu unterstützen. Sie müssen Menge und Format der hereinkommenden Informationen abschätzen und sicherstellen, daß sie sich in Ihren Anforderungen an die Jahr 2000-Projektdatenbank widerspiegeln. Zusätzlich wird die Datenbank benutzt, um die Änderungen festzuhalten und zu verfolgen, denen jedes System unterliegt, wenn das Projekt fortschreitet. Konsequenterweise wird Ihnen die Jahr 2000-Projektdatenbank auch als wichtigstes Hilfswerkzeug für das Konfigurationsmanagement dienen.

- Sie müssen eventuell auch eine oder mehrere interaktive Sitzungen einberufen, damit Sie den Werkzeugbedarf und die speziellen Anforderungen an die Werkzeuge abschätzen können.

2.1.5 Aufgabe: Beschaffen von Werkzeugen für die Bestandsaufnahme

Die detaillierten Anforderungen an die Werkzeuge für die Bestandsaufnahme werden benutzt, um die speziellen Werkzeuge zu ermitteln, die während dieser Phase gebraucht werden. Wenn Sie einmal eine Liste der Werkzeugkandidaten erstellt haben, müssen Sie entscheiden, welche davon Sie zur Unterstützung der Aktivitäten der Bestandsaufnahme beschaffen wollen. Sie werden wahrscheinlich nicht alle Tools benötigen, die auf Ihrer Liste der Werkzeugkandidaten stehen, sondern nur einen Werkzeugsatz, der ausreicht, Ihre geplanten Aktivitäten der Bestandsaufnahme und den Terminplan zu unterstützen. Erstellen Sie eine schriftliche Richtlinie für die Annahme oder Ablehnung individueller Werkzeuge oder Reihenfolgen, bevor Sie mit dem Akquisitionsprozeß beginnen. Wenn Ihre Richtlinien niedergeschrieben sind, beschaffen Sie die Werkzeuge, die Sie zur Unterstützung der Bestandsaufnahme brauchen.

Aufgabenrichtlinien

- Ihr Management hat vielleicht schon ein oder mehrere Werkzeuge oder Werkzeuggarnituren standardmäßig in der Organisation eingerichtet. Zusätzlich können noch spezielle Lizenzabkommen mit verschiedenen Werkzeuglieferanten existieren. Nehmen Sie sich unbedingt die Zeit, während der Begutachtung der Kandidaten die Eignung solcher Garnituren oder einzelnen Tools zu bewerten.
- Die Richtlinien Ihrer Organisation bestimmen die geeignete Methode für die Anschaffung der Werkzeuge.

Phase 2: Bestandsaufnahme

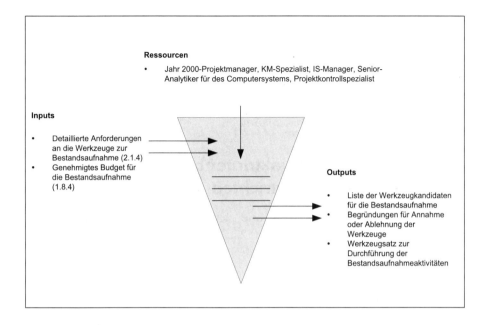

2.1.6 Aufgabe: Arbeitsumgebung für die Bestandsaufnahme einrichten

Sorgen Sie für Büroräume, in denen das Personal der Bestandsaufnahme während dieser Phase arbeiten wird.

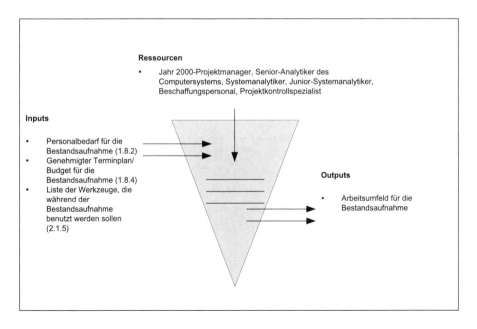

Kapitel 2

Aufgabenrichtlinien

- Je stabiler Ihre Ressourcenrichtlinie ist (personelle Anforderungen, Aufgabenbeschreibungen, Werkzeuganforderungen), desto geradliniger wird diese Aufgabe ausgeführt werden können.
- Ein genehmigter Terminplan für die Bestandsaufnahmeaktivitäten wird den Beschaffungsprozeß beschleunigen.

2.1.7 Aufgabe: Projektdatenbank und KM-Umgebung einrichten

Bei dieser Aufgabe konfigurieren und sichern Sie die solide Funktion der Jahr 2000-Projektdatenbank. Die Jahr 2000-Projektdatenbank soll alle Informationen enthalten, die im Verlauf des Jahr 2000-Projekts gesammelt werden; sie wird durchgehend benutzt und überarbeitet. Nach der Einrichtung sollte die Jahr 2000-Projektdatenbank dem Konfigurationsmanagement unterstellt werden.

Der Anhang G enthält ein Beispiel für ein Datenschema einer Jahr 2000-Projektdatenbank. Sie können dieses Schema als Grundlage für Ihre Datenbankdefinition benutzen.

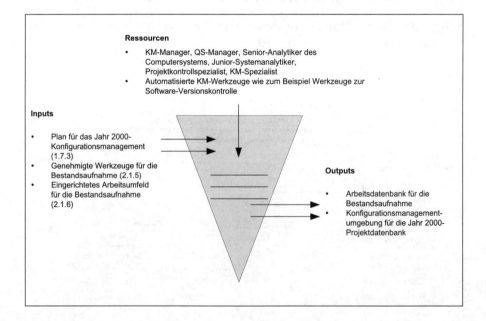

Aufgabenrichtlinien

- Während der Erstellung des anfänglichen Programmplans haben Sie die KM-Prozeduren Ihrer Organisation so zugeschnitten, daß sie den Bedürfnissen Ihres Jahr 2000-Projekts (1.7.3) entsprechen. Die KM-Überlegungen sollten folgendes enthalten, aber nicht darauf beschränkt sein:
  - Die Erennung eines bestimmten Mitglieds des Personals zum Datenbankadministrator
  - Die Einrichtung eines Mechanismus zur Kontrolle der Datenbankänderungen, einschließlich der Erennung eines Ausschusses für die Konfigurationskontrolle oder einer Person bzw. mehrerer Personen, die diese Funktion ausübt/ausüben
  - Die Einrichtung eines Mechanismus zum Beschleunigen der Versionskontrolle innerhalb der Jahr 2000-Projektdatenbank, idealerweise ein automatisiertes Werkzeug
  - Die Einrichtung eines Mechanismus zur Konfigurationsprüfung

Meilenstein *Beginn der Bestandsaufnahme* vollständig. Die Qualitätssicherung prüft, ob das Deliverable zielkonform ist. Die Projektüberwachung fixiert das Deliverable und aktualisiert die Überwachungsmaße.

2.2 Bestandsaufnahme der internen Werkzeuge

Die Bestandsaufnahme der internen Werkzeuge beschreibt die in Ihrer Organisation vorhandenen Werkzeuge, die zur Unterstützung Ihres Jahr 2000-Projekts benutzt werden können.

Aufgabenüberblick

- Funktionale Anforderungen an die Werkzeuge definieren
- Fragebögen zur Bestandsaufnahme der internen Werkzeuge erstellen und verteilen
- Fragebögen analysieren

2.2.1 Aufgabe: Funktionale Anforderungen an die Werkzeuge definieren

Basierend auf Ihrem gegenwärtigen Wissen über die Aktivitäten, die im Verlauf des Jahr 2000-Projekts unternommen werden, definieren Sie die funktionellen Eigenschaften der Werkzeuge, die zur Unterstützung der Jahr 2000-Aktivitäten benutzt werden.

Im Zuge der Durchführung Ihres Jahr 2000-Projekts werden Sie verschiedene Werkzeuge für folgende Aufgaben benutzen:

- Entwickeln und Pflege Ihrer Jahr 2000-Projektdatenbank
- Identifizieren der Speicherstrukturen, die Daten enthalten
- Identifizieren der Prozeßelemente, die Daten vergleichen, berechnen, speichern und anzeigen
- Identifizieren der Datenstrukturen, die Jahr 2000-konform sind
- Identifizieren der Prozeßelemente, die nicht Jahr 2000-konform sind
- Konvertieren von nicht konformen Datenspeicherstrukturen zu Jahr 2000-konformen
- Konvertieren von nicht konformen Prozeßelementen zu Jahr 2000-konformen Elementen
- Sicherstellen, daß Prozeßelemente richtig funktionieren

Die Werkzeugarten, die diese Funktionen ausführen, bestehen aus:

- Standard-Wartungswerkzeugen (Hardware und Software)
- Code-Editoren
- Compilern
- Datenbankdienstprogrammen, einschließlich Datenwörterbüchern, Datensuchmechanismen und Prüfwerkzeugen

Sie sollten Erfordernisse, von denen Sie wissen, daß sie in einem Jahr 2000-Projekt nützlich sein könnten, aus vorhandenen Werkzeugen herleiten. Einige dieser Werkzeuge könnten in einer Vielfalt von Systementwicklungsprojekten benutzt werden. Einige sind speziell auf ein Jahr 2000-Projektpublikum ausgerichtet. Obwohl es die Komplexität jeder Jahr 2000-Anstrengung ausschließt, daß alle Ihre Jahr 2000-Aufgaben mit dem Gebrauch eines einzigen Werkzeuges zu lösen sind, können sich viele dieser Werkzeuge als nützlich erweisen. Diese Werkzeuge enthalten:

- **Werkzeuge zur Software-Bestandsaufnahme:** Werkzeuge aus dieser Kategorie identifizieren alle Programme in einem System und seinen Komponenten (Module, Backups, Unterprogramme, Befehle, Bildschirmschnappschüsse und Meldungsgeneratoren).

- **Werkzeuge zur Identifizierung von Datumsreferenzen:** Werkzeuge dieses Typs können zweistellige Datumsreferenzen identifizieren. Datumszahlen werden auf einer Vielzahl von Arten verfolgt, einschließlich der Verwendung von Browsern zum Scannen einfachen Textes und zur Code-Inspektion. Die Kontextsuche ermittelt, wie auf ein Datum Bezug genommen wird.
- **Werkzeuge für das Konfigurationsmanagement:** Viele IS-Gruppen verfügen über KM-Werkzeuge. Diese sollten nach möglichen Anwendungen für Jahr 2000-Aufgaben untersucht werden.
- **Werkzeuge zur Einflußanalyse:** Werkzeuge dieses Typs können Ihrer Organisation helfen, die Auswirkung von Systemänderungen zu verstehen, indem sie den Beziehungen innerhalb von Systemen und Programmen bzw. zwischen denselben nachspüren. Diese Werkzeuge bieten oft Statistiken an, die die Systemquerverbindungen betreffen, die Programmgrößen (in Code-Reihen gemessen), die Anzahl der Programme, die von einem bestimmten Ereignis betroffen sind, die Anzahl der Code-Zeilen, die zum Erreichen eines bestimmten Standards geändert werden müssen, und so weiter. Obwohl einige dieser Werkzeuge speziell auf den Jahr 2000-Markt abzielen, unterstützen bestimmte Versionen oft die Systempflegeaufgaben. Viele dieser Werkzeuge benutzen komplizierte Graphiken, um die Beziehungen zwischen Systemkomponenten darzustellen. Andere sind in der Lage, in Code-Zeilen Farben oder Flags einzufügen.

Ihre Anforderungen an die Werkzeuge sollten über diese allgemeinen Funktionen hinausgehen und auf die Bedürfnisse Ihrer Organisation zugeschnitten sein. Obwohl einige Werkzeuge, für deren Gebrauch Sie sich entschieden haben, Jahr 2000-spezifisch sein können, könnten andere auch in einer Vielzahl von Systementwicklungsprojekten benutzt werden, und viele bleiben auch außerhalb des Jahr 2000-Projekts nützlich.

Aufgabenrichtlinien

- Sie sollten eine interaktive Besprechung über das Aufstellen der Anforderungen einberufen, um alle zu erwartenden Jahr 2000-Aufgaben zu betrachten und die Werkzeuganforderungen zu definieren.
- Diese funktionellen Anforderungen sollten aus verschiedenen Detaillierungsebenen bestehen. Zum Beispiel kann die Anforderung in einer Spitzenebene lauten: »Das System muß in der Lage sein, Muster aufzufinden (Pattern Matching)«, während eine detailliertere Anforderung feststellt: »Das System muß in der Lage sein, Code zu identifizieren, auf den folgendes Muster zutrifft: [*Muster*]«. Diese Hierarchie der funktionellen Anfor-

derungen gestattet es Ihnen, Werkzeuge zu ermitteln, die verschiedene Unterstützungsebenen für das Jahr 2000-Projekt anbieten. Die allgemeineren Anforderungen können von Werkzeugen erfüllt werden, die von Hause aus andere Anwendungsbereiche als das Jahr 2000-Projekt haben, während die detaillierteren Anforderungen nur von den Jahr 2000-spezifischen Werkzeugen erfüllt werden. Für die meisten Jahr 2000-Projekte wird sich der Gebrauch beider Werkzeugarten als nützlich erweisen.

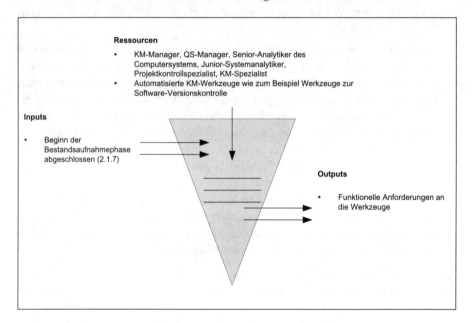

2.2.2 Aufgabe: Fragebogen zur Bestandsaufnahme der internen Werkzeuge erstellen und verteilen

Erstellen Sie einen Fragebogen, der auf den funktionellen Anforderungen basiert, die in der vorhergehenden Aufgabe festgelegt wurden. Verteilen Sie diesen Fragebogen in Ihrer Organisation.

Phase 2: Bestandsaufnahme

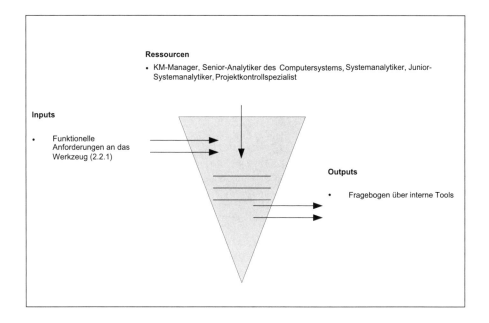

Aufgabenrichtlinien

- Halten Sie den Fragebogen einfach und geradlinig. Wenn er zu lang oder zu kompliziert ist, werden Sie nicht genug Antworten erhalten, die Ihnen von Nutzen sein werden.
- Der Fragebogen sollte die folgenden Informationen betreffend der Werkzeuge erbitten, die eine oder mehrere der folgenden funktionellen Anforderungen erfüllen: Werkzeugname, Werkzeug-ID, Lage des Werkzeugs, Kontaktpunkt, Verzeichnis der Werkzeugfunktionen und Zwänge zur Verfügbarkeit, wenn es solche gibt.

2.2.3 Aufgabe: Fragebögen analysieren

Die Auswertung der in den zurückgekommenen Fragebögen enthaltenen Informationen hilft Ihnen bei der Bestimmung von Werkzeugen, die der Unterstützung des Jahr 2000-Projekts dienlich sein könnten.

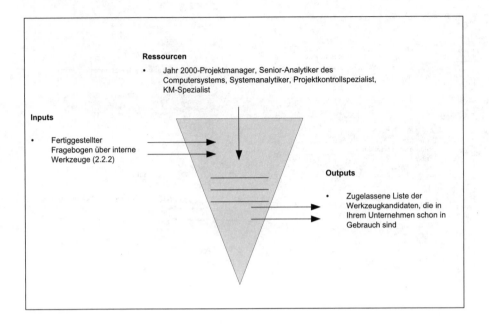

Aufgabenrichtlinien

- Sie sollten interaktive Besprechungen in die Wege leiten, um die Fragebögen zu betrachten und auszuwerten.

Die im Fragebogen genannten Werkzeuge werden wie folgt eingeteilt:

- **Funktion:** Welche Funktionen sie bieten
- **Verfügbarkeit:** Ob sie für das ganze Jahr 2000-Projekt zur Verfügung stehen oder nur für einen Teil davon
- **Arbeitspensum:** Wieviel vom Arbeitspensum des Projekts sie bearbeiten können
- **Betriebskosten:** Ob es wirtschaftlich ist, das Werkzeug zu benutzen
- **Alternativen:** Ob andere Werkzeuge die Funktionen dieses Werkzeugs ebenfalls ausführen können

2.2.4 Aufgabe: Liste der internen Werkzeuge zusammenstellen

Basierend auf Ihrer Analyse der Fragebögen müssen Sie entscheiden, welches der Werkzeuge Ihrer Organisation das Jahr 2000-Projekt unterstützen kann. Geben Sie diese Information in die Jahr 2000-Projektdatenbank ein. Wenn diese Informationen eingegeben und gepflegt werden, müssen Sie sicherstellen, daß die Standard-KM-Praktiken eingehalten werden. Diese Liste – Vorhandensein des Werkzeugs, Eigenschaften des Werkzeugs, Verfügbarkeit des Werkzeugs – wird sich mit Sicherheit im Lauf der Zeit ändern.

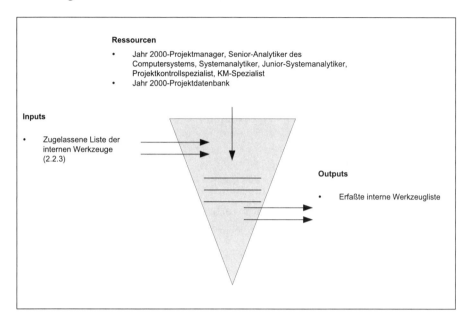

Aufgabenrichtlinie

- Informationen, die die Funktionsanforderungen beschreiben, die von den von Ihnen gewählten Werkzeugen erfüllt werden.

 Bestandsaufnahme der internen Werkzeuge vollständig. Die Qualitätssicherung prüft, ob das Deliverable zielkonform ist. Die Projektüberwachung fixiert das Deliverable und aktualisiert die Überwachungsmaße.

2.3 Analyse der Werkzeuge und Identifikation der Lieferantenwerkzeuge

Dieses Deliverable liefert eine Aufzählung der Anforderungen an die Werkzeuge für das Jahr 2000-Projekt, die von den Tools nicht erfüllt werden können, die in Ihrer internen Werkzeugbestandsaufnahme ermittelt worden waren. Zusätzlich ermitteln Sie die Jahr 2000-Projektwerkzeuge, die eventuell diese Anforderungen erfüllen und in Ihrem Unternehmen entwickelt bzw. von einem Lieferanten gekauft werden können.

Aufgabenüberblick

- Bestimmen Sie die fehlenden internen Werkzeuge
- Suchen Sie verfügbare Lieferantenwerkzeuge aus und bewerten Sie sie
- Empfehlen Sie eine Entscheidung zum Kaufen oder Selbermachen
- Bestimmen Sie die Lieferantenwerkzeuge, die gekauft werden sollen

2.3.1 Aufgabe: Unzulänglichkeiten der internen Werkzeuge identifizieren

Vergleichen Sie die funktionalen Anforderungen an die Werkzeuge mit denen, die von den Werkzeugen aus der internen Bestandsaufnahme erfüllt werden. Die Anforderungen, die von den bestehenden Werkzeugen nicht erfüllt werden können, werden zu einer Liste von Werkzeugunzulänglichkeiten für das Jahr 2000-Projekt zusammengestellt.

Aufgabenrichtlinien

- Da sich die Anforderungen an die Werkzeugfunktion und die interne Werkzeugbestandsaufnahme in der Jahr 2000-Projektdatenbank befinden, können Sie die Unterschiede zwischen den beiden ermitteln, können Sie ein standardmäßiges Datenbankhilfsprogramm benutzen, das Einträge identifiziert, die nicht in zwei Tabellen gleichzeitig enthalten sind.
- Sie können für den Vergleich auch verfügbare Mustererkennungsprogramme (Pattern-Matching-Programme) verwenden.

Phase 2: Bestandsaufnahme

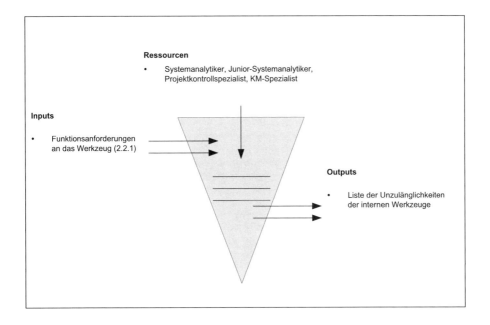

2.3.2 Aufgabe: Verfügbare Werkzeuge externer Lieferanten begutachten

Sie finden eine umfassende Liste der Lieferanten von Jahr 2000-Werkzeugen auf der Begleit-CD-ROM dieses Buches. Mit Hilfe dieser Liste bestimmen Sie die Werkzeuge, welche die Funktionen besitzen, die Sie in den beiden Unzulänglichkeitslisten, in der vorigen Aufgabe gesammelt haben. Idealerweise sind Sie nun in der Lage, verschiedene Werkzeuge zu identifizieren, auf die keine der Unzulänglichkeiten zutrifft. Die ausgewählten Werkzeuge werden in eine Liste der Kandidaten aufgenommen, die die von Lieferanten zu beziehenden Werkzeuge enthält. Elemente auf dieser Liste werden Kandidaten für den Ankauf in späteren Stadien des Jahr 2000-Projekts.

Aufgabenrichtlinien

- Die Methoden des Pattern-Matching (Mustererkennung) können Ihnen helfen, Lieferantenwerkzeuge festzulegen, auf die die Funktionen zutreffen, die sich in der Werkzeuganalyse und in den Ermittlungsergebnissen befinden.

Kapitel 2

- Ihre Wahl der Lieferantenwerkzeugkandidaten kann durch unternehmerische Erwägungen beeinflußt werden. Wenn Ihre Organisation zum Beispiel von schlechten Leistungen eines von einem bestimmten Lieferanten entwickelten oder vertriebenen Werkzeugs weiß, sollten Sie die Werkzeuge dieses Lieferanten von Ihrer Liste streichen.

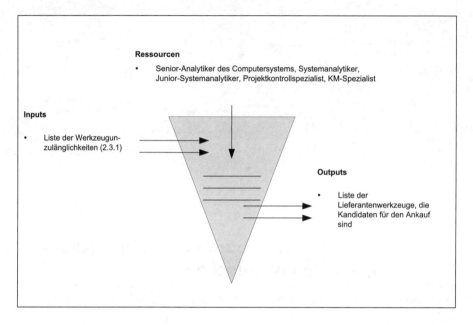

- Fragen, die unter Umständen über Jahr 2000-Werkzeuge gestellt werden müssen:
  - Führt das Werkzeug automatisch eine Bestandsaufnahme durch?
  - Welche Datenbankwerkzeuge sind mit diesem Werkzeug kompatibel?
  - Welche Programmiersprachen werden unterstützt?
  - Wie wird mit fehlendem Quell-Code umgegangen?
  - Wird der Code gescannt (schneller) oder analysiert (vollständiger)?
  - Wie ist der Durchsatz beim Bewertungsprozeß?
  - Kann der Anwender die Suchkriterien für die Bewertung ändern?
  - Bewertet das Werkzeug Code, Daten oder beides?
  - Macht das Werkzeug Lösungsvorschläge?
  - Wieviel vom Korrekturprozeß ist automatisiert?
  - Welche Sprachen werden unterstützt?
  - Benutzt dieses Werkzeug die Ergebnisse, die von einem Werkzeug zur Bestandsaufnahme und Bewertung erstellt wurden?

- Werden an Daten, Datenstrukturen und/oder Code Änderungen ausgeführt?
- Wird der Code restrukturiert?

2.3.3 Aufgabe: Empfehlung für den Kauf oder die Eigenentwicklung aussprechen

Basierend auf der Lieferantenliste der Werkzeugkandidaten, die in der vorherigen Aufgabe erzeugt wurde, bestimmen Sie die Werkzeuge, die Sie zu kaufen wünschen und diejenigen, deren Funktion in Ihrem Hause entwickelt werden kann.

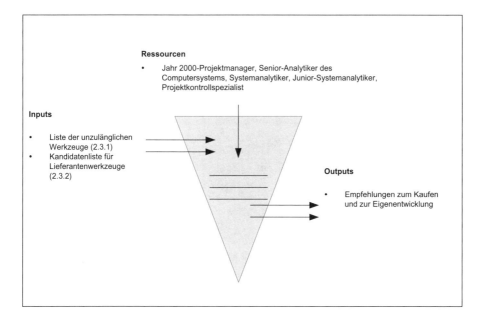

Aufgabenrichtlinien

- Sie sollten interaktive Besprechungen einberufen, um Input-Informationen zu besprechen und Entscheidungen zu formulieren.
- Diese Entscheidungen zum Kaufen oder Selbsterstellen hängen von den Ressourcen ab, die in Ihrer Organisation zur Verfügung stehen. Die wichtigsten Überlegungen sollten die Finanzierung des Einkaufs, die Entwicklung von Ressourcen (Umfeld, Personal) und einen Vergleich zwischen Entwicklungs- und Einkaufzeit (Lieferzeit) betreffen.

Kapitel 2

2.3.4 Aufgabe: Zu kaufende Lieferantenwerkzeuge auswählen

Basierend auf den Entscheidungen zum Kaufen oder zur Eigenentwicklung, die Sie in der vorigen Aufgabe getroffen haben, erstellen Sie eine Liste der Jahr 2000-spezifischen Werkzeuge, die Sie von Lieferanten zukaufen müssen. Wenn möglich, bestimmen Sie auch den ungefähren Zeitbereich für den Kauf. Für diese Liste benötigen Sie die Zustimmung der Geschäftsleitung. Die Käufe werden bei Bedarf während der Phasen der detaillierten Abschätzung und der Beschlußfassung erfolgen.

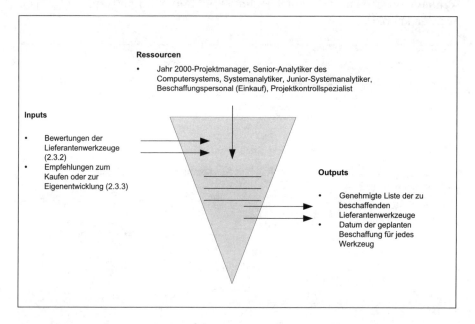

Aufgabenrichtlinie

Sie sollten interaktive Besprechungen einberufen, um einzugebende Informationen zu besprechen und Entscheidungen zu formulieren.

 Analyse der Werkzeuge und Identifikation der Lieferanten vollständig. Die Qualitätssicherung prüft, ob das Deliverable zielkonform ist. Die Projektüberwachung fixiert das Deliverable und aktualisiert die Überwachungsmaße.

2.4 Abschätzung des Personalbedarfs und Übersicht über Dienstleister

Dieses Deliverable sieht eine größenordnungsmäßige Schätzung des Personalbedarfs für das Jahr 2000-Projekt vor. Sie liefert auch eine Bestandsaufnahme der Lieferanten sowie der Dienste, die in der Lage sind, die Jahr 2000-Bemühungen zu unterstützen. Der geschätzte Gesamtpersonalbedarf gibt Ihnen die Möglichkeit, sowohl den Personalbedarf zu schätzen, der aus Ihrem Unternehmen requiriert werden kann, als auch den, der durch Zuliefererdienste erfüllt werden muß. Eine detaillierte Personalplanung, einschließlich der Zuordnung einzelner Personen aus dem Personalbestand zu speziellen Aufgaben des Jahr 2000-Projekts erfolgt später im Projekt.

Aufgabenüberblick

- Bestimmung der Größenordnung des Personalbedarfs
- Bestimmung möglicher Defizite beim Unternehmenspersonal
- Besprechung und Bewertung der Dienstleistungsunternehmen
- Bestimmung der für die Akquisition verfügbaren Dienstleistungsunternehmen

2.4.1 Aufgabe: Größenordnung des Personalbedarfs abschätzen

Liefern Sie der Geschäftsleitung eine größenordnungsmäßige Schätzung des Personalbedarfs, die die Kategorien und ungefähre Zahl der Personen nennt, die zur Ausführung des Jahr 2000-Projekts nötig sind. An dieser Stelle wird Ihre Schätzung ungenau sein. Sie können zum Beispiel den Bedarf an Personal nicht nennen, der für die Phase der Problembeseitigung benötigt wird, bevor Sie nicht die Phase der detaillierten Problemanalyse beendet haben. Weil es aber wichtig ist, den Umfang an Dienstleistungen vorauszusehen, müssen Sie eine allgemeine Vorstellung von der benötigten Personalmenge und von dem Prozentsatz haben, der aus Ihrem Unternehmen kommen kann.

Kapitel 2

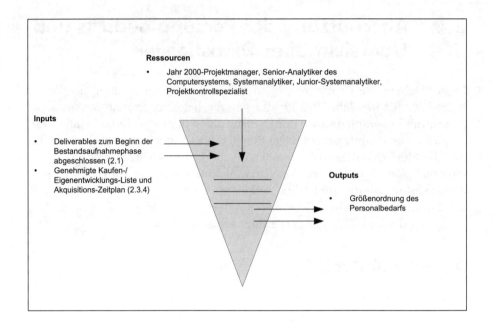

Aufgabenrichtlinien

- Sie sollten interaktive Besprechungen einberufen, um Personalkategorien festzulegen und die Personenzahl zu schätzen.

- Sie müssen sicherstellen, daß jede in diesem Stadium formulierte Personalschätzung klar als »grobe Schätzung der Größenordnung« gekennzeichnet ist. Es ist besonders wichtig, daß niemand aus der Geschäftsleitung annimmt, daß diese Schätzung die endgültige Festlegung des Jahr 2000-Personalbedarfs ist. Um Ihre Glaubwürdigkeit zu erhalten, sollten Sie die Gründe für die Ungenauigkeit klar dokumentieren. Der Zugang zu dieser Personalschätzung sollte auf diejenigen beschränkt sein, die diese Information wirklich benötigen. Je weniger Leute diese Schätzung sehen, desto geringer ist die Möglichkeit, daß etwas auf Sie zurückfällt.

- Die folgende Tabelle listet die Personalarten auf, die Sie bei Ihrer Schätzung in Erwägung ziehen sollten. Wenn Sie Tests an Systemen durchführen müssen, die außerhalb der gerade im Einsatz befindlichen sind, oder wenn Sie Testzeit außerhalb der normalen Arbeitszeit brauchen, werden Sie zusätzliche Techniker benötigen. Wie Sie sehen, wird die angegebene Personenzahl für die meisten Kategorien nur in allgemeinen Ausdrücken angegeben. Sie werden nur einen Projektmanager und wahrscheinlich auch nur einen Datenbankadministrator und einen technischen Protokollführer benötigen. Die aktuellen Anforderungen für die anderen Kategorien werden aber durch viele Faktoren bestimmt. Die möglichen Bereiche der relativen Ausdrücke wie »niedrig«, »mittel« und »hoch«« hängen von der Größe Ihrer Organisation ab. Auch in einem Einzelunternehmen hängt die aktuelle Anzahl der Personen von der Anzahl der Systeme ab, von denen Sie eine Bestandsaufnahme machen müssen, von den Entscheidungen, die Sie in der Phase der Entscheidungsfindung treffen müssen, und von den Resultaten der Phase der detaillierten Problemanalyse.

Personalkategorie	Einsatzphasen	Anzahl
Programmierer	Korrektur	viele
Testtechniker	Testausführung	viele
Testingenieure	Testplanung, Testausführung	viele
Software-Ingenieure	Detailplanung, Korrektur	viele
Hardware-Ingenieure	Detailplanung, Korrektur	viele
Qualitätssicherung	alle Phasen	wenige
Konfigurationsmanagement	alle Phasen	wenige
Unterstützung durch Schreibbüro	alle Phasen	wenige
Datenbankadministrator	alle Phasen	einer
Technischer Protokollführer	alle Phasen	wenige
Projektmanager	alle Phasen	einer

2.4.2 Aufgabe: Mögliche Engpässe in der Personalausstattung der Organisation identifizieren

Basierend auf dem Personalbedarf, der in der vorherigen Aufgabe festgelegt wurde, bestimmen Sie jetzt mögliche Engpässe bei der Personalbereitstellung in Ihrer Organisation bzw. Ihrem Unternehmen. Die Abschätzung der Engpässe muß notwendigerweise ungenau sein. Stellen Sie sicher, daß das Management die Ungenauigkeit begreift, die mit dieser Schätzung verbunden ist.

Kapitel 2

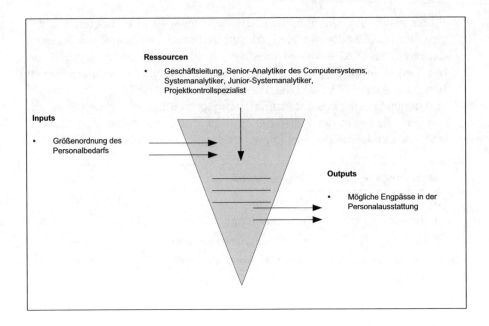

Aufgabenrichtlinie

- Zur systematischen Ermittlung der personellen Engpässe können Sie die folgende Tabelle benutzen.

Personalkategorie	Einsatzphasen	Anzahl	Intern verfügbar
Programmierer	Korrektur	viele	einige
Software-Ingenieure	Detailplanung, Korrektur	viele	einige
Bürounterstützung	alle Phasen	wenige	alle
Datenbankadministrator	alle Phasen	einer	nein
Technischer Protokollführer	alle Phasen	einer	ja
Projektmanager	alle Phasen	einer	ja

2.4.3 Aufgabe: Dienstleistungen begutachten und bewerten

Auf der CD-ROM von *Die Jahr 2000-Lösung* finden Sie eine umfassende Liste von Jahr 2000-Zulieferern. Benutzen Sie diese Liste, um Dienste zu ermitteln, die die Personalengpässe beseitigen können, welche Sie in der vorigen Aufgabe ermittelt haben. Hoffentlich finden Sie einige Anbieter, die für einen speziellen Engpaß brauchbar sind. Die ausgewählten Anbieter werden in eine Liste mit Kandidaten für den Zulieferdienst aufgenommen. Die in dieser Liste aufgeführten Dienste werden Kandidaten für eine spätere Inanspruchnahme im Jahr 2000-Projekt.

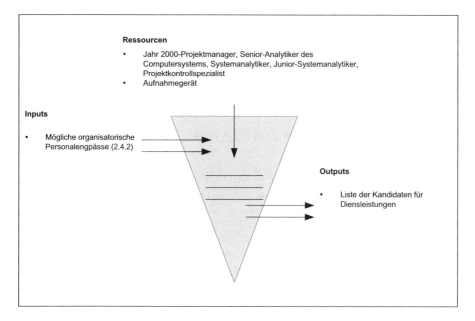

Aufgabenrichtlinien

- Besorgen Sie, wenn nötig, von den einzelnen Unternehmen mehr Informationen über die Sparten und Kosten für diese Dienste.
- Bewerten Sie jeden Kandidaten für die Dienstleistung in Übereinstimmung mit den folgenden Kriterien:
  - Wie lange ist dieses Unternehmen schon im Geschäft?
  - Wie ist insgesamt der geschäftliche Leumund dieses Unternehmens?

- Welche Dienstleistungen und/oder Produkte bietet das Unternehmen an?
- Verbessern die Erfahrungen des Unternehmens mit anderen Produkten und Dienstleistungen seine Fähigkeit, Ihre Jahr 2000-Aufgaben durchzuführen?
- Wie ist das Unternehmen in das Jahr 2000-Geschäft hineingekommen?
- Hat das Unternehmen durch vorherige Erfahrungen bewiesen, daß es ein Jahr 2000-Projekt dieser Art und Größe mit Erfolg bearbeiten kann?
- Welche anderen Unternehmen haben von diesem Unternehmen bereits Jahr 2000-Dienste in Anspruch genommen?
- Verfügt das Unternehmen über ausreichende Ressourcen, um Ihr Jahr 2000-Projekt mit Erfolg fertigstellen zu können?
- Wer aus dem fremden Betrieb wird an dem Projekt arbeiten?
- Werden sich bei dem Projektpersonal auch vom Unternehmen angeheuerte Subunternehmer befinden?
- Wie groß wird die Fluktuation bei dem für Ihr Jahr 2000-Projekt abgestellten Personal sein?
- Mittels welcher Methode wird die Arbeit des Unternehmens überwacht werden?
- Mittels welcher Methode wird mit dem Unternehmen kommuniziert?
- Mit welchen Mechanismen wird das Unternehmen Ihren Bedürfnissen und Beschwerden entsprechen?
- Bietet das Unternehmen eine Garantie?
- Wie lauten die Garantiebedingungen?
- Wo werden die Arbeiten ausgeführt?
- Welche Computersysteme werden benutzt?
- Welche Art von Büro- oder Verwaltungsunterstützung muß gegebenenfalls dem Unternehmen zur Verfügung gestellt werden?
- Welche Arbeitsergebnisse erhalten Sie von dem Unternehmen?

2.4.4 Aufgabe: Inanspruchnahme von Dienstleistungen festlegen

Basierend auf Ihrer Festlegung von Dienstleistungen, die die Engpässe bei Ihrem Jahr 2000-Projektpersonal beseitigen sollen, erstellen Sie eine Liste der Dienstleistungen, die Sie zur Fertigstellung des Jahr 2000-Projekts einzukaufen beabsichtigen. Ihre Liste sollte auch den vorgesehenen Terminplan für die Inanspruchnahme dieser Dienste enthalten. Die aktuelle Akquisition dieser Dienste findet in den späteren Phasen des Jahr 2000-Projekts statt.

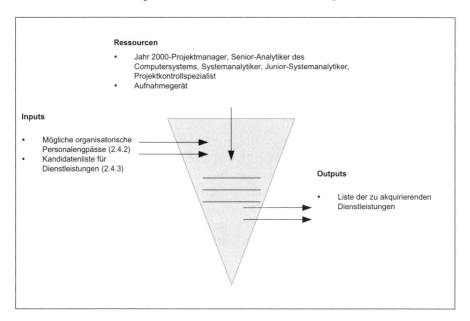

Aufgabenrichtlinien

- Beim Erstellen dieser Liste müssen Sie die Projektressourcen abwägen, insbesondere Zeit und Geldmittel. Sie sollten die zeitraubenderen oder teureren Dienstleistungen ignorieren.
- Berücksichtigen Sie Charakteristika Ihrer Organisation, die vielleicht die Art der Dienste einschränken, die Sie hinzuziehen möchten. Zum Beispiel könnte Ihre Organisation eine Beziehung mit einem dieser Unternehmen eingegangen sein und eine Preisermäßigung auf der Basis »alte Freunde« erwarten.
- Die Liste der verfügbaren Dienstleistungen sollte vom Management als für Ihr Unternehmen brauchbar genehmigt werden.
- Sie sollten schon im Vorfeld Übereinkünfte mit einem oder mehreren Unternehmen treffen, sobald die Liste der Dienstleistungen genehmigt ist. Der Preis der Jahr 2000-Dienstleistungen wird dramatisch ansteigen, wenn der vorauszusehende Stichtag näher rückt, und die Verfügbarkeit solcher Dienste wird ernstlich eingeschränkt.

Kapitel 2

 Abschätzung des Personalbedarfs und Übersicht über Dienstleister vollständig. Die Qualitätssicherung prüft, ob das Deliverable zielkonform ist. Die Projektüberwachung fixiert das Deliverable und aktualisiert die Überwachungsmaße.

2.5 Systembestandsaufnahme

Die Systembestandsaufnahme vermittelt eine vollständige Bestandsaufnahme aller Systeme in Ihrer Organisation. Diese Bestandsaufnahme beinhaltet eine Menge an Informationen, die jedes System betreffen: Seine Position, die Zahl seiner Benutzer, die Wichtigkeit für die Organisation, die Hauptfunktion, den aktuellen Lizenzvertrag, die Risikoelemente und mehr. Die Bestandsaufnahme beinhaltet aber auch Informationen über Systeme, die möglicherweise Jahr 2000-Probleme in sich haben. Nach erfolgter Durchführung dieses Deliverables werden Sie in der Lage sein, die vorhergegangene grobe Bewertung der Größenordnung der Jahr 2000-Probleme Ihrer Organisation zu überarbeiten. Die Information, die im Resultat dieses Deliverables enthalten ist, ebnet auch den Weg zu den Aufgaben der Phase der detaillierten Problemanalyse.

Die Informationen, die Ihnen diese Bestandsaufnahme liefert, ist deutlich detaillierter als das Unternehmens-Organigramm, das in der Projektphase der Planung und Bewußtmachung entwickelt worden ist (1.3.2). Das Unternehmens-Organigramm war dazu gedacht, eine größenordnungsmäßige Planung zu unterstützen. Es machte auch die Ausdehnung klar, bis zu der automatisierte Systeme nicht nur die Einnahmen produzierenden Bereiche Ihrer Organisation, sondern auch vitale betriebliche und infrastrukturelle Bereiche durchdrungen haben. Wie auch immer, die Systembestandsaufnahme ist dazu gedacht, eine vollständige Ermittlung aller Systeme in Ihrer Organisation zu sein. Sie ist kein Werkzeug zur Bewußtmachung oder zur Motivation, sondern eine entscheidende Zusammenfassung aller Systeme, die Kandidaten für eine Bewertung und Korrektur sind.

Aufgabenüberblick

- Systemübersicht entwickeln
- Systemübersicht durchführen
- Systembestand aufnehmen

Phase 2: Bestandsaufnahme

- Systembestand prüfen
- Systembestand fixieren
- Änderungskontrolle einrichten

2.5.1 Aufgabe: Systemübersicht entwickeln

In dieser Aufgabe werden Sie eine Übersicht entwickeln, die das Auffinden jedes und aller in Ihrer Organisation vorhandenen Systeme vereinfacht. Sie werden auch sicherstellen, daß diese grundlegenden Systeminformationen in der Jahr 2000-Projektdatenbank abgelegt werden. Die Übersicht sollte die Mindestmenge an Systeminformationen bekommen, die zur Unterstützung der Aktivitäten während der Entscheidungsfindungsphase benötigt werden. Wenn Sie sie die Bestandsaufnahmeübersicht kurz und konzentriert halten, erhöhen Sie Ihre Chancen, vollständige und rechtzeitige Antworten zu erhalten. Sie sollten über den Mangel an umfassender Information über jedes System nicht enttäuscht sein. Während der Phase der detaillierten Problemanalyse werden Sie deutlich mehr systemspezifische Informationen erhalten.

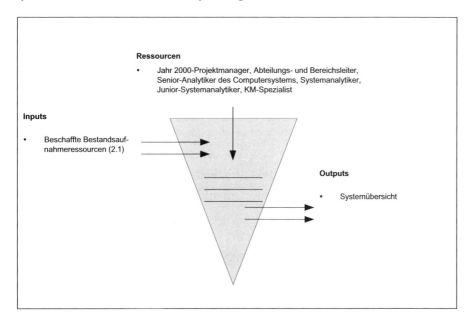

Kapitel 2

Aufgabenrichtlinien

- Eine typische Systemübersicht sollte die folgenden Informationen abrufen:
  - Name des Bestandsaufnahmeelements
  - ID-Nummer des Bestandsaufnahmeelements
  - Kurzbezeichnung des Bestandsaufnahmeelements
  - Person, die die Übersicht erstellt (Kontaktinformation)
  - Person, die wegen des Bestandsaufnahmeelements angesprochen werden kann (Kontaktinformation)
  - Versionsnummer des Bestandsaufnahmeelements
  - Nummer/Kennzeichnung doppelt vorhandener Bestandsaufnahmeelemente
  - Von welchem Unternehmensbereich überwacht?
  - Zugang (Sicherheit) zu Informationen/Beschränkungen
  - Welche Geschäftsbereiche werden unterstützt?
  - Bedeutung für Unternehmensziele
  - Geschäftliche Auswirkungen von fehlerhaften Bestandsaufnahmeelementen
  - Für Fehler des Bestandsaufnahmeelements letztendlich verfügbare Ersatzfunktionen
  - Anzahl der Systembenutzer (in der Vergangenheit, gegenwärtig, zukünftig)
  - Position
  - Pläne für beabsichtigte Außerbetriebnahme/Ersatz
  - Zweck des Bestandsaufnahmeelements
  - Funktionszusammenfassung
  - Status der Jahr 2000-Konformität
  - Wahrscheinlichkeit eines Jahr 2000-Einflusses
  - Größe des Jahr 2000-Einflusses
  - Interne Entwicklung, vom Lieferanten entwickelt oder Standardsoftware?
- Zur Durchführung von Umfragen und Fragebogenaktionen sollten Sie den Richtlinien Ihrer Organisation folgen.

- Diese Umfrage sollte Informationen sowohl über selbst entwickelte Systeme (intern oder von Zulieferern entwickelt) als auch über Standardsoftwaresysteme enthalten. Unter den verschiedenen Systemarten, die in dieser Bestandsaufnahme enthalten sind, befinden sich:
  - Hardware
  - Software
  - Betriebssysteme
  - Firmware
  - Steuersprachen
  - Datenbanken
  - Netzwerke
  - Eingebettete Systeme

2.5.2 Aufgabe: Systemübersicht durchführen

Nach der Festlegung der Empfänger der Übersicht verteilen Sie diese und bitten dabei um Rücksendung der vervollständigten Kopien. Übersichtsinstrumente sollten wenn möglich an die Systemmanager oder Hauptanwender geleitet werden.

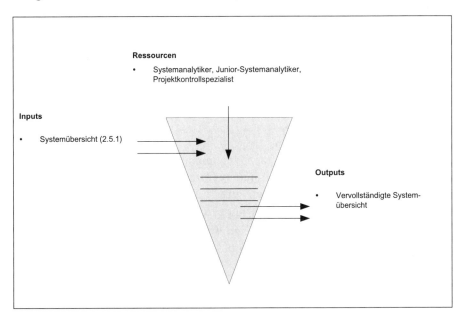

Aufgabenrichtlinien

- Normalerweise können Sie eine Liste der Systemmanager und -benutzer von Ihrer Informationsdienst- oder Beschaffungsabteilung erhalten.

- Die Übersichtsmedien werden von der Logistik Ihrer Organisation festgelegt, obgleich die elektronischen Umfragemöglichkeiten die Routinearbeit der Dateneingaben für Ihr Übersichtspersonal verringert.

- Der Erfolg der gesamten Jahr 2000-Bemühung ist direkt abhängig von der Menge und der Qualität der Systeminformationen, die Sie als Antwort auf diese Umfrageaktion erhalten. Sie benötigen eine breite Unterstützung durch das Management, um den Erfolg Ihrer Umfrage sicherzustellen. Die Durchführung der Umfragen kostet für einen Teil der möglicherweise großen Anzahl an Beschäftigten Zeit und Mühe, und Sie müssen dafür sorgen, daß diese Beschäftigten ausreichend motiviert sind.

- Stellen Sie ein Dokumentverfolgungssystem auf die Beine, das den Rücklauf aller Umfrageinstrumente sicherstellt. Es kann sein, daß Sie einige Systemmanager daran erinnern müssen. Mit Hilfe des Dokumentverfolgungssystems sollten Sie in der Lage sein, zu jeder Zeit während der Umfrage den Status eines bestimmten Umfrageinstruments festzustellen.

2.5.3 Aufgabe: Systembestand aufnehmen

Wenn der Umfragerücklauf im Gang ist, speichern Sie die Systeminformationen in der Jahr 2000-Projektdatenbank, die dafür eingerichtet sein sollte, Informationen aller Bereiche aufzunehmen, die in der anfänglichen Aufgabe dieses Deliverables definiert wurden.

Aufgabenrichtlinien

- Wenn Sie mehr als ein Umfrageinstrument für ein und dasselbe System abrufen, geben Sie einen getrennten Datensatz für die in jedem Instrument enthaltenen Informationen ein.

- Die Harmonisierung von möglicherweise widersprüchlichen Informationen, die ein spezielles System betreffen, sollte erst dann durchgeführt werden, wenn sich alle Informationen in der Jahr 2000-Projektdatenbank befinden.

Phase 2: Bestandsaufnahme

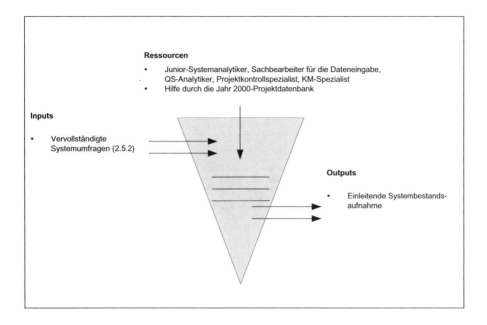

2.5.4 Aufgabe: Systembestand prüfen

Um die Integrität der Systeminformationen zu bestätigen, die sich in der Projektdatenbank befinden, müssen Sie einen Weg finden, diese Informationen zu prüfen. Die wirksamste Prüfmethode ist eine organisierte Gegenprüfung der Systeminformationen durch Teammitglieder, die ein umfangreiches Wissen über die Systeme Ihrer Organisation haben.

Aufgabenrichtlinien

- Die Angehörigen des Personals von Qualitätssicherung und Informationsdienst sind die idealen Kandidaten für die Kontrollmaßnahmen.
- Nachdem die zurückkommenden Umfrageinformationen in die Jahr 2000-Projektdatenbank eingegeben sind, kann das Prüfungspersonal diese Informationen als Einzelperson oder als Gruppe nachprüfen und bestätigen.
- Systeminformationsprobleme, die vom Prüfungspersonal festgestellt wurden, sollten vom Prüfungspersonal und dem Personal, das das in Frage kommende Umfrageinstrument erstellt hat, gemeinsam gelöst werden.

Kapitel 2

- Wenn während der Überprüfungsaktivitäten Systeminformationen geändert werden, müssen Sie sicherstellen, daß die Kontrollmechanismen für Datenbankänderungen benutzt werden, um sowohl die anfänglich übermittelten als auch die überarbeiteten Informationen abzuspeichern.
- Alle Änderungen an Systeminformationen müssen den zuständigen Systemmanagern und Anwendern mitgeteilt werden.

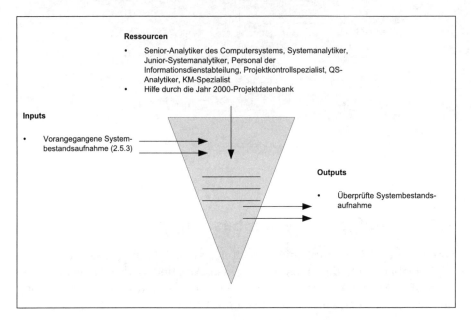

2.5.5 Aufgabe: Systembestand fixieren

Wenn alle Systeminformationen eingegangen und in der Jahr 2000-Projektdatenbank abgespeichert und geprüft sind, müssen Sie die Systembestandsaufnahme abschließen.

Aufgabenrichtlinien

- An dieser Stelle sollten Sie ein Schriftstück über die Systembestandsaufnahme veröffentlichen. Sowohl dieses Schriftstück als auch die korrespondierenden Datenbankberichte müssen in sich abgeschlossen sein.
- Die Kontaktstellen für jedes System (2.5.1) müssen verstehen, daß alle Änderungen an ihren Systemen, die sich auf die Fixierung der Systembestandsaufnahme beziehen, dem Personal des Jahr 2000-Projekts mitgeteilt werden müssen.

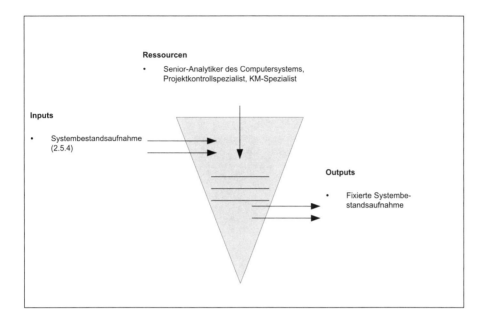

2.5.6 Änderungskontrolle einrichten

Nach der Durchführung eines Abschlusses müssen Sie die Änderungen aller Artefakte kontrollieren, die sich auf die Systeminformationen beziehen, einschließlich:

- Datenbankberichte
- Veröffentlichte Schriftstücke, die Systeminformationen enthalten
- Kopien von Umfrageinstrumenten, falls vorhanden

Aufgabenrichtlinien

- Benutzen Sie die Änderungskontrollverfahren, die Sie im Konfigurationsmanagementplan (KM-Plan) Ihres Jahr 2000-Projekts festgelegt haben. Wenn nötig, überarbeiten Sie den Plan, um zusätzliche Verfahren oder Änderungen an bestehenden Verfahren mit einzubeziehen.
- Suchen Sie sich eine Person, die die Aufgaben eines Konfigurationskontrollmanagers übernimmt.
- Wenn Sie es für erforderlich erachten, wählen Sie Personal aus, das als Konfigurationskontrollkommission arbeitet.

Kapitel 2

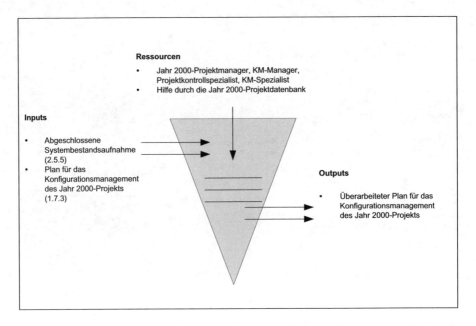

- Legen Sie die Art der Datenbankänderungen fest, die routinemäßig ausgeführt werden können, und diejenigen, die dem Konfigurationskontrollmanager und/oder der Konfigurationskontrollkommission gemeldet werden müssen. Alle Änderungen, gleich welcher Größe und Wichtigkeit, müssen im Änderungskontrollmechanismus festgehalten werden.
- Der Änderungskontrollmechanismus sollte zum mindesten die folgenden Informationen haben:
  - Die Person, welche die Änderung vorschlägt
  - Die Person, welche die Änderung verantwortet
  - Datum des Änderungsvorschlags
  - Datum der Änderung
  - Grund der Änderung
  - Einfluß der Änderung auf andere Datensätze (Änderungsabhängigkeiten)

 Systembestandsaufnahme vollständig. Die Qualitätssicherung prüft, ob das Deliverable zielkonform ist. Die Projektüberwachung fixiert das Deliverable und aktualisiert die Überwachungsmaße. Das Konfigurationsmanagement prüft, ob die Änderungen der Jahr 2000-Projektdatenbank den KM-Prozeduren gemäß durchgeführt werden.

2.6 Bestandsorganigramm

Das Bestandsorganigramm bietet eine Schemazeichnung aller Systeme, die in der Systembestandsaufnahme enthalten sind. Außerdem zeigt es die Beziehungen und Abhängigkeiten unter ihnen auf. Es gestattet Ihnen, den technischen Einfluß eines speziellen Systems auf die Systeme abzuschätzen, die mit ihm verknüpft sind.

Das Bestandsorganigramm erweitert und überarbeitet das Unternehmens-Organigramm, das in der Phase der Planung und Bewußtmachung entwikkelt wurde. Das Bestandsorganigramm erweitert Ihr Gesamtverständnis für die Funktion der Informationsdienste innerhalb Ihrer Organisation.

Aufgabenüberblick

- Entwickeln eines Bestandsorganigramms

2.6.1 Aufgabe: Bestandsorganigramm entwickeln

Entwicklung eines umfassenden Organigramms, das die bestehenden Systeme in Ihrem Unternehmen abbildet und die Beziehungen dieser Systeme untereinander. In diesem Organigramm müssen alle Systeme aus der Systembestandsaufnahme enthalten sein.

Aufgabenrichtlinien

- Dieses Organigramm wird viele verschiedene Typen von System-Hardware, Software, Betriebssystemen, Firmware, Steuersprachen, Datenbanken, Netzwerken und eingebetteten Systemen enthalten.
- Ein Organigramm ist typischerweise eine Zeichnung oder Graphik in der Gestalt eines Schaubildes. Einige Leute machen sich eine festgelegte Methode der Darstellung von Informationsdiensten zunutze, zum Beispiel die Methode des Datenflußdiagramms von Yourdon, wenn sie ein Organigramm entwickeln. Andere benutzen einfach die Grundelemente einer Graphik – Knotenpunkte und Linien mit Pfeilen (zur Relationsdarstellung) –, um individuelle Systeme und ihre Beziehungen untereinander abzubilden. Für Ihre Schemazeichnung sollten Sie Ihre eigenen Konventionen entwickeln, Methoden, die in Ihrem Unternehmensumfeld sinnvoll sind.

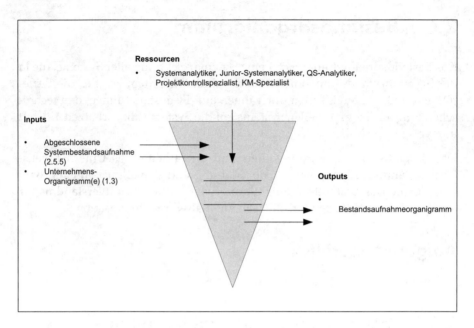

- Was für Zeichenkonventionen Sie auch immer benutzen, denken Sie daran, sie einfach zu halten. Die wichtigste Eigenschaft jedes Organigramms ist die Übersichtlichkeit. Ihr Organigramm sollte eine klare und knappe Abbildung Ihrer Systeme und deren Beziehung untereinander darstellen.
- Die genaue Natur der Schemazeichnung hängt von der Größe und Komplexität des Informationssystems Ihrer Organisation ab. Einige Unternehmen/Organisationen können in der Lage sein, alle ihre Systeme und ihre Beziehungen untereinander auf einer einzigen Zeichnung darzustellen. Die meisten Unternehmen oder Organisationen werden jedoch eine Reihe von Zeichnungen benötigen. Jede Zeichnung zeigt dann ein Teilstück der Systembestandsaufnahme und darin die Beziehungen der Systeme untereinander. Sie müssen ausdrücklich die Beziehungen unter den einzelnen Zeichnungen definieren, die zusammen das Gesamtorganigramm bilden. Wie Sie Ihre Systeme für die schematische Darstellung in Teilstücke zerlegen, hängt von Ihrem Unternehmen ab: Nur Sie können entscheiden, welche Teilstücke für die Erstellung des Organigramms sinnvoll sind.
- Wenn Sie unter Beachtung der während dieser Aufgabe zu benutzenden zeichnerischen Konventionen Entscheidungen treffen, sollten Sie daran denken, daß Sie dabei sind zu versuchen, die Kernsysteme Ihres Unternehmens genau zu fixieren. Was sind nun diese Systeme, von denen so viele andere Systeme abhängig sind? Welche Systeme werden eine signifi-

kante Auswirkung auf andere Systeme haben, wenn sie durch Jahr 2000-Probleme beeinträchtigt werden? Sie müssen eine Methode finden, um in der Struktur Ihres gesamten Informationssystems einige Systeme als technisch »kritisch« zu kennzeichnen.

- Bestimmen Sie einen Prozeß, durch den jedes System in der Bestandsaufnahme in Ihrem Organigramm eingefangen wird. Sie müssen jedes System durchgehen, eins nach dem anderen, und es dem entsprechenden Bereich des Organigramms hinzufügen. Alternativ können Sie Systeme logisch in Untersysteme zerlegen, wobei Sie für jedes dieser Untersysteme ein Organigramm erstellen müssen. Am Schluß fügen Sie dann dem Hauptschema alle Unterschemata hinzu. Mögliche Unterteilungen in Unterschemata sind:
  - Einteilung der Systeme in die acht oben aufgeführten Systemarten. Sie können zum Beispiel alle Netzwerksysteme zusammenfassen und darstellen, bevor Sie die Hard- oder Software zusammenfassen und darstellen.
  - Einteilen von Systemen nach organisatorischen Entitäten. Sie können zum Beispiel alle Untersysteme in Übereinstimmung mit den Geschäftsbereichen Ihrer Organisation organisieren.
  - Einteilung von Systemen nach der Anzahl der Systemabhängigkeiten, die jedes System hat. Sie können beispielsweise in Abhängigkeit von den Informationen der Bestandsaufnahme die Kernsysteme in Ihrem Unternehmen festlegen und diese als Grundlage für die Entwicklung des Schemas benutzen.
- Als Richtlinie für die Erstellung Ihres Bestandsaufnahmeorganigramms sollten Sie das Unternehmensorganigramm benutzen, das Sie während der Phase der Planung und Bewußtmachung erstellt oder überarbeitet haben.

Bestandsschema vollständig. Die Qualitätssicherung prüft, ob das Deliverable zielkonform ist. Die Projektüberwachung fixiert das Deliverable und aktualisiert die Überwachungsmaße. Das Konfigurationsmanagement prüft, ob die Änderungen der Jahr 2000-Projektdatenbank den KM-Prozeduren gemäß durchgeführt werden.

2.7 Statusbericht über die Systemkonfiguration

Der Statusbericht über die Systemkonfiguration zeigt Systeme auf, die Konfigurationsprobleme haben; Systeme, für die Konfigurationselemente fehlen, datumsmäßig abgelaufen sind oder aus sonstigen Gründen in bezug auf ihre Konformität nicht bewertet werden können. Zu den Konfigurationselementen gehören betriebliche Software- oder Hardware-Module, Systemanforderungs-Artefakte, Systement-Design-Artefakte, Software-Quellcode-Module, System-Objektcode-Module und alle anderen Objekte, die die Entwicklung oder den Betrieb eines bestehenden Systems unterstützen. Die Konfigurationselemente eines einzelnen Systems werden während der Phase der detaillierten Problemanalyse benutzt, um den Jahr 2000-Konformitätsstand dieses Systems zu bestimmen. Wenn Konfigurationselemente fehlen, datumsmäßig abgelaufen sind oder nicht erreicht werden können, können die Bewertungsaktivitäten behindert oder, im schlimmsten Falle, allesamt zum Erliegen kommen.

Wegen des möglichen Einflusses von Konfigurationsproblemen auf Bewertungsaufgaben müssen Sie diese Probleme kennen, bevor Sie wichtige Entscheidungen für die Entscheidungsfindungsphase treffen. Zusätzlich können Informationen, die den Stand verschiedener Konfigurationselemente betreffen, für die Planung der Aktivitäten in der Phase der Entscheidungsfindung sehr nützlich sein.

Betriebssystemmodule, die archiviert oder außer Betrieb genommen worden sind, können als veraltete Konfigurationselemente betrachtet werden. Software-Quellcodemodule oder Hardware-Anordnungen, die nicht mit dem betrieblichen System übereinstimmen, können als »nicht zugängliche« Konfigurationselemente betrachtet werden. Ein betriebliches Software- oder Hardware-System, für das kein Quell-Code oder Schema existiert, kann als System mit fehlenden Konfigurationselementen betrachtet werden.

Aufgabenüberblick

- Ermitteln von Konfigurationsproblemen

2.7.1 Aufgabe: Identifizierung von Konfigurationsproblemen

Diese Aufgabe beinhaltet drei Haupttätigkeiten: Ermitteln von außer Betrieb befindlichen oder archivierten Konfigurationselementen, Ermitteln fehlender und nicht kompatibler Konfigurationselemente.

Identifizierung von außer Betrieb befindlichen oder archivierten Konfigurationselementen

Ermitteln Sie die betrieblichen Systemkomponenten, die aus dem aktiven Gebrauch entfernt oder archiviert worden sind. Stellen Sie sicher, daß diese betrieblichen Komponenten zukünftig nicht benutzt werden. Bevor Sie diese Entscheidung treffen, sprechen Sie sie sorgfältig mit den Benutzern des Systems ab.

Identifizierung fehlender Konfigurationselemente

Ermitteln Sie die Systeme, bei denen Konfigurationselemente fehlen. Ziehen Sie Systemanwender hinzu, die Ihnen bei der Suche nach folgenden Elementen helfen:

- Software-Objekt-Code
- Software-Quell-Code
- Hardware-Übersichtspläne
- Systementwicklungs-Artefakte, einschließlich der der Systemanforderungen und der Entwurfsdokumentation

Identifizierung nichtkompatibler Konfigurationselemente

Stellen Sie die Kompatibilität der Konfigurationselemente sicher, die zu demselben System gehören. Systemanforderungen, Systementwürfe, Systemquell-Code oder Systempläne müssen alle Betriebskomponenten des Systems widerspiegeln. Sie müssen Software-Code neu kompilieren, damit Sie auf diese Weise bei Software-Systemen nicht kompatible Konfigurationselemente entdecken können.

Kapitel 2

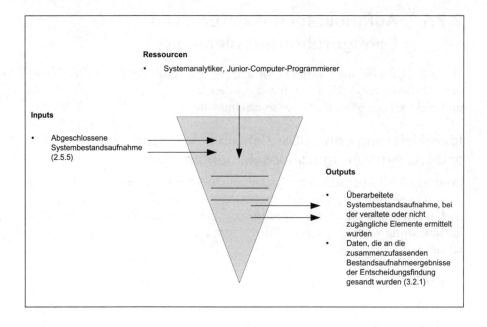

Aufgabenrichtlinien

- Informationen, die mögliche Konfigurationsprobleme betreffen, können zusammen mit Aufgaben beschafft werden, die während des Abschlusses der Systembestandsaufnahme durchgeführt werden.
- Sie könnten sich vornehmen, Software-Kompilierungen nur in der Phase der detaillierten Problemanalyse vorzunehmen. Aber wenn Sie diese Kompilierungen während der Bestandsaufnahmephase durchführen, können Sie wertvolles Wissen über die Kompatibilität der Konfigurationselemente eines Systems erhalten. Berücksichtigen Sie bei der Entscheidung, wann Sie die Kompilierungen ausführen wollen, daß Informationen über die Kompatibilität oder Nichtkompatibilität von Konfigurationselementen die Entscheidungen in der Entscheidungsfindungsphase stark beeinflussen können.
- Die Ergebnisse dieser Aufgabe sollten zusammengefaßt und mit der Geschäftsleitung während der Entscheidungsfindungsphase besprochen werden.
- Informationen über Konfigurationsprobleme sollten in der Jahr 2000-Projektdatenbank abgespeichert werden.

Phase 2: Bestandsaufnahme

 Statusbericht über die Systemkonfiguration vollständig. Die Qualitätssicherung prüft, ob das Deliverable zielkonform ist. Die Projektüberwachung fixiert das Deliverable und aktualisiert die Überwachungsmaße. Das Konfigurationsmanagement prüft, ob die Änderungen der Jahr 2000-Projektdatenbank den KM-Prozeduren gemäß durchgeführt werden.

2.8 Abhängigkeiten der Bestandselemente

Diese technische Bevorzugung der Systeme in Ihrer Organisation wird die Entwicklung von Terminplänen und Plänen zur Ressourcen-Lokalisierung für die Phase der detaillierten Problemanalyse und für den korrekten Status lenken.

 Verwechseln Sie nicht technische Prioritäten mit geschäftlichen Prioritäten. Eine technische Bevorzugung zeigt die Wichtigkeit jedes Systems in Relation zur technischen Tätigkeit aller Systeme in Ihrem Unternehmen an. Im Gegensatz dazu zeigt eine geschäftliche Bevorzugung die Wichtigkeit jedes Systems in Relation zu den geschäftlichen Zielen Ihrer Organisation. Weil beispielsweise viele Software-Anwendungen im Dauerbetrieb sind, kann ein einzelnes Betriebssystem für Ihr Unternehmen technisch kritisch sein. Weil aber dieses Betriebssystem keinen direkten Bezug zu den geschäftlichen Zielen Ihrer Organisation hat, wäre es, vom geschäftlichen Standpunkt aus gesehen, als unwichtig zu betrachten. Im Gegensatz dazu wäre ein Übersetzungsprogramm nur minimal von anderen Systemen Ihrer Organisation abhängig und wäre dementsprechend in der Prioritätenliste weit unten. Wenn aber ohne dieses Übersetzungsprogramm kein Geschäft mit externen Partnern durchgeführt werden könnte, stände es auf der geschäftlichen Prioritätenliste weit oben.

Die geschäftliche Priorisierung der Systeme Ihrer Organisation findet in der Phase der Entscheidungsfindung statt.

Aufgabenüberblick

- Abhängigkeiten im System identifizieren
- Entwickeln der Liste der technischen Prioritäten

2.8.1 Aufgabe: Abhängigkeiten im System identifizieren

Erstellen Sie für jedes System in Ihrem Unternehmen eine Liste mit den Abhängigkeiten. Für jedes System sollten Sie folgende Elemente auflisten:

- Die Systeme, die von seinem Betrieb abhängig sind
- Die Systeme, von denen sein Betrieb abhängt

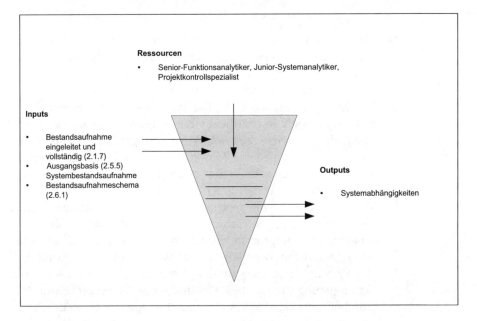

Aufgabenrichtlinien

- Sie müssen den Grad der Abhängigkeit zwischen zwei Systemen festhalten (das heißt, Sie müssen aufzeichnen, ob ein System ganz oder nur teilweise von einem anderen System abhängig ist).
- Entsprechende Informationen können Sie aus der Jahr 2000-Projektdatenbank und dem Bestandsaufnahmeschema entnehmen.

2.8.2 Aufgabe: Liste der technischen Prioritäten entwickeln

Basierend auf der Liste der Systemabhängigkeiten bewerten Sie die technische Bedeutung jedes Systems in Ihrem Unternehmen und geben ihm eine entsprechende Priorität.

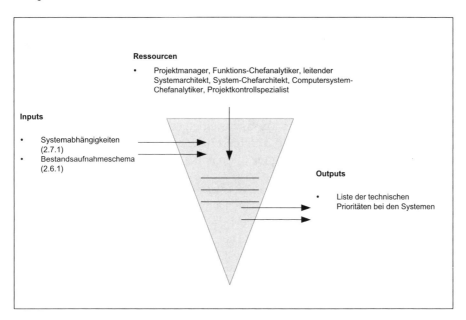

Aufgabenrichtlinien

- Das Format dieser Prioritätenliste sehen Sie in der folgenden Tabelle.

System-ID	Ist abhängig von n Systemen	n Systeme sind abhängig von ihm	Bemerkung	Priorität
Betriebssystem 1	2	34	Unterstützt viele Anwendungen	kritisch
Hardware 3A	2	1	Nur für 1 Applikation	gering
Netzwerk 2Z	2	47	Backbone	kritisch
Netzwerk 3F	4	1	Router	gering

- Jedem System ist eine Priorität zugeordnet, die auf den vorgegebenen Prioritätskategorien beruht: kritisch, hoch, mittel und gering.
- Sie können die Bezeichnung der Prioritätskategorien innerhalb dieser Skalierung ändern, wenn Sie wollen. Es liegt an Ihnen, die Kriterien zu bestimmen, durch die die Systeme diesen Prioritätskategorien zugeordnet werden. Sie können zum Beispiel diejenigen Systeme als »kritisch« einstufen, die bei ihrem Versagen ein Zusammenbrechen des gesamten Informationsnetzes der Organisation bewirken. Wenn aber solch ein kompletter Informationszusammenbruch in Ihrem Unternehmen einfach nicht möglich ist, können Sie diejenigen Systeme als »kritisch« bezeichnen, deren Versagen zum Zusammenbruch von mehr als 20 anderen Systemen führt. Andererseits können Sie auch denjenigen Systemen die Priorität »kritisch« zuordnen, von denen viele andere Systeme abhängig sind und deren Reparatur im Fall eines Versagens einen erheblichen Aufwand an Zeit und Mühe erfordern würde. Letzten Endes muß die Definition »kritisch« von Ihrer Kenntnis Ihrer Organisation abhängen.

Abhängigkeiten der Bestandselemente vollständig. Die Qualitätssicherung prüft, ob das Deliverable zielkonform ist. Die Projektüberwachung fixiert das Deliverable und aktualisiert die Überwachungsmaße. Das Konfigurationsmanagement prüft, ob die Änderungen der Jahr 2000-Projektdatenbank den KM-Prozeduren gemäß durchgeführt werden.

2.9 Abschätzung der technischen Risiken

Die Bestandsaufnahme der technischen Risiken ist von den technischen Risiken abhängig, die mit jedem System Ihrer Organisation verbunden sind. Diese Zusammenfassung der technischen Risiken wird ein wertvoller Faktor bei den Managemententscheidungen sein, die in den späteren Phasen des Jahr 2000-Projekts verlangt werden.

Um diese Aufgabe korrekt angehen zu können, sollten Sie sich den *Anhang I, Risikomanagement Jahr 2000* ansehen. Dieser Anhang definiert den Begriff »technisches Risiko«.

Aufgabenüberblick

- Entnehmen der Risikoinformationen aus der Systembestandsaufnahme
- Berechnen der systembedingten technischen Risiken

2.9.1 Aufgabe: Risikoinformationen aus der Systembestandsaufnahme entnehmen

Sie werden Informationen über das Systemrisiko in der Jahr 2000-Projektdatenbank finden. Die Person, die ein Überprüfungsinstrument für ein spezielles System fertiggestellt hat, wurde aufgefordert, die folgenden beiden Risikofaktoren zu bewerten, die dieses System betreffen:

- Wahrscheinlichkeit, daß das System von einem oder mehreren Jahr 2000-Problemen betroffen wird
- Technische Größe des Einflusses

Bei Umfragen wurden Personen aufgefordert, jedem dieser Faktoren einen Wert auf einer Skala von Null bis Eins zuzuordnen.

Einer der Befragten könnte beispielsweise annehmen, daß es sehr gut möglich ist, daß eine einzelne Software-Anwendung eine Anzahl von Berechnungen enthält, die auf Datumszahlen basieren. Er oder sie kann auch davon Kenntnis haben, daß die Systementwickler innerhalb der Datumsangaben üblicherweise zweiziffrige Jahresfelder benutzt haben. Konsequenterweise sagt sich der Befragte, daß die Wahrscheinlichkeit, daß dieses System von den Jahr 2000-Problemen betroffen wird, sehr hoch ist, sagen wir 0,9. Weil von dieser Anwendung keine anderen Systeme abhängen und ihr Versagen einen sehr geringen Einfluß auf die Arbeit des Informationssystems Ihrer Organisation hat, wird der Gesamteinfluß dieses Versagens mit 0,2 eingestuft.

Entnehmen Sie diese Systemrisikofaktoren aus der Jahr 2000-Projektdatenbank und erstellen Sie aus diesen Informationen eine Liste oder Tabelle.

Aufgabenrichtlinie

- Wenn Sie keine Richtlinien für die Zuordnung von Risikofaktoren als einen Teil Ihrer Prüfungsinstruktionen für die Systembestandsaufnahme eingeschlossen haben, sind allen Systemen auch nicht fortlaufend Werte für die Risikofaktoren zugeordnet worden. Einige der Befragten können beschlossen haben, daß eine Software-Anwendung, in der wahrscheinlich ein paar zweiziffrige Jahresfelder vorkommen, eine Wahrscheinlichkeit von 0,9 haben, von einem Jahr 2000-Problem beeinflußt zu werden, während sich einige andere Befragte entschieden haben, demselben Risikofaktor den Wert 0,8 zuzuordnen. Sie müssen sich dieser Art von Widersprüchlichkeit immer bewußt bleiben, wenn Sie die Stichhaltigkeit der Risikofaktoren beurteilen, die in der Jahr 2000-Projektdatenbank enthalten sind.

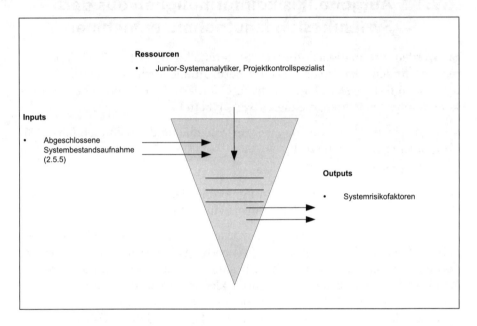

2.9.2 Aufgabe: Technisches Risiko jedes Systems berechnen

Benutzen Sie die Informationen über die Risikofaktoren, die Sie bei der vorigen Aufgabe gewonnen haben, um das technische Risiko zu berechnen, das mit jedem System verbunden ist. Um das technische Gesamtrisiko zu errechnen, müssen Sie die einzelnen Risikofaktoren miteinander multiplizieren.

Aufgabenrichtlinien

- Wegen des Fehlens an Einheitlichkeit bei der Bestimmung der Werte für Risikofaktoren sollten Sie zur Beschreibung der technischen Systemrisiken Likert-Skalenwerte benutzen, zusammen mit einem Bereich numerischer Werte. Die Beschreibung technischer Risiken in ausführlichen Begriffen verringert den Einfluß fragwürdiger Werte, die in Risikoberechnungen enthalten sein können. Nach der Vervollständigung der zahlenmäßigen Berechnung der technischen Risiken konvertieren Sie die resultierenden Zahlenwerte in die übereinstimmenden Werte der Likert-Skala.

- Zahlenwerte des technischen Risikos stimmen mit den folgenden Likert-Skalenwerten überein:
  - Sehr hoch: 0,8 und darüber
  - Hoch: 0,6 bis 0,8
  - Mittel: 0,4 bis 0,6
  - Niedrig: 0,2 bis 0,4
  - Sehr niedrig: 0,2 und darunter
- Der Wert für das technische Risiko, das mit jedem System verbunden ist, sollte in der Jahr 2000-Projektdatenbank festgehalten werden. Wenn gewünscht, kann eine Systemliste erstellt werden, die nach den technischen Risiken sortiert ist.

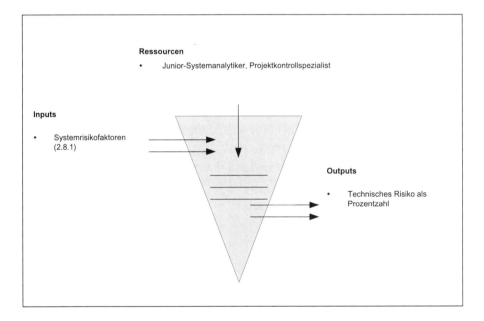

 Meilenstein

Abschätzung der technischen Risiken vollständig. Die Qualitätssicherung prüft, ob das Deliverable zielkonform ist. Die Projektüberwachung fixiert das Deliverable und aktualisiert die Überwachungsmaße. Das Konfigurationsmanagement prüft, ob die Änderungen der Jahr 2000-Projektdatenbank den KM-Prozeduren gemäß durchgeführt werden.

Einflüsse auf das Geschäft

Die während der Bestandsaufnahmephase durchgeführten Aufgaben werden den Ablauf in Ihrem Unternehmen nicht sehr stören. Obwohl es sicherlich Zeit braucht, um die Systemübersicht fertigzustellen, sollten Sie keinen wesentlichen Zeitaufwand haben, um die Bestandsaufnahmeaufgaben zu erledigen. Die Aktivitäten in der Phase der detaillierten Problemanalyse und in der Lösungsphase haben einen weit schwerwiegenderen Effekt auf Ihre Geschäftsvorgänge.

Viele Mitarbeiter Ihrer Organisation werden an dieser Bestandsaufnahme teilnehmen. Die meisten dieser Teilnehmer rekrutieren sich aus den Systemanwendern, die auf Ihre Anforderung von Informationen betreffend ihrer Systeme antworten.

Um sicherzustellen, daß Sie alle diese Systeminformationen in einer zeitlichen Reihenfolge erhalten, müssen Sie sicherstellen, daß die Systemanwender und ihre Manager den Bestandsaufnahmebemühungen hilfreich gegenüberstehen. Um den Level der unternehmensweiten Zusammenarbeit zu erreichen, den Sie benötigen, müssen Sie folgendes sicherstellen:

- Systemanwender und ihre Manager sind sich des Anlasses und der Ziele der Bestandsaufnahme bewußt.
- Die Ressourcen, die zur Durchführung der Bestandsaufnahmeaufgaben benötigt werden (Zeit, Unterstützungswerkzeuge, Vereinfachungen) stehen diesen Systemanwendern zur Verfügung.
- Die Geschäftsleitung versteht und unterstützt die Belastung, die auf diese Manager und das technische Personal zukommt.

Phasenrisiken

Potentielles Ereignis	Wahrscheinlichkeit	Einfluß	Risiko
Systembestandsaufnahme unvollständig	Hoch	Hoch	Hoch
Angefragte Information unrichtig	Hoch	Niedrig	Niedrig

Risiken der Bestandsaufnahmephase

Das Hauptrisiko, das mit der Bestandsaufnahmephase verbunden ist, ist dies, daß Ihre Systembestandsaufnahme unvollständig sein kann. Ein zusätzliches Risiko besteht darin, daß die angefragte Information unrichtig sein kann.

Systembestandsaufnahme unvollständig

Ihre bei weitem ernsthafteste Sorge ist, daß die Systembestandsaufnahme unvollständig sein könnte. Das eine System, daß Sie zu berücksichtigen versäumen, kommt auf Sie zurück und hetzt Sie, wenn die Jahr 2000-Zeitbombe tickt. Die Chance, daß dies passiert, ist – sehr wahrscheinlich – hoch. Es ist schwierig, jedes letzte System in einer großen Organisation aufzufinden. Die Auswirkungen sind ebenfalls hoch. Ein einziges fehlendes System kann ein Desaster auslösen.

Methoden zur Risikoverminderung:

- Richten Sie im Zusammenhang mit Ihren Bestandsaufnahmeaufgaben einen »Call-Back«-Mechanismus ein. Wenn der Empfänger einer Umfrage nicht innerhalb einer vorgegebenen Zeitspanne geantwortet hat, wird eine Information erstellt, die Sie darauf hinweist, den Empfänger erneut anzusprechen.

- Halten Sie die Bestandsaufnahmeumfrage kurz und prägnant. Systemanwender werden eine Anfrage viel leichter komplettieren und zurücksenden, wenn diese einfach und leicht zu verstehen und nicht langatmig und kompliziert ist. Rufen Sie nur so viel an Informationen ab, wie Sie zum Einführen der Identität, der grundlegenden Funktionen und der potentiellen Jahr 2000-Verwicklungen eines jeden Systems benötigen. Kümmern Sie sich an dieser Stelle nicht um das Sammeln umfassender Informationen über jedes System. Sie erhalten diese Informationen während der Phase der detaillierten Problemanalyse.

Angefragte Information unrichtig

Unglücklicherweise liefern vielleicht einige der überlasteten Leute, die diese Anfragen beantworten, keine vollständigen und richtigen Informationen. Zum Glück werden die meisten dieser Unrichtigkeiten während des Bestandsaufnahme-Verifikationsprozesses oder während der Phase der detaillierten Problemanalyse gefunden. Mit anderen Worten, obgleich es eine gute Chance gibt, daß einige Anfrageinformationen unrichtig sind, wird die Auswirkung wahrscheinlich gering sein.

Methoden der Risikoverringerung:

- Machen Sie bei Ihren Bestandsaufnahmebestrebungen eine Prüfung und Rückmeldung zur Pflicht. Nach dem Erhalt der angefragten Informationen sollte diese geprüft werden. Das Fehlen oder Infragestellen einer Information kann notiert und die Anfrage zur Überarbeitung an den Absender zurückgeschickt werden.
- Stellen Sie sicher, daß alle Empfänger der Umfrage sich der Bedeutung des Jahr 2000-Projekts bewußt sind. Sie müssen immer wieder die Wichtigkeit der Aufgabe betonen, komplette und genaue Systeminformationen abzuliefern.

Erfolgsfaktoren

Während einer erfolgreich durchgeführten Bestandsaufnahme haben Sie die folgenden Schritte ausgeführt:

Erfolgsfaktor	Resultat
Ausgearbeitete Anforderungen an Tools, die die Bestandsaufnahme unterstützen	Beginn der Bestandsaufnahmephase
Ausgearbeitete Anforderungen an Tools, die das Jahr 2000-Projekt unterstützen	Bestandsaufnahme der internen Werkzeuge
Ermittelte organisationsinterne Tools, die zur Unterstützung des Jahr 2000-Projekts benutzt werden können	Bestandsaufnahme der internen Werkzeuge
Ermittelte fehlende Tools in Ihrer Organisation	Analyse der Werkzeuge und Identifikation der Lieferantenwerkzeuge
Definierte Kriterien für die Bestimmung und Auswahl der Lieferantenwerkzeuge, die zur Unterstützung des Jahr 2000-Projekts benutzt werden können	Analyse der Werkzeuge und Identifikation der Lieferantenwerkzeuge
Ermittelte Lieferantenwerkzeuge, die zur Unterstützung des Jahr 2000-Projekts benutzt werden könnten	Analyse der Werkzeuge und Identifikation der Lieferantenwerkzeuge
Auf der Information über Tools, die in Ihrer Organisation vorhanden sind, und Lieferantenwerkzeuge basierende Kaufen-/Eigenentwicklung-Entscheidungen über die Jahr 2000-Hilfswerkzeuge	Analyse der Werkzeuge und Identifikation der Lieferantenwerkzeuge

Phase 2: Bestandsaufnahme

Erfolgsfaktor	Resultat
Ermittelte Lieferantenwerkzeuge, die zur Unterstützung des Jahr 2000-Projekts benutzt werden können	Analyse der Werkzeuge und Identifikation der Lieferantenwerkzeuge
Ermittelte größenordnungsmäßige Personalanforderungen für das Jahr 2000-Projekt	Abschätzung des Personalbedarfs und Übersicht über Dienstleister
Festgestellter interner Personalengpaß	Abschätzung des Personalbedarfs und Übersicht über Dienstleister
Definierte Kriterien für die Auswahl potentieller Zulieferer	Abschätzung des Personalbedarfs und Übersicht über Dienstleister
Nach diesen Kriterien ermittelte Zulieferer	Abschätzung des Personalbedarfs und Übersicht über Dienstleister
Ermittelte potentielle Zulieferer und Dienste, die während des Jahr 2000-Projekts benutzt werden könnten	Abschätzung des Personalbedarfs und Übersicht über Dienstleister
Fertiggestellte umfassende Systemumfrage	Systembestandsaufnahme
Sicherstellung, daß die Systemumfrage vollständige und klare Richtlinien betreffend der Jahr 2000-Konformität beinhaltet	Systembestandsaufnahme
Sicherstellung, daß die Systemumfrage eine Anleitung für die Systemanwender beinhaltet, wie sie Systemarbeitsergebnisse analysieren können, um so diejenigen Systeme zu ermitteln, die vom Jahr 2000-Problem betroffen sein können Erhalt einer Bewertung der Jahr 2000-Konformität oder -Nichtkonformität für alle Systeme Ihrer Organisation	Systembestandsaufnahme
Erfaßte Informationen, die bei der Bestandsaufnahme in der Jahr 2000-Projektdatenbank gesammelt wurden	Systembestandsaufnahme
Sicherstellung, daß Ihre Bestandsaufnahmedatenbank Informationen über bekannte Jahr 2000-Eignungsprobleme enthält	Systembestandsaufnahme
Bestätigung der Richtigkeit der während der Bestandsaufnahme gesammelten Informationen	Systembestandsaufnahme

Kapitel 2

Erfolgsfaktor	Resultat
Bestätigung der Vollständigkeit der während der Bestandsaufnahme gesammelten Informationen	Systembestandsaufnahme
Innerhalb dieser Datenbank benutzte Änderungskontrollverfahren	Systembestandsaufnahme
Geprüfte Konfigurationselemente in- und außerhalb der Datenbank dergestalt, daß Richtigkeit und Integrität des Ausgangsbasis-Deliverables erhalten bleiben	Systembestandsaufnahme
Festgehaltene Prüfungsspuren der Informationsänderungen in der Projektdatenbank	Systembestandsaufnahme
Festgelegte Konfigurationseinheiten für die Informationen, die während der Bestandsaufnahme eingefangen wurden	Systembestandsaufnahme
Sichergestellt, daß die bei der Bestandsaufnahme erstellte Ausgangsbasis aus diesen Konfigurationseinheiten bestehen	Systembestandsaufnahme
Ermittlung der organisationsinternen Systembeziehungen	Bestandsschema
Ermittlung der Beziehungen zwischen Systemen und Entitäten, die sich außerhalb Ihrer Organisation befinden	Bestandsschema
Ermittelte Systeme, die überholt oder nicht einschätzbar sind	Statusbericht über die Systemkonfiguration
Ermittelte technische Abhängigkeiten zwischen den Systemen Ihrer Organisation	Abhängigkeiten der Bestandselemente
Erhalt einer technischen Prioritäten der Systeme Ihres Unternehmens	Abhängigkeiten der Bestandselemente
Ermittelte technische Risiken für jedes System in Ihrem Unternehmen	Abschätzung der technischen Risiken
Sie haben die Phasenrisiken und mögliche Ansätze zur Risikominderung identifiziert	Alle Deliverables
Sie haben die Deliverables identifiziert, die währen dieser Phase entwickelt wurden	Alle Deliverables
Sie haben passende Kommunikationsschnittstellen in Ihrer gesamten Organisation benutzt, um die Aufgabe dieser Phase zu unterstützen	Alle Deliverables

Erfolgsfaktor	Resultat
Sie haben die Aufgaben dieser Phase an verschiedene Gruppen in Ihrer Organisation delegiert und sichergestellt, daß diese Aufgaben die Zustimmung des Managements hatten	Alle Deliverables
Sie haben die Deliverables identifiziert, für die jede Gruppe verantwortlich war, und sichergestellt, daß die Verantwortung für das Deliverable von jeder Gruppe übernommen wurde	Alle Deliverables
Sie haben die Meilensteine für die Erfüllung der Aufgaben dieser Phase identifiziert	Alle Deliverables
Sie haben an den Meilensteinen die Grenzwerte identifiziert, bei deren Überschreiten korrektive Maßnahmen ergriffen werden würden	Alle Deliverables
Sie haben Meßwerte benutzt, um anhand der Meilensteine den Fortschritt zu überwachen und zu messen	Alle Deliverables
Sie haben sichergestellt, daß jede verantwortliche Gruppe den Zeitplan für die Fertigstellung dieser Phase akzeptiert und eingehalten hat	Alle Deliverables

Weiterführende Informationen

Diese Liste nennt Materialien im Anhang, denen Sie sich zuwenden können, um zusätzliche Informationen über das Projekt Ihrer Jahr 2000-Konformität zu erhalten:

- Anhang E, Anwendbarkeit von Werkzeugen
- Anhang G, Jahr 2000-Projektdatenbank
- Anhang H, Integrierter Projektplan
- Anhang I, Jahr 2000-Risikomanagement

Phase 3: Entscheidungsfindung   **3**

Ziele:

- Bewerten des geschäftlichen Risikos, das mit jedem System verbunden ist
- Zuweisung einer geschäftlichen Priorität zu jedem System oder Bestandsaufnahmeelement
- Bestimmung des Geltungsbereichs durch die Entscheidung, welche Systeme im Rahmen der Jahr 2000-Maßnahmen untersucht und korrigiert werden sollen
- Entwickeln von Plänen, Kostenaufstellungen und Zeitplänen für die detaillierte Problembewertung und Erhalt der Genehmigung für diese Elemente durch die Geschäftsleitung

Während der Phase 3, Entscheidungsfindung, bestimmen Sie, an welcher Stelle Sie Ihre Anstrengungen konzentrieren, wenn Sie mit Ihren Jahr 2000-Maßnahmen weitermachen. Die Entscheidungen, die Sie im Verlauf dieser Phase treffen, werden Ihnen bei der Aufstellung eines detaillierten Plans für die Fertigstellung der Systembewertungsaufgaben behilflich sein.

Strategische Entscheidungen

Während der Bestandsaufnahme haben Sie Größe und Grenzen Ihres Jahr 2000-Problems ermittelt. Sie verfügen jetzt über eine Schätzung, wie viele Systeme in Ihrer Organisation bei Erreichen der Jahrtausendwende ganz oder teilweise ausfallen. Seien Sie nicht überrascht, wenn die Größe des Problems Sie zu überwältigen droht. Viele Organisationen stehen der niederschmetternden Aussicht gegenüber, die meisten Systeme in ihrem Betrieb umstellen zu müssen.

Obgleich Sie sich einer anscheinend riesigen Aufgabe gegenübersehen, müssen Sie ganz realistisch sein, was Sie in der zur Verfügung stehenden Zeit und mit den verfügbaren Ressourcen bewerkstelligen können. Sie müssen entscheiden, was Sie zum jetzigen Zeitpunkt tun, was Sie in Zukunft und was Sie überhaupt nicht tun werden. Dieser Prozeß des Treffens von Entscheidungen ist das Kernstück der Phase der Entscheidungsfindung.

Während der Entscheidungsfindung müssen Sie einen sorgfältigen Blick auf die geschäftlichen Ziele Ihrer Organisation werfen. Sie müssen entscheiden, welche Aktionsrichtung es Ihnen erlaubt, weiter auf diese Ziele zuzusteuern, während die Zeitbombe des Jahres 2000 weitertickt. Sie müssen diejenigen Systeme ermitteln, die für Ihre geschäftlichen Ziele am wichtigsten sind, diejenigen, die am unwichtigsten sind, und die, die irgendwo dazwischen liegen. Diese Prioritätenbildung, abgeschwächt durch technische und ökonomische Erwägungen, erlaubt Ihnen, den Terminplan für die Detailplanungsphase zu formulieren. Außerdem müssen Sie die anderen Planungsaktivitäten für die Detailplanung fertigstellen.

Wie in der Bestandsaufnahmephase spielt auch in der Entscheidungsfindungsphase die Qualitätssicherung (QS) nur eine untergeordnete Rolle. Die QS wird aber die ablaufenden Tätigkeiten überwachen, um sicherzustellen, daß alle hinzugefügten Pläne auch bearbeitet werden, daß alle vom Jahr 2000-Projektmanagement etablierten Normen oder Richtlinien eingehalten und bei auftretenden Abweichungen diese berichtet und bis zur Fertigstellung verfolgt werden.

Die Entscheidungsfindung sollte kurz und bündig sein. Wie bei Entscheidungsfindungsaktivitäten im medizinischen Bereich ist auch hier Geschwindigkeit wichtig. Sie müssen entscheiden, welche Systeme der unmittelbaren Aufmerksamkeit bedürfen, welche Systeme zu einem späteren Zeitpunkt in Angriff genommen werden und welche Systeme unberücksichtigt bleiben. Sie müssen die während der Bestandsaufnahme gesammelten Informationen analysieren, jedem System eine Priorität zuordnen und für die Phase der detaillierten Problembewertung planen.

Die Entscheidungen, die Sie während der Entscheidungsfindung treffen, haben auf alle zukünftigen Jahr 2000-Bemühungen schwerwiegende Auswirkungen. Es kann nötig werden, sich in den späteren Phasen Ihres Jahr 2000-Projekts diese Entscheidungen noch einmal anzusehen und sie zu revidieren. Änderungen in Ihrer Organisation können es notwendig machen, die Bestandsaufnahme- und Entscheidungsfindungsphasen mehrmals zu durchlaufen.

 Die Kosten für die gesamte Entscheidungsfindung sollten nicht mehr als 1 Prozent der Jahr 2000-Projektkosten betragen.

 Die für die Entscheidungsfindung aufgewendete Zeit sollte 1 Prozent des Zeitplans für das ganze Jahr 2000-Projekt nicht überschreiten.

Zusammenfassung der Deliverables

Dieser Abschnitt faßt die drei Deliverables des Jahr 2000-Anpassungsprojekts für diese Phase zusammen. Der Abschnitt *Deliverables, Aufgaben und Abhängigkeiten* weiter unten in diesem Kapitel beinhaltet detaillierte Beschreibungen jedes Deliverables und der zugehörigen Support-Aufgaben.

Beginn der Entscheidungsfindungphase

Das Deliverable zu Beginn der Entscheidungsfindungsphase ist die Bereitstellung der erforderlichen Umgebung für die Entscheidungsfindungsarbeit sowie die Sicherstellung, daß Hilfsmittel, Ausrüstung, Personal und Prozeduren bestimmt und an ihrem Platz sind.

Geschäftliche Risiken und Prioritäten

Das Deliverable aus den Geschäftsrisiken und Prioritäten führt die Geschäftsrisiken auf, die mit jedem System verbunden sind. Es liefert außerdem für jedes System eine Auflistung der geschäftlichen Prioritäten.

Plan für die Detailplanungsphase

Der Plan für die Detailplanungsphase ist ein umfassender Plan zur erfolgreichen Vollendung der Phase der detaillierten Problembewertung, der auch eine Liste der Systeme enthält, die bewertet werden sollen.

Deliverables, Aufgaben und Abhängigkeiten

Die Deliverables der Entscheidungsfindung unterstützen den wichtigen Entscheidungsfindungsprozeß, der die verbleibenden Aktivitäten Ihres Jahr 2000-Projekts bestimmen wird. Sie sollten die Deliverables zur Entscheidungsfindung so schnell wie möglich abschließen, damit Sie mehr Zeit für Aufgaben der Bewertung und Lösung haben.

3.1 Beginn der Entscheidungsfindungsphase

Der Beginn der Entscheidungsfindungsphase stellt die Systeme und Ressourcen zur Verfügung, die erreichbar sein müssen, damit die effiziente Vervollständigung aller Aufgaben gewährleistet ist, die bei der Entscheidungsfindung ausgeführt werden. Nach der Erstellung dieses Ergebnisses ist das Umfeld für die Entscheidungsfindung an Ort und Stelle.

Kapitel 3

Aufgabenüberblick

- Angemessenheit der Entscheidungsfindungsumgebung sicherstellen
- Überwachung der Entscheidungsfindung einrichten
- Teilnehmer an der Entscheidungsfindung identifizieren

3.1.1 Aufgabe: Angemessenheit der Entscheidungsfindungsumgebung sicherstellen

Vergewissern Sie sich, daß die Ressourcen, die für die Aufgabe der Entscheidungsfindung benötigt werden, an Ort und Stelle sind. Überprüfen Sie Personal und Umfeld der Bestandsaufnahmephase für den Fall, daß Sie ein Element von beiden ändern müssen. Weil die Entscheidungsfindung nur eine kleine Nachfolgeepisode der Bestandsaufnahme ist, werden das Unterstützungspersonal und das Umfeld, die beide für die Entscheidungsfindung gebraucht werden, mit denen identisch sein, die für die Bestandsaufnahme gebraucht wurden. Führen Sie alle eventuell erforderlichen Veränderungen durch.

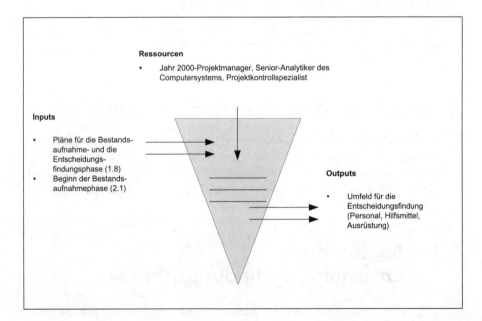

3.1.2 Aufgabe: Überwachung der Entscheidungsfindung einrichten

Benutzen Sie die Anforderungen an den Zeitplan und die Fortschrittsmessung, die im Fortschrittüberwachungsplan herausgegeben wurden, um die Terminplanung für spezielle Meilensteine, für Einsatzpunkte bestimmter Maßnahmen und für Zusammenkünfte zwecks Fortschrittsüberwachung durchzuführen (1.8.4), und zwar innerhalb des Terminplans für die Entscheidungsfindung. Wenn der Fortschritt nicht mehr nach Plan verläuft, betrachten Sie den Stand der Arbeitsergebnisse selbst, die aufgewandte Mühe und die benutzten Ressourcen. Werfen Sie auch einen Blick auf die Aktivitäten zur Risikoverringerung. Sie sollten die Feedback-Mechanismen benutzen, die Sie in den Plan zur Fortschrittsüberwachung eingebaut haben, um sicherzustellen, daß Sie die in dieser Phase gemachten Erfahrungen in die Planung zukünftiger Phasen einfließen lassen.

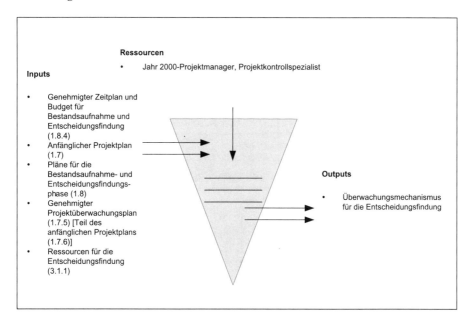

3.1.3 Aufgabe: Teilnehmer an der Entscheidungsfindung identifizieren

Wenn Sie Chefmanager, Stab und andere Personen für das Hauptdatenmanagement bestimmen, die im Rahmen der Entscheidungsfindung Entschlüsse fassen müssen, achten Sie besonders sorgfältig darauf, daß diese Personen auch die Autorität haben, Entscheidungen zu treffen, die wichtig für die Zukunft Ihrer Organisation sind. Um die organisationsweite Akzeptanz der Deliverables der Entscheidungsfindung sicherzustellen, benötigen Sie eine umfangreiche Gruppe von entschlußfreudigen Personen. Die Entscheidungen, die von dieser Gruppe getroffen werden, müssen für alle Bereiche Ihrer Organisation bindend sein. Sie müssen Nachbesserungen zu diesen Entschlüssen minimieren.

Die Art und Weise, wie Sie diese Manager auswählen, ist im höchsten Maße von der in Ihrer Organisation geübten Praxis abhängig. Sie müssen eine enorme Menge an Eingaben koordinieren, die aus einer Vielzahl von Quellen stammen, um dann entscheiden zu können, wer an den Aufgaben teilnehmen wird, in denen die Entschlüsse getroffen werden müssen. Andererseits kann auch die Geschäftsleitung Ihrer Organisation diese Manager ernennen. Auf alle Fälle ist aber ein sehr hohes Stabsmitglied erforderlich, um diese Auswahl abzusegnen.

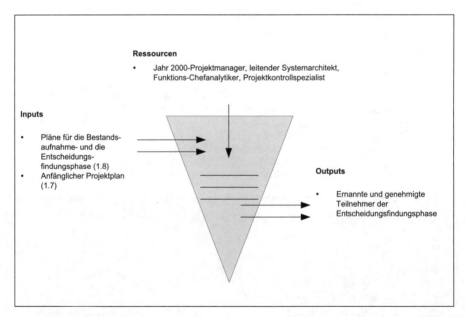

Aufgabenrichtlinie

- Zwischen dem Jahr 2000-Projektstab, der die Phase der Entscheidungsfindung im Jahr 2000-Projekt unterstützen soll, und den Teilnehmern der Entscheidungsfindung, die die erforderlichen Entschlüsse im Rahmen der Entscheidungsfindung fassen sollen, muß eine klare Unterscheidung gemacht werden. Die Identität und Verfügbarkeit des Projektstabs sind bereits außerhalb der Entscheidungsfindungsphase bestimmt worden (3.1.1)

 Beginn der Entscheidungsfindungsphase vollständig. Die Qualitätssicherung prüft, ob das Deliverable zielkonform ist. Die Projektüberwachung fixiert das Deliverable und aktualisiert die Überwachungsmaße.

3.2 Geschäftliche Risiken und Prioritäten

Das Deliverable *Geschäftliche Risiken und Prioritäten* liefert eine Prioritätenbildung Ihrer Unternehmenssysteme, basierend auf geschäftsbezogenen Kriterien (im Gegensatz zu den technischen Kriterien). In diesem Ergebnis befindet sich auch eine Auflistung der mit jedem System verbundenen geschäftlichen Risiken. Die Bestimmung der Systemprioritäten wird zum Teil von den Informationen abhängen, die in dieser Liste enthalten sind.

Aufgabenüberblick

- Deliverables der Bestandsaufnahme konsolidieren
- Deliverables der Bestandsaufnahme präsentieren
- Geschäftliche Risiken und Prioritäten abschätzen
- Geschäftliche Prioritäten zuweisen
- Geschäftliche Risiken in der Projektdatenbank speichern

3.2.1 Deliverables der Bestandsaufnahme konsolidieren

Im Verlauf der Bestandsaufnahme haben Sie eine erhebliche Menge an Systeminformationen gesammelt. Diese Informationen unterstützen die Analyse und die Entschlüsse, die während der Entscheidungsfindung gefaßt werden, und es ist Ihre Aufgabe, eine wirksame Methode zur Nutzbarmachung dieser Informationen zu finden. Um der gemeinen Zwickmühle eines »Informations-Overloads« zu entgehen, müssen Sie diese Informationen zusammenfassen, um sie greifbarer und leichter verständlich zu machen. Sie sollten auch Informationen aus der Systembestandsaufnahme integrieren, die Informationen über fehlende, unbenutzte und nicht einschätzbare Konfigurationselemente enthalten.

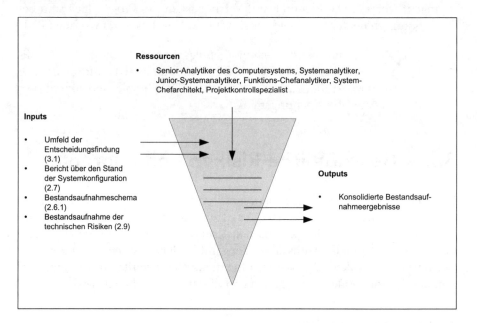

Aufgabenrichtlinien

- Entwicklung einer Zusammenfassung der Bestandsaufnahmeinformationen, die ein umfassendes Verständnis für alle Systeme in Ihrer Organisation, für die Hauptanwendungen dieser Systeme und für die mit ihnen verbundenen technischen Risiken ermöglicht. Wenn Sie die Berichte aus der Jahr 2000-Projektdatenbank benutzen, erhalten Sie die folgenden Informationen über jedes System:
  - System-ID
  - Hauptfunktion
  - Wichtigste Abhängigkeiten
  - Eigentümer
  - Technische Risiken

- Wahrscheinlich werden Sie aufgefordert, bestehende Informationen zu analysieren und zusammenzufassen, um die Hauptfunktion und die wichtigsten Abhängigkeiten jedes Systems zu bestimmen.
- Wenn Sie der über jedes System gespeicherten Informationsmenge nachgehen, möchten Sie diese Informationen vielleicht auch weiterhin zusammenfassen (sortiert nach Unternehmensabteilungen, nach Kategorien technischer Risiken, nach Besitzern, und so weiter). Sie könnten beispielsweise eine Zusammenfassung aller Systeme erstellen wollen, deren technisches Risiko als »sehr hoch« gekennzeichnet ist. Andererseits könnte es auch hilfreich sein, eine Zusammenfassung der Systeme aller Abteilungen oder Geschäftsbereiche Ihrer Organisation vorzubereiten. Für die Entwicklung solcher Zusammenfassungen kann Ihnen das Bestandsorganigramm (2.6.1) behilflich sein. Sie sollten wenn nötig Informationen zusammenfassen, um in Ihrer Organisation das Verständnis für die Jahr 2000-Probleme zu fördern. Die speziellen Eigenschaften Ihrer Organisation bestimmen die Art der Zusammenfassung, die Ihnen am meisten nützt.

3.2.2 Aufgabe: Deliverables der Bestandsaufnahme präsentieren

Präsentieren Sie den Mitwirkenden an der Entscheidungsfindung die Zusammenfassung der Systeminformationen, die Sie in der vorherigen Aufgabe (3.2.1) erstellt haben. Diese Präsentation ist dazu gedacht, den Verantwortlichen der Entscheidungsfindung (nicht Ihrem Projektstab) ein allgemeines Verständnis der Systeme in Ihrer Organisation und der mit diesen verbundenen Jahr 2000-Probleme zu vermitteln. Diese Präsentation sollte die Bühne für die bevorstehenden Aufgaben der Einschätzung der Geschäftsrisiken und der Zuweisung der Geschäftsprioritäten freimachen.

Aufgabenrichtlinien

- Diese Präsentation soll die Teilnehmer an der Entscheidungsfindung (also die Entscheidungsträger) darauf vorbereiten, die Geschäftsrisiken abzuschätzen, die mit jedem System zusammenhängen, und diesen Systemen geschäftliche Prioritäten zuzuordnen.
- Weil die Präsentation ein Überblick über Systeminformationen ist, sollten Sie Broschüren erstellen, die detaillierte Systeminformationen enthalten – die Teilnehmer können diese Broschüren dann nach Belieben studieren.

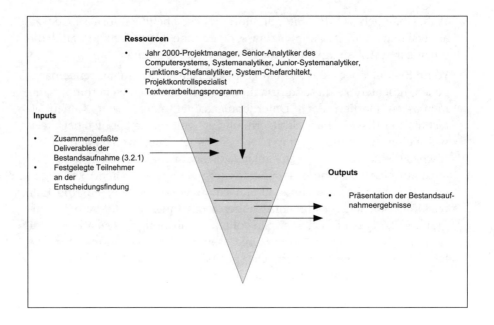

3.2.3 Aufgabe: Geschäftliche Risiken abschätzen

In dieser Aufgabe schätzen die maßgeblichen Entscheidungsträger der Entscheidungsfindung die Geschäftsrisiken ab, die in Ihrer Organisation mit jedem System verbunden sind. Vergleichen Sie dazu den *Anhang I, Jahr 2000-Risikomanagement*, für eine Diskussion der in diesem Leitfaden genannten Risiken. Um das Geschäftsrisiko abschätzen zu können, müssen Sie den folgenden beiden Risikofaktoren jedes Systems Werte zuordnen:

- die Wahrscheinlichkeit, daß ein Jahr 2000-Problem, das mit dem System zusammenhängt, einen nachteiligen Einfluß auf die geschäftlichen Ziele hat
- die Größe dieses Einflusses

Wie es bei Risikoberechnungen üblich ist, führen Sie diese Schätzungen aus, indem Sie dem Einfluß einen Wert aus einer Skala von 0 bis 1 geben. Sie errechnen dann das geschäftliche Risiko, indem Sie die beiden Faktoren miteinander multiplizieren.

Phase 3: Entscheidungsfindung

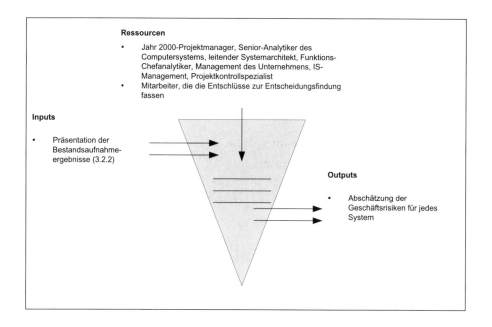

Aufgabenrichtlinien

- Sie können die folgende Tabellenart benutzen, um die geschäftlichen Risiken des Systems nach entsprechenden Kategorien abzuschätzen.

System-ID	Wahrscheinlichkeit des Einlusses auf die Organisation	Größe des Einflusses auf die Organisation	Größe des Geschäftsrisikos (numerisch)	Größe des Geschäftsrisikos (nach Likert)
Hardware A	0,8	0,2	0.16	Sehr gering
Software	0,9	0,9	0,18	Sehr hoch
Netzwerk K	0,9	0,3	0,27	Niedrig
Hardware X	0,2	0,2	0,04	Sehr niedrig

- Wie in der Tabelle gezeigt, werden die numerischen Risikowerte in Werte der Likert-Skala konvertiert. Diese Konvertierung mildert den Einfluß der eindeutig subjektiven und wahrscheinlich nicht einheitlichen Einschätzung der Werte für die Risikofaktoren.

- Die numerischen Werte der Geschäftsrisiken korrespondieren mit den folgenden Werten der Likert-Skala:
  - Sehr hoch: 0,8 und darüber
  - Hoch: 0,6 bis 0,8
  - Mittel: 0,4 bis 0,6
  - Niedrig: 0,2 bis 0,4
  - Sehr niedrig: 0,2 und darunter
- Die Qualitätssicherung begutachtet die Beurteilung des Geschäftsrisikos, um sicherzustellen, daß alle Systeme abgeschätzt wurden und daß die Richtlinien des Managements für die Durchführung der Schätzung befolgt wurden.

3.2.4 Aufgabe: Geschäftliche Priorität zuweisen

Basierend auf einer Vielfalt von unternehmerischen Überlegungen, einschließlich der jedem System zugeordneten Risikowerte, fügen die für die Entscheidungsfindung federführenden Leute jedem System Ihrer Organisation geschäftliche Prioritäten bei. Diese Aufgabe ist das Kernstück der Entscheidungsfindung, weil diese Prioritäten zusammen mit den technischen und kaufmännischen Überlegungen die Reihenfolge beinflussen, in der die Jahr 2000-Probleme bearbeitet werden.

Achtung! Dies kann die politisch delikateste Aufgabe im gesamten Jahr 2000-Projekt sein! Mit aller Wahrscheinlichkeit kommen die Firmenmanager aus ihren Löchern, um sich zu vergewissern, daß ihre Systeme so schnell wie möglich Jahr 2000-konform gemacht werden.

Aufgabenrichtlinien

- Diese Aufgabe endet nicht in einer geordneten Liste numerisch sortierter Systeme. Vielmehr werden die Verantwortlichen jedem System einfach eine vorgegebene Prioritätsebene zuordnen – kritisch, hoch, mittel und niedrig. Durch die Zuordnung von Prioritätsebenen können Sie sich im Gegensatz zum Gebrauch ordinaler Prioritäten einer größeren Freiheit bei der Entwicklung Ihrer Terminpläne für die Jahr 2000-Projektphasen erfreuen.
- Sie sollten einen internen Prüfmechanismus einführen, mit dessen Hilfe alle Geschäftsmanager den Prozeß der Prioritätensetzung beobachten und, wenn nötig, Eingaben machen können.

Phase 3: Entscheidungsfindung

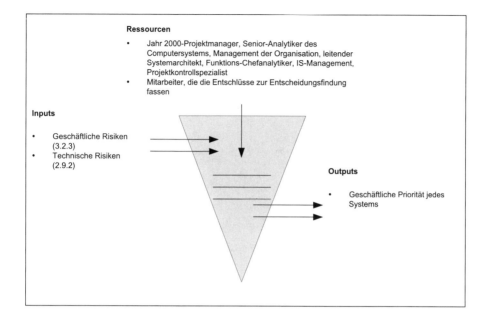

3.2.5 Aufgabe: Geschäftliche Risiken in der Projektdatenbank speichern

Speichern Sie die festgelegten Systemrisiken und Prioritäten in der Jahr 2000-Projektdatenbank. Wie immer sollten Sie sicherstellen, daß bei der Eingabe und der Pflege der Daten die Standardmaßnahmen des Konfigurationsmanagements befolgt werden.

Aufgabenrichtlinie

- Die Qualitätssicherung stellt sicher, daß jedem System eine geschäftliche Priorität zugeordnet wird und daß diese Prioritäten in der Jahr 2000-Projektdatenbank abgespeichert werden.

Meilenstein *Geschäftliche Risiken und Prioritäten* vollständig. Die Qualitätssicherung prüft, ob das Deliverable zielkonform ist. Die Projektüberwachung fixiert das Deliverable und aktualisiert die Überwachungsmaße. Das Konfigurationsmanagement prüft, ob die Änderungen der Jahr 2000-Projektdatenbank den KM-Prozeduren gemäß durchgeführt werden.

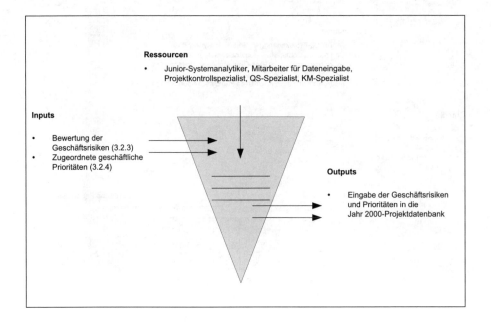

3.3 Plan für die Detailplanungsphase

Das Deliverable bietet den fertigen Plan für die Phase der detaillierten Problembewertung.

Wenn Sie im Projekt an dieser Stelle angekommen sind, haben Sie eine Bestandsaufnahme Ihrer Systeme gemacht und ihnen Prioritäten zugeordnet, die von der Zielsetzung Ihrer Organisation abhängen. Das Deliverable liegt Ihnen vor, und Sie wissen, wo Ihre Prioritäten liegen. Sie sind zu der Entscheidung bereit, welche Systeme der detaillierten Problembewertung (Detailplanungsphase) unterworfen werden, um dann von höchster Warte aus Ihre Kalkulation für Ihren Bedarf an Personal, Zeit und Geld zu verfeinern. Im Rahmen der Aufgabe dieses Deliverables erstellen Sie einen detaillierten Plan zur Sicherstellung, daß die Bewertungsaktivitäten effizient sein werden.

Aufgabenüberblick

- Methodik an die Detailplanung anpassen
- Benötigte Ressourcen für die Detailplanung abschätzen
- Systeme für die Detailplanung auswählen

- Werkzeuge für die Detailplanung identifizieren
- Personalbedarf für die Detailplanung ermitteln
- Zeitplan/Budget für die Detailplanung entwickeln
- Zeitplan/Budget für die Detailplanung präsentieren und genehmigen lassen

3.3.1 Aufgabe: Methodik an die Detailplanung anpassen

Wie bereits erwähnt muß die Jahr 2000-Methodik den Bedürfnissen Ihrer Organisation angepaßt werden. Bevor Sie mit der Planung für die Phase der detaillierten Problembewertung beginnen, machen Sie sich selbst mit den Aufgaben vertraut, die im Abschnitt über die Phase der Detailplanung in dieser Schrift beschrieben werden, und ändern Sie sie in Übereinstimmung mit dem Bedarf für Ihre Organisation ab.

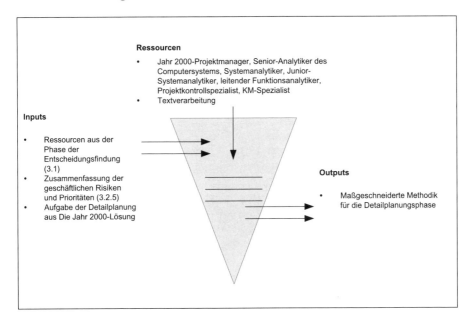

Aufgabenrichtlinien

- Sie müssen die hinzugefügten Ressourcen in eine oder mehrere Aufgaben umändern, den Zeitrahmen verkleinern oder vergrößern oder eine oder mehrere Aufgaben streichen.

Kapitel 3

- Diese Revision der Arbeiten für die detaillierte Problembewertung (Detailplanungsphase) wird die Festlegung des Personals und des Terminplans unterstützen, die der Fertigstellung dieser Aufgabe folgt.
- Die Qualitätssicherung wird sicherstellen, daß die maßgeschneiderte Methodik mit den Phasenzielen konform geht und die Erfolgskriterien erfüllt.
- Die maßgeschneiderte Methodik muß dem Konfigurationsmanagement unterstellt werden.

3.3.2 Aufgabe: Benötigte Ressourcen für die Detailplanung abschätzen

Ermitteln Sie die Ressourcen, die zur Durchführung einer detaillierten Problembewertung für jedes System in Ihrer Organisation benötigt werden, und die geschätzten Kosten für ihre Erfassung.

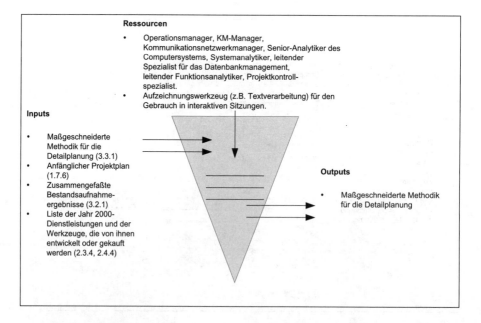

Aufgabenrichtlinien

Nach der Erledigung dieser Aufgabe besitzen Sie eine Liste, die dem in der folgenden Tabelle gezeigten vereinfachten Beispiel ähnelt.

Phase 3: Entscheidungsfindung

System-ID	Personal	Werkzeuge	Andere Ressourcen	Gesamt Ressourcen
Software X	Programmierer: 30 Stunden	Texteditor: keine Kosten	Büroraum: keine Kosten	$750/ DM 1.250
Hardware Y	Elektro-Ing.: 80 Stunden	Werkzeug zur Lieferantenbewertung	Büroraum: keine Kosten	$2500/ DM 4.200
Netzwerk Z	Netzwerk-Ing.: 10 Stunden	keine	keine	$300/ DM 500

In den Ressourcen, die für die Detailplanung benötigt werden, sind folgende Punkte enthalten:

- **Personal:** Die Stabmitglieder oder Außenstehenden, die die Bewertungsaufgaben (Analyse) durchführen. Beispiele dafür sind Programmierer, die Code kontrollieren, Elektroingenieure, die Pläne von, sagen wir, Zeit-Code-Erzeugern nachsehen, und Systemingenieure, die Schnittstellen-Spezifikationen durchsehen müssen. – Schätzmaß: Arbeitsstunden pro Person und Arbeitsgebiet.
- **Automatisierte Werkzeuge:** Hardware, Software und andere automatisierte Werkzeuge, die Sie eventuell brauchen. Zu dieser Kategorie würden die Kosten für den Ankauf von Jahr 2000-spezifischer Bewertungs-Software gehören, anteilmäßig auf die zu bewertenden Systeme verteilt.
- **Dienstleistungen:** Sie haben eventuell nach Abschätzung der fehlenden Personalmenge Dienste angefordert, um die Detailplanung zu unterstützen. Wenn dies der Fall ist, müssen Sie sie in Ihre Schätzung einbeziehen.
- **Andere Ressourcen:** Alle anderen Ressourcen, die Sie vielleicht zur Unterstützung der Bewertungsaktivitäten benötigen. Beispielsweise müssen Sie Büroraum für die Bewertungsarbeiten organisieren, wenn die Bewertung an einem anderen Ort als dem erfolgt, an welchem sich das System normalerweise befindet.
- Die vollständige Liste der Ressourcen für die Bewertung kann ziemlich lang werden.

• Wegen der Kosten der Personalressourcen müssen Sie Personalspezialisten konsultieren. Zusätzlich können Ihnen diese Spezialisten dabei helfen, eine Strategie der »Personal-Sicherung« zu entwickeln, die für jedes

Jahr 2000-Projekt erforderlich ist. Das Festhalten des Projektpersonals, besonders des Personals in den Schlüsselstellungen, sollte für jeden Jahr 2000-Projektmanager ein andauerndes Bestreben sein.

- Sie sollten das Einkaufspersonal wegen der Jahr 2000-spezifischen Kosten der Bewertungswerkzeuge konsultieren.

- Sie müssen diese Liste der Bewertungsressourcen dem Jahr 2000-Projektstab, den Mitgliedern der Geschäftsleitung oder beiden vorlegen. Die Präsentationsanforderungen sind von der aktuellen Situation in Ihrer Organisation abhängig.

3.3.3 Aufgabe: Systeme für die Detailplanung auswählen

Jetzt, da Sie eine Menge an Systeminformationen besitzen, müssen Sie entscheiden, welche Systeme bewertet werden sollen und welche nicht. Diese Entscheidungen müssen auf einer Vielzahl von Erwägungen beruhen: Bewertungen der technischen Risiken, Bewertungen der kaufmännischen Risiken, Unternehmensprioritäten sowie die verfügbare Zeit und die finanziellen Mittel. Systeme, die nicht bewertet werden, werden nicht mehr länger in die Jahr 2000-Aktivitäten einbezogen. Es kann viele Gründe dafür geben, daß Sie ein bestimmtes System nicht bewerten wollen: Vielleicht ist dieses System für eine Ausmusterung oder den Ersatz in naher Zukunft vorgesehen; vielleicht sind die Kosten für eine Bewertung einfach zu hoch; vielleicht sind bei Betrachtung der vielen Systeme, die bewertet werden müssen, die geschäftlichen Prioritäten eines bestimmten Systems viel zu niedrig. Die aktuelle Situation in Ihrer Organisation treibt die Auswahl derjenigen Systeme voran, die während der Detailplanungsphase dafür in Betracht kommen.

Aufgabenrichtlinien

- Die Auswahlkriterien werden sich von einer Organisation zur anderen unterscheiden, werden aber immer mit Sicherheit massiv von den geschäftlichen Prioritäten und der Schätzung der Bewertungsressourcen beeinflußt sein, die mit jedem System verbunden sind. Es gibt viele Wege, Ihren Auswahlprozeß zu vereinfachen:
  - Machen Sie zur Bedingung, daß alle Systeme, deren Priorität mit sehr hoch, hoch oder mittel gekennzeichnet sind, bewertet werden müssen.
  - Streichen Sie die Bewertung von Systemen, deren Bewertungskosten eine gewisse Summe überschreiten.

Phase 3: Entscheidungsfindung

- Bewerten Sie alle Systeme zuerst, denen eine bestimmte geschäftliche Priorität zugeordnet worden ist. Beginnen Sie mit der höchsten Priorität und arbeiten Sie sich dann der Prioritätenskala entlang abwärts, bis Ihr Budget ausgeschöpft ist.
- Wenn Sie fühlen, daß »langsam, aber sicher« der beste Weg ist, sehen Sie sich die Systeme der Reihe nach an und treffen für jedes Ihre individuelle Entscheidung.

• Die Auswahlentscheidungen können äußerst schwerwiegende politische Auswirkungen auf Ihre Organisation haben. Wie schon vorher bei der Besprechung der Hinzufügung von geschäftlichen Prioritäten festgestellt, machen Manager eventuell ungewöhnliche Anstrengungen, die Bewertung der Systeme unter ihre Kontrolle zu bekommen – oder sie zu vermeiden. Es liegt an Ihnen, während Ihrer Bemühungen zur Bewältigung der Aufgabe den Bedarf, die Ressourcen und die Persönlichkeiten in Ihrer Organisation auszubalancieren. Vom praktischen Standpunkt aus gesehen landen Sie jedoch gelegentlich in einer Sackgasse. An dieser Stelle muß dann die Geschäftsleitung eingreifen. Je größer Ihre Organisation ist oder je größer die Zahl der eigenständigen Geschäftseinheiten ist, desto größer ist die Wahrscheinlichkeit, daß einige Auswahlentscheidungen dieses Eingreifen erforderlich machen.

• Auswahlentscheidungen können von einigen Personen oder von einer Gruppe getroffen werden. Ungeachtet der Anzahl der Leute, die am Auswahlprozeß beteiligt sind, müssen diese Entscheidungen formell von einem Manager genehmigt werden, der die Vollmacht hat, die Deliverables dieser Aufgabe abzuzeichnen.

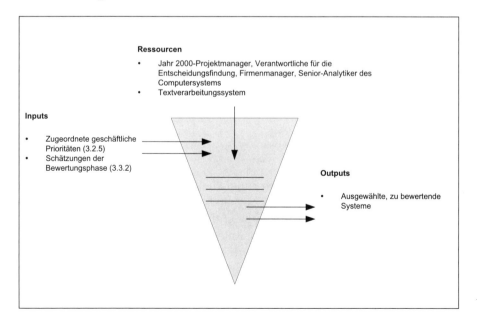

3.3.4 Aufgabe: Werkzeuge für die Detailplanung identifizieren

Sie müssen die Werkzeuge bestimmen, die Sie zur Durchführung der detaillierten Problembewertung benötigen. Diese Werkzeuge können von Händlern stammen oder in Ihrem Hause entwickelt worden sein. Werkzeuge von Händlern beinhalten Kalkulationsmittel, die dafür entwickelt wurden, Arbeitsstunden und Kosten für die Erstellung eingebetteter Datumsfelder zu berechnen. Dabei handelt es sich um funktionelle Bewertungswerkzeuge, die mehrfache Such-Strings für die Quell-Codes benutzen, um so Datums-Programmroutinen aufzufinden, die vom Jahr 2000-Problem betroffen werden, und um Zerlegewerkzeuge, mit denen das Auftreten von Datumsfeldern festgestellt wird.

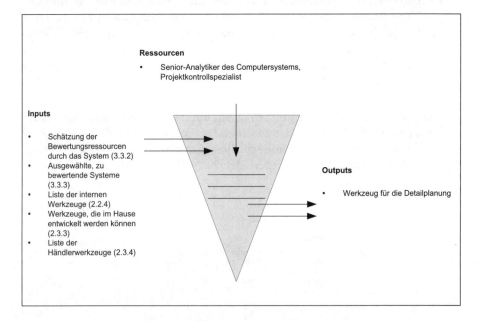

Aufgabenrichtlinie

- In dieser Aufgabe wird die ursprüngliche Liste der Werkzeuge überarbeitet, die in der Bestandsaufnahmephase aufgestellt worden ist. In dieser früheren Liste sind die Werkzeuge enthalten, die für zukünftige Phasen gebraucht werden, und zwar in Kategorien eingeteilt, die besagen, ob diese Werkzeuge schon intern verfügbar sind, ob sie intern entwickelt werden müssen oder ob sie von einem Händler gekauft werden.

3.3.5 Aufgabe: Personalbedarf für die Detailplanung ermitteln

Wenn Sie die zu bewertenden Systeme ausgewählt haben, müssen Sie die Mitglieder der speziellen Arbeitsgruppe bestimmen, die diese Systeme bewerten sollen. Sie müssen sowohl unternehmensinternes Personal als auch Fremdpersonal bestimmen, das für die Durchführung der Jahr 2000-Bewertungen angeheuert werden muß.

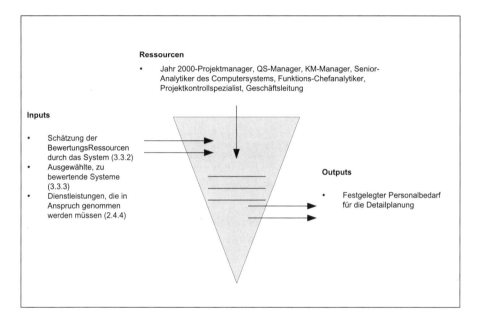

Aufgabenrichtlinien

- Koordination Ihrer Allokationsbemühungen mit der Personalverwaltung und den betreffenden Abteilungsleitern.
- Weisen Sie das betreffende Personal so früh wie möglich in das Bewertungsprojekt ein.

3.3.6 Aufgabe: Zeitplan/Budget für die Detailplanung entwickeln

Entwickeln Sie einen ausführlichen Zeitplan für die Aufgaben der detaillierten Problembewertung.

Kapitel 3

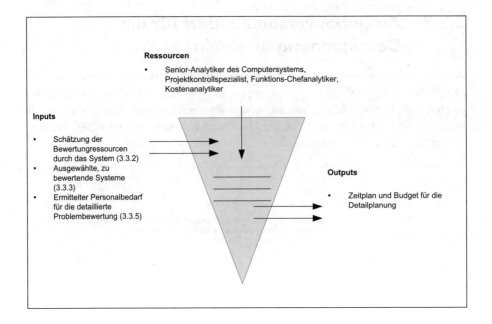

Aufgabenrichtlinie

Dieser Zeitplan wird eventuell das parallele Auftreten vieler Bewertungsaufgaben widerspiegeln.

3.3.7 Aufgabe: Zeitplan/Budget für die Detailplanung präsentieren und genehmigen lassen

Sie sind jetzt bereit, Ihren Plan zur detaillierten Problembewertung zur Genehmigung vorzulegen. Sie präsentieren Ihren Zeitplan, das Budget und andere wichtige Informationen, die die Geschäftsleitung benötigen könnte, um das Budget und die Ressourcen für die Detailplanungsphase.

Aufgabenrichtlinie

- Vor dem Ingangsetzen der Bewertungsaktivitäten lassen Sie sie sich von der Geschäftsleitung eine explizite Anweisung dazu geben.

 Plan für die Detailplanungsphase fertiggestellt und genehmigt.

Phase 3: Entscheidungsfindung

Meilenstein *Entscheidungsfindung* vollständig. Die Qualitätssicherung prüft, ob das Deliverable zielkonform ist. Die Projektüberwachung fixiert das Deliverable und aktualisiert die Überwachungsmaße. Das Konfigurationsmanagement prüft, ob die Änderungen der Jahr 2000-Projektdatenbank den KM-Prozeduren gemäß durchgeführt werden.

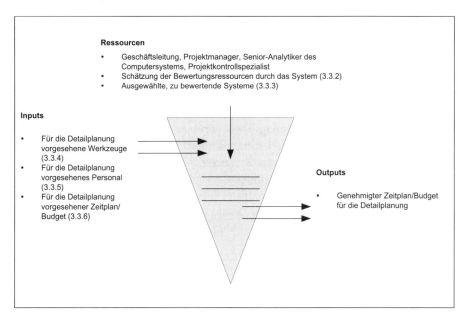

Einflüsse auf das Geschäft

Die während der Entscheidungsfindung unternommenen Aufgaben werden keinen nennenswerten Einfluß auf den Geschäftsverlauf haben. Die Zuweisungen an Zeit und Arbeitskraft an die aktuellen Aufgaben der Entscheidungsfindung sollten minimal sein.

Die Aktivitäten der Entscheidungsfindung könnten aber in Ihrer Organisation eine ziemliche Aufregung verursachen. Die Hauptaufgabe der Entscheidungsfindung (die Zuordnung von unternehmerischen Prioritäten zu Systemen) wird eine schnelle Reaktion des Teils der Manager hervorrufen, die meilenweit laufen würden, um sicherzustellen, daß die Wichtigkeit ihrer Tätigkeit und ihrer Systeme erkannt und gewürdigt wird. Unglücklicherweise müssen Sie damit rechnen, in ein paar interne Grabenkämpfe hineingezogen zu werden.

Die Aufgaben für die Entscheidungsfindung haben eine schwerwiegende Auswirkung auf Ihren zukünftigen Geschäftsverlauf. Während der Entscheidungsfindung fassen Sie Entschlüsse, welche Systeme vom Bewertungsprozeß übersprungen werden und dadurch natürlich aus den Erwägungen für das Jahr 2000-Projekt herausfallen. Diese Entscheidungen bilden den Ausgangspunkt für möglicherweise schwerwiegende Änderungen in der Art, wie Ihre Organisation arbeitet.

Diese Entscheidungen werden sich in Ihrer Organisation noch über viele Jahre hinaus bemerkbar machen. In Abhängigkeit von den Beschlüssen der Entscheidungsfindung werden die Manager beginnen, ihre Arbeitsweise zu ändern. Sie werden Pläne machen, wie sie ihre Ziele ohne die Unterstützung der Systeme erreichen können, die während der Phasen der detaillierten Problembewertung (Detailplanungsphase) und der Korrektur außer Betrieb genommen worden sind. Die Manager werden ihre Budgets revidieren, um den Ersatz von Systemen zu finanzieren, die nicht mehr repariert werden, und um die Anwender an den neuen Systemen einzuarbeiten. Sie werden ihre Zeitpläne und Budgets überarbeiten, um die Reparatur der Systeme unterbringen zu können, die zurückgehalten werden. Sie (die Manager) werden ihre zukünftigen Abteilungs- und Projektaktivitäten auf dem Zeitplan aufbauen, den Sie für die Detailplanungsphase entwickelt haben.

Phasenrisiken

Mögliches Ereignis	Wahrscheinlichkeit	Auswirkung	Risiko
Entscheidungsfindung unvollständig	Niedrig	Hoch	Gering
Unrichtige Unternehmensprioritäten	Niedrig	Hoch	Gering

Risiken der Entscheidungsfindungsphase

Mit der Entscheidungsfindungsphase sind zwei Hauptrisiken verbunden: Zum einen kann die Entscheidungsfindung unvollständig sein, zum anderen könnten Sie sich über unrichtige Unternehmens-Prioritätenbildungen aufregen.

Entscheidungsfindung unvollständig

Wenn man vom schlimmsten Fall ausgeht, schaffen Sie die Fertigstellung der Entscheidungsfindung nicht. In der Praxis ist es aber unwahrscheinlich, daß dieser Fall eintritt. Zum jetzigen Zeitpunkt sollte die Geschäftsleitung die Jahr 2000-Bemühungen voll unterstützen. Sie sollten die Unterstützung und die Geldmittel haben, die Sie brauchen, um den relativ geringen Ressourcenbedarf der Entscheidungsfindungsaktivitäten zu befriedigen. Mit aller Wahrscheinlichkeit wird die Entscheidungsfindung schnell und ohne größeres Mißgeschick über die Bühne gehen.

Methoden der Risikominderung:

- Halten Sie die Geschäftsleitung über die Wichtigkeit des Jahr 2000-Prozesses und die kritische Natur der Entscheidungsfindungsaufgaben informiert.
- Wenn Sie in eine Sackgasse geraten, zögern Sie nicht, sich an die Geschäftsleitung zu wenden und das Problem beseitigen zu lassen. Sie können es sich nicht leisten, im Zeitplan für die Entscheidungsfindung ins Hintertreffen zu geraten.

Unrichtige Unternehmensprioritäten

Das Kernstück der Entscheidungsfindung ist das Zuordnen von unternehmerischen Prioritäten zu den Systemen Ihrer Organisation. Was passiert, wenn diese Zuordnungen die wahren geschäftlichen Ziele Ihrer Organisation nicht treffen? Es wäre für Ihre Organisation beispielsweise abträglich, einem System, das für Ihren täglichen Geschäftsbetrieb wichtig ist, eine niedrige Priorität zuzuordnen. In Wirklichkeit ist die Wahrscheinlichkeit für solch einen Fehler bei der Prioritätenzumessung gering. Hoffentlich sind Sie in der Lage, Personen für die Aufgaben im Entscheidungsfindungsprozeß zusammenzuholen, die über Sachkenntnisse und Einfluß verfügen. Diese Stabsmitglieder müssen sachlich richtige und sensible Entscheidungen betreffend der Geschäftsprioritätenbildung eines jeden Systems treffen. Diese Entscheidungen können sehr gut hoch politisch sein, und letztendlich ist Ihr Jahr 2000-Projektmanager für diese Entscheidungen verantwortlich.

Es gibt verschiedene Möglichkeiten, dieses Risiko zu reduzieren:

- Begrenzen Sie die Zahl der Manager, die an der Zuordnung der geschäftlichen Prioritäten zu den Systemen teilnehmen. Ein Zuviel an Managern, von denen jeder seine Systeme mit dem Etikett »hohe Priorität« versehen haben möchte, kann zu einer unternehmenspolitischen Schlammschlacht führen, die zu nichts gut ist. Ihre Gruppe von Entscheidungsträgern sollte aus einer begrenzten Anzahl von erfahrenen Abteilungsleitern bestehen, die über die Autorität und den unternehmerischen Weitblick für die Vergabe von geschäftlichen Prioritäten verfügen.

- Machen Sie den Plan für die detaillierte Problembewertung so flexibel wie nur irgend möglich. Wenn es sich bei Ereignissen nach der Entscheidungsfindung herausstellt, daß geschäftliche Prioritäten falsch zugeordnet worden waren, kann Ihnen ein flexibler Plan für die Detailplanungsphase die Neuzuordnung von Systemprioritäten ermöglichen, ohne daß bedeutende negative Effekte auftreten. Der Plan für die detaillierte Problembewertung sollte in der Lage sein, einigen Änderungen in der Reihenfolge standzuhalten, die die Systeme bei der Bewertung erfahren haben.

Erfolgsfaktoren

Mit dem erfolgreichen Abschluß der Entscheidungsfindung haben Sie die folgenden Schritte ausgeführt:

Erfolgsfaktor	Ergebnis
Sicherstellung, daß alle für die Entscheidungsfindung erforderlichen Phasenaufgaben ausgeführt sind	Beginn der Entscheidungsfindungsphase
Erstellen eines detaillierten Zeitplans für die Entscheidungsfindungsphase, einschließlich der Meilensteine, Fortschrittsmessungen und Fortschrittsbesprechungen	Beginn der Entscheidungsfindungsphase
Sicherstellung, daß die für die Entscheidungsfindung Verantwortlichen qualifiziert und fähig sind, die erforderlichen Zuordnungsentscheidungen zu treffen	Beginn der Entscheidungsfindungsphase
Erstellung einer komprimierten Zusammenfassung der Bestandsaufnahmeergebnisse für diejenigen, die an den Entscheidungsfindungsaktivitäten teilgenommen haben	Geschäftliche Risiken und Prioritäten
Bewertung der Geschäftsrisiken, die mit jedem System Ihrer Organisation verbunden sind	Geschäftliche Risiken und Prioritäten
Jedem System sind geschäftliche Prioritäten zugeordnet, um die Entwicklung einer logischen Reihenfolge für die Überführung der Systeme in die Jahr 2000-Konformität zu unterstützen	Geschäftliche Risiken und Prioritäten
Speichern dieser geschäftlichen Risiken und Prioritäten der Systeme in der Jahr 2000-Projektdatenbank	Geschäftliche Risiken und Prioritäten

Phase 3: Entscheidungsfindung

Erfolgsfaktor	Ergebnis
Maßschneidern der Methodik auf die Detailplanung, um so die Bedürfnisse Ihrer Organisation zu treffen	Plan für die Detailplanungsphase
Ermittlung wichtiger Ressourcen für die erfolgreiche Beendigung der Detailplanung	Plan für die Detailplanungsphase
Planung der Hilfswerkzeuge, die Sie für die Detailplanung brauchen	Plan für die Detailplanungsphase
Planung der Unterstützung durch Dienstleistungen, die Sie für die Detailplanung brauchen	Plan für die Detailplanungsphase
Durchgeführte Schätzungen für Umfang und Größe der Detailplanung	Plan für die Detailplanungsphase
Durchgeführte Kostenschätzungen für die technischen Ressourcen, die während der Detailplanung gebraucht werden	Plan für die Detailplanungsphase
Festlegung, welche Systeme bewertet werden, und welche nicht	Plan für die Detailplanungsphase
Entwicklung eines Terminplans für die detaillierte Problembewertung	Plan für die Detailplanungsphase
Festlegung der wichtigsten Meilensteine in Ihrem Zeitplan für die detaillierte Problembewertung	Plan für die Detailplanungsphase
Planung, bei der detaillierten Problembewertung den Verfahren der standardmäßigen Qualitätssicherung und des Konfigurationsmanagements zu folgen	Plan für die Detailplanungsphase
Erhalt der Genehmigung für Zeitplan und Budget zur detaillierten Problembewertung	Plan für die Detailplanungsphase
Sie haben die Phasenrisiken und möglichen Ansätze zur Risikominderung identifiziert	Alle Deliverables
Sie haben die Deliverables identifiziert, die während dieser Phase entwickelt wurden	Alle Deliverables
Sie haben passende Kommunikationsschnittstellen in Ihrer gesamten Organisation benutzt, um die Aufgaben dieser Phase zu unterstützen	Alle Deliverables
Sie haben die Aufgaben dieser Phase an verschiedene Gruppen in Ihrer Organisation delegiert und sichergestellt, daß diese Aufgaben die Zustimmung des Managements hatten	Alle Deliverables

Erfolgsfaktor	Ergebnis
Sie haben die Deliverables identifiziert, für die jede Gruppe verantwortlich war, und sichergestellt, daß die Verantwortung für das Deliverable von jeder Gruppe übernommen wurde	Alle Deliverables
Sie haben die Meilensteine für die Erfüllung der Aufgaben dieser Phase identifiziert	Alle Deliverables
Sie haben an den Meilensteinen die Grenzwerte identifiziert, bei deren Überschreiten korrektive Maßnahmen ergriffen werden	Alle Deliverables
Sie haben Meßwerte benutzt, um anhand der Meilensteine den Fortschritt zu überwachen und zu messen	Alle Deliverables
Sie haben sichergestellt, daß jede verantwortliche Gruppe den Zeitplan für die Fertigstellung dieser Phase akzeptiert und eingehalten hat	Alle Deliverables

Weiterführende Informationen

Diese Liste enthält Materialien im Anhang, denen Sie sich zuwenden können, um zusätzliche Informationen über das Jahr 2000-Konformitätsprojekt zu erhalten:

- Anhang H, Integrierter Projektplan
- Anhang I, Jahr 2000-Risikomanagement
- Glossar
- CD-ROM *Die Jahr 2000-Lösung*

Phase 4: Detailplanung

Ziele:

- Vollständige detaillierte Bewertung jedes Systems (detaillierte Ermittlung und Klassifizierung aller Probleme)
- Zusammenfügen der Systeme zu logischen Partitionsgruppen, um sie durch den Korrekturzyklus (Problemlösung, Test und Systemeinsatz) zu führen
- Entscheidung, die betroffenen Systeme zu reparieren, zu ersetzen oder zu entfernen
- Entwicklung detaillierter Termin- und Kostenpläne für den Korrekturzyklus
- Vermittlung der expliziten Größe und Grenzen Ihres Jahr 2000-Problems an die Geschäftsleitung, Erhalt der Genehmigungen für den Korrekturzyklus

Während der Phase 4, der Phase der detaillierten Problembewertung, werfen Sie einen sorgfältigen Blick auf alle während der Phase der Entscheidungsfindung ausgewählten Systeme. Dann beginnen Sie mit der Planung, wie Sie diese Systeme Jahr 2000-konform machen.

Detaillierte Problembewertung

Während dieser Phase leiten Sie eine detaillierte Bewertung aller Systeme, die in der Entscheidungsfindungsphase ausgesucht worden sind. Sie müssen sich selbst mit jedem einzelnen Aspekt dieser Systeme vertraut machen, von den Einzelheiten ihrer Wartungsverträge bis hin zu den Nuancen ihres Codes oder ihrer Schaltung. Aufbauend auf diesen expliziten Informationen, wählen Sie für jedes Jahr 2000-Problem des betreffenden Systems eine geeignete Lösung. Diese Lösungen werden in der Phase der Problembeseitigung implementiert, die wir im nächsten Kapitel beschreiben werden.

Die in der Detailplanungsphase erhaltenen Informationen ergänzen die Systeminformationen, die während der Bestandsaufnahme gesammelt werden. In der Inventurphase haben Sie die »Black Box«-Identität jedes Systems (Name, Position, Grundfunktionen und mögliche Jahr 2000-Auswirkungen) festgelegt. Bei den Bewertungsaktivitäten für ein gegebenes System öffnen Sie diese Box und bestimmen seine vollständige Natur. Sie untersuchen die verschiedenen Komponenten jedes Systems und stellen fest, welche Komponenten zum Erreichen der Jahr 2000-Konformität geändert werden müssen.

 Kosten Die Kosten für die Durchführung der Detailplanung sollten 29 Prozent Ihrer Jahr 2000-Projektkosten nicht überschreiten.

 Wieviel Zeit? Die für die Aufgaben der Detailplanung verbrauchte Zeit sollte 35 Prozent der Jahr 2000-Projektzeit betragen.

Zusammenfassung der Deliverables

Dieser Abschnitt faßt die Deliverables dieser Jahr 2000-Konformitätsphase zusammen. Der Abschnitt »Deliverables, Aufgaben und Abhängigkeiten« weiter unten in diesem Kapitel enthält detaillierte Erläuterungen jedes Deliverables und der damit verbundenen Unterstützungsaufgaben.

Beginn der Detailplanungsphase

Das Deliverable der Einleitung der Detailplanungsphase liefert die Ressourcen (Personal, Werkzeuge, und Arbeitsumgebung) für die Durchführung der Phase der detaillierten Problembewertung.

Systembewertung

Das Deliverable der Systembewertung liefert eine detaillierte Bewertung der Systeme Ihrer Organisation und listet spezielle Beispiele für eine Nichtanpassung an das Jahr 2000 auf. Es dokumentiert den Ursprung von Jahr 2000-Problemen und kann Lösungsempfehlungen enthalten.

Entwurf der Bewertungslösungen

Das Deliverable des Entwurfs der Bewertungslösungen kategorisiert die festgestellten Jahr 2000-Probleme nach der Problemart und listet für jeden Typ eine geeignete Problemlösung auf. Zusätzlich gibt es Werkzeuge an, die Ihnen bei der Implementierung dieser Lösungen helfen. Die Deliverables der Systembewertung und des Entwurfs der Bewertungslösungen werden manchmal auch als Folgeabschätzung bezeichnet.

Plan zur Systemkorrektur

Das Deliverable des Systemlösungsplans liefert einen detaillierten Plan und Zeitablauf für die Lösung (Festschreibung) des während der detaillierten Problembewertung für jedes System ermittelten Jahr 2000-Problems.

Projektplan für die Korrekturzyklen

Das Deliverable des Projektplans für den Korrekturzyklus koordiniert den Systemlösungsplan mit dem Test- und Einsatzplan und bringt diese Pläne in Einklang miteinander, um so einen hochwertigen Plan für die nächste Stufe der Jahr 2000-Aktivitäten zu erzeugen, den Korrekturzyklus. Diese Stufe besteht aus vier Phasen: Problemlösung, Testplanung, Testausführung und Systemeinsatz.

Deliverables, Aufgaben und Abhängigkeiten

Während der Detailplanungsphase entwickeln Sie die Informationen, die Sie während der Bestandsaufnahmephase bekommen haben, und erhalten so ein gutes Bild vom Aussehen der während der Entscheidungsfindungsphase ausgewählten Systeme. Von hier aus entwerfen Sie Lösungen für die Jahr 2000-Probleme jedes einzelnen Systems. Dann koordinieren Sie die Lösungspläne aller Systeme in einem Hauptplan, der alle Systeme und Ressourcen enthält, die zur erfolgreichen Beendigung Ihrer Jahr 2000-Mission erforderlich sind.

4.1 Beginn der Detailplanungsphase

Das Deliverable Beginn der Detailplanungsphase (Phase der detaillierten Problembewertung) liefert die Ressourcen, die nötig sind, um sicherzustellen, daß alle Aufgaben der detaillierten Bewertung funktionsfähig fertiggestellt wurden. Wenn Sie dieses Deliverable fertig vorliegen haben, befindet sich die Umgebung der detaillierten Problembewertung an ihrem Platz.

Aufgabenüberblick

- Werkzeuge für die Detailplanung bereitstellen
- Werkzeuge für die Detailplanung entwickeln

Kapitel 4

- Personal für die Detailplanung bereitstellen
- Besprechung über den Beginn der Detailplanung
- Schulung für die Detailplanung entwickeln und durchführen
- Daten über die Detailplanung in der Jahr 2000-Projektdatenbank speichern
- Überwachung der Detailplanung einrichten

4.1.1 Aufgabe: Werkzeuge für die Detailplanung bereitstellen

Während der Entscheidungsfindung haben Sie bestimmt, welche Werkzeuge Sie für Ihre Bewertungsaktivitäten benötigen. Sie müssen diese Werkzeuge jetzt beschaffen. Dann müssen sie sorgfältig installiert und die zukünftigen Anwender in ihrem Gebrauch unterwiesen werden.

Es gibt eine Vielzahl von Werkzeugen zur Bewertungsunterstützung, die von diversen Zulieferern angeboten werden. Diese Werkzeuge benutzen unterschiedliche Methoden, um Systemelemente zu identifizieren, die Jahr 2000-Probleme haben. Einige Werkzeuge benutzen Mehrfachsuchroutinen, um Systemkomponenten zu lokalisieren, die vom Jahr 2000 betroffen werden, während andere die Parsing-(Zerlege-)Technik benutzen, um das Auftreten von Datumsfeldern zu ermitteln. Einige Bewertungswerkzeuge unterstützen die Schätzung der Arbeitsstunden und Kosten für das Auffinden eingebetteter Datumsfelder.

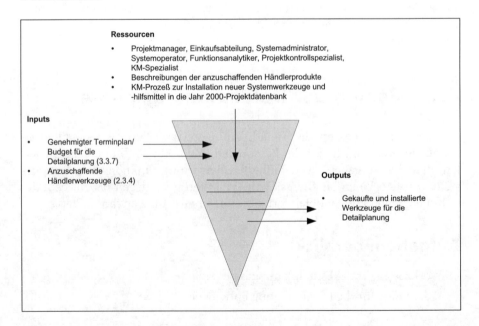

4.1.2 Aufgabe: Werkzeuge für die Detailplanung entwickeln

Hier entwickeln Sie die Bewertungswerkzeuge, die Sie nicht zukaufen wollen. Die Entwicklung sollte in Übereinstimmung mit den in Ihrem Unternehmen üblichen Standardverfahren zur Systementwicklung erfolgen. Sie sollten den Einschluß solider Qualitätssicherungsmaßnahmen sicherstellen. Wenn ein Werkzeug fertig entwickelt ist, sollte es geprüft und installiert werden.

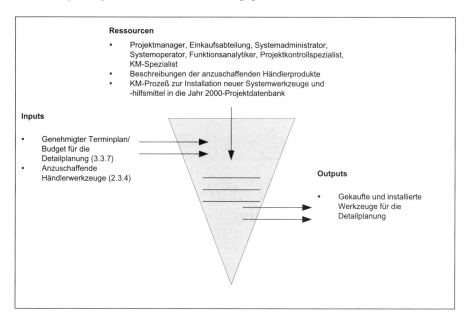

4.1.3 Aufgabe: Personal für die Detailplanung bereitstellen

Sie müssen in Übereinstimmung mit den bei der Entscheidungsfindung entwickelten Plänen zur Unterstützung der Bewertungsaufgaben Personal bereitstellen. Sie können Personal sowohl aus internen Quellen als auch von externen Unternehmen (Zeitarbeit) anheuern.

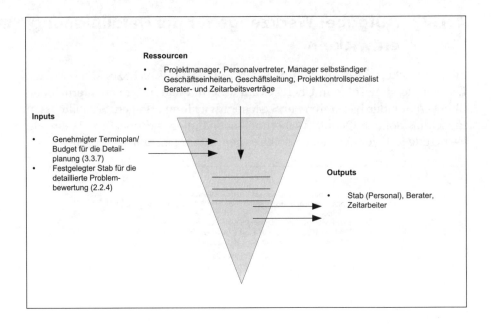

4.1.4 Aufgabe: Besprechung über den Beginn der Detailplanung

Zu Beginn der Detailplanung führen Sie eine einleitende Konferenz mit Ihrem Personal für die detaillierte Problembewertung durch. Die behandelten Themen sollten unter anderem die folgenden sein:

- Ein Überblick über die Maßnahmen der detaillierten Problembewertung
- Die Zusammenfassung der Deliverables und ihrer Beziehungen
- Eine Erläuterung der Konzepte der Schnittstellenbewertung und der Überbrückung
- Eine Beschreibung der Unterstützung durch die Bewertungswerkzeuge, die sich sowohl auf die eigenen als auch auf die von außen stammenden Werkzeuge bezieht
- Eine Übersicht über die Jahr 2000-Projektdatenbank und über die Bedeutung, umfassende Bewertungsinformationen von jedem System zu erhalten
- Ein Überblick über die Zusammensetzung des Personalstabs, der Verantwortlichkeiten und der Interaktionen
- Die Bedeutung der Qualitätssicherung (QS) für die Gewährleistung, daß Projektstandards und Verfahren eingehalten werden
- Eine Zusammenfassung der verfügbaren Schulungsmöglichkeiten

Phase 4: Detailplanung

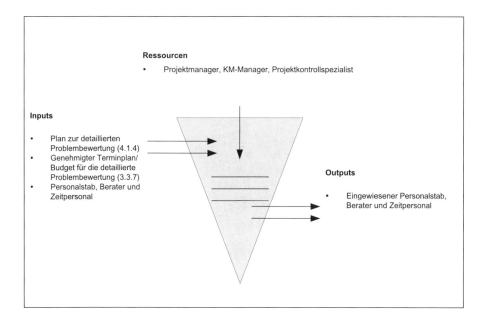

4.1.5 Aufgabe: Schulung für die Detailplanung entwickeln und durchführen

Das Bewertungspersonal benötigt ein bestimmtes Wissen und Kenntnisse, um die Systeme Ihrer Organisation sorgfältig und konsequent zu bewerten. Sie müssen Gelegenheit bekommen, dieses Wissen und diese Kenntnisse zu erwerben. Entwickeln Sie ein Schulungsprogramm, das das Bewertungspersonal befähigt, sich mit folgenden Punkten vertraut zu machen:

- Die Jahr 2000-Probleme, die sie zu identifizieren versuchen
- Den verschiedenen Arten, auf denen sich diese Probleme in den zu bewertenden Systemen manifestiert haben könnten
- Dem richtigen Gebrauch der Werkzeuge zur Unterstützung der Bewertungstätigkeiten
- Die Mechanismen, die sie für Kommunikation, Datenerfassung, Qualitätssicherung und andere Maßnahmen zur Unterstützung der Projektaktivitäten benutzen müssen

Wahrscheinlich werden Sie eine Übungssitzung für die allgemeinen Bewertungsaufgaben durchführen müssen, aber auch verschiedene systemspezifische Übungssitzungen.

Kapitel 4

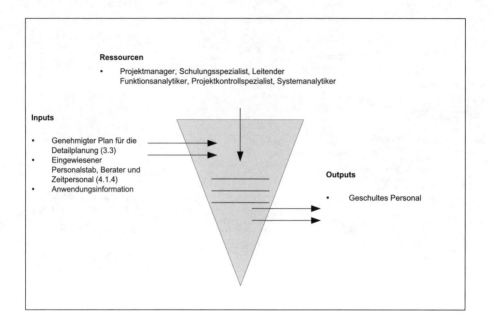

4.1.6 Aufgabe: Daten über die Detailplanung in der Jahr 2000-Projektdatenbank speichern

Die Jahr 2000-Projektdatenbank wurde während der Bestandsaufnahme eingerichtet. Die Datenbank muß bereit sein, die bei der detaillierten Problembewertung entstehenden Daten aufzunehmen. Stellen Sie sicher, daß die Datenbank als wichtiges Systemkonfigurationswerkzeug für dieses Projekt in der Lage ist, die folgenden Dinge erfolgreich zu behandeln:

- Konfigurationseinheiten und Baseline-Maßnahmen
- Änderungen an den Baselines (Ausgangsbasen)
- Problemberichte – der Prozeß der Einleitung, Rezension, Genehmigung, Überwachung und Vervollständigung
- An- und Abmelden der Konfigurationseinheit

Das gesamte mit den Bewertungsaktivitäten befaßte Personal muß die Bedeutung erkennen, bei der detaillierten Problembewertung alle erhaltenen Systeminformationen zu speichern.

Phase 4: Detailplanung

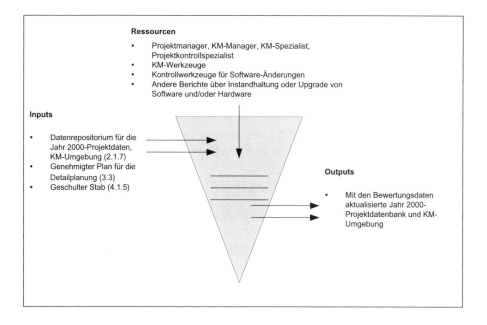

4.1.7 Aufgabe: Überwachung der Detailplanung einrichten

Es ist außerordentlich wichtig, daß Sie die Detailplanung zeitplangemäß beenden, damit Sie so viel Zeit wie möglich übrig behalten, um die ermittelten Systeme zu reparieren. Hier beenden Sie den Zeitplan für die detaillierte Problembewertung, erstellen Kontrollpunkte oder Meilensteine und legen Maßnahmen fest, mit denen Sie die Übereinstimmung der Kontrollpunktlage mit dem Terminplan messen können. Wenn Ihre detaillierte Problembewertung umfangreich ist, machen Sie Zeitpläne für eine periodische Kontrolle der internen und kundenseitigen Fortschritte, um die Übereinstimmung mit dem Zeitplan sicher zu stellen und um Ihre Kunden draußen über die Fortschritte und Leistungen zu informieren. Wenn aktueller Zeitplan, Budget, Ressourcen oder andere kontrollierte Vorgänge aus dem Zeitplan laufen, bestimmen Sie einen geeigneten Korrekturplan und implementieren ihn entsprechend. Überarbeiten Sie den Projektplan, um die Neuanordnung der Ressourcen und die Korrektur von Zeitplan, Budget oder Personalausstattung einfließen zu lassen.

Kapitel 4

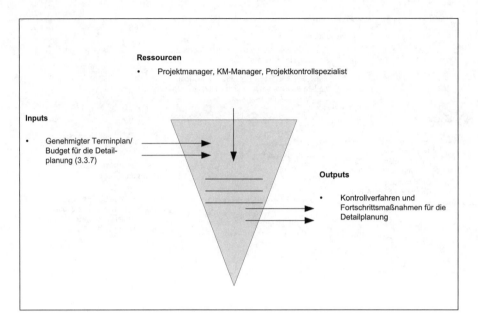

 Beginn der Detailplanungsphase vollständig. Die Qualitätssicherung prüft, ob das Deliverable zielkonform ist. Die Projektüberwachung fixiert das Deliverable und aktualisiert die Überwachungsmaße.

4.2 Systembewertung

Die Systembewertung umfaßt die aktuelle Jahr 2000-Bewertung aller Systeme Ihrer Organisation. Wenn diese Maßnahme fertig ist, besitzen Sie detaillierte Kenntnisse über die Jahr 2000-Probleme, die jedem der bewerteten Systeme innewohnen. Sie sollten mehrere einzelne Systeme gleichzeitig bewerten und die erforderlichen Aufgaben parallel ausführen. Kontrollieren und verfolgen Sie die vielen Aktivitäten, die während der Systembewertung stattfinden.

Aufgabenüberblick

- Benutzer-Software bewerten
- Benutzer-Hardware und eingebettete Systeme bewerten
- Standardprodukte bewerten
- Elektronische Partner bewerten

4.2.1 Aufgabe: Benutzer-Software bewerten

Benutzer-Software ist eine in Ihrem Unternehmen entwickelte Software, mit der eine spezielle Funktion oder Operation durchgeführt werden soll. Es kann sich dabei um eine selbständige Anwendung handeln; es kann auch ein kleines Programm sein, das als ein Teil eines größeren Software-Pakets funktioniert oder zu seiner Unterstützung; oder die Software ist selbst ein größeres System und besteht aus vielen Untersystemen. Sie kann die operationalen oder infrastrukturellen Erfordernisse Ihrer Organisation oder einer selbständigen Geschäftseinheit unterstützen; oder aber sie ist für einen Ihrer Kunden bestimmt. Anwender-Software kann in Ihrem Hause entwickelt worden sein, oder sie kann von Zulieferern speziell für Ihre Organisation entwickelt worden sein.

Anhang A beinhaltet eine Liste von Jahr 2000-Problemen, denen Sie bei der Bewertung jedes Systems begegnen können. Sie sollten sie lesen und sich sicher sein, daß Sie sie verstehen. Sie können auch auf Probleme oder Mängel stoßen – einige auf Jahr 2000-Probleme bezogen, andere nicht – die nicht in Anhang A enthalten sind. Alle auf das Jahr 2000 bezogenen Probleme sollten festgehalten werden. Es mag sich lohnen, entdeckte Probleme, die sich nicht auf Jahr 2000-Themen beziehen, getrennt zu dokumentieren. Sie sollten sich aber in der Korrekturphase nicht damit beschäftigen, weil Sie sonst eventuell den Blick auf das Jahr 2000-Projekt und wertvolle Zeit verlieren.

Die Qualitätssicherung wird die Bewertungsergebnisse prüfen, um sicherzustellen, daß alle Anwender-Software nach möglichen Problemen durchsucht wurde.

Zur Bewertung eines Anwender-Software-Paketes müssen Sie

- Quell-Code und Objekt-Code bewerten:
  - Ermitteln der Fehlerstellen durch ein Programm oder ein Gerät und ihre Klassifizierung nach »Problemart« gemäß Anhang A.
  - Ermitteln und Klassifizieren neuer Arten von Jahr 2000-Fehlern.
  - Ermitteln von Fehlern, die Daten außerhalb des Programms beeinflussen.
- Das Daten-Directory bewerten:
  - Durchsehen des Datenwörterbuchs, der Datenbanken, der Datensätze und der Dateien.
  - Ermitteln der Position jedes Fehlers nach Datei- oder Tabellennamen, einschließlich temporärer Arbeitsdateien, wenn sie zwischen Programmen verschickt werden.

- Ermittlung von Datumsfeldern, die nicht als Datenwertelemente gespeichert sind.
- Ermitteln und Klassifizieren neuer Fehlerarten.
- Ermitteln von Dateinamen, die das Jahr beinhalten.

• Backups und aufgerufene Objekte ermitteln:
- Ermitteln der Position der Quellenfehler oder des Datenfehlers.

• Den gespeicherten Code bewerten:
- Überprüfen des Codes, der innerhalb der Daten-Files gefunden wird.
- Überprüfen des Codes in Datenbanken (Trigger, Prozeduren, Abbildungen und so weiter).
- Überprüfen des in CASE-Werkzeugen gespeicherten Codes.
- Anwender-Code innerhalb von Standard-Software-Paketen für das Schreiben von Anfragen oder Berichten.

• Die Steuersprache bewerten:
- Kontrollieren, ob einige Muster JCL, Shell-Scripts oder PC-Batch-Dateien enthalten.
- Überprüfen auf Manipulationen an Datumszahlen.
- Ermitteln der Dateinamen, die das Jahr enthalten.

• Die Parameter-Bibliotheken bewerten:
- Ermitteln der Position von nicht passenden Datumszahlen in Parameter-Dateien.

• Die Systemdokumentation bewerten:
- Prüfen der Systemanforderungen.
- Prüfen des Systemdesigns.

• Systemberichte bewerten:
- Prüfen von Testberichten.
- Prüfen von Wartungsberichten.
- Prüfen der Aufzeichnungen über das Konfigurationsmanagement.

• Das Systempersonal befragen:
- Befragen der Systemanwender.
- Befragen der Systementwickler, falls diese erreichbar sind.

• Die Schätzungen externer Partner (Zulieferer) sammeln:
- Erhalt von Kosten und von Lieferdatumsangaben von den Lieferanten anwenderbezogener Software.

Aufgabenrichtlinien

- Um alte Systeme ohne Quell-Code zu validieren, können Sie das »negative Testen« versuchen – das heißt, die Anwendung unter Jahr 2000-Bedingungen laufen zu lassen, um zu sehen, wo es abstützt. Bedenken Sie die möglichen Nebenwirkungen solcher Tests, bevor Sie damit beginnen (zum Beispiel vorzeitige Beendigung von Lizenzen, Schnittstellen und so weiter).
- Um Ihre Bewertungsanstrengungen zu vermindern, können Sie die »repräsentative Bewertung« versuchen. Sie können diese Technik nur anwenden, wenn Sie Gruppen von ähnlich zusammengesetzten Anwendungen haben. Sie können dann Daten aus der detaillierten Problembewertung extrapolieren. Zum Beispiel sind Ihre Beschaffungs- und Bestandsaufnahmesysteme mit derselben Sprachmischung, denselben Methoden, denselben Techniken und sogar von demselben Entwicklungsteam entwickelt worden. Durch die Bewertung der Bestandsaufnahmeanwendung können Sie dann für Ihre Beschaffungs-Applikationen Bewertungsschätzungen ableiten. Bei dieser Prozedur gibt es aber mitgeschleppte Risiken. Sie könnten einige der einzigartigen Jahr 2000-Probleme vermissen, die sich nur innerhalb von speziellen Anwendung befinden können. Nur ein Personal mit der erforderlichen Erfahrung und entsprechendem Dienstalter kann die Entscheidung für eine repräsentative Bewertung treffen. Der Vorteil ist ein stark reduzierter Zyklus für die Detailplanung, der Zeit und Geld spart.

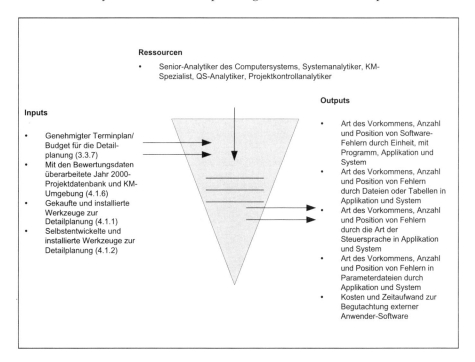

4.2.2 Aufgabe: Benutzer-Hardware und eingebettete Systeme bewerten

Benutzer-Hardware ist entweder für den Gebrauch in Ihrem Unternehmen oder als Teil eines Projektes oder Produkts entwickelt worden. Ebenfalls sind anwenderspezifische, eingebettete Systeme »Blackbox«-Systeme aus Hardware- und/oder Software-Komponenten, die für den Gebrauch in Ihrem Unternehmen oder als Teil eines Projektes oder Produkts entwickelt wurden. Diese Systeme enthalten möglicherweise Komponenten, die Datumszahlen erzeugen oder verarbeiten.

Anhang A listet Jahr 2000-Probleme auf, die Sie beim Bewerten der Systeme zu ermitteln versuchen sollten. Die Problemarten, die in Anhang A besprochen werden, sind gleichermaßen auf traditionelle als auch auf eingebettete Software anwendbar, so wie auf die, die sich in ROMs befinden kann. Anhang A befaßt sich nicht mit Hardware-spezifischen Problemen. Einige Beispiele von solchen Jahr 2000-Problemen enthalten Zeit-Code-Erzeuger oder -Leser, die das Äquivalent einer zweiziffrigen Jahresdarstellung liefern oder empfangen, oder sie enthalten inkompatible Kombinationen aus BIOS und physikalischer Uhr.

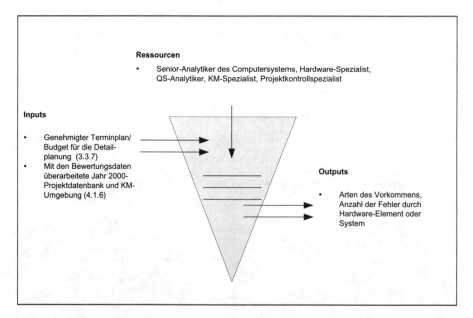

Weil auf die vorhandenen Komponenten aus Hardware und eingebetteten Systemen oftmals nur schwer zugegriffen werden kann, müssen Sie Hardware und eingebettete Systeme bewerten, indem Sie alle erreichbaren Schemata und Dokumentationen durchsehen, einschließlich der Schnittstellenspezifikationen. Nach Möglichkeit sollten Sie die Anwender der Systeme und die Systementwickler befragen.

Die Qualitätssicherung muß die Bewertungsergebnisse prüfen, um sicherzustellen, daß alle Hardware und alle darin eingebetteten Systeme nach potentiellen Problemen überprüft wurden.

4.2.3 Aufgabe: Standardprodukte bewerten

Ein Standardsystem ist jedes Hardware- oder Software-System, das nicht speziell für Ihre Organisation entwickelt wurde, das aber ein im Handel befindliches Produkt darstellt, welches zur Benutzung in Ihrer Organisation gekauft worden ist oder für den Gebrauch in einem Produkt oder Projekt, das aktuell in Betrieb oder in der Entwicklung ist. Diese Systeme werden von Händlern erstellt, um in vielen Unternehmen Verwendung zu finden, obwohl einige dieser Standardprodukte irgendwie für die Verwendung in einem bestimmten Unternehmen maßgeschneidert wurden.

Weil Sie auf die Komponenten eines kommerziell entwickelten Systems nur einen begrenzten Zugriff haben, werden Sie wahrscheinlich nicht in der Lage sein, viele Ihrer Standardprodukte vollständig zu bewerten. Sie müssen sich mit den Produktverkäufern kurzschließen, um den Jahr 2000-Stand Ihrer Standardsysteme bewerten zu können.

Ihre Händler sollten wissen, daß Sie mit dem Jahr 2000-Projekt begonnen haben. Sie sollten von ihnen alle Informationen anfordern, die Sie benötigen, um die Jahr 2000-Konformität herzustellen. Sie haben schon früh in Ihrem Projekt (1.6.1) Ihre Rechtsabteilung sowie Ihre Zuliefer- und Einkaufsabteilung aufgefordert, einen Satz Kriterien für die Begutachtung Ihrer Zulieferer und Händler zu entwickeln, um deren Pläne für die Jahr 2000-Konformität und den Stand ihrer Standardprodukte zu erfahren. Diese Abteilungen sollten jetzt in der Lage sein, Ihnen einen Standardfragebogen zu liefern, den Sie bei Gesprächen mit Händlern zur Durchführung der notwendigen Bewertung benutzen können. Versuchen Sie, eine funktionierende Verbindung zu Ihrem Händler aufzubauen. Sie sollten auch mit anderen Anwendergruppen Kontakt aufnehmen. Alternativ könnten Sie Ihren Händler einfach bitten, die Jahr 2000-Konformität zu belegen. Ihre Rechtsabteilung bzw. Ihr Rechtsberater müssen jeden solchen Nachweis überprüfen. Wenn ein Händler ein System Jahr 2000-konform macht, beachten Sie das Datum, ab welchem das angepaßte System verfügbar ist. Beachten Sie auch, ob die Kosten des Upgrades für eine Jahr 2000-konforme Version durch den bestehenden Wartungsvertrag abgedeckt ist. Falls nicht, ermitteln Sie sie und speichern sie in der Jahr 2000-Projektdatenbank ab.

Sie müssen Alternativpläne für solche Händler entwickeln, die keine angepaßten Systeme anbieten wollen, die keine Anpassungen in einem akzepierbaren Zeitrahmen anbieten können oder die einfach auf Ihre Anfragen nicht reagieren oder sie ablehnen.

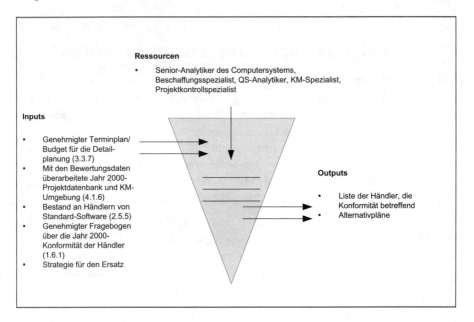

4.2.4 Aufgabe: Elektronische Partner bewerten

Um Ihre elektronischen Partner bewerten zu können, müssen Sie mit ihnen Kontakt aufnehmen und herausfinden, wie ihre Pläne für die Jahr 2000-Konformität aussehen. Sie benötigen von ihnen die technischen Daten ihrer Jahr 2000-konformen Systeme, um die erfolgreiche Zusammenarbeit Ihrer Systeme mit den ihren sicherstellen zu können. Diese Partner können auch von Ihnen die technischen Daten Ihrer Jahr 2000-konformen Systeme verlangen. Es müssen auch Funktionstests gemacht und Standards kontrolliert werden, mit denen Sie übereinstimmen müssen. Nachdem Sie die erfolgreiche Zusammenarbeit der Systeme festgestellt haben, müssen Sie dem Fortbestehen der Partnerschaft offiziell zustimmen. Diese Zustimmung oder Rezertifizierung muß von der Beschaffungsabteilung und der Rechtsabteilung Ihrer

Phase 4: Detailplanung

Organisation genehmigt werden. Für elektronische Partner, die nicht in der Lage sind, eine Jahr 2000-Konformität innerhalb eines akzeptablen Zeitrahmens durchzuführen oder die hinter Ihrem Zeitplan zurückbleiben werden, sollten Sie Alternativpläne bereitliegen haben.

Dieser Vorgang kann sich auf vielen verschiedenen Ebenen abspielen. Es könnte elektronische Partner geben, die mit Systemen zusammenarbeiten, die sich in Ihrem Unternehmen überall verteilt befinden. Beispiele solcher Systeme sind interne und externe Netzwerke, EDV-Händler, Finanzbehörden, Standard-Workstations des Unternehmens oder Anwendungspakete. Andere elektronische Partner arbeiten speziell an einem einzelnen Projekt, für eine einzelne Abteilung oder für selbständige Geschäftseinheiten.

Die Qualitätssicherung stellt sicher, daß jeder elektronische Partner betreffend seiner Jahr 2000-Konformität geprüft wurde, bevor er mittels Schnittstelle an Ihre Organisation oder an laufende Projekte innerhalb Ihrer Organisation angeschlossen wird.

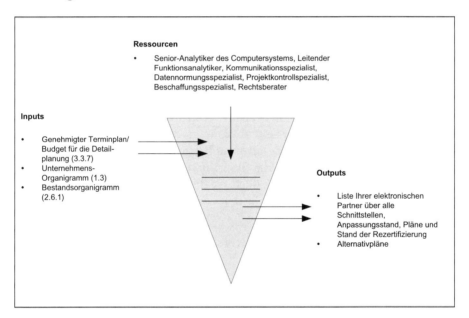

 Systembewertung vollständig. Die Qualitätssicherung prüft, ob das Deliverable zielkonform ist. Die Projektüberwachung fixiert das Deliverable und aktualisiert die Überwachungsmaße. Das Konfigurationsmanagement prüft, ob die Änderungen der Jahr 2000-Projektdatenbank den KM-Prozeduren gemäß durchgeführt werden.

4.3 Lösungsvorschläge entwerfen

Jetzt, da Sie detaillierte Kenntnisse der Jahr 2000-Probleme in den Systemen Ihrer Organisation haben, können Sie Lösungen für diese Probleme entwikkeln. Das Deliverable des Entwurfs der Lösungsvorschläge unterstützt die Problemlösungen. Wenn Sie diese Aufgabe fertiggestellt haben, sind Sie dicht daran, die Jahr 2000-Konformität jedes bewerteten Systems sicherstellen zu können.

Aufgabenüberblick

- Deliverables nach Problemtypen kategorisieren
- Systempartitionen definieren
- Pro System Lösungsansätze entwickeln
- Pro System Lösungswerkzeuge wählen

4.3.1 Aufgabe: Deliverables nach Problemtypen kategorisieren

In dieser Aufgabe werden die Jahr 2000-Probleme in Kategorien eingeteilt und jeder während der Systembewertung entdeckte Fehler einer dieser Kategorien zugeordnet. Um sicher sein zu können, daß Ihre Kategorien sinnvoll und brauchbar sind, müssen Sie über ein breites Verständnis der Arten von Jahr 2000-Problemen verfügen, die Sie in den Systemen Ihrer Organisation entdeckt haben. Die beste Möglichkeit ist die Durchführung einer genauen Kontrolle der Informationen, die in der vorausgegangenen Deliverable *Systembewertung* enthalten ist.

Die Qualitätssicherung wird die Deliverables begutachten und die durchgeführte Kategorisierung aller Probleme bestätigen.

Phase 4: Detailplanung

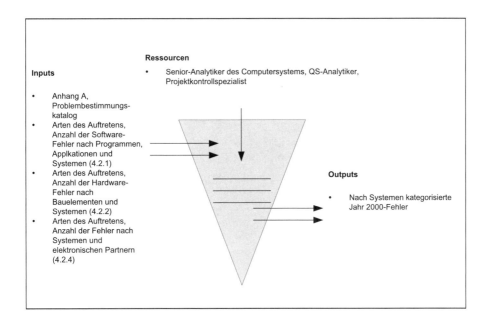

4.3.2 Aufgabe: Systempartitionen definieren

Die Grenzen und Bestandteile jedes Systems müssen klar bestimmt sein, bevor Sie die Jahr 2000-Problemlösungen auswählen, um sie den Systemen zuzuordnen. Weil sich viele der Systeme Ihrer Organisation Lösungen untereinander teilen und mit vielen anderen Systemen zusammenarbeiten, haben Sie bei der Bestimmung des Geltungsbereichs jedes Systems viele Alternativen. Teilen Sie die Systeme in einer Art auf, die Ihnen die Lösung der Jahr 2000-Probleme Ihrer Organisation am leichtesten macht.

> Hinweis: Bei der Durchführung ist es eine gute Technik, die Zahl der Schnittstellen zwischen den Partitionen zu verringern.

Sie können die Einteilungen der Systeme nach einem oder mehreren der folgenden Kriterien durchführen:

- Systemgröße
- Größe der zur Lösung der Jahr 2000-Probleme benötigten Anstrengungen
- Anzahl und Art der Schnittstellen
- Anzahl und Komplexität der eventuell erforderlichen Brückenprogramme
- Anzahl der betroffenen Geschäftseinheiten (je weniger, desto besser)
- Timing der Händleranpassung und der Rezertifizierung

Kapitel 4

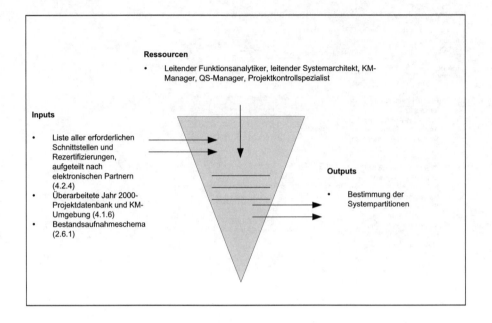

4.3.3 Aufgabe: Pro System Lösungsansätze entwickeln

Anhang B, *Lösungsansätze*, enthält eine Zusammenfassung der Jahr 2000-Probleme und ihrer Lösungen. Wenn Sie erst einmal festgestellt haben, welche Art der Lösung Sie für jede Kategorie der Jahr 2000-Probleme haben, können Sie diesen die Lösungen auf der Basis »Ein Problem nach dem anderen« zuordnen. (Die Systeme werden durch den Einteilungsprozeß bestimmt, den wir in der vorigen Aufgabe beschrieben haben.). Anschließend wählen Sie die folgenden Methoden, um das Problem der Nichtkonformität von Systemen zu lösen:

- **Reparatur des Systems:** Tauschen Sie die Hardware aus, schreiben Sie die Software neu, schreiben Sie eine Schnittstellenüberbrückung oder richten Sie eine funktionsfähige Prozedur ein.
- **Ersatz des Systems:** Schaffen Sie ein anderes System an – eines, das Jahr 2000-konform ist.
- **Außerbetriebnahme des Systems:** Verzichten Sie einfach auf die Dienste oder Funktionen, die das System bietet, oder implementieren Sie denselben Dienst bzw. dieselbe Funktion ohne Automation.
- **Neuaufbau des Systems:** Überholen Sie das System, schreiben oder entwickeln Sie es neu.

Phase 4: Detailplanung

- **Status quo:** Ändern Sie nichts an dem System in der Hoffnung, daß es auch weiterhin funktioniert. Sie sollten aber Notfallpläne aufstellen für den Fall, daß das System versagt oder fehlerhafte Deliverables liefert.

Bei der Festlegung von Lösungen müssen Sie folgende Faktoren beachten:

- Verfügbarkeit von Automatisierungswerkzeugen
- Umfang der für die Problemlösung aufgewendeten Anstrengungen
- Zukünftige Einfachheit der Instandhaltung
- Größere Risiken, die komplexeren Lösungen eigen sind
- Fähigkeit und Verfügbarkeit von ausgelagerten Firmen oder Beratern
- Zu erwartende verbleibende Systemlebensdauer
- Bewertung der Amortisation

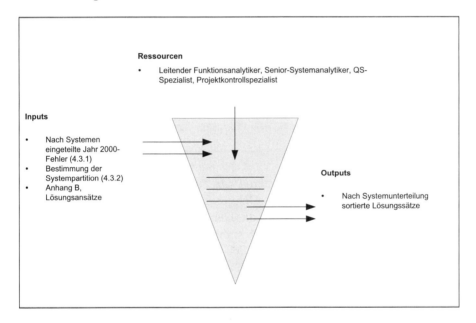

4.3.4 Aufgabe: Pro System Lösungswerkzeuge wählen

Sie benutzen jetzt die Informationen, die Sie während der detaillierten Problembewertung erhalten haben, um die Händlerwerkzeuge zu bestimmen, die Sie in der Phase der Problemlösung (Korrektur) benutzen werden. Wenn diese Werkzeuge intern nicht erhältlich sind, müssen Sie sie intern entwickeln lassen oder von Händlern kaufen. Während der Bestandsaufnahmephase haben Sie Listen von Werkzeugen und Anforderungen aufgestellt. Benutzen Sie diese Listen als Ausgangsbasis – bestimmen Sie, welche Werkzeuge für welches System am besten geeignet sind oder welche Werkzeuge noch entwickelt werden müssen.

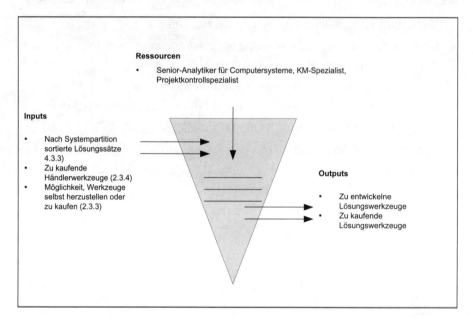

 Lösungsvorschläge entwickeln vollständig. Die Qualitätssicherung prüft, ob das Deliverable zielkonform ist. Die Projektüberwachung fixiert das Deliverable und aktualisiert die Überwachungsmaße. Das Konfigurationsmanagement prüft, ob die Änderungen der Jahr 2000-Projektdatenbank den KM-Prozeduren gemäß durchgeführt werden.

4.4 Plan zur Systemkorrektur

Das Deliverable *Plan zur Systemkorrektur* liefert viele Arten von Plänen, die Sie benötigen werden, um die Korrekturaktivitäten umfassend und effizient durchzuführen. Sie werden nicht nur Korrekturpläne für jedes System entwickeln, sondern auch Pläne für die Brückenkonstruktion, die Schulung, die Datenumwandlung, die Beschaffung und die Jahr 2000-Konformität der elektronischen Partner entwickeln.

Aufgabenüberblick

- Plan zur Herstellung der Jahr 2000-Konformität der elektronischen Partner entwickeln
- Standardverfahren für die Korrektur entwickeln
- Pro System einen Korrekturplan entwickeln
- Pläne für die Schnittstellen/Brücken entwickeln
- Datenumwandlungspläne entwickeln
- Plan für die betroffenen Geschäftsprozesse entwickeln
- Korrekturschulungsplan entwickeln

4.4.1 Aufgabe: Plan zur Herstellung der Jahr 2000-Konformität der elektronischen Partner entwickeln

Sie haben die Bemühungen Ihrer elektronischen Partner eingeschätzt, um deren Jahr 2000-Probleme zu lösen. Um eine erfolgreiche elektronische Schnittstelle zu jedem dieser Partner aufrecht zu erhalten, haben Sie möglicherweise die Schnittstellen verändert oder Brücken erstellt, um die Schnittstellen zu ergänzen. Sie werden nun Pläne für die Veränderung dieser Schnittstellen und/oder die Konstruktion von Brücken entwickeln. Dazu müssen Sie die technischen Spezifikationen für die Schnittstellen und Brücken erhalten, die von jedem elektronischen Partner eingesetzt werden.

Einige Ihrer elektronischen Partner haben vielleicht bereits Jahr 2000-Software-Entwicklungsstandards erstellt. Versichern Sie sich, daß Ihre Jahr 2000-Konformitätsdefinitionen und -standards mit denen Ihrer elektronischen Partner kompatibel sind. Sie müssen sich auf einen Standard für Jahr 2000-konforme Daten einigen. Ein üblicher Jahr 2000-Datenstandard garantiert, daß Schnittstellen kompatibel sind, nachdem alle Jahr 2000-Lösungen von Ihnen und Ihren Partnern implementiert wurden. Alle Standards, die Sie sich ausdenken, sollen von Ihrem DV-Team, den Anwendungsbenutzern und den elektronischen Partnern überprüft werden.

In einigen Fällen ignoriert ein elektronischer Partner die Jahr 2000-Problematik vielleicht oder kann seine Jahr 2000-Probleme nicht rechtzeitig lösen. Diesen Mangel an Aktivität müssen Sie berücksichtigen. Sie können den Partnern beispielsweise bei der Bewältigung ihrer Jahr 2000-Probleme helfen (indem Sie beide Seiten einer modifizierten Schnittstelle entwickeln). Oder Sie suchen sich einen anderen elektronischen Partner, der den gleichen Dienst bietet und ebenfalls Jahr 2000-Konformität erreichen möchte.

Kapitel 4

Es kann auch den Fall geben, daß ein elektronischer Partner ebenfalls eine Schnittstelle implementiert, die Jahr 2000-konform ist, aber daß dessen Zeitplan nicht mit dem Ihrigen vereinbar ist. In diesem Fall müssen Sie eine Brücke und einen Brückenverwaltungsplan entwickeln, und beide Parteien müssen sich auf einen Zeitplan für die Schnittstellenänderungen einigen.

Die Qualitätssicherung erhält den Plan zur Überprüfung, um sicherzustellen, daß er alle bekannten Industrie- oder Rezertifizierungsstandards einhält.

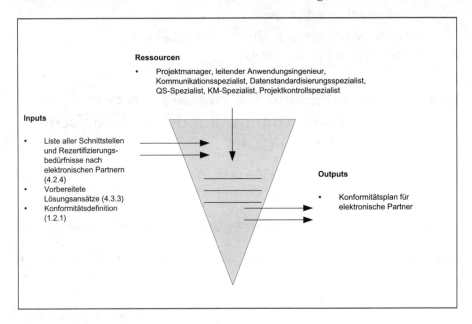

4.4.2 Aufgabe: Standardverfahren für die Korrektur entwickeln

Sie müssen Standardverfahren entwickeln, um sicherzustellen, daß Ihre Korrekturaktivitäten diszipliniert und effizient durchgeführt werden und in einem Qualitätsprodukt resultieren. Falls möglich, sollten Sie Standardverfahren entwickeln, mit denen Sie »Fließband«-Systemveränderungen implementieren können, d.h. identische Veränderungen, die an einem System nach dem anderen vorgenommen werden. Wenn Sie beispielsweise eine Standardmethode für die Anwendung einer bestimmten Lösung auf einen Fehlertyp definieren, können Sie diese Lösung möglicherweise auf verschiedene Systeme anwenden. Sie können verschiedene Teammitglieder darin trainieren, diese Lösung anzuwenden und dafür sorgen, daß sie sich nur um die Implementie-

Phase 4: Detailplanung

rung dieser Lösung kümmern. Sie können für diese Tätigkeit weniger erfahrene Programmierer oder Analytiker einsetzen und die erfahrenen Analytiker und Programmierer für die schwierigeren und auf Kunden zugeschnittenen Anwendungen freisetzen.

Durch den Einsatz von Standardverfahren für Korrekturaufgaben können Sie, im Gegensatz zu maßgeschneiderten Lösungen, für jedes System Konsistenz in Ihre Korrekturbemühungen bringen. Es ist außerdem auch preisgünstiger, und weniger zeitaufwendig, Standardverfahren anstatt maßgeschneiderte Lösungen einzusetzen. Standardisierte Systemveränderungsmethoden können Sie auch aufzeichnen und für spätere Systemveränderungen einsetzen. Durch den Einsatz von Standardlösungen können Sie eventuell auch den Testprozeß vereinfachen.

Sie haben zu einem früheren Zeitpunkt bereits eine Konformitätsdefinition für das Projekt entwickelt. Die Qualitätssicherung vergleicht die Standardmethoden mit der Konformitätsdefinition, um die Konsistenz zu gewährleisten.

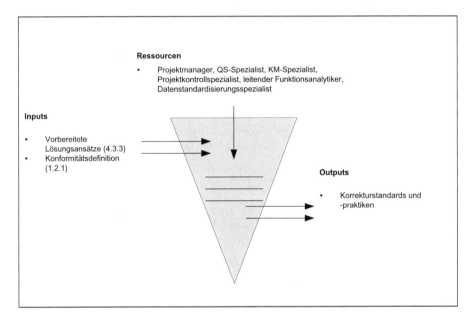

Aufgabenrichtlinien

- Setzen Sie bei Standardlösungen unerfahrenere Programmierer/Analytiker ein, um erfahrene Programmierer/Analytiker für die Entwicklung komplexer Lösungen freizuhalten.
- Testen Sie mögliche Lösungsprototypen bereits sehr früh, um das Risiko einer schlechten Wahl zu reduzieren.
- Integrieren Sie das Testteam bereits sehr früh, um die Testbarkeit der Lösungen zu überprüfen.

4.4.3 Aufgabe: Pro System einen Korrekturplan entwickeln

Im vorherigen Deliverable, dem Entwurf von Lösungsvorschlägen, haben Sie die Lösungen für spezielle Systeme identifiziert. Sie werden nun Pläne entwickeln, um diese Lösungen effizient anzuwenden. Jeder Plan sollte folgende Angaben enthalten:

- Die Anzahl und den Typ der Mitarbeiter, die zur Implementierung der Lösung benötigt werden.
- Eine Einschätzung des Zeitbedarfs für die Anwendung und den Test der Lösung.
- Eine Liste der Werkzeuge – egal, ob käuflich erworben oder im Haus entwickelt –, die zur Korrektur eingesetzt werden.
- Eine detaillierte Systemspezifikation. Die Spezifikation sollte den Zweck und die Funktion des Systems beschreiben. Sie sollte auch Schnittstellenbeschränkungen nennen, falls welche vorhanden sind.
- Eine Beschreibung der Bedenken, falls welche existieren.

Ihr Plan sollte Kommunikationspfade definieren, um die fortwährende Interaktion mit Systembenutzern zu gewährleisten. Der Plan sollte überprüft und von den Besitzern genehmigt werden.

Die Qualitätssicherung überprüft den Plan, um Konformität mit den Dokument- und Anwendungsstandards des Unternehmens und der Kunden zu gewährleisten. Abweichungen werden korrigiert oder von dem gehobenen Management genehmigt.

Phase 4: Detailplanung

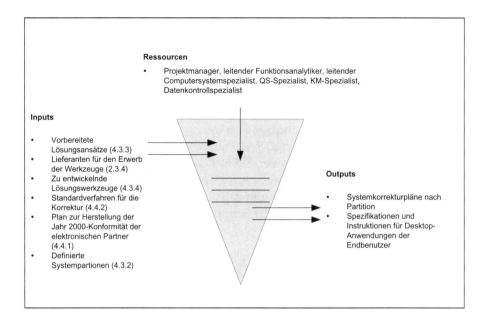

4.4.4 Aufgabe: Pläne für die Schnittstellen/ Brücken entwickeln

Im Idealfall lösen Sie die Jahr 2000-Probleme eines Systems gleichzeitig mit den Problemen desjenigen Systems, zu dem Ihres eine Schnittstelle hat. Aber manchmal muß ein Jahr 2000-konformes System eine Schnittstelle zu einem nicht konformen System einrichten. In solchen Fällen sollten Sie System- »Brücken« einrichten, um die Lebensfähigkeit auf jeder Seite der Schnittstelle zu gewährleisten. Sie müssen Pläne für die Konstruktion und Wartung solcher Brücken entwickeln (siehe Anhang B).

Brücken dienen zwei Zwecken:

- Sie stellen sicher, daß die Daten, die von nicht Jahr 2000-konformen Systemen abgeschickt und von Jahr 2000-konformen Systemen empfangen werden, von dem konformen System eingesetzt werden können, um korrekte Ergebnisse zu erhalten, und daß die Dateien und Datenbanken nicht beschädigt werden.

- Sie stellen sicher, daß die Daten, die von einem konformen System gesendet und einem nicht konformen System empfangen werden, vom nicht konformen System verwendet werden können, um korrekte Ergebnisse zu berechnen, und vom nicht konformen System gespeichert werden können, ohne die Dateien oder Datenbanken zu beschädigen.

Wenn die Konformität von einem oder beiden System(en) in mehreren Schritten erreicht wird, müssen die Brücken so aktualisiert werden, daß die vorgeschlagenen Veränderungen und Zeitpläne eingehalten werden, um die Interoperabilität der Systeme zu gewährleisten. Diese Brücken bleiben so lange bestehen, bis die Systeme auf beiden Seiten der Schnittstelle konform sind.

Ihre Personalabteilung kann beispielsweise Informationen mit einer Bank austauschen, um die direkte Buchung zu ermöglichen. Die Bank hat ihr System bereits verändert, um Jahr 2000-Konformität zu gewährleisten. Ihre Organisation hat das noch nicht getan. Sie müssen eine Brücke entwickeln, um die Personal-Daten in ein Jahr 2000-konformes System zu übersetzen, bis das Personalsystem selbst Jahr 2000-konform ist. Ihre Organisation und die Bank müssen verhandeln, welche Seite der Schnittstelle welchen Brückendienst erbringt.

In jedem Brückenplan müssen Sie die Komponenten der Brücke identifizieren und jeden Typ von Jahr 2000-Fehlern behandeln, wenn ein konformes und ein nicht konformes System zusammengeschlossen werden. Der Plan sollte eine Einschätzung des Zeitbedarfs für die Brückenkonstruktion enthalten und sollte den Personalbedarf angeben, der für die Fertigstellung der Brücke erforderlich ist. Er sollte auch einen Zeitplan und eine Planung des Personalbedarfs zur Wartung der Brücke enthalten, wenn eines oder beide Systeme Jahr 2000-konform gemacht werden. Vergessen Sie das Konfigurationsmanagement der Brücke nicht. Achten Sie darauf, daß die folgenden Faktoren berücksichtigt werden:

- Wie wichtig ist es für Ihre Organisation, daß das fragliche System weiterhin eine Schnittstelle zu einem anderen System oder anderen Systemen hat?
- Ist die Schnittstelle mit mehreren internen Verbindungen ausgestattet?
- Ist es die Schnittstelle eines elektronischen Partners?
- Stellen verschiedene Systembenutzer operationale Beschränkungen für den Beginn der Brückenkonstruktion auf.
- Beeinflußt dies die Rezertifikation bei einem oder mehreren elektronischen Partnern?
- Entwickeln Sie detaillierte Spezifikationen für alle zu entwickelnden Brücken. Jede Spezifikation sollte den Zweck und die Funktion der Brücke oder Schnittstelle beschreiben, die Schnittstelle nennen, für die die Brücke konstruiert wird und alle Schnittstellenbeschränkungen ausweisen. Planen Sie für jede Spezifikation eine Überprüfung durch Techniker und gleichgestellte Kollegen, um Brückenkonstruktionsfehler zu vermeiden.

Die Qualitätssicherung wird den gesamten Plan überprüfen, um die Konformität mit den Dokument- und Schnittstellenstandards Ihrer Organisation oder Ihrer Kunden sicherzustellen. Abweichungen werden korrigiert oder vom gehobenen Management genehmigt.

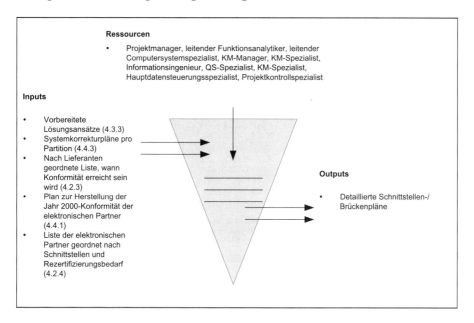

4.4.5 Aufgabe: Datenumwandlungspläne entwickeln

Bei dieser Aufgabe ermitteln Sie die Daten, die konvertiert werden müssen, um Jahr 2000-Konformität zu erreichen.

Sie legen für diese Datensätze auch Prioritäten fest, um eine prompte Konvertierung der Daten zu gewährleisten, die für Ihre Unternehmensaktivitäten kritisch sind. Entwickeln Sie detaillierte Pläne für die Durchführung dieser Datenumwandlungen. Diese Pläne sollten die Kosten, den Personalbedarf und die benötigten Werkzeuge ausweisen.

Bei archivierten Daten können Sie sich überlegen, diese so lange unverändert zu belassen, bis die operationalen Daten konvertiert sind. Manche archivierten Daten müssen auch nicht unbedingt konvertiert werden.

Sie werden wahrscheinlich systemspezifische Werkzeuge für die Datenkonvertierung entwickeln wollen. Die Spezifikation für diese Werkzeuge sollte eine allgemeine Beschreibung des Werkzeugzwecks und der Funktionen,

Schnittstellenbeschränkungen, Systemanforderungen, zu verwendende Sprachen, spezielle Schnittstellen, die beeinflußt werden, die erzeugte Ausgabe usw. enthalten. Vergessen Sie nicht, Pläne für die Konvertierung Ihrer Testdatensätze zu entwickeln.

Sie sollten eine Überprüfung jedes Datenumwandlungsplans durch eine Expertengruppe einplanen. Außerdem sollten Sie jeden Plan mit den entsprechenden Benutzern durchgehen. Die Implementierung der einzelnen Pläne sollte erst nach einer Absegnung durch die Benutzer erfolgen.

Die Qualitätssicherung überprüft jeden Plan, um die Konformität mit den Dokument- und Datenstandards Ihrer Organisation und Ihrer Kunden sicherzustellen. Abweichungen werden korrigiert oder durch das Management genehmigt.

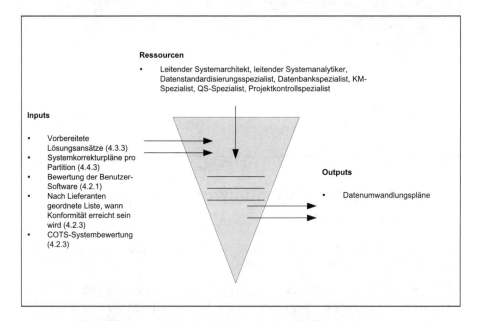

4.4.6 Aufgabe: Plan für die betroffenen Geschäftsprozesse entwickeln

Bei der Korrektur von Jahr 2000-Fehlern beeinträchtigen Sie möglicherweise Standardgeschäftsprozesse. Wenn es beispielsweise Formulare mit der Angabe 19_ im Datenfeld gibt, können diese nicht mehr von einem System verarbeitet werden, bei dem die Datumsinformation vierstellig ist. Sie müssen sich nun entscheiden, ob Sie diese Formulare manuell ausfüllen oder einen neuen Formularbestand mit vierstelliger Datumsangabe anlegen wollen. Sie können auch eine interne Brücke entwickeln, die so lange benutzt wird, bis der aktuelle Formularbestand verbraucht ist.

Sie müssen die betroffenen Geschäftsprozesse, Formulare und Dokumente in Ihrer Organisation ermitteln. Anschließend müssen Sie zusammen mit den betroffenen Managern entscheiden, was getan werden muß, um die Bereitstellung der betroffenen Geschäftsaktivitäten zu gewährleisten.

Wenn Sie sich dazu entschließen, eine bestimmte Aktivität nach außen zu verlagern, müssen Sie den Prozeß ermitteln, der mit der Verlagerung verbunden ist (d.h. Sie müssen die geordnete Daten- und Arbeitsübergabe und die Wiederverwendung oder Veräußerung von Arbeitsgeräten planen und den Personalstamm reduzieren).

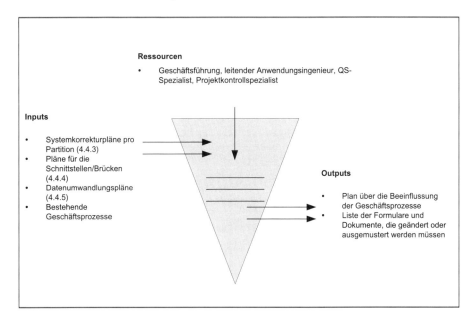

4.4.7 Aufgabe: Korrekturschulungsplan entwickeln

Das Personal, das an Korrekturaktivitäten beteiligt ist, muß über das nötige Wissen und die erforderlichen Fähigkeiten verfügen, um Jahr 2000-Probleme sorgfältig und konsistent lösen zu können. Die Mitarbeiter sollten in der Lage sein, dieses Wissen und die Fähigkeiten zu erwerben. Entwickeln Sie ein Schulungsprogramm, das Ihre Mitarbeiter mit den folgenden Punkten vertraut macht:

Kapitel 4

- Die Standardpraktiken, die für Korrekturaufgaben entwickelt wurden
- Die Werkzeuge, die zur Unterstützung der Korrekturaktivitäten eingesetzt werden
- Die Bedeutung, sich an das Konfigurationsmanagement, die Qualitätssicherung und an Programmverfolgungssysteme zu halten
- Den korrekten Umgang mit Systembenutzern
- Der Plan sollte die Methodik beschreiben, nach der jede Schulungssitzung durchgeführt wird. Zur Auswahl stehen individuelles Training-on-the-job, Training-on-the-job in der Gruppe, Schulung in einem externen Schulungszentrum etc. Der Plan sollte ausweisen, wer für die Durchführung der Schulungen verantwortlich ist: Mitarbeiter im Haus, Firmen oder ein externer Schulungsspezialist. Wenn die Schulungsmethoden einmal festgelegt sind, sollten Sie eine Abschätzung der Kosten für die Schulung durch einen Mitarbeiter im Haus und die Beschäftigung eines externen Schulungsleiters anfertigen.

Die Qualitätssicherung überprüft jeden Plan, um die Konformität mit den Dokument- und Datenstandards Ihrer Organisation und Ihrer Kunden sicherzustellen. Abweichungen werden korrigiert oder durch das Management genehmigt.

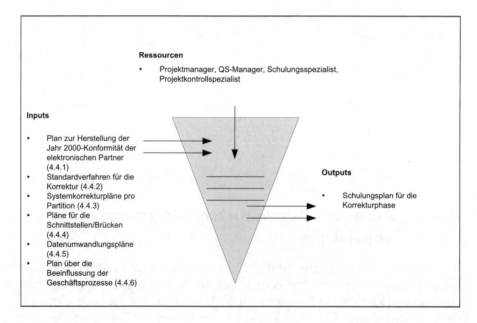

Plan zur Systemkorrektur vollständig. Die Qualitätssicherung prüft, ob das Deliverable zielkonform ist. Die Projektüberwachung fixiert das Deliverable und aktualisiert die Überwachungsmaße.

4.5 Projektplan für die Korrekturzyklen

Der Projektplan für die Korrekturzyklen liefert einen Plan für die Implementierung aller Aufgaben des Korrekturzyklus. Der Korrekturzyklus besteht aus vier Phasen: Korrektur, Testplanung, Testdurchführung und Systemeinsatz. Dieser Plan sollte die Grundlage für die Realisierung der Jahr 2000-Konformität bilden.

Aufgabenüberblick

- Methodik an den Korrekturzyklus anpassen
- Abschätzung der technischen und geschäftlichen Risiken aktualisieren
- Entschlüsse der Entscheidungsfindungsphase überprüfen und anpassen
- Pläne zur Systemkorrektur konsolidieren
- Pro System den Ressourcenbedarf für die Korrektur abschätzen
- Personalbedarf für den Korrekturzyklus ermitteln
- Beschaffungsplan für den Korrekturzyklus entwickeln
- Zeitplan/Budget für den Korrekturzyklus ermitteln
- Pläne, Zeitpläne und Budgets für den Korrekturzyklus präsentieren und genehmigen lassen

4.5.1 Aufgabe: Methodik an den Korrekturzyklus anpassen

Wie bereits erwähnt, sollen Sie alle Richtlinien, die Sie in diesem Buch erhalten, an die Bedürfnisse Ihrer Organisation anpassen. Wenn Sie die Aufgaben im Korrekturzyklus überprüfen und an Ihre Bedürfnisse anpassen, müssen Sie den Zeitbedarf für die Vollendung jeder Phase sehr genau einschätzen. Der Korrekturzyklus beansprucht ungefähr 60 Prozent des Gesamtzeitplans des Jahr 2000-Projekts.

Kapitel 4

Die Qualitätssicherung überprüft die maßgeschneiderte Methodik, um Konsistenz mit den Zielen der einzelnen Phasen und Übereinstimmung mit den Erfolgskriterien zu gewährleisten.

 Hinweis Der Einsatz einer Methodik erspart es Ihnen nicht, genau nachzudenken.

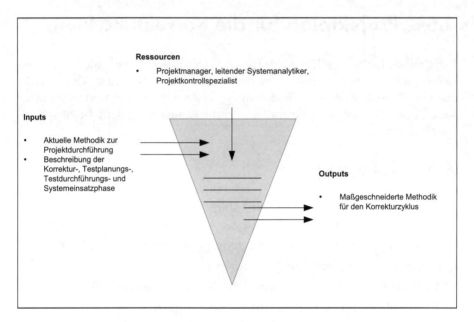

4.5.2 Aufgabe: Abschätzung der technischen und geschäftlichen Risiken aktualisieren

Während der Bestandsaufnahme haben Sie Informationen über die technischen Risiken gesammelt, die entstehen, wenn die Systeme nicht Jahr 2000-Konformität erreichen. In ähnlicher Weise haben Sie bei der Bestandsaufnahme die Geschäftsrisiken eingeschätzt, die mit diesen Systemen verbunden sind. Sie sollten diese Risikoeinschätzungen auf der Basis des Wissens überprüfen und überarbeiten, das Sie während der Detailplanung jedes Systems erworben haben.

Sie sollten die aktualisierte Einschätzung der technischen und der Geschäftsrisiken in der Jahr 2000-Projektdatenbank niederlegen. Das erleichtert die Erstellung eines Zeitplans für die Aufgaben des Korrekturzyklus.

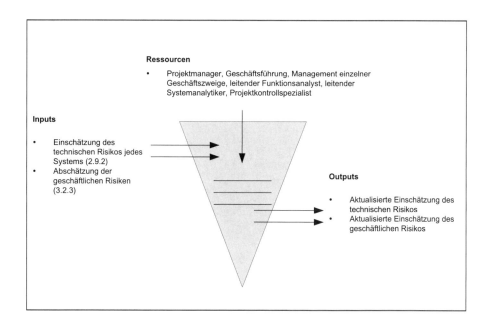

4.5.3 Aufgabe: Entschlüsse der Entscheidungsfindungsphase überprüfen und anpassen

Nachdem Sie die technischen und geschäftlichen Risiken überprüft und überarbeitet haben, müssen Sie die Entschlüsse überprüfen und überarbeiten, die Sie in der Entscheidungsfindungsphase getroffen haben, bevor die Detailplanung vorgenommen wurde. Mit dem Wissen, das Sie durch die Detailplanung gewonnen haben, werden Sie vielleicht die Prioritäten ändern wollen, die Sie bestimmten Systemen zugewiesen haben. Außerdem werden sich Ihre Gesamtgeschäftsziele in der Zwischenzeit vielleicht etwas geändert haben. Falls möglich, sollten Sie mit den Mitarbeitern, die am ursprünglichen Entscheidungsfindungsprozeß teilgenommen haben, ein Meeting einberufen und sie bitten, ihre Empfehlungen zu überprüfen und zu überarbeiten.

Die Überarbeitung der Geschäftsprioritäten sollten Sie in der Jahr 2000-Projektdatenbank niederlegen. Sie werden sie für die Planung des Korrekturzyklus und die Budgetplanung benötigen.

Kapitel 4

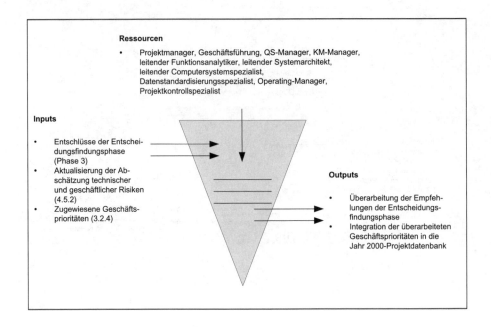

4.5.4 Aufgabe: Pläne zur Systemkorrektur konsolidieren

Nun konsolidieren Sie die vielen separaten Systemkorrekturpläne, die Sie im vorherigen Deliverable entwickelt haben. Diese konsolidierten Pläne helfen Ihnen dabei, einen Gesamtzeitplan und ein Budget für den Korrekturzyklus zu entwickeln. Bei der Konsolidierung sollten Sie versuchen, die allgemeinen Aufgaben zu ermitteln, die von mehr als einem System durchgeführt werden. Möglicherweise können Sie Ressourcen bei der Implementierung dieser allgemeinen Aufgaben gemeinsam nutzen.

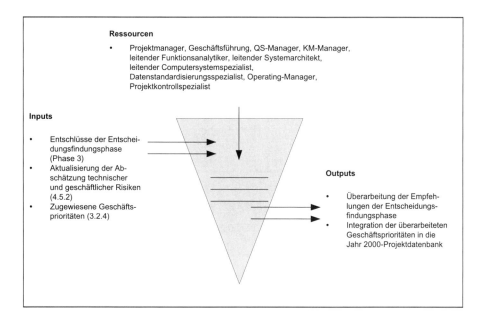

4.5.5 Aufgabe: Pro System den Ressourcenbedarf für die Korrektur abschätzen

Sie müssen eine Kostenabschätzung liefern, um jedes System Jahr 2000-konform zu machen. Diese Schützung sollte die Arbeit, Material, Ausrüstungskosten und alle Kosten im Zusammenhang mit dem Erwerb von Korrekturwerkzeugen von Fremdherstellern. Sie sollten auch Schulungskosten berücksichtigen. Nutzen Sie alle Kostenvorteile, die sich aus zusätzlichen Geschäftsfunktionen ergeben, um Ihre Ausgaben auszugleichen.

Mittels Ihrer Prioritätenliste aus der Entscheidungsfindungsphase können Sie eine Liste der Systemkorrekturkosten nach Geschäftsprioritäten erstellen. Auf diese Weise können Sie die Kosten der Korrekturaufgaben für Systeme mit einer hohen Priorität, Systeme mit einer mittleren Priorität und Systeme mit einer geringen Priorität berechnen. Diese Liste wird für Entscheidungsträger von unschätzbarem Wert sein, die Hilfe bei der Bestimmung von optimalen Wegen zur Kostenreduktion benötigen.

Kapitel 4

Während des Korrekturzyklus müssen Sie die tatsächlichen Kosten ermitteln, die anfallen. Sie sollten diese tatsächlichen Kosten mit den Systemkosteneinschätzungen vergleichen, die Sie in dieser Aufgabe entwickelt haben. Sie sollten die Bruttoabweichung zwischen den geschätzten und den tatsächlichen Kosten feststellen, und Korrekturaktivitäten vornehmen, falls nötig.

Für die Kostenabschätzung und Zeitplanung werden Sie vielleicht eine entsprechende Software einsetzen wollen. Siehe hierzu Anhang H, *Integrierter Projektplan*.

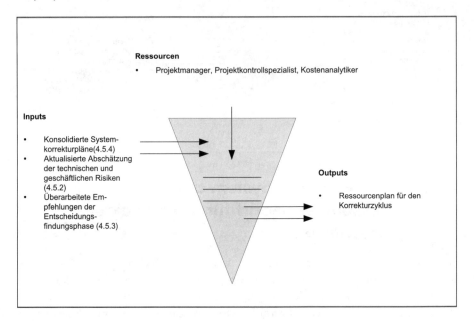

4.5.6 Aufgabe: Personalbedarf für den Korrekturzyklus ermitteln

Ermitteln Sie den Personalbedarf für die erfolgreiche Durchführung des Korrekturzyklus. Sie müssen geeignete Personalkategorien für Korrekturaufgaben, die Anzahl der benötigten Personen für jede Kategorie und den erforderlichen Erfahrungsgrad für jede Position festlegen.

Nachdem Sie einen qualifizierten Mitarbeiterstab für die im Korrekturzyklus offenen Stellen festgelegt haben, müssen Sie die Positionen und die Anzahl der noch benötigten Mitarbeiter ermitteln. Das hilft Ihnen bei der Akquise der Dienste von Vertragspartnern.

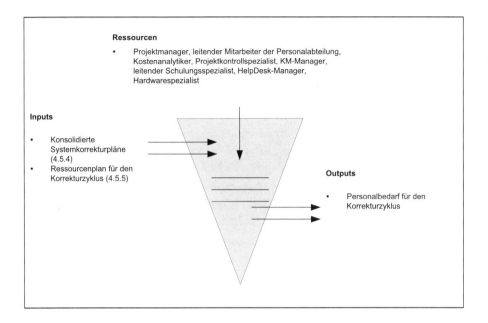

4.5.7 Aufgabe: Beschaffungsplan für den Korrekturzyklus entwickeln

Während des Korrekturzyklus fordern Sie viele Materialien, Werkzeuge und Arbeitskräfte von der Beschaffungsabteilung an. Eine enge Zusammenarbeit kann die Beschaffung des Materials, der Werkzeuge und der Arbeitskräfte beschleunigen. Den wiederholten Bedarf an einer bestimmten Ressource, Personal oder Material, werden Sie wahrscheinlich konsolidieren wollen.

Arbeiten Sie mit der Beschaffungsabteilung auch bezüglich der Budgetbeschränkungen zusammen. Der Zeitplan für den Korrekturzyklus weist beispielsweise einen Spitzenbedarf an Arbeitskräften und Material in einem bestimmten Quartal auf. Die meisten Organisationen möchten solche Konzentrationen von Ausgaben nicht auf sich laden. Nehmen Sie die Unterstützung Ihres Beschaffungsteams in Anspruch, um solche Akquisitionskosten zu beschränken.

Die Qualitätssicherung überprüft den Plan, um die Konformität mit den Dokument- und Datenstandards Ihrer Organisation und Ihrer Kunden sicherzustellen. Abweichungen werden korrigiert oder durch das Management genehmigt.

Kapitel 4

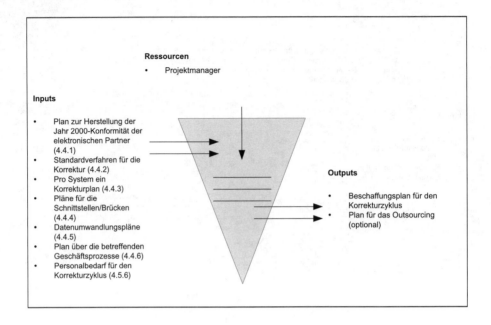

4.5.8 Aufgabe: Zeitplan/Budget für den Korrekturzyklus ermitteln

Ihr Zeitplan für den Korrekturzyklus sollte mit dem 31. Dezember 1999 enden. Die kritischen Elemente Ihres Jahr 2000-Projekts sollten vor Januar 1999 fertiggestellt sein, damit Ihnen noch Zeit bleibt, unvorhergesehene Probleme zu behandeln und zumindest einen Jahreszyklus Ihres Finanzsystems zu vollenden. Der Zeitplan für jedes System hängt von seinen Geschäftsprioritäten und den technischen Abhängigkeiten sowie der Verfügbarkeit und dem Niveau benötigter Ressourcen ab.

Ihr Detailplan sollte »Pufferzeit« beinhalten, um Raum für die Durchführung zusätzlicher Aufgaben zur Erlangung der Konformität zu ermöglichen. Berücksichtigen Sie in Ihrem Zeitplan Betriebsferien, Urlaubszeiten, Krankheitstage und sonstige Urlaubstage von Mitarbeitern.

Wenn Sie den Zeitplan für den Korrekturzyklus fertigstellen, sollten Sie den Personalbedarf, das Material und die Ausrüstung für jede Phase des Korrekturzyklus einschätzen. Sie können dann ein Budget auf der Basis dieser Einschätzung aufstellen. Weil der Zeitplan und das Budget für das Jahr 2000-Projekt dann endgültig sind, sollten Sie besonders vorsichtig vorgehen.

Phase 4: Detailplanung

In dieser Aufgabe müssen Sie folgendes ermitteln:

- Wie der Status jedes Subprojekts im Korrekturzyklus verfolgt und mitgeteilt wird
- Wie die geschätzten Kosten für die Fertigstellung ermittelt, mitgeteilt und zusammengefaßt werden
- Wer die Abschätzung der Kosten für die Fertigstellung genehmigt

Sie müssen den vorbereiteten Zeitplan mit den eigentlichen Projektaktivitäten vergleichen und die Ergebnisse den Vertretern der Geschäftsführung präsentieren, die das Projekt überwachen. Wenn signifikante Abweisungen auftreten, müssen Sie Korrekturen vornehmen. Weitere Planungs- und Budgetierungsaufgaben werden in den Abschnitten zum Test und zum Systemeinsatz beschrieben.

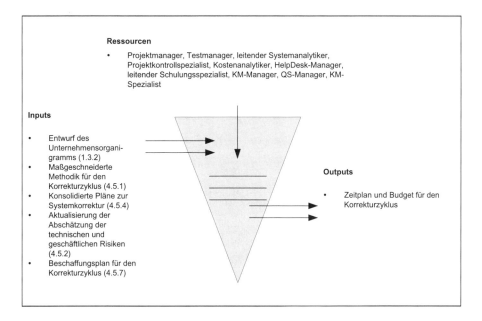

4.5.9 Aufgabe: Pläne, Zeitpläne und Budgets für den Korrekturzyklus präsentieren und genehmigen lassen

Die Personen, die Ihr Jahr 2000-Projekt genehmigen, müssen Ihre Präsentation sehen. Diese Personengruppe kann auf die Geschäftsführung oder deren Vertretung beschränkt sein. Vielleicht möchten Sie auch aus Höflichkeit ei-

Kapitel 4

nige Personen mit hinzuziehen, beispielsweise Manager, auf deren Kooperation Sie angewiesen sind, um das Projekt zu beenden oder auf die das Projekt sich definitiv auswirkt.

Ihre Präsentation sollte einen Überblick über die Informationen bieten, die Sie in der Detailplanungsphase zusammengetragen haben und sollte die Risiken und Kosten ausweisen, die Sie für den Korrekturzyklus erwarten. Sie sollten die Korrektur-, Test- und Systemeinsatzaktivitäten zusammenfassen und einen Zeitplan für die Durchführung dieser Aktivitäten präsentieren. Sie sollten das Zusammenwirken der Aufgaben im Korrekturzyklus hervorheben und die Interaktion dieser Aufgaben mit der fortlaufenden Geschäftstätigkeit. Sie sollten außerdem die Aufzeichnungsmechanismen charakterisieren, die im Korrekturzyklus eingesetzt werden.

Sie wollen vielleicht die Notwendigkeit herausstreichen, das Jahr 2000-Projekt so früh wie möglich fertigzustellen. Betonen Sie den Koorperationsbedarf vom gesamten Unternehmen, indem Ihnen die erforderlichen Arbeitskräfte und Ausrüstung zur Verfügung gestellt werden. Ressourcen sollten nicht anderen »Brandherden« oder anderen Projekten zugewiesen werden. Machen Sie Ihren Zuhörern klar, daß ein Versagen, das Jahr 2000-Projekt rechtzeitig fertigzustellen, bedeuten kann, daß ein Vertrag, eine Abteilung oder ein ganzes Unternehmen aufgegeben werden muß.

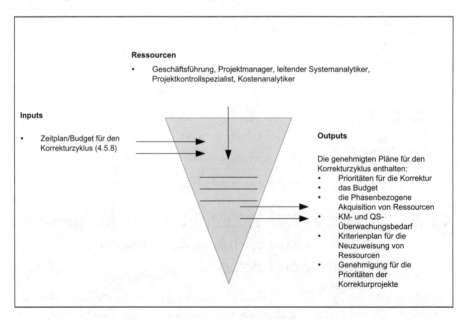

Meilenstein *Projektplan für den Korrekturzyklus* vollständig. Die Qualitätssicherung prüft, ob das Deliverable zielkonform ist. Die Projektüberwachung fixiert das Deliverable und aktualisiert die Überwachungsmaße.

Einflüsse auf das Geschäft

Während der Detailplanungsphase nehmen Sie Systemabschätzungen vor, schlagen Lösungen für Jahr 2000-Probleme vor und planen für die Zukunft. Obwohl die Abschätzungsaktivitäten Ihre Geschäftsprozesse beeinflussen können, haben die meisten Aufgaben, die während dieser Phase durchgeführt werden, keine Auswirkungen auf die Art, wie die Geschäfte geführt werden, falls Sie nicht auf einer hohen Ebene Entscheidungen über den Ersatz und die Ausmusterung von Systemen fällen. Wegen der wenigen Zeit, die zur Verfügung steht, und den knappen Ressourcen sollten Sie den Ersatz und die Ausmusterung von Systemen möglichst gering halten.

Die Detailplanung umfaßt eine detaillierte Prüfung der Systemartefakte (Code, Dokumentation etc.). Für diese Prüfung muß der normale Betrieb der Systeme normalerweise nicht unterbrochen werden. Es kann natürlich auch Ausnahmen geben. Systembenutzer müssen normalerweise etwas Zeit für den Prüfprozeß aufwenden, was eine Neuzuordnung einiger normaler Benutzeraufgaben erforderlich macht. Ansonsten sollten die Detailplanungsaktivitäten jedoch nur minimale Auswirkungen auf den Betrieb der meisten Systeme haben.

Während der Detailplanung werden Sie Lösungen für spezifische Jahr 2000-Probleme ermitteln. Die Implementierung dieser Lösungen, die in der Korrekturphase stattfindet, kann dramatische Auswirkungen auf ihre normalen Geschäftätigkeiten haben. Deshalb sollten Ihre Pläne für die nächste Phase folgende Punkte berücksichtigen:

- In der Korrekturphase müssen Sie feststellen, welche Geschäftsprozesse von der Implementierung der Jahr 2000-Lösungen beeinflußt werden.
- Sie müssen bestimmen, wie diese Geschäftsprozesse verändert werden können, um die Implementierung der Lösungen unterzubringen.
- Sie müssen Manager in den Planungsablauf von Geschäftsprozeßveränderungen integrieren.

Phasenrisiken

Potentielles Ereignis	Wahrscheinlichkeit	Einfluß	Risiko
Unvollständige Identifikation der Jahr 2000-Probleme	Hoch	Hoch	Hoch
Fehlende Systementwicklungsartefakte	Hoch	Mittel	Mittel
Ermittlung unangemessener Systemlösungen	Mittel	Hoch	Hoch
Ineffiziente Planung von Korrekturaufgaben	Hoch	Mittel	Hoch

Risiken in der Detailplanungsphase

Die Detailplanungsphase ist mit vier Risiken verbunden: Sie identifizieren vielleicht nicht alle Jahr 2000-Probleme, Ihnen fehlen Systementwicklungsartefakte, Sie ermitteln unangemessene Systemlösungen, und sie entwickeln einen ineffizienten Plan für die Korrekturaufgaben.

Unvollständige Identifikation der Jahr 2000-Probleme

Bei der Detailplanung eines Systems kann es vorkommen, daß die Person, die die Planung durchführt, etwas übersieht. Einige Jahr 2000-Probleme sind schwieriger zu entdecken als andere. Außerdem werden Probleme vielleicht auch dadurch übersehen, daß die Durchführung des Detailplanungsprozesses ziemlich langweilig ist.

Es gibt verschiedene Möglichkeiten, dieses Risiko zu reduzieren:

- Stellen Sie sicher, daß die Mitarbeiter, die die Detailplanung durchführen, ausreichend geschult sind. Die Mitarbeiter sollten wissen, wonach sie suchen müssen. Die Schulung sollte gründlich und iterativ erfolgen (d.h., wenn Mitarbeiter Wissen erwerben, sollten sie dieses mit anderen teilen, die am Detailplanungsprozeß teilnehmen). Dies könnten Sie z.B. mit einem »Mentor«-Programm realisieren, bei dem jeweils ein erfahrener Mitarbeiter einem neuen Mitarbeiter zugeordnet wird.

- Benutzen Sie Standardtechniken, um gegen Ermüdungserscheinungen durch Langeweile anzukämpfen (unterbrechen Sie Detailplanungsaufgaben durch andere Aufgaben, bieten Sie Anreize für bessere Leistungen, stellen Sie eine angenehme Arbeitsumgebung sicher).

- Institutionalisieren Sie ein Detailplanungsverifikationssystem. Wenn es die Zeit zuläßt, sollten die Mitarbeiter der Detailplanungsphase die Arbeit ihrer Kollegen überprüfen.

Fehlende Systementwicklungsartefakte

Im Idealfall sind Sie in der Lage, verschiedene Systementwicklungsartefakte zur Planung eines Systems bereitzustellen. Zu diesen Artefakten gehören Dinge wie eine Dokumentation der Anforderungen und des Designs, Quell- und Objekt-Code, Testergebnisse, Wartungsberichte usw. Unglücklicherweise stehen diese Artefakte nicht für alle Systeme in Ihrem Unternehmen zur Verfügung.

Hier nun eine Möglichkeit, um dieses Risiko zu umgehen:

- Re-Engineering kritischer Systemdokumente. Möglicherweise müssen Sie einige der besonders wichtigen Systemartefakte nachbilden. Zum Beispiel müssen Sie den Bedarf eines Systems für eine passende Jahr 2000-Lösung abschätzen. Re-Engineering-Aktivitäten können natürlich sehr viel Zeit und Kraft in Anspruch nehmen. Einige dieser wiedererschaffenen Artefakte werden sich jedoch weit über Jahr 2000-Aktivitäten als nützlich erweisen.

Ermittlung unangemessener Systemlösungen

Diejenigen, die an der Detailplanungsphase teilnehmen, haben glücklicherweise viele Lösungen auf Lager, die für ein System empfehlenswert wären. Leider kann es vorkommen, daß sie sich nicht für die richtige Lösung entscheiden. Jemand kann beispielsweise die Entwicklung einer Fenster-Lösung empfehlen, um ein bestimmtes System Jahr 2000-konform zu machen. Es stellt sich jedoch vielleicht heraus, daß es besser gewesen wäre, alle Datenfelder komplett in vierstellige Felder umzuwandeln. Möglicherweise wird die Unangemessenheit einer gewählten Lösung erst in der Korrekturphase festgestellt.

Hier eine Möglichkeit, dieses Risiko zu umgehen:

- Implementieren Sie ein Prüfungskonzept für Lösungsvorschläge. Wenn Sie sich nicht sicher sind, ob eine Lösung angemessen ist, sollten Sie diese Lösung in einem begrenzten Zeitrahmen oder Gültigkeitsbereich testen. Diese Art von Konzepttest garantiert zwar nicht, daß die Lösung angemessen ist, aber Sie können unpassende Lösungen auf diese Weise schnell identifizieren.

Ineffiziente Planung von Korrekturaufgaben

In der Detailplanungsphase bereiten Sie einen Zeitplan für die nächste Phase des Jahr 2000-Projekts, die Korrekturphase, vor. Dieser Zeitplan wird sehr stark von den Unternehmenszielen Ihrer Organisation beeinflußt und spiegelt technische Belange möglicherweise nicht korrekt wider. Wegen der organisatorischen Bedeutung des Lohnzahlungssystems setzen Sie dieses möglicherweise auf Ihrer Korrekturliste an die erste Stelle. Von einem technischen Standpunkt aus gesehen ist es jedoch möglicherweise nicht sinnvoll, das Lohnzahlungssystem vor anderen Systemen zu reparieren.

Es gibt verschiedenen Möglichkeiten, dieses Risiko zu umgehen:

- Stellen Sie sicher, daß denjenigen, die den Zeitplan für die Korrekturphase entwickeln, alle benötigten technischen Informationen zur Verfügung stehen. Betonen Sie die Bedeutung technischer Realitäten, wenn geschäftliche und technische Prioritäten in Konflikt geraten.

- Wenn Geschäftsüberlegungen technische Realitäten während der Korrekturphase verdecken, sollten Sie sicherstellen, daß technische Überlegungen während der Systemeinsatzphase erkannt werden. Ziehen Sie in Erwägung, zusätzliche Brücken zu entwickeln, um eine Systemreparatur in einer technisch weniger effizienten Weise zu ermöglichen. Wenn die Systemreparatur, der Systemersatz und die Ausmusterung in einer aus technischer Sicht nicht sinnvollen Weise durchgeführt werden, sollten Sie Ihre Bemühungen verdoppeln, um sicherzustellen, daß der Einsatz dieser Systeme technisch effizient ist.

Erfolgsfaktoren

Mit dem erfolgreichen Abschluß der Detailplanungsphase haben Sie folgende Schritte ausgeführt:

Erfolgsfaktor	Deliverable
Sie haben Werkzeuge zur Unterstützung der Systembewertung akquiriert (z.B. Konvertierungswerkzeuge und operationale Software)	Beginn der Detailplanungsphase
Sie haben Mitarbeiter über die Aufgaben informiert, die in dieser Phase erledigt werden müssen	Beginn der Detailplanungsphase
Sie haben die Datenbank der bekannten Jahr 2000-Konformitätsprobleme und -lösungen gewartet	Beginn der Detailplanungsphase

Phase 4: Detailplanung

Erfolgsfaktor	Deliverable
Sie haben die für die Systembewertung benötigten Werkzeuge entwickelt	Beginn der Detailplanungsphase
Sie haben die Softwaresysteme Ihrer Kunden bewertet	Systembewertung
Sie haben die Hardware-Systeme bewertet	Systembewertung
Sie haben den Rezertifizierungsbedarf von elektronischen Partnern angesprochen	Systembewertung
Sie haben Lieferantenkonformität von COTS-Systemen bewertet	Systembewertung
Sie haben eingebettete Systeme bewertet	Systembewertung
Sie haben Bewertungsprobleme in verschiedene Kategorien aufgeteilt	Lösungsvorschläge entwickeln
Sie haben Systempartitionen basierend auf Jahr 2000-Problemkategorien definiert	Lösungsvorschläge entwickeln
Sie haben alternative Methoden zur Erlangung der Jahr 2000-Konformität für jedes betroffene System oder jede mit dem System verbundene Komponente ermittelt	Lösungsvorschläge entwickeln
Sie haben Ansätze für die Anwendung von Lösungen ermittelt (z.B. die Korrektur, den Ersatz, die Ausmusterung, Re-Engineering, Status Quo oder Outsourcing)	Lösungsvorschläge entwickeln
Sie haben verfügbare Lösungsansätze mit den Bewertungskriterien für jedes System oder mit dem System verbundener Komponenten entwickelt	Lösungsvorschläge entwickeln
Sie haben die gewählten Lösungsansätze mit den zuständigen Managern überprüft und deren Input berücksichtigt	Lösungsvorschläge entwickeln
Sie haben Lösungen gewählt, die die aufgestellten Bewertungskriterien für jedes System oder jede mit einem System verbundene Komponente erfüllen.	Lösungsvorschläge entwickeln
Sie haben die gewählten Lösungen Managern und Geschäftseigentümern mitgeteilt	Lösungsvorschläge entwickeln
Sie haben Korrekturwerkzeuge ermittelt, die entwickelt, verändert oder erworben werden müssen (z.B. im Haus, COTS)	Lösungsvorschläge entwickeln
Sie haben Konformitätspläne für elektronische Partner entwickelt	Plan zur Systemkorrektur
Sie haben Projektmanager und betroffene Gruppen in die Verhandlungen über Veränderungen einbezogen, die das Projekt beeinflussen	Plan zur Systemkorrektur

Kapitel 4

Erfolgsfaktor	Deliverable
Sie haben Absprachen überprüft, die von der Geschäftsführung mit einzelnen externen Mitarbeitern oder externen Firmen getroffen wurden	Plan zur Systemkorrektur
Sie haben Standardpläne für die Korrektur entwickelt	Plan zur Systemkorrektur
Sie haben Korrekturpläne für die einzelnen Systeme entwickelt	Plan zur Systemkorrektur
Sie haben Schnittstellen-/Brückenpläne entwickelt	Plan zur Systemkorrektur
Sie haben einen Datenumwandlungsplan entwickelt	Plan zur Systemkorrektur
Sie haben einen Bericht über die Einflüsse auf den Geschäftsprozeß verfaßt	Plan zur Systemkorrektur
Sie haben einen Schulungsplan für die Korrekturphase entwickelt	Plan zur Systemkorrektur
Sie haben den Umfang und die Größe der Korrekturaufgaben abgeschätzt	Projektplan für die Korrekturzyklen
Sie haben erfolgreich kritische Ressourcen ermittelt, die Sie benötigen, um die Korrekturphase erfolgreich zu durchzuführen	Projektplan für die Korrekturzyklen
Sie haben die Kosten für die technischen Ressourcen eingeschätzt, die in der Korrekturphase benötigt werden	Projektplan für die Korrekturzyklen
Sie haben Zustimmung zu den Schätzwerten von allen betroffenen Gruppen erhalten	Projektplan für die Korrekturzyklen
Sie haben einen Zeitplan für die Korrekturaktivitäten entwickelt, in dem die Korrekturaktivitäten mit den durchgeführten oder geplanten Systemveränderungen koordiniert werden	Projektplan für die Korrekturzyklen
Sie haben von den entsprechenden Gruppen Zustimmung zu dem Zeitplan für die Korrekturphase erhalten	Projektplan für die Korrekturzyklen
Sie haben die Korrekturpläne mit allen betroffen Gruppen überprüft	Projektplan für die Korrekturzyklen
Sie haben von der Geschäftsführung eine Genehmigung für die Korrekturaktivitäten erhalten	Projektplan für die Korrekturzyklen
Sie haben die Phasenrisiken und mögliche Ansätze zur Risikominderung identifiziert	Alle Deliverables
Sie haben die Deliverables ermittelt, die während dieser Phase entwickelt wurden	Alle Deliverables

Erfolgsfaktor	Deliverable
Sie haben passende Kommunikationsschnittstellen in Ihrer gesamten Organisation benutzt, um die Aufgaben dieser Phase zu unterstützen	Alle Deliverables
Sie haben die Aufgaben dieser Phase an verschiedene Gruppen in Ihrer Organisation delegiert und sichergestellt, daß diese Aufgaben die Zustimmung des Managements hatten	Alle Deliverables
Sie haben die Deliverables ermittelt, für die jede Gruppe verantwortlich war, und sichergestellt, daß die Verantwortung für das Deliverable von jeder Gruppe übernommen wurde	Alle Deliverables
Sie haben die Meilensteine für die Erfüllung der Aufgaben dieser Phase identifiziert	Alle Deliverables
Sie haben an den Meilensteinen die Grenzwerte identifiziert, bei deren Überschreiten korrektive Maßnahmen ergriffen werden	Alle Deliverables
Sie haben Meßwerte benutzt, um anhand der Meilensteine den Fortschritt zu überwachen und zu messen	Alle Deliverables
Sie haben sichergestellt, daß jede verantwortliche Gruppe den Zeitplan für die Fertigstellung dieser Phase akzeptiert und eingehalten hat	Alle Deliverables

Weiterführende Informationen

Die folgende Liste nennt Materialien im Anhang, denen Sie weitere Informationen über diese Phase Ihres Jahr 2000-Konformitätsprojekts entnehmen können:

- Anhang A, Problemdefinitionskatalog
- Anhang B, Lösungsansätze
- Anhang C: Rechtliche und vertragliche Aspekte
- Anhang D, Beispielpräsentationen
- Anhang E, Anwendbarkeit von Werkzeugen
- Anhang F, Übersicht über die Schlüsselaufgaben
- Anhang H, Integrierter Projektplan
- Anhang I, Jahr 2000-Risikomanagement
- Glossar
- CD-ROM zum Buch

Phase 5: Korrektur

Ziele:

- Einführung der Entscheidungen zur Problemlösung (Reparatur, Ersatz oder Entfernen des Systems)
- Definieren Sie Weiter-Stopp-Kriterien auf Systemebene
- Kaufen und verwenden Sie kommerziell erhältliche Produkte für die Jahr 2000-Lösung
- Entwickeln Sie maßgeschneiderte Lösungen, und führen Sie sie aus
- Schließen Sie die ersten Einzeltest der angewandten/applizierten Lösungen ab
- Sehen Sie für die Anwender, die von den Jahr 2000-Problemlösungen betroffen sind, Dokumentationen und Schulungen vor
- Ermitteln Sie den zu erwartenden Fallout und den Einfluß/die Einflüsse der Anwendung der betreffenden Problemlösung
- Hier beginnt nun die Umsetzung Ihrer Pläne zur Korrektur des Jahr 2000-Problems. Nun beginnen Sie endlich, die Lösungen, die Sie entwickelt haben, in die Praxis umzusetzen, nachdem Sie die ganzen Ermittlungsphasen durchlaufen haben

Jahr 2000-Probleme lösen

Während der Korrekturphase wenden Sie die Jahr 2000-Lösungen an, die Sie in der Detailplanungsphase herausgefiltert haben. Sie führen auch Tests einzelner Einheiten der modifizierten Systeme durch. Nachdem die Tests der Einheiten erfolgreich durchgeführt wurden, wird das System einem formalen Systemtest unterzogen. Die Durchführung dieser formalen Systemtests wird in den nächsten beiden Kapiteln, *Testplanung und Testausführung*, beschrieben.

Jahr 2000-Probleme lassen sich auf vier verschiedene Arten lösen:

- **Reparatur:** Systeme, die nicht Jahr 2000-konform sind, werden manuell, automatisch oder auf beide Arten verändert.

Kapitel 5

- **Ersatz:** Systeme, die nicht Jahr 2000-konform sind, werden durch automatisierte Jahr 2000-konforme Systeme ersetzt, die ähnliche Funktionalitäten aufweisen. Manchmal müssen Sie das alte System und die Daten wegen bestimmter Vorschriften in unveränderter Form belassen. Es kann beispielsweise vorkommen, daß Wirtschaftsprüfer Zugriff auf Ihre Finanzdaten aus Ihrem alten Buchhaltungssystem wünschen.

- **Entfernung:** Systeme, die nicht Jahr 2000-konform sind, werden aus dem Verkehr gezogen und nicht durch automatisierte Systeme ersetzt. Meistens sind Systeme, die für die Entfernung vorgesehen sind, zur Erreichung der Unternehmensziele nur von geringer Bedeutung. Die Datenressourcen, die mit den aus dem Verkehr gezogenen Systemen verbunden sind, können archiviert werden. Außerdem können Sie ein manuelles System einsetzen, um einige oder alle Funktionalitäten des aus dem Verkehr gezogenen Systems zu duplizieren.

- **Re-Engineering:** Systeme, die nicht Jahr 2000-konform sind, werden neu geschrieben. Die wiederholte Entwicklung eines Systems beinhaltet normalerweise neue Systemfunktionen und die Einführung neuer Technologien. Der Zweck eines solchen Projekts geht über die Erreichung der Jahr 2000-Konformität hinaus und wird normalerweise *nicht* als Bestandteil des Projekts oder seiner Kosten betrachtet. Erwägen Sie, den Fortschritt solcher Maßnahmen im Rahmen des Jahr 2000-Projekts zu beobachten (nicht zu verfolgen).

Die Korrektur (der Erwerb von Programmen, die Code-Entwicklung, die Benutzerschulung, die Überarbeitung der Dokumentation) einer bestimmten Partition wird übereinstimmend mit ähnlichen Aufgaben, die mit anderen Partitionen verbunden sind, durchgeführt. Sie können Subprojekte definieren, die die Korrekturaufgaben enthalten, die mit den einzelnen Systemen oder Subsystemen in einer Partition verbunden sind. Ein »Subprojekt Umhüllung« kann ein nützliches Management-Werkzeug sein, um die effiziente Ausführung zahlreicher Aufgaben zu gewährleisten, die mit zahlreichen Systemen verbunden sind. Um die Kontrolle über diesen komplexen Satz an Korrekturaktivitäten zu behalten, sollten Sie:

- Einen Manager für jedes Subprojekt bestimmen, der die Verantwortung über die erfolgreiche Ausführung der Korrekturaktivitäten für ein spezifisches System trägt.

- Den Fortschritt jedes Subprojekts sorgfältig mit dem Korrekturplan vergleichen.

- Sicherstellen, daß die Subprojekt-Manager ihre Bemühungen mit den passenden elektronischen Partnern koordinieren.

Nach Beendigung der Korrekturphase haben Sie folgendes erreicht:

- Sie haben eine Jahr 2000-Konformität für die Systeme erreicht, die korrigiert werden sollten.
- Sie haben die Datenkonvertierungsroutinen erfolgreich ausgeführt.
- Sie haben temporäre Schnittstellenbrücken errichtet.
- Sie haben Weiter-Stopp-Kriterien für die geplante Entwicklung jedes Systems definiert.

 Die Kosten für die Fertigstellung der Korrekturphase sollten 30 Prozent der Gesamtkosten Ihres Jahr 2000-Projekts nicht überschreiten.

 Der Zeitrahmen, den Sie der Korrekturphase einräumen, sollte ungefähr 10 Prozent des gesamten Zeitbedarfs für Ihr Jahr 2000-Projekt umfassen.

Zusammenfassung der Deliverables

Dieser Abschnitt faßt die Deliverables für diese Phase des Jahr 2000-Konformitätsprojekts zusammen. Der Abschnitt *Deliverables, Aufgaben und Abhängigkeiten* weiter unten in diesem Kapitel enthält detaillierte Beschreibungen jedes Deliverables und der zugehörigen unterstützenden Aufgaben.

Beginn der Korrekturphase

Das Deliverable *Beginn der Korrekturphase* liefert die benötigte Arbeitsumgebung zur Unterstützung von Korrekturaktivitäten. Zu diesem Zeitpunkt erwerben Sie das benötigte Material aus dem Korrekturplan, der in der Detailplanungsphase entwickelt wurde. Diese Ressourcen könnten COTS-Produkte, Verträge und interne Arbeiten beinhalten, die zur Unterstützung der Korrekturphase benötigt werden. Außerdem entwickeln Sie einen Plan, um die Implementierung der benötigten Schulung sicherzustellen. Sie führen auch Mechanismen zur Verfolgung der Kosten und der Einhaltung des Zeitplans ein.

Systemausmusterung

Das Deliverable *Systemausmusterung* liefert einen Ausmusterungsplan für alle Systeme, die ausgemustert werden sollen. Der Plan enthält Richtlinien für die Übertragung wertvoller Daten auf andere Systeme und die Migration der Benutzer, Kunden und anderen Dienste von dem alten auf das neue System. Außerdem stellt dieses Deliverable sicher, daß Wartungs- oder Garantievereinbarungen, die mit dem ausgemusterten System zusammenhängen, gekündigt werden.

Systemreparatur oder -ersatz

Das Deliverable *Systemreparatur und -ersatz* beschreibt die Aktivitäten, die zugunsten von Systemen unternommen werden, die zur Reparatur oder Ersetzung ausgewählt wurden.

Einheitentests

Das Deliverable *Einheitentests* beschreibt die Entwicklung von Testplänen für Einheiten oder Systeme und die Durchführung dieser Pläne. Die Testvorbereitung wird in Kapitel 6, *Testplanung*, vorgestellt.

Dokumentation

Das Deliverable *Dokumentation* hilft Ihnen, Ihre Dokumentationen zu aktualisieren, welche für Systeme oder Geschäftsprozesse relevant sind, die im Rahmen des Jahr 2000-Projekts verändert werden.

Deliverables, Aufgaben und Abhängigkeiten

Die Deliverables, die in der Korrekturphase produziert werden, unterstützen den Hauptzweck Ihres Jahr 2000-Projekts: Die Implementierung aller Änderungen der Systeme Ihrer Organisation, um Jahr 2000-Konformität zu erzielen. Alle Planungen und Bewertungen, die Sie vorgenommen haben, gipfeln in den Aufgaben, welche Sie in dieser Phase ausführen.

5.1 Beginn der Korrekturphase

Das Deliverable *Beginn der Korrekturphase* liefert Ressourcen, die verfügbar sein müssen, um alle Aufgaben, die während der Korrektur ausgeführt werden, effizient fertigzustellen. Nach Beendigung dieses Deliverables ist die Korrekturumgebung eingerichtet.

Aufgabenüberblick

- Betroffene Parteien über den Beginn der Korrekturphase informieren
- Beschaffung der Korrekturwerkzeuge und Ersatzsysteme veranlassen
- Externe Hilfskräfte für die Korrektur gewinnen
- Internes Personal für die Korrektur abstellen
- Korrekturumgebungen einrichten
- Korrekturschulungsplan durchführen
- Besprechung über den Start der Korrektur durchführen
- Speicherung der Korrekturdaten in der Jahr 2000-Projektdatenbank sicherstellen
- Implementierung von Prozessen zur Qualitätssicherung sicherstellen
- Mechanismen zur Kosten- und Zeitkontrolle einrichten

5.1.1 Aufgabe: Betroffene Parteien über den Beginn der Korrekturphase informieren

Sie müssen interne Abteilungen, isolierte Geschäftseinheiten und elektronische Partner darüber informieren, daß die Korrekturphase begonnen hat und die täglichen Routinearbeiten und Aktivitäten beeinflussen kann. Verteilen Sie eine allgemeine Benachrichtigung und weitere, spezielle Benachrichtigungen an die Bereiche, die möglicherweise von den Aktivitäten der Korrekturphase betroffen sind. Halten Sie die Systembenutzer während der gesamten Test- und Entwicklungsphase auf dem laufenden, um sie über mögliche Auswirkungen auf ihre Aktivitäten zu informieren.

Kapitel 5

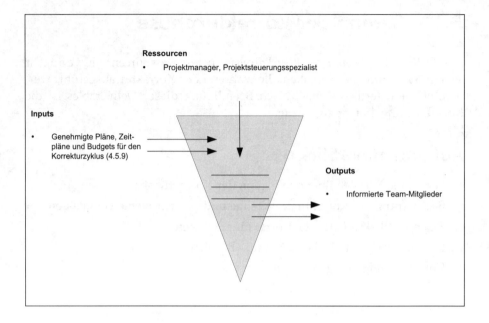

5.1.2 Aufgabe: Beschaffung der Korrekturwerkzeuge und Ersatzsysteme veranlassen

Nachdem Sie den Plan für den Korrekturzyklus aufgestellt haben, sollten Sie so schnell wie möglich die benötigten Korrekturwerkzeuge besorgen. Außerdem sollten Sie mit der Akquisition der Ersatzsysteme beginnen. Das mag geraume Zeit in Anspruch nehmen – insbesondere dann, wenn Sie zahlreiche Ersatzsysteme für verschiedene Geschäftsbereiche bestellen. Deshalb müssen Sie den Erwerb Ihrer Ersatzsysteme möglichst früh in der Korrekturphase planen und ausführen. Wegen verschiedener interner Budget- und Planungsbeschränkungen müssen Sie eventuell Ihre Akquisitionsstrategie der Korrekturwerkzeuge und der Ersatzsysteme sorgfältig planen.

5.1.3 Aufgabe: Externe Hilfskräfte für die Korrektur gewinnen

Wegen der Planungs- und Budget-Beschränkungen müssen Sie möglicherweise mit der Akquisition von Vertragspartnern bereits sehr viel früher beginnen, als sie deren Dienste benötigen. Falls Sie nicht mit einem einzelnen Consultant arbeiten, der alle Korrekturaufgaben löst, werden Sie die Vertragspartner wahrscheinlich fortschreitend nach einem bestimmten Ablaufsplan akquirieren. Wenn Sie mit mehreren Vertragspartnern arbeiten, sollten Sie darauf achten, daß Ihre Verträge Bestimmungen für erforderliche wiederholte Durchführungen von Aufgaben beinhalten.

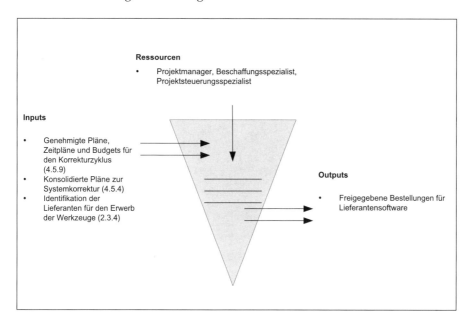

Aufgabenrichtlinien

- Falls Ihr Zeitplan und die Anzahl der verfügbaren und qualifizierten Ressourcen im Haus dies erfordern, müssen Sie Reparatur- und Ersatzaktivitäten eventuell auslagern. Sie sollten Qualitätskontrollmechanismen unter Vertrag haben, bevor Sie Sie Hilfe von Außen akquirieren und mit Reparatur- und Ersatzaktionen beginnen. Wenn Sie nach Consultants und Dienstleistern suchen, die Ihnen in der Korrekturphase behilflich sein könnten, sollten Sie sich dessen bewußt sein, daß einige von deren Forderungen und Kosten aufgrund der folgenden Faktoren nicht unbedingt dem entsprechen müssen, was sie angeben:
    - Dienstleister und Consultants erwarten, eine vollständige und saubere Bestandsaufnahme zu erhalten.
    - Dienstleister und Consultants erwarten, daß die Planung, Entscheidungsfindung, Kommunikation und Koordination in Ihrer Organisation bereits durchgeführt wurde.

Kapitel 5

- Dienstleister und Consultants erwarten, daß die Beurteilung und die formalen Tests bereits in Ihrer Organisation vorgenommen wurden.
- Dienstleister und Consultants erwarten, daß die Geschäftsprozesse und -dokumente in Ihrer Organisation bereits geändert wurden.

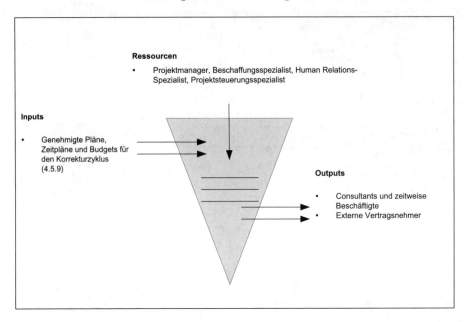

5.1.4 Aufgabe: Internes Personal für die Korrektur abstellen

Sie haben in Ihrer Organisation einen Mitarbeiterstab festgelegt, der sich an den Korrekturaktivitäten beteiligt. Bevor Sie diese Aktivitäten starten, müssen Sie die Fachkenntnisse Ihres Mitarbeiterstabs prüfen. Es kann möglicherweise schwierig sein, die richtigen Mitarbeiter zusammenzubekommen (politische Manöver, Veränderungen im Unternehmen, Personalveränderungen usw.) Sie müssen außerdem festlegen, wann die Mitarbeiter mit den Jahr 2000-Subprojekten beginnen sollen und wann sie wieder von diesen Diensten befreit werden.

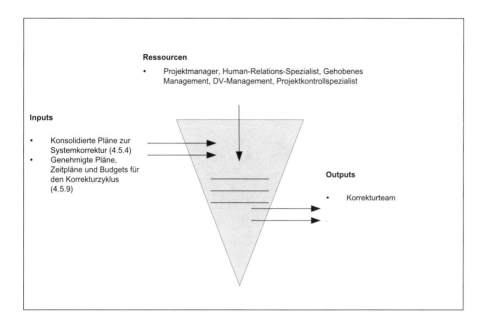

5.1.5 Aufgabe: Korrekturumgebungen einrichten

Die Korrekturaktivitäten finden möglicherweise in verschiedenen Arbeitsbereichen statt. Jeder Bereich muß mit der erforderlichen Software, Hardware, Netzwerken, Büros, Schreibtischen und Telefonen ausgestattet werden. Das Konfigurationsmanagement muß die nötigen Mainframe-Verbindungen und Konfigurationsmanagement-Umgebungen einrichten (d.h. Sicherheitvorkehrungen, Benutzerbibliotheken usw.). Andere logistische Fragen, wie z.B. Kennzeichnungen, Netzwerkanmeldungen, Arbeitszeiten und die Sicherheitsausrüstung müssen für neue Team-Mitglieder und Vertragsnehmer geklärt werden.

5.1.6 Aufgabe: Korrekturschulungsplan ausführen

Die Schulung für die Korrekturphase kann unterschiedliche Formen annehmen. Sie können einen Teil der Schulung in informellen Sitzungen abhalten, die einige Stunden dauern. Ein weiterer Teil kann in einwöchigen externen Kursen stattfinden, für die eine Anmeldung zwei bis drei Monate im voraus erforderlich ist. Sie können auch einen externen Schulungsleiter verpflichten, dessen Dienste Sie über die normalen Beschaffungsprozeduren akquirieren können. Möglicherweise benötigen Sie eine gewisse Vorlaufzeit, um die erforderliche Schulung zum gewünschten Zeitpunkt zu erhalten.

Kapitel 5

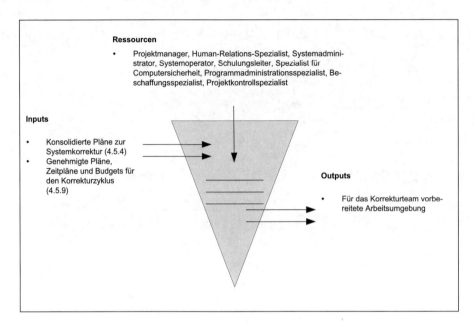

Die Akquisition von Schulungsleistungen wird auch im weiteren Verlauf des Projekts erforderlich sein. Möglicherweise möchten Sie einen administrativen Mechanismus ins Leben rufen, um eine kontinuierliche Interaktion mit den Weiterbildungs- und Beschaffungsbüros Ihrer Organisation zu erzeugen.

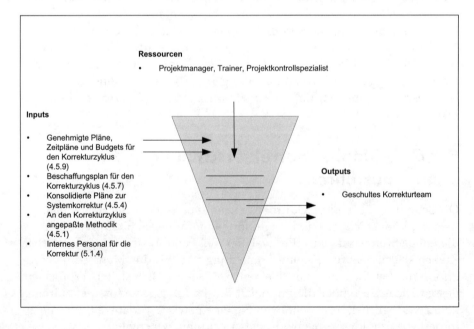

5.1.7 Aufgabe: Besprechung über den Start der Korrektur durchführen

Sie sollten ein »Anstoß«-Meeting mit dem gesamten Korrekturteam einberufen (d.h., das interne Personal, zeitweise zugehörige Mitarbeiter und vertraglich verpflichtete Consultants). Liefern Sie dem Team einen Überblick über die Korrekturaufgaben, und fassen Sie die Vorhaben in jedem Subprojekt zusammen. Sie sollten die folgenden Themen ansprechen:

- Die Jahr 2000-Probleme und -Lösungsansätze
- Systemreparaturtechniken
- Entwicklung von Brücken
- Ein Überblick über automatisierte Unterstützungswerkzeuge
- Projekt- und Aufgabenzuweisungen und -verantwortlichkeiten
- Konfigurationsmanagement-Standards
- Rollen und Verantwortlichkeiten bei der Qualitätssicherung
- Projektstandards und -prozeduren
- Kommunikation und Verfolgung des Status der Subprojekte, um einen Gesamtprojektstatus zu erhalten
- Sammlung der Kosten und der zu erwartenden Kosten bis zur Fertigstellung des Projekts

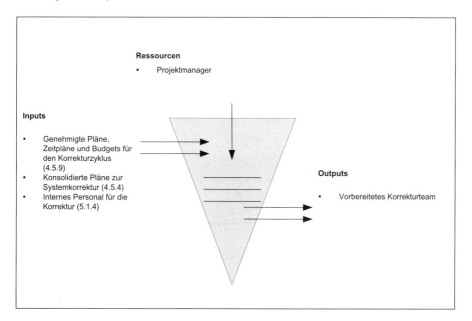

5.1.8 Aufgabe: Speicherung der Korrekturdaten in der Jahr 2000-Projektdatenbank sicherstellen

Sie haben während der Bestandsaufnahme die Jahr 2000-Projektdatenbank entwickelt. Die Projektdatenbank muß so vorbereitet sein, daß sie die Informationen aufnehmen kann, die während der Korrekturphase erzeugt werden. Weil es sich um das wesentliche Systemkonfigurationsmanagementwerkzeug dieses Projektes handelt, muß die Projektdatenbank folgendes erfolgreich behandeln können:

- Konfigurationseinheiten und Ausgangsbasis (baselines)
- Änderungen der Ausgangsbasis
- Problemberichte – der Prozeß der Initiierung, des Rückblicks, des Test, der Protokollierung und der Fertigstellung.
- Checkin/Checkout der Konfigurationseinheiten inklusive der aktuellen Checkouts

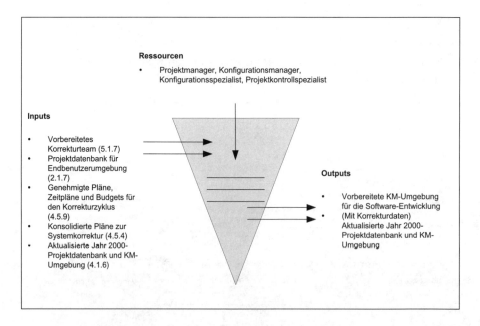

5.1.9 Aufgabe: Implementierung von Prozessen zur Qualitätssicherung sicherstellen

Während der Anfangsphasen Ihres Jahr 2000-Projekts haben Sie einen Qualitätssicherungsprozeß eingerichtet.

Dieser Prozeß verifiziert, daß die Entwicklungsbemühungen konform mit den in Ihrer Organisation und in den Projekten definierten Plänen, Standards und Qualitätsanforderungen ausgeführt werden.

An dieser Stelle überprüfen Sie die Bestimmungen und Praktiken dieses Prozesses, um sicherzustellen, daß die Korrekturaktivitäten die Qualität Ihrer Systeme nicht negativ beeinflussen. Außerdem sollten die Qualitätssicherungsstandards Ihrer Organisation für die Systementwicklung überprüft und auf die entsprechenden Korrekturaufgaben angewendet werden. Sie müssen auch gewährleisten, daß die Systemveränderungen streng von einem Qualitätssicherungsspezialisten überwacht werden.

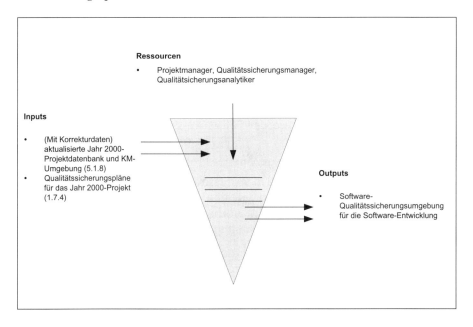

5.1.10 Aufgabe: Mechanismen zur Kosten- und Zeitkontrolle einrichten

Sie haben bereits in früheren Phasen Kontrollmechanismen eingesetzt. Während der Korrekturphase ist es besonders wichtig, erfolgreich abgestimmte Kontrollwerkzeuge einzurichten und zu betreiben. Es werden zahlreiche systemspezifische Korrekturaktivitäten gleichzeitig stattfinden. Sie müssen streng an Ihren Kontrollprozeduren festhalten, um Chaos zu vermeiden. Sie werden sowohl die Aktivitäten der Subprojekte als auch die Ressourcen und Kosten kontrollieren, die diese Aktivitäten unterstützen. Stellen Sie sicher, daß Ihre Kontrollmechanismen folgendes leisten können:

- Kontrollieren, ob der Fortschritt eines Subprojekts dem Zeitplan entspricht
- Kontrollieren, ob der Erfolg der konsolidierten Anwendung, des Testens und der Verteilung mit den Zeitplänen übereinstimmt
- Kontrollieren, ob geschäftskritische Funktionen mit den Projekt-Deadlines vereinbar sind
- Kontrollieren, ob der Fortschritt risikoreicher Elemente mit dem geplanten Fortschritt übereinstimmt
- Kontrollieren, ob die eingesetzten Ressourcen den geplanten entsprechen.
- Die Größe der Deliverables kontrollieren
- Die Kosten und Fortschritte der Softwareentwicklung in den einzelnen Subprojekten kontrollieren
- Die kritischen Computerressourcen des Projekts kontrollieren
- Risiken kontrollieren, die mit den Ressourcen (Budget und Mitarbeiterteam) verbunden sind. Sie sollten den Erfolg Ihrer Kontrollmethoden während der Korrekturphase zur vorher festgelegten Zeiten einschätzen (d.h. bei Bewältigung Ihrer Meilensteine)

Das Kontrollwerkzeug sollte die Kommunikation mit Systembenutzern über das Budget oder die Anpassungen der Zeitpläne unterstützen, die die spezifischen Systeme beeinflussen. Sie sollten interne Fortschrittsübersichten einsetzen, um mit Ihren Kunden die Ressourcen, Schätzwerte und Zeitpläne abzustimmen.

Beginn der Korrekturphase vollständig. Die Qualitätssicherung prüft, ob das Deliverable zielkonform ist. Die Projektüberwachung fixiert das Deliverable und aktualisiert die Überwachungsmaße.

Phase 5: Korrektur

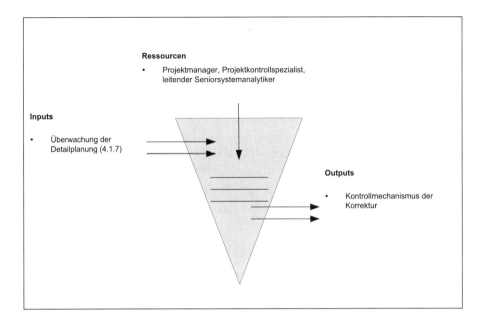

5.2 Systemausmusterung

Die Aufgaben in diesem Deliverable wenden Sie auf Systeme an, die ausgemustert werden sollen. Obwohl es einfacher zu sein scheint, ein System auszumustern anstatt es zu reparieren, sollten Sie bei der Ausmusterung sehr vorsichtig vorgehen, um negative Auswirkungen auf die Aktivitäten der Systembenutzer zu vermeiden. Sie müssen Pläne entwickeln, wie Sie die Funktionalität ersetzen können, die bisher von dem ausgemusterten System bereitgestellt wurde.

Aufgabenüberblick

- Ausmusterungspläne entwickeln
- Ausmusterungspläne begutachten und genehmigen lassen
- Ausmusterungspläne durchführen
- Beschaffung über obsolete Herstellerlizenzen informieren

5.2.1 Aufgabe: Ausmusterungspläne entwickeln

Sie müssen Systemausmusterungspläne vorbereiten, die sowohl technische als auch unternehmensbezogene Gesichtspunkte berücksichtigen. Diese Pläne müssen mit den Benutzern des technischen Systems und den Kunden Ihrer Organisation in Einklang gebracht werden. Die Pläne sollten detaillierte Schritte für die Ausmusterung enthalten und außerdem beschreiben, wie die Geschäftsprozesse ablaufen werden, um die Funktionalität zu gewährleisten, die zuvor von dem ausgemusterten System geliefert wurde. Achten Sie darauf, daß geeignete Konfigurationsmanagement-Prozeduren beim Ausmustern der Daten und des Systems eingesetzt werden.

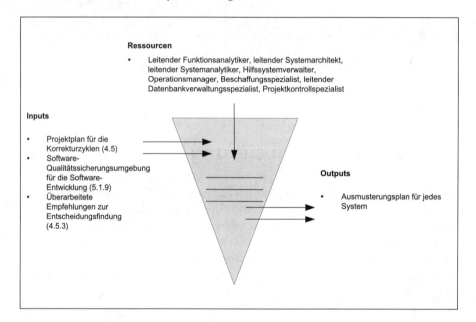

5.2.2 Aufgabe: Ausmusterungspläne begutachten und genehmigen lassen

Die Techniker und die Systembenutzer müssen die Ausmusterungspläne begutachten. Nur wenn ein Systemausmusterungsplan genehmigt ist, sollte er implementiert werden.

Phase 5: Korrektur

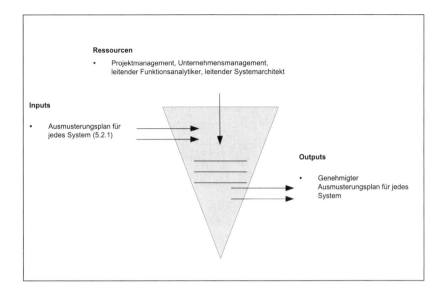

5.2.3 Aufgabe: Ausmusterungspläne durchführen

Sie müssen die Ausmusterungspläne sorgfältig mit den Systembenutzern koordinieren. Der Ausführungszeitplan sollte so flexibel wie möglich sein, um negative Auswirkungen auf Unternehmensaktivitäten zu vermeiden. Sie sollten das alte System auch ausmustern, nachdem das Ersatzsystem verteilt und von der Produktion erfolgreich verabschiedet wurde.

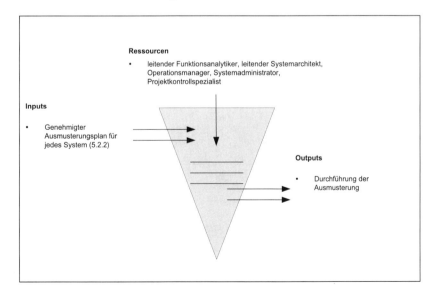

5.2.4 Aufgabe: Beschaffung über obsolete Lieferantenlizenzen informieren

Sie müssen Ihre Beschaffungsabteilung von der bevorstehenden Ausmusterung eines bestehenden Systems in Kenntnis setzen. Liefern Sie der Beschaffungsabteilung die entsprechenden Informationen über Ablaufdaten von Verträgen und über Kosten. Die Abteilung kann dann Vorkehrungen treffen, um Wartungs- oder Garantieverträge zu beenden. Außerdem kann sie sicherstellen, daß Systemaktualisierungen in zukünftigen Kapitalanforderungen und Budgets nicht mehr auftauchen.

Meilenstein *Ausmusterung* vollständig. Die Qualitätssicherung prüft, ob das Deliverable zielkonform ist. Die Projektüberwachung fixiert das Deliverable und aktualisiert die Überwachungsmaße. Das Konfigurationsmanagement prüft, ob die Änderungen der Jahr 2000-Projektdatenbank den KM-Prozeduren gemäß durchgeführt werden.

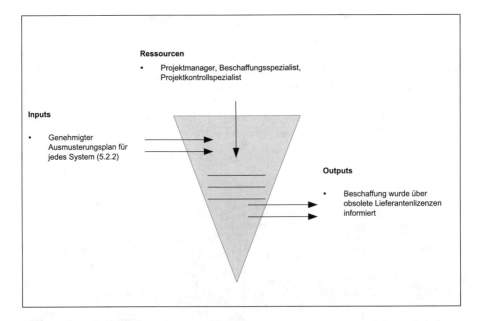

5.3 Systemreparatur oder -ersatz

Das Deliverable *Systemreparatur oder -ersatz* beinhaltet Jahr 2000-Korrekturaufgaben für Systeme, die repariert oder ersetzt werden sollen. Beide Ansätze, Jahr 2000-Lösungen in Gang zu setzen, haben eine signifikante Auswirkung auf Geschäftsaktivitäten und eine beständige Interaktion mit den Systembenutzern ist zwingend. Weil verschiedene Systeme gleichzeitig repariert oder ersetzt werden, müssen Sie die strenge Einhaltung der Aufgabenkontrollmethoden prüfen.

Aufgabenüberblick

- Betroffene Parteien über Reparatur-/Ersatzzuständigkeiten informieren
- Beschaffung über obsolete Lieferantenlizenzen informieren
- Systeme ersetzen
- Reparaturwerkzeuge entwickeln
- Systeme reparieren
- Brücken-Code entwickeln
- Datenumwandlungscode entwickeln

5.3.1 Aufgabe: Betroffene Parteien über Reparatur-/Ersatzzuständigkeiten informieren

Setzen Sie die betroffenen Parteien von Reparaturen oder dem Ersatz von Systemen in Kenntnis. Stellen Sie eine Liste der systembezogenen Komponenten zur Verfügung, die vermutlich von der geplanten Lösung betroffen sein werden. Treffen Sie Vorbereitungen, um den Benutzern bei Bedarf Unterstützung anzubieten. Wenn das System direkt Produktionsdatensätze beeinflußt, müssen Sie den Konfigurationsmanager informieren.

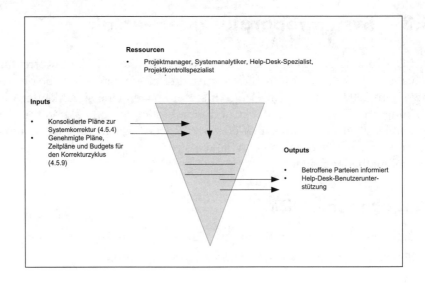

5.3.2 Aufgabe: Beschaffung über obsolete Lieferantenlizenzen informieren

Im vorherigen Deliverable, der *Systemausmusterung*, informierten Sie das Beschaffungspersonal über obsolete Lieferantenlizenzen, die ausgemusterte Systeme betrafen. In dieser Aufgabe geben Sie ähnliche Informationen über Systeme weiter, die ersetzt werden. Die Wartungsvereinbarungen für Systeme, die ersetzt werden, müssen ebenfalls beendet werden.

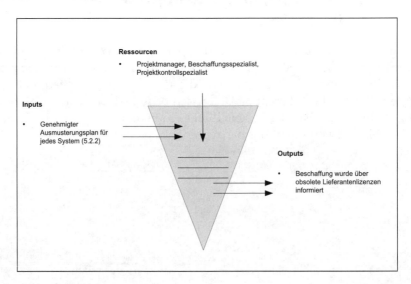

5.3.3 Aufgabe: Systeme ersetzen

Bei der Erledigung dieser Aufgabe akquirieren Sie Ersatzsysteme. Sie arbeiten eng mit Benutzern zusammen, um die Verteilung dieser Ersatzsysteme zu planen. Betrachten Sie die Auswirkungen der Ersatzsysteme auf die bestehenden Systeme und Geschäftsaktivitäten sorgfältig.

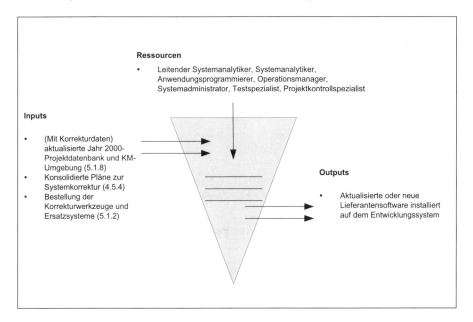

5.3.4 Aufgabe: Reparaturwerkzeuge entwickeln

Während der Detailplanungsphase haben Sie sich dafür entschieden, einen Teil der Ersatzsysteme zu erwerben und einen anderen Teil zu entwickeln. Sie sollten die Entwicklung der Ersatzwerkzeuge so schnell wie möglich implementieren, nachdem die Bewertung abgeschlossen ist. Bei der Entwicklung sollte nach Standardentwicklungsmethoden vorgegangen werden. Das gilt auch für die Durchführung der umfangreichen Softwaretests.

Zu den Werkzeugen, die dabei entstehen, könnten die folgenden gehören:

- Programme, Skripts oder Makros, die spezifische Systemkomponenten lokalisieren und verändern, die vom Jahr 2000-Problem betroffen sind.
- Programme, Skripts oder Makros, die ein bestimmtes Werkzeug eines Lieferanten bei der Lokalisierung und Veränderung der Systemkomponenten unterstützen, die von Jahr 2000-Problemen betroffen sind.

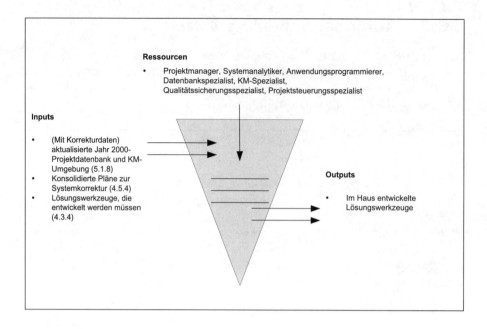

5.3.5 Aufgabe: Systeme reparieren

In dieser Aufgabe verändern Sie die Systeme, die repariert werden müssen. Ein Teil der Veränderungen wird teilweise oder vollständig mit automatisierten Werkzeugen implementiert. Im Idealfall werden diese Werkzeuge in Verbindung mit einem »Fließband«-Systemveränderungsprozeß eingesetzt. Diese »Fließband«-Veränderungen können von relativ unerfahrenem Personal unter Aufsicht von erfahreneren Personen durchgeführt werden.

Bei einigen Systemen können Sie jedoch keine automatisierten Werkzeuge und/oder »Fließband«-Prozesse für die Reparatur einsetzen. Systeme, die ein atypisches Jahr 2000-Problem beinhalten, die ungewöhnlich konfiguriert werden oder die eine kombinierte Jahr 2000-Anpassung verlangen, benötigen unter Umständen spezifische Modifikationen. In diesen Fällen müssen erfahrene Systementwickler diese Anpassungen implementieren.

Phase 5: Korrektur

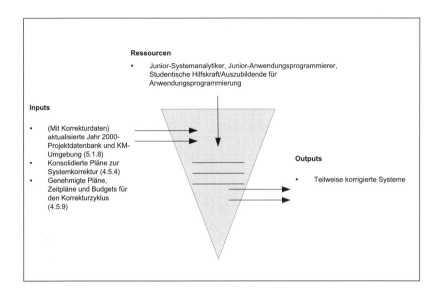

5.3.6 Aufgabe: Brücken-Code entwickeln

Nun können Sie die benötigten Systembrücken gemäß dem Plan entwickeln, den Sie in der Detailplanungsphase erstellt haben. Die Brückenentwicklung sollte nach Standardentwicklungsmethoden erfolgen. Falls möglich, sollten Sie versuchen, die verschiedenen Brückenkomponenten »wiederzuverwenden«.

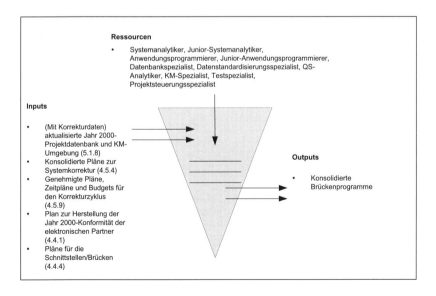

5.3.7 Aufgabe: Datenumwandlungscode entwickeln

Entwicklung der benötigten Datenkonvertierungsroutinen gemäß der Pläne, die in der Detailplanungsphase erstellt wurden. Die Routinen sollten anhand von Standardentwicklungsmethoden programmiert werden. Falls möglich, sollten Sie versuchen, die Komponenten der verschiedenen Routinen »wiederzuverwenden«. Diese Routinen werden während der Testausführung und dem Systemeinsatz ausgeführt.

Systemreparatur und -ersatz vollständig. Die Qualitätssicherung prüft, ob das Deliverable zielkonform ist. Die Projektüberwachung fixiert das Deliverable und aktualisiert die Überwachungsmaße. Das Konfigurationsmanagement prüft, ob die Änderungen der Jahr 2000-Projektdatenbank den KM-Prozeduren gemäß durchgeführt werden. Dieser Meilenstein wird im Verlauf des Projekts mehrere Male, d.h. für jede Partition oder jedes Subprojekt, durchgeführt werden.

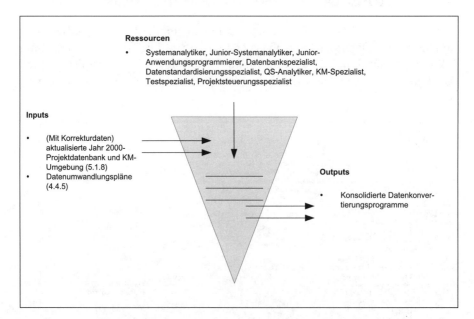

5.4 Einheitentests

Das Deliverable *Einheitentests* beinhaltet Entwicklertests der reparierten Systeme. Diese Art von Tests ist informell und bietet Entwicklern die Möglichkeit, sicherzustellen, daß die Systemänderungen korrekt sind. Fehler, die bei dieser Form von Tests gefunden werden, können im Verlauf der Korrekturphase behoben werden. Diese Art von Tests sollte unbedingt vor den formalen Überprüfungen in der Testausführungsphase durchgeführt werden.

Aufgabenüberblick

- Pläne für die Einheiten-/Systemtests der Entwickler entwerfen
- Testdaten vorbereiten
- Ausgangsbasis (baselines) der Tests fixieren
- Einheitentests durchführen
- Entwickler-Systemtest durchführen

5.4.1 Aufgabe: Pläne für die Einheiten-/Systemtests der Entwickler entwerfen

Entwickeln Sie Pläne für den Einheitentest, den Test der Systemkomponenten, die verändert wurden, und den Systemtest. Diese Pläne spezifizieren die Testprozeduren für jeden Test. Der Testzweck ist es, Fehler herauszufinden, die mit den Veränderungen zur Korrektur des Jahr 2000-Problems durchgeführt wurden. Die umfassende Systemfunktionalität sollte in diesem Zusammenhang nicht geprüft werden. Die Tests werten die Systemleistung in der Entwicklungsumgebung aus und berücksichtigen nicht die Systemleistung in der endgültigen Arbeitsumgebung. Die Pläne sollten auch den Test von Brückenprogrammen und Datenkonvertierungsroutinen enthalten, die im vorhergehenden Deliverable entwickelt wurden.

5.4.2 Aufgabe: Testdaten vorbereiten

Bereiten Sie die Testdatensätze vor, die für den Einheiten- und Systemtest verwendet werden sollen. Die Testdaten erhalten Sie normalerweise, indem Sie die Produktionsdaten duplizieren, Testdaten mit Testunterstützungswerkzeugen generieren oder einen Datensatz manuell erstellen.

Kapitel 5

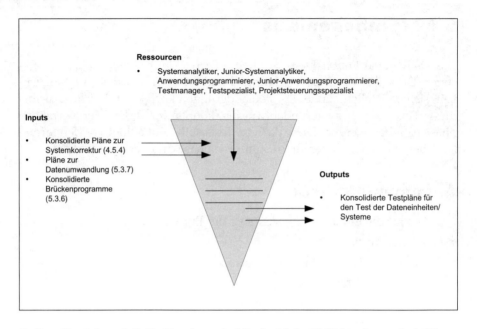

Stellen Sie sicher, daß die Testdaten bei Bedarf Jahr 2000-konform sind. Wenn Sie Produktionsdaten duplizieren, sollten Sie die Konvertierungswerkzeuge benutzen, die Sie im letzten Schritt entwickelt haben.

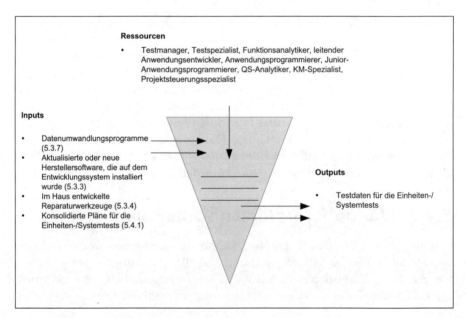

5.4.3 Aufgabe: Ausgangssituation der Tests fixieren

Gewinnen Sie eine Ausgangsbasis (baseline) aus dem Systemoutput, der vor der Systemreparatur erzeugt wurde. Diese Ausgangsbasis werden Sie mit dem Output des veränderten Systems vergleichen, um Systemfehler zu identifizieren. Sie können Vergleichswerkzeuge einsetzen, um die Unterschiede zwischen den beiden Outputs festzustellen.

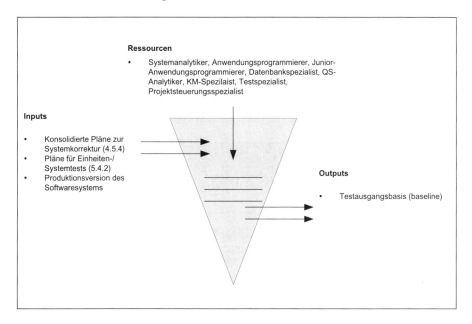

5.4.4 Aufgabe: Einheitentests durchführen

Hier führen Sie nun die Einheitentests – d.h. Test spezifischer Systemkomponenten, die Jahr 2000-konform gemacht wurden – gemäß Ihrer Einheitentestpläne durch.

Kapitel 5

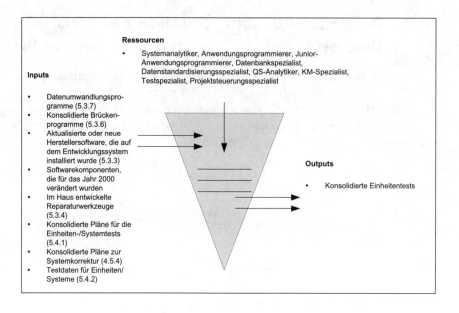

5.4.5 Aufgabe: Entwickler-Systemtests durchführen

Nach der Durchführung der Einheitentests testen Sie das gesamte System gemäß der von Ihnen entwickelten Systemtestpläne.

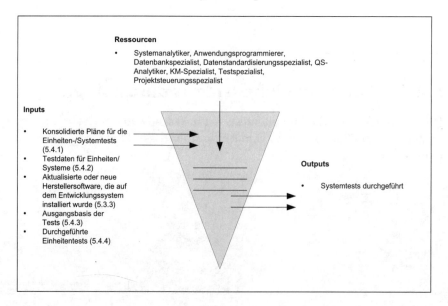

Einheitentests vollständig. Die Qualitätssicherung prüft, ob das Deliverable zielkonform ist. Die Projektüberwachung fixiert das Deliverable und aktualisiert die Überwachungsmaße. Das Konfigurationsmanagement prüft, ob die Änderungen der Jahr 2000-Projektdatenbank den KM-Prozeduren gemäß durchgeführt werden.

5.5 Dokumentation

Die Systemveränderungen, die in den vorhergehenden Deliverables vorgenommen wurden, müssen in der Dokumentation berücksichtigt werden, die jedes Systemumfaßt. Das Deliverable *Dokumentation* unterstützt die Durchsicht und Überarbeitung der Systemdokumentation.

Aufgabenüberblick

- Geschäftsprozeßdokumente ändern
- Benutzer-/Systemdokumentation ändern
- Systemschulungsmaterial ändern

5.5.1 Aufgabe: Geschäftsprozeßdokumente ändern

Einige der Geschäftseinheiten in Ihrer Organisation arbeiten eventuell mit manuellen Geschäftsprozessen, die nicht Jahr 2000-konform sind. Beispielsweise müssen die Mitarbeiter einer bestimmten Geschäftseinheit einen bestimmten Formulartyp mit zweistelligen Datumsangaben ausfüllen. Nachdem die automatisierten Systeme in dieser Geschäftseinheit ausgemustert, ersetzt oder repariert wurden, um Jahr 2000-Konformität zu erreichen, müssen Sie sicherstellen, daß die Geschäftsprozesse, die von diesen Systemen unterstützt werden, ebenfalls Jahr 2000-konform sind.

Sie müssen Systembenutzern bei der Neugestaltung der Geschäftsprozesse behilflich sein, die Jahr 2000-konforme Systeme unterstützen. Diese Benutzer sollten ihre Geschäftsprozesse überprüfen, falls nötig Veränderungen vornehmen und die Geschäftsprozeßdokumente entsprechend überarbeiten. Dokumente, die wahrscheinlich von solchen Veränderungen betroffen sind, sind Standardausführungsprozeduren und Standardformulare, zur Übertragung und Speicherung von Informationen.

Möglicherweise müssen Sie die Veränderungen der Geschäftsprozesse durch das gehobene Management genehmigen lassen. Außerdem müssen Sie wahrscheinlich die Kosten genehmigen lassen, die durch die Veränderung der Geschäftsprozeßdokumente anfallen. Solche Veränderungen können auf kostspielige Überarbeitungen der Dokumente und Reproduktionen von Teilen der Dokumente hinauslaufen.

Um sicherzugehen, sollten Sie die überarbeiteten Dokumente erst herausgeben, nachdem Benutzerakzeptanztests durchgeführt wurden.

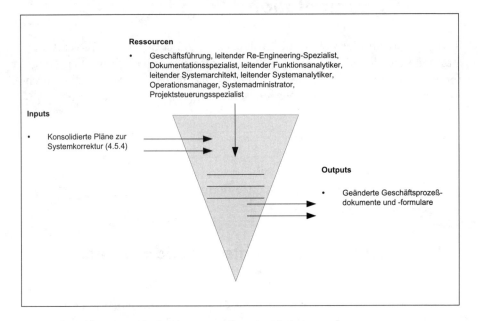

5.5.2 Aufgabe: Benutzer-/Systemdokumentation ändern

Sie müssen gewährleisten, daß die technischen Dokumentationen der Jahr 2000-konformen Systeme korrekt sind. Wenn ein System verändert wird, muß auch dessen technische Dokumentation modifiziert werden. Wenn Sie beispielsweise ein Software-System überarbeiten, das in Ihrer Organisation entwickelt wurde, sollten Sie auch die Dokumentation der Systemanforderungen und des Systemdesigns überarbeiten. Außerdem müssen Sie operationale Support-Dokumente und Benutzerhandbücher anpassen.

Phase 5: Korrektur

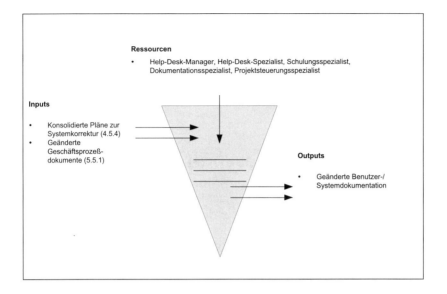

5.5.3 Aufgabe: Systemschulungsmaterial ändern

Sie sollten alle Dokumentationen oder andere Materialien, die Schulungssysteme unterstützten, an die Veränderungen anpassen, die an Ihren System vorgenommen wurden, um Jahr 2000-Konformität zu erreichen. Die Schulungsmaterialien werden möglicherweise eingesetzt, um Benutzer mit den Veränderungen der Systeme vertraut zu machen.

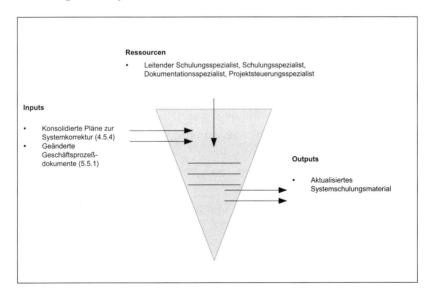

Meilenstein *Dokumentation* vollständig. Die Qualitätssicherung prüft, ob das Deliverable zielkonform ist. Die Projektüberwachung fixiert das Deliverable und aktualisiert die Überwachungsmaße. Das Konfigurationsmanagement prüft, ob die Änderungen der Jahr 2000-Projektdatenbank den KM-Prozeduren gemäß durchgeführt werden.

Einflüsse auf das Geschäft

In dieser Phase reparieren Sie Ihre Systeme. Verschiedene Subprojekte befinden sich zu unterschiedlichen Zeiten in dieser Phase. Es gibt Subprojekte, die sich im Test, und andere, die sich bereits im Einsatz befinden. In dieser Phase werden Ihre Geschäftsprozesse und -dokumente beeinflußt. Weil sich die Systeme ändern, besteht die Tendenz, alle Geschäftsverbesserungen an betroffenen Systemen zu unterlassen, um Probleme bei der Konfigurationsverwaltung zu erleichtern. Einige Lösungen resultieren möglicherweise in Veränderungen, die sich auf die Dokumentation, die zur Dateneingabe in das System benutzt wird, oder auf die Ausgabeberichte auswirken. Ausgemusterte oder ersetzte Systeme können sich auf alle Aspekte auswirken, wie Unternehmen mit den Kunden oder Partnern zusammenarbeiten. Aus diesem Grund sollten Ihre Pläne auch die Auswirkungen berücksichtigen, die in den folgenden Abschnitten beschrieben werden.

Auswirkungen des Systemersatzes

Manager, die den Systemersatz überwachen, müssen folgendes berücksichtigen:

- Die Erwerbs- und Installationskosten eines neuen Systems
- Die Kosten und die Zeit, die mit der Benutzerschulung im Zusamenhang mit dem neuen Systems verbunden sind
- Verzögerungen der Zeitpläne, die durch die mangelnde Vertrautheit mit dem neuen System entstehen
- Veränderungen der Geschäftsprozesse, die durch die Installation eines neuen Systems verursacht werden
- Die Migration von Benutzern, Kunden und Partnern vom alten zum neuen System

Auswirkungen der Systemreparatur

Wenn ein System repariert wird, müssen die Manager möglicherweise Geschäftsprozesse verändern, um den teilweisen oder vollständigen Verlust der Funktionalität dieses Systems aufzufangen. Wenn die Systemmodifikation und die Tests beendet sind, sollte das Geschäftsumfeld, in dem das System besteht, zu den normalen Abläufen zurückkehren. Die Wartungskosten für das veränderte System können jedoch bedingt durch die Reparaturen steigen oder fallen.

Auswirkungen der Systemausmusterung

Geschäftseinheiten, die ein ausgemustertes System überwachen, werden möglicherweise sehr stark durch den Verlust dieses Systems beeinflußt. Die Geschäftseinheiten müssen weiterhin ohne die Funktionalität arbeiten, die bisher von dem ausgemusterten System geliefert wurde, oder sie müssen diese Funktionalität irgendwie manuell duplizieren. In manchen Fällen läßt sich diese Funktionalität auf ein anderes automatisiertes System übertragen. Wenn die Funktionalität fehlt, verschwindet auch der Bedarf an Systemunterstützungsressourcen (Arbeitskraft, Maschinen, Wartungsverträge, Garantieverträge und Budgets).

Alle Manager, die Systeme überwachen, die Jahr 2000-konform gemacht werden, müssen in den laufenden Entwicklungsprozessen mit den Auswirkungen der Jahr 2000-Korrekturaktivitäten zurechtkommen. An bestehenden Entwicklungsprojekten müssen möglicherweise Veränderungen vorgenommen werden, die Zeit, Arbeitskräfte oder andere Ressourcen beanspruchen.

Phasenrisiken

Potentielles Ereignis	Wahrscheinlichkeit	Einfluß	Risiko
Fähigkeiten wurden überbewertet	Mittel	Mittel	Mittel
Standardprozeduren zur Systementwicklung wurden nicht eingehalten	Mittel	Mittel	Mittel
Fehler bedingt durch die Monotonie der Aufgaben	Hoch	Hoch	Hoch

Potentielles Ereignis	Wahrscheinlichkeit	Einfluß	Risiko
Ineffiziente Lösungen bedingt durch Outsourcing	Hoch	Mittel	Mittel
Einführung von Nebeneffekten in Systeme	Hoch	Hoch	Hoch

Risiken in der Korrekturphase

Die Korrekturphase ist mit fünf Risiken verbunden: Fähigkeiten wurden überbewertet, Mitarbeiter hielten Standardsystementwicklungsprozeduren nicht ein, bedingt durch die Monotonie der Aufgaben traten Fehler auf, es entstanden bedingt durch das Outsourcing ineffiziente Lösungen, und es wurden Nebeneffekten in Systeme eingeführt.

Fähigkeiten wurden überbewertet

Systementwickler neigen in bezug auf ihre Arbeit zu übertriebenem Optimismus. Deshalb ist das Risiko, Fähigkeiten während der Korrekturphase falsch darzustellen, sehr hoch. Wenn die Programmentwicklung und die Tests in getrennten Gruppen ablaufen, ist die Frequenz, in der der Programmcode nach dem Test geändert und dann wieder zum Testen gegeben werden muß, sehr hoch. Obwohl sehr viel Aktivität herrscht, bleibt das Projekt dabei möglicherweise über einen längeren Zeitraum auf dem gleichen Stand.

Es gibt verschiedene Möglichkeiten, dieses Risiko zu reduzieren:

- Führen Sie regelmäßig Inspektionen und Begutachtungen des Codes (Walkthroughs) durch. Formale Code-Walkthroughs sind übliche Mittel der Überwachung von Systementwicklungsprozessen. Wenn Systementwickler aufgefordert werden, ihre Arbeit regelmäßig zu präsentieren, neigen sie nicht dazu, ihre Fähigkeiten übertrieben darzustellen. Wenn viele Augen den Code überprüfen, wird er gründlicher geprüft und in nachfolgenden, formelleren Testdurchläufen müssen weniger Fehlerkorrekturen vorgenommen werden.

Standardprozeduren zur Systementwicklung wurden nicht eingehalten

Die meisten Organisationen haben umfassende Systementwicklungsmethoden, die auf der Erkenntnis »Eile produziert Fehler« basieren (d.h., spezifische logische Aufgaben müssen systematisch ausgeführt werden, um eine Produktqualität zu gewährleisten). Leider werden nicht immer alle Entwicklungsaufgaben ausgeführt, wenn ein Projekt hinter dem Zeitplan und/oder dem Budget zurückliegt. Diese ausgelassenen Aufgaben führen dazu, daß ein Produkt in nachfolgenden Entwicklungszyklen grundlegend überarbeitet werden muß. Wegen der unveränderlichen Jahr 2000-Deadline müssen Sie sich sehr anstrengen, um Ihre Korrekturaufgaben fertigzustellen und werden dadurch in Versuchung geführt, Ihr sorgfältiges Arbeiten zur Ausführung der Jahr 2000-Reparaturen möglichst schnell aufzugeben.

Es gibt eine Methode, um dieses Risiko zu reduzieren:

- Gewährleisten Sie, daß die Jahr 2000-Entwickler klare und verständliche Anleitungen für die Systementwicklung erhalten. Machen Sie deutlich, daß das herannahende Jahr 2000 sie nicht von ihren Standardentwicklungspraktiken abbringen sollte. Gute Entwicklungspraktiken umfassen auch Verträge außenstehende Programmier-»Fabriken« oder mit internen Mitarbeitern.

Fehler bedingt durch die Monotonie der Aufgaben

Die Reparaturaufgaben, die während der Reparaturphase gelöst werden, wiederholen sich häufig und sind manchmal langweilig. Wenn ein bestimmtes System eine bestimmte Anzahl von Datenfeldern enthält, die alle auf die gleiche Weise verändert werden müssen, wird die Aufgabe Programmierern schnell langweilig. Unglücklicherweise erzeugt Langeweile Fehler.

Es gibt verschiedene Methoden, diese Risiken zu reduzieren:

- Gewährleisten Sie, daß Mechanismen zur Unterstützung der Arbeitsmoral zur Verfügung stehen und funktionieren, und daß die Arbeitsumgebung angenehm ist. Belohnen Sie Ausdauer. Bieten Sie Anreize, um die Jahr 2000-Aufgaben erfolgreich auszuführen. Liefern Sie den Mitarbeitern der Korrekturphase kleine »Extras«, die die Moral aufbauen. Vergeben Sie beispielsweise Freitags immer kostenloses Mittagessen.
- Tauschen Sie die Programmierer zwischen den verschiedenen Aufgaben aus. Die Programmierer empfinden ihre Arbeit möglicherweise wieder als interessant, wenn sie an mehreren Korrekturaufgaben mitarbeiten. Außerdem könnte das die Produktivität steigern, wenn Sie Programmierern gewähren, zwischen Jahr 2000- und anderen Aufgaben hin und her zu wechseln. Wenn Programmierer die Möglichkeit haben, regelmäßig die »Umgebung« zu ändern, ist die Langeweile, die bei der Wiederholung von Tätigkeiten entsteht, nicht so groß.

- Erstellen Sie eine Liste von Attributen, die Mitarbeiter auszeichnen müssen, die einen gewissen Grad an Monotonie ertragen können. Benutzen Sie diese Liste, um das richtige Personal für die Korrekturaufgaben auszuwählen. Es gibt Typen von Mitarbeitern, die langweilige Tätigkeiten besser ertragen können. Ihre Herausforderung besteht darin, diese Mitarbeiter zu finden.

Ineffiziente Lösungen bedingt durch Outsourcing

Die Langweiligkeit der Korrekturaufgaben kann Sie veranlassen, Korrekturaktivitäten nach Außen zu vergeben. Das kann jedoch die Kosten für die Durchführung der Korrekturaktivitäten signifikant steigern. Sie laden die Standardlieferantenkosten auf sich, die mit den zweifachen Fixkosten, den erhöhten Lernkurven und der ineffizienten Kommunikation zusammenhängen. Leider können Ihre Outsourcing-Kosten vergleichbare interne Kosten um ein Vielfaches übertreffen.

Bedenken Sie, daß Sie zwar die Arbeit, aber nicht die Verantwortung nach außen vergeben können. Es gibt zahlreiche Dienstleister, die »eine schnelle Mark« machen möchten. Selbst seriöse Dienstleister nehmen möglicherweise zu viele 2000-Aufträge an. Sie kämpfen außerdem mit den gleichen Jahr 2000-Schwierigkeiten – der Fluktuation von Schlüsselpersonal.

Es gibt verschiedene Methoden, um dieses Risiko zu reduzieren:

- Definieren Sie explizite Kostenkontrollmerkmale bei der Beschaffung Ihrer Vertragspartner. Wägen Sie den erwarteten Grad an Fortschritt und den zulässigen Grad an Fixkosten sorgfältig ab.
- Entwickeln und benutzen Sie effiziente Kommunikationskanäle zwischen Ihren Mitarbeitern und den Mitarbeitern des Vertragspartners. Die Mitarbeiter des Partners verbringen eine gewisse Zeit damit, sich mit dem System vertraut zu machen, das sie reparieren oder ersetzen werden. Ihre Mitarbeiter müssen den Mitarbeitern des Vertragspartners helfen, diese Herausforderung zu meistern. Außerdem müssen Ihre Mitarbeiter die Mitarbeiter des Vertragspartners unterstützen, wenn Probleme auftreten. Dazu müssen Sie die Funktionsweise und Verwendung explizit definierter Kommunikationsmethoden sicherstellen.
- Entwickeln Sie einen speziellen Alternativplan, um mit einer Kostenexplosion der Kosten für Vertragspartner umgehen zu können. Auf diesen Alternativplan können Sie zurückgreifen, wenn Ihre Vertragspartner mehr Zeit oder Geld als geplant benötigen, um die Korrekturen fertigzustellen. Sie können z.B. den Vertragspartner wechseln oder Aufgaben mit internem Personal fertigstellen.

Einführung von Nebeneffekten in Systeme

Alle Aufgaben zur Wartung von Informationssystemen können neue Fehler in das zu verändernde System einführen. Das letzte, was Sie sich wünschen werden, ist, ein Systemversagen durch einen Fehler zu erzeugen, der nichts mit dem Jahr 2000-Problem zu tun hat.

Es gibt verschiedene Methoden, um dieses Risiko zu reduzieren:

- Stellen Sie sicher, daß sinnvolle Systementwicklungspraktiken eingesetzt werden. Wie bereits erwähnt, müssen Sie die Bedeutung der Einhaltung von Standardentwicklungsmethoden herausstellen. Wenn Software nach einem strukturierten Standardansatz entwickelt wird, läßt sich die Programmierung unerwünschter »Nebeneffekte« häufig vermeiden.
- Wenn Sie einen Systemtestplan entwickeln, müssen Sie Tests aufnehmen, die umfassende Systemfunktionen prüfen und nicht nur Jahr 2000-spezifische. Tests der Grundfunktionen decken möglicherweise Fehler auf, die nicht auf das Jahr 2000 bezogen sind und unbeabsichtigt in ein bestimmtes System eingeführt wurden.

Erfolgsfaktoren

Mit dem erfolgreichen Abschluß der Korrektur haben Sie folgende Schritte ausgeführt:

Erfolgsfaktor	Deliverable
Sie haben die betroffenen Parteien über die Korrekturpläne informiert	Beginn der Korrekturphase
Sie haben neue Versionen der COTS-Produkte, die ersetzt werden sollen, bestellt	Beginn der Korrekturphase
Sie haben geeignete interne Mitarbeiter und Vertragspartner akquiriert, um die Korrekturen durchzuführen	Beginn der Korrekturphase
Sie haben die Leistung der Vertragspartner regelmäßig überwacht und mit den vereinbarten Plänen und Deliverables verglichen	Beginn der Korrekturphase
Sie haben relevante Elemente des Schulungsplans ausgeführt	Beginn der Korrekturphase
Sie haben die Jahr 2000-Projektdatenbank und die KM-Prozeduren aktualisiert, um Korrekturinformationen zu sammeln und zu kontrollieren	Beginn der Korrekturphase

Kapitel 5

Erfolgsfaktor	Deliverable
Sie haben die Anwendung von Standardsystementwicklungsmethoden sichergestellt, um die Produktqualität zu gewährleisten. Außerdem haben Sie für Konsistenz und Kompatibilität in den Plänen, den Anforderungen, der Gestaltung, der Programme, der Tests und der Dokumentation gesorgt	Beginn der Korrekturphase
Sie haben sichergestellt, daß die aktuelle Entwicklung keine neuen Jahr 2000-Probleme erzeugt	Beginn der Korrekturphase
Sie haben Ausmusterungspläne für Systeme entwickelt und überprüft	Systemausmusterung
Sie haben die Beschaffung über obsolete Lieferantenlizenzen informiert	Systemausmusterung
Sie haben Werkzeuge zur Unterstützung der Korrekturaufgaben implementiert	Systemreparatur/-ersatz
Sie haben Systemveränderungen falls nötig mit gekauften Werkzeugen vorgenommen	Systemreparatur/-ersatz
Sie haben falls erforderlich Systemveränderungen mit intern entwickelten Werkzeugen implementiert	Systemreparatur/-ersatz
Sie haben Programmcode und Datenveränderungen aus der bestehenden operationalen Umgebung isoliert	Systemreparatur/-ersatz
Sie haben den Ablauf der Geschäftsaktivitäten bei der Anwendung einer Lösung sichergestellt	Systemreparatur/-ersatz
Sie haben bei Bedarf Programmcode für Systembrücken entwickelt	Systemreparatur/-ersatz
Sie haben operationale Daten gemäß der aufgestellten Integrationsstrategie konvertiert	Systemreparatur/-ersatz
Sie haben Pläne für die Einheiten-/Systemtests der Entwickler entwickelt	Systemtests der Entwickler
Sie haben Einheitentests durchgeführt	Einheitentests
Sie haben Geschäftsprozeßdokumente geändert, um Systemveränderungen zur Gewährleistung der Jahr 2000-Konformität zu integrieren	Dokumentation
Sie haben einen Schulungsplan entwickelt, um die Vorbereitung des Personals für die Benutzung der Jahr 2000-konformen Systeme zu unterstützen	Dokumentation
Sie haben die Dokumente aktualisiert, die zur Systemwartung und -bedienung eingesetzt werden	Dokumentation

Erfolgsfaktor	Deliverable
Sie haben die Phasenrisiken und mögliche Ansätze zur Risikominderung identifiziert	Alle Deliverables
Sie haben die Deliverables identifiziert, die während dieser Phase entwickelt wurden	Alle Deliverables
Sie haben passende Kommunikationsschnittstellen in Ihrer gesamten Organisation benutzt, um die Aufgabe dieser Phase zu unterstützen	Alle Deliverables
Sie haben die Aufgaben dieser Phase an verschiedene Gruppen in Ihrer Organisation delegiert und sichergestellt, daß diese Aufgaben die Zustimmung des Managements hatten	Alle Deliverables
Sie haben die Deliverables identifiziert, für die jede Gruppe verantwortlich war, und sichergestellt, daß die Verantwortung für das Deliverable von jeder Gruppe übernommen wurde	Alle Deliverables
Sie haben die Meilensteine für die Erfüllung der Aufgaben dieser Phase identifiziert	Alle Deliverables
Sie haben an den Meilensteinen die Grenzwerte identifiziert, bei deren Überschreiten korrektive Maßnahmen ergriffen werden	Alle Deliverables
Sie haben Meßwerte benutzt, um anhand der Meilensteine den Fortschritt zu überwachen und zu messen	Alle Deliverables
Sie haben sichergestellt, daß jede verantwortliche Gruppe den Zeitplan für die Fertigstellung dieser Phase akzeptiert und eingehalten hat	Alle Deliverables

Weiterführende Informationen

Die folgende Liste nennt Materialien im Anhang, denen Sie weitere Informationen über diese Phase Ihres Jahr 2000-Konformitätsprojekts entnehmen können:

- Anhang A, Problemdefinitionskatalog
- Anhang B, Lösungsansätze
- Anhang D, Beispielpräsentationen
- Anhang F, Übersicht über die Schlüsselaufgaben
- Anhang H, Integrierter Projektplan
- Anhang I, Jahr 2000-Risikomanagement
- Glossar

Phase 6: Testplanung

Ziele:

- Umfassende Testpläne entwickeln, um zu verhindern, daß nicht konforme Lösungen in Produktionsprozesse eingehen
- Die Schnittstellen zu Fremdherstellern und elektronischen Partnern koordinieren
- Alternativpläne formulieren, die Fallout- und Rollback-Pläne enthalten
- Mirror-Testumgebungen und -Daten erhalten und erzeugen
- Testwerkzeuge erwerben und Benutzer schulen

Während Phase 6, *Testplanung*, bereiten Sie die Tests vor, die in der Systemtestphase in Kapitel 7 beschrieben werden. Phase 6 hilft Ihnen, ausgereifte Pläne zu entwickeln, mit denen Sie die Jahr 2000-Konformität aller relevanten Systeme prüfen und bestätigen können. Achten Sie besonders auf Ihre Rollback-Anforderungen (siehe Kapitel 8, *Systemeinsatz*). Diese Aufgaben könnten Ihre Testakzeptanzkriterien beeinflussen.

Die Testphase vorbereiten

Die Jahr 2000-Testplanung unterscheidet sich von Testplanungsaktivitäten typischer Systementwicklungs- und Implementierungsprojekte. Der Systemtest ist ein wichtiger Bestandteil der Systementwicklung und -wartung. Bei Jahr 2000-Projekten kann der Testplanungszyklus, der aus den Stadien Einheitentests, formelle Tests, Fehlerkorrektur, Testwiederholung bis zu 40 Prozent eines typischen Systementwicklungsbudgets beanspruchen. Ihr Jahr 2000-Testprozeß ist komplexer und beinhaltet Systemschnittstellen, die außerhalb Ihrer Kontrolle oder Ihres Einflußbereiches liegen. Jede dieser Schnittstellen kann zu Schwierigkeiten bei der Koordination, der Brückenbildung und dem Timing führen. In der Testphase von Jahr 2000-Projekten muß sichergestellt werden, daß die Schnittstellen, Brücken und Patches, Fremdhersteller, Betriebssysteme, Hardwareschnittstellen und Anomalien, die während der Korrektur erzeugt wurden, identifiziert und sämtliche Probleme gelöst wurden. Gut geplante Partitionen und zugehörige Tests helfen dabei, die

Wahrscheinlichkeit, daß Systeme im Rahmen des Korrektur- und Testprozesses wiederverwertet werden müssen, zu minimieren, und helfen damit, Zeit und Geld zu sparen. Während die meisten Systeme einen Standardtestzyklus durchlaufen, der aus den Phasen Einheiten-, Integrations-, System-, Akzeptanz- und Einführungstests besteht, müssen Jahr 2000-Projekte viele solcher zusammenwirkender Zyklen durchlaufen. Dies ist ein Aspekt, der die Testplanung und -ausführung bei Jahr 2000-Projekten einzigartig macht. Im Jahr 2000-Projekten muß für jede Partition, elektronische Partnerschaft und Integration ein System-, Akzeptanz- und Einführungstest durchgeführt werden.

Ihr Jahr 2000-Testplan muß einen Ansatz enthalten, um eine Folge unabhängiger Systemtests, und eine Methode, um unternehmensweite Systemtests durchzuführen. Weil alle automatisierten Systeme in Ihrer Organisation von dem Jahr 2000-Projekt beeinflußt werden, müssen Sie eine Folge formeller Tests anstatt eines einzigen formellen Akzeptanztests definieren. Diese einzelnen formellen Tests bauen aufeinander auf, bis Sie umfassende, organisationsweite Tests durchgeführt haben. Sie sollten diese unabhängigen Testpläne übereinstimmend während der Korrektur-, Testausführungs- und Systemeinsatzphase entwickeln.

Starten Sie den Jahr 2000-Testplanungsprozeß, indem Sie einen Gesamttestplan entwickeln, der den Zeitrahmen definiert, in dem die einzelnen Systemtests geplant und ausgeführt werden.

Nachdem Sie diesen Gesamtplan entwickelt haben, müssen Sie einen Testplan für jede Testeinheit entwickeln. (Normalerweise entspricht eine Testeinheit einer Partition.) Wie die meisten formellen Testpläne sollte auch Ihr Testplan folgende Komponenten enthalten:

- Die Definition verschiedener Testfälle und Definitionen von Testereignissen für jede Testeinheit
- Die Ermittlung der Testumgebungen und -werkzeuge, die zum Einsatz kommen sollen
- Testskripts (d.h. Schritt-für-Schritt-Anleitungen) für jedes Testereignis inklusive Definitionen von Akzeptanzkriterien für jedes Testereignis
- Die Beschreibung der benötigten Testdaten (Datenbanken, Dateien und Datenmerkmale)
- Die Definition von Weiter-Stopp-Akzeptanzkriterien bezogen auf die Einsatzentscheidungen

Phase 6: Testplanung

Sie sollten bei der Entwicklung des Gesamttestplans und der separaten Testpläne Input von Systembenutzern und Mitarbeitern der Jahr 2000-Aktivitäten erbitten.

  Die Kosten für die Fertigstellung der Testplanungs- und Testausführungsaktivitäten sollten 30 Prozent der Gesamtkosten Ihres Jahr 2000-Projekts nicht überschreiten.

 Der Zeitrahmen, den Sie den Aktivitäten der Testplanungs- und Testausführungsphase einräumen, sollte 39 Prozent des gesamten Zeitbedarfs für Ihr Jahr 2000-Projekt nicht überschreiten.

Zusammenfassung der Deliverables

Dieser Abschnitt faßt die Deliverables für diese Phase des Jahr 2000-Konformitätsprojekts zusammen. Der Abschnitt *Deliverables, Aufgaben und Abhängigkeiten* weiter unten in diesem Kapitel enthält detaillierte Beschreibungen jedes Deliverables und der zugehörigen unterstützenden Aufgaben. Bis auf das Deliverable *Beginn der Testplanungs- und -ausführungsphase* müssen alle Deliverables die Anforderungen der einzelnen Partitionen und ihre Integration in das Gesamtsystem berücksichtigen.

Beginn der Testplanungs- und -ausführungsphase

Das Deliverable *Beginn der Testplanungs- und -ausführungsphase* bietet einen Überblick über die Aufgaben, die im Rahmen des formellen Tests anfallen, und den Zeitplan für die Ausführung dieser Aufgaben. Sie werden die Informationen nutzen, die Sie während der Entscheidungsfindungs- und der Detailplanungsphase gesammelt haben, um zu entscheiden, welche Tests durchgeführt werden müssen, und Sie werden auch einen Zeitplan für sämtliche Testaktivitäten erstellen.

Bericht über die Testumgebung

Das Deliverable *Bericht über die Testumgebung* beschreibt das Test-Environment. Bei diesem Projekt werden die Systeme nicht in der operationalen Umgebung getestet. In diesem Deliverable wird eine separate, kontrollierte Umgebung beschrieben.

Kapitel 6

Anforderungen an die Testhilfswerkzeuge

Abhängig von Ihrer Umgebung müssen Sie eventuell spezielle Testwerkzeuge erwerben (beispielsweise Aktivitätengeneratoren oder Datenkollektoren). Das Deliverable *Anforderungen an die Testhilfswerkzeuge* dokumentiert die Anforderungen an Ihre Testwerkzeuge. Außerdem führt es aus, welche dieser Anforderungen von bestehenden Werkzeugen erfüllt werden und welche Werkzeuge neu erworben werden müssen.

Testplan für die elektronischen Partnerschaften

Wenn Sie die Jahr 2000-Korrekturaktivitäten fertigstellen, benötigen Sie eventuell eine Rezertifizierung von einigen oder allen Ihren elektronischen Partnern. Diese Partner geben eventuell die spezifischen Aufgaben vor, die als Teil der Rezertifizierungsaktivitäten durchgeführt werden müssen. Sie können diese Aufgaben auch selbst definieren. Auf jeden Fall müssen Sie einen Rezertifizierungstestplan und einen Zeitplan mit jedem Ihrer elektronischen Partner abstimmen. Das Deliverable *Testplan für die elektronischen Partnerschaften* liefert eine Zusammenfassung dieser Pläne und Zeitpläne.

Beschreibung der Partitionstests und Testdaten

Eine Partition ist die Basiseinheit, für die formelle Tests vorbereitet und ausgeführt werden. Eine spezifische Partition wird zuerst einzeln getestet und dann in Zusammenhang mit anderen Partitionen, die eine größere Einheit bilden. Das Deliverable *Beschreibung der Partitionstests und Testdaten* beschreibt die einzelnen Partitionstests und auch die dafür benutzten Daten.

Beschreibung der Integrationstests und Testdaten

Das Deliverable *Beschreibung der Integrationstests und Testdaten* beschreibt die formellen Systemintegrationstests. Diese Tests müssen Ereignisse ansprechen, die Partitionsgrenzen überschreiten, um sicherzustellen, daß die neue, integrierte Einheit funktioniert wie geplant. Dieses Deliverable beschreibt auch die Daten, die für jeden Test eingesetzt werden.

Deliverables, Aufgaben und Abhängigkeiten

Die Deliverables, die in der Testplanungsphase produziert werden, sind Dokumente, die in der nächsten Phase, der Testausführung, benutzt werden.

6.1 Beginn der Testplanungs- und -ausführungsphase

Das Deliverable *Beginn der Testplanungs- und -ausführungsphase* definiert die Ressourcen, die benötigt werden, um die effiziente Ausführung aller Testplanungs- und Testausführungsaktivitäten sicherzustellen. Wenn Sie dieses Deliverable abgeschlossen haben, ist die benötigte Testumgebung genehmigt.

Das Deliverable unterstützt Sie auch dabei, eine Gesamtstrategie für den formellen Test zu erstellen. Diese Strategie bietet:

- Ein Gesamtplan für die Testplanung und -ausführung bei allen formellen Partitions-, Integrations- und Einführungstests.
- Die Identifikation der obersten Ebene von Testdaten und Datenbanken, die für die Testphase benötigt werden.
- Die Identifikation der obersten Ebene von Testfällen.

Diese Strategie enthält Informationen, die während der Bestandsaufnahme gesammelt wurden und Informationen über die Partitionen, die während der Detailplanungsphase definiert wurden.

Aufgabenüberblick

- Testverfahren anpassen
- Strategie für die formellen Tests definieren
- Testpersonal bereitstellen
- Top-Level-Testfälle definieren
- Top-Level-Testdaten definieren
- Überwachung der Testphasen einrichten
- Plan der formellen Tests präsentieren und genehmigen lassen

6.1.1 Aufgabe: Testverfahren anpassen

Überarbeiten Sie die Test-Deliverables und Aufgaben, die in diesem Buch vorgeschlagen werden, und schneidern Sie sie auf die Bedürfnisse Ihrer Organisation zu. Sie müssen dabei die Anforderungen der Testplanungs- und der Testausführungsphase berücksichtigen.

Ihr eigentlicher Ansatz für das Jahr 2000-Testmanagement hängt von der Reichweite und dem Verbreitungsgrad der zu testenden Systeme ab. Außerdem spielt die Meinung und Erfahrung der Leute eine Rolle, die für die erfolgreiche Testausführung verantwortlich sind. Sie müssen entscheiden, welcher Anteil des Testprozesses im Haus ausgeführt wird, wie viele Systeme einbezogen werden, wie viele Informationsdienst/IS-Organisationen einbezogen werden und ob es separate Testgruppen für jede Organisation gibt.

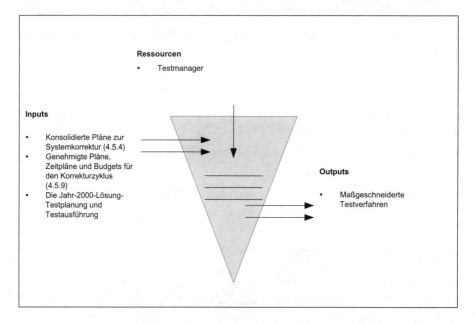

Aufgabenrichtlinien

- Vergleichen Sie den Gesamtzeitplan Ihres Jahr 2000-Projekts mit dem der Methode. Stellen Sie fest, wieviel mehr oder weniger an Zeit Ihnen in den einzelnen Phasen für Ihre eigentlichen Aktivitäten zur Verfügung steht und wie Sie sie parallel laufen lassen können.

- Alle Test-Deliverables sollten auf alle Jahr 2000-Veränderungen anwendbar sein. Sie müssen jedoch nicht immer so formell angewandt werden, wie dies in der Methode gefordert wird. Möglicherweise müssen Sie die Überarbeitungszyklen/Teilnehmer anpassen.
- Bereiten Sie einen überarbeiteten Aufgaben-, Abhängigkeiten- und Zeitplanüberblick als Richtlinie für die Testplanungs- und Testausführungsaktivitäten. Dieser Überblick wird zum Bestandteil Ihrer Checkliste für den weiteren Verlauf des Projekts.

6.1.2 Aufgabe: Strategie für die formellen Tests definieren

Der Testmanager und der hauptverantwortliche Detailplanungsmanager sind die wesentlichen Personen bei dieser Aufgabe, deren Ziel darin besteht, einen allgemeinen Eindruck vom Umfang des gesamten Tests zu erhalten. Für diese Aufgabe benutzen Sie die Unternehmensorganigramme- und Bestandsschemata, weisen diesen die Systempartitionen zu, die als Teil der Detailplanung definiert wurden und gliedern Korrekturpläne ein, um eine Reihenfolge für die Tests und den Systemeinsatz festzulegen.

- Betrachten Sie das Bestandsschema, um Anwendungen zu ermitteln, die Ressourcen gemeinsam nutzen (Hardware, Datenbanken, Schnittstellen). Eine übergreifende Test-, Integrations- und Systemeinsatzstrategie muß dies berücksichtigen.
- Machen Sie sich die Zeitziele des Gesamtprojekts klar. Bestimmen Sie, wie viele Einsätze gemessen an der Größe Ihrer Aktivitäten und der Zeit, die Ihnen zur Verfügung steht, praktikabel sind. Jeder Systemeinsatz kann möglicherweise Aktivitäten unterbrechen und benötigt sehr viel Unterstützung. Weil bei formellen Tests normalerweise jeder Systemeinsatz protokolliert wird, müssen Sie sehr eng mit den Systembenutzern zusammenarbeiten, um einen Ansatz zu finden, der für alle Beteiligten sinnvoll ist.
- Verifizieren Sie die Systempartitionen, die Sie während der Detailplanungsphase definierten. Sie müssen den Gültigkeitsbereich und die Grenzen jedes Systems prüfen, wenn Sie Testaktivitäten starten.
- Arbeiten Sie eine Integrations-/Einführungssequenz aus. Planen Sie anhand der identifizierten Partitionen eine Folge von Tests, und setzen Sie sie ein. Bereiten Sie diesen Zeitplan mit dem Wissen vor, daß er sich möglicherweise aufgrund von Geschäften, Kosten oder Mitarbeiterfragen noch ändern wird.

Kapitel 6

- Während der Korrekturphase wurden Systembrücken erzeugt. Identifizieren Sie jede Brücke und ihren Zweck in bezug auf jeden Integrations-/Einführungsschritt. Kennzeichnen Sie als Teil der Integration auch, wenn Brücken ausgemustert werden sollen.
- Zeichnen Sie diese Informationen in einem Zeitplan, einem schematischen oder Interimsbericht ein, auf den das Testteam und auch andere zugreifen können.

Sie haben nun die Informationen vorbereitet, die benötigt werden, um die Größe des Testteams festzulegen, Testpersonal auszuwählen und den formellen Testplan zu entwickeln.

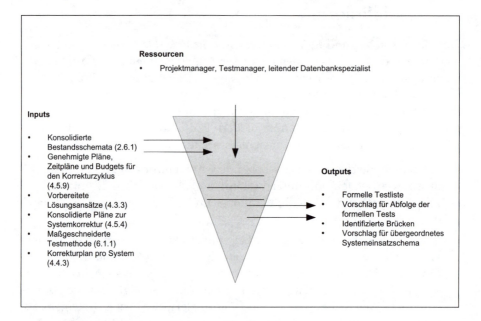

Aufgabenrichtlinien

- Halten Sie Benutzer über die Testpläne auf dem laufenden, weil diese deren Aktivitäten direkt beeinflussen werden.
- Suchen Sie nach Gelegenheiten, die Testvorbereitung und -ausführung in unabhängigen Partitionen parallel durchzuführen. Dadurch sparen Sie insgesamt Zeit. Sie müssen dieses Ereignisse jedoch als Teile einer Integrationsplanung zusammenführen.

- Bringen Sie alle potentiellen Zeitplankonflikte und -risiken beim Projektmanagement zur Sprache, sobald Sie auf diese stoßen. Der Testzeitplan hängt davon ab, ob bei der Korrekturphase der Zeitplan eingehalten wird. Stellen Sie fest, welche Verzögerungen in der Korrekturphase die größten Auswirkungen haben.

6.1.3 Aufgabe: Testpersonal bereitstellen

Sie haben den Umfang der Testphasen (Planung und Ausführung) geschätzt und können nun damit beginnen, die Anzahl und Art der Mitarbeiter zu ermitteln, die Sie benötigen. Außerdem müssen Sie ein spezifisches Mitarbeiterteam zusammenstellen, das diese Aufgaben übernimmt.

Sie müssen nicht während der gesamten Testphase mit dem gleichen Mitarbeiterstab oder einer konstanten Mitarbeiterzahl arbeiten. Sie müssen für drei verschiedene Aufgabenbereiche Mitarbeiter suchen: die Informationssammlung, die Erstellung einer Testbeschreibung und die Testausführung.

Informationssammlung

Sie wissen nun, wie viele Partitions- und Integrationstests, Brücken und Einsätze für den Test erforderlich sind. Sie sollten auch von einem Benutzerstandpunkt aus wissen, worauf jeder Testbereich abzielt (z.B. Gehaltslisten, Steuerformulare oder der Lagerbestand). Sie benötigen hierzu kompetente Mitarbeiter, die über Test- und Anwendungserfahrung verfügen, um:

- Testfälle für jeden formellen Test identifizieren zu können
- Testdaten für jeden Test identifizieren zu lassen
- die Anforderungen für die Testanlagen zu definieren und zu planen
- Testunterstützungswerkzeuge herauszufinden und auszuwählen

Als Mitarbeiter eignen sich Personen, die eigenverantwortlich arbeiten und nur minimal geführt werden müssen, und die wissen, wann sie ihre Ergebnisse koordinieren und berichten müssen. Abhängig von Zeitplan und der Anzahl und Komplexität der formellen Tests kann diese Gruppe aus zwei bis sechs Personen bestehen. Diese Mitarbeiter nehmen Kontakt zu den Programmierern und Benutzern auf, um die Funktionen und die kritischen Jahr 2000-Veränderungen in jeder Partition besser zu verstehen.

Erstellung von Testbeschreibungen

Für jeden Partitions- und Integrationstest soll ein Deliverable *Beschreibung der Tests und Daten* zur Verfügung stehen. Diese Dokumente beschreiben die allgemeine Testausführung und -planung und teilen jeden Test in einen Satz Testfälle auf (normalerweise 10 bis 20 Stück). Sie enthalten außerdem Schritt-für-Schritt-Anleitungen für Testprozeduren, die benötigt werden, um alle Funktionen anzusprechen, die von den Testfällen abgedeckt werden. Das erfordert sehr viel Zeit und Mühe, und Sie müssen möglicherweise den Mitarbeiterstab dafür aufstocken. Bevor Prozeduren niedergeschrieben werden können, müssen die Autoren mit den Entwicklern zusammenarbeiten, um festzustellen, was sich verändert hat und müssen anhand des Systems herausfinden, wie es zu testen ist, und/oder Dokumentationen überprüfen, um alle Einzelheiten zu identifizieren, die in die Prozeduren aufgenommen werden müssen.

Die Mitarbeiter für diese Aufgabe sollten die folgenden Qualifikationen aufweisen:

- Sie sollten klar formulieren können.
- Sie sollten sowohl mit Technikern als auch mit normalen Mitarbeitern zusammenarbeiten können (d.h. mit Entwicklern und Benutzern).
- Sie sollten in der Lage sein, ein Problem in einzelne, leicht durchführbare Aktivitäten aufzuteilen.
- Sie sollten in der Lage sein, unabhängig klar definierte Aufgaben auszuführen.

Die Anzahl der Mitarbeiter, die in diesem Schritt benötigt werden, hängt von der Projektgröße ab. Außerdem können Mitarbeiter, die bei der Informationssammlung mitarbeiten, auch beim Formulieren der Aufgaben mitmachen. Bei einem großen Projekt sollten die Mitarbeiter des ersten Testteams die Formulierung der Testprozeduren überwachen und als Koordinatoren des Gesamtprojekts agieren. Wenn Sie neue Mitarbeiter benötigen, sollten Sie feststellen, wie viele Tests formuliert werden müssen und ob der Zeitplan es zuläßt, daß einige Mitarbeiter eine Testprozedur fertigstellen und dann zu einem anderen Test übergehen. Wenn nur wenig oder gar keine Überlappung möglich ist, müssen Sie zusätzliche Mitarbeiter einstellen. Pro Test sollten Sie zwei bis fünf Autoren einsetzen.

Testausführung

Die Testplanung eines spezifischen Tests ist fertig, und Sie können nun feststellen, ob die Anwendungen die Anforderungen erfüllen. Wenn ein Test tatsächlich ausgeführt wird, benötigen Sie mehr als die Person, die die Prozeduren durchführt. Für jeden Test sollten die folgenden Teilnehmer zur Verfügung stehen:

- **Leser:** Irgend jemand sollte die Prozeduren durchlesen und prüfen, ob alle Schritte/Aktivitäten vollständig sind. Diese Person kommentiert die Prozeduren auch, um alle Veränderungen zu kennzeichnen.
- **Workstation-Benutzer:** Diese Person führt die Prozedur aus.
- **Vertreter der Benutzer:** Diese Person gibt an, ob das, was passiert ist, die Akzeptanzkriterien erfüllt, d.h., ob der Test erfolgreich verlief. Der Benutzerrepräsentant unterschreibt jeden Test und prüft die Formulierung jeder Problembeschreibung
- **Vertreter der Qualitätssicherung:** Der Vertreter der Qualitätssicherung bescheinigt, daß der Test gemäß dem genehmigten Testplan durchgeführt wurde. Der QS-Vertreter führt normalerweise Buch über den offiziellen Beginn bzw. das Ende, Testabweichungen und Probleme.
- **Testmanager:** Der Testmanager stellt sicher, daß alles für die Testausführung vorbereitet ist, kümmert sich um alle Probleme, die während des Tests auftreten und gewährleistet, daß alle Teilnehmer das tun, was von ihnen erwartet wird.

Der größte Teil dieser Testpersonen gehört nicht zum Testteam, aber Sie müssen die Teilnahme trotzdem als Teil der Kosten der formellen Tests vermerken. Ein weiterer Faktor, der die Auswahl der Mitarbeiter betrifft, ist der Grad der Übereinstimmung, der für die Tests geplant wurde. Wenn eine absolute Parallelität gefordert wird, erfordert jede Position einen Leser, einen Workstation-Benutzer, einen Vertreter der Benutzer und einen Vertreter der Qualitätssicherung.

Besonders gut ist es, wenn wenigstens der Leser ein Mitglied des Testteams ist und dieser die Testprozeduren mit verfaßt hat. Das vereinfacht es, Fragen und/oder Probleme zu lösen, die während des Testens aufkommen. Sie können den Mitarbeiterbedarf reduzieren, wenn der Workstation-Benutzer und der Vertreter der Benutzer ein und dieselbe Person ist. Ist das nicht der Fall, sollte der Workstation-Benutzer auf jeden Fall Mitglied des Testteams sein. Die Qualitätssicherung ist unabhängig.

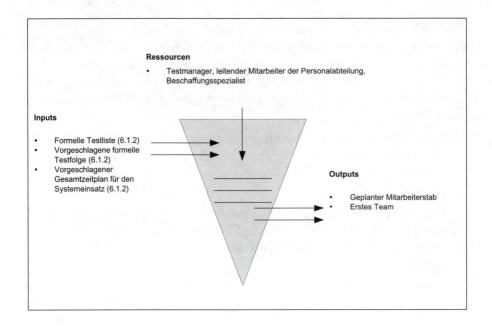

Aufgabenrichtlinien

- Berücksichtigen Sie den Gesamtzeitplan und die Verfügbarkeit der Mitarbeiter, wenn Sie überlegen, wie präzise Sie sein müssen. Die Ausführung vieler Tests wird erst in einem Jahr erfolgen und der Zeitplan und sogar die Testfolge wird sich dann wahrscheinlich geändert haben. Legen Sie mehr Wert auf die kurzfristige als auf die langfristige Abschätzung.
- Die Testplanung erfordert immer mehr Arbeit als erwartet. Seien Sie offen für Änderungen im Gesamtzeitplan, und suchen Sie nach Wegen, Ihren Plan flexibel zu gestalten.

6.1.4 Aufgabe: Top-Level-Testfälle definieren

Diese Aufgabe fällt für jeden formellen Test an (Partition, Integration, Systemeinsatz). Ihr Zweck besteht darin, jeden Test in Testfälle aufzuteilen. (Ein Testfall ist eine logische, funktionale Einheit eines Tests). Der Gültigkeitsbereich eines Testfalls hängt ab vom Umfang der Gesamtfunktion, davon, wieviel getestet werden muß und wie viele Testfälle sich verwalten lassen. Testfälle lassen sich auch auf funktionalen Bereichen basieren, die verändert wurden. Wenn das System, das getestet werden soll, beispielsweise ein Hauptmenü beinhaltet, können Sie für jeden Menüeintrag einen oder mehrere Testfälle definieren.

Bevor Sie Testfälle definieren können, müssen Sie jedoch Testzuweisungen vornehmen. Treffen Sie diese Entscheidungen auf der Basis des Hintergrunds und der Vertrautheit des Mitarbeiterteams mit den Bereichen, die in jeder Partition und dem Gesamtzeitplan abgedeckt werden. Obwohl Sie einen Entwurf für alle Zuweisungen erstellen können, muß die Endentscheidung als Gruppenentscheidung gefällt werden.

Wenn die Tests einmal zugewiesen sind, gehen Sie wie folgt vor, um die Testfälle zu definieren:

- Definieren Sie die Partitions-Level-Testfälle zuerst. Integrations- und Systemeinsatztestfälle beginnen mit diesen.
- Arbeiten Sie an Partitionen, die Sie zuerst benötigen. Sie werden diese Aufgabe wahrscheinlich ziemlich spät in der Detailplanungsphase oder ganz am Anfang der Korrekturphase erledigen. Deshalb sollten Sie noch nicht unter Zeitdruck sein. Falls Sie nicht nur eine oder zwei Partitionen haben, können Sie nicht alle gleichzeitig bearbeiten.
- Erfragen Sie beim Bewertungsteam, was in der Partition geändert werden muß. Überarbeiten Sie auch die Bildschirme und benutzerorientierten Informationen, die Sie während der Bestandsaufnahme gesammelt haben.
- Überarbeiten Sie Benutzerhandbücher und/oder sprechen Sie mit Benutzern, um festzustellen, wie sich die Partitionsfunktion in einzelne Bereiche zerlegen läßt.
- Entwickeln Sie einen Entwurf mit 10 bis 20 Testfällen. Jeder Testfall sollte zumindest ein paar Absätze enthalten, die beschreiben, was die Funktion macht, und kennzeichnen, was der Testfall abdeckt. Lassen Sie den Testfall von einer internen Testgruppe überarbeiten, bevor Sie ihn den Benutzern oder dem Bewertungsteam präsentieren.
- Sammeln Sie Kommentare von den Benutzern und dem Bewertungsteam, und nehmen Sie die nötigen Überarbeitungen vor.

Aufgabenrichtlinien

- Im Idealfall schreibt jedes Mitglied des Testteams, das die Testfälle für einen Test festlegt, auch den formellen Testplan.
- Dies ist ein vorläufiger Plan. Ihr Ziel an dieser Stelle ist es, eine Genehmigung für die gesamte formale Testfolge und den Testinhalt zu erhalten und einen Eindruck darüber zu bekommen, wieviel Arbeit in welchem Zeitrahmen verrichtet werden muß.

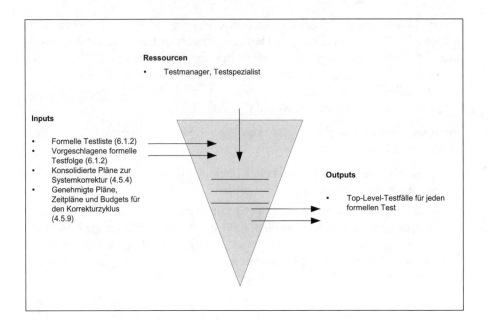

6.1.5 Aufgabe: Top-Level-Testdaten definieren

Jeder formelle Test benötigt eigene Testdaten. Obwohl dies als eigene Aufgabe identifiziert wurde, wird sie gemeinsam mit der Definition der Testfälle für einen formellen Test durchgeführt. Die beiden Bemühungen treiben sich möglicherweise gegenseitig voran. Sie werden getrennt, weil sie bei der Testplanung unterschiedlich und von verschiedenen Personen eingesetzt werden. Die Testfälle werden vom Testteam verwendet, um Prozeduren zu schreiben. Die Testdaten werden häufig vom Entwicklungsteam unter der Leitung des Testteams vorbereitet oder gesammelt.

Die Definition der Testdaten umfaßt folgende Punkte:

- Eine Liste der spezifischen Datenbanken und Dateien, aus denen gelesen wird und die während des Tests verändert und/oder aktualisiert werden.
- Besonderheiten der Datenmerkmale in den Datenbanken und Dateien.
- Identifikation spezieller Testdaten, welche erzeugt werden müssen (d.h. Daten, die normalerweise in der Partition, die getestet wird, nicht existieren). Solche Daten werden beispielsweise wegen einer Brücke benötigt, die beim Testen der Partition benutzt wird.

Phase 6: Testplanung

Hoffentlich gibt es eine Überlappung zwischen den Daten, die für verschiedene Partitionen benötigt werden. Es gibt auf jeden Fall eine Überlappung zwischen den Daten, die für die Tests der Partitionen benutzt werden, und den Daten, die für Tests im Zusammenhang mit der Integration zweier Partitionen benutzt werden.

Denken Sie daran, daß dies wirklich eine Top-Level-Bemühung ist. Ihr Hauptaugenmerk sollte auf den Bedürfnissen der Benutzerdaten liegen, die sehr früh im Prozeß angesprochen werden müssen.

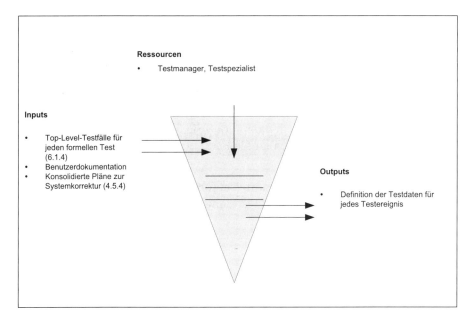

Aufgabenrichtlinien

- Die Person, die die Testfälle für einen Test definiert, sollte auch die Daten definieren. Wenn jedoch unterschiedliche Personen die Testdaten für Partitionen definieren, die integriert sein werden, sollten sie zusammenarbeiten, wenn sie an Datendefinitionen arbeiten, die miteinander in Beziehung stehen.
- Machen Sie Notizen über die benötigten Daten, während die Testfälle definiert werden.
- An dieser Stelle brauchen Sie sich keine Gedanken über ein konsistentes Niveau der Ausarbeitung von Details zu machen. Wenn Sie mehr über einige Dateien oder Datenbanken wissen, schreiben Sie einfach alles nieder.

Schließlich (d.h., wenn Sie das formelle Deliverable *Beschreibung der Tests und Testdaten* schreiben) müssen Sie eine detaillierte Datenspezifikation angeben.

6.1.6 Aufgabe: Überwachung der Testphasen einrichten

Setzen Sie den Zeitplan und die Mittel zur Messung des Fortschritts, die Sie im ersten Projektplan festgelegt haben, und richten Sie einen Zeitplan für spezielle Phasen-Meilensteine, Meßpunkte und Prozeßprüfmeetings ein. Nutzen Sie diese Meetings, um den tatsächlichen Fortschritt mit dem geplanten Fortschritt, der geplanten Größe, der Nutzung von Ressourcen und der Risikoreduzierung zu vergleichen. Wenn Ihre Organisation über Standardsysteme zur Testvorbereitung verfügt, können Sie diese für die Überwachung einsetzen. Lösen Sie Abweichungen auf, indem Sie die passenden Ressourcen zuweisen. Achten Sie außerdem darauf, daß Sie Feedback erhalten, damit die Lektionen, die Sie gelernt haben, in die Planung zukünftiger Phasen mit einfließt.

Die Meilensteine und Überarbeitungsanforderungen, die hier aufgestellt werden, werden in der gesamten Testplanungs- und Testausführungsphase benutzt.

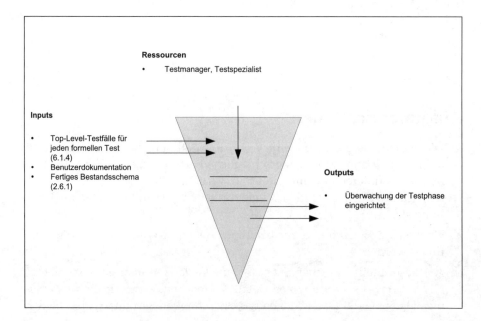

6.1.7 Aufgabe: Plan der formellen Tests präsentieren und genehmigen lassen

Sie verfügen nun über alle benötigten Informationen, um den formellen Testplan vorzubereiten sowie zu präsentieren und um ihn genehmigen zu lassen.

Dieser Plan muß folgendes enthalten:

- Einen Zeitplan, dem zu entnehmen ist, was getestet wird (Partitions-, Integrations- und Systemeinführungstests) und wann die Tests durchgeführt werden.
- Testfälle und Datenanforderungen für jeden Test. Für jeden Testfall sollte mindestens ein Abschnitt mit einer Beschreibung vorhanden sein, was von dem Testfall abgedeckt wird und welche Dateien und Datenbanken benutzt werden.
- Die Dokumentation der bekannten Anforderungen für jede Datei und Datenbank.
- Eine Liste der Annahmen, die mit dem Plan verbunden sind. Diese Annahmen sollten protokolliert werden, wenn die Testfälle und -daten für jeden formellen Test definiert werden.
- Eine Liste mit Risiken, die die mit dem Plan verbunden sind. Wie die Annahmen sollten auch diese Risiken protokolliert werden, wenn die Testfälle und -daten für jeden formellen Test definiert werden.
- Eine Teilnehmerliste. Sie werden wahrscheinlich die Hauptorganisationen und Personen identifizieren wollen, die vertraglich verpflichtet wurden, Input für das Dokument zu liefern. Diese Liste könnte sich für Überarbeiter als nützlich erweisen, die sich fragen, ob bestimmte Punkte korrekt sind. Der Liste können sie entnehmen, wen sie über den Inhalt Ihres Plans ansprechen können.
- Prüfer. Planen Sie eine technische Prüfung Ihres Plans durch Kollegen und eine Prüfung des Budgets und der verwendeten Ressourcen durch das Management ein.

Aufgabenrichtlinien

- Falls möglich, sollten Sie die Person mit dem größten Wissen über einen Bereich zu diesem befragen. (Beispielsweise sollte die Person, die die Testfälle definiert hat, alle Fragen über deren Organisation beantworten.) Der Testmanager sollte offiziell alle in Frage stehenden Themen beantworten können.

- Die Qualitätssicherung wird die Konformität des formellen Testplans mit den Plänen Ihrer Organisation, den Projektplänen, den Standards und den Verfahrensweisen überprüfen und Abweichungen verfolgen, bis eine Genehmigung durch das Projektmanagement erfolgt.

Meilenstein *Beginn der Testplanungs- und -ausführungsphase* vollständig. Die Qualitätssicherung prüft, ob das Deliverable zielkonform ist. Die Projektüberwachung fixiert das Deliverable und aktualisiert die Überwachungsmaße.

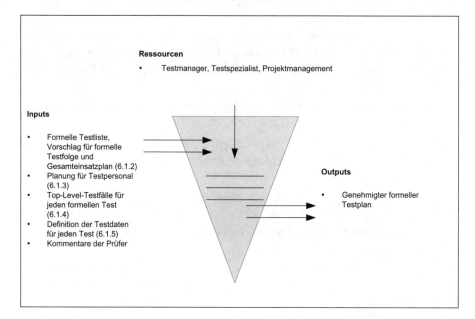

6.2 Bericht über die Testumgebung

Nachdem Sie nun eine grobe Orientierung für die formelle Testphase haben, müssen Sie festlegen, wo Sie diese Tests ausführen können.

Sowohl das Korrekturteam im Haus als auch beim Vertragspartner hat eine eigene Entwicklungsumgebung für die Einheiten- und Systemtests. Sie können diese für die formellen Tests benutzen, müssen es aber nicht. Das gleiche gilt für den Test im Systemeinsatz, der in einer operationalen Umgebung durchgeführt wird.

Formelle Tests erfordern ihre eigene Testumgebung. Das Testteam ist verantwortlich für die Definition dieser Testumgebung und muß sicherstellen, daß die Testumgebung eingerichtet werden kann. Dieses Deliverable unterstützt die erfolgreiche Beendigung der Aufgaben.

Aufgabenüberblick

- Anforderungen an die Testumgebung identifizieren
- Vorhandene Testumgebungen identifizieren
- Alternative Teststandorte identifizieren
- Bericht über die Testumgebung präsentieren und genehmigen lassen

6.2.1 Aufgabe: Anforderungen an die Testumgebung identifizieren

Sie müssen sich eine Liste der Attribute ausdenken, die die Testumgebung aufweisen sollte. Sie sollten die Anforderungen an die Umgebung für jeden formellen Test separat festlegen, weil die einzelnen formellen Tests voneinander unabhängig sind. Einige Anforderungen müssen alle Testumgebungen erfüllen, andere dagegen sind nur für einen bestimmten Test oder einen Testsatz erforderlich. So benötigen beispielsweise alle Testumgebungen Benutzer-Workstations und Drucker, aber nur in einigen Testumgebungen müssen Nachrichten und/oder Dateien mit bestimmten elektronischen Partnern ausgetauscht werden. Anhand der Anforderungen können Sie potentielle Umgebungen evaluieren und für jeden Test eine Umgebung auswählen. In manchen Fällen können Sie eine Systemumgebung für verschiedene Partitions- und Integrationstests einsetzen. In anderen Fällen (beispielsweise wenn sich die Systeme unterscheiden) benötigt jede Partition ihre eigene Umgebung.

Das Konfigurationsmanagement kann Sie dabei unterstützen, die Anforderungen an die Testumgebungen festzulegen.

Bei einigen Anforderungen handelt es sich um ein echtes »Muß« (beispielsweise benötigen Sie wirklich ein bestimmtes Unix-System, weil die Software nur auf diesem abläuft), aber bei einigen Anforderungen wäre es einfach nur »ganz nett«, wenn sie erfüllt wären. Eine solche Anforderung könnte z.B. eine Umgebung sein, in der nur eine bestimmte Partition und deren Daten und Brücken vorhanden sind. Meistens erhalten Sie solche Bedingungen, indem Sie die Systeme mit anderer Software und Daten gemeinsam nutzen.

Kapitel 6

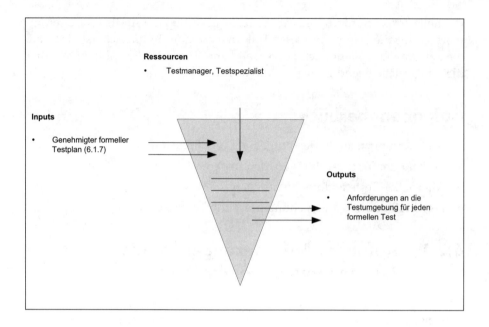

Aufgabenrichtlinien

- Jedes Mitglied des Testteams sollte die Anforderungen an die Testumgebung für die Tests definieren, an denen es mitgearbeitet hat.
- Der Ausgangspunkt für diese Spezifikation ist die operationale Umgebung der Partition. Sie erhalten diese Information, indem Sie den operationalen Support und die Benutzer kontaktieren.
- Während der Informationssammlung sollten die Teammitglieder, die an den Anforderungen für ähnliche Systeme arbeiten, prüfen, was die Systeme gemeinsam haben. Falls möglich, ist es besser, eine bestehende Umgebung (möglicherweise mit geringfügigen Änderungen) für mehrere Tests einzusetzen. Die gemeinsame Benutzung von Informationen resultiert auch in einer gründlicher geprüften Liste der Anforderungen.
- Alle Teammitglieder, die an den Partitionen gearbeitet haben, die Integrationstests enthalten, sollten die Anforderungen an die Umgebung für solche Tests diskutieren.
- Nachdem die Umgebungsanforderungen individuell definiert wurden, sollte das Testteam alle Anforderungen in der Gruppe prüfen, Revisionen vornehmen, Probleme klären und ein internes Dokument vorbereiten.

6.2.2 Aufgabe: Vorhandene Testumgebungen identifizieren

Die Entwicklungsgruppen (d.h. die Mitarbeiter im Haus, die die Jahr 2000-Veränderungen vornehmen) und alle Vertragspartner (diejenigen, die für die Aktualisierung der Systeme in Ihrer Organisation zuständig sind, um Jahr 2000-Konformität zu erreichen) testen ihre Bereiche, bevor sie eine Partition an Sie weitergeben. Die Umgebungen, die sie benutzen, erfüllen möglicherweise Ihre formellen Testanforderungen. Das wäre natürlich der Idealfall. Es kommt jedoch häufig vor, daß Entwickler beim Testen nicht so formell vorgehen, wie es erforderlich wäre.

Das Konfigurationsmanagement kann Ihnen dabei helfen, erfolgreiche Testumgebungen zu identifizieren.

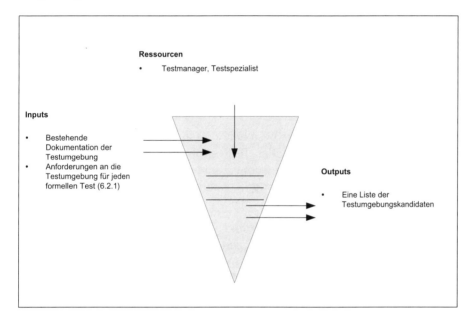

Aufgabenrichtlinien

- Diese Aufgaben können entweder der Person, die an einem Test gearbeitet hat, oder nach System zugewiesen werden. Die Art der Zuweisung hängt davon ab, wie stark sich die Testumgebungen ähneln und an welchen anderen Dingen Ihre Mitarbeiter arbeiten.

- Vergleichen Sie die formellen Testanforderungen mit den Testumgebungen, die von Entwicklern eingesetzt werden, und werten Sie die Unterschiede aus.
- Legen Sie für jeden Test fest, ob eine bestehende Umgebung die Anforderungen erfüllt. Ist das der Fall, dokumentieren Sie die Annahmen, die dieser Entscheidung zugrunde liegen. Ist das nicht der Fall, picken Sie die Umgebung heraus, die die Anforderungen am ehesten erfüllt und dokumentieren Sie, was nicht erfüllt ist und/oder verändert werden muß, um die Anforderungen zu erfüllen.
- Vergewissern Sie sich, daß die Umgebung nicht für konkurrierende, parallel laufende Entwicklungsarbeiten benötigt wird. Wenn eine Konfiguration einmal für die formellen Tests eingerichtet ist, sollte sie von Entwicklern erst wieder nach Beendigung der Tests verwendet werden.
- Nutzen Sie auch hier wieder Informationen gemeinsam, und bewerten Sie die Informationen in der Gruppe. Beziehen Sie in die Überarbeitung Teammitglieder ein, die nicht direkt an der Aufgabe arbeiten.

6.2.3 Aufgabe: Alternative Teststandorte identifizieren

Möglicherweise haben Sie eine bestehende Testumgebung gefunden, die die Anforderungen an jeden formellen Test erfüllt. Ist das der Fall, müssen Sie prüfen, wie Sie diese anderen Testumgebungen erhalten und die Kosten und Ressourcen abschätzen, die erforderlich sind, um die Umgebungen zu nutzen.

Wenn die bestehenden Testumgebungen Ihre Bedürfnisse nicht erfüllen, müssen Sie nach neuen Lösungen suchen. Entwickler konzentrieren sich normalerweise auf ein einzelnes System, manchmal sogar nur auf eine Anwendung oder Sprache. Wenn Sie sich mit den Integrationstests befassen, ist wahrscheinlich mehr als ein System betroffen. Entwickler verfügen normalerweise nicht über eine Testumgebung, die mehr als ein System beinhaltet. Deshalb müssen unter Umständen sogar mehrere Organisationen einbezogen werden.

Es gibt drei Grundkategorien für alternative Teststandorte, die nun aufgelistet werden. Die bevorzugte Kategorie steht an erster Stelle:

- **Ihr Katastrophen-/Erholungsort:** Möglicherweise ist dies realisierbar, möglicherweise auch nicht. Wenn sie diesen buchen und so konfigurieren können, daß er Ihr operationales Setup erfüllt, kann es funktionieren.

Phase 6: Testplanung

Wenn der Standort jedoch zu einem anderen Unternehmen gehört, das Ihnen die Systembenutzung für eine begrenzte Zeit ermöglicht, falls wirklich ein Unglück passiert (es kommt häufig vor, daß gegenseitige Vereinbarungen getroffen werden, sich in einer Notlage zu unterstützen), kann es sein, daß das Unternehmen seine Aktivitäten nicht unterbrechen möchte, damit Sie Ihre Tests durchführen können. Sie sollten aber auf jeden Fall fragen.

- **Ihr operationales System:** Wenn es Zeiträume gibt, in denen das System nicht benutzt wird (beispielsweise nachts oder am Wochenende) und die Tests auf diese Zeitpunkte gelegt werden können, könnten Sie die Testdaten und -software laden, den Test ausführen und dann die operationale Umgebung wiederherstellen. Sie gehen natürlich jedesmal, wenn Sie eine operationale Umgebung laden/entladen, das Risiko ein, die Umgebung nicht rechtzeitig wiederherstellen zu können. Jede Aktivität ist jedoch anders, und wenn dies ihre einzige praktische Option ist (beispielsweise kostet alles andere sehr viel Geld), kann es funktionieren.
- **Gemietete Umgebung:** Genau, wie es Firmen gibt, die Kunden »warme Plätzchen« für den Notfall anbieten, bieten Firmen manchmal Umgebungen an, die Ihre Bedürfnisse erfüllen und die Sie mieten können, um Ihre Tests durchzuführen. Diese Wahl ist am wenigsten wünschenswert (sie ist kostspielig und den Operationen wahrscheinlich am wenigsten gemäß).

Beraten Sie sich mit dem Konfigurationsmanagement, um sicherzustellen, daß die alternativen Teststandorte die KM-Standards erfüllen.

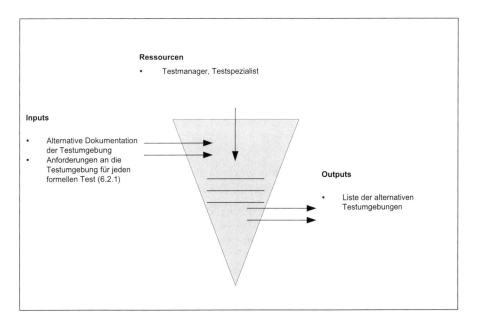

Kapitel 6

Aufgabenrichtlinien

- Es gibt keinen Bedarf, alle Optionen zu untersuchen, es sei denn, Sie glauben, die gewählte Lösung würde widerrufen werden.

6.2.4 Aufgabe: Bericht über die Testumgebung präsentieren und genehmigen lassen

In dieser Aufgabe erstellen Sie einen Bericht, der alle von Ihrem Team gesammelten Informationen enthält. Sie weisen den Bericht einem Prüfer zu und erhalten die Genehmigung, mit verwandten Planungen fortzufahren.

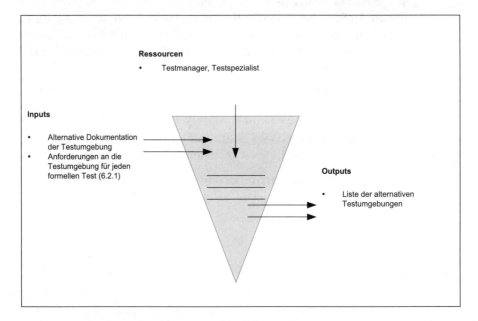

Aufgabenrichtlinien

- Nachdem eine Partition oder Integrationsumgebung definiert wurde (im Haus oder außer Haus), sollten Sie diese informell mit den ursprünglichen Vertragspartnern, den Kontaktpersonen im Haus für jede elektronische Partnerschaft und einem Mitglied des Testteams, das nicht an der Informationssammlung beteiligt war, untersuchen.

- Verteilen Sie das Deliverable an die Mitglieder der offiziellen Liste der Prüfer inklusive der Qualitätssicherung. Verteilen Sie auch eine Kopie an alle anderen Schlüsselpersonen, die Informationen geliefert haben.
- Nehmen Sie die erforderlichen Überarbeitungen vor. So entsteht die Arbeitskopie für die detaillierte Testplanung.

 Bericht über die Testumgebung vollständig. Die Qualitätssicherung prüft, ob das Deliverable zielkonform ist. Die Projektüberwachung fixiert das Deliverable und aktualisiert die Überwachungsmaße.

6.3 Anforderungen an die Testhilfswerkzeuge

Sie werden wahrscheinlich Testhilfswerkzeuge benötigen, um mit der Arbeit zu beginnen und/oder Ergebnisse einzufangen.

Die meisten Werkzeuge, die Sie für die formellen Tests benötigen, sind mit denen identisch, die für die Testentwicklung erforderlich sind. Wenn beispielsweise eine Anwendung verändert wird, um mit einem elektronischen Partner kompatibel zu sein, müssen die Entwickler und formellen Tester (von Partnern) eingehende Nachrichten erzeugen und (an Partner) ausgehende Nachrichten annehmen, um die Schnittstelle zu identifizieren. Diese Art von Werkzeug ist ein Simulator und kann im Haus entwickelt werden.

Bei Ihrer Analyse der Testhilfswerkzeuge sollten Sie versuchen, die Tests der Entwickler und die formellen Tests zu berücksichtigen. Wenn für die formellen Tests ein Werkzeug benötigt wird, ist dies für die Entwickler möglicherweise ebenfalls hilfreich. Viele Werkzeuge, die bei den Tests der Entwickler eingesetzt werden, sind auch bei den formellen Tests hilfreich, viele jedoch auch nicht. Entwickler haben spezielle Anforderungen, die eventuell für die formellen Tests nicht gelten (beispielsweise bei der Fehlersuche – sogenannte stubs – für die Repräsentation von Code, der nicht an der richtigen Stelle steht).

Aufgabenüberblick

- Im Haus verfügbare Testwerkzeuge dokumentieren
- Bedarf an Testwerkzeugen und zusätzlichen Werkzeugen identifizieren
- Quellen für Testwerkzeuge identifizieren
- Anforderungen an die Testhilfswerkzeuge präsentieren und genehmigen lassen

6.3.1 Aufgabe: Im Haus verfügbare Testwerkzeuge dokumentieren

Die zu testende Software wurde zwar bereits getestet und eingesetzt. Beim Jahr 2000-Projekt werden nur bestehende Anwendungen korrigiert, um sie Jahr 2000-konform zu machen. Es gibt deshalb ganz gute Chancen, daß Testwerkzeuge bereits im Haus verfügbar sind. Möglicherweise benötigen Sie nicht alle davon, aber es ist nützlich, sie zu ermitteln. Möglicherweise erhalten Sie dadurch einen Einblick in das, was getestet werden muß, und wie Sie testen müssen. Diese Werkzeuge können Sie bei der Entwicklung der aktuellen Testprozeduren unterstützen.

Die Testwerkzeuge werden testspezifisch sein (für die Partition oder Integration). Ein Werkzeug, das beispielsweise benötigt wird, um Daten aus einer anderen Partition zu erzeugen, wird nicht benötigt, um die Integration der Partitionen zu testen. Betrachten Sie die Werkzeuge und deren Nützlichkeit im Hinblick auf das Gesamtprojekt. Dies ist ein Punkt, in dem sich die Jahr 2000-Testplanung von der für andere, auch große Projekte unterscheidet, an denen Sie mitgearbeitet haben.

Aufgabenrichtlinien

- Sie sollten die Werkzeugdokumentation nach Systemen organisieren. Obwohl einige Werkzeuge für mehrere Systeme nützlich sein können, lassen sich die meisten nur auf das System anwenden, auf dem sie ablaufen.
- Verteilen Sie einen Fragebogen, mit dem Informationen über im Haus vorhandenen Testwerkzeuge gestellt werden, die ein Entwicklerteam für seine Jahr 2000-Arbeiten einsetzen möchte. Erbitten Sie partitionsspezifische Informationen.
- Werten Sie die Testwerkzeuge auf der Basis der spezifischen Tests aus, für die sie eingesetzt werden können. Diese Zuordnung wird sich für die Vorbereitung der Testprozeduren als nützlich erweisen.

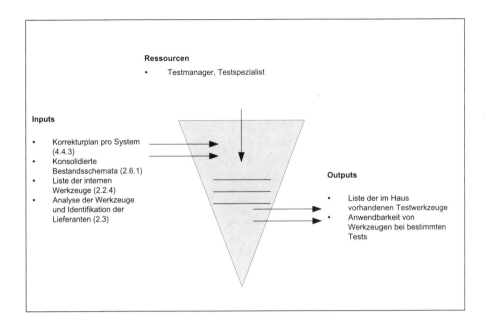

6.3.2 Aufgabe: Bedarf an Testwerkzeugen und zusätzlichen Werkzeugen identifizieren

In dieser Aufgabe überprüfen Sie die Gesamtanforderungen an jeden Test, um herauszufinden, wo Testwerkzeuge benötigt werden. Wenn für eine bestimmte Anforderung keines der bestehenden Werkzeuge identifiziert werden konnte, beschreiben Sie die Funktionen, die das Werkzeug aufweisen sollte (beispielsweise eine Schnittstelle zu einer bestimmten Anwendung oder einem elektronischen Partner gewährleisten). Beschreiben Sie außerdem, welche Testvorteile verloren gehen, wenn das Werkzeug nicht bereitgestellt werden kann. Diese Information bietet Ihnen eine Ausgangsbasis, um festzustellen, ob es sich lohnt, das Werkzeug zu entwickeln oder zu kaufen.

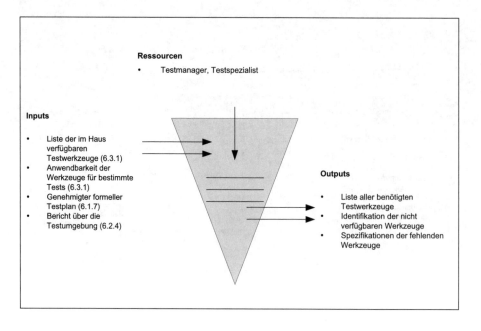

6.3.3 Aufgabe: Quellen für Testwerkzeuge identifizieren

Sie müssen Quellen für Werkzeuge identifizieren, die Sie bisher nicht lokalisieren konnten. Dafür gibt es zwei Ansätze:

- Verteilen Sie Beschreibungen zusätzlicher Testwerkzeuge an Entwickler und erbitten Sie deren Kommentare. Einige Werkzeuge existieren vielleicht oder sind bereits geplant. Wenn ein Werkzeug identifiziert werden konnte, beschließt der Entwickler vielleicht, daß es für Einheitentests benötigt wird und daß es sich leicht (und notwendigerweise) im Haus vorbereiten läßt. In beiden Fällen ist das Problem gelöst, und Sie brauchen nichts weiter zu tun, als die Lösung zu dokumentieren.

- Bei den übrigen Testwerkzeugen ohne In-Haus-Lösung müssen Sie nach verfügbaren Herstellerwerkzeugen suchen. Sie können Informationen zu passenden Werkzeugen inklusive der Preise und Verfügbarkeiten anfordern. Eventuell werden Sie die Informationen zusammen mit Ihren Entwicklern prüfen wollen. Wie bereits erwähnt, sollten fast alle Werkzeuge, die sich für die formellen Tests eignen, auch für Entwickler von Nutzen sein.

Empfehlen Sie ein Herstellertestwerkzeug, das die Anforderungen an ein Testwerkzeug erfüllt, wenn kein Werkzeug im Haus verfügbar oder dessen Entwicklung nicht geplant ist.

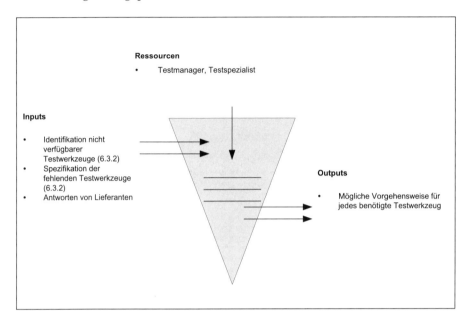

6.3.4 Aufgabe: Anforderungen an die Testhilfswerkzeuge präsentieren und genehmigen lassen

Dieses Deliverable ist im wesentlichen eine Matrix für jeden Test (Partition oder Integration), die benötigten Testwerkzeuge, eine kurze Beschreibung des Werkzeugzwecks und der Herkunft des Werkzeugs. Wenn eine Bereitstellung des Testwerkzeugs nicht im Haus nicht zu erwarten ist (d.h., es existiert bereits, oder es bestehen Pläne, dieses zu entwickeln), müssen Sie weitere Informationen liefern, wie z.B.:

- Das Risiko, das besteht, wenn das Werkzeug nicht verfügbar ist
- Eine Empfehlung für eine Bezugsadresse des Werkzeugs
- Kosten und Zeitbedarf für die Beschaffung des Werkzeugs

Die Qualitätssicherung wird das Deliverable der Anforderungen überprüfen, um sicherzustellen, daß die Matrix vollständig ist und den Anforderungen entspricht.

Kapitel 6

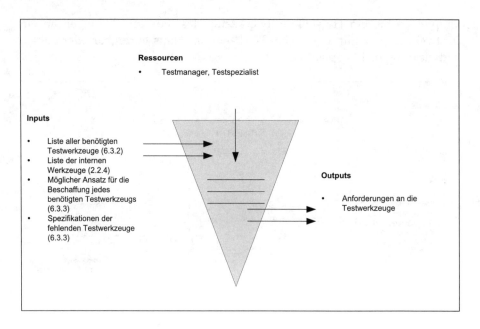

 Anforderung an die Testwerkzeuge vollständig. Die Qualitätssicherung prüft, ob das Deliverable zielkonform ist. Die Projektüberwachung fixiert das Deliverable und aktualisiert die Überwachungsmaße.

6.4 Testplan für die elektronischen Partnerschaften

Sie haben bereits zu einem früheren Zeitpunkt alle Schnittstellen für elektronische Partnerschaften definiert, die getestet werden müssen, und festgelegt, was in jedem Zertifizierungsprozeß enthalten sein muß. Nun müssen Sie genau festlegen, was im Rahmen der einzelnen Zertifizierungstests geschehen soll.

Sie müssen einen separaten Testplan für elektronische Partnerschaften für jede elektronische Partnerschaft vorbereiten. Es handelt sich dabei jeweils um separate Dokumente. Jede Zertifizierung wird unabhängig und möglichst von verschiedenen Personen durchgeführt.

Aufgabenüberblick

- Testpläne für die elektronischen Partnerschaften vorbereiten
- Testpläne für die elektronischen Partnerschaften präsentieren und genehmigen lassen

6.4.1 Aufgabe: Testpläne für die elektronischen Partnerschaften vorbereiten

Jede Schnittstelle für eine elektronische Partnerschaft muß formell getestet, d.h. zertifiziert, werden. In manchen Fällen müssen Sie zwei Zertifizierungen für eine solche Schnittstelle planen:

- Jede Partnerschaft benötigt eine Zertifizierung der überarbeiten Jahr 2000-konformen Software, die mit der Jahr 2000-konformen Software des elektronischen Partners zusammenarbeitet. Beide Seiten der Schnittstelle sollten vor Testbeginn Jahr 2000-zertifiziert sein.
- Bei einigen Partnerschaftsschnittstellen wird ein Ende der Schnittstelle vor dem anderen aktualisiert und angeschlossen. In einem solchen Fall benötigen Sie eine Brücke, um die Datenumwandlung im fliegenden Wechsel zu ermöglichen, damit die beiden Systeme weiterhin zusammenarbeiten können. Jedes System sendet und empfängt Daten in seinem aktuellen Format. Es spielt keine Rolle, ob Ihr System oder das des Partners die Umwandlung zuerst durchgeführt hat. Die Entwicklung der Brücke liegt immer in Ihrer Verantwortung. Als Sicherheitsfaktor sollten Sie überprüfen, daß die Brücke zu einem elektronischen Partner wie benötigt funktioniert. Lassen Sie die Brücke zertifizieren.

Bei der Planung der Zertifizierung von elektronischen Partnerschaften ist ein besonderer Punkt zu berücksichtigen: Die Details der Prozeduren sind im wesentlichen gleich, egal, ob Sie sie als Teil der Partitions-, Integrations- oder Systemeinsatztests nutzen. Die einzigen Unterschiede in bezug auf den Plan haben mit den Testdaten und der eingesetzten Umgebung zu tun.

Kapitel 6

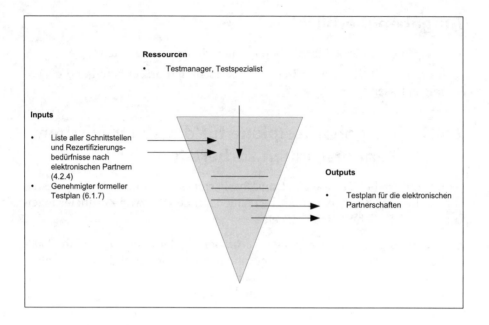

Aufgabenrichtlinien

- Falls möglich, sollten Sie das Teammitglied, das die Zertifizierungsanforderungen der Schnittstelle erkundet hat, einsetzen, um den Testplan vorzubereiten (siehe *Bericht über die Testumgebung*).
- Überarbeiten Sie den vorherigen Zertifizierungsplan und Testbericht.
- Sehen Sie alle Zertifizierungsereignisse (d.h. Partition, Integration, Systemeinsatz) für eine bestimmte Schnittstelle einer elektronischen Partnerschaft im gleichen Testplan durch. Kennzeichnen Sie die Besonderheiten jedes Ereignisses im entsprechenden Abschnitt.
- Stellen Sie den Plan – vor dem eigentlichen Zertifizierungstest – auf die Grundlage eines separat durchgeführten Partitions-/Integrationstests. Sie sollten so viele Probleme wie möglich lösen, die auf Ihrer Seite der elektronischen Schnittstelle bestehen, bevor Online-Tests mit dem elektronischen Partner stattfinden werden.
- Stellen Sie fest, ob der Plan zur Zertifizierung einer Brücke in den vergleichbaren Testplan für die elektronische Partnerschaft integriert werden kann. Im allgemeinen ist das sehr sinnvoll, weil die Prozeduren gleich sind. Es unterscheiden sich nur die Testumgebung und die Testdaten. Diese Vorgehensweise hält alles zusammen, vereinfacht den Überarbeitungs- und Korrekturzyklus und hilft Ihnen, sicherzustellen, daß Sie einen konsistenten Ansatz verfolgen.

Phase 6: Testplanung

- Führen Sie eine informelle Überarbeitung des Testplans mit einer Kontaktperson im Haus für die Partnerschaft durch. Gehen Sie außerdem, falls möglich, das, was Sie mit dem Vertreter des Partners vorbereitet haben, entweder informell telefonisch oder über den Versand eines Entwurfs durch.
- Führen Sie vor der formellen Überarbeitung eine informelle Überarbeitung mit einer Gruppe von Fachleuten durch.
- Lassen Sie die Qualitätssicherung die Konformität des Testplans mit den Plänen Ihrer Organisation, den Projektplänen, den Standards und den Verfahrensweisen überprüfen und Abweichungen verfolgen, bis eine Genehmigung durch das Projektmanagement erfolgt.

6.4.2 Aufgabe: Testpläne für die elektronischen Partnerschaften präsentieren und genehmigen lassen

Nachdem Sie die einzelnen Testpläne für die elektronischen Partnerschaften vorbereitet haben, sollten Sie diese Pläne den zuständigen Managern präsentieren und deren Zustimmung für die Implementierung einholen. Achten Sie darauf, daß die betroffenen Systembenutzer an diesen Präsentationen teilnehmen.

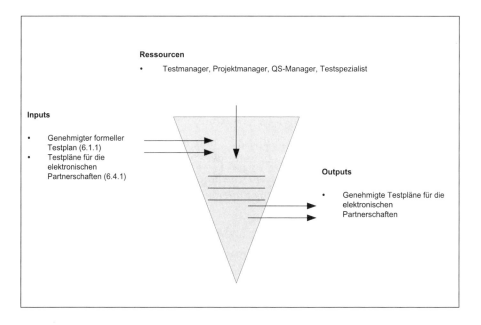

Meilenstein *Testpläne für die elektronischen Partnerschaften* vollständig. Die Qualitätssicherung prüft, ob das Deliverable zielkonform ist. Die Projektüberwachung fixiert das Deliverable und aktualisiert die Überwachungsmaße.

6.5 Beschreibung der Partitionstests und Testdaten

Dieses Deliverable liefert alle Detailinformationen, die benötigt werden, um die formellen Partitionstests durchzuführen. Diese Pläne werden parallel zu den Jahr 2000-Korrekturaufgaben vorbereitet. Der Erfolg Ihrer Jahr 2000-Konformitätsbemühungen hängt zu einem Großteil von der Gründlichkeit jedes Partitionstests ab.

Nachdem diese Testpläne entworfen sind, werden sie überarbeitet und von den hauptverantwortlichen Managern (Informationsdienst/IS und Benutzer) genehmigt, um sicherzustellen, daß sie ihren Zweck bei der Bestätigung der Jahr 2000-Konformität erfüllen.

Jedes Partitionsdokument enthält folgende Elemente:

- Eine kurze Beschreibung der Funktion jeder Partition und ihrer Gemeinde von Systembenutzern
- Ein Schema der Hardware-Umgebung für die Tests inklusive der Workstations, Drucker und Schnittstellen zu den elektronischen Partnern
- Eine Liste der Anwendungsdateien, Datenbanken und Software (COTS), die zu Testbeginn vorhanden sein müssen, und die kennzeichnet, welche Elemente verändert wurden, um Jahr 2000-Konformität zu erreichen. Die Liste sollte deutlich machen, wo jede Komponente installiert werden soll
- Eine Liste aller Brücken, Simulatoren und anderer Hardware und Software, die zur Testausführung benötigt wird
- Eine Funktionsliste aller Personen, die am Test teilnehmen (beispielsweise Qualitätssicherung, Benutzer, Testingenieure) und die Rolle aller Teilnehmer
- Die Annahmen, die dem Test zugrunde liegen
- Die Form, nach der die Testausführung erfolgen soll (beispielsweise, was geschehen soll, wenn Probleme auftauchen, wie die Prozeduren angepaßt werden sollen)

- Setzen Sie Akzeptanzkriterien ein, um zu entscheiden, ob die getestete Einheit eingeführt werden kann und entsprechende Testfälle und Prozeduren, um zu testen, ob diese Kriterien erfüllt sind. (Die vergleichbaren benötigen Platzhalter. Diese werden jedoch nur ausgefüllt, wenn sie anwendbar sind.)

Aufgabenüberblick

- Aufgaben des Testpersonals definieren
- Vorhandene Testprozeduren anpassen
- Testpersonal informieren
- Beschreibungen der Partitionstests und Testdaten vorbereiten
- Testfälle prüfen bzw. Trockenläufe der Testfälle durchführen
- Beschreibung der Partitionstests und Testdaten präsentieren und genehmigen lassen

6.5.1 Aufgabe: Aufgaben des Testpersonals definieren

Nachdem Sie nun mehr über die Testumgebung und die Testwerkzeuge wissen, müssen Sie die Auswahl der Testpersonen überarbeiten. Möglicherweise benötigen Sie für die Testumgebung oder die verschiedenen Testwerkzeuge ein größeres oder kleineres Testteam. Prüfen Sie, ob Ihr aktueller Mitarbeiterstab ausreicht, um alle benötigten Testpläne zu verfassen und die Systemeinsatzplanung zu unterstützen. Erstellen Sie im Rahmen dieses Prozesses einen vorläufigen Zeitplan für die Vorbereitung der Dokumente und eine Matrix für die Arbeitsaufteilung. Diese Matrix sollte folgendes beinhalten:

- Eine Beschreibung jedes Testplans
- Ein Zeitplan für die Vorbereitung jedes Testplans
- Eine Beschreibung des Personals, das jeden Testplan vorbereitet

Nachdem Sie diesen Zeitplan fertiggestellt und den Schätzwert für das Testpersonal überarbeitet haben, leiten Sie diesen an die Personen weiter, die den Zeitplan bzw. das Budget für den Korrekturzyklus vorbereiten (oder aktualisieren), damit diese die korrekten Zahlen in den Projektplan des Korrekturzyklus integrieren. (Vergleichen Sie hierzu die *Detailplanungsphase*.)

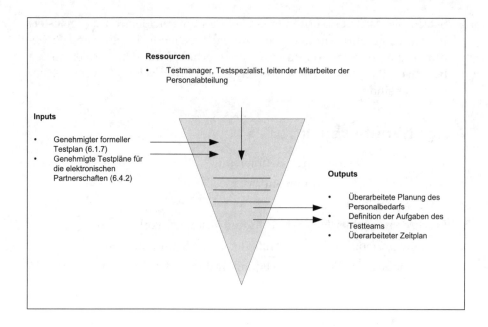

Aufgabenrichtlinien

- Es müssen nicht alle Testpläne gleichzeitig fertiggestellt, ja noch nicht einmal gleichzeitig ausgearbeitet werden. Der Zeitplan für die Vorbereitung sollte mit dem Zeitplan für die Korrektur parallel laufen, um ein kleineres Team von Mitarbeitern effizienter zu nutzen.
- Integrieren Sie die Vorbereitung aller Testpläne, die Sie vorbereiten oder an denen Sie Teilnehmen müssen (Partition, Integration, Systemeinsatz).
- Befragen Sie das aktuelle Personal, wie hoch der Aufwand für jeden Plan sein wird.
- Die Personen, die Sie aussuchen, benötigen sehr gute Schreib- und Menschenkenntnisse. Sie werden mit denjenigen zusammenarbeiten, die die Korrekturen ausführen, und den Benutzern, um festzustellen, was getestet werden soll. Sie schreiben dann die erforderlichen Schritte nieder.
- Jeder (vielleicht mit Ausnahme des Testmanagers) sollte in das Verfassen dieser Testbeschreibungen integriert werden. Die einzige Ausnahme besteht, wenn der Gesamtzeitplan so gestaltet ist, daß einige Personen an der Testausführung arbeiten und nicht schreiben. Dies wird allerdings nicht empfohlen.

- Die Verantwortung für die Fertigstellung jedes Testplans (Partition und Integration) sollte einer bestimmten Person übertragen werden. Sehr wahrscheinlich werden verschiedene Personen daran arbeiten, es sollte jedoch eine Person geben, die sämtliche Pläne prüft, Entscheidungen trifft und Fragen beantwortet, falls Probleme auftreten.

6.5.2 Aufgabe: Vorhandene Testprozeduren anpassen

Jede Organisation hat ihre eigenen Testprozeduren und sehr wahrscheinlich existiert bereits ein Muster für formelle Testdokumente. Diese können Sie als Ausgangspunkt benutzen und an die Anforderungen für die Jahr 2000-Tests anpassen. Wenn es kein Muster gibt, sollten Sie darauf achten, daß die Struktur des Testdokuments alle Abschnitte enthält, die bearbeitet werden müssen, und daß sie ordentlich präsentiert werden.

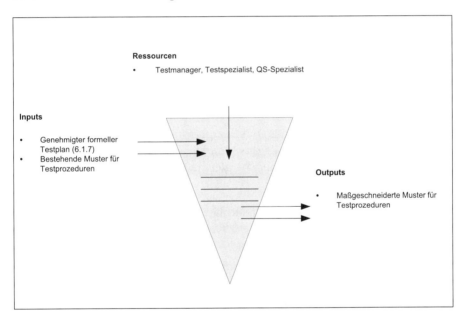

Aufgabenrichtlinien

- Bereiten Sie ein Muster für Partitions- und Integrationsprozeduren vor. Diese müssen nicht identisch sein, aber sie sollten gleich strukturiert und nach demselben Muster aufgebaut sein.
- Prüfen Sie, ob sich alle Elemente aus dem bestehenden Muster anwenden lassen.
- Prüfen Sie, was in den Mustern für die Testprozeduren enthalten sein muß, wofür es aber bisher keinen bestimmten Ort gibt (z.B. die Spezifikation der Benutzung von Brücken und elektronischen Partnerschaften). Legen Sie fest, wo diese Komponenten erscheinen sollen.
- Wenn Sie signifikante Veränderungen an einem bestehenden Muster vorgenommen haben, sollten Sie das Muster gleichgestellten Kollegen, Technikern und der Qualitätssicherung geben, um sicherzustellen, daß das Muster den Unternehmensstandards entspricht.
- Vergessen Sie nicht, die spezifischen Jahr 2000-Systemeinsatz- und Benutzerakzeptanzkriterien zu integrieren. Bei Standardprozeduren ist dies sehr häufig nicht nötig, bei Testprozeduren für Jahr 2000-Projekte jedoch schon.

6.5.3 Aufgabe: Testpersonal informieren

Sie können nun damit beginnen, das Testpersonal im Detail zu informieren. Sie sollten dazu ein Meeting für das gesamte Testpersonal abhalten, um sicherzustellen, daß alle Teilnehmer das gleiche Verständnis haben von:

- dem Jahr 2000-Problem
- dem Gesamtkorrektur- und Testzeitplan
- dem Testprozeß
- dem Muster der Testdokumente
- den Verantwortlichkeiten jeder Testperson
- den entsprechenden Richtlinien und Vorschlägen

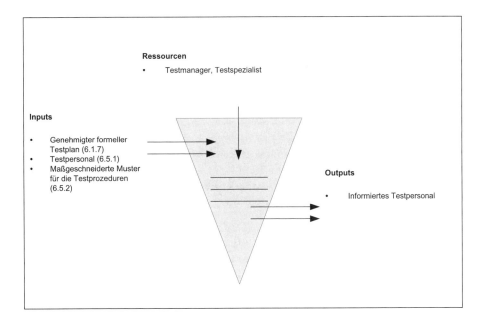

6.5.4 Aufgabe: Beschreibungen der Partitionstests und Testdaten vorbereiten

Es kann ziemlich zeitaufwendig sein, die Partitionstests und die Beschreibung der Testdaten vorzubereiten. Jahr 2000-Tests unterscheiden sich beträchtlich von normalen Softwareentwicklungstests, und zwar wie folgt:

- Fast alle Softwaresysteme, Anwendungen und Schnittstellen werden innerhalb kürzester Zeit geändert.
- Die Notwendigkeit, Zeitpläne bei der Entwicklung einzuhalten, ist noch wichtiger als sonst. Wenn die Ursache eines Problems bis zur Systemeinsatzphase oder noch schlimmer: – bis die Partition operational ist – nicht gefunden werden konnte, werden Sie es wahrscheinlich nicht wieder rückgängig machen können. Die Vorgängerversion wird wahrscheinlich für die anderen Partitionen nicht mehr gültig sein.
- Die Aktualisierung dieser Partition wurde vielleicht nicht mit einem festgesetzten Satz funktioneller Anforderungen, die erfüllt sein müssen, gestartet. Bei den Anforderungen wurde nur das Jahr 2000-Problem berücksichtigt und nicht das, was die Partition macht.

Diese Aufgabe beschreibt, wie Sie Ihren bestehenden Testplanungsprozeß an das Jahr 2000-Problem anpassen.

Anforderungen definieren

Erzeugen Sie eine Liste der spezifischen Anforderungen/Funktionen, die für jeden Top-Level-Testfall geprüft werden müssen. Sie sollten oder können keinen Testplan schreiben, ohne die Anforderungen zu kennen, die für den Test gelten. Dies ist die einzige Möglichkeit, zu wissen, daß Sie fertig sind und alles berücksichtigt haben. Sehr wahrscheinlich fallen die folgenden Dinge in Ihren Verantwortungsbereich:

- Zahlreiche Dokumente benutzen, die sich auf Ihre Partition beziehen und die bereits existieren: Die Jahr 2000-Konformitätsdefinition, die Testfälle, das Bestandsaufnahmeschema, der Korrekturplan (inklusive einer Liste der Dateien/Datenbanken, die konvertiert werden müssen) und die Benutzerhandbücher.

- Beginnen Sie mit den Testfällen, und schreiben Sie die Funktionsbereiche nieder, die Daten beinhalten könnten. Nutzen Sie Bildschirmabbildungen und Batch-Jobs, die in den Benutzerhandbüchern angegeben werden.

- Fertigen Sie eine Liste aller Testereignisse (d.h. spezifische Dinge, die Sie ausprobieren sollten) für jeden Funktionsbereich an. Vergewissern Sie sich, daß alle Bildschirme, Berichte, Jobs und Schnittstellen, die Daten beinhalten könnten (Inputs, Outputs, Sortierung, Berechnungen usw.), abgedeckt werden. Dadurch erhalten Sie einen ersten Eindruck von dem, was Ihr Test umfassen sollte. Weisen Sie jedes Testereignis einem Testfall zu. Sollte das nicht möglich sein, müssen Sie eventuell einen Testfall hinzufügen.

- Stellen Sie sicher, daß Sie im Partitionstest einen umfassenden Datenbereich berücksichtigen. Dieser Datenbereich enthält Daten, die vor in und nach dem Jahr 2000 fallen, und Schaltjahre. Folgende Daten sollten unbedingt getestet werden: 31. Dezember 1999, 1. Januar 2000, 28. Februar 2000 (Schaltjahrtest), 1. März 2000 (Schaltjahrtest), 31. Dezember 2xxx (am weitesten in der Zukunft liegendes benötigtes Datum). Bei einigen Anwendungen sind Wochentage auch kritisch. Wenn der Jahr 2000-Lösungsansatz den Einsatz eines Basisdatums beinhaltet, sollten Sie außerdem hohe/niedrige Datumsangaben in die Testfälle mitaufnehmen.

- Sorgen Sie dafür, daß die Schlüsselperson, die verantwortlich für Ihre Jahr 2000-Aktualisierung ist, prüft, welche Testereignisse Sie ausgesucht haben. Diese Person sollte neue Felder und/oder neue Funktionen, geänderte Dateien/Datenbanken, die in Ihrer Liste nicht enthalten sind usw. ergänzen. Die Einheitentests und Lower-Level-Integrationstests können Ereignisse beinhalten, die Sie auflisten sollten aber nicht müssen.

- Prüfen Sie die Testpläne für die Einheitentests und die Dokumentation der Programmveränderungen, um sicherzustellen, daß der gesamte veränderte Programmcode und die Daten getestet wurden.
- Lassen Sie Ihre Testereignisliste von Benutzern überprüfen. Diese wissen, wie sie wirklich eingesetzt wird. Möglicherweise gibt es spezielle Berichte, Datenbankabfragen, Skripte usw., die die Aktivitäten unterstützten, aber nicht in Benutzerhandbüchern auftauchen. Wenn diese Elemente Jahr 2000-Veränderungen betreffen, sollten sie berücksichtigt werden.
- Arbeiten Sie mit den Benutzern zusammen, um die Haupt-Threads durch die Partitionen festzustellen, die mit Jahr 2000-Bildschirmen, -Dateien, -Datenbanken und -Berichten zusammenhängen. Ein Thread ist eine logische Folge von Aktionen, die mit einer Gesamtfunktion korrespondieren. In formellen Tests wird sehr häufig von Threads Gebrauch gemacht, weil diese wesentlich enger damit korrespondieren, wann und wie ein System eingesetzt wird. Wenn die Partition beispielsweise Vertragsunterstützung beinhaltet, könnte ein Thread beginnen, einen neuen Vertrag niederzuschreiben, das Vertragsende aufzunehmen, datenbezogene Veränderungen vorzunehmen (beispielsweise das Vertragsende verändern) und einen Bericht zu erstellen, der nach Vertragsende geordnet ist. Diese Ereignisse werden von unterschiedlichen Software-Modulen unterstützt. Es beziehen sich aber alle auf die gleiche Information. Durch den Einsatz von Threads können Sie testen, ob das System zusammenhält.
- Achten Sie darauf, daß sich die Techniker und Benutzer, die die Testpläne überarbeiten, nicht durch die definierten Testfälle eingeschränkt fühlen. Möglicherweise ändern Sie diese noch, nachdem Sie alle Anforderungen gesammelt haben.
- Nachdem die Überarbeitung fertig ist, sollten Sie die Ereignisse in einer Anforderungsliste zusammenfassen, die von dem Testplan abgedeckt werden sollte. Stellen Sie diese Liste den Personen zur Verfügung, die die Aktualisierungen vornehmen. Deren Einheitentests müssen die genannten Ereignisse zumindest berücksichtigen.

Testdaten definieren

Wenn Sie einmal wissen, was Sie testen werden, können Sie Ihre Testdaten definieren. Dazu gehören die üblichen Elemente: Dateien und Datenbanken, die zu Beginn existieren, Dateien, die erzeugt, gelöscht oder verändert werden, temporäre Dateien, die (bei Bedarf) eingesetzt werden, und die Größe, den Inhalt und andere Merkmale der Daten. Sie haben dies bereits gemacht. Es gibt jedoch einige Jahr 2000-spezifische Punkte zu berücksichtigen:

- Die Daten zu Beginn eines Tests müssen alle passenden Datumsangaben enthalten, um das anzupassen, was Sie testen müssen.
- Ihre Datumsangaben liegen weit in der Zukunft. Einige Partitionen berücksichtigen vielleicht nur relativ beschränkte Datumsangaben, die nicht Jahre in die Zukunft reichen (beispielsweise Lohnlisten).
- Die Datumsangaben der Testdatendateien und die Datumsangaben der Feldinhalte stimmen mit dem Systemdatum möglicherweise überhaupt nicht überein. Sie werden sehr viel Unterstützung von den Entwicklern benötigen.
- Für einige Testereignisse muß das Systemdatum auf das Jahr 2000 oder später gesetzt werden (beispielsweise, wenn das Systemdatum benutzt wird, um ein Datumsfeld auszufüllen). *Versuchen Sie das nicht selbst.* Das Betriebssystem und/oder andere Pakete, die Sie benötigen, laufen dann vielleicht aus (Lizenzen) und funktionieren nicht mehr.

Der Testplan einer Partition sollte die erforderlichen Daten enthalten, desjenigen, der für ihre Entwicklung verantwortlich ist (d.h. das Testteam, diejenigen, die das System implementiert haben oder die Benutzer), und desjenigen, der die Testfälle oder Testereignisse den Dateien zuordnet. Die Testdaten können eines Ihrer größten Probleme bei Trockenlaufprozeduren sein. Die Entwickler müssen ebenfalls Testdaten für ihre Einheitentests einrichten. Koordinieren Sie Ihre Datenanforderungen mit denen der Entwickler, wenn Sie die Anforderungen definieren. Die Entwickler identifizieren vielleicht Daten, an die Sie nicht gedacht haben. Ist das der Fall, müssen Sie herausfinden, wo und wie Sie die Daten integrieren und Testereignisse für sie hinzufügen können. Die Entwickler haben möglicherweise auch Datenmerkmale weggelassen, die Sie integriert haben, und sie müssen diese in ihren Tests berücksichtigen. Dieser Bereich erfordert sehr viel Kooperationsbereitschaft.

Die Testschritte verfassen

Auch wenn Sie bereits früher Testschritte verfaßt haben, gibt es Spezialthemen in bezug auf diesen Prozeß. Bei jedem Testereignis muß explizit angegeben werden, nach welcher Jahr 2000-bezogenen Antwort gesucht werden muß (beispielsweise sollte eine in aufsteigender Reihenfolge nach Datum geordnete Datumsliste mit 00 und nicht mit 99 beginnen und Berichte sollten auf der Basis der eingegebenen Daten das korrekte Jahrhundert ausweisen). Definieren Sie Ihre Schritte, um dies klar herauszustellen.

Ansonsten sollte Ihnen dieser Prozeß ziemlich vertraut vorkommen. Sie müssen alle Anforderungen abdecken, sicherstellen, daß die Schritte klar sind, und Erfolgskriterien aufstellen.

Benutzerakzeptanzkriterien bestimmen

Wenn die Partition ohne weitere Integration in eine andere Partition eingesetzt werden soll, sollte ihr formeller Test Abmelde- und Akzeptanzaktivitäten beinhalten. Dies kann Ihrem Standardprozeß entsprechen. Wenn jedoch umfassende Änderungen an einer operationalen Anwendung und deren Daten vorgenommen wurden, sollten Sie eine spezielle Benutzerüberprüfung durchführen und deren Akzeptanzkriterien feststellen.

Wenn die Benutzer nicht am gesamten formellen Test teilnehmen, sollten Sie für die Benutzer spezielle Testfälle definieren. Diese können eine Teilmenge der anderen Testereignisse wiederholen, völlig verschieden sein oder die Testereignisse ersetzen, die für andere Testfälle eingeplant waren. Der Ansatz hängt von Ihrem Standardprozeß und dem Zeitplan ab und davon, wie kritisch die Partition ist. Sie müssen nicht bei allen Partitionen demselben Ansatz folgen. In einer großen Operation bevorzugen die verschiedenen Benutzergruppen ein unterschiedliches Engagement bei den formellen, vor dem Systemeinsatz erfolgenden Tests.

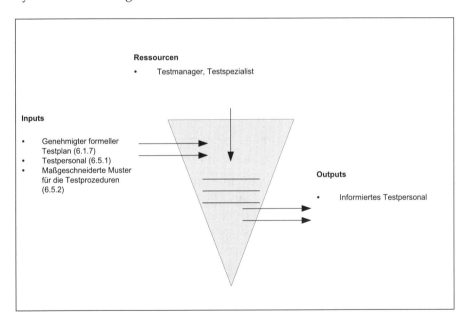

Das Dokument sollte auch einen Abschnitt enthalten, der die Kriterien für die Weiter-Stopp-Entscheidung, ob der Systemeinsatz gestartet werden sollte, berücksichtigt. In einigen Fällen ist es anspruchsvoll genug, der Partition in der operationalen Umgebung klarzumachen, daß nicht alle Testereignisse erfolgreich verlaufen müssen. Eine falsche Information in der Kopfzeile gedruckter Berichte verhindert beispielsweise den Systemeinsatz nicht, eine falsche Sortierreihenfolge der Daten eventuell schon.

Verfassen Sie die unterstützenden Abschnitte des Dokuments

Halten Sie sich an Ihr Standardmuster, wenn Sie die unterstützenden Abschnitte des Dokuments verfassen. Prüfen Sie, ob alle restlichen Informationen, die am Anfang dieses Abschnitts identifiziert wurden, irgendwo aufgenommen werden.

6.5.5 Aufgabe: Testfälle prüfen/Trockenläufe der Testfälle durchführen

Testplaner setzen das zu entwickelnde bzw. zu verändernde System häufig ein, um die Vollständigkeit und Genauigkeit der Testprozeduren zu testen. Diese Validierung tritt in der Testplanungsphase erstmals zu Tage und überschneidet sich mit Systemkorrekturaufgaben. Sie benötigen für diese Aufgabe eine Umgebung, die aktualisierte Jahr 2000-Software, Dateien/Datenbanken und Workstations, Drucker und andere Geräte beinhaltet.

Ganz am Anfang gibt es vielleicht kaum aktualisierte Funktionen, die Sie ausprobieren können, und das, was dann vielleicht existiert, besitzen einzelne Entwickler. Möglicherweise schaffen Sie es, die Entwickler davon zu überzeugen, daß sie Sie ihre Umgebung ausprobieren lassen, oder es gibt eine Entwicklungspartition, in der Sie Ihre Prozeduren ausprobieren können.

Der beste Ort, um die meisten Ihrer Schritte auszuprobieren, ist wahrscheinlich das operationale System. Der Jahr 2000-Prozeß sollte minimale Auswirkungen auf die operationalen Bildschirme, Funktionen und Berichte haben, und Sie sollten in der Lage sein, diese bei den meisten Ihrer Trockenläufe zu benutzen.

Das wichtigste ist, daß Sie die Trockenläufe in der Entwicklungsumgebung so schnell wie möglich durchführen.

Selbstverständlich müssen Sie angeben, wie und sogar ob dieser Rückmeldungsprozeß basierend auf Ihren internen Prozessen und dem Protokoll durchführbar ist. Wenn Korrekturaufgaben nach außen vergeben wurden und die überarbeitete Software noch nicht verfügbar ist, müssen die Trockenläufe am bestehenden System vorgenommen werden und die Prozeduren, die Änderungen und/oder Ergänzungen widerspiegeln, müssen auf einer Teständerungsdokumentation basieren.

Phase 6: Testplanung

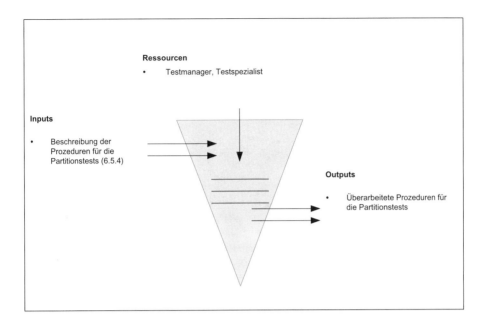

6.5.6 Aufgabe: Beschreibung der Partitionstests und Testdaten präsentieren und genehmigen lassen

Diese Aufgabe umfaßt die Präsentation und Genehmigung der verschiedenen Partitionstests und Beschreibungen von Testdaten. An diesen Präsentationen sollten alle Systembenutzer teilnehmen, die von den Testaktivitäten betroffen sein könnten.

Die Testausführung für die Partition kann sofort beginnen, nachdem Sie diese Aufgabe beendet haben.

Aufgabenrichtlinien

- Lassen Sie die Pläne vor der Präsentation durch Kollegen und Techniker überprüfen.

 Beschreibung der Partitionstests und Testdaten vollständig. Die Qualitätssicherung prüft, ob das Deliverable zielkonform ist. Die Projektüberwachung fixiert das Deliverable und aktualisiert die Überwachungsmaße.

Kapitel 6

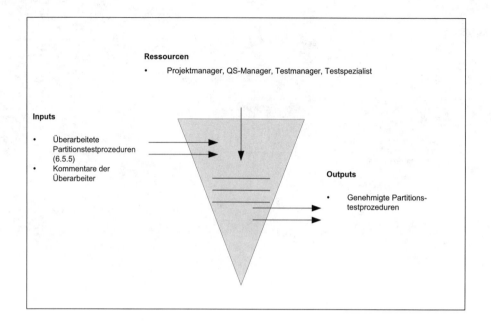

6.6 Beschreibung der Integrationstests und Testdaten

Dieses Deliverable liefert alle Infomationen, die benötigt werden, um jeden formellen Integrationstest auszuführen. Jeder Integrationstest basiert auf den Testplänen für die Partitionen, die integriert werden sollen. Es gibt für jeden Test ein separates Dokument.

Hilfe zum Format und dem Gültigkeitsbereich dieses Deliverables erhalten Sie unter *Beschreibungen der Partitionstests und Testdaten vorbereiten* (6.5.4). Die Arbeit an bestimmten Integrationstestplänen beginnt normalerweise erst dann, wenn ein Entwurf für die Testpläne der betroffenen Partitionen vorliegt.

Nachdem ein Plan entworfen wurde, wird er überarbeitet und vom Schlüsselmanagement (IS, Benutzer und Qualitätssicherung) genehmigt, um sicherzustellen, daß die Ausführung die Jahr 2000-Konformität der integrierten Einheit bestätigt.

Aufgabenüberblick

- Beschreibungen der Integrationstests und Testdaten vorbereiten
- Testfälle prüfen/Trockenläufe der Testfälle durchführen
- Beschreibung der Integrationstests und Testdaten präsentieren und genehmigen lassen

6.6.1 Aufgabe: Beschreibungen der Integrationstests und Testdaten vorbereiten

Die Methodologie, die hier präsentiert wird, entspricht der, die Sie bereits von den individuellen Partitionstestplänen her kennen. Es gibt jedoch auch neue Anforderungen, die die Datumsbezogenen Schnittstellen und funktionalen Threads über Partitionen hinweg prüfen:

- Aktualisieren Sie die Testfälle, die bereits für den Test definiert wurden, um anzuzeigen, was schließlich in den entsprechenden Partitionstestplänen enthalten war. Im allgemeinen gibt es für jeden Testfall in jeder Partition einen Integrationstestfall. Es gibt außerdem Integrationsspezifische Testfälle, um die Funktionen auszuprobieren, die sich über mehrere Partitionen erstrecken. Wenn zu einem früheren Zeitpunkt integrierte Partitionen Ihren Ausgangspunkt bilden, sollten Sie mit deren Testplänen beginnen. Bauen Sie ein, was getestet sein wird, und nun integriert wird.

- Überprüfen Sie die Anforderungen, die mit jedem Testfall der fertigen Testpläne verbunden sind. Wählen Sie eine Teilmenge dieser Anforderungen aus, die alle oder die meisten Funktionen abdeckt, die von dieser Partition unterstützt werden (oder vorher integrierte Partitionen). Nehmen Sie die erforderlichen Veränderungen vor, was das Ereignis ist und/oder welchen Erfolg das Ereignis in der weiteren, integrierten Testeinheit haben muß.

- Definieren Sie für die neuen Testfälle Anforderungen für Funktionen, die über Partitionen hinweg arbeiten. Wenn eine Partition beispielsweise Berichte erzeugt, die Daten benutzen, welche in einer anderen Partition eingegeben wurden, bestünde eine neue Anforderung darin, diese Datenbank zu aktualisieren und festzustellen, ob sie in dem bestimmten Bericht korrekt wiedergegeben wird.

- Lassen Sie die Testereignisse, die Sie sich ausgedacht haben, durch die Schlüsselperson überprüfen, die für die Jahr 2000-Aktualisierungen Ihres Bereiches verantwortlich ist. Diese Person sollte Elemente hinzufügen, die sich auf die Schnittstelle beziehen. Die Integrationstests der Entwickler beinhalten eventuell Ereignisse, die Sie aufgelistet haben sollten.

- Lassen Sie Ihre Liste der Testereignisse auch von Benutzern überprüfen. Diese wissen, wie sie wirklich verwendet wird. Möglicherweise gibt es spezielle Testberichte, Datenbankabfragen, Skripte usw., die die Aktivitäten unterstützen, die aber nicht in den Benutzerhandbüchern aufgeführt sind. Wenn diese Punkte die Jahr 2000-Änderungen betreffen, sollten Sie sie berücksichtigen.

- Arbeiten Sie mit den Benutzern zusammen, um die wesentlichen Threads über Partitionen hinweg zu definieren, die sich auf die Jahr 2000-Bildschirme, -Dateien, -Datenbanken und -Berichte beziehen. Testen Sie dann, ob diese Dinge korrekt integriert wurden.

- Stellen Sie wie in den Partitionstestplänen sicher, daß sowohl Techniker als auch Benutzer sich bei der Überprüfung nicht durch die definierten Testfälle beschränkt fühlen.

Nachdem die Überarbeitung beendet ist, sollten Sie die Ereignisse in einer Anforderungsliste zusammenfassen, die von dem Testplan abgedeckt werden sollte. Stellen Sie diese Liste den Personen zur Verfügung, die die Aktualisierungen vornehmen. Deren Einheitentests müssen die genannten Ereignisse zumindest berücksichtigen.

Testdaten definieren

Wenn Sie einmal wissen, was Sie testen werden, können Sie Ihre Testdaten definieren. Im wesentlichen sind die Dateien und Datenbanken identisch mit denen, die für die einzelnen Partitionen definiert wurden. Die größte Abweichung besteht darin, daß eine der Partitionen möglicherweise nicht konvertierte Daten mit einer Brücke zwischen der Software und der Datenbank benutzt hat. Diese Konstruktion wird häufig eingesetzt, wenn die Datenbank gemeinsam von mehreren Partitionen genutzt wird und nur eine oder einige wenige der Partitionen Jahr 2000-konform gemacht wurden. Mit der Integration wird die Brücke zur Datenbank eventuell entfernt. Sie werden dies in Ihren Daten berücksichtigen. Sie müssen eventuell auch kostspieligere oder neuere Anforderungen integrieren, um dieses Thema zu behandeln. Dieser Aspekt der Integrationsplanung bedeutet, daß die Definitionen von Daten und Anforderungen eng koordiniert werden müssen.

Wie bei den Partitionstestplänen sollte der Integrationsplan aussagen, welche Daten benötigt werden, wer für deren Entwicklung zuständig ist (d.h. das Testteam, die Personen, die die Implementierung vorgenommen haben, oder die Benutzer) und wer die Testfällle oder Testereignisse den Dateien zuordnen wird. Es sollte auch ein Partitions- und Integrationsproblem sein, Ihre Testdatenumgebung für die erforderlichen Trockenläufe vorzubereiten.

Die Testschritte verfassen

Achten Sie darauf, daß jedes Testereignis die Jahr 2000-bezogenen Antworten explizit nennt, nach denen Sie suchen. Definieren Sie Ihre Schritte, um dies deutlicher zu machen.

Benutzerakzeptanzkriterien bestimmen

Wenn die Partition ohne weitere Integration in eine andere Partition eingesetzt werden soll, sollte ihr formeller Test Abmelde- und Akzeptanzaktivitäten beinhalten. Dies kann Ihrem Standardprozeß entsprechen. Wenn jedoch umfassenden Änderungen an einer operationalen Anwendung und deren Daten vorgenommen wurden, sollten Sie eine spezielle Benutzerüberprüfung durchführen und deren Akzeptanzkriterien feststellen. Eine entsprechende Ausführung dieses Punkts finden Sie im Abschnitt *Beschreibung der Partitionstests und Testdaten präsentieren und genehmigen lassen* (6.5.6).

Verfassen Sie die unterstützenden Abschnitte des Dokuments

Halten Sie sich an Ihr Standardmuster, wenn Sie die unterstützenden Abschnitte des Dokuments verfassen. Prüfen Sie, ob alle restlichen Informationen, die am Anfang dieses Abschnitts identifiziert wurden, irgendwo aufgenommen werden.

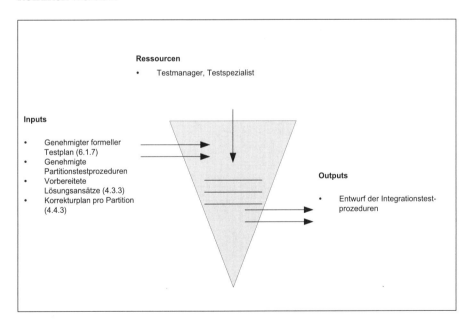

6.6.2 Aufgabe: Testfälle prüfen/Trockenläufe der Testfälle durchführen

Für viele der Testschritte wurde bereits ein Trockenlauf durchgeführt, weil sie in den vorherigen Partitionstests eingesetzt wurden. Finden Sie heraus, ob sich irgend etwas durch die Integration verändert hat. Nur Veränderungen von Prozeduren müssen getestet und verifiziert werden. Die meisten der neuen Testereignisse greifen wahrscheinlich auf bestehende Fähigkeiten der getesteten Partitionen zurück. Sie können deshalb für diese Aufgabe entweder eingeführte Anwendungen oder bestehende Testumgebungen verwenden.

Prozeduren lassen sich mit zunehmender Integration leichter verifizieren. Es ist jedoch genauso wichtig, so schnell wie möglich einen Trockenlauf in der Testumgebung durchzuführen. Achten Sie auf Probleme, und teilen Sie diese den Entwicklern mit, sobald Sie auf sie stoßen.

Basierend auf Ihren internen Prozessen und Protokollen und basierend darauf, ob die Korrekturphase außer Haus verlagert wurde und/oder die überarbeitete Software verfügbar ist, werden Sie feststellen, wie und sogar ob diese Art von Rückkopplungsprozeß durchgeführt werden kann.

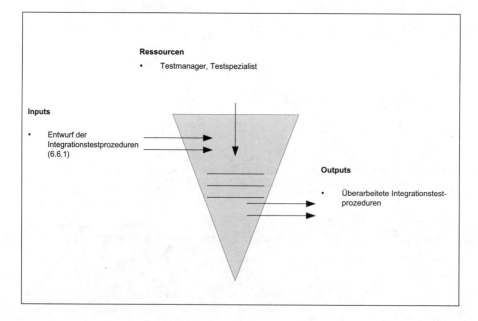

6.6.3 Aufgabe: Beschreibung der Integrationstests und Testdaten präsentieren und genehmigen lassen

Diese Aufgabe umfaßt die formelle Präsentation und Genehmigung der Integrationstests und Testdaten. Sie sollten informelle Überprüfungen durchführen, damit sich bei der formellen Präsentation nur minimale Korrekturen ergeben.

Die Techniken für die Präsentation der Integrationstestpläne ähneln denen der Präsentation der Partitionstestpläne. Der größte Unterschied besteht darin, daß die Gruppe, die die Überprüfung vornimmt, größer ist und die Präsentation selbst wichtiger ist.

Die Testausführung für Anwendungen, die integriert werden, kann jederzeit nach Beendigung dieser Aufgabe beginnen.

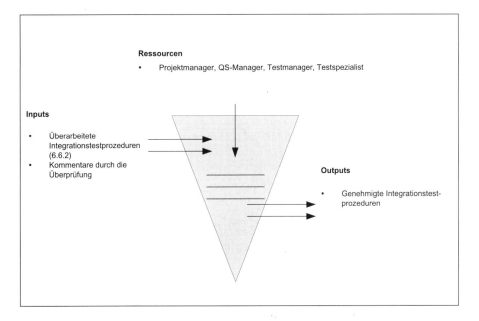

 Meilenstein *Beschreibung der Integrationstests und Testdaten* vollständig. Die Qualitätssicherung prüft, ob das Deliverable zielkonform ist. Die Projektüberwachung fixiert das Deliverable und aktualisiert die Überwachungsmaße.

Kapitel 6

Einflüsse auf das Geschäft

Die Testplanungsaufgaben werden Ihre Geschäftsprozesse kaum beeinflussen. Es wird jedoch etwas Zeit brauchen, um diesen Planungsprozeß zu beenden. Deshalb sollten Sie für diese Aufgaben sehr viel Zeit und Elan einplanen. Die Testausführungsaktivitäten werden sich auf Ihre Geschäftsprozesse wesentlich stärker auswirken.

Phasenrisiken

Potentielles Ereignis	Wahrscheinlichkeit	Einfluß	Risiko
Ein bestehendes Jahr 2000-Problem wurde in einem bestimmten Testplan nicht identifiziert	Hoch	Hoch	Hoch
Korrekturabweichung verletzt den Testplan	Mittel	Mittel	Mittel
Kein Testbett für die Testplanentwicklung verfügbar	Gering	Mittel	Mittel

Risiken in der Korrekturphase

Die Korrekturphase ist mit drei Risiken verbunden: ein Jahr 2000-Problem wurde im Testplan nicht identifiziert, eine Korrekturabweichung verletzt den Testplan, und es ist kein Testbett für die Testplanentwicklung verfügbar.

Ein bestehendes Jahr 2000-Problem wurde in einem bestimmten Testplan nicht identifiziert

Wenn ein bestehendes Jahr 2000-Problem nicht in den entsprechenden Testplan aufgenommen wurde, gibt es keinen Test, der die Korrektur dieses Problems sicherstellt. Diese Auslassung kann die erfolgreiche Beendigung Ihres Jahr 2000-Projekts gefährden. Sollte das Problem ungelöst bleiben, könnte es Ihre Einsatzbemühungen negativ beeinflussen. Schlimmer noch könnte es sich auf die Aktivitäten der Benutzer auswirken. Wenn Sie den Systemeinsatz oder die Aktivitäten eines Systems wegen eines nicht gelösten Jahr 2000-Problems abbrechen müssen, werden die Kosten für die Fehlerkorrektur wesentlich höher sein als die, die entstanden wären, wenn das Problem bereits während der Testausführung entdeckt worden wäre.

Es gibt verschiedene Möglichkeiten, dieses Risiko zu umgehen:

- Stellen Sie eine enge Kooperation zwischen den Personen her, die am der Jahr 2000-Korrekturphase beteiligt sind und denen, die die Testplanung durchführen. Das Korrekturteam sollte sich dessen bewußt sein, daß ihr Input für die Testplanung von entscheidender Bedeutung ist. Die Testplaner müssen alle Jahr 2000-Probleme vor Abschluß der Korrekturphase kennen.
- Rufen Sie einen gründlichen Protokollierungsmechanismus für Jahr 2000-Probleme ins Leben. Ihre Jahr 2000-Projektdatenbank sollte diesen Mechanismus unterstützen.
- Integrieren Sie viele Testfälle, die einem Prozeß und Daten über eine gesamte Partition hinweg, zwischen verschiedenen Partitionen und zwischen einer Partition und unveränderten Systemen folgen.

Korrekturabweichung verletzt den Testplan

Der fertige Testplan beinhaltet bestimmte Annahmen über den Korrekturzeitplan. Die Aktivitäten, die im Testplan definiert werden, hängen sehr stark von der Reihenfolge ab, in der bestimmte Systeme vorbereitet oder ersetzt werden. Wenn die Systeme nicht nach Plan korrigiert oder ersetzt werden, ist der Testplan möglicherweise nicht mehr gültig. Die Systemtests verzögern sich eventuell. Der Testplan muß möglicherweise verändert oder im schlimmsten Fall komplett ersetzt werden.

Es gibt verschiedene Möglichkeiten, dieses Risiko zu umgehen:

- Stellen Sie die fortwährende Kommunikation zwischen dem Korrekturteam und den Entwicklern der Testpläne sicher. Wie bereits erwähnt, sollten die Testplaner und die Mitglieder des Korrekturteams eine enge Kommunikation während beider Phasen unterhalten.
- Der Testplan sollte einen gewissen Grad an Flexibilität aufweisen, um Korrekturabweichungen unterbringen zu können. Versuchen Sie, die Zuweisung bestimmter Datumsangaben für den Testbeginn so lange wie möglich zu verzögern. Falls möglich sollte der Testplan nur relative Datumsangaben enthalten. Außerdem sollte dieser Plan einen Abschnitt namens »Notplan für Abweichungen vom Zeitplan« enthalten.

Nichtverfügbarkeit eines Testbetts für die Testplanentwicklung

Sie benötigen ein funktionsfähiges Testbett, um den Testplan adäquat entwickeln zu können. Wenn dieses Testbett nicht zur Verfügung steht, ist der Testplan möglicherweise unvollständig oder falsch.

Es gibt eine Möglichkeit, dieses Risiko zu umgehen:

- Stellen Sie die Verfügbarkeit eines Testbetts vor Beginn der Testplanung sicher. Wenn kein Testbett für die Testplanung verfügbar ist, sollten Sie den Beginn der Testphase hinauszögern. Wenn das Testbett längere Zeit nicht verfügbar ist, benötigen Sie Unterstützung vom gehobenen Management.

Erfolgsfaktoren

Mit dem erfolgreichen Abschluß der Testplanung haben Sie folgende Schritte ausgeführt:

Erfolgsfaktor	Deliverable
Sie haben den Top-Level-Plan zum Test des veränderten Systems inklusive einer Top-Level-Beschreibung der Testfälle und Testdaten entwickelt und eine Genehmigung dafür erhalten	Beginn der Testplanungs- und ausführungsphase
Sie haben sich vergewissert, daß die formellen Testereignisse alle veränderten Systeme beinhalten, auch die, die von Vertragspartnern verändert wurden	Beginn der Testplanungs- und -ausführungsphase
Sie haben sichergestellt, daß Integrationstests für bereits getestete Einheiten geplant werden und daß ein Zeitplan dafür aufgestellt wird	Beginn der Testplanungs- und -ausführungsphase
Sie haben einen Plan für die Akquisition von Personal, das die Testaktivitäten unterstützen soll, entwickelt und ausführt	Beginn der Testplanungs- und -ausführungsphase
Sie haben überprüft, ob der Top-Level-Testplan die Validierung der Tests enthält, die von den Vertragspartnern durchgeführt werden	Beginn der Testplanungs- und -ausführungsphase
Sie haben Anforderungen an die Testumgebung entwickelt	Bericht über die Testumgebung
Sie haben bestehende und alternative Testumgebungen identifiziert	Bericht über die Testumgebung
Sie haben die Zertifizierungsanforderungen der elektronischen Partner identifiziert	Bericht über die Testumgebung
Sie haben Anforderungen an die Testhilfswerkzeuge für bestimmte Testentitäten definiert	Anforderungen an die Testhilfswerkzeuge

Phase 6: Testplanung

Erfolgsfaktor	Deliverable
Sie haben Testwerkzeuge identifiziert, die intern verfügbar sind und solche, die erst erworben werden müssen	Anforderungen an die Testhilfswerkzeuge
Sie haben Testpläne für elektronische Partnerschaften entwickelt	Testplan für die elektronischen Partnerschaften
Sie haben detaillierte Testpläne für jedes Partitionstestereignis entwickelt inklusive der Details, was getestet werden soll und wie die Ergebnisse ausgewertet werden sollen, um Jahr 2000-Konformität und Kundenzufriedenheit sicherzustellen	Beschreibung der Partitionstests und Testdaten
Sie haben geprüft, ob in jedem Partitionstestplan die Jahr 2000-Ziele, ein Zeitplan, der alle formellen Testereignisse beinhaltet, und eine Beschreibung der erforderlichen Fähigkeiten der Mitarbeiter und Werkzeuge enthalten sind	Beschreibung der Partitionstests und Testdaten
Sie haben für jeden Partitionstest Testkriterien definiert	Beschreibung der Partitionstests und Testdaten
Die Benutzer haben zugestimmt, daß sich die Partitionstestereignisse und Kriterien gut eignen	Beschreibung der Partitionstests und Testdaten
Sie haben alle Partitionstestfälle geprüft	Beschreibung der Integrationstests und Testdaten
Sie haben eine umfassende Integrationsstrategie für das Testen inklusive aller elektronischen Partnerschaften, Datenumwandlungen und Jahr 2000-Konformitätsprobleme aufgestellt	Beschreibung der Integrationstests und Testdaten
Sie haben eine Integrationsfolge in Übereinstimmung mit einer Gesamtintegrationsstrategie definiert	Beschreibung der Integrationstests und Testdaten
Sie haben detaillierte Testpläne für jedes Integrationstestereignis inklusive der Details entwickelt, was getestet werden soll und wie die Ergebnisse ausgewertet werden sollen, um Jahr 2000-Konformität und Erfüllung der Kundenanforderungen zu erzielen	Beschreibung der Integrationstests und Testdaten

Kapitel 6

Erfolgsfaktor	Deliverable
Sie haben sichergestellt, daß in jedem Integrationstestplan Ihre Jahr 2000-Ziele, ein Zeitplan, der alle formellen Testereignisse beinhaltet, eine Beschreibung der benötigten Fähigkeiten der Mitarbeiter und Werkzeuge enthalten sind	Beschreibung der Integrationstests und Testdaten
Sie haben für jedes Integrationstestereignis Testkriterien definiert	Beschreibung der Integrationstests und Testdaten
Sie haben die Zustimmung der Benutzer eingeholt, daß die Integrationstestereignisse und -kriterien adäquat sind	Beschreibung der Integrationstests und Testdaten
Sie haben alle Integrationstestfälle verifiziert	Beschreibung der Integrationstests und Testdaten
Sie haben die Phasenrisiken und mögliche Ansätze zur Risikominderung identifiziert	Alle Deliverables
Sie haben die Deliverables identifiziert, die während dieser Phase entwickelt wurden	Alle Deliverables
Sie haben passende Kommunikationsschnittstellen in Ihrer gesamten Organisation benutzt, um die Aufgabe dieser Phase zu unterstützen	Alle Deliverables
Sie haben die Aufgaben dieser Phase an verschiedene Gruppen in Ihrer Organisation delegiert und sichergestellt, daß diese Aufgaben die Zustimmung des Managements hatten	Alle Deliverables
Sie haben die Deliverables identifiziert, für die jede Gruppe verantwortlich war, und sichergestellt, daß die Verantwortung für das Deliverable von jeder Gruppe übernommen wurde	Alle Deliverables
Sie haben die Meilensteine für die Erfüllung der Aufgaben dieser Phase identifiziert	Alle Deliverables
Sie haben an den Meilensteinen die Grenzwerte identifiziert, bei deren Überschreiten korrektive Maßnahmen ergriffen werden	Alle Deliverables
Sie haben Meßwerte benutzt, um anhand der Meilensteine den Fortschritt zu überwachen und zu messen	Alle Deliverables
Sie haben sichergestellt, daß jede verantwortliche Gruppe den Zeitplan für die Fertigstellung dieser Phase akzeptiert und eingehalten hat	Alle Deliverables

Weiterführende Informationen

Die folgende Liste nennt Materialien im Anhang, denen Sie weitere Informationen über diese Phase Ihres Jahr 2000-Konformitätsprojekts entnehmen können:

- Anhang A, Problemdefinitionskatalog
- Anhang B, Lösungsansätze
- Anhang D, Beispielpräsentationen
- Anhang F, Übersicht über die Schlüsselaufgaben
- Anhang H, Integrierter Projektplan
- Anhang I, Jahr 2000-Risikomanagement
- Glossar

Phase 7: Testausführung

Ziele:

- Prüfen, ob alle zugehörigen Entwicklung- und Testvorbereitungen vollständig sind
- Jede Partition (d.h. »Implementierungs-Entität«) komplett testen, einschließlich Brücken und Datenumwandlungen
- Endbenutzer in die Testausführung einbeziehen
- Endgültige Vereinbarungen über die Fremdherstellerkonformität und/oder Brückendefinitionen aushandeln
- Akzeptanz der Endbenutzer für jede konforme Partition gewinnen

Die Testausführung ist die Phase, in der Sie die Tests tatsächlich durchlaufen lassen, die Sie während Ihres Jahr 2000-Projekts so sorgfältig vorbereitet haben. Obwohl diese Phase hohe Anforderungen stellt, kann sie auch ein nicht unbeträchtliches Maß an Befriedigung bringen.

Systemtests durchführen

Die Ausführung der Jahr 2000-Tests unterscheidet sich beträchtlich von anderen Testvorhaben. Der Schlüssel zur Testausführung besteht darin, den rechten Ausgleich zwischen dem Risiko und der Vollständigkeit zu finden. Sie können das Risiko verringern, indem Sie Einfluß auf die Fremdhersteller und Produkte ausüben, die Ihrer Kontrolle unterliegen. Sie werden jede Partition einzeln als Einheit testen. Sie werden viele Gruppen testen, die aus den einzelnen Partitionen zusammengesetzt sind. Sie werden Gruppen testen, die aus mehreren kleineren Gruppen zusammengesetzt sind. Schließlich werden Sie unternehmensweite Tests durchführen. Es kann sein, daß Sie jedes System und jede Schnittstelle in Ihrer Organisation testen müssen. Lassen Sie sich jedoch nicht von dem scheinbar enormen Umfang der Testaufgaben überwältigen. Sie können Ihre Testziele erreichen, wenn Sie schrittweise vorgehen und jeden Test auf dem vorangegangenen aufbauen.

Kapitel 7

Bei den meisten Projekten zur Systementwicklung und Systemwartung folgt auf die Erstellung oder die Änderung des Systems eine kleine Anzahl formeller Tests, die zeigen sollen, daß alle Systemanforderungen erfüllt sind. Nachdem diese Tests durchgeführt sind, prüft der Benutzer den Erfolg der Tests, akzeptiert das System und stimmt seinem Einsatz zu.

Während der Testplanung haben Sie Deliverables erstellt, die alle Testpläne des Jahr 2000-Projekts enthalten. Im Gegensatz dazu gehört jedes Deliverable, das während der Testausführung definiert wird, zu einem einzelnen Testplan. Tatsächlich werden Sie die Deliverables, die in dieser Phase definiert werden, wiederholt erstellen, und zwar für jeden Testplan, der in der Testplanung definiert ist, einen separaten Satz von Testausführungs-Deliverables. Wenn beispielsweise das Jahr 2000-Projekt eines Unternehmens drei Partitionen definieren würde, hätten Sie drei separate Testpläne. Außerdem hätten Sie Integrationstestpläne, um zu prüfen, ob die Partitionen wie erfordert zusammenarbeiten. Die Deliverables der Testausführung und die Aufgaben, die später in diesem Kapitel definiert werden, werden für jeden einzelnen Partitionstest und für die Integrationstests benötigt, da jeder Test über seine eigenen Ziele, Testfälle, Benutzerunterschriften usw. verfügt.

Jeder Systemtest, der in einem Satz von Testausführungs-Deliverables definiert wird, wird als eigenständiges Ereignis ausgeführt. Die Jahr 2000-Projektmanager und -Testmanager müssen einen umfassenden Zeitplan entwickeln und überwachen, der diese gesamten formalen Tests enthält. Viele Systemtests werden gleichzeitig ausgeführt werden. Viele werden den Implementierungsmaßnahmen gleichen.

Kosten — Die Kosten für die Ausführung aller Tests während der Testplanung und der Testausführung sollten maximal 30 Prozent der Gesamtkosten des Jahr 2000-Projekts betragen.

Wieviel Zeit? — Die Zeit für Testaufgaben während der Testplanung und Testausführung sollte etwa 39 Prozent des gesamten Zeitaufwands des Jahr 2000-Projekts betragen.

Zusammenfassung der Deliverables

Dieser Abschnitt faßt die Deliverables für diese Phase des Jahr 2000-Konformitätsprojekts zusammen. Der Abschnitt *Deliverables, Aufgaben und Abhängigkeiten*, welchen Sie später in diesem Kapitel finden, enthält detaillierte Beschreibungen jedes Deliverables und der zugehörigen unterstützenden Aufgaben.

Bericht über den formellen Trockenlauf

Idealerweise sollte jeder Systemtest vor seiner Ausführung eine »Kostümprobe« durchlaufen. Dadurch kann der Testleiter die Korrektheit und Vollständigkeit des Tests prüfen. Außerdem ermöglicht es diese Art von »Trockenlauf« den Testern, Überraschungen während des formellen, beaufsichtigten Tests zu vermeiden. Das Deliverable *Bericht über den formellen Trockenlauf* führt die Ergebnisse des Trockenläufe im Detail auf. Weil der Hauptzweck des formellen Tests darin besteht festzustellen, ob die Partition einsatzbereit ist, sollten Sie immer einen Trockenlauf der gesamten zugehörigen Testprozeduren durchführen, um sicherzustellen, daß das System, die Prozeduren und Tester einsatzbereit sind. Dies gilt unabhängig davon, ob der formelle Test beaufsichtigt wird oder nicht. Alle gründlichen Trockenläufe dieser Art sollten zu einem Bericht führen, der die notwendigen Änderungen der Prozeduren dokumentiert und als Referenz dient, falls während des tatsächlichen Tests Probleme auftreten. In der Praxis dient der Bericht über den formellen Trockenlauf auch dazu, das Testteam vor Kritik zu schützen, falls beim formellen Testen Probleme auftauchen. Der Bericht zeigt, daß Sie alles Notwendige getan haben, um sicherzustellen, daß Sie und das System für den Test bereit waren.

Besprechung über den Teststart

Das Deliverable *Besprechung über den Teststart* vermittelt den Testteilnehmern folgende Informationen:

- Einen Überblick über die Systemattribute und/oder -funktionen, die Gegenstand des Tests sein werden
- Eine Beschreibung der Testumgebung
- Eine Klärung der Rollen der Testteilnehmer
- Eine Liste der spezifischen Testprozeduren
- Eine Zusammenfassung der Probleme, die während des Tests auftreten können. Diese Probleme wurden während des Trockenlaufs identifiziert

Bericht über die Testausführung

Das Deliverable *Bericht über die Testausführung* dokumentiert die Ereignisse während des formellen, beaufsichtigten Tests. Dieser Bericht enthält:

- Eine Liste der Testteilnehmer
- Den Zeitplan, nach dem der Test ausgeführt wurde

- Eine Liste aller Probleme, die während des Tests auftraten
- Prüfung und Bestätigung des Tests durch den Benutzer in Form einer Benutzerunterschrift
- Die Ergebnisse der Benutzerentscheidung, weiterzumachen oder nicht weiterzumachen

Bericht über die Zertifizierung der elektronischen Partner

Das Deliverable *Bericht über die Zertifizierung der elektronischen Partner* beschreibt die Ergebnisse der Tests, die zur Rezertifizierung der elektronischen Partnerschaften führen sollen.

Deliverables, Aufgaben und Abhängigkeiten

Diese Deliverables bilden die formelle Dokumentation jedes Testausführungszyklusses. Auch wenn sie manchmal nur die Ereignisse eines einzelnen Tages abdecken, enthalten Sie ein unverzichtbares Element zwischen der Systemänderung und dem Systemeinsatz, nämlich die Unterschrift, mit welcher der Benutzer dem Systemeinsatz zustimmt.

7.1 Bericht über den formellen Trockenlauf

Ein Trockenlauftest stellt sicher, daß die Entwickler die korrekten Versionen aller Daten und der Software bereitgestellt haben, daß diese den Anforderungen gemäß funktionieren und daß Ihre Testprozeduren als ganze korrekt arbeiten. Mehrere Jahr 2000-Fragen beeinflussen die Entscheidung darüber, ob Sie vor einem bestimmten formellen Partitions- oder Integrationstest einen Trockenlauf durchführen:

- Wenn Sie sehr viele Tests ausführen müssen (und viele bereits erfolgreich durchgeführt wurden) und dieser Test relativ einfach ist, kann ein Schreibtischtest ausreichen. In einigen Jahr 2000-Umgebungen kann dieser Ansatz angemessen sein, insbesondere wenn Ihr Standardverfahren nicht in allen Fällen einen Trockenlauf erfordert.

Phase 7: Testausführung

- Die Vorbereitung und die Ausführung des Tests dauern sehr lange, und die Testumgebung kann nicht zweimal für diese Aufgabe bereitgestellt werden. Trockenläufe können teuer sein. Wenn sehr viele Tests durchgeführt werden müssen, kann der Zeit- und Personalaufwand für Trockenläufe zu groß sein.
- Das Management verlangt, daß Sie auf den Trockenlauf verzichten. Falls dies der Falle ist, sollten Sie Ihre Checkliste zur Testvorbereitung noch gründlicher durchgehen, um sicherzustellen, daß der Test durchführungsbereit ist. Obwohl Sie diese Prüfung Ihres Testplans auch sonst durchführen (beispielsweise ob die Umgebung die Anforderungen erfüllt, ob die Daten und die Software vorhanden sind usw.), müssen Sie, wenn Sie keinen Trockenlauf durchführen, um Lücken zu entdecken, diesem Abschnitt des Plans und seiner Ausführung mehr Aufmerksamkeit widmen.

Obwohl es einige Gründe dafür gibt, keine Jahr 2000-Testtrockenläufe auszuführen, sind Trockenläufe in den meisten Fällen angebracht. Schätzen Sie die Risiken ab, die mit jedem Test verbunden sind, und wägen Sie diese gegen den Aufwand für den Trockenlauf ab. Wegen der Komplexität des Gesamtprojekts und der Anzahl der Tests, die ausgeführt werden müssen, sollten Sie Trockenläufe durchführen, wann immer dies machbar ist, wenigstens jedoch für kritische Partitions- und Integrationstests, die während der frühen Stufen des Systemeinsatzes ausgeführt werden.

Aufgabenüberblick

- Trockenlauf durchführen
- Bericht über den formellen Trockenlauf präsentieren und genehmigen lassen

7.1.1 Aufgabe: Trockenlauf durchführen

Diese Aufgabe umfaßt folgende Aktivitäten:

- Legen Sie die Teilnehmer fest. Wenn es in Ihrer Organisation bereits festgelegte Verfahren für die Durchführung von Trockenläufen gibt, sollten Sie diese befolgen. Falls möglich, sollte nur eine minimale Anzahl von Personen an dem Trockenlauf teilnehmen. Die Teilnehmer sollten jedoch wissen, worauf sie achten müssen und wie mögliche Probleme dokumentiert und/oder gelöst werden sollten.
- Lassen Sie alle notwendigen Komponenten (beispielsweise Software und Daten) einschließlich Brücken und Testwerkzeuge installieren.

- Prüfen Sie, ob die Anforderungen für den Testbeginn erfüllt sind.
- Führen Sie den Test aus, und dokumentieren Sie alle Probleme.
- Die Entscheidung, ob der formelle Test ausgeführt werden wird oder nicht, wird auf den Ergebnissen des Trockenlaufs und den gefundenen Problemen basieren. Wenn Sie entscheiden weiterzumachen, werden die Probleme in das *Besprechung über den Teststart* aufgenommen.

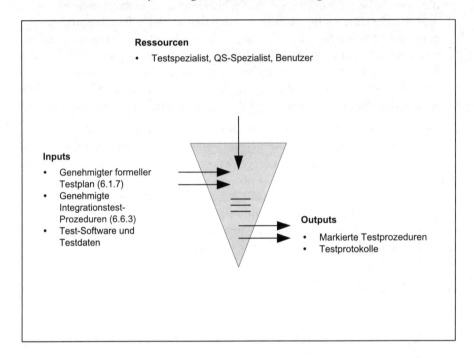

Aufgabenrichtlinie

Die Person, die den Testplan erstellt hat, sollte den Trockenlauf anleiten.

7.1.2 Aufgabe: Bericht über den formellen Trockenlauf präsentieren und genehmigen lassen

Diese Aufgabe umfaßt die Präsentation der Informationen, die während des Trockenlaufs gesammelt wurden, und die Entscheidung darüber, ob die Bedingungen für die Durchführung des formellen Tests erfüllt sind:

Phase 7: Testausführung

- Begutachten Sie die überarbeiteten Prozeduren (Setup und Test), und stellen Sie sicher, daß die Probleme geklärt sind.
- Schätzen Sie die gefundenen Probleme ab, um die Entscheidung über die Durchführung des formellen Test zu fällen. Falls Sie empfehlen, den formellen Test nicht durchzuführen, sollten Sie den Jahr 2000-Projektmanager an der Entscheidung beteiligen, weil diese Entscheidung einen wesentlichen Einfluß auf den Zeitplan des gesamten Projekts haben kann.
- Wenn Sie die Entscheidung fällen, den formellen Test durchzuführen, müssen die Probleme dokumentiert und in das *Besprechung über den Teststart* aufgenommen werden.
- Wenn Sie die Entscheidung fällen, den formellen Test aufzuschieben (weil es Probleme beim Setup, bei der Software oder bei der Datenumwandlung gegeben hat), versuchen Sie abzuschätzen, was Sie benötigen, damit der Test durchgeführt werden kann.

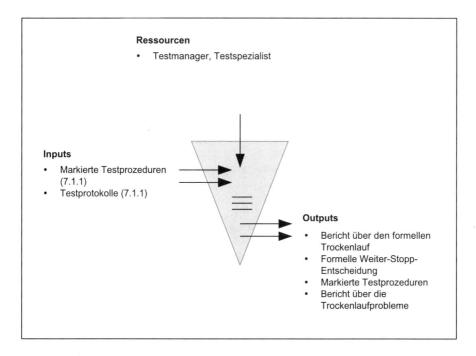

Aufgabenrichtlinien

- Stellen Sie sicher, daß alle Jahr 2000-bezogenen Probleme und -Änderungen klar beschrieben sind.
- Lassen Sie sich von den Entwicklern Lösungsvorschläge unterbreiten. Sie können Ihnen helfen abzuschätzen, wie lange die Korrektur dauern wird, falls Sie entscheiden, den formellen Test aufzuschieben.

Bericht über den formellen Trockenlauf vollständig. Die Qualitätssicherung prüft, ob das Deliverable zielkonform ist. Die Projektüberwachung fixiert das Deliverable und aktualisiert die Überwachungsmaße. Das Konfigurationsmanagement prüft, ob die Änderungen der Jahr 2000-Projektdatenbank den KM-Prozeduren gemäß durchgeführt werden.

7.2 Besprechung über den Teststart

Ehe Sie mit einem formellen Test beginnen, sollten Sie im allgemeinen eine Besprechung über die Testbereitschaft abhalten. Diese Besprechung soll dem Testpersonal einen Gesamtüberblick über die Aktivitäten in dieser Phase geben.

Aufgabenüberblick

- Besprechung über die formelle Testausführung vorbereiten
- Besprechung über den Test der elektronischen Partner vorbereiten

7.2.1 Aufgabe: Besprechung über die formelle Testausführung vorbereiten

Sie sollten folgende spezifischen Jahr 2000-Probleme in die Besprechung einschließen:

- Identifizieren Sie die zu testenden Bereiche, die bereits vorher getestet wurden (anwendbar bei Integrationstests). Dies ist notwendig, um die Meßwerte zu sammeln, durch welche die Probleme charakterisiert werden, die während des formellen Tests auftreten.

Phase 7: Testausführung

- Identifizieren Sie bekannte Probleme, die während des Tests auftreten werden. Wenn beispielsweise in einigen Berichtsformaten immer noch 19 statt des korrekten Jahrhunderts erscheint, ist dies möglicherweise nicht wichtig genug, um den Test oder sogar den Systemeinsatz zu verschieben, aber es sollte bei Beginn des Tests bekannt sein.
- Weisen Sie darauf hin, daß dieser Test zu einer Entscheidung über den Systemeinsatz führen wird, und fassen Sie die Teile des Tests zusammen, welche die Grundlage für diese Entscheidung bilden.

Diese Themen ergänzen Ihre normalen Besprechungsthemen zur Testvorbereitung (beispielsweise Testteilnehmer, Zeitplan).

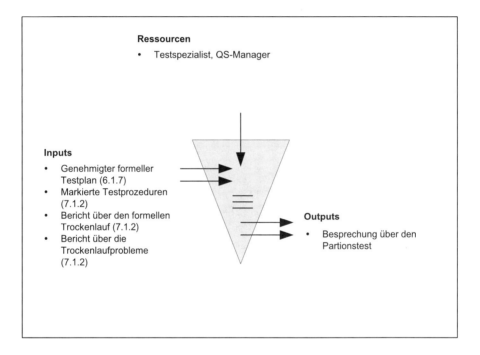

7.2.2 Aufgabe: Besprechung über den Test der elektronischen Partner vorbereiten

Sie müssen eine Besprechung vorbereiten, die Ihre Vorgehensweise für das Testen der Schnittstellen zu Ihren elektronischen Partnern zusammenfaßt. Sie sollten die Testteilnehmer, den Testzeitplan usw. identifizieren. Es ist wichtig, die Kommunikationswege klar zu definieren, auf denen Sie den Hauptkontakt zu Ihren verschiedenen elektronischen Partnern aufrechterhalten wollen. Sie sollten die Arten von Problemen behandeln, die dabei auftreten können, und Methoden zu deren Lösung diskutieren.

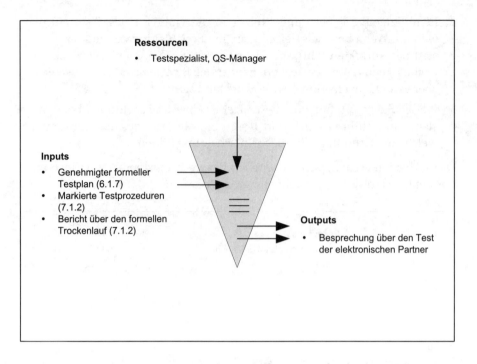

 Meilenstein *Besprechung über den Teststart* vollständig. Die Qualitätssicherung prüft, ob das Deliverable zielkonform ist. Die Projektüberwachung fixiert das Deliverable und aktualisiert die Überwachungsmaße. Das Konfigurationsmanagement prüft, ob die Änderungen der Jahr 2000-Projektdatenbank den KM-Prozeduren gemäß durchgeführt werden.

7.3 Bericht über die Testausführung

Der *Bericht über die Testausführung* beschreibt alle Aktivitäten, die mit der Ausführung des formellen Tests zusammenhängen.

Aufgabenüberblick

- Testumgebung einrichten
- Besprechung über den Teststart durchführen
- Testprozeduren durchführen
- Testdokumentation und den Testbericht erstellen

7.3.1 Aufgabe: Testumgebung einrichten

Die spezifischen Aktivitäten während der Ausführung eines bestimmten formellen Tests werden in dem zugehörigen Deliverable mit der Testbeschreibung und den Testdaten beschrieben. Falls vorher ein Trockenlauf stattgefunden hat, sollte diese Aufgabe relativ glatt ausgeführt werden können. Falls diese Prozeduren zum ersten Mal ausgeführt werden, sollten Sie alle Unterschiede zwischen den geplanten und den tatsächlich ausgeführten Aktivitäten dokumentieren und angeben, ob die Dateien oder die installierte Software geändert wurde.

Das Konfigurationsmanagement kann Sie bei der Einrichtung von Komponenten der Testumgebung unterstützen.

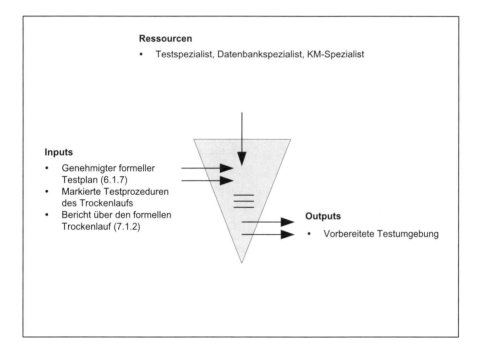

Aufgabenrichtlinie

- Wenn Sie aufgrund des Trockenlaufs Aufgaben geändert haben, beachten Sie besonders diese Änderungen.

7.3.2 Aufgabe: Besprechung über den Teststart durchführen

Dies ist die formelle Zusammenkunft aller Testteilnehmer einschließlich der Benutzer, die nur den Teil des Tests beobachten dürfen, der für die formelle Abnahme und Unterschrift maßgebend ist. Es ist wichtig, daß jeder versteht, was der Test erweisen soll. Am Ende der Besprechung sollte der Konsens erreicht sein, den Test durchzuführen.

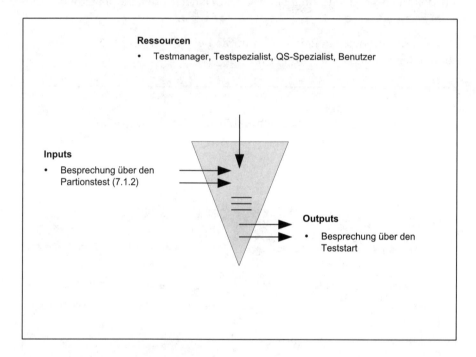

Aufgabenrichtlinie

- Obwohl Sie möglicherweise viele solcher Informationsveranstaltungen abhalten, sollten Sie die tatsächliche Besprechung nicht auslassen. Die formelle Besprechung hat auch den Zweck, die Verantwortung jedes einzelnen für die übertragenen Aufgaben zu betonen.

7.3.3 Aufgabe: Testprozeduren durchführen

Führen Sie die Prozeduren durch, dokumentieren Sie alle Probleme, und markieren Sie die Änderungen, die Sie während der Ausführung gemacht haben. Wenn die Testergebnisse zufriedenstellend ausfallen, holen Sie sich die Zustimmung und die Unterschrift für den Einsatz des Systems.

Alle Jahr 2000-spezifischen Faktoren des Tests sollten im Testplan und den Prozeduren vermerkt sein. Die Ausführung von Jahr 2000-Tests unterscheidet sich nicht von anderen formellen Tests, ausgenommen daß dabei – abhängig von dem betroffenen Einsatzbereich im Jahr 2000-Prozeß – eine größere Anzahl von Anwendungen involviert sein kann.

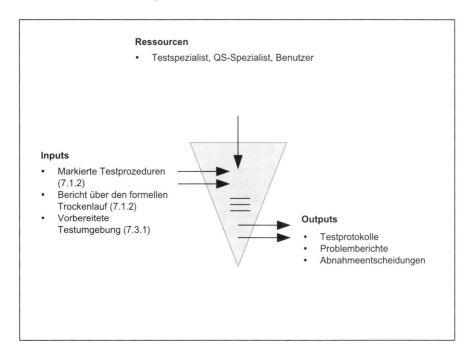

Aufgabenrichtlinien

- Wenn ein Trockenlauf und diese Testausführung unerwartete Abweichungen vom Plan ergeben haben, sollten Sie alle Änderungen komplett dokumentieren. Dahinter könnten sich Probleme der Datumsverarbeitung oder der Datenbankumwandlung verbergen.

- Dokumentieren Sie alle Abweichungen und/oder Probleme. Versuchen Sie außerdem, die Jahr 2000-bezogenen Probleme nach ihrem Einfluß auf die Entscheidung, die Arbeit fortzuführen, zu kategorisieren. Die entsprechenden Kriterien sollten bereits bei der Entwicklung der Testprozeduren identifiziert worden sein.
- Abhängig vom Qualitätssicherungsplan für dieses Projekt ist es wahrscheinlich, daß ein QS-Spezialist die Testausführung überwacht.

7.3.4 Aufgabe: Testdokumentation und den Testbericht erstellen

Alle wichtigen Testergebnisse müssen in der Jahr 2000-Projektdatenbank gespeichert werden. Die Dokumentation der Testergebnisse sollte folgende Komponenten umfassen:

- Protokolle
- Problemberichte
- Abnahmeerklärungen
- Geänderte/überarbeitete Prozeduren
- Hardcopy-Output

Zusätzlich sollten Sie einen Bericht über den formellen Test schreiben, der die Aktivitäten, die Teilnehmer und die Ergebnisse zusammenfaßt. Wenn Sie bereits über ein Format für einen solchen Bericht verfügen, sollten Sie zusätzlich folgende Jahr 2000-spezifischen Testergebnisse in den Bericht aufnehmen:

- Kategorisieren Sie die Probleme nach *Jahr 2000/Nicht-Jahr 2000*.
- Kategorisieren Sie die Probleme nach *neu aufgetreten/stammen von vorher getesteten Partitionen*.
- Entscheidungen über den Systemeinsatz, wobei Sie Abhilfemaßnahmen für etwaige Probleme mangelnder Konformität angeben.

Aufgabenrichtlinie

- Stellen Sie sicher, daß der Jahr 2000-Projektmanager und der Qualitätssicherungsmanager über alle Jahr 2000-Probleme informiert sind, insbesondere wenn die Probleme bei einer Software entdeckt wurden, die vorangegangene Tests bestanden hat.

Phase 7: Testausführung

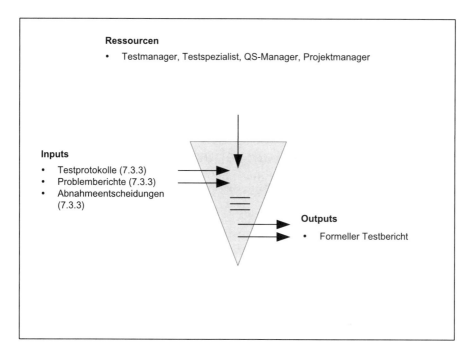

 Bericht über die Testausführung vollständig. Die Qualitätssicherung prüft, ob das Deliverable zielkonform ist. Die Projektüberwachung fixiert das Deliverable und aktualisiert die Überwachungsmaße. Das Konfigurationsmanagement prüft, ob die Änderungen der Jahr 2000-Projektdatenbank den KM-Prozeduren gemäß durchgeführt werden.

7.4 Bericht über die Rezertifizierung der elektronischen Partner

Dieses Deliverable umfaßt die Aufgaben, die mit den Tests der elektronischen Partnerschaften zu tun haben. Sie können für den Testbericht über die Rezertifizierungen dasselbe Format benutzen wie für die anderen Tests. Weil sich jedoch die Planung und Durchführung von den anderen Tests erheblich unterscheiden, werden sie in einem separaten Abschnitt behandelt. Die Aufgaben, die mit den Rezertifizierungen verbunden sind, sind dieselben wie für die anderen Tests.

Aufgabenüberblick

- Testumgebung einrichten
- Besprechung über den Teststart durchführen
- Testprozeduren durchführen
- Testdokumentation und den Testbericht erstellen

7.4.1 Aufgabe: Testumgebung einrichten

Zusätzlich zur normalen Einrichtung der Testprozeduren (beispielsweise Installation der notwendigen Test-Software und der Testdaten sowie Einrichtung der Testkonfiguration) sollten Sie einige Tage vor dem Test Kontakt mit dem zuständigen Koordinator Ihres elektronischen Partners aufnehmen, um den Zeitplan und die geplanten Aktivitäten zu bestätigen. Tun Sie dies auch dann, wenn eine solche Koordination für Ihren Prozeß nicht erforderlich ist. Identifizieren Sie alle Änderungen, die für Sie durchgeführt werden sollen oder die Sie selbst durchgeführt haben.

Das Konfigurationsmanagement kann Sie bei der Einrichtung von Komponenten der Testumgebung unterstützen.

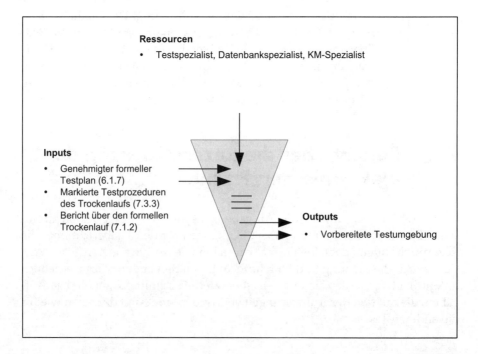

7.4.2 Aufgabe: Besprechung über den Teststart durchführen

Die Teststartbesprechung für den Bericht über die Rezertifizierung der elektronischen Partner ist viel einfacher als die Besprechung für die Partitions- und Integrationstests; jedoch sollten Sie trotzdem alle Testteilnehmer in Ihrem Haus vor dem Test informieren. Diese Besprechung dauert möglicherweise nur einige Minuten, sie sollte wenigstens eine Checkliste der Testeinrichtung und eine Beschreibung des Testumfangs sowie der Tätigkeiten der Testteilnehmer enthalten.

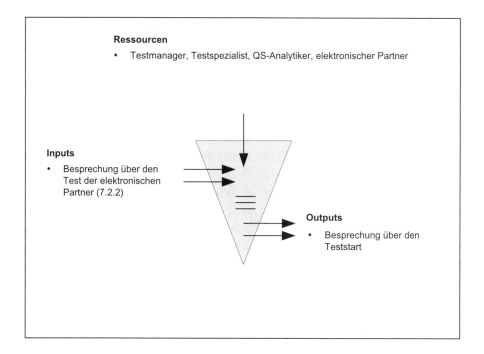

7.4.3 Aufgabe: Testprozeduren durchführen

Führen Sie wie bei anderen formellen Tests die Prozeduren durch, dokumentieren Sie alle Probleme, und markieren Sie die Änderungen, die Sie während der Ausführung machen. Wenn alles zufriedenstellend abläuft, kann die getestete Software auf dem operationalen System eingesetzt werden. Lassen Sie von dem elektronischen Partner (schriftlich) bestätigen, daß Ihre neue Software zertifiziert wurde. Falls Probleme auftreten, arbeiten Sie mit Ihren Kollegen im Haus einen Plan zur Lösung aus, und vereinbaren Sie mit dem Partner einen erneuten Testtermin.

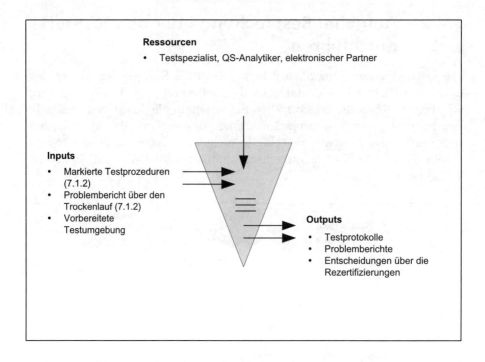

7.4.4 Aufgabe: Testdokumentation und den Testbericht erstellen

Alle wichtigen Testergebnisse müssen in der Jahr 2000-Projektdatenbank gespeichert werden. Kategorisieren Sie die Probleme nach *Jahr 2000/Nicht-Jahr 2000*. Versuchen Sie sofort herauszufinden, welche Faktoren die nicht mit dem Jahr 2000 zusammenhängenden Probleme verursacht haben könnten. Da es sich um eine Rezertifizierung handelt, war die Schnittstelle bereits im Einsatz.

Meilenstein *Bericht über die Rezertifizierung der elektronischen Partner* vollständig. Die Qualitätssicherung prüft, ob das Deliverable zielkonform ist. Die Projektüberwachung fixiert das Deliverable und aktualisiert die Überwachungsmaße. Das Konfigurationsmanagement prüft, ob die Änderungen der Jahr 2000-Projektdatenbank den KM-Prozeduren gemäß durchgeführt werden.

Phase 7: Testausführung

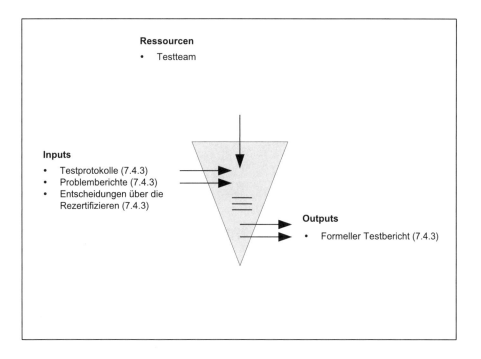

Einflüsse auf das Geschäft

Die Ausführung der Tests kann den normalen Geschäftsverkehr erheblich beeinflussen. Die Testausführung kann – ähnlich wie die Änderung der Systeme – den normalen Betrieb der getesteten Systeme behindern. Während des Test kann ein System ganz oder teilweise für seinen normalen Einsatzzweck ausfallen.

Die Manager der betroffenen Abteilungen müssen Eventualpläne für diesen potentiell schwerwiegenden Verlust automatischer Arbeitsunterstützung aufstellen. Möglicherweise müssen diese Manager die Funktionalität des Systems durch manuelle Prozesse ersetzen oder ergänzen. Alternativ können die getesteten Systeme temporär durch automatisierte Systeme mit vergleichbarer Funktionalität ersetzt werden. Die Manager müssen den höheren Bedarf an Ressourcen berücksichtigen, der mit den Anstrengungen verbunden sein kann, die verlorenen Funktionalität zu ersetzen.

Phasenrisiken

Potentielles Ereignis	Wahrscheinlichkeit	Einfluß	Risiko
Prozeduren für die Testeinrichtung sind fehlerhaft	Hoch	Mittel	Mittel
Fehlerreiche Testergebnisse	Mittel	Mittel	Mittel
Rezertifizierung einer Schnittstelle wird wegen nicht erfolgreicher Testergebnisse verzögert	Mittel	Mittel	Mittel

Risiken in der Phase der Testausführung

Die Phase der Testausführung ist mit drei Risiken verbunden: die Prozeduren für die Testeinrichtung können fehlerhaft sein, Ihre Testergebnisse sind fehlerreich, und die Rezertifizierung einer Schnittstelle wird wegen nicht erfolgreicher Testergebnisse verzögert.

Prozeduren für die Testeinrichtung sind fehlerhaft

Während Ihres Jahr 2000-Projekts werden Sie eine entmutigend große Anzahl von Systemen bewerten, reparieren und testen. Wegen des großen Umfangs der Testaufgaben ist es sehr schwer, für alle Systeme die richtigen Testkonfigurationen zu bestimmen. Deshalb werden Sie fast mit Sicherheit bei einem oder mehreren Systemen auf Fehler beim Einrichten der Testprozeduren stoßen.

Es gibt einige Methoden, um dieses Risiko zu verringern:

- Ermuntern Sie die Systembenutzer und Entwickler dazu, informelle Tests durchzuführen. Diese informellen Tests können ausgeführt werden, wenn sich die Phase der Systemänderung ihrem Ende nähert. Diese Tests geben Ihnen mit größter Wahrscheinlichkeit sehr wertvolle Hinweise für Ihre Aktivitäten bei der Testplanung.

- Stellen Sie Systemtestpläne zum Vergleich nebeneinander. Wenn Sie einen Testplan für ein spezifische System fertigstellen, vergleichen Sie diesen Plan mit Testplänen für vergleichbare Systeme. Dadurch können Sie Fehler und/oder Auslassungen in einem oder beiden Testplänen entdecken.

Fehlerreiche Testergebnisse

Das Systemtestpersonal wird Ihnen immer sagen, daß der ideale Test keine Fehler produziert. Falls der Test eines Systems eine beträchtliche Anzahl von Fehlern produziert, wurde das System zu früh getestet. Ein fehlerreiches System wird noch einmal der Phase der Systemänderung oder im schlimmsten Fall der Phase der Detailplanung unterworfen. Es braucht wohl nicht betont zu werden, daß die Kosten Ihres Jahr 2000-Projekts mit jedem Mal beträchtlich ansteigen, wenn ein System an vorangegangene Jahr 2000-Phasen zurückverwiesen wird.

Es gibt einige Methoden, um dieses Risiko zu verringern:

- Betonen Sie den Teilnehmern der Systemänderungsphase gegenüber, wie wichtig es ist, die Einheiten gründlich zu testen. Wenn Sie die Einheiten gründlich testen, werden Sie beim Systemtest kaum noch große Überraschungen erleben.
- Ermutigen Sie die Anwendung traditioneller Methoden der Systembegutachtung, wie beispielsweise Code-Walkthroughs (Code-Walkthroughs sind eine Form relativ billiger »Tests auf dem Papier«). Ein gründlicher Code-Walkthrough bringt häufig Fehler schneller und billiger an den Tag als ein kompletter operationaler Test.
- Ein formeller Trockenlauf zeigt, ob eine Partition für einen formellen Test bereit ist oder nicht. Falls Sie herausfinden, daß der formelle Test verschoben werden muß, weil die Trockenläufe scheiterten, wenden Sie mehr Zeit für die Begutachtung der Einheitentests auf, um Probleme in einem früheren Stadium zu entdecken. Falls Trockenläufe aus Ihrem Budget gestrichen wurden, fügen Sie sie wieder ein.

Rezertifizierung einer Schnittstelle wird wegen nicht erfolgreicher Testergebnisse verzögert

Die erfolgreiche Durchführung der Rezertifizierung jedes elektronischen Partners hängt von dem erfolgreichen Test einzelner Systeme ab. Weil die ungestörte Funktionstüchtigkeit der Schnittstellen zu den elektronischen Partnern für die Arbeit Ihrer Organisation, für ihre Wettbewerbsfähigkeit und/oder für die Erfüllung staatlicher Auflagen lebenswichtig sein kann, ist die effiziente Durchführung der Rezertifizierung extrem wichtig.

Es gibt eine Methode, um dieses Risiko zu verringern:

- Betonen Sie die Bedeutung der Tests der einzelnen Einheiten durch die Leute, die an den Systemänderungen mitarbeiten. Es ist schwierig, die Bedeutung der Test der einzelnen Einheiten überzubetonen. Angemessene Tests der einzelnen Einheiten stellen die beste Methode dar, den Erfolg des formellen Systemtests zu garantieren.

Kapitel 7

Erfolgsfaktoren

Mit dem erfolgreichen Abschluß der Testausführung haben Sie folgende Schritte ausgeführt:

Erfolgsfaktor	Deliverable
Sie haben einen Trockenlauf jedes Tests durchgeführt, um die Angemessenheit der Testumgebung, der Testwerkzeuge und der Testteilnehmer zu prüfen	Bericht über den formellen Trockenlauf
Sie haben eine umfassende Besprechung über die Aktivitäten bei der Testausführung vorbereitet und ausgeführt	Besprechung über den Teststart, Bericht über die Testausführung
Sie haben den Testplan für jeden Partitionstest ausgeführt	Bericht über die Testausführung
Sie haben die Ergebnisse jedes Partitionstests anhand der Bewertungskriterien beurteilt, um den Grad des Erfolgs festzustellen	Bericht über die Testausführung
Sie haben die Ergebnisse jedes Partitionstests in einem Bericht festgehalten	Bericht über die Testausführung
Sie haben alle Schnittstellen anhand des Integrationstestplans getestet	Bericht über die Testausführung
Sie haben die Ergebnisse jedes Integrationstests anhand der Bewertungskriterien beurteilt, um den Grad des Erfolgs festzustellen	Bericht über die Testausführung
Sie haben die Ergebnisse jedes Integrationstests in einem Bericht festgehalten	Bericht über die Testausführung
Sie haben eine Strategie entwickelt, um die Probleme, die während des formellen Tests gefunden wurden, zu beheben	Bericht über die Testausführung
Sie haben Tests ausgeführt, um die Schnittstellen mit den elektronischen Partnern zu rezertifizieren	Bericht über die Rezertifizierung der elektronischen Partner
Sie haben die Phasenrisiken und mögliche Ansätze zur Risikominderung identifiziert	Alle Deliverables

Phase 7: Testausführung

Erfolgsfaktor	Deliverable
Sie haben die Deliverables identifiziert, die während dieser Phase entwickelt wurden	Alle Deliverables
Sie haben passende Kommunikationsschnittstellen in Ihrer gesamten Organisation benutzt, um die Aufgabe dieser Phase zu unterstützen	Alle Deliverables
Sie haben die Aufgaben dieser Phase an verschiedene Gruppen in Ihrer Organisation delegiert und sichergestellt, daß diese Aufgaben die Zustimmung des Managements hatten	Alle Deliverables
Sie haben die Deliverables identifiziert, für die jede Gruppe verantwortlich war, und sichergestellt, daß die Verantwortung für das Deliverable von jeder Gruppe übernommen wurde	Alle Deliverables
Sie haben die Meilensteine für die Erfüllung der Aufgaben dieser Phase identifiziert	Alle Deliverables
Sie haben an den Meilensteinen die Grenzwerte identifiziert, bei deren Überschreiten korrektive Maßnahmen ergriffen werden	Alle Deliverables
Sie haben Meßwerte benutzt, um anhand der Meilensteine den Fortschritt zu überwachen und zu messen	Alle Deliverables
Sie haben sichergestellt, daß jede verantwortliche Gruppe den Zeitplan für die Fertigstellung dieser Phase akzeptiert und eingehalten hat	Alle Deliverables

Kapitel 7

Weiterführende Informationen

Die folgende Liste nennt Materialien im Anhang, denen Sie weitere Informationen über diese Phase Ihres Jahr 2000-Konformitätsprojekts entnehmen können:

- Anhang A, Problemdefinitionskatalog
- Anhang B, Lösungsansätze
- Anhang D, Beispielpräsentationen
- Anhang F, Übersicht über die Schlüsselaufgaben
- Anhang H, Integrierter Projektplan (CD-ROM)
- Anhang I, Jahr 2000-Risikomanagement
- Glossar

Phase 8: Systemeinsatz

Ziele:

- Sicherstellen, daß Eventualpläne vorbereitet sind
- Eine abschließende Koordination mit Fremdherstellern und elektronischen Partnern durchführen
- Passende Brücken für den Einsatz einrichten und Daten umwandeln
- Systeme zum produktiven Einsatz bringen
- Abschließende Prüfung des Systems durchführen
- Entscheidungen über die Fortführung des Projekts treffen
- Fallout-Phase vorbereiten

Wenn Sie den Einsatz, die letzte Phase des Korrekturzyklus, beendet haben, wird Ihr System Jahr 2000-konform sein.

Korrekturzyklus beenden

Der Einsatz stellt die letzte Phase des Jahr 2000-Korrekturzyklus dar. Die Deliverables, die Sie während dieser Phase fertigstellen, gewährleisten die erfolgreiche Einführung der Jahr 2000-konformen Systeme in Ihre operative Umgebung. Diese Deliverables unterstützen Ihre Anstrengungen, mehrere Systeme gleichzeitig so einzusetzen, daß die Benutzer, Schnittstellen und Kunden davon nur minimal betroffen werden. Wie die Deliverables, die in der Testausführungsphase erstellt werden, gehört jedes Deliverable dieser Phase zu einem einzelnen System oder einer einzelnen Partition. Sie müssen für jede einzusetzende Partition einen separaten Satz dieser Deliverables erstellen. Obwohl viele dieser Deliverables für den Einsatz von Mainframe-Systemen und anderen großen Systemen in einer ausgewachsenen operativen Umgebung bestimmt sind, können Sie sie an kleinere Anwendungsumgebungen oder Hardware-Installationen anpassen.

Für die meisten Organisationen sind Aktivitäten und Faktoren nicht neu, welche die Einführung eines neuen oder geänderten Systems kompliziert machen. Die Aktivitäten, die mit dem Einsatz der Jahr 2000-konformen Systeme verbunden ist, unterscheiden sich jedoch beträchtlich von Systemeinführungen in der Vergangenheit. Jahr 2000-Einsätze haben folgende Eigenschaften, welche die Planung, Terminierung und Ausführung einzigartig machen:

- Allein der bloße Aufwand für den Systemeinsatz kann schwindelerregend sein. Es kann sein, daß Sie die meisten Systeme Ihrer Organisation neu einsetzen müssen.
- Möglicherweise können Sie einige Partitionsgruppen gleichzeitig einführen, während andere einen sequentiellen Einsatz erfordern.
- Ihre Einsatzpläne sind von der Jahr 2000-Konformität bestimmter Lieferanten und Fremdhersteller abhängig.
- Jede Partition erfordert einen eigenen, angepaßten Einsatz- und Rollback-Plan. Der Einsatz wichtiger Partitionen kann zusätzliche Planungen in anderen Bereichen erforderlich machen, beispielsweise im Kundendienst oder in der Wartung.
- Die Notwendigkeit, mit isolierten Geschäftseinheiten, Schnittstellen zu Fremdherstellern sowie technischen und geschäftlichen Gruppen kommunizieren zu können, wird zu einem kritischen Erfolgsfaktor. Jede dieser Gruppen stellt möglicherweise sich rasch ändernde Informationsanforderungen.
- Die Anstrengungen, den Einsatz zu koordinieren, kann zu einer großen Herausforderung werden. Nicht alle Parteien erreichen den Zustand der Konformität zum gleichen Zeitpunkt. Wenn Sie neue Systeme einführen, müssen Sie mit den beteiligten Parteien die Verantwortlichkeiten für Brücken und Patches für jede Partition aushandeln.
- Da das Jahr 2000 bedrohlich näher rückt, haben Sie nur noch eine begrenzte Zeit, um die Aktivitäten des Einsatzes abzuschließen.
- Sie müssen den Einsatz kritischer Systeme abschließen. Sie können es sich nicht leisten, mit dem Einsatz von Systemen Schiffbruch zu erleiden, von denen das geschäftliche Überleben Ihrer Organisation abhängt.

Die Kosten für die Durchführung der Einsatzphase sollten maximal fünf Prozent der Gesamtkosten des Jahr 2000-Projekts betragen.

Die Zeit für Durchführung der Einsatzphase sollte etwa fünf Prozent des gesamten Zeitaufwands des Jahr 2000-Projekts betragen.

Zusammenfassung der Deliverables

Dieser Abschnitt faßt die Deliverables für diese Phase des Jahr 2000-Konformitätsprojekts zusammen. Der Abschnitt *Deliverables, Aufgaben und Abhängigkeiten* weiter unten in diesem Kapitel enthält detaillierte Beschreibungen jedes Deliverables und der zugehörigen unterstützenden Aufgaben.

Beginn der Einsatzphase

Das Deliverable *Beginn der Einsatzphase* stellt die Ressourcen bereit, die für die erfolgreiche Durchführung der Einsatzaufgaben notwendig sind. Die Aufgaben am Beginn dieser Phasen umfassen die Informationen des Einsatzteams, die Prüfung der Partitionsabhängigkeiten sowie die Aktualisierung der Jahr 2000-Projektdatenbank.

Datenumwandlungsplan

Das Deliverable *Datenumwandlungsplan* liefert eine detaillierte Beschreibung der Anforderungen, der Aktivitäten, des Zeitplans und des Budgets für die Umwandlung der partitionsbezogenen Daten. Außerdem definiert es Maßstäbe zur Messung der »Datengenauigkeit«. Die Entwicklung von Datenänderungszyklen wird als Schlüsselkomponente der Umstellung betrachtet.

Einsatzplan

Das Deliverable *Einsatzplan* liefert eine detaillierte Beschreibung der Anforderungen, der Aktivitäten, des Zeitplans und des Budgets für den Einsatz einer Partition. Außerdem definiert es Maßstäbe zur Messung der »kritischen Performanz«. Diese Meßwerte werden dazu benutzt, den Erfolg der neu eingesetzten Systeme zu messen.

Einsatzvorbereitung

Das Deliverable *Einsatzvorbereitung* faßt die Aufgaben zusammen, mit denen der Einsatz des Systems vorbereitet wird, einschließlich der Einrichtung eines Netzes von Informationskanälen, der Installation von Lieferantensystemkomponenten, der Verteilung der aktualisierten Dokumentation und der Ausführung der Benutzerschulung. Wenn die Einsatzvorbereitung abgeschlossen ist, können Sie mit dem formellen Einsatz beginnen.

Datenumwandlung

Das Deliverable *Datenumwandlung* ist der erste Schritt des formellen Einsatzes. Dieses Deliverable umfaßt die Aufgaben der Sicherung, der Umwandlung, der Prüfung und der Fixierung der operativen Daten. Außerdem umfaßt es die Reparatur ungenauer Umwandlungen.

Einsatz

Das Deliverable *Einsatz* umfaßt die Einführung der Jahr 2000-konformen Systeme in Ihre operative Produktionsumgebung. An diesem Punkt Ihres Projekts sind Koordination, Kommunikation und Mitteilungen kritische Erfolgsfaktoren. Sie müssen die Bedürfnisse von isolierten Geschäftseinheiten, Fremdherstellern und Systembenutzern berücksichtigen. In dieser Teilphase werden sowohl die Systeme als auch temporäre Brücken zum praktischen Einsatz gebracht.

Einsatzprüfung

Das Deliverable *Einsatzprüfung* umfaßt die Prüfung des erfolgreichen Einsatzes. Sie werden prüfen, ob das System seine geplanten Funktionen korrekt erfüllt und ob Ihre Jahr 2000-Änderungen keinen negativen Einfluß auf die Geschäftätigkeiten hat. Die Prozeduren für die Prüfung des Erfolgs unterscheiden sich sehr stark voneinander, abhängig von den Lösungsansätzen, die Sie gewählt haben. Eine Umwandlung in vierstellige Jahreszahlen kann die Anzeige auf dem Bildschirm beeinflussen, während eine Fensterlösung den Datenzugriff des Benutzers behindern kann. Der Schlüssel liegt darin, sowohl die erwartete Systemfunktionalität als auch die Geschäftsvorgänge zu prüfen. Ausgangsdaten sowie Erfolgs- und Genauigkeitsmaßstäbe dienen zur Prüfung eines erfolgreichen Einsatzes und einer erfolgreichen Datenumwandlung. Am Ende der Prüfung steht die Entscheidung, ob die Arbeit an dieser Stelle fortgesetzt werden soll oder nicht. Wenn Sie sich für die Fortführung entscheiden, gilt die Systempartition als Jahr 2000-konform. Wenn die Prüfung Fehler aufdeckt, die große operative Bedenken hervorrufen, entscheiden Sie sich für den Abbruch. In diesem Fall wird der ursprüngliche Zustand vor dem Einsatz des neuen Systems wiederhergestellt (Rollback). Die Einsatzprüfung wird auch als *Installationsprüfung* bezeichnet.

Rollback

Das Deliverable *Rollback* unterstützt die Ausführung von Rollback-Prozeduren, falls die Entscheidung gegen eine Fortführung der Arbeit ausfällt. Sie benutzen die Ausgangsdaten und die Systemsicherungen, um den Zustand vor dem Einsatz des neuen Systems wiederherzustellen.

Deliverables, Aufgaben und Abhängigkeiten

Die Deliverables in dieser Phase unterstützen die Wiedereinführung Ihrer Jahr 2000-konformen Systeme in deren operative Umgebung. Obwohl Sie möglicherweise dazu gedrängt werden, die neuen Systeme möglichst schnell einzusetzen, müssen Sie sicherstellen, daß die Aufgaben dieser Deliverables sorgfältig und vollständig erfüllt werden.

8.1 Beginn der Einsatzphase

Sie beginnen den Einsatz damit, Ihr Einsatzteam zusammenzustellen und über das Projekt zu informieren, damit es mit dem Projekt und dem Einsatzprozeß vertraut wird.

Aufgabenüberblick

- Einsatzteam zusammenstellen und informieren
- Einsatzüberwachung einrichten

8.1.1 Aufgabe: Einsatzteam zusammenstellen und informieren

Stellen Sie ein speziell für den Einsatz bestimmtes Team mit Fachleuten mehrerer Disziplinen zusammen. Dieses Team soll als zentrale Anlaufstelle für die Aktivitäten zur Herstellung der Jahr 2000-Konformität sowie als Schnittstelle zwischen den vielen Parteien dienen, die am Einsatz beteiligt sind, um die Vollständigkeit und Kontinuität der Arbeit sicherzustellen. Das Einsatzteam soll jeden Einsatz an die spezifischen Anforderungen der Partitionsbenutzer und -schnittstellen anpassen. Außerdem soll es die Erfahrungen, die

Kapitel 8

bei dem Einsatz einzelner Partitionen gesammelt werden, bei den folgenden Aktivitäten berücksichtigen. Beachten Sie, daß das hier erwähnte Einsatzteam eine Untergruppe des »Unterstützungsteams« darstellt, das in früheren Kapiteln erwähnt wurde.

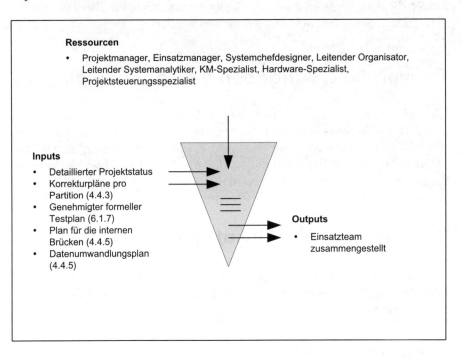

Aufgabenrichtlinien

- Der Einsatzmanager sollte über einen technischen Hintergrund und eine starke Kundenausrichtung verfügen. Er ist direkt dem Jahr 2000-Projektmanager einer eigenständigen Geschäftseinheit unterstellt.
- Bilden Sie für jede eigenständige Geschäftseinheit Ihrer Organisation ein separates Einsatzteam. Tauschen Sie die gewonnenen Erfahrungen zwischen den Einsatzteams aus.
- Nehmen Sie soweit wie möglich Mitglieder der Detailplanung und der Systemkorrektur in das Einsatzteam auf.

8.1.2 Aufgabe: Einsatzüberwachung einrichten

Legen Sie mit Hilfe des Zeitplans und der Rahmenbedingungen des Projekts, die in dem ursprünglichen Projektplan festgelegt wurden, spezifische Einsatzmeilensteine, Meßpunkte und Besprechungen zur Begutachtung des Projektfortschritts fest. Diese Besprechungen sollen dazu dienen, den tatsächlichen Fortschritt mit den Plandaten für den Aufwand, die Größenordnung, die Ressourcennutzung und die Risikoverringerung zu vergleichen. Sie sollten Abweichungen durch eine Umverteilung passender Ressourcen bekämpfen. Die Einsatzüberwachung umfaßt auch die Informationen über und Koordination von Fremdherstellerumwandlungen. Dabei sollte ein Fremdhersteller benachrichtigt werden, wenn Ihre Jahr 2000-Änderungen operational eingesetzt werden. Zusätzlich sollten Sie einen Feedback-Kanal einrichten, um die Reaktionen der Fremdhersteller zu überwachen und die gesammelten Erfahrungen in spätere Phasen einzubauen.

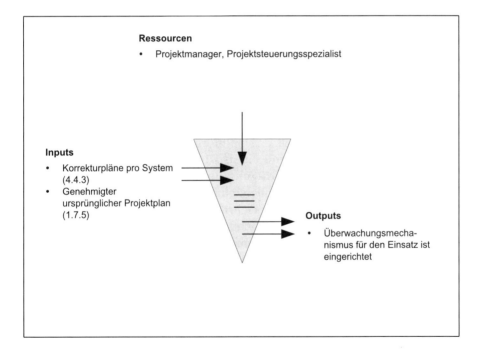

 Meilenstein   *Beginn der Einsatzphase* vollständig. Die Qualitätssicherung prüft, ob das Deliverable zielkonform ist. Die Projektüberwachung fixiert das Deliverable und aktualisiert die Überwachungsmaße.

8.2 Datenumwandlungsplan

Das Einsatzteam beginnt den formellen Einsatzprozeß damit, sich ein Bild über die Daten, die Datenflüsse und die Anforderungen an die Daten zu verschaffen. Das Team definiert Maßstäbe zur Messung der Datengenauigkeit, mit denen nach dem Einsatz geprüft werden soll, wie korrekt die Daten umgewandelt wurden. Diese Informationen bilden die Grundlage für den formellen Datenumwandlungsplan (der später in den Einsatzplan integriert wird).

Aufgabenüberblick

- Informationsflüsse und Abhängigkeiten erneut untersuchen
- Maßstäbe für die Prüfung der Daten definieren
- Umwandlungsplan entwickeln

8.2.1 Aufgabe: Informationsflüsse und Abhängigkeiten erneut untersuchen

Während dieser Aufgabe untersucht Ihr Einsatzteam noch einmal den natürlichen Informationsfluß, die Geschäftszyklen und die Datenabhängigkeiten einer Partition. Ein großer Teil dieser Informationen wurde während der Testphasen benutzt, um die Partitiontests zu koordinieren und auszuführen, und sollte deshalb bereits zur Verfügung stehen. Wenn Sie beispielsweise ein Buchhaltungssystem einsetzen wollen, muß Ihr Einsatzteam finanzrechtliche Steuer- und Berichtszyklen, Zinsvorschriften sowie die Jahr 2000-Konformität von Geschäftspartnern berücksichtigen. Das Verständnis der Verwendung, der Abhängigkeiten und des Informationsflusses liefert dem Einsatzteam kritische Hinweise, wer während des Partitionseinsatzes benachrichtigt werden muß und in welcher Reihenfolge die Aktivitäten ausgeführt werden müssen.

Aufgabenrichtlinien

- Beachten Sie bei der Definition der Datenzyklusprioritäten folgende Punkte:
  - Natürliche Geschäftszyklen, die Daten erzeugen und verwenden
  - Datenanforderungen und -zyklen der Fremdhersteller
  - Manuelle Dateneingabe
- Berücksichtigen Sie die Zeit, die benötigt wird, um Daten umzuwandeln, die Systeme einzuführen und Brücken einzurichten.
- Während des Einsatzes und der Datenumwandlung stehen die Systeme notwendigerweise nur eingeschränkt oder gar nicht für den normalen Geschäftsbetrieb zur Verfügung.
- Wenn Sie die betroffenen Abteilungen darüber informieren, wie lange der Einsatz und die Datenumwandlung dauern wird, können diese besser Behelfsmaßnahmen für den Zeitraum des eingeschränkten Systemzugangs planen.
- Notieren Sie die Parteien, die von Ihrem Einsatz betroffen sein werden, wie beispielsweise Kunden, Fremdhersteller und andere Geschäftsabteilungen. Diese Liste dient als Basis für die Einrichtung Ihres Informationsnetzwerks in Aufgabe 8.4.1.

Ressourcen
- Systemchefdesigner, Leitender Organisator, Leitender Datenbankmanager, Projektsteuerungsspezialist
- Jahr 2000-Projektdatenbank
- Zugang zu Sachbearbeitern

Inputs
- Korrekturpläne für alle Systeme pro Partition (4.4.3)
- Formeller Testbericht (7.4.3)
- Unternehmensorganigramm (1.3)
- Schnittstellenanforderungen der Fremdhersteller (4.4.4)
- Liste der Datenstrukturen der Partitionen (4.4.5)

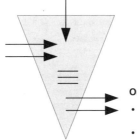

Outputs
- Bericht über die Prioritäten der Datenzyklen
- Entwurf des Zeitplans und der Reihenfolge der Datenumwandlung

8.2.2 Aufgabe: Maßstäbe für die Prüfung der Daten definieren

Mitglieder Ihres Einsatzteams mit dem passenden technischen oder geschäftlichen Hintergrund sollen jede Datenstruktur in der einzusetzenden Partition identifizieren. Sie sollen Gesamtmaßstäbe definieren, um die Genauigkeit der Datenumwandlung jeder betroffenen Datenstruktur zu messen. Beispielsweise könnte ein Buchhaltungssystem die Anzahl der Buchungssätze oder den Saldo aller Konten vor und nach der Umwandlung benutzen. Wenn Ihre Partition regelmäßig Berichte und Meßwerte liefert, benutzen Sie diese. Achten Sie jedoch darauf, nicht mehr Informationen für die Prüfung zu sammeln, als Ihr Team in einer begrenzten Zeitspanne begutachten kann. Entwickeln Sie für jede kritische Komponente Ihrer Partition Prüfungsmaßstäbe.

Falls die Partition hauptsächlich aus Hardware oder eingebetteten Systemen besteht, entwickeln Sie Ihre Prüfungsmaßstäbe auf der Basis des Zeitverhaltens oder der Anzahl verarbeiteter Ereignisse.

Sie können die Ihre Prüfungsmaßstäbe automatisch erstellen lassen. Falls Sie dies tun wollen, liefern Sie die Spezifikationen für die Erstellung der Prüfungsmaßstäbe an die zuständigen Teams der Systemkorrekturphase, damit diese die Spezifikationen bei ihren Anstrengungen berücksichtigen können.

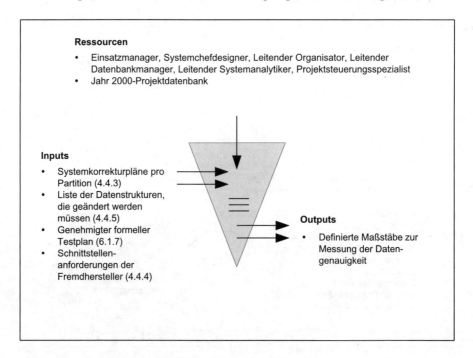

Ressourcen
- Einsatzmanager, Systemchefdesigner, Leitender Organisator, Leitender Datenbankmanager, Leitender Systemanalytiker, Projektsteuerungsspezialist
- Jahr 2000-Projektdatenbank

Inputs
- Systemkorrekturpläne pro Partition (4.4.3)
- Liste der Datenstrukturen, die geändert werden müssen (4.4.5)
- Genehmigter formeller Testplan (6.1.7)
- Schnittstellenanforderungen der Fremdhersteller (4.4.4)

Outputs
- Definierte Maßstäbe zur Messung der Datengenauigkeit

Phase 8: Systemeinsatz

Aufgabenrichtlinien

- Die Meßwerte sollten sowohl zusammenfassende Prüfungsinformationen (Anzahl der Datensätze nach Typ) und aussagekräftige Beispiele detaillierter Informationen (umgewandelte und nicht umgewandelte Informationen) liefern.
- Befragen Sie die Mitglieder des Testteams. Sie haben sich über einige dieser Meßwerte bereits Gedanken gemacht. Denken Sie jedoch daran, daß beim Testen die Funktionen des Systems geprüft werden, während es hier um Meßwerte für einzelne Datenstrukturen geht.
- Sie müssen in der Lage sein, Meßwerte schnell zu erzeugen und zu begutachten. Die eingesetzten Systeme und umgewandelten Daten werden geprüft, während der Systemzugang für die Benutzer eingeschränkt ist.
- Sie sollten vor und nach der Datenumwandlung Momentaufnahmen der Meßdaten für Datengenauigkeit erstellen, um unerwartete Änderungen zu entdecken.

8.2.3 Aufgabe: Umwandlungsplan entwickeln

Erstellen Sie für alle Partitionsdatenstrukturen, die umgewandelt werden müssen, einen Datenumwandlungsplan. Berücksichtigen sie dabei Datenzyklusprioritäten und Datenprüfungsmaßstäbe. Fügen Sie den Umwandlungsplan als Teil des Einsatzplans in das nächste Deliverable ein.

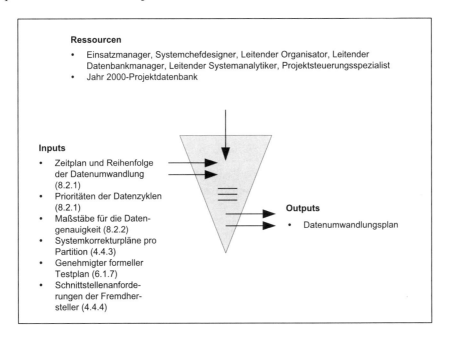

Ressourcen
- Einsatzmanager, Systemchefdesigner, Leitender Organisator, Leitender Datenbankmanager, Leitender Systemanalytiker, Projektsteuerungsspezialist
- Jahr 2000-Projektdatenbank

Inputs
- Zeitplan und Reihenfolge der Datenumwandlung (8.2.1)
- Prioritäten der Datenzyklen (8.2.1)
- Maßstäbe für die Datengenauigkeit (8.2.2)
- Systemkorrekturpläne pro Partition (4.4.3)
- Genehmigter formeller Testplan (6.1.7)
- Schnittstellenanforderungen der Fremdhersteller (4.4.4)

Outputs
- Datenumwandlungsplan

Meilenstein *Datenumwandlungsplan* vollständig. Die Qualitätssicherung prüft, ob das Deliverable zielkonform ist. Die Projektüberwachung fixiert das Deliverable und aktualisiert die Überwachungsmaße.

8.3 Einsatzplan

Der Einsatzplan umfaßt alle Faktoren, mit denen Ihr Team beim Einsatz einer Software-, Hardware oder Datenpartition konfrontiert werden kann. Er umfaßt einen Eventualplan, um den Zustand vor dem Einsatz wiederherzustellen. Dieser Plan identifiziert, von wem, wie und wann der Einsatz durchgeführt werden soll, und beschreibt die Reihenfolge der Aktivitäten. Der Plan dient während des Einsatzes dazu, alle Parteien auf derselben Spur in Richtung auf dasselbe Ziel zu halten.

 Hinweis Ein erfolgreicher Einsatz übt nur einen minimalen Einfluß auf die Geschäftsvorgänge, die Produktionssysteme, die Benutzer, die Kunden sowie die internen und externen Schnittstellen aus.

Der Einsatzmanager ist dafür verantwortlich, den größten Teil der Informationen für die detaillierten Anforderungen, Aktivitäten, Zeitpläne und Budgets zusammenzustellen, die für den Einsatz der Partition benötigt werden.

Aufgabenüberblick

- Weiter-Stopp(Rollback)-Kriterien und -Meßwerte definieren
- Indikatoren und Meßwerte zur Messung der Performanz kritischer Funktionen festlegen
- Einsatz- oder Implementierungsreihenfolge festlegen
- Rollback-Reihenfolge festlegen
- Betroffene Geschäftsprozesse identifizieren
- Kundendienstplan entwickeln
- Benutzerschulungsplan entwickeln
- Mitteilungsbedarf identifizieren
- Einsatzplan entwickeln
- Einsatzplan präsentieren und genehmigen lassen

8.3.1 Aufgabe: Weiter-Stopp(Rollback)-Kriterien und -Meßwerte definieren

Bei den Kriterien für die Fortsetzung oder den Aufschub (Rollback) handelt es sich um vordefinierte Maßstäbe, die Sie benutzen, um eine eingesetzte Partition zu akzeptieren oder abzulehnen. Legen Sie vorher fest, welche Parameter Sie benutzen wollen, um festzustellen, wann der Einsatz abgeschlossen ist. Sie sollten diese Aufgabe parallel zu den Anfangsaufgaben der Systemkorrektur ausführen. Kriterien, welche die Entwicklung der Systemkorrektur beeinflussen, sollten in die Planung und technische Spezifikation der Systemkorrektur einfließen. Entwickeln Sie für jede Partition eine Checkliste mit den Akzeptanzkriterien.

Die Weiter-Stopp-Checkliste enthält folgende Elemente:

- Maßstäbe zum Messen der Datengenauigkeit
- Indikatoren für die Performanz kritischer Funktionen
- Folgen für das Geschäft, falls die Konformität nicht in dem gesetzten Zeitrahmen hergestellt wird
- Gegenwärtige Auswirkungen im Vergleich zu zukünftigen Auswirkungen (d.h., daß der neue Code gegenwärtig funktioniert, aber noch einige Fehler enthält, die vor dem Jahr 2000 korrigiert werden müssen)
- Einfluß auf die nachfolgenden Systemeinsätze

Aufgabenrichtlinien

- Die Weiter-Stopp-Kriterien sollten im Detail so weit ausgearbeitet werden, wie es der geschäftlichen Priorität der Partition angemessen ist. Die Definition sollte Ihre Konformitätsdefinition wie ein Spiegelbild ergänzen. Die Weiter-Stopp-Kriterien sollten vollständig, aber nicht erschöpfend sein. Der Schlüssel liegt hier in der Schnelligkeit und Genauigkeit. Systemeinsätze finden innerhalb von Stunden und Tagen und nicht innerhalb von Wochen oder Monaten statt. Die Anforderungen, die an diese Parameter gestellt werden, können einen beträchtlichen Einfluß auf den Aufwand für Ihren Einsatz haben; Sie müssen die Vollständigkeit Ihrer Kriterien sorgfältig gegen die Zeit abwägen, die Sie für den Einsatz benötigen.
- Die Checkliste mit den Weiter-Stopp-Kriterien sollte von Mitgliedern des Entwicklungteams, von Mitgliedern des Testteams, von Benutzern und von dem Einsatzmanager zusammengestellt werden. Die Entwicklungs-

und Testteams können eine Entwurf dieser Kriterienliste vorbereiten, der nur die kritischen Elemente enthält. Das Einsatzteam sorgt dafür, daß während des Einsatzes Personen bereitstehen, die eine Weiter-Stopp-Entscheidung treffen können.

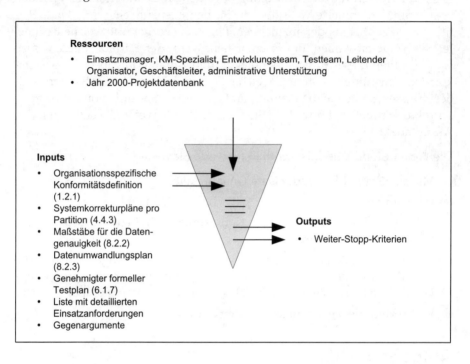

8.3.2 Aufgabe: Indikatoren und Meßwerte zur Messung der Performanz kritischer Funktionen festlegen

Nachdem die Funktionen identifiziert wurden, die in die Partition aufgenommen werden, sollte eine kleine Gruppe von Mitarbeitern der Entwicklungs- und Testteams eine Liste mit den Performanzindikatoren der kritischen Funktionen erstellen. Diese Liste wird zu einem Teil der Weiter-Stopp-Kriterien sowie zu einer Untermenge der Tests, die während des Partitiontests ausgeführt werden.

Sie werden die Performanzkriterien der kritischen Funktionen dazu benutzen, die Ausgangswerte der eingesetzten Partitionen festzulegen und diese zu prüfen.

Phase 8: Systemeinsatz

 Hinweis Verwechseln Sie die Performanzkriterien der kritischen Funktionen nicht mit der anhand der Geschwindigkeit des Systems gemessenen Performanz. Der Fokus liegt hier auf der funktionalen Performanz.

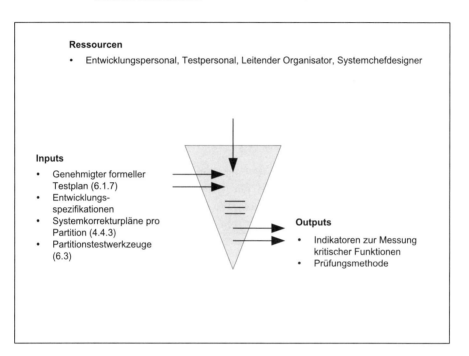

Aufgabenrichtlinien

- Wenn Sie die Indikatoren festlegen, sollten Sie spezifische Funktionen berücksichtigen; beispielsweise:
  - Abfrage der offenen Posten innerhalb der geforderten Antwortzeit korrekt ausführen.
  - Format der ersten 30 Datensätze von System X prüfen.
  - Vorhandensein eines vierstelligen Jahresfelds im GUI-Fenster des Lagerprogramms prüfen.
  - Ablehnungsrate der Datensätze prüfen, die an einen Fremdhersteller übertragen werden.
  - Im Programm *CHRCH 108* Parsons Tabelle einhundert Mal pro Minute updaten.

- Sie sollten auch die Werkzeuge und Verfahren identifizieren, die Sie benötigen, um die spezifizierten Performanzindikatoren zu messen. Wenn Sie benutzerspezifische Software benötigen, sollte das Entwicklungspersonal die entsprechenden Werkzeuge bereits für die Integrations- und Systemtests beschafft haben, und deshalb sollten diese Werkzeuge Bestandteil der Konfiguration dieser Partition sein. Im allgemeinen sollten die Werkzeuge zum Messen der Performanzindikatoren leicht verfügbar sein, weil die hier definierten Tests eine Untermenge der Tests bilden, die während des Partitionstests ausgeführt werden.

8.3.3 Aufgabe: Einsatz- oder Implementierungsreihenfolge festlegen

An dieser Stelle analysieren Sie die Partition, um die Reihenfolge der Aktivitäten für ihren Einsatz festzulegen. Diese Reihenfolge bildet die Basis für den Zeitplan des Einsatzes sowie für das potentielle Rollback.

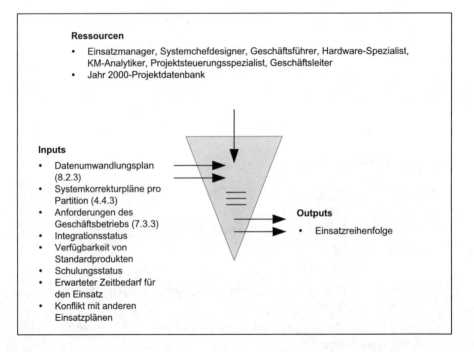

Benutzen Sie die Datenumwandlungsfolge als Ausgangspunkt, und berücksichtigen Sie bei Ihrem Zeitplan:

- Anforderungen des Geschäftsablaufs
- Hardware-Verfügbarkeit
- Verfügbarkeit und Integration von Standardprodukten
- Reihenfolge der Datenzyklen
- Bereitschaft der Benutzer (Abschluß der Schulung)
- Systemverfügbarkeit
- Erwarteter Zeitaufwand für den Einsatz
- Konkurrierende Einsatzzeitpläne

8.3.4 Aufgabe: Rollback-Reihenfolge festlegen

Für den Fall, daß die eingesetzte Partition die Einsatzprüfung nicht besteht (Stopp-Entscheidung), sollten Sie vorher festlegen, wie Sie den Ausgangszustand vor dem Einsatz wiederherstellen können.

Möglicherweise verfügt Ihr KM-Manager bereits über eine Rollback-Prozedur. Falls nicht, sollten Sie jetzt eine solche Prozedur definieren.

Sie können die Rollback-Reihenfolge definieren, indem Sie von der Einsatzreihenfolge ausgehen. Produktionsspezialisten können analog dazu ein Diagramm mit den Schritten erstellen, welche die Operators ausführen müssen, um das geänderte System zu deinstallieren und das Ausgangssystem wiederherzustellen.

Häufig gibt es zwei Arten von Rollback-Plänen: Die eine betrifft den Fall, daß Sie im Rahmen Ihrer Systemprüfung eine Stopp-Entscheidung treffen (d.h., daß das System noch nicht wirklich eingesetzt wurde). Die zweite betrifft den Fall, daß nach der Installation und Inbetriebnahme unerwartete Probleme auftreten, die ein Rollback notwendig machen. Es ist sehr wichtig, Rollbacks der zweiten Art zu vermeiden. Wenn die Probleme nicht gerade katastrophale Ausmaße haben, können Sie noch größere Probleme verursachen, wenn Sie Partitionen in die operativen Umgebung einführen und wieder herausnehmen. Zusätzlich zur Komplexität eines unverhofften Rollbacks müssen Sie sich möglicherweise mit weiteren Partitionen herumschlagen, deren Einsatz als nächstes geplant ist. Falls es irgend möglich ist, sollten Sie kein Rollback bereits eingesetzter und abgenommener Systeme ausführen. Konzentrieren Sie sich auf Rollback-Pläne für Partitionen, welche die Prüfung nicht bestehen, und nicht auf Rollback-Pläne für bereits operativ eingesetzte Systeme.

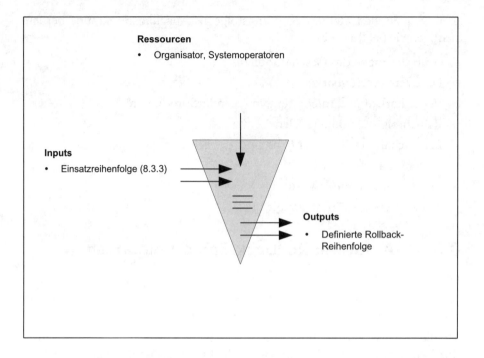

Aufgabenrichtlinie

- Produktionsspezialisten, die Ihnen bei der Ausarbeitung der Einsatzreihenfolge geholfen haben, sollten auch die Schritte beherrschen, die notwendig sind, um den Ausgangszustand eines funktionsfähigen Systems wiederherzustellen.

8.3.5 Aufgabe: Betroffene Geschäftsprozesse identifizieren

Begutachten Sie die Prozesse, die von den Benutzern, Kunden, Operators und Fremdherstellern in Zusammenhang mit Ihrer Partition ausgeführt werden. Bestimmen Sie den Einfluß, den Ihre Änderungen zur Herstellung der Jahr 2000-Konformität auf diese Geschäftsvorgänge haben. Insbesondere müssen Sie die Prozesse begutachten, die von den Änderungen in dieser Partition betroffen sind.

Geben Sie Empfehlungen, wie der Einfluß auf die Geschäftsvorgänge durch Schulungs- oder Umgehungsmaßnahmen kontrolliert werden kann.

Phase 8: Systemeinsatz

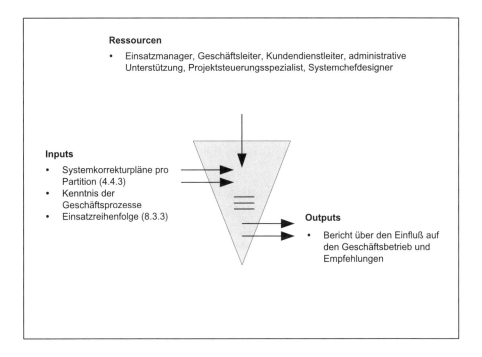

Aufgabenrichtlinie

- Der Einsatz eines neuen Standardpakets kann eine Reihe von Änderungen notwendig machen, beispielsweise können sich die Datenerfassungsprozeduren oder die Anzeige- und Berichtsformate ändern, andere Bearbeitungszyklen und Schnittstellen entstehen oder sogar eine spezielle Schulung notwendig werden. Stellen Sie sicher, daß der Kundendienst über die Änderungen der Prozeduren informiert ist und/oder die Datenerfassungskräfte entsprechend trainiert werden.

8.3.6 Aufgabe: Kundendienstplan entwickeln

Benutzen Sie den Bericht über die betroffenen Geschäftsvorgänge, den Sie im vorangegangenen Schritt erstellt haben, um die notwendigen Änderungen des Kundendienstes und/oder der Help-Desk-Arbeit zu identifizieren.

Erstellen Sie einen Plan für die Durchführung dieser Änderungen, und führen Sie ihn aus. Die Anforderungen, die Sie hier festlegen, werden kurz vor dem Einsatz der Partition implementiert.

Der Einsatz kann folgende Einflüsse auf die Arbeit des Kundendienstes haben:

- Kundendienstmitarbeiter darauf vorbereiten, Benutzer über die Quelle des Problems zu informieren
- Eine zusätzliches Arbeitsbelastung aufgrund potentieller Benutzer- und Kundenprobleme mit dem geänderten System
- Prioritätensetzung bei Problemberichten, um die Behebung von Problemen zu beschleunigen, die durch den Einsatz der neuen Systeme verursacht wurden

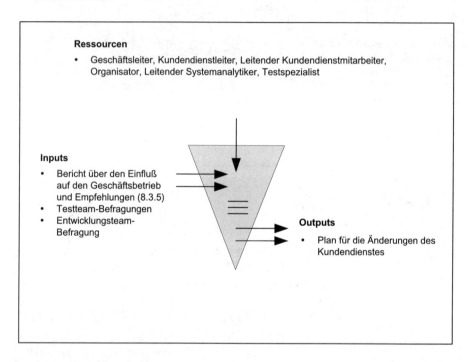

Aufgabenrichtlinien

- Das Entwicklungsteam und das Einsatzteam müssen die Mitarbeiter des Kundendienstes über Änderungen an der eingesetzten Partition auf dem laufenden halten. Die Mitarbeiter des Kundendienstes müssen wissen, welchen Einfluß die eingesetzte Partition auf den Benutzer haben kann.
- Ermitteln Sie die gegenwärtige Kapazität, Anrufe entgegenzunehmen und Probleme zu bearbeiten, und schätzen Sie (auch quantitativ) die freie Kapazität in Ihrer Organisation für diese Aufgaben ab.

- Arbeiten Sie die gewonnenen Erfahrungen in die Einsatzbesprechung mit den Mitarbeitern des Kundendienstes ein.
- Schätzen Sie ab, wie groß der Einfluß auf die Arbeit des Kundendienstes im Zeitablauf sein wird. (Wie viele zusätzliche Kundendienstanrufe können sofort nach dem Einsatz erwartet werden? Wie viele eine Woche später? Wird es eine Änderung der Benutzerschnittstelle geben, welche die Benutzer verwirren könnte?)
- Bestimmen Sie einen erfahrenen Kundendienstmitarbeiter, der an den Koordinationstreffen des Einsatzes teilnehmen soll.
- Benutzen Sie die vorhandenen Beurteilungsverfahren und Maßstäbe, um die Fähigkeiten des Kundendienstes einzuschätzen und zu quantifizieren. Ergänzen Sie diese Bewertung durch möglicherweise vorhandene Aufzeichnungen. Änderungen früherer Kundendienstbewertungen sollten zwischen Verbesserungen unterscheiden, die aufgrund tatsächlicher Messungen der Fähigkeiten eingeführt wurden, und Änderungen, die durch vorangegangene Einsatzzyklen verursacht wurden.
- Denken Sie an die Koordination der Fremdherstellerschnittstellen und deren Einfluß auf Ihren Kundendienst.
- Die Einführung von Standardprodukten kann zu einem hohen Aufkommen an Kundendienstanrufen führen, das durch den Ausbildungsstand der Benutzer verursacht wird.

8.3.7 Aufgabe: Benutzerschulungsplan entwickeln

Wenn der geplante Einsatz bestimmte Benutzer-, Kunden- oder Operator-Schnittstellen ändert, müssen Sie entscheiden, ob eine entsprechende Schulung notwendig ist.

Treffen Sie Ihre Entscheidung über die Schulungsanforderungen aufgrund der Informationen, die in dem Bericht über die Einfluß auf die Geschäftsvorgänge, in dem Kundendienstplan, der Einsatzreihenfolge, dem Datenumwandlungsplan und der definierten Rollback-Reihenfolge enthalten sind.

Entwickeln Sie einen Schulungsplan, ein Budget und einen Zeitplan. Wenn Sie die Schulungsanforderungen spezifiziert haben, entwirft der Ausbildungsleiter oder -spezialist einen detaillierten Plan für die Benutzer, Kunden und Operators. Der Einsatzschulungsplan gibt an, welche Benutzer wann worin geschult und ob und wie sie benachrichtigt werden müssen. Außerdem enthält er die geschätzten Kosten für die Schulungssitzungen.

Kapitel 8

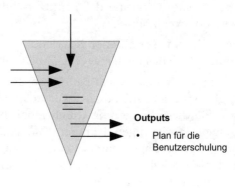

Ressourcen
- Kundendienstleiter, Schulungsmanager, Geschäftsführer

Inputs
- Bericht über den Einfluß auf den Geschäftsbetrieb und Empfehlungen (8.3.5)
- Plan für die Änderungen des Kundendienstes
- Schulungsplan für die Korrekturen (4.4.7)
- Datenumwandlungsplan (8.2.3)
- Einsatzreihenfolge (8.3.3)
- Definierte Rollback-Reihenfolge (8.3.4)

Outputs
- Plan für die Benutzerschulung

Aufgabenrichtlinien

- Die Schulung kann verschiedene Formen annehmen:
    - Mitteilungen verteilen, welche die Änderungen der Benutzerschnittstellen beschreiben
    - Einzel- oder Gruppentraining on-the-job
    - Klassenschulung der Benutzer in der Bedienung der neuen Standard-Software und der technischen Mitarbeiter in ihrer Installation und Wartung
- Berücksichtigen Sie den Umstand, daß das System möglicherweise mit Behelfsmaßnahmen benutzt wird, die aufgrund von Fehlern getroffen wurden, auf deren Behebung Sie zum gegenwärtigen Zeitpunkt oder bei der gegenwärtigen Installation bewußt verzichtet haben.
- Bestimmen Sie einen Schulungskoordinator, der den Schulungsplan und das -budget ausarbeiten soll.
- Der Schulungsaufwand ist direkt proportional zur Anzahl und Größe der eingesetzten Systeme sowie zum Einfluß des Einsatzes auf die Benutzerschnittstellen.

- Schließen Sie diesen Plan als Teil in Ihren Einsatzplan ein.
- Rechnen Sie mit Änderungen des vorhandenen Trainingbudgets aufgrund von Änderungen der Anforderungen an die Einrichtungen einschließlich zusätzlichen Raums, zusätzlichen Personals oder zusätzlichen Materialbedarfs.

8.3.8 Aufgabe: Mitteilungsbedarf identifizieren

Der Einsatz erfordert knappe und häufige Kommunikation. Die Zielgruppe dieser Kommunikation ändert sich mit jedem Einsatz einer anderen Partition. Identifizieren Sie alle Parteien, die Sie während des Einsatzes und der Systemprüfung informieren müssen, und legen Sie fest, wie dies geschehen soll.

Schätzen Sie die zusätzlichen Kosten oder Ressourcen ab, die Sie zur Aufrechterhaltung dieser Kommunikation benötigen werden. Falls es möglich ist, sollten Sie diese Kommunikationskosten detailliert abschätzen. Sie sollten jedoch auch berücksichtigen, daß Sie die Kosten häufig noch nicht abschätzen können, weil die Verpflichtungen der Fremdhersteller während der Detailplanung noch nicht ausgehandelt wurden.

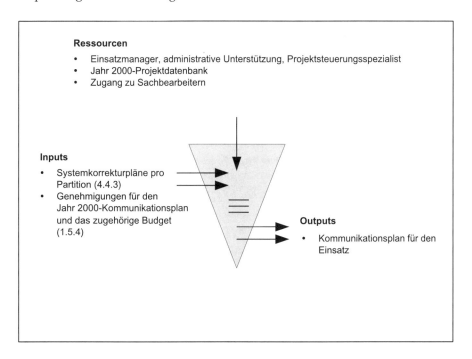

Aufgabenrichtlinien

- Benutzen Sie das Kommunikationsnetzwerk, das in der Phase der Planung und Bewußtmachung eingerichtet wurde. Passen Sie die Verteilerliste an jede Partition an.

- Falls die eingesetzte Partition wichtige neue Funktionen für die Benutzer oder Kunden bereitstellt (neue Standardpakete), sollten Sie Werbeanzeigen, Rundbriefe oder Pressemitteilungen als Kommunikationsform in Betracht ziehen.

8.3.9 Aufgabe: Einsatzplan entwickeln

Nachdem alle Einflüsse und Fragen, die den Einsatz betreffen, untersucht, verstanden, eingeschätzt und mit den Informationen der vorangegangenen Aufgaben abgestimmt wurden, erstellen Sie einen detaillierten Einsatzplan, einschließlich des Zeitplans, der Einsatzreihenfolge und der spezifischen Budgetanforderungen.

Ressourcen
- Einsatzmanager, Systemchefdesigner, Geschäftsführer, Kundendienstleiter, Preisspezialist, KM-Spezialist, QS-Analytiker, administrative Unterstützung

Inputs
- Weiter-Stopp-Kriterien (8.3.1)
- Indikatoren zur Messung kritischer Funktionen (8.2.3)
- Datenumwandlungsplan (8.2.3)
- Anforderungen an Hardware-Upgrades
- Plan für die Änderungen des Kundendienstes (8.3.6)
- Plan für die Benutzereinsatzschulung (8.3.7)
- Kommunikationsplan für den Einsatz (8.3.8)
- Einsatzreihenfolge (8.3.3)
- Rollback-Reihenfolge (8.3.4)

Outputs
- Einsatzplan

8.3.10 Aufgabe: Einsatzplan präsentieren und genehmigen lassen

Präsentieren Sie den Einsatzplan der Geschäftsleitung oder Ihren Kunden, und lassen Sie sich den Plan genehmigen. Arbeiten Sie vom Management gewünschte Änderungen, geäußerte Bedenken und andere angesprochene Punkte in den Einsatzplan ein.

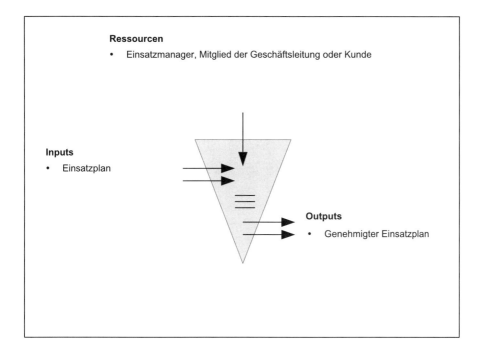

 Einsatzplan vollständig. Die Qualitätssicherung prüft, ob das Deliverable zielkonform ist. Die Projektüberwachung fixiert das Deliverable und aktualisiert die Überwachungsmaße.

8.4 Einsatzvorbereitung

Ehe Sie mit der formellen Datenumwandlung und dem Einsatz beginnen können, müssen Sie einige Vorbereitungen treffen.

Aufgabenüberblick

- Mitteilungsnetzwerk einrichten
- Aktualisierte Dokumentation verteilen
- Einsatzschulung durchführen
- Kundendienst vorbereiten
- Einsatzinformationen sammeln und prüfen

8.4.1 Aufgabe: Mitteilungsnetzwerk einrichten

Benutzen Sie die Richtlinien, die in Ihrem Einsatzplan entwickelt und genehmigt wurden, um Ihr partitionsspezifisches Mitteilungsnetzwerk einzurichten. Dieses Mitteilungsnetzwerk umfaßt eine kurze Liste von Lieferanten, Kunden und Abteilungen, die von dem Einsatz Ihrer Partition betroffen sein können.

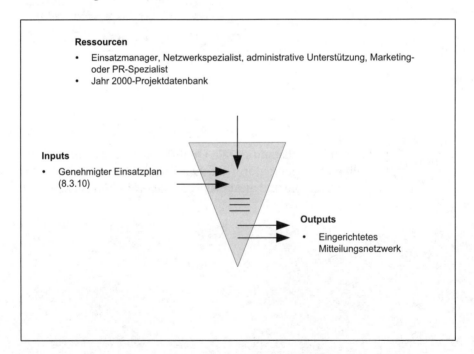

Aufgabenrichtlinien

- Benutzen Sie Ihre Jahr 2000-Projektdatenbank, um die Parteien zu identifizieren, die von dem Einsatzplan betroffen sind.
- Benutzen Sie die Listen, die in Aufgabe 8.2.1 erstellt wurden.
- Ziehen die Möglichkeit in Betracht, ein Programm für das Kontaktmanagement (auch »*Personal Information Manager*« oder »*PIM*« genannt) zu benutzen, um zu überwachen, an wen Sie wann welche Mitteilungen gesendet haben.

8.4.2 Aufgabe: Aktualisierte Dokumentation verteilen

Verteilen Sie die entsprechenden Dokumentationen, während Sie die Benutzer- oder Kundenschulung durchführen. Die Programm-, System-, Benutzer- und Kundenformulare und -dokumentationen wurden während der Systemkorrektur aktualisiert.

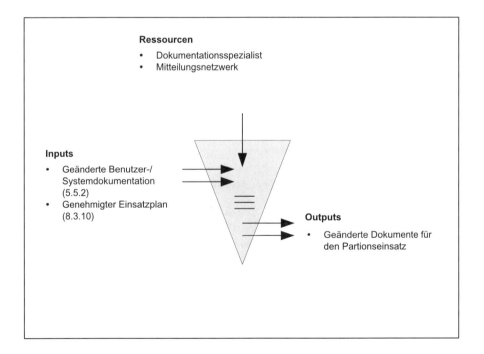

8.4.3 Aufgabe: Einsatzschulung durchführen

Führen Sie die Einsatzschulung gemäß Ihres Einsatzschulungsplans durch.

Benutzen Sie für die Schulung Versionen korrigierter Partitionen, die den neuen Stand vor dem Einsatz widerspiegeln. Stellen Sie sicher, daß die Schulung zum gleichen Zeitpunkt beendet ist, an dem die neu eingesetzten Partitionen freigegeben werden.

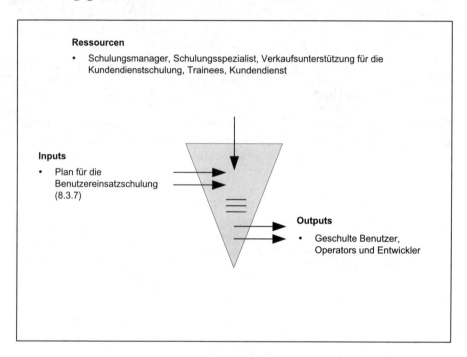

Aufgabenrichtlinien

- Möglicherweise müssen Sie die Schulungspläne an Änderungen oder Verzögerungen beim Partitionseinsatz anpassen oder ein zusätzliches Training für die Benutzung und Bedienung der neuen Partition einplanen.
- Finden Sie eine Methode, um das Schulungsmaterial laufend so zu aktualisieren, daß es den tatsächlichen Einsatz widerspiegelt. Abhängig vom Umfang des Einsatzes und vom Einfluß auf die Benutzer, Geschäftseigentümer oder Operators kann es mehrere Tagen dauern, um das Schulungsmaterial vorzubereiten und zu aktualisieren.

8.4.4 Aufgabe: Kundendienst vorbereiten

Ihre Kundendienstorganisation auf das neue System einzustellen ist eine Daueraufgabe. Sie sollten die Kundendienstmitarbeiter gemäß des Einsatzplans vorbereiten. Zusätzlich sollten Sie verlangen, daß die Kundendienstmitarbeiter im Hinblick auf neue Fragen, die sich aus dem Einsatz ergeben, auf dem laufenden bleiben. Schließlich sollten Sie die gewonnenen Erfahrungen berücksichtigen.

Richten Sie eine starke Kommunikationsverbindung zwischen dem Einsatzteam und dem Kundendienst ein.

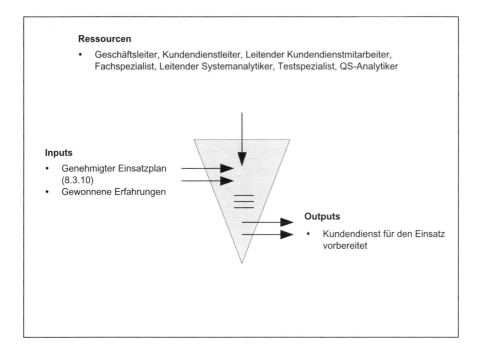

Aufgabenrichtlinien

- Ziehen Sie die Möglichkeit in Betracht, das Kundendienstpersonal in den Tagen unmittelbar nach dem Partitionseinsatz durch ein erfahrenes Mitglied des Einsatzteams zu verstärken.
- Ziehen Sie in Betracht, unmittelbar nach dem Einsatz täglich Besprechungen für den Kundendienst abzuhalten. Empfangen Sie Feedback vom Kundendienst, und halten Sie diesen über offene Fragen auf dem laufenden.

8.4.5 Aufgabe: Einsatzinformationen sammeln und prüfen

Erstellen Sie jetzt eine Checkliste, Ihre Partitionsversions- und -freigabeliste, mit allen Systemkomponenten, die für den Einsatz einer Partition benötigt werden. Speichern Sie diese Liste der Jahr 2000-Projektdatenbank.

Diese detaillierte Liste definiert die Elemente des Partitionseinsatzes. Sie dient als Basis dafür, den Ausgangszustand zu fixieren, die Bereitschaft des Einsatzes zu prüfen und – falls notwendig – ein Rollback zu steuern.

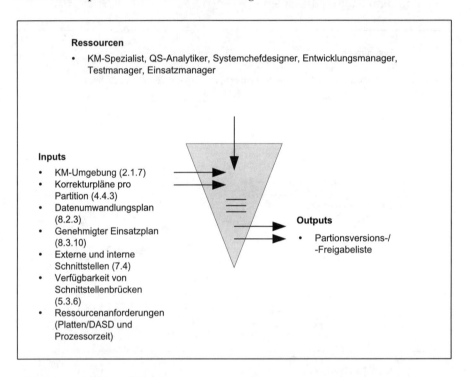

Aufgabenrichtlinien

- Die Entwicklungs-, Test- und Einsatzteams müssen den Inhalt der Partitionsversions- und -freigabeliste gemeinsam verifizieren.
- Die Entwickler und Tester sollten mit dem Inhalt der einzusetzenden Partition vertraut sein und gemeinsam mit dem Einsatzteam die endgültige Fassung der Einsatzanforderungen erarbeiten können.

- Greifen Sie auf die Erfahrungen des Einsatzteams mit dem Einsatz anderer Systeme außerhalb des Jahr 2000-Projekts zurück, um die Gefahr von Rollbacks zu verringern.

 Einsatzvorbereitung vollständig. Die Qualitätssicherung prüft, ob das Deliverable zielkonform ist. Die Projektüberwachung fixiert das Deliverable und aktualisiert die Überwachungsmaße. Das Konfigurationsmanagement prüft, ob die Änderungen der Jahr 2000-Projektdatenbank den KM-Prozeduren gemäß durchgeführt werden.

 Die nächsten vier Jahr 2000-Deliverables werden schnell ausgeführt, während den Benutzern der Zugriff auf die Partition verboten ist. Dies sind die Aufgaben, mit denen Ihre Jahr 2000-konformen Systeme in den operativen Einsatz gebracht werden.

8.5 Datenumwandlung

Der erste Schritt des formellen Einsatzes besteht darin, die erforderlichen Datenstrukturen der Partition umzuwandeln.

Aufgabenüberblick

- Datenstrukturen vor der Umwandlung sichern
- Konfigurationsmanagement für die Umwandlungsroutinen entwickeln
- Daten umwandeln
- Meßdaten für die Messung der Umwandlungsgenauigkeit erstellen
- Datenumwandlung prüfen
- Umgewandelte Datenstrukturen fixieren und sichern

8.5.1 Aufgabe: Datenstrukturen vor der Umwandlung sichern

Vor der Umwandlung der Daten müssen Sie Sicherungskopien aller Datenstrukturen erstellen. Entwickeln Sie Maßstäbe zur Messung der Datengenauigkeit vor der Umwandlung, um den Ausgangszustand der Datenstrukturen zu fixieren.

Ressourcen
- Einsatzmanager, Fachspezialist, Leitender Datenbankmanager, KM-Analytiker, Projektsteuerungsspezialist
- Jahr 2000-Projektdatenbank

Inputs
- Partitionsdatenstrukturen (4.4.5)
- Datenumwandlungsplan (8.2.3)

Outputs
- Sicherung der Datenstrukturen
- Meßwerte für die Datengenauigkeit vor der Umwandlung

Aufgabenrichtlinie

- Unterbinden Sie vor der Sicherung den Benutzerzugriff auf die Datenstrukturen.

8.5.2 Aufgabe: Konfigurationsmanagement für die Umwandlungsroutinen entwickeln

Stellen Sie vor der Umwandlung der Daten sicher, daß die gesamte eigene Software und/oder Standard-Software, die zur Umwandlung der Daten benutzt wird, dem Konfigurationsmanagement unterstellt und Teil des Partitionseinsatzes ist. Dadurch stellen Sie sicher, daß die richtigen, getesteten Versionen der Umwandlungsroutinen benutzt werden.

Normalerweise kann diese Aufgabe einfach ausgeführt und abgehakt werden. Falls Sie jedoch eine Abweichung feststellen, müssen Sie beim Entwickler und beim Entwicklungstester prüfen, ob die korrekte Version verfügbar ist und während des Testens benutzt wurde.

Phase 8: Systemeinsatz

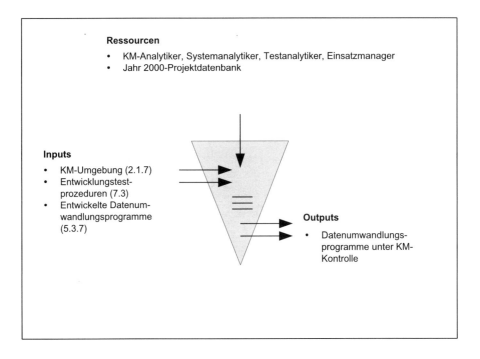

8.5.3 Aufgabe: Daten umwandeln

Ehe Sie eine neue Partition einsetzen können, müssen Sie die verwendeten Daten umwandeln, damit sie den Anforderungen des Einsatzes entsprechen. Während der Detailplanung haben Sie die Spezifikationen für die Routinen der Datenumwandlung entwickelt. Während der Systemkorrektur wurden die Routinen zur Datenumwandlung geschrieben, Einheiten- und Integrationstests unterworfen und dem Konfigurationsmanagement unterstellt. Jetzt müssen Sie die eigentlichen Geschäftsdaten umwandeln.

Aufgabenrichtlinie

- Wenn diese Aufgabe abgeschlossen ist, sollten alle Daten, die für die Arbeit der neuen Partition benötigt werden, die Jahr 2000-Anforderungen der Partition erfüllen und den Fortgang des Geschäftsbetriebs erlauben.

Kapitel 8

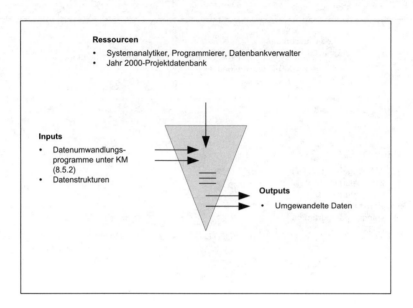

8.5.4 Aufgabe: Meßdaten für die Messung der Umwandlungsgenauigkeit erstellen

Erstellen Sie anhand Ihres Umwandlungsplans Meßdaten für die Messung der Umwandlungsgenauigkeit.

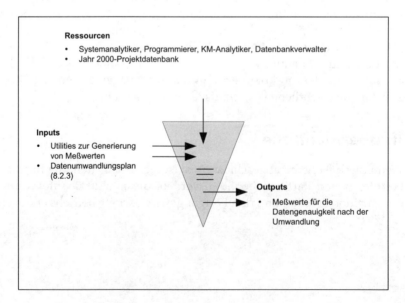

8.5.5 Aufgabe: Datenumwandlung prüfen

Nachdem die Daten umgewandelt und die Meßdaten für die Messung der Umwandlungsgenauigkeit erzeugt wurden, vergleichen Sie die Meßdaten vor und nach der Umwandlung, um zu prüfen, ob die Daten korrekt umgewandelt wurden.

Führen Sie auch einige manuelle Prüfungen der Daten durch, um die Qualität der umgewandelten Daten visuell zu kontrollieren. Prüfen Sie, ob die entsprechenden Dateien, Daten-Sets und Bänder erstellt wurden, ob die Größen den Erwartungen entsprechen und ob bei der Umwandlung Fehler aufgetreten sind. (In einigen Firmen wird dieser Schritt als *Regressionsvergleich* bezeichnet.) Definieren Sie an dieser Stelle einen Kontrollpunkt für die Qualitätssicherung.

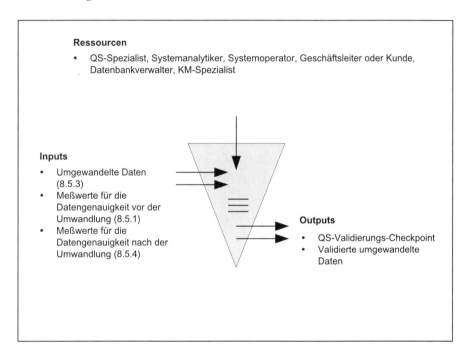

Aufgabenrichtlinie

- Beziehen Sie die Endbenutzer oder Kunden soweit wie möglich in die Prüfung der Daten ein.

8.5.6 Aufgabe: Umgewandelte Datenstrukturen fixieren und sichern

Erstellen Sie eine zusätzliche, vollständige Sicherungskopie der geprüften Datenstrukturen zum Zwecke der Archivierung, der Überprüfung und zusätzlichen Sicherung. In manchen Umgebungen wird die Sicherung der Daten gefordert, um nachweisen zu können, wie die umgewandelten Daten aus den Daten vor der Umwandlung erzeugt wurden.

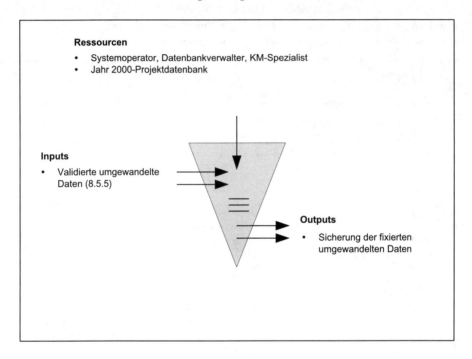

Aufgabenrichtlinie

- Planen Sie die Zeit für die vollständige Sicherung ein. Sicherungen brauchen Zeit und Ressourcen, abhängig von der Größe der Datenstrukturen. Sie sollten etwa sechs Stunden pro Partition für die Sicherung einplanen.

 Meilenstein *Datenumwandlung* vollständig. Die Qualitätssicherung prüft, ob das Deliverable zielkonform ist. Die Projektüberwachung fixiert das Deliverable und aktualisiert die Überwachungsmaße. Das Konfigurationsmanagement prüft, ob die Änderungen der Jahr 2000-Projektdatenbank den KM-Prozeduren gemäß durchgeführt werden.

8.6 Einsatz durchführen

Der zweite Schritt des Einsatzes besteht darin, die vorbereitete Partition in die operative Umgebung einzuführen. Auch während dieser Aufgaben haben die Benutzer keinen Zugriff auf das System.

Aufgabenüberblick

- Mitteilungen über den Einsatz verteilen
- Einsatzbereitschaft feststellen
- Umgebung vor dem Einsatz fixieren und sichern
- Systeme einsetzen

8.6.1 Aufgabe: Mitteilungen über den Einsatz verteilen

Benachrichtigen Sie gemäß Ihrer Einsatzmitteilungspläne alle Parteien über den geplanten Einsatz und Zeitpunkt.

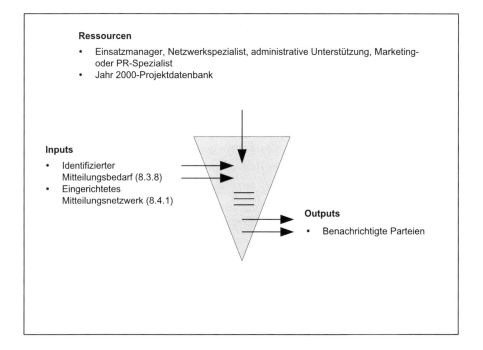

Aufgabenrichtlinien

- Die Benachrichtigung der Fremdhersteller und die Überprüfung der Brücken sind kritische Aufgaben dieser Teilphase.
- Falls der Einsatz scheitert, benachrichtigen Sie sofort alle Parteien erneut.

8.6.2 Aufgabe: Einsatzbereitschaft feststellen

Benutzen Sie die Statusberichte über die Partitionsversion und -freigabe, um die letzte Prüfung durchzuführen, ob alle benötigten Komponenten an ihrem Platz und für den Einsatz bereit sind (Mitteilungen vorbereitet, Kundendienst bereit, Partition und Brücken getestet, Qualität geprüft, Daten umgewandelt, Benutzer geschult usw.).

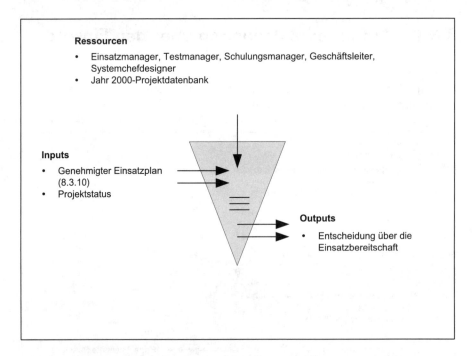

8.6.3 Aufgabe: Umgebung vor dem Einsatz fixieren und sichern

Ehe Sie die neue Partition einsetzen, sichern Sie jedes Partitionselement. Erstellen Sie »Indikatoren zur Messung der Performanz kritischer Funktionen vor dem Einsatz«, die den Ausgangszustand der Performanz der vorhandenen Partition markieren.

Phase 8: Systemeinsatz

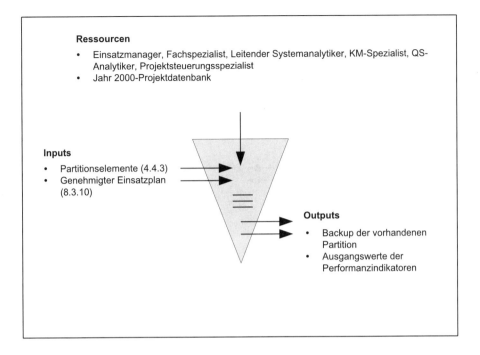

Aufgabenrichtlinie

- Unterbinden Sie vor der Sicherung den Benutzerzugriff auf die Partitionen.

8.6.4 Aufgabe: Systeme einsetzen

Führen Sie Ihre Jahr 2000-konforme Partition in die operative Geschäftsumgebung ein.

Katalogisieren Sie diese Änderung als Version oder Ausgabe in Ihrer Jahr 2000-Projektdatenbank.

Die tatsächliche Einführung der aktualisierten Partition sollte nicht lange dauern. Verschieben oder kopieren Sie die in Ihrer Partitionsversionsliste identifizierten Elemente in einem Batchlauf.

Kapitel 8

Ressourcen
- Einsatzmanager, Fachspezialist, Leitender Systemanalytiker, KM-Spezialist, QS-Analytiker, Projektsteuerungsspezialist
- Jahr 2000-Projektdatenbank

Inputs
- Partitionselemente (4.4.3)
- Genehmigter Einsatzplan (8.3.10)
- Partitionsversions-/-freigabeliste (8.4.5)
- Backup des Systems vor dem Einsatz (8.6.3)
- Beendigte Tests (7.3)

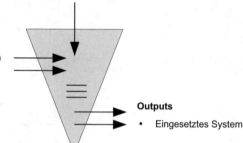

Outputs
- Eingesetztes System

Aufgabenrichtlinien

- Ziehen Sie die Erstellung einer temporären »Einsatz-Library« in Betracht, um die Elemente während des Einsatzes und der Prüfung zu speichern. Verschieben Sie die Elemente nach der Prüfung in die entsprechenden operativen Bibliotheken.
- Stellen Sie sicher, daß die Brücken und Patches für alle Schnittstellen Ihrer Partition korrekt eingesetzt werden. Dabei handelt es sich um Elemente, die es in der alten Umgebung nicht gegeben hat.
- Bilden Sie ein Posteinsatzteam, das die Systemperformanz überwachen und den Kundendienst unterstützen soll.

 Meilenstein *Durchführung des Einsatzes* vollständig. Die Qualitätssicherung prüft, ob das Deliverable zielkonform ist. Die Projektüberwachung fixiert das Deliverable und aktualisiert die Überwachungsmaße. Das Konfigurationsmanagement prüft, ob die Änderungen der Jahr 2000-Projektdatenbank den KM-Prozeduren gemäß durchgeführt werden.

8.7 Einsatzprüfung

Dies ist der dritte und möglicherweise letzte Schritt des Einsatzes. Sie sollten diese Aufgaben ausführen, während der Zugriff auf die eingesetzten Partitionen für die Benutzer gesperrt ist. Die Aufgaben können gemäß der vordefinierten Einsatzpläne schnell ausgeführt werden.

Wenn alle Elemente einer Partition eingesetzt sind, benutzen Sie die Posteinsatz-Performanzindikatoren, um die Genauigkeit des Einsatzes zu prüfen.

Treffen Sie aufgrund der Prüfung eine Weiter-Stopp-Entscheidung. Falls Sie eine Weiter-Entscheidung treffen, gilt die Partition als Jahr 2000-konform. Falls Sie eine Stopp-Entscheidung treffen, führen Sie das Rollback-Deliverable aus.

Aufgabenüberblick

- Posteinsatzindikatoren für die Performanz kritischer Funktionen erstellen
- Einsatz prüfen
- Weiter-Stopp-Entscheidung treffen

8.7.1 Aufgabe: Posteinsatzindikatoren für die Performanz kritischer Funktionen erstellen

Erstellen Sie nach dem Einsatz der aktualisierten Partition die Posteinsatzindikatoren für die Performanz kritischer Funktionen, die in Ihrem Einsatzplan definiert sind und Ihrer Konformitätsdefinition entsprechen.

Aufgabenrichtlinien

- Ziehen Sie in Erwägung, ein kurzes Diagramm mit den Posteinsatzindikatoren für die Performanz kritischer Funktionen und den zugehörigen Meßwerten zu erstellen. Benutzen Sie dieses Diagramm, um die Performanz der Partition nach dem Einsatz schnell abzuschätzen.
- Verwenden Sie ähnliche Methoden wie zum Test der Basis-Software.

Ressourcen

- Geschäftsleiter, Einsatzmanager, Fachspezialist, QS-Analytiker, KM-Spezialist, Systemanalytiker

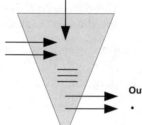

Inputs

- Weiter-Stopp-Kriterien (8.3.1)
- Werkzeuge, die während der Partitionstests eingesetzt werden sollen (6.2)
- Werkzeuge, die während der Tests des Systemausgangszustands eingesetzt werden sollen
- Liste der zu prüfenden Funktionen

Outputs

- Posteinsatzindikatoren für die Performanz kritischer Funktionen

8.7.2 Aufgabe: Einsatz prüfen

Nachdem Sie die Posteinsatzindikatoren für die Performanz kritischer Funktionen erstellt haben, vergleichen Sie diese mit den entsprechenden Indikatoren vor dem Einsatz der Partition. Erstellen Sie einen Bericht über die Performanz der kritischen Funktionen, und speichern Sie diese Informationen in der Jahr 2000-Projektdatenbank.

Führen Sie einige manuelle Prüfungen des Systems durch, um die Qualität des eingesetzten Systems visuell zu kontrollieren.

Definieren Sie an dieser Stelle einen Kontrollpunkt für die Qualitätssicherung.

Ermitteln Sie den Einfluß, den die Aktivierung des Jahr 2000-konformen Systems auf die Geschäftsvorgänge hat.

Aufgabenrichtlinien

- Beziehen Sie Benutzer oder Kunden soweit wie möglich in die Prüfung ein.
- Schließen Sie einige statistisch relevante manuelle Prüfungen in den Prüfungsprozeß ein.

Phase 8: Systemeinsatz

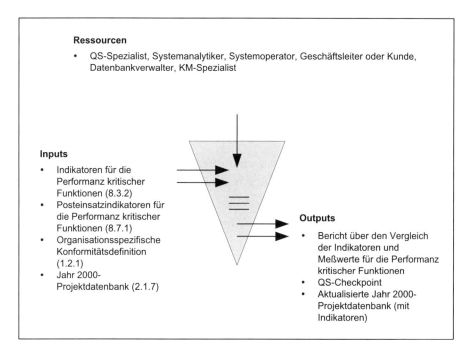

8.7.3 Aufgabe: Weiter-Stopp-Entscheidung treffen

Entscheiden Sie, ob Sie den Zugriff auf das System für die Endbenutzer freigeben wollen oder ob Sie den Zustand vor dem Einsatz der Partition wiederherstellen müssen (Rollback). Dies ist die Weiter-Stopp-Entscheidung.

Stützen Sie Ihre Entscheidung auf die Weiter-Stopp-Kriterien der Partition und die Ergebnisse des Berichts über den Vergleich der Performanz der kritischen Funktionen vor und nach dem Einsatz.

Aktualisieren Sie die Jahr 2000-Projektdatenbank mit den entsprechenden Versions- oder Ausgabeinformationen.

Aufgabenrichtlinien

- Jedes Verfehlen der Kriterien sollte sorgfältig begutachtet werden, um zu prüfen, ob die Kriterien gültig und wirklich kritisch waren. Wenn eine Korrektur einer Funktion bis zum nächsten Wartungszyklus warten kann, sollte der Fehler nicht zu einer Stopp-Entscheidung oder einem Rollback führen.

Kapitel 8

- Treffen Sie sich mit den Geschäftsinhabern oder hauptsächlich betroffenen Benutzern. Überprüfen Sie die Anforderungen der Geschäftseigner, und vergewissern Sie sich, daß jeder einsatzbereit ist.
- Bedenken Sie die Vor- und Nacheile eines Rollbacks und dessen Einfluß auf die Benutzergemeinschaft, ehe Sie eine Stopp-Entscheidung treffen. Wenn die Entscheidung größere Tragweite hat (d.h., wenn es Zweifel gibt weiterzumachen), beteiligen Sie die Geschäftsleitung an der Entscheidung.
- Bedenken Sie den Einfluß auf zukünftige Systemeinsätze, ehe Sie eine endgültige Stopp-Entscheidung oder Entscheidung für das Rollback einer Partition treffen.

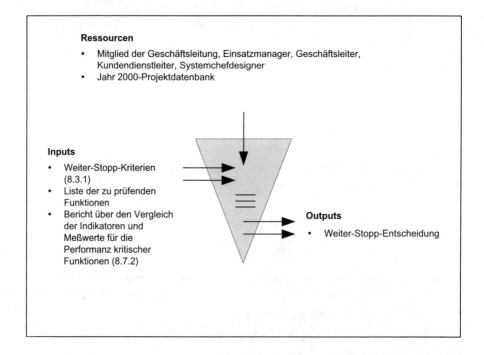

 Meilenstein   *Einsatzprüfung* vollständig. Die Qualitätssicherung prüft, ob das Deliverable zielkonform ist. Die Projektüberwachung fixiert das Deliverable und aktualisiert die Überwachungsmaße. Das Konfigurationsmanagement prüft, ob die Änderungen der Jahr 2000-Projektdatenbank den KM-Prozeduren gemäß durchgeführt werden.

8.8 Rollback

Rollback ist ein Eventualplan für den schlimmsten Fall. Es ist das letzte Deliverable, das ausgeführt wird, während der Zugriff auf das System für die Benutzer gesperrt ist.

Führen Sie dieses Deliverable aus, wenn Sie eine Stopp-Entscheidung getroffen haben. Ziehen Sie diese Maßnahme nur in Betracht, wenn bei der eingesetzten Partition geschäftskritische Probleme aufgetreten sind. Sehr einfach Fälle ausgenommen, sollten Sie diese Entscheidung nicht leichtfertig treffen. Rollbacks umfassen das Zurückziehen vorangegangener Mitteilungen sowie die Wiedereinführung alter Prozeduren, Daten, Software und Schnittstellen. Rollbacks können verwirrende Botschaften aussenden und Geschäftsbeziehungen nachteilig beeinflussen.

Sie sollten Rollbacks mit großer Sorgfalt und Vorsicht ausführen.

Aufgabenüberblick

- Rollback-Plan ausführen
- Wiederhergestellte Umgebung prüfen

8.8.1 Aufgabe: Rollback-Plan ausführen

Führen Sie die Komponente Ihres Einsatzplans für den Rollback-Notfall aus.

Ihr Rollback-Plan sollte folgende Punkte einschließen:

- Verteilen Sie Rollback-Mitteilungen.
  - Informieren Sie den Kundendienst.
- Passen Sie die Kundendienstkapazitäten an.
  - Informieren Sie die eigenständigen Geschäftseinheiten.
- Stellen Sie die Ausgangsdaten wieder her.
- Stellen Sie die Ausgangsprozeduren wieder her.
- Stellen Sie die Ausgangs-Software wieder her.
- Stellen Sie die Ausgangsversionen von Brücken wieder her.
- Prüfen Sie die Funktionalität des Ausgangssystems.
- Koordinieren Sie das Rollback der unterstützenden Desktop-Software.

Kapitel 8

- Koordinieren Sie die Datenerfassungsmaßnahmen, um das Rollback zum Erfolg zu bringen.
  – Handeln Sie mit den Fremdherstellern Vereinbarungen aus.

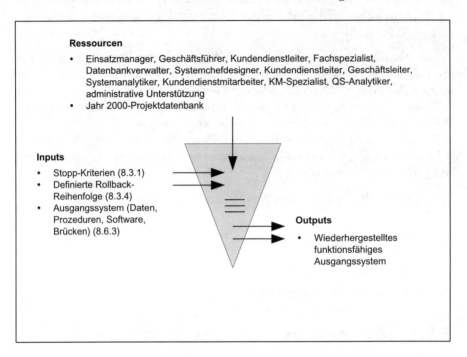

Aufgabenrichtlinien

- Ein Rollback sollte erfolgen, ehe die Benutzer Zugriff auf die eingesetzten Systeme erhalten haben.
- Falls die Endbenutzer bereits auf die geänderte Partition zugegriffen haben und Daten geändert wurden, rät dieses Buch dringend davon ab, ein Rollback durchzuführen. Das ursprüngliche System oder die ursprünglichen Datenstrukturen wiederherzustellen, nachdem Daten geändert wurden, führt möglicherweise zu einem Verlust von Informationen. Zumindest müssen Sie alle betroffenen Daten und Schnittstellen synchronisieren. Dieser Vorgang ist fehleranfällig und kann sehr viel Zeit kosten. Während des Synchronisierungsprozesses muß das System für die Benutzer gesperrt sein.

8.8.2 Aufgabe: Wiederhergestellte Umgebung prüfen

Prüfen Sie das Rollback der Partition. Vergleichen Sie die wiederhergestellten System-Libraries und Datenstrukturen mit den gesicherten Ausgangszuständen der Partitionen und ihrer zugehörigen Datenstrukturen.

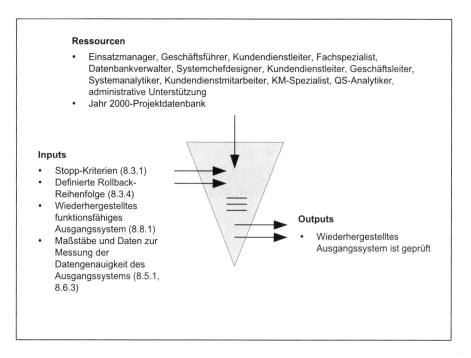

 Meilenstein   *Rollback* vollständig. Die Qualitätssicherung prüft, ob das Deliverable zielkonform ist. Die Projektüberwachung fixiert das Deliverable und aktualisiert die Überwachungsmaße. Das Konfigurationsmanagement prüft, ob die Änderungen der Jahr 2000-Projektdatenbank den KM-Prozeduren gemäß durchgeführt werden.

Einflüsse auf das Geschäft

Ihre normalen Geschäftsprozesse können durch die Aktivitäten des Einsatzes erheblich beeinflußt werden. Systeme, die Schnittstellen zu den neu eingesetzten Systemen haben, müssen möglicherweise an die neuen Systeme angepaßt werden. Einige automatisierte Prozesse müssen – zumindest temporär –

durch manuelle Prozesse ersetzt werden. Eine neue Version eines bestimmten Systems kann sich erheblich von der früheren Version unterscheiden, so daß Sie das Personal umschulen müssen. In einigen Fällen werden Sie auch neues Personal einstellen müssen.

Weil Sie mehrere Systeme gleichzeitig einsetzen werden, können die Aufgaben der Systemkorrektur, des Testens und des Einsatzes verschiedener Systeme miteinander in Konflikt geraten. In manchen Fällen können Sie gleichartige Aufgaben für mehrere Systeme zusammenfassen. Auf jeden Fall müssen Sie aber Ihre Anstrengungen beim Einsatz sorgfältig koordinieren.

Während des Einsatzes können die Entwickler periodisch Mitteilungen versenden, um die Benutzer und Kunden über den Fortschritt des Einsatzes zu informieren. Darin werden normalerweise die durchgeführten Änderungen an dem eingesetzten System sowie anderen betroffenen Systemen beschrieben. Sie müssen sorgfältig auf den Umfang dieser Mitteilungen achten. Falls Benutzer zu viele Änderungsmitteilungen oder viele Änderungsmitteilungen in kurzer Zeit erhalten, können Sie verwirrt und/oder verärgert werden.

Geschäftsführer können sich gegen die Menge der Ressourcen sträuben, die Sie für den Einsatz abstellen müssen. Sie müssen damit rechnen, daß Druck auf Sie ausgeübt wird, um einige dieser Ressourcen anderweitig einzusetzen und einige Einsatzaktivitäten vorübergehend einzustellen oder zu beenden. Überzeugen Sie diese Führungskräfte, daß es in ihrem eigenen besten Interesse ist, die Ressourcen für einen vollständigen, genauen Einsatz ihrer Systeme bereitzustellen. Überzeugen Sie auch die Geschäftsleitung von der Notwendigkeit, den Einsatz ausreichend zu finanzieren.

Ihre Geschäftsprozesse können durch Ihren Einsatz und den Einsatz bei Ihren elektronischen Partnern beträchtlich beeinflußt werden. Die Umstellungsmaßnahmen externer Partner können dazu führen, daß die Dienste einiger elektronischer Partner zeitweilig ganz oder teilweise nicht zur Verfügung stehen. Sie müssen laufende Jahr 2000-Konformitätsmaßnahmen Ihrer elektronischen Partner sorgfältig beobachten. Zusätzlich müssen Sie einen Eventualplan entwickeln, um mögliche Systemausfälle seitens dieser Partner abzufedern.

Wenn Sie den Einsatz eines spezifischen Systems ohne größere Probleme abschließen, ist es häufig nicht notwendig, die zugehörigen Geschäftsprozesse wesentlich zu ändern. Falls der Einsatz jedoch fehlschlägt, hat dieser Fehler mit Sicherheit einen schwerwiegenden Einfluß auf diese Prozesse. Falls der Einsatz scheitert, müssen Sie einen Weg finden, um diese Geschäftsprozesse zu duplizieren, bis die Jahr 2000-Probleme des Systems gelöst sind. Die Alternative besteht darin, auf diese Prozesse für eine unbestimmte Zeit zu verzichten.

Phasenrisiken

Potentielles Ereignis	Wahrscheinlichkeit	Einfluß	Risiko
Technische Überlegungen stehen in Konflikt zu Geschäftsprioritäten	Mittel	Mittel	Mittel
Unrealistische Parallelität beim Einsatz	Mittel	Hoch	Hoch
Versäumnis, die Konformitätsmaßnahmen mit den Lieferanten und Fremdherstellern zu koordinieren	Mittel	Hoch	Hoch
Versäumnis, kritische Wartungsaufgaben durchzuführen	Mittel	Mittel	Mittel
Burnout des Personals	Hoch	Hoch	Hoch

Risiken der Einsatzphase

Die Einsatzphase ist mit fünf Risiken verbunden: Technische Überlegungen können in Konflikt mit Geschäftsprioritäten stehen; es wird unrealistischerweise versucht, Systeme parallel einzusetzen; Sie versäumen es, die Konformitätsmaßnahmen mit den Lieferanten und Fremdherstellern zu koordinieren; Sie versäumen es, kritische Wartungsaufgaben durchzuführen; es tritt ein Burnout des Personals ein.

Technische Überlegungen stehen in Konflikt zu Geschäftsprioritäten

Die Reihenfolge, in der Sie Ihre Systeme einsetzen, wird stark von technischen Überlegungen bestimmt. Beispielsweise würde es keinen Sinn machen, eine Anwendungssoftware einzusetzen, wenn das Betriebssystem, von dem diese Anwendung abhängt, noch nicht eingesetzt ist. Leider können geschäftliche Überlegungen in Konflikt zu den technischen Realitäten des Einsatzes stehen. Beispielsweise könnten die Geschäftsziele die Entscheidung motivieren, das Lohn- und Gehaltssystem zuerst einzusetzen, obwohl es sinnvoller wäre, vorher ein bestimmtes Hilfssystem einzusetzen, von dem viele andere Systeme abhängen.

Es gibt einige Methoden, um dieses Risiko zu verringern:

- Entwickeln Sie eine oder mehrere manuelle Abhilfen. Wenn der Einsatz eines technisch kritischen Systems verzögert wird, kann eine manuelle Abhilfe die Funktionalität dieses Systems nachahmen. Natürlich kann die Entwicklung dieser Abhilfen wertvolle Ressourcen kosten.
- Stellen Sie sicher, daß die Entscheidungsträger des Einsatzes die technische Bedeutung jedes Einsatzkandidaten genau kennen. Wenn diese Manager die technischen Konsequenzen der Einsatzentscheidungen vollständig überblicken, werden Sie weniger geneigt sein, geschäftliche Überlegungen über die technischen Realitäten zu stellen.

Unrealistische Parallelität beim Einsatz

Sie können in Ihrer Organisation dem Druck ausgesetzt sein, alle reparierten Systeme so schnell wie möglich einzusetzen, und deshalb versuchen, zu viele Systeme gleichzeitig parallel einzusetzen. Sie können jedoch nicht einfach alles gleichzeitig einsetzen. Sie müssen den Einsatz schrittweise durchführen, um einen potentiell katastrophalen Gesamtausfall des Systems zu vermeiden.

Es gibt eine Methode, um dieses Risiko zu verringern:

- Informieren Sie zuständigen Manager über die Vorteile eines schrittweisen Einsatzes. Stellen Sie sicher, daß die Nachteile eines übereifrigen Einsatzzeitplans allgemein bekannt und anerkannt sind.

Versäumnis, die Konformitätsmaßnahmen mit den Lieferanten und Fremdherstellern zu koordinieren

Wie wir bereits bei der Erstellung des Unternehmensorganigramms erwähnt haben, unterliegen einige Elemente Ihrer Jahr 2000-Konformitätsanstrengungen – wie beispielsweise die Lieferanten und Fremdherstellerschnittstellen – nicht Ihrer direkten Kontrolle. Ein Scheitern eines Schlüssellieferanten oder einer Schnittstelle kann auch für Sie ein Scheitern in diesem Geschäftsbereich bedeuten.

Deshalb ist es ebenso wichtig, die rechtzeitige Herstellung der Jahr 2000-Konformität der Lieferanten und Schnittstellen zu koordinieren. Falls Sie die Konformitätspläne Ihrer Lieferanten nicht mit Ihren eigenen koordinieren können, sind Sie wieder einem Risiko ausgesetzt.

Es gibt einige Methoden, um dieses Risiko zu verringern:

- Legen Sie die Prioritäten Ihrer Lieferantenbeziehungen fest, und erwirken Sie die Zustimmung der Geschäftsleitung. Legen Sie bewußt fest, wann Sie nicht konforme Lieferanten ausmustern wollen. Teilen Sie Ihren Lieferanten diese Ausmusterungstermine mit, und suchen Sie aktiv nach Alternativen. Mustern Sie Lieferanten aus, die sich weigern, die Jahr 2000-Konformität herzustellen.
- Reservieren Sie Ressourcen in Form von Personal und Zeit, um Ihre Maßnahmen mit Lieferanten und Fremdherstellern abzustimmen. Dies ist die Aufgabe eines erfahrenen Managers oder Systementwicklers. Lassen Sie diese Verhandlungen nicht von jüngeren Mitarbeitern führen. Nehmen Sie die Unterstützung anderer Abteilungen, beispielsweise der Rechtsabteilung und des Einkaufs, in Anspruch, um ausgewogene Lösungen für Ihr Geschäft zu entwickeln.

Versäumnis, kritische Wartungsaufgaben durchzuführen

Während der Durchführung der Jahr 2000-Systemkorrekturen und -Systemeinsätze laufen Sie Gefahr, andere notwendige Systemwartungsaufgaben zu vernachlässigen. Natürlich werden die Jahr 2000-Aktivitäten mit dem Herannahen des Jahres 2000 gegenüber allen anderen Aufgaben immer wichtiger. Jedoch kann die Vernachlässigung von Standardwartungsaufgaben Ihre Fähigkeit beeinträchtigen, das Jahr 2000-Projekt erfolgreich abzuschließen.

Es gibt einige Methoden, um dieses Risiko zu verringern:

- Stellen Sie sicher, daß die Ressourcen für die normalen Wartungsaktivitäten bereitgestellt und eingesetzt werden. Lassen Sie nicht zu, daß diese Ressourcen abgezogen und den Jahr 2000-Aufgaben zugeteilt werden.
- Stellen Sie sicher, daß die Manager über die Bedeutung der Fortführung der normalen Wartungsaktivitäten informiert sind. Stellen Sie weiter sicher, daß Wartungsaktivitäten nur durch explizite Managemententscheidungen aufgeschoben oder beendet werden.

Burnout des Personals

Die Aktivitäten des Einsatzes können für das Systementwicklungspersonal eine große Belastung darstellen. Um Unterbrechungen der Geschäftstätigkeiten zu vermeiden, werden Aufgaben des Einsatzes oft auf außerhalb der normalen Dienstzeiten (nachts und/oder an Wochenenden) durchgeführt. Falls bei einem Einsatz Probleme auftreten, stehen die Belegschaftsmitglieder häufig unter dem Druck, diese Probleme möglichst rasch zu lösen. Leider erfordern die Systemkorrekturen häufig von den Systementwicklern viele Überstunden. Die meisten Mitarbeiter tolerieren ein gewisses Maß an zusätzlichen

Anstrengungen. Jedoch geht die Zeit, um alle Jahr 2000-Projektsysteme einzusetzen, oft über dieses Maß weit hinaus. Bei den meisten Belegschaftsmitgliedern werden Zeichen der Erschöpfung (Burnout) eintreten, wenn sie monatelang außerhalb der normalen Dienstzeiten arbeiten müssen.

Es gibt eine Methode, um dieses Risiko zu verringern:

- Entwickeln Sie für den Personaleinsatz während des Einsatzes der Systeme ein Umwälzverfahren. Weisen Sie den Belegschaftsmitgliedern eine Mischung aus Einsatzaufgaben und anderen Aufgaben zu, die mit dem Einsatz nichts zu tun haben. Ein gelegentliches freies Wochenende trägt sehr viel dazu bei, das Burnout-Syndrom abzuwehren!

Erfolgsfaktoren

Mit dem erfolgreichen Abschluß des Systemeinsatzes haben Sie folgende Schritte ausgeführt:

Erfolgsfaktor	Deliverable
Sie haben Ihr Einsatzpersonal über die Aufgaben und den Zeitplan des Einsatzes informiert	Beginn der Einsatzphase
Sie haben die Prioritäten der Datenzyklen definiert	Datenumwandlungsplan
Sie haben Maßstäbe für die Messung der Datenumwandlungsgenauigkeit entwickelt	Datenumwandlungsplan
Sie haben Datenumwandlungspläne entwickelt	Datenumwandlungsplan
Sie haben detaillierte Einsatz- und Rollback-Kriterien entwickelt	Einsatzplan
Sie haben Kriterien für die Messung der Performanz kritischer Funktionen entwickelt	Einsatzplan
Sie haben Zeitpläne/Reihenfolgen für Systemeinsätze und – falls notwendig – Rollbacks entwickelt	Einsatzplan
Sie haben die betroffenen Geschäftsprozesse identifiziert	Einsatzplan
Sie haben einen Kundendienstplan für die Zeit nach dem Einsatz entwickelt	Einsatzplan
Sie haben einen Benutzerschulungsplan entwickelt	Einsatzplan
Sie haben den Mitteilungsbedarf definiert	Einsatzplan
Sie haben den detaillierten Einsatzplan entwickelt und genehmigen lassen	Einsatzplan

Phase 8: Systemeinsatz

Erfolgsfaktor	Deliverable
Sie haben ein Mitteilungsnetzwerk eingerichtet	Einsatzvorbereitung
Sie haben die aktualisierte Dokumentation verteilt	Einsatzvorbereitung
Sie haben die Benutzerschulung durchgeführt	Einsatzvorbereitung
Sie haben den Kundendienst eingerichtet	Einsatzvorbereitung
Sie haben die Daten vor der Umwandlung gesichert	Datenumwandlung
Sie haben die Daten umgewandelt	Datenumwandlung
Sie haben die Datenumwandlung geprüft	Datenumwandlung
Sie haben Einsatzmitteilungen verteilt	Einsatz
Sie haben die Einsatzbereitschaft beurteilt	Einsatz
Sie haben die Umgebung vor dem Einsatz fixiert und gesichert	Einsatz
Sie haben den Einsatz anhand der Einsatzkriterien durchgeführt	Einsatz
Sie haben den Einsatz geprüft	Einsatzprüfung
Sie haben – falls notwendig – System-Rollbacks durchgeführt und geprüft	Rollback
Sie haben die Phasenrisiken und mögliche Ansätze zur Risikominderung identifiziert	Alle Deliverables
Sie haben die Deliverables identifiziert, die während dieser Phase entwickelt wurden	Alle Deliverables
Sie haben passende Kommunikationsschnittstellen in Ihrer gesamten Organisation benutzt, um die Aufgabe dieser Phase zu unterstützen	Alle Deliverables
Sie haben die Aufgaben dieser Phase an verschiedene Gruppen in Ihrer Organisation delegiert und sichergestellt, daß diese Aufgaben die Zustimmung des Managements hatten	Alle Deliverables
Sie haben die Deliverables identifiziert, für die jede Gruppe verantwortlich war, und sichergestellt, daß die Verantwortung für das Deliverable von jeder Gruppe übernommen wurde	Alle Deliverables
Sie haben die Meilensteine für die Erfüllung der Aufgaben dieser Phase identifiziert	Alle Deliverables
Sie haben an den Meilensteinen die Grenzwerte identifiziert, bei deren Überschreiten korrektive Maßnahmen ergriffen werden	Alle Deliverables

Erfolgsfaktor	Deliverable
Sie haben Meßwerte benutzt, um anhand der Meilensteine den Fortschritt zu überwachen und zu messen	Alle Deliverables
Sie haben sichergestellt, daß jede verantwortliche Gruppe den Zeitplan für die Fertigstellung dieser Phase akzeptiert und eingehalten hat	Alle Deliverables

Weiterführende Informationen

Die folgende Liste nennt Materialien im Anhang, denen Sie weitere Informationen über diese Phase Ihres Jahr 2000-Konformitätsprojekts entnehmen können:

- Anhang A, Problemdefinitionskatalog
- Anhang B, Lösungsansätze
- Anhang F, Übersicht über die Schlüsselaufgaben
- Anhang G, Jahr 2000-Projektdatenbank
- Anhang H, Integrierter Projektplan (CD-ROM)
- Anhang I, Jahr 2000-Risikomanagement
- Glossar

Phase 9: Fallout

Ziele:

- Maßnahmen zur Beibehaltung der Jahr 2000-Konformität treffen
- Einfluß der Konformitätsanstrengungen auf Geschäftsvorgänge minimieren
- Kontinuierlichen Kundendienst sicherstellen
- Fremdhersteller (EDI, EFT usw.) rezertifizieren
- Kontrolle über Jahr 2000-Brücken und -Schnittstellen behalten

Die Fallout-Phase stellt den langfristigen Jahr 2000-Erfolg sicher. Sie umfaßt die Aufgaben, die Sie nach der Implementierung eines konformen Systems ausführen – einschließlich Kundendienst, Brückenkontrolle, Reparatur von Anomalien, Qualitätssicherung und Konfigurationsmanagement – sowie Aufgaben, die Sie nach dem 1. Januar 2000 ausführen müssen.

Die Jahr 2000-Konformität aufrechterhalten

Während der Jahr 2000-Fallout-Phase entwickeln und initiieren Sie Verwaltungsmaßnahmen, welche die kontinuierliche Funktion Ihrer Jahr 2000-konformen Systeme unterstützen sollen. In dieser Phase werden auch »lose Enden« verwaltungsmäßig zusammengeknüpft. Obwohl die meisten Systementwicklungs- und Systemwartungsprojekte typischerweise eine Posteinsatzphase durchlaufen, ist diese Phase besonders für den erfolgreichen Abschluß Ihres Jahr 2000-Projekts von entscheidender Bedeutung. Die Bedeutung der Jahr 2000-Fallout-Phase gründet sich auf folgende Fakten:

- Ihre Jahr 2000-Anstrengungen haben eine enorme Anzahl von Systemen Ihrer Organisation betroffen. Falls Sie es versäumen, die ununterbrochene Funktion dieser Systeme zu unterstützen, kann Ihre gesamte Organisation darunter leiden.
- Das Problem der mangelnden Jahr 2000-Konformität wird nicht verschwinden, wenn Sie Ihre Jahr 2000-konforme Systeme installiert haben. Sie müssen Maßnahmen treffen, um die Konformität neuentwickelter oder neu gekaufter Systeme sicherzustellen. Außerdem müssen Sie die Jahr 2000-Konformität Ihrer elektronischen Partner sicherstellen.

- Wegen des Umfangs des Jahr 2000-Projekts werden nicht alle Konformitätsprobleme bis zum Jahr 2000 gelöst sein. Während der Entscheidungsphase haben Sie die Systeme ausgewählt, deren Jahr 2000-Konformität hergestellt werden sollte. Nach jedem Partitionseinsatz sollten Sie die früheren Entscheidungen der Entscheidungsfindungsphase überprüfen und dabei noch einmal die verfügbaren personellen, finanziellen und physischen Ressourcen abwägen, um möglicherweise vorher ausgeschlossene Systeme in das Jahr 2000-Projekt einzuschließen.

Die Jahr 2000-Fallout-Phase beginnt, wenn Sie ein Jahr 2000-konformes System erfolgreich eingesetzt haben.

Fallout-Aufgaben werden gleichzeitig mit Aufgaben früherer Phasen ausgeführt.

 Weil die Fallout-Aufgaben weit über den Zeitrahmen Ihres Jahr 2000-Projekts hinausreichen, werden die Fallout-Aktivitäten nicht in den Projektkosten berücksichtigt.

 Weil die Fallout-Aufgaben weit über den Zeitrahmen Ihres Jahr 2000-Projekts hinausreichen, werden die Fallout-Aktivitäten nicht in dem Projektzeitplan berücksichtigt.

Zusammenfassung der Deliverables

Dieser Abschnitt faßt die Deliverables für diese Phase des Jahr 2000-Konformitätsprojekts zusammen. Der Abschnitt *Deliverables, Aufgaben und Abhängigkeiten* weiter unten in diesem Kapitel enthält detaillierte Beschreibungen jedes Deliverables und der zugehörigen unterstützenden Aufgaben.

Bericht über die QS- und KM-Prozeduren

Der *Bericht über die QS- und KM-Prozeduren* liefert eine Zusammenfassung der Qualitätssicherungs- und Konfigurationsmanagementprozeduren, die während des Jahr 2000-Projekts verwendet wurden. Er enthält außerdem eine Bewertung der Angemessenheit jeder QS- und KM-Prozedur. Negative Bewertungen werden durch Empfehlungen zur Verbesserung der Prozeduren ergänzt. Hoffentlich wird aufgrund der Informationen in diesem Dokument der Einsatz unpassender QS- und KM-Prozeduren in der Zukunft vermieden.

Bericht über den Kundendienst

Der *Bericht über den Kundendienst* enthält einen detaillierten Plan zur Unterstützung der Systembenutzer nach dem Systemeinsatz. Er soll Ihnen helfen, eine robuste Kommunikationsbeziehung zwischen den Benutzern und den Mitgliedern des Jahr 2000-Teams aufzubauen. Dieses Kommunikationssystem soll in den Monaten nach dem Systemeinsatz dazu dienen, Systemkorrekturmaßnahmen zur Lösung von Problemen zu beschleunigen, die mit dem Einsatz der Jahr 2000-konformen Systeme zusammenhängen.

Kontrollbericht über die Brücken

Der *Kontrollbericht über die Brücken* enthält Beschreibungen der »Softwarebrücken«, die während des Jahr 2000-Projekts implementiert wurden. Dieser Bericht wird häufig aktualisiert, um die Genauigkeit der Informationen über den aktuellen Status aller Brücken sicherzustellen. Dieser Bericht überwacht die Änderungen, Aktualisierungen und Ersetzungen, die mit den Jahr 2000-Brücken zusammenhängen.

Bericht über Bestandsänderungen

Während des Jahr 2000-Projekts haben Sie eine detaillierte Bestandsaufnahme der Systeme Ihrer Organisation erstellt. Der Bericht dokumentiert die Änderungen des Bestands. Dieses Deliverable wird wie der Kontrollbericht über die Brücken häufig aktualisiert, um eine genaue Übersicht über die Systeme Ihrer Organisation aufrechtzuerhalten.

Bericht über die Neueinschätzung der Systeme

Während der Entscheidungsfindung haben Sie die Systeme identifiziert, die im Rahmen des Jahr 2000-Projekts geändert werden sollten. Sie haben auch die Systeme identifiziert, die nicht geändert werden sollten. Dieses Deliverable schätzt diese »vergessenen« Systeme erneut ab und bewertet jedes System im Hinblick auf den Bedarf Ihrer Organisation, das System in der Zukunft zu reparieren, zu ersetzen oder auszumustern. Den Systemen wird für zukünftige Jahr 2000-Konformitätsanstrengungen eine Priorität zugewiesen.

Gewonnene Erfahrungen

Während Ihres Jahr 2000-Projekts mußten Sie permanent die Werkzeuge und Verfahren bewerten, die Sie zur Lösung Ihrer Aufgaben eingesetzt haben. Sie haben sicher Methoden entdeckt, um die Ausführung Ihrer Jahr 2000-Aufgaben zu verbessern. Dieses Deliverable dient dazu, diese Bewertungen zu sammeln und zusammenzufassen und die Informationen für die Verbesserung Ihrer Jahr 2000-Projekttätigkeit bereitzustellen. Diese Verbesserungen können dazu beitragen, in Zukunft Kosten einzusparen, den Zeitaufwand zu reduzieren und die Systemqualität zu verbessern.

Deliverables, Aufgaben und Abhängigkeiten

Während der Fallout-Phase können Sie die jüngste abgeschlossene Periode sehr intensiver Aktivitäten begutachten und beurteilen, ob die eingesetzten Prozeduren angemessen waren oder nicht. Außerdem können Sie jetzt, nachdem die Konformität der kritischen Systeme hergestellt wurde, die Systeme neu beurteilen, die früher als »nicht kritisch« eingestuft wurden, und sie möglicherweise ebenfalls Jahr 2000-konform machen. Schließlich müssen Sie einen Plan für die Kontrolle der Software-Brücken zu nicht konformen Systemen aufstellen und Ihre Schnittstellen zu externen Systemen rezertifizieren.

9.1 Bericht über die QS- und KM-Prozeduren

In dem Bericht über die QS- und KM-Prozeduren begutachten Sie die QS- und KM-Prozeduren, die während der Systemkorrektur, der Testplanung, der Testausführung und des Systemeinsatzes verwendet wurden, und beurteilen, was gut funktioniert hat und was verbessert werden muß. Sie erstellen einen Bericht, in dem Änderungen der QS- und KM-Prozeduren vorgeschlagen werden, und implementieren – nach der Präsentation, Begutachtung und Genehmigung – die Änderungen dieser Prozeduren.

Wenn Sie dieses Deliverable fertiggestellt haben, sollten Ihre QS- und KM-Prozeduren an Ihre Entwicklungsverfahren angepaßt sein und in der Lage sein, im Entwicklungszyklus Probleme so früh wie möglich zu erkennen, Probleme durch funktionale Reviews und genaues Konfigurationsmanagement zu vermeiden, ohne daß diese lästig werden.

Aufgabenüberblick

- QS-Prozeduren begutachten
- QS-Prozeduren verbessern
- Begutachtung KM-Prozeduren
- KM-Prozeduren verbessern

9.1.1 Aufgabe: QS-Prozeduren begutachten

Eine Begutachtung des QS-Prozesses sollte mit einer Begutachtung der Meßwerte beginnen, die während der Entwicklung erfaßt wurden; Sie sollten bewerten, wie genau diese Meßwerte in der Lage waren, Probleme so früh wie möglich im Entwicklungszyklus zu erkennen.

Sie sollten sowohl die größeren als auch die kleineren Fehler genau analysieren und dabei versuchen, Meßwerte zu identifizieren, mit denen Sie diese Fehler zu einem früheren Zeitpunkt in dem Zyklus hätten vermeiden können. Beispielsweise:

- Hätte ein Rollback vermieden werden können, wenn die umgewandelten Daten durch ein automatisiertes Verfahren gründlicher geprüft worden wären als durch manuelle Stichproben?
- Hätte der Ausfall einer Funktion vermieden werden können, wenn der Entwurf der neuen Software zuvor durch ein Peer-Review begutachtet worden wäre?
- Hätte ein Performanzfehler vor dem Systemeinsatz identifiziert werden können, wenn Performanzanforderungen für das Zeitverhalten spezifiziert und getestet worden wären?
- Sind einige QS-Prozeduren zu lästig für das Personal, werden sie deshalb nicht ausgeführt?
- Gibt es QS-Prozeduren, die Werte messen, die nichts mit der Vorhersage der Qualität oder von Fehlern zu tun haben?

Die Ergebnisse der Begutachtung sollten in einem Bericht zusammengefaßt werden, der spezifische Änderungen (Schulung, Budget, Zeitplan, Prozesse oder Verfahren) der QS-Prozesse empfiehlt.

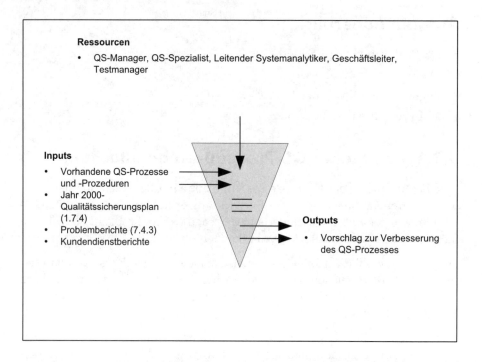

9.1.2 Aufgabe: QS-Prozeduren verbessern

Nachdem Sie die notwendigen Änderungen der QS-Prozesse identifiziert haben, müssen Sie die Änderungen durchführen. Präsentieren Sie die vorgeschlagenen Änderungen den zuständigen Managern und technischen Spezialisten, passen Sie die Verbesserungen an den Konsens an, der bei den Besprechungen erzielt wurde, lassen Sie die geplanten Verbesserungen genehmigen, und führen Sie diese dann durch. Führen Sie schließlich separate Schulungssitzungen über Änderungen der QS- Prozesse und QS-Prozeduren für Ihre QS-Spezialisten und Ihr Entwicklungspersonal durch. Stellen Sie sicher, daß jeder erfährt, wie Ihre gewonnenen Erfahrungen aus den Jahr 2000-Anstrengungen in die Verbesserung der QS-Prozeduren eingeflossen sind.

Phase 9: Fallout

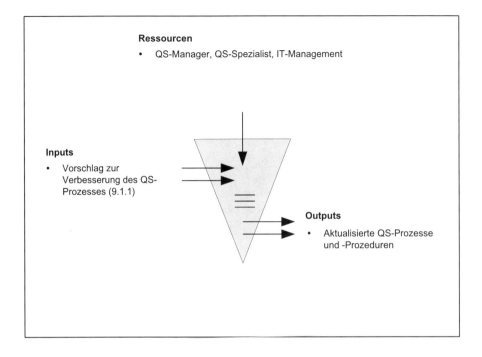

9.1.3 Aufgabe: Begutachtung KM-Prozeduren

Neben der gerade beschriebenen Begutachtung der QS-Prozeduren sollten Sie auch die Konfigurationsmanagementprozeduren begutachten, um festzustellen, ob Sie den KM-Prozeß verbessern können. Prüfen Sie u.a. folgende Punkte:

- Reichen die KM-Prozeduren aus, um die Änderungen der Systemkonfiguration zu steuern und zu überwachen?
- Unterstützen die KM-Prozeduren die Rückkehr zu einer vorangegangenen betriebsfähigen Version des Systems?
- Berücksichtigen die KM-Prozeduren Desktop-Konfigurationen in ausreichender Form?
- Gibt es einen Weg, um Konfigurationen zu ändern, ohne daß KM-Personal daran beteiligt ist (beispielsweise Versionen von Standard-Software ohne die Konfiguration zu ändern)? Falls dies der Fall ist, ist dieser Zustand akzeptabel oder wünschenswert?
- Entspricht der KM-Prozeß den Bedürfnissen des Entwicklungspersonals und des operativen Personals?

Kapitel 9

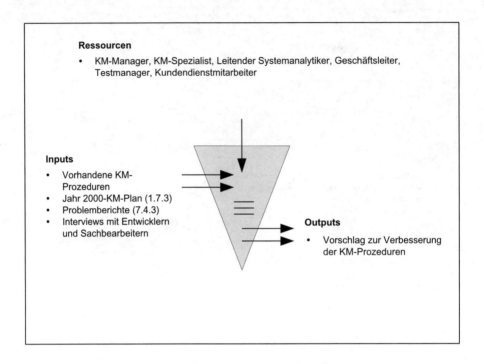

9.1.4 Aufgabe: KM-Prozeduren verbessern

Nachdem Sie die notwendigen Änderungen der KM-Prozeduren identifiziert haben, müssen Sie die Änderungen durchführen. Präsentieren Sie die vorgeschlagenen Änderungen den zuständigen Managern und technischen Spezialisten, passen Sie die Verbesserungen an den Konsens an, der bei den Besprechungen erzielt wurde, lassen Sie die geplanten Verbesserung genehmigen und führen Sie diese dann durch. Führen Sie schließlich separate Schulungssitzungen über Änderungen der KM- Prozesse und KM-Prozeduren für Ihre QS-Spezialisten und Ihr Entwicklungspersonal durch. Stellen Sie sicher, daß jeder erfährt, wie Ihre gewonnenen Erfahrungen aus den Jahr 2000-Anstrengungen in die Verbesserung der KM-Prozeduren eingeflossen sind.

 Bericht über die QS- und KM-Prozeduren vollständig. Die Qualitätssicherung prüft, ob das Deliverable zielkonform ist. Die Projektüberwachung fixiert das Deliverable und aktualisiert die Überwachungsmaße. Das Konfigurationsmanagement prüft, ob die Änderungen der Jahr 2000-Projektdatenbank den KM-Prozeduren gemäß durchgeführt werden.

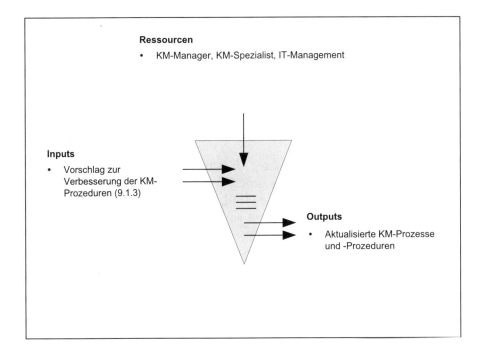

9.2 Bericht über den Kundendienst

Um die zu erwartenden zusätzlichen Belastungen durch die Jahr 2000-Umstellung abzufangen, haben Sie Ihre Kundendienstkapazitäten wahrscheinlich weiter ausgebaut, als für den normalen Betrieb nach Beendigung des Jahr 2000-Projekts nötig sein wird. Zusätzlich haben Sie möglicherweise die Kundendienstprozeduren an die geänderten Jahr 2000-Prioritäten angepaßt.

Nachdem jetzt die kritischen Jahr 2000-Arbeiten beendet sind, müssen Sie als letzte Aufgabe des Kundendienstplans die Kundendienstkapazitäten wieder an die normale Arbeitsbelastung anpassen. Falls Sie in Ihrer Organisation weitere Jahr 2000-Umstellungen durchführen wollen, sollte der Kundendienstplan die erwartete langfristige Arbeitsbelastung berücksichtigen.

Zusätzlich sollten Sie die Problemberichte begutachten, die während des Einsatzes der Jahr 2000-konformen Systeme eingegangen sind, um festzustellen, ob durch das eingesetze System echte neue Kundenprobleme verursacht wurden. Im Rahmen Ihrer normalen Prozeduren zur permanenten Verbesserung sollten Sie die Probleme zur Analyse und Lösung mit den verursachenden Abteilungen besprechen und abstimmen (Feedback).

Aufgabenüberblick

- Kundendienstplan ausführen
- Problemberichte begutachten
- Problemberichte verteilen

9.2.1 Aufgabe: Kundendienstplan ausführen

Implementieren Sie die Änderungen, die in dem Kundendienstplan während des Systemeinsatzes spezifiziert wurden. An dieser Stelle, nachdem die kritischen Jahr 2000-Aufgaben erledigt sind, verlangt der Kundendienstplan wahrscheinlich eine Verringerung der Kundendienstkapazität. Setzen Sie die geforderten Änderungen des Personals, der Einrichtungen und Prozeduren um.

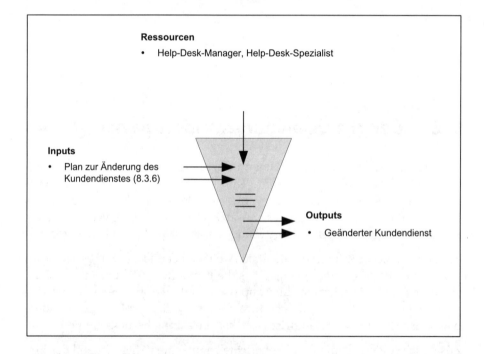

Aufgabenrichtlinie

- Kunden von den Systemen abzuziehen, die Sie nicht Jahr 2000-konform machen wollen, gehört ebenfalls zum Kundendienst. Wenn Sie Ihren Kundendienstplan einführen, sollten Sie auch die Konsequenzen berücksichtigen, die sich aus den Entscheidungen ergeben, gewisse Systeme auszumustern.

9.2.2 Aufgabe: Problemberichte begutachten

Die Begutachtung der Probleme sollte monatlich erfolgen, und die empfohlenen Verbesserungen sollten etwa einmal pro Quartal durchgesetzt werden. Welche Häufigkeit dieser Aktionen für Ihre Organisation am besten paßt, hängt von der Anzahl der empfangenen Problemberichte, der Komplexität der verschiedenen Organisationen, der Anzahl der parallelen, aber separaten Entwicklungsanstrengungen und anderen vorhandenen Feedback-Mechanismen ab.

Sie müssen die Probleme verstehen, mit denen es Ihre Benutzer, Kunden und Operators zu tun haben. Ein Qualitätssicherungsspezialist oder Kundendienstanalytiker sollte die Berichte einer Periode begutachten. Der Begutachter sollte die Berichte nach den zuständigen Organisationen und der Priorität der Probleme klassifizieren. Dabei geht es nicht um Schuldzuweisungen, sondern darum, die Ursachen der Probleme herauszufinden.

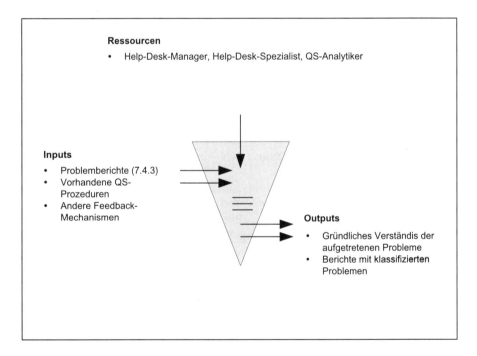

Die Begutachtung sollte die Quellen der Probleme aufdecken und abschätzen, ob eine Änderung der QS-Prozeduren zu einer früheren Entdeckung der Probleme und/oder ihrer Vermeidung hätte führen können. Die billigste Problemlösung erfolgt direkt an der Quelle des Problems.

Falls eine Änderung der QS-Prozeduren angebracht ist, sollten Sie diese Änderung so schnell wie möglich implementieren.

Diese Begutachtung soll nicht die sofortige Zurkenntnisnahme eines Problemberichts ersetzen, die bei Eingang der Beschwerde erfolgt. Ihre Kundendienstanalytiker werden die Problemberichte weiterhin begutachten, um die Kundenbeschwerden sofort zu bearbeiten. Die Begutachtung, die in dieser Aufgabe spezifiziert wird, ist eine längerfristige zur Verbesserung der Entwicklung, des Testens, des Systemeinsatzes und des Kundendienstes.

9.2.3 Aufgabe: Problemberichte verteilen

Die Problemberichte und -analysen sollten an die zuständigen Abteilungen zurückgeleitet werden. Unter der Annahme, daß die Korrekturen mit einer hohen Priorität von den zuständigen Abteilungen bereits durchgeführt wurden, geht es dabei nicht darum, ihnen Schuld zuzuweisen, sondern darum, ihnen die Werkzeuge zu geben, um Trends zu erkennen und Problemquellen zu lokalisieren.

Die zuständige Abteilung sollte diesen Bericht benutzen, um eine Reihe von Problemen zu untersuchen, für die sie über einen längeren Zeitraum hinweg verantwortlich war, und versuchen, ihren Beitrag zur Verbesserung der Entwicklung, des Testens, des Systemeinsatzes und des Kundendienstes zu leisten. Die erhöhte Produktivität Ihres Entwicklungs- und Wartungspersonals, die durch die hier durchgeführten Prozeßverbesserungen erzielt wird, trägt dazu bei, Ihrer Organisation lange nach Abschluß aller Jahr 2000-Arbeiten Kosten zu sparen.

Bericht über den Kundendienst vollständig. Die Qualitätssicherung prüft, ob das Deliverable zielkonform ist. Die Projektüberwachung fixiert das Deliverable und aktualisiert die Überwachungsmaße. Das Konfigurationsmanagement prüft, ob die Änderungen der Jahr 2000-Projektdatenbank den KM-Prozeduren gemäß durchgeführt werden.

Phase 9: Fallout

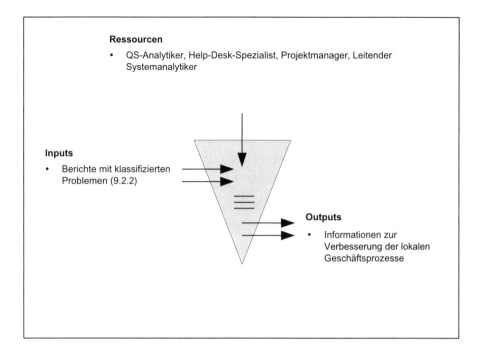

9.3 Kontrollbericht über die Brücken

Der Kontrollbericht über die Brücken ist eine Daueraufgabe zur Verwaltung der Schnittstellenbrücken, die während des vorangegangenen Korrekturzyklus implementiert wurden. Die Schnittstellenbrücken werden von dem System benutzt, um eine Verbindung zwischen zwei sonst inkompatiblen Schnittstellen herzustellen. Wenn beispielsweise ein bedeutender Kunde seine Software noch nicht auf die vierstelligen Jahresfelder umgestellt hat, die Sie auf Ihren Datenaustauschbändern benutzen, würde die Software der Schnittstellenbrücke ein Band mit dem neuen Jahresformat als Input akzeptieren und daraus als Output für diesen Kunden eine neues Band mit dem Jahresformat der älteren Schnittstelle erzeugen.

Eine Brücke kann auch für interne Schnittstellen zwischen zwei Paketen oder Partitionen benutzt werden, von denen das/die eine aufgrund unterschiedlicher Prioritäten bereits umgestellt und das/die andere noch nicht umgestellt wurde. Beispielsweise könnte eine Schnittstellenbrücke die Verbindung zwischen einer umgestellten und einer noch nicht umgestellten Partition herstellen. Wenn die nicht umgestellte Partition zu einem späteren Zeitpunkt ebenfalls Jahr 2000-konform gemacht wird, wird die Brücke nicht mehr benötigt.

Wenn die Schnittstellen, die durch diese temporäre Software überbrückt werden, Jahr 2000-konform werden, verschwindet der Bedarf für die Brücken, oder er ändert sich. Der Kontrollbericht über die Brücken sollte alle Brücken zwischen In-house-Systemen oder zwischen lokalen und externen Schnittstellen identifizieren, die Anforderungen an die Brücken spezifizieren und den Plan zur Aktualisierung der Software enthalten, der die Brücken überflüssig macht. Wenn diese Schnittstellen aktualisiert werden, können die Brücken entfernt oder angepaßt werden.

Aufgabenüberblick

- Anforderungen an die Brückenänderungen begutachten
- Schnittstellen-Updates koordinieren
- Elektronische Schnittstellen rezertifizieren

9.3.1 Aufgabe: Anforderungen an die Brückenänderungen begutachten

Im Rahmen der Analyse von zu ändernden Funktionen wurden auch Schnittstellen untersucht und die Anforderungen an die Brücken spezifiziert. Diese Analysen gelten auch für nicht kritische Umstellungen, nachdem die primäre Jahr 2000-Arbeit abgeschlossen ist. Wenn Sie Funktionen ändern, die Schnittstellen beeinflussen, sollten Sie die vorhandenen Brücken analysieren und bei Bedarf ändern oder ausmustern.

Auf gleiche Weise müssen Sie auch die Änderungen externer Schnittstellen begutachten. Wenn Sie eine Mitteilung über die Änderung eine externen Schnittstelle erhalten, oder falls die Implementierung einer geänderten Software bevorsteht, welche die Kompatibiliät zu einer bereits Jahr 2000-konformen externen Schnittstelle herstellt, sollten Sie die Anforderungen an die Brücke untersuchen.

Sie müssen diese Aufgabe für jede Schnittstellenänderung erneut durchführen. Das Ergebnis dieser Aufgabe ist eine Spezifikation der Brückenanforderungen, in der angegeben wird, ob die vorhandenen Brücken geändert oder ausgemustert oder ob neue Brücken hinzugefügt werden müssen.

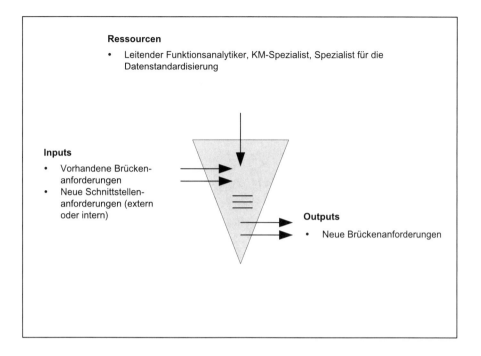

9.3.2 Aufgabe: Schnittstellen-Updates koordinieren

Nachdem Sie die Anforderungen an die neuen Schnittstellenbrücken spezifiziert haben, erstellt oder ändert das Entwicklungspersonal die Brücken. Diese Aufgabe dient dazu, die Brücken in der operative Umgebung einzusetzen.

Die Koordination interner Brücken ist etwas einfacher, weil die Brücken-Software zusammen mit der Software eingesetzt werden kann, deren Schnittstellen sich ändern. Die Koordination externer Schnittstellen ist etwas schwieriger. In einigen Fällen kann die modifizierte Brücke aus einer kompletten Partition bestehen, deren Einsatz mit der Umstellung der externen Schnittstelle koordiniert werden muß. Außerdem muß Ihre Organisation den Test der Schnittstellen unterstützen und auf ein Rollback vorbereitet sein, falls Probleme auftauchen.

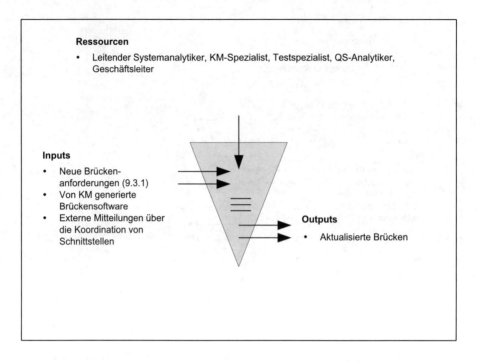

9.3.3 Aufgabe: Elektronische Schnittstellen rezertifizieren

Nach der Umstellung einer Schnittstelle, die von einer externen Organisation kontrolliert wird, muß Ihre Organisation möglicherweise einen Zertifizierungsprozeß durchlaufen, der von der externen Organisation vorgegeben wird. Leider sind diese Zertifizierungen häufig damit verbunden, die externe Organisation für die Unterstützung der Tests und die Prüfung der Datengenauigkeit zu bezahlen. Die speziellen Regelungen werden von den externen Organisation vorgegeben.

Nehmen Sie an, daß Ihre Organisation alle kritischen Jahr 2000-Umstellungen vollständig abgeschlossen hat und eine Brücke zu einem Papierlieferanten eingerichtet hat, über die Sie Ihre Großaufträge an den Lieferanten übertragen. Der Papierlieferant hat sein System noch nicht auf vierstellige Jahreszahlen umgestellt. Weil der Papierlieferant Bestellungen dieser Art von Hunderten von Organisationen entgegennimmt, hat er einen formellen Zertifizierungsprozeß eingerichtet, um das Format und den Inhalt der Datumsangaben in den Bestellungen zu validieren.

Zu irgendeinem Zeitpunkt ändert der Papierlieferant die Schnittstelle so, daß eine Organisation keine Bestellung für das Jahr 1900 aufgeben kann. Wenn die Änderung der Schnittstelle erfolgt, müssen Sie möglicherweise eine formelle Zertifizierung durchlaufen. Weil der Lieferant für Ihr Geschäft eine kritische Rolle spielt, befolgen Sie die Prozeduren so genau wie möglich, um die elektronische Schnittstelle zu dem Papierlieferanten weiterhin benutzen zu können.

Der Zertifizierungsprozeß beginnt mit der Zahlung einer Anmeldungsgebühr von 2000 DM an den Lieferanten. Dafür erhalten Sie eine Kopie der Spezifikation der geänderten Schnittstelle. Nachdem Sie Ihre Schnittstelle intern angepaßt und getestet haben, müssen Sie einen Simulator benutzen, den der Papierlieferant zur Simulation der Schnittstelle und zur Aufzeichnung der Transaktionen bereitgestellt hat. Dann müssen Sie eine Kopie der aufgezeichneten Transaktionen zusammen mit einer Prüfungsgebühr von 2000 DM zur Begutachtung an den Papierlieferanten senden.

Der Papierlieferant informiert Sie über die Annahme, zertifiziert, daß Ihre Organisation weiterhin elektronische Bestellungen aufgeben darf, und teilt Ihnen mit, an welchem Datum die Jahr 2000-konforme Schnittstelle aktiviert wird.

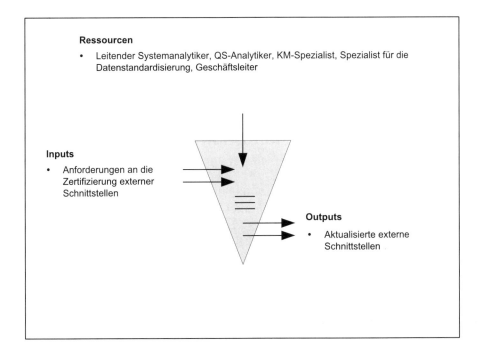

Kontrollbericht über die Brücken vollständig. Die Qualitätssicherung prüft, ob das Deliverable zielkonform ist. Die Projektüberwachung fixiert das Deliverable und aktualisiert die Überwachungsmaße. Das Konfigurationsmanagement prüft, ob die Änderungen der Jahr 2000-Projektdatenbank den KM-Prozeduren gemäß durchgeführt werden.

9.4 Bericht über Bestandsänderungen

Zusätzlich zu einem funktionierenden Jahr 2000-konformen System verfügt Ihre Organisation jetzt über eine detaillierte Bestandsaufnahme aller Hardware, Software und Schnittstellen im gesamten Unternehmen. Wie Sie aus Erfahrung wissen, kann es schwierig sein, eine genaue Bestandsaufnahme zu erstellen. Sie können die Bestandsaufnahme dazu benutzen, die Umgebung, Entwurfsänderungen, Ersetzungen, Konsolidierungen usw. zu beurteilen. Weil der Hauptteil der Kosten durch die Erstellung der Bestandsaufnahme verursacht wurde, sollten Sie erwägen, die Bestandsaufnahme auf dem laufenden zu halten. Dabei sollten Sie Ihren erwarteten zukünftigen Bedarf gegen die Kosten für die Änderungen der Bestandsaufnahme abwägen, indem Sie eine solche Maßnahme in Ihre KM-Prozeduren aufnehmen.

Aufgabenüberblick

- Bestandsaufnahme laufend aktualisieren

9.4.1 Aufgabe: Bestandsaufnahme laufend aktualisieren

Die vorhandenen KM-Prozeduren sollten hinreichend enggefaßt sein, um zu verhindern, daß die Systemkonfiguration geändert werden kann, ohne daß zugleich die Bestandsaufnahme des Unternehmens aktualisiert wird. Die KM-Prozeduren sollten folgende Vorkehrungen einschließen:

- Das KM darf Änderungen der Hardware oder Software nur genehmigen, wenn zugleich das Unternehmensorganigramm und die Bestandsaufnahmeliste entsprechend geändert wird.

- Auf einzelnen Desktops darf keine benutzerspezifische oder benutzereigene Software installiert werden. Der Zugriff auf solche Software muß über einen gemeinsamen Server erfolgen.

- Die Installation von Desktop-Software auf einem gemeinsamen Server muß den KM-Prozeß durchlaufen.
- Die benutzerkontrollierten Systeme müssen periodisch geprüft werden, um sicherzustellen, daß die Hardware und Software richtig konfiguriert ist.

Die Kosten für die Wartung der unternehmensweiten Bestandsaufnahme sollten nicht wesentlich höher sein als die Kosten, die dadurch entstehen zuzulassen, daß die Bestandsaufnahme zunehmend ungenauer wird.

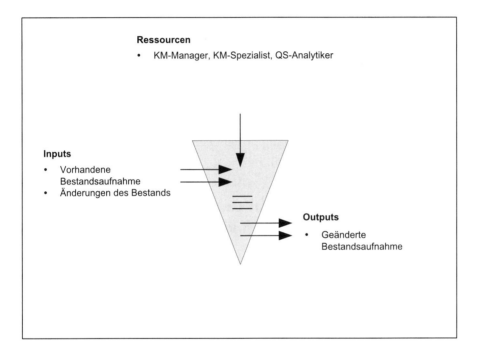

 Bericht über Bestandsänderungen vollständig. Die Qualitätssicherung prüft, ob das Deliverable zielkonform ist. Die Projektüberwachung fixiert das Deliverable und aktualisiert die Überwachungsmaße. Das Konfigurationsmanagement prüft, ob die Änderungen der Jahr 2000-Projektdatenbank den KM-Prozeduren gemäß durchgeführt werden.

9.5 Bericht über die Neueinschätzung der Systeme

Nachdem jetzt der Druck vorbei ist, die kritischen Systeme Jahr 2000-konform zu machen, sollten Sie die komplette Phase der Entscheidungsfindung noch einmal begutachten. Bei der ursprünglichen Entscheidungsfindung haben Sie die Systeme identifiziert, die für das geschäftliche Überleben Ihrer Organisation absolut notwendig waren. Jetzt können Sie die restlichen nicht konformen Systeme untersuchen, mit Prioritäten versehen und entscheiden, ob sie umgestellt, ersetzt, ausgemustert oder ignoriert werden sollen.

Aufgabenüberblick

- Überblick über die Systemprioritäten verschaffen
- Neue Kandidaten für die Umstellung identifizieren
- Kandidaten für die Umstellung präsentieren und genehmigen lassen
- Umstellungsaufgaben durchführen

9.5.1 Aufgabe: Überblick über die Systemprioritäten verschaffen

Bei der ursprünglichen Entscheidungsfindung haben Sie einen Überblick über die Benutzer erstellt, um die Funktionen zu identifizieren, die nicht kritisch waren. Beispielsweise gab es in der Lohn- und Gehaltsabteilung ein Programm, mit dem Gehaltsschecks in der Reihenfolge der Standorte der Mitarbeiter gedruckt wurden. Weil das Programm nach Beginn des Jahres 2000 fehlerhaft funktionieren wird und weil es als nicht kritisch eingestuft wurde, wurde es aus dem operativen Einsatz herausgenommen und nicht in den ersten Korrekturzyklus aufgenommen. Jetzt beklagen sich die Lohn- und Gehaltsmitarbeiter bitter, daß sie die Gehaltsschecks manuell sortieren müssen. Eine kurze Diskussion mit dem Buchhaltungsmanager könnte dazu führen, daß diese Software, die während Entscheidungsfindung ausgemustert wurde, als wünschenswert eingestuft wird.

Nachdem Ihre kritischen Systeme Jahr 2000-konform sind, sollten Sie Informationen über nicht kritische Systeme sammeln, die Jahr 2000-konform gemacht werden sollten. Fragen Sie Benutzer und Manager, welche Systeme ihrer Meinung in eine »zweite Runde« der Jahr 2000-Konformitätsanstrengungen eingeschlossen werden und welche geschäftliche Priorität diesen Systemen zugewiesen werden sollten.

Der Umfang und die Dauer dieser Befragung hängen im wesentlichen von Ihrer Organisation ab.

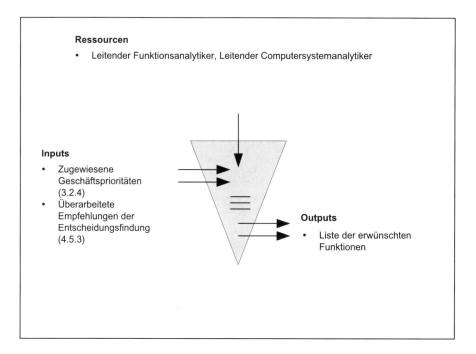

9.5.2 Aufgabe: Neue Kandidaten für die Umstellung identifizieren

Sie sollten die Informationen aus den folgenden beiden primären Quellen begutachten, nämlich der Bestandsaufnahme der Systeme, die noch nicht Jahr 2000-konform sind, sowie dem Überblick über die Systemprioritäten. Diese Untersuchung soll Ihnen dabei helfen, die Kandidaten für die Umstellung zu identifizieren (die Systeme, die in der zweiten Runde des Jahr 2000-Konformitätsprojekts umgestellt werden sollen). Erstellen Sie eine Liste der Systeme analog zu der ursprünglichen Liste der Kandidatensysteme, die während der Entscheidungsfindung aufgestellt wurde.

Kapitel 9

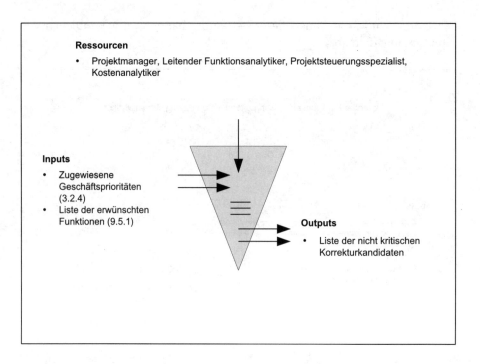

9.5.3 Aufgabe: Kandidaten für die Umstellung präsentieren und genehmigen lassen

Wie bei allen anderen Jahr 2000-Projektplanungsaufgaben müssen Sie ein Budget aufstellen und einen Zeitplan entwickeln, um Ihre Umstellungskandidaten Jahr 2000-konform zu machen. Sie müssen die Liste dieser Kandidaten sowie die zugehörigen Budgets und Zeitpläne den zuständigen Managern präsentieren. Wenn diese Liste, die Budgets und die Zeitpläne genehmigt werden, können Sie die Umstellungsaufgaben durchführen.

Phase 9: Fallout

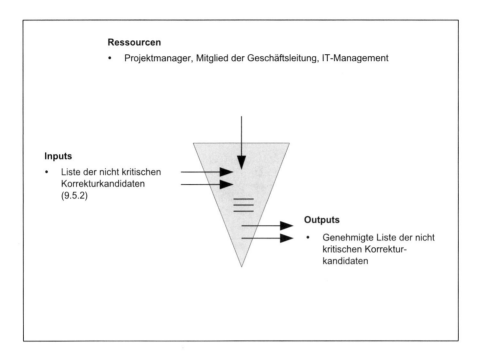

9.5.4 Aufgabe: Umstellungsaufgaben durchführen

Obwohl die Systeme, die Sie bearbeiten, im Hinblick auf die Geschäftsziele nicht als kritisch eingestuft wurden, müssen Sie für jedes System die Systemkorrektur, die Testplanung, die Testausführung und den Systemeinsatz vollständig durchführen. Siehe Kapitel 5 bis 8 dieses Buches, welche die auszuführenden Aufgaben vollständiger behandeln.

 Bericht über die Neueinschätzung der Systeme vollständig. Die Qualitätssicherung prüft, ob das Deliverable zielkonform ist. Die Projektüberwachung fixiert das Deliverable und aktualisiert die Überwachungsmaße. Das Konfigurationsmanagement prüft, ob die Änderungen der Jahr 2000-Projektdatenbank den KM-Prozeduren gemäß durchgeführt werden.

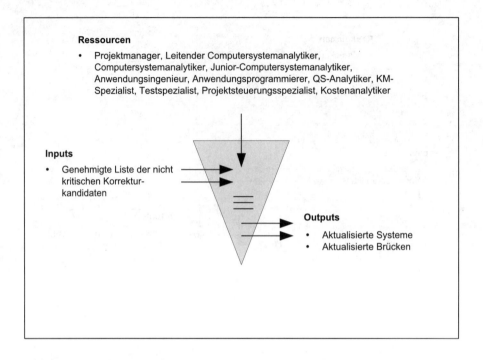

9.6 Gewonnene Erfahrungen

Wie bereits erwähnt, sollten Gruppen von logischen Funktionen oder Partitionen stapelweise korrigiert werden. Deshalb hat eine Gruppe von Systemen bereits die Jahr 2000-Konformität erreicht, während andere Gruppen erst am Anfang des Korrekturzyklusses stehen.

Jedesmal wenn eine Gruppe von Systemen den Korrekturzyklus abschließt, haben Sie die Gelegenheit, Informationen darüber zu sammeln, was funktionierte, was schief ging und was Sie beim nächsten Mal besser machen können. Sie können diese Informationen sammeln, bewerten und benutzen, um Ihre Jahr 2000-Methodik zu verbessern.

Sie können Ihre Jahr 2000-Methodik auch dadurch verbessern, daß Sie die »besten kommerziellen Verfahren« verwenden, die von anderen Organisationen eingesetzt werden. Je mehr wir uns dem neuen Jahrtausend nähern, desto mehr Organisationen entwickeln Methoden, um die Konformitätsanstrengungen so gut wie möglich zu bewältigen. Sie sollten sich über neue Jahr 2000-Methoden und -Theorien auf dem laufenden halten und Ihre diesbezüglichen Anstrengungen entsprechend anpassen.

Glücklicherweise wird die Jahr 2000-Thematik jetzt sowohl in der allgemeinen als auch in der Fachpresse ausführlich behandelt. Außerdem gibt es viele Web-Sites, die sich mit Jahr 2000-Problemen und -Lösungen befassen. Es gibt Web-Seiten, die von Lieferanten- oder Service- Organisationen verwaltet werden, die ihre speziellen Lösungen forcieren wollen, ferner Web-Seiten, die von Organisationen verwaltet werden, die ihren Ansatz zur Lösung dieser Probleme öffentlich dokumentieren und andere hilfreiche Informationen zur Verfügung stellen. Auf der beiliegenden CD finden Sie einen Führer zu Jahr 2000-Web-Seiten.

Der Einbau der gewonnen Erfahrungen dient folgenden Zielen:

- Qualität des Einsatzes verbessern
- Kosten und Zeitaufwand reduzieren
- Geschäftliche, technische und phasenbezogene Risiken vermindern

Aufgabenüberblick

- Informationen über die Prozeßbewertung analysieren
- Jahr 2000-Methoden überarbeiten

9.6.1 Aufgabe: Informationen über die Prozeßbewertung analysieren

Wenn Sie die 2000-Umstellung eines Systems abschließen, sollten Sie sicherstellen, daß die Teilnehmer des Korrekturzyklus die verwendeten Werkzeuge und Verfahren nachträglich bewerten. Bewahren Sie diese Informationen sorgfältig auf. Analysieren und konsolidieren Sie dieses Informationen in passen Zeitabständen, um sie bei zukünftigen Jahr 2000-Anstrengungen zu berücksichtigen.

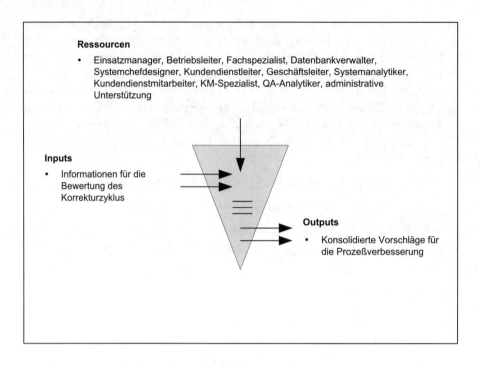

9.6.2 Aufgabe: Jahr 2000-Methoden überarbeiten

Nachdem Sie die Prozeßbewertungen und Verbesserungsvorschläge gesammelt haben, sollten Sie diese Informationen zur Überarbeitung Ihrer Jahr 2000-Methoden verwenden, die Sie zukünftig einsetzen wollen.

Falls notwendig, passen Sie Ihre Jahr 2000-Projektdatenbank oder -Projektpläne an diese Prozeßverbesserungen an.

 Gewonnene Erfahrungen vollständig. Die Qualitätssicherung prüft, ob das Deliverable zielkonform ist. Die Projektüberwachung fixiert das Deliverable und aktualisiert die Überwachungsmaße. Das Konfigurationsmanagement prüft, ob die Änderungen der Jahr 2000-Projektdatenbank den KM-Prozeduren gemäß durchgeführt werden.

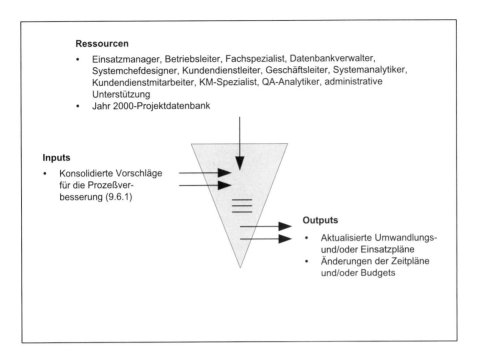

Einflüsse auf das Geschäft

Hoffentlich beeinflussen die Fallout-Aktivitäten Ihre Geschäftsprozesse in positiver Weise. Falls Systembenutzer auf ein Problem stoßen, das mit einem Jahr 2000-konformen System zu tun hat, können Sie den Kundendienst um Hilfe bitten. Informationen über die Jahr 2000-Bestandsaufnahme und Jahr 2000-Brücken stehen für Manager oder Benutzer zur Verfügung. Sie haben einen Plan für die Jahr 2000-Umstellung der nicht kritischen Systeme aufgestellt, die noch nicht Jahr 2000-konform sind.

Außerdem haben Sie ein Informations-Feedback-System implementiert, mit dem Ihre Organisation zukünftige Probleme vermeiden oder verringern kann, indem die Probleme, die möglicherweise während der Implementierung eines Jahr 2000-konformen Systems auftreten, frühzeitig erkannt und analysiert werden können.

Der Abschluß des Jahr 2000-Projekts wird die Annahmen und Standards der Entwickler bezüglich zukünftiger Entwicklungsprojekte beeinflussen. Die Entwicklungsstandards werden nicht mehr zulassen, daß die Entwickler bei neu entwickelten Systemen Datumsfelder und Datumsinformationen für andere Zwecke mißbrauchen. Hoffentlich wird Jahr 2000-Konformität zu einer Standardanforderung an alle Systeme Ihrer Organisation.

Phasenrisiken

Potentielles Ereignis	Wahrscheinlichkeit	Einfluß	Risiko
Probleme nach der Jahr 2000-Umstellung sind größer als erwartet	Mittel	Hoch	Hoch
Neu erworbene oder entwickelte Systeme sind nicht Jahr 2000-konform	Niedrig	Hoch	Mittel

Fallout-Phasenrisiken

Mit der Fallout-Phase sind zwei Risiken verbunden: Die Jahr 2000-Probleme können größer sein, als Sie erwartet haben; Sie erwerben oder entwickeln neue Systeme, die nicht Jahr 2000-konform sind.

Probleme nach der Jahr 2000-Umstellung sind größer als erwartet

Obwohl Sie einige Probleme, die in der Zeit nach der Jahr 2000-Umstellung auftreten können, vorausgesehen haben, ist es nicht möglich, alle Jahr 2000-Probleme vorwegzunehmen, die Ihrer Organisation in das neuen Jahrtausend folgen können.

Es gibt einige Methoden, um dieses Risiko zu verringern:

- Entwickeln Sie einen Eventualplan für die Zeit nach der Jahr 2000-Umstellung. Dieser Plan soll Maßnahmen vorschlagen, die Sie ergreifen können, falls es Ihnen nicht gelungen ist, alle Jahr 2000-Probleme zu entdecken und zu lösen.

- Versuchen Sie Ihren Zeitplan nach der Jahr 2000-Umstellung so flexibel wie möglich zu gestalten. Es könnte sinnvoll sein, wichtige neue Entwicklungsvorhaben so lange aufzuschieben, bis Sie überzeugt sind, daß das Jahr 2000 keine unvorhergesehenen Probleme gebracht hat.

Neu erworbene oder entwickelte Systeme sind nicht Jahr 2000-konform

Leider kann es passieren, daß Ihre Organisation aus Versehen neue Systeme erwirbt oder entwickelt, die nicht Jahr 2000-konform sind. Hoffentlich ist die Wahrscheinlichkeit eines solchen Ereignisses niedrig.

Es gibt einige Methoden, um dieses Risiko zu verringern:

- Stellen Sie sicher, daß die Jahr 2000-Konformitätsanforderungen in alle Entwicklungs- und Beschaffungsvorschriften Ihrer Organisation aufgenommen werden. Sie müssen Ihre Anstrengungen, um die Jahr 2000-Konformität beizubehalten, mit den Managern der einzelnen Geschäftsbereiche, insbesondere der Beschaffung, koordinieren.
- Setzen Sie ein Jahr 2000-Begutachtungsgremium ein. Dieses Gremium soll die Konformität aller neu entwickelten oder erworbenen Systeme begutachten und sicherstellen. Der Bedarf nach einem solchen Gremium wird mit dem Fortschritt des 21ten Jahrhunderts langsam verschwinden, aber es sollte während des Jahres 2000 seinen Einfluß nachhaltig geltend machen.

Erfolgsfaktoren

Mit dem erfolgreichen Abschluß der Fallout-Phase, haben Sie folgende Schritte ausgeführt:

Erfolgsfaktor	Deliverable
Sie haben die QS-Meßwerte begutachtet und bewertet	Bericht über die QS- und KM-Prozeduren
Sie haben die QS-Meßwerte aktualisiert und verbessert	Bericht über die QS- und KM-Prozeduren
Sie haben die KM-Prozeduren begutachtet und bewertet	Bericht über die QS- und KM-Prozeduren
Sie haben die KM-Prozeduren aktualisiert und verbessert	Bericht über die QS- und KM-Prozeduren
Sie haben die Kundendienstkapazität angepaßt	Bericht über den Kundendienst
Sie haben die Problemberichte begutachtet und bewertet	Bericht über den Kundendienst
Sie haben die Analyse der Problemberichte an die zuständigen Abteilungen weitergeleitet	Bericht über den Kundendienst
Sie haben die geänderten Anforderungen an die Brücken dokumentiert	Kontrollbericht über die Brücken
Sie haben die Aktualisierung der Schnittstellen koordiniert	Kontrollbericht über die Brücken

Kapitel 9

Erfolgsfaktor	Deliverable
Sie haben die elektronischen Schnittstellen rezertifiziert	Kontrollbericht über die Brücken
Sie haben die Bestandsaufnahme und das Unternehmensorganigramm laufend aktualisiert	Bericht über Bestandsänderungen
Sie haben Benutzer und Manager nach Kandidaten für den Korrekturzyklus befragt	Bericht über die Neueinschätzung der Systeme
Sie haben die Liste der Korrekturzykluskandidaten erstellt	Bericht über die Neueinschätzung der Systeme
Sie haben die Zustimmung für die Liste der Korrekturzykluskandidaten gewonnen	Bericht über die Neueinschätzung der Systeme
Sie haben die Korrektur der nicht kritischen Systeme durchgeführt	Bericht über die Neueinschätzung der Systeme
Sie haben die Prozeßbewertungen analysiert und Verbesserungsvorschläge entwickelt	Gewonnene Erfahrungen
Sie haben die Phasenrisiken und mögliche Ansätze zur Risikominderung identifiziert	Alle Deliverables
Sie haben die Deliverables identifiziert, die während dieser Phase entwickelt wurden	Alle Deliverables
Sie haben passende Kommunikationsschnittstellen in Ihrer gesamten Organisation benutzt, um die Aufgabe dieser Phase zu unterstützen	Alle Deliverables
Sie haben die Aufgaben dieser Phase an verschiedene Gruppen in Ihrer Organisation delegiert und sichergestellt, daß diese Aufgaben die Zustimmung des Managements hatten	Alle Deliverables
Sie haben die Deliverables identifiziert, für die jede Gruppe verantwortlich war, und sichergestellt, daß die Verantwortung für das Deliverable von jeder Gruppe übernommen wurde	Alle Deliverables

Erfolgsfaktor	Deliverable
Sie haben die Meilensteine für die Erfüllung der Aufgaben dieser Phase identifiziert	Alle Deliverables
Sie haben an den Meilensteinen die Grenzwerte identifiziert, bei deren Überschreiten korrektive Maßnahmen ergriffen werden	Alle Deliverables
Sie haben Meßwerte benutzt, um anhand der Meilensteine den Fortschritt zu überwachen und zu messen	Alle Deliverables
Sie haben sichergestellt, daß jede verantwortliche Gruppe den Zeitplan für die Fertigstellung dieser Phase akzeptiert und eingehalten hat	Alle Deliverables

Weiterführende Informationen

Die folgende Liste nennt Materialien im Anhang, denen Sie weitere Informationen über diese Phase Ihres Jahr 2000-Konformitätsprojekts entnehmen können:

- Kapitel 3, Phase 3: Entscheidungsfindung
- Anhang A, Problemdefinitionskatalog
- Anhang B, Lösungsansätze
- Anhang F, Übersicht über die Schlüsselaufgaben
- Anhang H, Integrierter Projektplan
- Anhang I, Jahr 2000-Risikomanagement
- Glossar
- Jahr 2000-CD-ROM

Anhang A: Problemdefinitionskatalog

Dieser Problemdefinitionskatalog ist ein leistungsstarkes Werkzeug, das Sie während Ihrer gesamten Konformitätsanstrengungen verwenden können. Es identifiziert die vielen verschiedenen Formen, in denen das Jahr 2000-Problem auftreten kann. Wenn Sie die verschiedenen Problemtypen gründlich verstanden haben, werden Sie die Lösungen dieser Probleme, die in Anhang B angegeben werden, leichter begreifen. Die folgende Tabelle beschreibt, wie Sie diesen Problemkatalog während der verschiedenen Jahr 2000-Phasen verwenden können. Weitere Informationen finden Sie in der Definition von *Konformität* im Glossar.

Jahr 2000-Phasen	Anwendung des Problemkatalogs
Planung und Bewußtmachung	Benutzen Sie diese Definitionen bei der ursprünglichen Bewußtmachung, Ausbildung, Bewertung und Planung, um zu ermitteln, welche Probleme bei Ihnen auftreten können.
Bestandsaufnahme	Benutzen Sie den Problemkatalog, um die Stärken und Schwächen der Werkzeuge im Hinblick auf die Problemlösung zu bewerten.
Entscheidungsfindung	Wählen Sie aus dem Problemkatalog die Problemarten aus, von denen Sie betroffen sind, schätzen Sie mit seiner Hilfe den Lösungsaufwand ab, und setzen Sie Prioritäten für die Lösung der Probleme.
Detailplanung	Die Problemdefinitionen sind in dieser Phase von entscheidender Bedeutung. Benutzen Sie die Definitionen, um den Umfang der Korrekturen abzuschätzen, Partitionen (siehe Glossar) zu bilden, die Funktionen der automatisierten Werkzeuge zu ergänzen und Budgets für die Korrektur aufzustellen.
Korrektur	Technik, Qualitätssicherung und Konfigurationsmanagement greifen auf diese Definitionen zurück.

Jahr 2000-Phasen	Anwendung des Problemkatalogs
Testplanung und -ausführung	Unterrichten Sie das Testteam. Benutzen Sie die Problemdefinitionen, um die Testpläne zu entwickeln und die formellen Tests auszuführen.
Systemeinsatz	Benutzen Sie diese Definitionen als Input zur Formulierung der Weiter-Stopp-Entscheidungskriterien für den Systemeinsatz.
Fallout	Definieren Sie Problemkategorien für den Kundendienst, der für die Bearbeitung von Kundenproblemen zuständig ist.

Jahr 2000-Software-Fehler kategorisieren

Benutzen Sie die Problemkategorien, die in den folgenden Tabellen beschrieben werden, um potentielle Jahr 2000-Risiken zu identifizieren, wenn Sie das Deliverable 4.2, *Systembewertung*, ausführen, das in Kapitel 4, *Detailplanung*, beschrieben wird. Die Problemkategorien sind in absteigender Reihenfolge ihres Risikos aufgeführt. Das Risiko wird aus der Wahrscheinlichkeit des Auftritts der Kategorie und der Größenordnung der Folgen eines Fehlers berechnet (siehe Anhang I, Jahr 2000-*Risikomanagement*).

A.1 Mehrdeutige Repräsentation des Jahrhunderts

Die mehrdeutige Repräsentation des Jahrhunderts ist das Problem des Jahr 2000-Problembündels, das am besten verstanden wird. Es ist auch das am weitesten verbreitete Problem.

Problemtyp	Beispiele
19xx wird als Jahr angenommen	Zweistelliges Jahr statt eines vierstelligen Jahr. Nur ein 100-Jahr-Wertebereich – 00 bis 99 – ist möglich. Tritt bei julianischen, gregorianischen und anderen Datumsformaten auf. Einige Beispiele sind: *mm/dd/yy, yydddd, tt.mm.jj, jjtttt*.

Problemtyp	Beispiele
Die Benutzerschnittstelle läßt die Eingabe eines vierstelligen Jahres nicht zu, um das Jahrhundert eindeutig anzugeben	Benutzer können nur zweistellige Jahre am Bildschirm eingeben. Die Eingabe von Batch-Parametern ist in ähnlicher Weise eingeschränkt.
Das Jahr ist Bestandteil des Dateinamens oder Bandnamens	Tritt üblicherweise bei Backup- und Archivierungsroutinen auf – beispielsweise *file0297.txt*.
Datumsangaben der Form *20xx* werden vor Datumsangaben der Form *19xx* sortiert	*00, 01, 98, 99* statt *1998, 1999, 2000, 2001*
Datumsangaben werden in Programmen abgeschnitten	Wenn Sie *1996* eingeben, speichert das Programm *96*. Wenn Sie *2001* eingeben, speichert das Programm *01*.
Das Jahrhundert ist fest eincodiert (*hard coded*)	Vor zweistelligen Jahren wird grundsätzlich *19* angezeigt.
Die Annahme, daß das Jahrhundert immer vom aktuellen Tagesdatum abgeleitet wird	Wenn Sie im Jahre *1998* das Jahr *00* für *2000* eingeben, speichert das Programm *1900*. Wenn Sie im Jahre *2000* das Jahr *99* für *1999* eingeben, speichert das Programm *2099*.
Mögliche Fehlinterpretation durch den Benutzer	Beispielsweise kann *03/02/01* entweder den 2. März 2001 (*mmddyy*, was in den USA gebräuchlich ist), den 1. Februar 2003 (*yymmdd*, was eine häufige Sortierfolge ist) oder den 3. Februar 2001 (*ddmyy*, das internationale Format) bedeuten. Ein weiteres Beispiel ist *01/02/00*, das als *1/2/* dargestellt wird, weil die Nullen unterdrückt werden.

A.2 Schnittstellen

Daten werden zwischen Programmen, Systemen, Plattformen, Unternehmen und anderen Organisationen und mit Hilfe von Dateien, Speicherbausteinen, Netzwerken, Dokumenten und anderen Speichermedien ausgetauscht. Alle Schnittstellenprobleme könnten von den anderen Problemtypen abgeleitet werden. Es ist jedoch eine große Sorgfalt notwendig, um Schnittstellenprobleme korrekt zu lösen, und die Lösungen für diese Probleme bedürfen anderer Konzepte als die übrigen Problemkategorien. Schließlich wurden die meisten frühen gescheiterten Jahr 2000-Projekteinsätze durch Schnittstellenprobleme verursacht.

Anhang A

Problemtyp	Beispiele
Daten werden abgeschnitten oder falsch interpretiert	Gelesen wird *010100*, angenommen wird der 1. Januar 1900.
Geänderte Datumsformate werden falsch gelesen	Das Datum war numerisch und wird jetzt gepackt oder in codierter Form gespeichert.
Das geänderte Datumsformat ändert die Positionen anderer Datenelemente	Die Länge der Schnittstelle kann sich ändern. Der Datenstrom ist *01011997XYZ*. Das System liest das Datum *01011997* fälschlicherweise als *010119* und den Firmennamen *XYZ* fälschlicherweise als *97X* oder *97XYZ*.
Die Dateien werden wegen der Änderungen der Dateinamenskonventionen nicht mehr erkannt oder gefunden	Beispielsweise heißt Datei *file0297.txt* jetzt *file021997.txt*.

A.3 Das Datum als spezielles Flag oder Datenelement

Diese Problemkategorie entstand dadurch, daß Datumsangaben für andere Zwecke gebraucht – oder besser *mißbraucht* – wurden, als nur reine Daten vom Datum anzugeben. Einige dieser Angewohnheiten, wertvollen Speicherplatz auf Festplatten oder im Hauptspeicher auf diese Weise zu verwenden, haben sich bis heute erhalten, auch wenn das Datum später korrekt definiert wurde.

Problemtyp	Beispiele
Ablaufdaten	*123199*, *991231*, *9/99/99*, das julianische *99999* oder *99365* (achten Sie besonders auf die Ablaufdaten von Dateien, Sicherheitssystemen und Software-Lizenzen).
Falsche Validierung gültiger Datumsangaben	Häufig bei *00*, *9/9/99* oder *123199*. Werden als ungültige Datumsangaben behandelt.
Markierung für das Ende einer Liste oder einer Datei	Häufig in der Form *00* oder *99*. Das Jahr wird zur Markierung des Datenstromendes verwendet. Könnte beispielsweise *9/99/99* oder *99.99.99* sein.

Problemtyp	Beispiele
Zeigermißbrauch	Ein zweistelliges Jahr wird als Zeiger oder Index auf eine Speicherstelle, ein Array oder eine Datenstruktur verwendet.
Fest eincodiert, so daß ein spezifisches Jahr ganz bestimmte Funktionen ausführt	Beispielsweise, wenn *Jahr* = 76 ist, führe den *76-Kalenderdruck* aus.
Datumsfeld enthält nicht immer ein Datum	Beispielsweise zeigt ein Flag oder Datensatzzeiger an, daß das Feld kein Datum enthält.
Algorithmisch	Multipliziere beispielsweise mit dem Jahr, teile durch das Jahr (Division durch 0). Benutzung des Jahrs in einer mathematischen Formel.
Zeichenkette enthält Datumsangaben	Die Länge des Textes kann sich ändern. Der Datenstrom ist *01011997XYZ*. Das Datum *01011997* wird fälschlicherweise als *010119* gelesen, und der Firmenname *XYZ* wird fälschlicherweise als *97XYZ* gelesen.
Intelligente (sprechende) Schlüssel oder Datenfeldkonstruktionen	Das Datum wird manipuliert, um ein anderes Feld oder einen Schlüssel zu bilden. Beispielsweise Hash- oder Verschlüsselungsalgorithmen. Ein weiteres Beispiel: das Datum wird als Teil einer Kontonummer, einer Seriennummer oder Auftragsnummer verwendet.

A.4 Konfigurationsfehler

Konfigurationsfehler sind nicht Jahr 2000-spezifisch. Sie werden bei jedem größeren Projekt entdeckt, das sich mit älterem Code beschäftigt. Ihr Jahr 2000-Projekt wird mit mehr altem Code zu tun haben als jedes vorangegangene Projekt. Hoffentlich stoßen Sie nur auf wenige dieser Probleme, denn jedes einzelne Auftreten kann sehr teuer und/oder risikoreich sein.

Problemtyp	Beispiele
Fehlende Komponenten	Die korrekte Version des Compilers, des Betriebssystems, der Datenbank oder der Hardware zur Rekonstruktion des Objekts ist nicht vorhanden. Der Quellcode fehlt. Der Objektcode fehlt und der Quellcode enthält Fehler. Der Objektcode fehlt, läßt sich aber aus dem verfügbaren Quellcode erfolgreich erstellen. (Frage: Handelt es sich um den ursprünglichen Quellcode?) Der Objektcode fehlt, und es gibt mehrere Versionen des Quellcodes. Der Quellcode fehlt, und es gibt mehrere Versionen des Objektcodes.
Mehrfach vorhandene Komponenten	Es gibt mehrere Versionen des Quellcodes für den Objektcode. Es gibt mehrere Versionen des Objektcodes und mehrere Versionen des Quellcodes. Es gibt mehrere Versionen des Objektcodes zu einem Quellcode.
Mangelndes Zusammenpassen der Komponenten	Das neue Kompilieren des Quellcodes ergibt Objektcode, der nicht mit dem alten Objektcode übereinstimmt. (Beachten Sie: Dies kann auch durch eine neue Version des Compilers oder eine Änderung des Betriebssystems verursacht werden.)

A.5 Überlauf von Daten vom Typ Datum

Probleme mit dem Überlauf von Daten vom Typ Datum, die als Offset von einem bestimmten Datum, dem sogenannten *Basisdatum* oder der sogenannten *Epoche*, gespeichert werden, treten aus demselben Grund auf wie die Jahr 2000-Probleme: Die mögliche Langlebigkeit der Software und der daraus resultierende Einfluß auf Datumsangaben wurde nicht erkannt. Überraschenderweise treten viele dieser Fehler um das Jahr 2000 auf. Jetzt ist der Zeitpunkt, an dem Sie Informationen über diese Problemkategorie ermitteln und speichern sollten.

Problemtyp	Beispiele
Ein Datumsfeld repräsentiert eine Anzahl von Tagen, Sekunden oder Mikrosekunden seit einem Basisdatum	Das Zahlenfeld springt auf Null zurück, was ein undefiniertes Datum zur Folge hat.

A.6 Schaltjahrprobleme

Der Fehler, das Jahr 2000 nicht als Schaltjahr zu behandeln, ist für viele Anwender ein kleinerer und seltenerer Fehler, aber er kann für andere Anwender, insbesondere Finanzorganisationen und deren Anwendungen, erhebliche Auswirkungen haben.

Problemtyp	Beispiele
Falsche Logik zur Berechnung von Schaltjahren	Jahrhundert teilbar durch 400 (behandelt – korrekterweise – 1600, 2000 und 2400 als Schaltjahre; 1900 und 2100 sind keine Schaltjahre).

A.7 Programmiertricks

Ihr liebster Programmiertrick kann durch das Jahr 2000 oder Ihre Jahr 2000-Lösungen unbrauchbar werden. Die Probleme dieser Kategorie zählen zu den Problemen, die in Ihrem Code am schwierigsten zu entdecken sind.

Problemtyp	Beispiele
Änderung von *mmddyy* in *yymmdd* (manchmal salopp als *9er-Komplement* oder *Byte-Shifting* bezeichnet)	Multipliziere das Datum mit 10.000,01. Funktioniert, wenn das Datenelement mit dem Datum als sechsstellige Ganzzahl definiert ist.
Änderung von *yymmdd* in *mmddyy* (manchmal salopp als *9er-Komplement* oder *Byte-Shifting* bezeichnet)	Multipliziere das Datum mit 100,0001. Funktioniert, wenn das Datenelement mit dem Datum als sechsstellige Ganzzahl definiert ist.
Andere	Bedenken Sie, daß Programmierer seit mehr als dreißig Jahren fortgeschrittene Algorithmen und Techniken zur Lösung von Anwenderproblemen benutzt haben. Stellen Sie sicher, daß Ihre Systeme gründlich getestet werden.

Anhang B: Lösungsansätze

Die Wahl der richtigen Lösungsansätze ist einer der wichtigsten Schritte bei der Detailplanung. Wir gehen davon aus, daß Sie die Jahr 2000-spezifischen Fehler Ihrer Anwendungen und Systeme vollständig nach Kategorien erfaßt und dokumentiert haben. Die folgende Tabelle beschreibt die verschiedenen Lösungsmöglichkeiten, ihre Einflüsse auf das Projekt sowie die gegenwärtigen und zukünftigen Kosten. Die Lösungsmöglichkeiten umfassen sowohl datenorientierte Ansätze (Sie ändern die Datumsangaben so, daß auch das Jahrhundert angegeben wird) und prozedurale Ansätze (Sie ändern die Verarbeitung der Daten so, daß das korrekte Jahrhundert bestimmt wird). Um die für Sie passende Lösung zu finden, müssen Sie eine Kosten-Nutzen-Analyse durchführen. Dabei ist die Zeit ein Schlüsselelement, um den optimalen Ansatz zu finden. Außerdem sollten Sie folgende Faktoren berücksichtigen:

- den notwendigen Aufwand
- ob Sie eine oder viele Lösungen benötigen
- Ihre Projektstandards
- Wartung

Zeit und Aufwand

- Berücksichtigen Sie die Gesamtzeit, die Ihnen für die Lösung zur Verfügung steht, sowie den Gesamtaufwand, den Sie dafür einräumen können.
- Berücksichtigen Sie die Lebenserwartung des Systems.
- Berücksichtigen Sie die Anzahl der Datumsfelder, die Sie umwandeln müssen.
- Berücksichtigen Sie den Umfang der Daten, die Sie umwandeln müssen.
- Berücksichtigen Sie die Verfügbarkeit von Werkzeugen, welche die Lösung einer bestimmten Aufgabe automatisieren könnten.
- Denken Sie daran, daß komplexere Methoden mit einem höheren Testaufwand, einem höheren Risiko und größeren Wartungskosten verbunden sind.

Eine oder viele Lösungen

- Bedenken Sie, daß verschiedene Anwendungen und Systeme unterschiedliche Lösungen erforderlich machen können.
- Ziehen Sie in Betracht, die häufigsten Probleme zu bestimmen und als Ausgangsbasis für die Lösungen zu benutzen.
- Wenn Sie mehr als eine Problemkategorie festgestellt haben, brauchen Sie mehr als eine Lösung.

  Beispielprobleme: »Ein Datum wird als Flag verwendet« und »Berechnung magischer Zahlen«.

  Beispiellösungen: »Ein neues Flag-Feld einrichten« und »Eine Standardroutine zur Datumsmanipulation einführen«.

- Denken Sie daran, daß viele verschiedene Lösungen verwirrend und teuer sein können.
- Berücksichtigen Sie, ob das Betriebssystem oder die Schnittstelle vierstellige Jahre zurückgibt oder ob das Jahrhundert abgeleitet werden muß.
- Denken Sie daran, daß die Lösung einer Problemkategorie die Lösung in einer anderen Problemkategorie entweder unterstützen oder behindern kann.
- Stellen Sie fest, ob die Benutzer einen direkten Zugriff auf die Daten haben, um ad hoc Berichte erstellen oder Daten herunterladen zu können.
  - Berücksichtigen Sie den Umfang der Arbeit, der auf die Benutzer zukommt.
  - Denken Sie daran, daß komplexere Lösungen eine größere technische Unterstützung erfordern und mit höheren Risiken verbunden sind.
- Ziehen Sie die Kombination mehrerer komplexer Umwandlungsmethoden zu einer einzigen, sehr komplexen Lösung nur dann in Betracht, wenn Sie dazu gezwungen werden.

  Beispiel einer kombinierten Lösung: Umstellung auf die Basisdatum-Methode bei gleichzeitiger Verschlüsselung.
- Entwickeln Sie eine neue Lösung, die noch nicht bedacht wurde.

Projektstandards

- Erwägen Sie, für dieses Projekt einen Satz gemeinsamer Standardprogramme zur Manipulation und Umwandlung der Daten zu entwickeln.
- Erwägen Sie eine Kombination von Lösungen oder Teillösungen für ein spezifisches Problem.

  Beispielproblem: Die Benutzerschnittstelle läßt kein vierstelliges Jahr zur Eingabe des Jahrhunderts zu.

  Beispiellösung: Stellen Sie auf vierstellige Jahre um, behalten Sie aber auf einigen Berichten die zweistellige Jahresangaben bei (die Berichte werden nicht geändert, weil diese Änderungen nur kosmetischer Natur sind).
- Legen Sie fest, ob die Korrekturmethode zu einem zukünftigen Projektstandard erklärt werden soll.

Wartung

- Berücksichtigen Sie den Wartungsaufwand und die Wartungskosten nach dem Abschluß des Jahr 2000-Projekts.

   Sie müssen den Lösungsansatz für das Projekt klar definieren, damit die Programmierer und Benutzer schnell entscheiden können, was geändert werden muß, und dann die Änderungen konsistent durchführen können. Dadurch sparen Sie Zeit und Geld, reduzieren die Risiken und verringern die Unsicherheit bei der nachfolgenden Wartung. Stellen Sie sicher, daß Ihre Lösung funktioniert, ehe Sie sie in fließbandähnlicher Weise einsetzen.

Die folgenden Tabellen beschreiben die Lösungsansätze für die Probleme, die in Anhang A beschrieben wurden. Der Text nach den Tabellen beschreibt die Lösungsansätze noch einmal ausführlicher.

Anhang B

B.1 Mehrdeutige Repräsentation des Jahrhunderts

Lösungsansatz	Beispiele (amerik. und dt.)
1. Jahrhundert vierstellig darstellen	yymmdd → ccyymmdd jjmmtt → ccjjmmtt yy → ccyy jj → ccjj MON/dd/yy → MON/dd/ccyy tt.mm.jj → tt.mm.ccjj
2. Datum als Offset von einem spezifizierten Datum repräsentieren	yymmdd → ###### tt.mm.jj → ######
3. Verschlüsselt komprimieren/dekomprimieren	yymmdd →c yymmdd jjmmtt → c jjmmtt
4. Zeitfenster (fix)	29-99 = 1929-1999 00-28 = 2000-2028
5. Zeitfenster (gleitend)	Dynamische Version von Lösung 4
6. Zeitfenster (fix oder gleitend) mit programmgesteuerter Einkapselung	Daten werden im Zeitfenster verschoben, ehe das Programm sie benutzt

B.2 Schnittstellen

Lösungsansatz	Beispiele
1. Übersetzungsbrücke	Brückennmodul liest alte oder neue Formate und übersetzt sie in beide Richtungen in das jeweils andere Format
2. Mehrere Datumsformate weitergeben	Die Schnittstelle oder Brücke gibt das Datum gleichzeitig sowohl in dem alten als auch in dem neuen Format weiter
3. Mehrere Schnittstellenformate weitergeben	Die Schnittstelle oder Brücke erzeugt mehrere Schnittstellenformate

Lösungsansatz	Beispiele
4. Mehrstufige Schnittstelle	Eine vollständige Umwandlung von einem Schnittstellenformat in ein anderes erfolgt in mehreren Stufen. Sie können dies erreichen, indem Sie verschiedene Versionen der Schnittstelle oder der Brücken benutzen.
5. Kombination mehrerer Schnittstellen	Es gibt mehrere Alternativen, um die Daten weiterzuleiten. Sie können entweder mehrere Brücken oder mehrere Schnittstellen verwenden, um die anderen Lösungen weiterzugeben.

B.3 Das Datum als spezielles Flag oder Datenelement

Lösungsansatz	Beispiele
1. Anderen Datumswert für die Sonderbehandlung verwenden	Andere Werte benutzen; die grundlegende Verarbeitungslogik bleibt gleich.
2. Anderes Flag für die Sonderbehandlung verwenden	Verarbeitungslogik ändern; ein neues oder anderes Feld als Flag verwenden. Intelligenz aus Schlüsseln entfernen.

B.4 Konfigurationsfehler

Lösungsansatz	Beispiele
1. Den »am besten passenden« Quellcode korrigieren	
2. Disassemblierte Version des Quellcodes korrigieren	
3. Anwendungssystem so ändern, daß dieses Programm nicht mehr benötigt wird	Systemumbau

Anhang B

Lösungsansatz	Beispiele
4. Programm einkapseln	Siehe *Mehrdeutige Repräsentation des Jahrhunderts*, Lösung 6
5. Objektcode patchen	

B.5 Überlauf von Daten vom Typ Datum

Lösungsansatz	Beispiele
1. Datenfelder vom Typ Datum vergrößern.	##### → #######
2. Basisdatum ändern	Altes Basisdatum war 01-JAN-1600 Neues Basisdatum ist 01-JAN-1800

B.6 Schaltjahrprobleme

Lösungsansatz	Beispiele
1. Schaltjahrberechungen ändern	Jahrhundert ohne Rest durch 400 teilbar

B.7 Programmiertricks

Lösungsansatz	Beispiele
1. Neue »magische Zahl« festlegen	Multiplizieren Sie statt dessen mit 10.000,0001.
2. Durch ein »standardmäßigeres« Verarbeitungsverfahren ersetzen	Programm bewegt (MOVE) jedes Teilfeld.
3. Andere	Hängt von dem Programmiertrick ab.

Problemkategorie 1: Mehrdeutige Repräsentation des Jahrhunderts

Die mehrdeutige Repräsentation des Jahrhunderts ist das Problem des Jahr 2000-Problembündels, das am besten verstanden wird. Es ist auch das am weitesten verbreitete Problem.

Lösung 1: Repräsentieren Sie das Datum mit einer vierstelligen Jahreszahl

Erweitern Sie alle Jahres- oder Datumsfelder um zwei Ziffern oder Stellen. In dem folgenden Schaubild wird das Datum mit dem vorhandenen zweistelligen Jahr so erweitert, daß es das Jahrhundert einschließt.

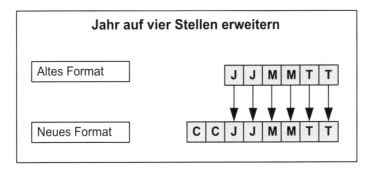

Schritte

1. Ändern Sie Datumsangaben im Form *jjmmtt* in das Format *ccjjmmtt*. Die Datumsfelder können erweitert werden:
   - vor dem gegenwärtigen Feld
   - am Ende der Datensätze
   - in nicht benutztem Speicherplatz
2. Ändern Sie das Jahr vom Format *jj* in das Format *ccjj*.
3. Ändern Sie alle Datumsfelder und temporären Datumsfelder in das neue Format.
4. Vergrößern Sie die Programmvariablen, die ein Datum speichern.
5. Ändern Sie Sorts, erweitern Sie Benutzerschnittstellen usw.

Vorteile

- Einfach zu verstehen, zu implementieren, zu testen und zu warten.
- Funktioniert bis zum Jahr 9999. Erledigt das Problem ein für allemal.
- Vermeidet die Notwendigkeit, komplexe Datumslogik zu dokumentieren.
- Anforderungen an die Brücken verringern sich, wenn andere Schnittstellen vierstellige Jahre übergeben.
- Benutzer können dieses Konzept verstehen und damit umgehen (Desktop).
- Konsistenter Ansatz für neuentwickelte, zukünftige Systeme.

Nachteile

- Während des Einsatzes sind möglicherweise mehr Brückenprogramme notwendig.
- Fast alle Daten und Programmelemente sind betroffen.
- Neukompilieren der Programme ist notwendig, auch wenn Sie nicht direkt mit Datumsfunktionen zu tun haben.
- Es wird mehr Speicherplatz auf der Festplatte benötigt.
- Kann teurer sein, insbesondere wenn das Problem bei schwer änderbaren Dateisystemen auftritt.

Lösung 2: Repräsentieren Sie das Datum als Offset von einem spezifizierten Datum

Wandeln Sie das gegenwärtige Datumsfeld in eine sechsstellige Zahl um, welche die Anzahl der Tage seit einem Basisdatum repräsentiert. Viele Standarddatenbanken und Betriebssysteme benutzen diese Methode, um ihre Datumsangaben intern zu speichern. In dem folgenden Schaubild wird das vorhandene sechsstellige Datum in die Anzahl der Tage seit dem 1. Januar 1900 umgewandelt. Statt eines Zeitraums von 100 Jahren können dieselben sechs Ziffern jetzt über 2.700 Jahre speichern.

Schritte

1. Ändern Sie mit Hilfe von standardmäßigen Datenumwandlungsroutinen *jjmmtt* in *dddddd*. Wählen Sie Ihr Basisdatum. (Bei dem Basisdatum *Jan-01-1900* repräsentiert beispielsweise die Zahl *000000* den 1. Januar 1900, die Zahl *000001* den 2. Januar 1900 usw.)
2. Datumsangaben, die aus Dateien eingelesen werden, werden mit Standardroutinen in *ccjjmmtt* und *jjmmtt* umgewandelt.

3. Datumsangaben, die in eine Datei geschrieben werden, werden mit Standardroutinen in die entsprechende Basiszahl umgewandelt.
4. Das Datenumwandlungsprogramm benutzt diese neuen Standardroutinen.
5. Ändern Sie Programme nur bei Bedarf, um das größere Datumsfeld zu verarbeiten.
6. Ändern Sie die Benutzerschnittstelle nur bei Bedarf, um das größere Datumsfeld zu verarbeiten.
7. Falls das Datum Teil eines Dateischlüssels ist, benötigen Sie möglicherweise ein anderes Verarbeitungsverfahren.

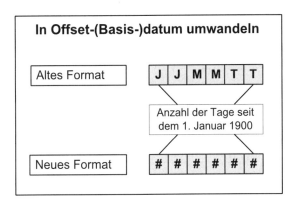

Vorteile

- Löst das Problem bei schwer zu ändernden Dateisystemen.
- Die Datensatzlänge ändert sich nicht, aber die Feldbeschreibung kann sich ändern.
- Datumsvergleiche können in Zukunft leichter durchgeführt werden (ziehen Sie ein Datum von dem anderen ab).
- Kommt mit 999.999 Tagen zurecht (über 2.737 Jahre).
- Sortierungen sind korrekt; aber die Feldbeschreibung ändert sich.
- Konsistenter Ansatz für neuentwickelte, zukünftige Systeme.
- Brücken werden nur für externe Schnittstellen zu elektronischen Partnern oder Standardpaketen benötigt.

Nachteile

- Kann *jj* nicht in *ccjj* ändern, ohne daß der Datensatz erweitert wird.
- Direkter Zugriff der Benutzer auf diese Daten wird komplizierter (Herunterladen, Ad-hoc-Abfragen).
- Erfordert in allen betroffenen Sprachen Standardroutinen.
- Die Wartung und das Lesen von Daten-Dumps ist schwieriger.

Lösung 3: Verschlüsselt komprimieren/ dekomprimieren

Bei dieser Lösung wird das Jahrhundert mit Hilfe einer Verschlüsselungsmethode innerhalb der alten Feldgröße des Datumsfeld gespeichert. Das folgende Schaubild zeigt die Umwandlung eines gepackten Datums, so daß es ein verschlüsseltes Jahrhundert-Byte einschließt.

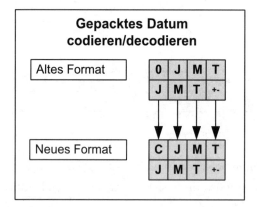

Schritte

Es gibt mehrere Alternativen dieser Lösung. Der generische Lösungsweg sieht folgendermaßen aus:

1. Ändern Sie *jjmmtt* Stellen oder Ziffern in *cjjmmtt* Ziffern und speichern Sie diese in komprimierter Form in dem alten Feld. Die Jahrhundertwerte (*c*) sind 0 = 19, 1 = 20, 2 = 21, 3 = 22 usw.

2. Ändern Sie *jj* to *cjj* und speichern Sie den neuen Wert in komprimierter Form in dem alten Feld.

3. Datumsangaben, die aus Dateien eingelesen werden, werden mit Standardroutinen in *ccjjmmtt* und *jjmmtt* umgewandelt.

4. Datumsangaben, die in eine Datei geschrieben werden, werden mit Standardroutinen in *cjjmmtt* umgewandelt.
5. Das Datenumwandlungsprogramm benutzt diese neuen Standardroutinen.
6. Einige Sorts müssen geändert werden, weil sich die Feldbeschreibung geändert hat.
7. Falls das Datum Teil eines Dateischlüssels ist, benötigen Sie möglicherweise ein anderes Verarbeitungsverfahren.

Vorteile

- Die Datensatzlänge ändert sich nicht, aber die Feldbeschreibung kann sich ändern.
- Funktioniert mit den Jahrhundertziffern *0* bis *9* bis zum Jahr 2899. Funktioniert mit den Jahrhundertzeichen *0* bis *F* bis zum Jahr 3499.
- Löst das Problem bei schwer zu ändernden Dateisystemen.
- Anforderungen an die Brücken verringern sich, wenn andere Schnittstellen vierstellige Jahre übergeben.

Nachteile

- Während des Einsatzes sind möglicherweise mehr Brückenprogramme notwendig.
- Direkter Zugriff der Benutzer auf diese Daten wird komplizierter (Herunterladen, Ad-hoc-Abfragen).
- Erfordert in allen betroffenen Sprachen Standardroutinen.
- Die Wartung und das Lesen von Daten-Dumps ist schwieriger.
- Ansatz ist möglicherweise nicht mit neuentwickelten, zukünftigen Systemen konsistent.

Alternativen

- Verschlüsseln Sie das Jahr hexadezimal. Statt der Jahreswerte 00 bis 99 können Sie Jahreswerte von 00 bis 255 speichern. Funktioniert bis zum Jahr 2155.

Lösung 4: Zeitfenster (fix)

Verschieben Sie das 100-Jahre Zeitfenster, das die Programme benutzen (1900-1999), um *x* Jahre (beispielsweise 1928-2027). Sie können dies erreichen, indem Sie das Datum in einem Programm (Datenkapselung) während der Input/Output-Routinen verschieben. Das folgende Schaubild zeigt den Bereich der Jahre, die mit dieser Methode verschoben werden.

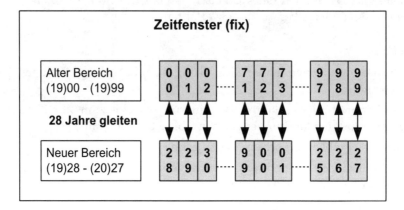

Schritte

Es gibt verschiedene Alternativen für diese Form der Datenkapselung. Die populärste Version besteht darin, 28 vom Jahr abzuziehen. Sie behandelt das Jahr 2000 als Schaltjahr, und die Wochentage stimmen überein.

1. Ziehen Sie bei Datumsangaben, die aus einer Datei gelesen werden, 28 vom Jahr ab. Falls das Jahresergebnis negativ ist, addieren Sie 100.
2. Addieren Sie bei Datumsangaben, die in eine Datei geschrieben werden, vor dem Schreiben 28. Falls das Jahresergebnis über 99 ist, subtrahieren Sie 100.

Vorteile

- Die Datensatzlänge ändert sich nicht; die Feldbeschreibung bleibt gleich.
- Verringert die Anzahl der notwendigen Codeänderungen.

Nachteile

- Funktioniert nur für 28 Jahre, was möglicherweise nicht ausreicht.
- Die Daten werden bei Sorts ohne Änderung der Sortierfolge (collating sequence) nicht korrekt sortiert.

- Könnte zu Fehlern führen, wenn datumsspezifische Logik für fremde Zwecke mißbraucht wird (Beispiel: 2004-28 = 76; wenn Jahr = 76, dann führe den 76-Kalenderdruck für das Jahr 2004 aus).
- Kann ältere Datumsangaben abschneiden, die noch benötigt werden (1900-1927).
- Erfordert in allen betroffenen Sprachen Standardroutinen.
- Ansatz ist möglicherweise nicht mit neuentwickelten, zukünftigen Systemen konsistent.
- Falls das Datum Teil eines Dateischlüssels ist, können Bereichsselektionen falsche Werte ergeben.

Alternativen

- Speichern Sie die Anzahl der Jahre, die das Zeitfenster gleiten soll (28), in eine Steuerdatei oder Steuerdateien, so daß die Anzahl leichter geändert werden kann (und zu einer Lösung mit einem dynamischen gleitenden Zeitfenster wird).

Lösung 5: Zeitfenster (gleitend)

Verschieben Sie das 100-Jahre-Zeitfenster, das die Programme sehen (1900-1999), dynamisch mit dem Zeitablauf weiter. Die Berechnung zur Verschiebung des Zeitfensters kann durch eine Datei gesteuert werden (siehe Alternative weiter oben). Die Verschiebung kann dynamisch berechnet werden, wie folgendes Beispiel zeigt. Wir empfehlen, die Zeitfenster von einem oder mehreren Steuerprogrammen dynamisch zu berechnen und die Ergebnisse in Steuerdateien zu speichern, die von allen betroffenen Programmen benutzt werden.

Sie können dies erreichen, indem Sie das Datum in einem Programm (Datenkapselung) während der Input/Output-Routinen verschieben.

Schritte

Es gibt verschiedene Alternativen für diese Lösung. Der generische Lösungsweg für die Datenkapselung sieht folgendermaßen aus:

1. Legen Sie die Größe des Zeitfensters für jedes Datumsszenario fest (beispielsweise geht das folgende Beispiel davon aus, daß der Leasingzeitraum maximal 99 Jahre beträgt).
2. Legen Sie fest, welcher (fixe oder variable) Wert das Datumsfenster steuern soll (nehmen Sie beispielsweise an, daß die kürzeste Leasingdauer fünf Jahre betragen kann).

Anhang B

Beispiellogik, um das Jahrhundert des Ablaufdatums festzulegen:

```
Ablauf-CCJJ = heute - 5.
If Beginn-JJ > Ablauf-JJ.
   Then Beginn-CC = Ablauf-CC - 1.
Else Beginn-CC = Ablauf-CC.
```

Wenn wir annehmen, daß heute das Jahr 2002 ist und der Leasingbeginn im Jahre 1985 lag, erhalten wir durch Ersetzen:

```
1997 = 2002 -5
If 85 > 97
   Then (not true)
Else 19 = 19
```

Das Ergebnis ist die Jahrhundertzahl *19*.

Wenn wir annehmen, daß heute das Jahr 2022 ist und der Leasingbeginn im Jahre 1985 lag, erhalten wir durch Ersetzen:

```
2017 = 2022 -5
If 85 > 17
   Then 19 = 20 - 1
Else (not true)
```

Das Ergebnis ist die Jahrhundertzahl *19*.

Vorteile

- Die Datensatzlänge ändert sich nicht; die Feldbeschreibung bleibt gleich.
- Verringert die Anzahl der notwendigen Codeänderungen.
- Funktioniert bis etwa zum Jahre 9999.
- Das 100-Jahr-Zeitfenster sollte breit genug sein, sonst werden Sie immer Probleme haben.

Nachteile

- Nicht alle Szenarios verfügen über eine Basis zur Festlegung der Werte. Benutzen Sie für diese Fälle eine Steuerdatei.
- Es ist mit Risiken verbunden, zu viele Annahmen über Höchst- und Mindestwerte zu machen.
- Möglicherweise sind die Szenarios nicht während der Detailplanung erfaßt worden. Sie müssen die Szenarios festlegen.
- Die Daten werden bei Sorts ohne Änderung der Sortierfolge (collating sequence) nicht korrekt sortiert.

- Könnte zu Fehlern führen, wenn datumspezifische Logik für fremde Zwecke mißbraucht wird (Beispiel: 2004-28 = 76; wenn Jahr = 76, dann führe den 76-Kalenderdruck für das Jahr 2004 aus).
- Kann zu vielen Lösungen führen und deshalb verwirren und schwer zu warten sein.
- Kann ältere Datumsangaben abschneiden, die noch benötigt werden.
- Ansatz ist möglicherweise nicht mit neuentwickelten, zukünftigen Systemen konsistent.
- Falls das Datum Teil eines Dateischlüssels ist, können Bereichsselektionen falsche Werte ergeben.
- Erfordert in allen betroffenen Sprachen Standardroutinen.

Lösung 6: Zeitfenster (fix oder gleitend) mit Programmeinkapselung

Verschieben Sie das Datum in der Datei vor der Programmausführung und benutzen Sie dabei – wie weiter oben beschreiben – entweder ein fixes oder gleitendes Zeitfenster.

Schritt

- Ein Programm, eine Prozedur oder ein Skript ändert die Datei während der Übertragung zwischen den Umgebungen.

Vorteile

- Programme müssen möglicherweise nicht geändert werden (löst Probleme bei Systemen, bei denen Quell- und Objektcode nur unzureichend übereinstimmt).
- Billige Methode, falls es eine einzige Schnittstellendatei zwischen zwei verschiedenen Systemen gibt (beispielsweise eine Datei, die von einem Mainframe auf den PC heruntergeladen wird).
- Die Datensatzlänge ändert sich nicht; die Feldbeschreibung bleibt gleich.
- Möglicherweise funktionieren Sorts ohne Änderungen weiterhin korrekt.

Nachteile

- Das häufige Umwandeln großer Datenmengen könnte zu lange dauern.
- Der Zugriff auf die programmgesteuert eingekapselten Daten (shifted) verwirrt möglicherweise die Benutzer.

- Könnte zu Fehlern führen, wenn datumspezifische Logik für fremde Zwecke mißbraucht wird (Beispiel: 2004-28 = 76; wenn Jahr = 76, dann führe den 76-Kalenderdruck für das Jahr 2004 aus).
- Ansatz ist möglicherweise nicht mit neuentwickelten, zukünftigen Systemen konsistent.

Problemkategorie 2: Schnittstellen

Daten werden zwischen Programmen, Systemen, Plattformen, Unternehmen und anderen Organisationen und mit Hilfe von Dateien, Speicherbausteinen, Netzwerken, Dokumenten und anderen Speichermedien ausgetauscht. Alle Schnittstellenprobleme könnten von den anderen Problemtypen abgeleitet werden. Es ist jedoch eine große Sorgfalt notwendig, um Schnittstellenprobleme korrekt zu lösen, und die Lösungen für diese Probleme bedürfen anderer Konzepte als die anderen Problemkategorien. Schließlich wurden die meisten frühen gescheiterten Jahr 2000-Projekteinsätze durch Schnittstellenprobleme verursacht.

Lösung 1: Übersetzungsbrücke

Das Brückenmodul oder -Utility liest alte oder neue Formate und übersetzt sie in beide Richtungen in das jeweils andere Format. Falls die Brücke in einer Schnittstelle installiert ist, die Daten von einer konformen zu einer nicht konformen Partition weiterleitet, liest sie das neue Format und übersetzt es in das alte Format. Falls die Brücke in einer Schnittstelle installiert ist, die Daten von einer nicht konformen zu einer konformen Partition weiterleitet, liest sie das alte Format und übersetzt es in das neue Format. Das folgende Schaubild zeigt eine Übersetzungsbrücke, die nicht konforme Daten in konforme Daten übersetzt. Die Übersetzung der nicht konformen würde wahrscheinlich mit einem Zeitfenster arbeiten, um die nicht konformen Datumsangaben in konforme zu übertragen. Die Brücke kann auch nach dem Jahr 2000 nützlich sein, das Übersetzungsschema konserviert alle Risiken, die mit der Umstellung verbunden sind, einschließlich möglicher Fehlinterpretationen der Jahreszahlen. Außerdem könnte dieser Prozeß die Namen der Schnittstellendaten ändern.

Bei Änderungen innerhalb einer einzelnen Partition ist diese Lösung sowohl für die sendenden als auch für die empfangenden Schnittstellen zuständig.

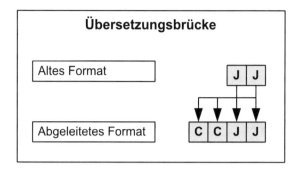

Schritte

1. Legen Sie sowohl die alten als auch die neuen Formate der Schnittstelle fest.
2. Wählen Sie ein Übersetzungsverfahren.
3. Entwickeln und testen Sie das Modul.
4. Installieren Sie das Brückenmodul und das überarbeitete Schnittstellenmodul zugleich mit dem Einsatz der Partition.
5. Deinstallieren Sie das Brückenmodul, wenn das Gegenstück der Schnittstelle (Partition) auf ein konformes Format umgestellt ist.

Vorteile

- Ein einzelnes neues Modul zur Datenübersetzung ist leichter zu entwickeln und zu warten, als ein vorhandenes komplexes Modul anzupassen.
- Es ist einfacher, die Brücke zu entfernen, wenn beide Seiten der Schnittstelle konform sind.
- Es ist einfacher, Probleme zu lösen, bei denen Sie sowohl über die Daten vor als auch über die Daten nach der Übersetzung verfügen.

Nachteile

- Die Verarbeitung dauert länger, wenn die Übersetzung ein separater Schritt ist (I/O).
- Der mangelnde Plattenspeicherplatz verhindert möglicherweise die Übersetzung der Daten.

Lösung 2: Mehrere Datumsformate weitergeben

Ändern Sie die vorhandene Schnittstelle so, daß sie Datumsangaben in mehreren Datumsformaten weitergibt. Das folgende Schaubild zeigt die Übersetzung eines einzelnen nicht konformen Jahres in zwei Formate, ein nicht konformes und ein konformes. Die Übersetzung der nicht konformen würde wahrscheinlich mit einem Zeitfenster arbeiten, um die nicht konformen Datumsangaben in konforme zu übertragen. Bei Änderungen innerhalb einer einzelnen Partition ist diese Lösung für die weitergebende Schnittstelle zuständig.

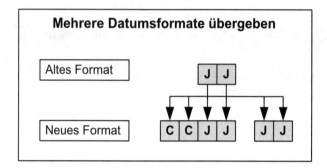

Schritte

1. Legen Sie sowohl die alten als auch die neuen Formate der Schnittstelle und die verschiedenen benötigten Datumsformate fest.
2. Legen Sie fest, wann beide Seiten der Schnittstelle sich ändern werden.
3. Entwickeln und testen Sie das Modul.
4. Installieren Sie das Brückenmodul und das überarbeitete Schnittstellenmodul zugleich mit dem Einsatz der Partition.
5. Es gibt keine geplante Deinstallation.

Vorteile

- Kann sowohl heute als auch in der Zukunft mit mehreren Datumsformaten umgehen.
- Schnellere Verarbeitung als bei einer Übersetzungsbrückenlösung.
- Funktioniert am besten, wenn Sie die Schnittstellen zu mehreren externen elektronischen Partnern kontrollieren und diese unterschiedliche Methoden zur Verarbeitung von Jahr 2000-Datumsangaben verwenden.

Nachteile

- Der Bedarf an mehreren Formaten kann sehr lange bestehen, ehe die Verarbeitung mehrerer Formate überflüssig wird.
- Beide Seiten der Schnittstelle müssen so eingerichtet werden, daß sie mit einem Datenlayout mit mehreren Formaten umgehen können.
- Es wird mehr Speicherplatz für die Speicherung der Schnittstellendaten benötigt, insbesondere wenn sich viele Datumsangaben und Formate in der Schnittstelle befinden.

Lösung 3: Mehrere Schnittstellenformate weitergeben

Die Schnittstelle enthält zwei Sätze von Daten: sowohl die neuen als auch die alten Schnittstellenformate. Empfehlen Sie eine Alternative; lassen Sie das Brückenmodul das andere Format konstruieren (ähnlich wie Lösung 1). Bei Änderungen innerhalb einer einzelnen Partition ist diese Lösung für die weitergebende Schnittstelle zuständig.

Schritte

1. Legen Sie sowohl die alten als auch die neuen Formate der Schnittstelle fest.
2. Wählen Sie ein Übersetzungsverfahren.
3. Entwickeln und testen Sie das Modul.
4. Installieren Sie das Brückenmodul und das überarbeitete Schnittstellenmodul zugleich mit dem Einsatz der Partition.
5. Übergeben Sie beide Datenmengen.
6. Überarbeiten Sie das Schnittstellenmodul oder deinstallieren Sie das Brückenmodul, wenn die andere Seite der Schnittstelle (Partition) auf ein konformes Format umgestellt wird.

Vorteile

- Ein einzelnes neues Modul zur Datenübersetzung ist leichter zu entwickeln und zu warten, als ein vorhandenes komplexes Modul anzupassen.
- Es ist einfacher, die Brücke zu entfernen, wenn beide Seiten der Schnittstelle konform sind.
- Es ist einfacher Probleme zu lösen, bei denen Sie sowohl über die Daten vor als auch über die Daten nach der Übersetzung verfügen.

- Die andere Seite der Schnittstelle kann umgestellt werden oder einen Systemeinsatz rückgängig machen (Rollback), ohne daß dazu eine enge Koordination notwendig ist.

Nachteile

- Die Schnittstelle muß in der Lage sein, nur eine von mehreren übergebenen Schnittstellen zu verarbeiten und zu benutzen.
- Die Verarbeitung und Übergabe von Schnittstellendaten dauert von allen Lösungen am längsten.
- Mangelnder Speicherplatz auf der Platte läßt möglicherweise nicht beide Schnittstellenformate der Daten zu.

Lösung 4: Mehrstufige Schnittstelle

Das Schnittstellenmodul oder die Brücken werden so geändert, daß sie mit einer oder mehreren Versionen der Schnittstelle umgehen können. Wenn sich das Format der Schnittstelle ändert, werden neuere Versionen des Schnittstellenmoduls oder der Brücken installiert und die älteren Versionen ausgemustert. Bei Änderungen innerhalb einer einzelnen Partition ist diese Lösung sowohl für die sendenden als auch für die empfangenden Schnittstellen zuständig.

Schritte

1. Bestimmen Sie sowohl die alten als auch die neuen Formate der Schnittstelle.
2. Stellen Sie die Datumsangaben fest, an denen sich eine oder beide Schnittstellen ändern.
3. Bestimmen Sie die notwendigen Versionen.
4. Wählen Sie bei Bedarf das Übersetzungsverfahren.
5. Entwickeln und testen Sie das/die Modul/e.
6. Deinstallieren und installieren Sie die verschiedenen Versionen gemäß Zeitplan.

Vorteile

- Diese Lösung ist im Hinblick auf die Verarbeitung von allen Lösungen die effizienteste.
- Diese Lösung ist auch im Hinblick auf den Festplattenspeicherbedarf die effizienteste.

Nachteile

- Kann einen höheren Testaufwand und eine größere Kontrolle durch das Konfigurationsmanagement erfordern als die meisten anderen Lösungen.
- Diese Lösung erfordert die engste Koordination und Zeitabstimmung auf beiden Seiten der Schnittstelle.

Lösung 5: Kombination mehrerer Schnittstellen

Es gibt mehrere Versionen der Module oder Brücken zur Weitergabe von Daten. Diese Versionen können mit einer oder mehreren der anderen vier Lösungen arbeiten, und es kann mehr als eine Version der Schnittstelle gleichzeitig aktiv sein. Bei Änderungen innerhalb einer einzelnen Partition ist diese Lösung sowohl für die sendenden als auch für die empfangenden Schnittstellen zuständig.

Schritte

1. Bestimmen Sie sowohl die alten als auch die neuen Formate der Schnittstelle.
2. Stellen Sie die Datumsangaben fest, an denen sich eine oder beide Schnittstellen ändern.
3. Entscheiden Sie sich für die notwendigen Lösungen, und stellen Sie fest, ob an der Lösung Brücken beteiligt sind.
4. Wählen Sie bei Bedarf das Übersetzungsverfahren.
5. Entwickeln und testen Sie das/die Modul/e.
6. Installieren Sie die Versionen der Schnittstellenmodule und Brückenmodule während des Einsatzes der Partition.
7. Deinstallieren oder installieren Sie zusätzliche Versionen gemäß Zeitplan.

Vorteil

- Dies kann der flexibelste Ansatz zur Lösung schwieriger Anforderungen sein.

Nachteile

- Dies kann die komplexeste Lösung sein, die den größten Aufwand beim Konfigurationsmanagement erfordert.
- Dies kann die am schwierigsten zu testende Lösung sein, weil alle Versionen der Module und Brücken getestet werden müssen.
- Diese Lösung erfordert eine enge Koordination und Zeitabstimmung auf beiden Seiten der Schnittstelle.

Problemkategorie 3: Das Datum als spezielles Flag

Diese Problemkategorie entstand dadurch, daß Datumsangaben für andere Zwecke gebraucht – oder besser *mißbraucht* – wurden, als nur reine Daten vom Datum anzugeben. Einige dieser Angewohnheiten, wertvollen Speicherplatz auf Festplatten oder im Hauptspeicher auf diese Weise zu verwenden, haben sich bis heute erhalten, auch wenn das Datum später korrekt definiert wurde.

Lösung 1: Anderen Datumswert für die Sonderbehandlung verwenden

Ersetzen Sie ein fest eincodierten (hard-coded) Wert durch einen anderen fest eincodierten Wert. Diese Lösung ist vergleichbar mit der Lösung der fixen Zeitfenster.

Schritte

1. Ersetzen Sie *123199* durch – beispielsweise – *123150* (für den 31.12.2050).
2. Ersetzen Sie *99* oder *00* durch – beispielsweise – *50* (für 2050); ersetzen Sie beispielsweise
   ```
   if Jahr = 76 perform 76-print-calendar
   ```
   durch
   ```
   if Jahr = 1976 perform 1976-print-calendar.
   ```
3. Vergrößern Sie die Länge der betroffenen Textfelder.
4. Ändern Sie die Algorithmen, die Datumsangaben verwenden.

Vorteil

- Einfache Korrektur des Programmcodes.

Nachteile

- Die Lösung ist zeitlich begrenzt, weil das Problem später wieder auftritt.
- Möglicherweise gibt es keine neuen fest eincodierbaren (hard-coded) Datumswerte, mit denen die alten ersetzt werden können.
- Ansatz ist möglicherweise nicht mit neuentwickelten, zukünftigen Systemen konsistent.
- Kann Verwirrung stiften, wenn das Datum vor der Berechnung geshifted wurde (siehe *Mehrdeutige Repräsentation des Jahrhunderts*, Lösungen 4 bis 6).

Lösung 2: Anderes Flag für die Sonderbehandlung verwenden

Ersetzen Sie den fest eincodierten (hard-coded) Wert durch einen neuen oder eine andere Variable. Dadurch werden die Datumswerte von der prozeduralen Verarbeitung abgekoppelt.

Schritte

1. Ersetzen Sie *123199* durch einen datumsbasierten Wert, eine Zählvariable oder einen anderen Datumswert.
2. Ersetzen Sie das Jahr *99* durch eine neue End-of-list-Variable, um das Ende einer Liste mit Daten zu markieren.
3. Ersetzen Sie Jahre, die als Zeiger auf Speicherbereiche oder Array-Elemente mißbraucht werden, durch ein neues Feld oder einen neuen Zeiger.
4. Lösen Sie Datumsangaben aus Zeichenketten heraus.
5. Entfernen Sie Datumsangaben aus Algorithmen, die nicht vom Datum abhängen.
6. Entfernen Sie Datumsangaben aus intelligenten (sprechenden) Schlüsseln.

Vorteile

- Löst die Probleme bis zum Jahr 9999 und darüber hinaus.
- Konsistenter Ansatz für neuentwickelte, zukünftige Systeme.

Nachteile

- Erfordert umfangreichere Änderungen der Programmlogik, so daß es kurzfristig länger dauert und mehr kostet.
- Die Benutzer haben sich möglicherweise an sprechende Schlüssel gewöhnt und könnten unter Entzugserscheinungen leiden.

Alternativen

Definieren Sie eine neue Standardmethode, um folgende Daten anzuzeigen:

- Null-Datum (beispielsweise der hexadezimale Wert *00* oder eine neue Variable)
- Ewig gültiges Datum (beispielsweise der hexadezimale Wert *FF* oder eine neue Variable)

Problemkategorie 4: Konfigurationsfehler

Konfigurationsfehler sind nicht Jahr 2000-spezifisch. Sie werden bei jedem größeren Projekt entdeckt, das sich mit älterem Code beschäftigt. Ihr Jahr 2000-Projekt wird mit mehr altem Code zu tun haben als jedes vorangegangene Projekt. Hoffentlich stoßen Sie nur auf wenige dieser Probleme, denn jedes einzelne Auftreten kann sehr teuer und/oder risikoreich sein.

Lösung 1: Den »am besten passenden« Quellcode korrigieren

Korrigieren Sie den »am besten passenden« oder »plausibelsten« Quellcode. Benutzen Sie die Version der Hardware, des Betriebssystems und der Datenbank, die der ursprünglichen Version am nächsten kommt.

Schritte

1. Ermitteln Sie die Funktionen des auszuführenden Objektcodes.
2. Bestimmen Sie den Quellcode, der den Funktionen am besten entspricht.
3. Ändern Sie den passendsten Quellcode, um die alten Funktionen des alten Objektcodes nachzubauen.
4. Führen Sie für die alten Funktionen in dem geänderten Quellcode einen Regressionstest durch.
5. Stellen Sie den Quellcode auf das Jahr 2000 um, und testen Sie ihn erneut.
6. Entfernen oder archivieren Sie die alten Versionen des Quellcodes oder Objektcodes.

Vorteil

- Bei zukünftigen Wartungsarbeiten stimmt der Quellcode mit dem Objektcode überein.

Nachteile

- Die Funktionen des Objektcodes lassen sich möglicherweise nur schwer bestimmen.
- Risikoreich, weil möglicherweise Funktionen fehlen, so daß Fehler oder veraltete Features wieder eingeführt werden.

Lösung 2: Disassemblierte Version des Quellcodes korrigieren

Disassemblierten Quellcode erzeugen und korrigieren.

Schritte

1. Benutzen Sie ein automatisches Werkzeug, um aus dem Objektcode disassemblierten Quellcode zu generieren (Backward-Engineering).
2. Passen Sie den Quellcode an das Jahr 2000 an.

Vorteile

- Größere Wahrscheinlichkeit, daß alle alten Funktionen bewahrt werden und im Quellcode enthalten sind.
- Bei zukünftigen Wartungsarbeiten stimmt der Quellcode mit dem Objektcode überein.

Nachteile

- Disassemblierten Quellcode zu verstehen ist viel schwieriger.
- Die Anwendung der Jahr 2000-Korrekturen ist teurer.
- Die zukünftige Wartung dieses Programms wird teurer sein.

Lösung 3: Das Anwendungssystem so ändern, daß dieses Programm nicht mehr benötigt wird

Entfernen Sie das problematische Programm, und bauen Sie das Anwendungssystem so um, daß das Programm nicht mehr benötigt wird.

Schritte

1. Ermitteln Sie die Funktionen des auszuführenden Objektcodes.
2. Bauen Sie die Funktionen in andere Programme ein.
3. Passen Sie den Quellcode an das Jahr 2000 an.
4. Entfernen oder archivieren Sie die problematische Version des Quellcodes oder Objektcodes.

Vorteile

- Bei zukünftigen Wartungsarbeiten stimmt der Quellcode mit dem Objektcode überein.
- Lösung, wenn verschiedene Versionen des Objektcodes von sehr wenigen Programmen benutzt werden, aber unterschieden werden müssen.
- Kann die Verarbeitung beschleunigen, falls das ausgemusterte Programm innerhalb der Anwendung häufig aufgerufen wurde.

Nachteile

- Kann die Anwendungsumgebung von einer Standardversion in mehrere Versionen aufspalten.
- Die Funktionen des Objektcodes lassen sich möglicherweise nur schwer bestimmen.
- Risikoreich, weil möglicherweise Funktionen fehlen, so daß Fehler oder veraltete Features wieder eingeführt werden.

Lösung 4: Programm einkapseln

Siehe *Mehrdeutige Repräsentation des Jahrhunderts*, Lösung 6.

Zusätzliche Nachteile

- Gefahr, daß die anderen Jahr 2000-Problemkategorien in dem Objektcode nicht entdeckt werden.
- Es gibt keinen Quellcode für zukünftige Wartungsarbeiten.

Lösung 5: Objektcode patchen

Objektcode direkt patchen.

Schritte

1. Ermitteln Sie die Positionen des zu ändernden Codes und der Logik durch Scanning.
2. Patchen Sie den Objektcode direkt.

Vorteil

- Funktioniert gut, wenn Sie eine Lösung mit einem fixen Zeitfenster einsetzen und nur wenige Bereiche zu patchen sind.

Nachteile

- Bei komplexen Lösungen steigen die Kosten des Patchens schnell an.
- Gefahr, daß die anderen Jahr 2000-Problemkategorien in dem Objektcode nicht entdeckt werden.
- Es gibt keinen Quellcode für zukünftige Wartungsarbeiten.

Problemkategorie 5: Überlauf von Daten vom Typ Datum

Probleme mit dem Überlauf von Daten vom Typ Datum, die als Offset von einem bestimmten Datum, dem sogenannten *Basisdatum* oder der sogenannten *Epoche*, gespeichert werden, treten aus demselben Grund auf wie die Jahr 2000-Probleme: Die mögliche Langlebigkeit der Software und der daraus resultierende Einfluß auf Datumsangaben wurde nicht erkannt. Überraschenderweise treten viele dieser Fehler um das Jahr 2000 auf. Jetzt ist der Zeitpunkt, an dem Sie Informationen über diese Problemkategorie ermitteln und speichern sollten.

Lösung 1: Datenfelder vom Typ Datum vergrößern

Vergrößern Sie das Feld, das die Basisdatumzahl enthält.

Schritte

1. Vergrößern Sie die Datumsgröße: beispielsweise von fünf Stellen auf sieben Stellen.
2. Vergrößern Sie Dateilängen; vergrößern Sie die Programmvariablen, die Datumswerte speichern.
3. Ändern Sie die Standardroutinen für die Datumsumwandlung.

Vorteile

- Relativ einfach, diese Programmänderung durchzuführen.
- Leicht zu verstehen, zu implementieren, zu testen und zu warten.
- Der Bedarf an Brücken nimmt um so mehr ab, je mehr andere Schnittstellen vierstellige Jahre übergeben.
- Benutzer können dieses Konzept verstehen und damit umgehen (Desktop).
- Konsistenter Ansatz für neuentwickelte, zukünftige Systeme.

Nachteile

- Bei den Einsätzen werden mehr Brückenprogramme benötigt.
- Fast alle Daten und Programmelemente sind betroffen.
- Neukompilieren der Programme ist notwendig, auch wenn Sie nicht direkt mit Datumsfunktionen zu tun haben.
- Es wird mehr Speicherplatz auf der Festplatte benötigt.
- Kann teurer sein, insbesondere wenn das Problem bei schwer änderbaren Dateisystemen auftritt.

Lösung 2: Basisdatum ändern

Ändern Sie den Wert des Basisdatums.

Schritte

1. Ändern Sie das Basisdatum beispielsweise vom 1. Januar 1600 auf den 1. Januar 1700.
2. Schreiben Sie Programme, um die vorhandenen Daten entsprechend umzuwandeln.
3. Ändern Sie die standardmäßigen Datumsumwandlungsroutinen, die mit dem alten Basisdatum arbeiten.

Vorteile

- Relativ leicht durchzuführen, insbesondere wenn die standardmäßigen Datumsumwandlungsroutinen fest etabliert sind.
- Leicht zu verstehen, zu implementieren, zu testen und zu warten.
- Der Bedarf an Brücken nimmt um so mehr ab, je mehr andere Schnittstellen Datumsangaben mit dem neuen Basisdatum übergeben.
- Konsistenter Ansatz für neuentwickelte, zukünftige Systeme.

Nachteile

- Möglicherweise haben nicht alle Programmierer die standardmäßigen Datumsumwandlungsroutinen benutzt.
- Bei den Einsätzen werden mehr Brückenprogramme benötigt.
- Möglicherweise kann der Wert des Basisdatums nicht genügend weit verschoben werden, so daß die Lösung nur eingeschränkt tauglich ist.

Problemkategorie 6: Schaltjahrprobleme

Der Fehler, das Jahr 2000 nicht als Schaltjahr zu behandeln, ist für viele Anwender ein kleinerer und seltenerer Fehler, aber er kann für andere Anwender, insbesondere Finanzorganisationen und deren Anwendungen, erhebliche Auswirkungen haben.

Lösung 1: Schaltjahrberechungen ändern

Wenden Sie die Jahrhundertregel für die Berechnung von Schaltjahren an.

Schritt

- Es gibt vier Regeln zur Berechnung eines Schaltjahrs:
  - Wenn das Jahr ohne Rest durch vier teilbar ist, ist es ein Schaltjahr.
  - Wenn das Jahr auf *00* endet, ist es *kein* Schaltjahr.
  - Wenn das Jahr ohne Rest durch 400 teilbar ist, ist es ein Schaltjahr.
  - Das Jahr 3600 ist *kein* Schaltjahr.

Vorteile

- Ziemlich einfache Programmänderung.
- Einsatz dieser Korrektur kann bis zum 29. Februar 2000 hinausgezögert werden.
- Konsistenter Ansatz für neuentwickelte, zukünftige Systeme.

Nachteil

- Die Kosten rechtfertigen möglicherweise nicht den Aufwand, um einen zusätzlichen Tag (29. Februar 29) in Jahr 2000 hinzuzufügen (hängt vom Ereignishorizont dieses Problems ab).

Problemkategorie 7: Programmiertricks

Ihr liebster Programmiertrick kann durch das Jahr 2000 oder Ihre Jahr 2000-Lösungen unbrauchbar werden. Die Probleme dieser Kategorie zählen zu den Problemen, die in Ihrem Code am schwierigsten zu entdecken sind.

Lösung 1: Neue »magische Zahl« festlegen

Ersetzen Sie die alte Methode und Zahl durch eine neue Methode und Zahl.

Schritte

1. Alte Methode: Ändern Sie ein Datum im Format *mmttjj* in *jjmmtt*, indem Sie es mit 10.000,01 multiplizieren. Ändern Sie ein Datum im Format *jjmmtt* in *mmttjj*, indem Sie es mit 100,0001 multiplizieren. Funktioniert, wenn das Datenelement als sechsstellige Ganzzahl definiert ist.

2. Neue Methode: Ändern Sie *mmttccjj* in *ccjjmmtt*, indem Sie die Zahl mit 10.000,0001 multiplizieren. Ändern Sie *ccjjmmtt* in *mmttccjj*, indem Sie die Zahl mit 10.000,0001 multiplizieren. Funktioniert, wenn das Datenelement als achtstellige Ganzzahl definiert ist.

Vorteil

- Relativ einfache Änderung.

Nachteile

- Eine andere Lösung zur *Mehrdeutigen Repräsentation des Jahrhunderts* kann den neuen Algorithmus komplexer machen.
- Die alte Methode entsprach wahrscheinlich keinem Standard und war nicht dokumentiert.
- Ansatz ist möglicherweise nicht mit neuentwickelten, zukünftigen Systemen konsistent.

Lösung 2: Durch ein »standardmäßigeres« Verarbeitungsverfahren ersetzen

Ersetzen Sie die alte Methode durch eine konventionellere Methode, wie im folgenden Schaubild gezeigt.

Schritt

- Ersetzen Sie *mmttjj* durch *jjmmtt*, indem Sie nicht mehr mit 10.000,01 multiplizieren, sondern im gesamten Programm für jedes Teilfeld (mm, tt, jj) MOVE-Befehle verwenden.

Vorteile

- Folgt den konventionelleren Standards zur Lösung dieses Problems.
- Zukünftige Wartung wird einfacher und billiger.
- Konsistenter Ansatz für neuentwickelte, zukünftige Systeme.

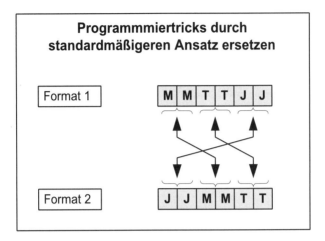

Nachteile

- Die Änderung erfordert mehr manuelle Programmierung als die Lösung 1, *Neue »magische Zahl« festlegen*.
- Änderung ist kurzfristig teurer.

Lösung 3: Andere

Andere Programmiertricks zu entdecken und zu korrigieren hängt von den Tricks ab. Wahrscheinlich haben alle zwei Lösungsmöglichkeiten gemeinsam: Entweder wenden Sie einen anderen Trick an, oder Sie ersetzen den alten Trick durch ein standardmäßiges Programmierverfahren.

Anhang C: Rechtliche und vertragliche Aspekte

Das Jahr 2000-Problem hat auch für die Mitarbeiter der Rechts-, Vertrags- und Revisionsabteilung sowie der Geschäftsführung Kpnsequenzen. Die rechtlichen, vertraglichen, revisionsmäßigen und verwaltungstechnischen Probleme manifestieren sich sowohl für den privaten als auch den öffentlichen Sektor in einem internationalen Maßstab.

Die Mitarbeiter der Rechts-, Vertrags- und Revisionsabteilung sowie der Geschäftsführung sollten sich darüber bewußt werden, daß das Jahr 2000-Problem vor allem ein geschäftliches Problem ist. So gesehen ist das Jahr 2000-Problem:

1. Eine potentielle Gefährdung Ihrer Fähigkeit, Ihr Geschäft auszuführen und/oder

2. Eine Gefahr in bezug auf Haftungsfragen

Verzögerungen im Geschäftsbetrieb und Haftungsfälle können verursacht werden durch eine oder mehrere der Fehlerquellen, die in diesem Buch beschrieben werden, oder durch eine Kette von Ereignissen, die ihren Ursprung bei Lieferanten, Abnehmern, Diensten, Produkten oder Kunden haben.

Organisationen erkennen die Notwendigkeit, Lieferanten, Dienste, Produkte und Kunden in ihren Jahr 2000-Plänen zu berücksichtigen. Dementsprechend bemerkte die *Federal Reserve Bank of New York* in ihrem Jahr 2000-Alarm vom 4. April 1997: »Die meisten Institutionen haben ihre Anstrengungen bis jetzt auf die Änderungen konzentriert, die sie intern durchführen, um das Jahr 2000-Problem zu lösen. Die meisten sind auf diesem Weg bereits weit fortgeschritten. Weniger Institutionen sind in ihrem Denken so weit fortgeschritten, daß sie darüber nachdenken, welchen Einfluß das Jahr 2000 auf ihre Beziehungen zu ihren Kunden, Lieferanten oder Dienstleistern haben könnte ...«

Eine Behandlung der einzelnen Aspekte dieses Problemkreises sprengt den Rahmen dieses Buches. Bitte konsultieren Sie die Firmen und Web-Sites, die auf der beiliegenden CD-ROM im Ordner \Web in der Datei *howto2k.htm* zu finden sind.

Anhang D: Beispielpräsentationen

Die CD-ROM, die diesem Buch beiliegt, enthält eine Reihe von Beispielpräsentationen im Microsoft-PowerPoint-Format. Ihre Organisation kann diese Präsentationen als Basis für die Besprechungen zur Information des Managements und der Mitarbeiter machen. Die Präsentationen haben folgende Titel:

- Ein kurzer Überblick
- Allgemeine Bewußtmachung
- Technische Probleme und Lösungen
- Detaillierter Managementüberblick
- Messe
- Information der Geschäftsleitung
- Entscheidungsfindungsbesprechung

Microsoft PowerPoint

Die Präsentationen wurden mit Microsoft PowerPoint erstellt. Ihr System muß folgende Anforderungen erfüllen, um mit PowerPoint arbeiten zu können:

- Microsoft Windows 3.1 oder später (Windows for Workgroups 3.11, 95, NT)
- 486/33
- 8 MB Hauptspeicher
- 16 MB freier Speicher auf der Festplatte (zur Installation von PowerPoint)
- 35 MB freier Speicher auf der Festplatte (zur Installation der Jahr 2000-Präsentationen)

Obwohl Sie die Präsentationen direkt von der CD aus ausführen können, sollten Sie Dateien von der CD auf Ihre Festplatte kopieren. Die Präsentationen erfordern ungefähr 35 MB Speicherplatz auf der Festplatte. Kopieren Sie die Dateien von der CD in ein Festplatten- oder Netzwerkverzeichnis Ihrer Wahl, starten Sie PowerPoint, und laden Sie die gewünschte Präsentation.

Die Präsentationen anpassen

Jeder Präsentation enthält Material, das einen bestimmten Aspekt des Jahr 2000-Prozesses oder des Jahr 2000-Problems beschreibt. Falls Ihr Projekt größere Anpassungen der Aufgaben, Deliverables und Phasen enthält, sollten Sie diese Präsentationen entsprechend anpassen.

Die Präsentationen *Allgemeine Bewußtmachung*, *Technische Probleme und Lösungen* und *Detaillierter Managementüberblick* enthalten Platzhalter für Informationen, die für Ihr Jahr 2000-Projekt spezifisch sind. Beispielsweise enthält die Präsentation *Detaillierter Managementüberblick* einen Abschnitt mit dem Titel *Unser Jahr 2000-Programm*. Mit den Folien können Sie Ihre bisherigen Aktivitäten in dem entsprechenden Abschnitt der Präsentation beschreiben.

Die Präsentationen

Die folgenden Abschnitte enthalten kurze Beschreibungen aller Präsentationen.

Ein kurzer Überblick

Diese Präsentation ist für höhere Managementebenen bestimmt und übergeht die meisten Details der Jahr 2000-Probleme und ihrer Lösungen. Die Präsentation gibt mit zehn Folien eine kurze Einführung in die Jahr 2000-methodik, beschreibt das Jahr 2000-Problem, die Stellen, an denen es auftreten kann, sowie die Schritt zu seiner Lösung.

Allgemeine Bewußtmachung

Diese Präsentation umfaßt etwa 30 Folien und richtet sich an ein allgemeines Publikum. Das Ziel besteht darin, Ihre Angestellten über die Ursachen, den Umfang und die Komplexität des Jahr 2000-Problems zu informieren, Ihre Mitarbeiter mit dem Jahr 2000-Ansatz vertraut zu machen und ihnen zu helfen, ihre eigene Rolle dabei zu verstehen, sowie die Anlaufstellen für das Jahr 2000-Projekt bekannt zu machen.

Technische Probleme und Lösungen

Diese Präsentation umfaßt etwa 35 Folien und richtet sich an die leitenden Mitarbeiter Ihres Jahr 2000-Projekts. Sie liefert zusätzliche Details über die möglichen Arten von Jahr 2000-Problemen und die Lösungsmöglichkeiten.

Detaillierter Managementüberblick

Die Präsentation umfaßt etwa 60 Folien und richtet sich an Manager, die das Jahr 2000-Projekt unterstützen sollen. Die Präsentation soll ihnen helfen, das Jahr 2000-Problem in allgemeinen und die Jahr 2000-Probleme Ihrer Organisation im besonderen zu verstehen. Die Präsentation beschreibt die Phasen des Projekts im Detail.

Messe

Die Folien für die Messe beschreiben die Phasen des Jahr 2000-Projekts in sehr allgemeiner Form mit wenigen Worten und vielen Bildern. Diese Präsentation wurde als Aufmerksamkeitsfänger für Messen und Ausstellungen erstellt.

Information der Geschäftsleitung

Ein Überblick über den Jahr 2000-Ansatz aus der Warte der Geschäftsleitung: Beschreibung der Verantwortlichkeiten der Managementebenen und Budget-Fragen. Die Besprechung hat das Ziel, die Unterstützung der Geschäftsleitung für das Jahr 2000-Projekt der Organisation zu gewinnen.

Entscheidungsfindung-Besprechung

Eine Besprechungsschablone zur Präsentation der Ergebnisse der Bestandsaufnahmephase: Statistiken, Ergebnisse der geschäftlichen und technischen Analysen und ein Vorschlag eines Vorgehensplans für die Detailplanung. Die Besprechung hat das Ziel, die Unterstützung des Managements zum Plan für die Phase der Detailplanung zu gewinnen.

Anhang E: Anwendbarkeit von Werkzeugen

Es werden immer mehr automatisierte Werkzeuge zur Unterstützung der Jahr 2000-Umstellung auf dem Markt angeboten.

Die Liste der unterstützten Systeme und Umgebungen wird immer länger, die Leistungsfähigkeit der verfügbaren Werkzeuge nimmt zu, da vorhandene Werkzeuge erweitert und integriert werden. (Siehe die Jahr 2000-CD-ROM für Hyperlinks zu Werkzeuglieferanten.)

Ehe Sie Jahr 2000-Werkzeuge beschaffen, müssen Sie feststellen, wie die automatisierten Werkzeuge Ihrer Organisation bei der Lösung der Jahr 2000-Probleme helfen können.

Dieser Anhang gibt Ihnen einen Überblick über die Arten der verfügbaren Werkzeuge, erklärt, wann Sie eine Beschaffungsentscheidung fällen müssen, und beschreibt, wann das Werkzeug einsatzbereit sein sollte.

Denken Sie daran, daß ein gewisser Schulungsaufwand notwendig ist, um die Bedienung dieser Werkzeuge zu erlernen. Kommerzielle Jahr 2000-Werkzeughersteller bieten typischerweise mehrere formelle Schulungstage an, an denen die Einrichtung und Nutzung der ausgefeilterten integrierten Werkzeugsätze vermittelt wird. Außerdem sollten Sie bedenken, daß ein Werkzeug keine »Silberkugel« ist. Sie sollten damit rechnen, daß sich die Produktivität Ihrer Organisation durch die Benutzung der Werkzeuge, die in diesem Anhang beschrieben werden, schrittweise verbessert. Auf jeden Fall müssen Sie jedoch die Kosten eines Werkzeugs und des damit verbundenen höheren Wartungsaufwands gegen die erwartete Verbesserung der Produktivität abwägen.

Denken Sie auch daran, daß für die Arbeit der meisten dieser Werkzeuge der Quellcode benötigt wird (Ausnahme: siehe *Manipulation ausführbaren Codes* weiter unten in diesem Anhang). Selbst mit den besten Werkzeugen müssen Sie den Status der Jahr 2000-Konformität und Jahr 2000-Fähigkeit jedes Fremdprodukts überwachen, vorausgesetzt, daß der Lieferant eine Jahr 2000-konforme Version liefern kann.

Funktionsumfang der Werkzeuge

Je reifer die Software-Industrie wird, desto umfassendere und fehlerfreiere Werkzeuge kommen auf den Markt, welche die Entwicklung und Wartung vereinfachen und produktiver gestalten. Automatisierte Werkzeuge unterstützen im allgemeinen folgende Funktionen:

- Daten-Repositorium
- Software-Bestandsaufnahme
- Code-Scanner
- Code-Parser
- Code-Editor
- Reverse Engineering
- Konfigurationsmanagement
- Manipulation ausführbaren Codes
- Debugger
- Script-Playback
- Datumssimulator
- Schnittstellensimulator
- Datenumwandlung
- Arbeitskostenabschätzung

Jede Werkzeugart kann die Jahr 2000-Umstellung unterstützen. Die Werkzeuge können dazu beitragen, daß die Lösungen einheitlicher, konsistenter und gründlicher angewendet, getestet und überwacht werden und auf diese Weise die Anzahl der Risiken vermindert wird.

Werkzeugplattformen

Es gibt zwei Möglichkeiten, Jahr 2000-Hilfswerkzeuge zu implementieren:

- Native, host-basierte Umwandlungssysteme
- Separate Umwandlungssysteme

Jeder Ansatz hat seine Vor- und Nachteile. Native Werkzeuge arbeiten in der Umgebung, die korrigiert werden soll. Separate Umwandlungssysteme arbeiten in einer anderen Umgebung und dienen im allgemeinen dazu, Jahr 2000-Probleme zu entdecken und zu korrigieren.

Einige der im folgenden beschriebenen Werkzeuge arbeiten unabhängig von der Entwicklungs- oder Einsatzumgebung. Beispielsweise können Konfigurationsmanagementsysteme auf einer beliebigen Plattform implementiert werden. Die verwalteten Konfigurationselemente werden einfach als Daten behandelt und bei Bedarf zur Änderung auf das Entwicklungssystem übertragen. Bei solchen Werkzeugen ist die Implementierungsplattform im allgemeinen kein kritischer Entscheidungsfaktor.

Im Vergleich von nativen und separaten Implementierungsplattformen sind die Vor- und Nachteile der beiden Varianten jeweils komplementär.

Natives Umwandlungssystem

Ihre Organisation gewinnt folgende Vorteile, wenn Sie Jahr 2000-Korrekturwerkzeuge beschaffen/einsetzen, die auf dem Zielsystem laufen.

Weil Sie die Jahr 2000-Software-Probleme auf Ihrem Software-Entwicklungssystem korrigieren, brauchen Sie den Quellcode im allgemeinen nicht von einem System auf ein anderes zu übertragen. Häufig können Sie Ihre vorhandenen Prozeduren für das Konfigurationsmanagement (KM) und die Qualitätssicherung (QS) verwenden, und Ihr vorhandenes Personal ist mit dem Entwicklungssystem bestens vertraut. Wahrscheinlich verfügen Sie bereits über angemessene Werkzeuge zur Unterstützung der Software-Entwicklung, so daß keine weiteren Beschaffungen notwendig sind.

Jedoch beeinflussen Sie möglicherweise die Ressourcen beträchtlich, die für andere Projekte zur Verfügung stehen, die Ihr Software-Entwicklungssystem benutzen. Falls Ihre Organisation über mehrere (oder viele) verschiedene operative Systeme und Software-Entwicklungssysteme verfügt, müssen Sie möglicherweise für jedes System einen separaten Werkzeugsatz beschaffen. Vielleicht unterstützt Ihr vorhandenes System keine modernen graphischen Benutzerschnittstellen (GUIs), so daß es für Ihr Personal schwieriger ist, die Bedienung der Werkzeuge zu erlernen, und die Produktivität möglicherweise noch auf andere Weise eingeschränkt wird. Bei dem nativen Ansatz sind Ihre Wahlmöglichkeiten auf die Werkzeuge zur Unterstützung der Umstellung beschränkt, die für Ihre Plattform verfügbar sind, womit möglicherweise bessere Produkte ausgeschlossen werden, die nur auf inkompatiblen Systemen eingesetzt werden können.

Vorteile

- Kein Codetransport
- Personal mit dem System vertraut
- Vorhandene Werkzeuge können verwendet werden
- Reibungslose Einbettung in vorhandene KM- und QS-Prozeduren

Nachteile

- Beeinträchtigt Benutzung der Hardware
- Verschiedene Systeme erfordern für jede Plattform separate Lösungen
- Beste Benutzerschnittstelle ist für System möglicherweise nicht verfügbar
- Optimale Werkzeuge sind für System möglicherweise nicht verfügbar

Separates Umwandlungssystem

Wenn Sie ein separates System verwenden, richten Sie eine »Umwandlungsfabrik« ein. Zum Zweck der Umwandlung laden Sie die Software von jedem Entwicklungssystem auf das separate System herunter. Dadurch werden die Ressourcen Ihrer vorhandenen Systeme nur minimal belastet. Das Personal, das für die Umwandlungen zuständig ist, muß nur die Bedienung eines Satzes von Prüf- und Korrekturwerkzeugen erlernen. Sie brauchen nicht für jedes verschiedene System Werkzeuge zu kaufen, und Sie können den besten Werkzeugsatz kaufen, der für Ihre Umstellungsaufgaben verfügbar ist.

Andererseits haben Sie den zusätzlichen Aufwand, die Software auf das separate System zu laden und den korrigierten Code zurück auf das native System zu kopieren. Das KM wird etwas komplizierter, weil mehrere Speicherorte betroffen sind und einige einfache Schritte, wie beispielsweise das Kompilieren des geänderten Codes, nicht ausgeführt werden können, bevor die Software nicht auf das native System zurücktransportiert wurde.

Vorteile

- Verringert den Einfluß der Ressourcen auf das vorhandene System
- Verringert die Schulungsanforderungen
- Ermöglicht unabhängig vom Zielsystem die Beschaffung der bestmöglichen Werkzeuge

Nachteile

- Erfordert Transport des Codes auf das Umwandlungssystem
- Erfordert zusätzliche Hardware
- Macht das Konfigurationsmanagement komplizierter
- Einfache Prüfungen, wie beispielsweise Kompilierungen, erfordern den Rücktransport auf das Originalsystem

Beschreibungen der Werkzeugklassen

Die verfügbaren Werkzeuge können anhand der Funktionen klassifiziert werden, die sie ausführen. Einige hilfreiche Werkzeuge wurden speziell zur Lösung von Jahr 2000-Problemen geschaffen, andere sollen die allgemeine Software-Entwicklung unterstützen und können auch für die Jahr 2000-Umstellung eingesetzt werden.

Daten-Repositorium

Ein Daten-Repositorium ist eine spezielle Datenbank, die alle Informationen enthält, die während der Bestandsaufnahme, der Detailplanung und der Korrekturphase gesammelt werden. Siehe Anhang G, *Jahr 2000-Projektdatenbank*, für eine Beschreibung der Arten von Daten und Strukturen, die in einem Daten-Repositorium gespeichert werden sollten.

Das Daten-Repositorium hilft Ihrer Organisation dabei, jede Komponente der Bestandsaufnahme zu überwachen. Mit dem Fortschritt der Detailplanung überwacht ein korrekt implementiertes Daten-Repositorium jedes datumsabhängige Element in Ihrem System.

Ihre Organisation kann mit Hilfe einer Standarddatenbank, wie beispielsweise Oracle, DB2, Informix oder Access, ein eigenes Daten-Repositorium entwickeln. Die benötigte Funktionalität ist ziemlich einfach und leicht zu implementieren. Möglicherweise existiert ein solches Werkzeug bereits in Rahmen der vorhandene Konfigurationsmanagementsprozesse. Jedoch arbeiten mehr und mehr Jahr 2000-Korrekturwerkzeuge mit einem eigenen Daten-Repositorium, um die datumsabhängigen Elemente beim Scannen und Editieren zu überwachen. Solche werkzeugspezifischen Jahr 2000-Daten-Repositorien haben den Vorteil, daß sie mit den Funktionen des spezifischen Werkzeugs integriert sind, aber sie haben den Nachteil, daß sie möglicherweise nicht alle Anforderungen eines echten projektübergreifenden Daten-Repositoriums erfüllen.

Jedes Standard-Daten-Repositorium, das Sie beschaffen, sollte über eine Import- und Exportfunktion verfügen und SQL-Abfragen unterstützen. Wenn diese Funktionen vorhanden sind, kann Ihre Organisation jeden benötigten Bericht generieren und die Funktionen des Repositoriums durch Werkzeuge anderer Lieferanten oder durch benutzerspezifische Anwendungen ergänzen.

Sie sollten ein Daten-Repositorium benutzen, um die auf einem niedrigen Niveau angesiedelten datumsabhängigen Elemente zu überwachen, und – wenn möglich – vorhandene Konfigurationsmanagementprozeduren benutzen, um die auf einem höheren Niveau angesiedelten Informationen, welche während der Bestandsaufnahme gesammelt wurden, zu überwachen. Dann können Sie mit Hilfe der Importfunktion Ihr Daten-Repositorium zum Repositorium aller verfügbaren Systeminformationen machen.

Software-Bestandsaufnahme

Werkzeuge zur Software-Bestandsaufnahme unterstützen die Erstellung einer System-Bestandsaufnahme, indem Sie nach Code, JCL, Datenbanken, Steuerdateien und anderen Daten suchen, die möglicherweise untersucht werden müssen. Bestandsaufnahmewerkzeuge sind typischerweise auf eine bestimmte Plattform abgestimmt und gehören im allgemeinen zu einem Jahr 2000-Werkzeugsatz.

Bestandsaufnahmewerkzeuge helfen Ihnen dabei, Dinge zu finden, an die Ihr Personal möglicherweise gar nicht denkt. Durch ein systematisches Durchsuchen Ihres Computers sollte das Werkzeug alles identifizieren, was sich auf dem System befindet. Bestandsaufnahmewerkzeuge haben in verschiedenen verteilten Umgebungen, wie beispielsweise einem unternehmensweiten Client/Server-Netzwerk, oder bei der Prüfung einer Bestandsaufnahme, die mit anderen Mitteln erstellt wurde, ihren größten Nutzen.

Sie sollten Bestandsaufnahmewerkzeuge einsetzen, wenn die Umgebung für eine einfache Wartung jedes Knotens zu verteilt ist oder wenn es andere Gründe gibt, einer Bestandsaufnahme mit anderen Mitteln zu mißtrauen.

Vorteile

- Kann »verlorene« Software oder Daten wiederfinden
- Ist im allgemeinen sehr gründlich
- Eignet sich gut zur Unterstützung von Prüfungen

Nachteil

- Kann zu viele Daten erzeugen, die interpretiert werden müssen

Code-Scanner

Automatisierte Code-Scanner untersuchen Code nach Stichwörtern, die der Benutzer spezifiziert. Code-Scanner sind im allgemeinen einfache Suchmaschinen, die eine Liste von Dateien, die der Benutzer angibt, nach Stichwörtern oder anderen Ausdrücken durchsuchen, die der Benutzer ebenfalls angibt.

Die Werkzeuge erstellen im allgemeinen einen Bericht, der die Datei/en und alle Fundstellen der Stichwörter oder Ausdrücke in der/den Datei/en identifiziert. Wenn der Code-Scanner mit einem Daten-Repositorium integriert ist, untersucht er im allgemeinen die gespeicherten Dateien und aktualisiert dann das Daten-Repositorium, indem er eine detaillierte Liste der Fundstellen in dem Repositorium speichert.

Code-Scanner sind bei der Detailplanung für Software am nützlichsten, bei der datumsspezifische Daten einem bekannten Muster folgen. Wenn beispielsweise alle datumsspezifischen Informationen in Variablen gespeichert werden, deren Namen mit *DATUM_* oder *JAHR_* beginnen, kann ein Scanner leicht jedes Codefragment finden, das diese Variablen enthält. Weil Code-Scanner nicht sprachenspezifisch sind, können Sie auch zur Prüfung obskurer und veralteter Sprachen verwendet werden.

Wahrscheinlich enthält Ihr Computer bereits einen einfachen Code-Scanner. Auf IBM-MVS-Systemen enthält beispielsweise der PANVALET-Werkzeugsatz ein Scan-Werkzeug mit dem Namen *PANSCAN*. Auf UNIX-Systemen können Benutzer mit den Werkzeugen *grep*, *awk* und *sed* einfache bis sehr komplizierte Muster suchen. Außerdem stellen die meisten modernen Editoren und Textverarbeitungsprogramme ähnliche, wenn auch begrenzte, Funktionen bereit.

Kommerzielle Code-Scanner gehören im allgemeinen zu einem Werkzeugsatz, der ein Daten-Repositorium, Scanner und Editoren umfaßt. Normalerweise kann ein Benutzer mit einem Scanner nicht nur jedes Auftreten einer spezifizierten Zeichenkette finden, sondern ein gefundenes Codefragment auch betrachten und möglicherweise ändern.

Wenn Sie Ihre Probleme mit einem vorhandenen Code-Scanner lösen können, sollten Sie die Werkzeuge benutzen, die heute auf Ihren Systemen existieren. Wenn das Scannen jedoch nur eine von vielen notwendigen Tätigkeiten zur Lösung Ihrer Jahr 2000-Probleme ist, sollten Sie ausgefeiltere Korrekturwerkzeuge benutzen, von denen die meisten eine Scan-Funktion einschließen.

Vorteile

- Billig und möglicherweise bereits vorhanden
- Leicht zu benutzen
- Funktionen sind auf vielen Systemen implementiert
- Sprachenunabhängig

Nachteile

- Dumm – suchen nur nach spezifizierten Zeichenketten
- Dumm – suchen nur an spezifizierten Stellen
- Oft nicht mit anderen Jahr 2000-Werkzeugen integriert
- Code-Parser sind besser geeignet

Code-Parser

Code-Parser funktionieren ähnlich wie Code-Scanner, aber sie verstehen, wie Daten (speziell Datumsangaben) benutzt werden. Sie können die Verwendung von Programmvariablen in Zuweisungen und Berechnungen, manchmal sogar bei Umbenennungen und überlappenden Speicherbereichen verfolgen. Code-Parser sind oft mit einem Daten-Repositorium integriert und bieten dem Benutzer die Möglichkeit, die gefundenen Datumsangaben interaktiv zu ändern.

Code-Parser eignen sich für Software-Umgebungen, in denen es keine Standards für die Verwendung von Datumsangaben gab (oder gibt) oder in denen sich die Standards im Laufe der Jahre geändert haben. Obwohl Code-Parser geeignet sind, auch nicht standardmäßige Verwendungen von Datumsangaben zu finden, sind sie im allgemeinen für eine spezifische Sprache geschaffen. Es kann sein, daß Sie mehrere Code-Parser von verschiedenen Lieferanten kaufen müssen, um die Probleme unterschiedlicher Software-Umgebungen zu lösen. Code-Parser sind nicht für alle Sprachen erhältlich.

Vorteile

- Verfolgt die Verwendung von Datumsangaben auch bei Änderung der Variablennamen
- Oft gut mit anderen Jahr 2000-Werkzeugen integriert

Nachteile

- Sprach- oder systemspezifisch
- Unterstützt möglicherweise keine Objekte, wie beispielsweise CLISTs oder Parameter

Code-Editor

Jahr 2000-Code-Editoren sind gewöhnlich gut mit Daten-Repositorien integriert und ermöglichen es dem Benutzer, von einer inventarisierten Datumsangabe zur nächsten zu springen. Die Software bietet dem Benutzer normalerweise die Möglichkeit, den Code in der Umgebung der Datumsangabe zu inspizieren, eine Standardkorrektur einzufügen, eine manuelle Änderung durchzuführen, die Angabe zu überspringen oder zur späteren Bearbeitung zu markieren.

Ein integrierter Code-Editor ist das zentrale Werkzeug des Reparaturteams für die manuelle Korrektur von Datumsangaben. Der Editor wird zur manuellen Begutachtung jeder Änderung benutzt, um sicherzustellen, daß sie mit dem umgebenden Code in Einklang steht.

Code-Editoren bieten eine Vielzahl von Methoden an, um Datumsangaben zu begutachten und Standardcodefragmente zu ändern. Es gibt Editoren für PCs, Arbeitsstationen und Mainframes. Sie sollten in Ihrer Organisation festlegen, ob Sie grundsätzlich die Editoren verwenden wollen, die auf den zu ändernden Systemen zur Verfügung stehen, oder ob Sie den Code auf ein gemeinsames Korrektursystem übertragen wollen. Beispielsweise könnte es vorteilhafter sein, einen leistungsstärkeren Editor zu beschaffen, der auf einem PC läuft, und den Code von den verschiedenen Mainframes, Arbeitsstationen, Minis und anderen Maschinen der Firma auf ein Korrektursystem zu übertragen, als für jedes System Code-Editoren zu kaufen.

Vorteile

- Oft mit anderen Jahr 2000-Werkzeugen integriert
- Bei guten Editoren können Sie die spezifische Änderung aus einer Liste von Optionen wählen
- Ihre Organisation verfügt wahrscheinlich bereits über einfache Code-Editoren für jede Entwicklungsplattform

Nachteile

- Eigentlich keine (Code-Editoren werden immer gebraucht)
- Nutzen nichts, wenn der Quellcode fehlt oder nicht mit dem ausführbaren Code übereinstimmt

Reverse Engineering

Werkzeuge zum Reverse Engineering erstellen Datenbankmodelle oder CASE-Modelle, indem sie den vorhandenen Quellcode analysieren. In diesen Systemmodellen können dann Geschäftsregeln, Daten oder Schnittstellen eingeführt oder geändert werden. Schließlich kann der Code aus dem Modell neu generiert werden, wobei die Änderungen eingeschlossen sind.

Werkzeuge zum Reverse Engineering versprechen eine starke Unterstützung der Software-Entwicklung, Wartung und Dokumentation. Leider wird zur Zeit immer noch darüber diskutiert, ob Codeanalysatoren oder manuelle Änderungen produktiver sind. Das Problem liegt darin, daß die Technik für Codeanalysatoren noch nicht so weit entwickelt ist, daß diese ohne beträchtliche manuelle Eingriffe aus vorhandenem Code automatisch Modelle ableiten könnten. Außerdem machen Codegeneratoren menschliche Eingriffe notwendig, um Code zu erzeugen, der die Performanzziele erfüllt.

Dieses Buch empfiehlt den bedingten Einsatz von Werkzeugen zum Reverse Engineering und von CASE-Werkzeugen, insbesondere für Pilot- und Aufwärmprojekte. Sie müssen prüfen, ob Sie mit den verfügbaren Werkzeugen Ihre Systeme analysieren können, ob die Werkzeuge Ihre Umgebung unterstützen und ob die benötigen menschlichen Ressourcen zur Verfügung stehen, ehe Sie die Entscheidung treffen, von den standardmäßigen Software-Entwicklungstechniken auf CASE-Techniken umzusteigen. Wenn Ihre Organisation nicht über beträchtliche Erfahrungen mit CASE-Werkzeugen verfügt, ist dieser Umstieg mit einem hohen Risiko verbunden und wird bei geschäftskritischen Systemen nicht empfohlen.

Vorteile

- Analysiert Code partiell, um Geschäftsmodelle Ihres Systems zu erstellen
- Setzt gute Software-Entwicklungspraktiken durch
- Unterstützt »*Business Process Re-Engineering*« (BPR) und andere Remodellierungsaktivitäten, indem es die Codegenerierung für mehrere Sprachen und Datenbankpakete unterstützt

Nachteile

- Analysiert Code partiell, um Geschäftsmodelle Ihres Systems zu erstellen, erfordert beträchtliche manuelle Eingriffe, um die Modelle zu vervollständigen
- Erfordert eine Änderung der Arbeitsgewohnheiten Ihres Software-Entwicklungspersonals
- Erfordert sehr spezielle Erfahrungen und detaillierte Kenntnis des CASE-Werkzeugs
- Unterstützt möglicherweise obskure Sprachen nicht

Konfigurationsmanagement

Werkzeuge zum Konfigurationsmanagement unterstützen die Verwaltung und Koordination von Änderungen eines Satzes von Software-Komponenten. KM-Software überwacht typischerweise alle Änderungen einer Komponente und speichert die Gründe dafür. KM-Werkzeuge unterstützen die Generierung bestimmter Versionen einer Software-Komponente, indem sie die gewünschte Version aus der Änderungsdatenbank erzeugen, die von dem Werkzeug verwaltet wird. KM-Werkzeuge erzwingen die Serialisierung von Änderungen, die von mehreren Personen durchgeführt werden oder koordinieren mehrere Änderungen, die aus unterschiedlichen Quellen stammen.

Im allgemeinen Fall unterstützen Werkzeuge zum Konfigurationsmanagement die Wartung von Konfigurationsinformationen für beliebige Arten von Daten. Bei den verwalteten Daten kann es sich um Software-Quellcode, Anwendungsdaten, Hardware-Versionen usw. handeln.

Falls Ihre Organisation selbst Software in nennenswertem Umfang entwickelt, verfügen Sie wahrscheinlich bereits nicht nur über Werkzeuge zum Konfigurationsmanagement sondern auch über KM-Personal, das für die Einhaltung und Verwaltung der KM-Prozeduren zuständig ist. Es kann jedoch sein, daß Ihre vorhandenen Werkzeuge nicht gut mit den Jahr 2000-Werkzeugsätzen zusammenarbeiten. Sie müssen die mangelhafte Zusammenarbeit zwischen den Jahr 2000-Werkzeugsätzen und Ihren vorhandene KM-Verfahren gegen die KM-Fähigkeiten abwägen, die in die Jahr 2000-Werkzeugsätze eingebaut sind.

Vorteile

- Erforderlich, um Änderungen eines Software-Entwicklungteams zu verwalten
- Unterstützt den Rückgriff auf ältere Software-Versionen (bei einem Rollback)
- Vorhandene Werkzeuge arbeiten möglicherweise mit Jahr 2000-Werkzeugsätzen zusammen

Nachteile

- KM-Werkzeuge könnten Änderungen der vorhandenen Prozeduren erfordern
- KM-Werkzeuge arbeiten möglicherweise nicht mit Jahr 2000-Werkzeugsätzen zusammen

Manipulation ausführbaren Codes

Werkzeuge zur Manipulation ausführbaren Codes bieten eine gewisse Hilfe, wenn Sie nicht über den Quellcode des ausführbaren Programms verfügen, das Sie ändern müssen. Wenn der Quellcode nicht verfügbar ist, sollte Ihre Organisation ernsthaft erwägen, das ausführbare Programm zu ersetzen; Werkzeuge zur Manipulation ausführbaren Codes können jedoch eine Alternative zu dieser Maßnahme darstellen.

Disassembler erzeugen aus einem ausführbaren Programm Assembler-Code. Dieser Code enthält im allgemeinen keine Marken (Labels), Variablennamen oder Kommentare, so daß er schwer zu verstehen und zu ändern ist. Bei entsprechendem Aufwand kann Ihr Personal jedoch den Assembler-Code verstehen und ändern und damit Jahr 2000-konform machen.

Mit Werkzeugen zum Patchen von ausführbarem Code können Sie kleinere Änderungen an dem ausführbaren Programm ausführen, ohne daß Sie über den Quellcode oder über Werkzeuge zur Generierung des ausführbaren Programms, wie beispielsweise einem Linker, verfügen. Ihre technischen Mitarbeiter müssen das ausführbare Programm im Detail verstehen und wissen, an welchen Stellen Patches eingefügt werden können oder müssen, an welchen Stellen sich bereits Patches befinden und wie der Datenbereich des Programms benutzt wird.

Sie sollten das Risiko, solche Werkzeuge zu benutzen, sorgfältig abschätzen und keine Mühe scheuen, um Alternativen zu dieser Lösung zu finden.

Vorteile
- Funktioniert sogar ohne Quellcode
- Patch-Werkzeuge können in Situationen helfen, in denen der Quellcode, der Compiler oder Link-Werkzeuge nicht zur Verfügung stehen

Nachteile
- Das Arbeiten mit diesen Werkzeugen ist sehr schwierig
- Erfordert Fähigkeiten, die seit den 70er Jahren immer seltener geworden sind

Debugger

Ein Debugger hilft Ihnen, Code zu testen, indem er Ihnen die Möglichkeit verschafft, Variablen und Speicherstellen zu setzen und zu untersuchen, die Ausführung an vordefinierten Haltepunkten zu unterbrechen, zeilen- oder einheitenweise durch den Code zu gehen usw. Debugger können im Batch, online oder in interaktiven Umgebungen arbeiten. Debugging-Werkzeuge sind im allgemeinen nicht Jahr 2000-spezifisch, finden sich aber gelegentlich in Jahr 2000-Werkzeugsätzen.

Der Bedarf an einem Debugger hängt von den spezifischen Prozeduren des Wartungspersonals Ihrer Organisation und den Änderungen ab, die Sie implementieren wollen. Falls Ihre Organisation eine große Anzahl benutzerspezifischer Änderungen implementieren will und Sie während des Testens der Einheiten deren Ausführung genau verfolgen wollen, können Sie mit einem Debugger Probleme schneller erkennen und korrigieren.

Vorteil
- Kann die Effizienz der Einheitentests deutlich verbessern

Nachteil
- Kann Benutzerschulung notwendig machen

Script-Playback

Mit Hilfe von Scripting-Software können Sie spezifische Tests – einschließlich bestimmter Tastenanschläge, Mauseingaben, Daten, Umgebungen usw. – einrichten und diese Tests in gleicher Form mehrfach wiederholen. Scripting-Software eignet sich besonders für wiederholte Regressionstests, um sicherzustellen, daß Systemänderungen keinen negativen Einfluß auf Systemfunktionen haben, die nicht mit den Änderungen verbunden sind. Script-Playback-Software gehört im allgemeinen nicht zu den üblichen Jahr 2000-Werkzeugen.

Die Entscheidung, ob Sie Script-Software einsetzen wollen, sollte Teil der Testplanung sein. Die Abteilung oder Organisation, die für das Testen zuständig ist, verfügt möglicherweise bereits über solche Software.

Vorteile

- Unterstützt wiederholbare Tests
- Vereinfacht Regressionstests
- Ermöglicht die Simulation großer Mengen manuellen Inputs

Nachteile

- Konfiguration kann schwierig sein
- Testskripts sind schwierig zu warten
- Script-Playback-Werkzeuge sind plattformspezifisch

Datumssimulator

Mit einem Datumssimulator können Sie das Datum spezifizieren, das an die Software zurückgegeben wird, die das Betriebssystem nach Datum abfragt. Damit können Sie geänderte Systeme prüfen. Weil jedoch die meisten Jahr 2000-Fehler in den Daten und Schnittstellen liegen, kann ein Datumssimulator im allgemeinen nur einen unbedeutenden Teil der Änderungen prüfen. Sie sollten einen Datumssimulator sowohl für die primären Jahr 2000-Tests der Datumsangaben als auch für Regressionstests benutzen, dabei aber beachten, daß ein Datumssimulator nur ein Hilfswerkzeug und keine vollständige Lösung ist.

Legen Sie bei der Testplanung fest, ob Sie einen Datumssimulator benötigen. Die Entscheidung hängt von folgenden Faktoren ab:

- Der Anforderung, daß die zu testende Software Datumsangaben vom Betriebssystem abfragt, die vom Tagesdatum abweichen, um die Software gründlicher zu testen
- Der Unmöglichkeit, das Datum des Betriebssystems manuell zu ändern, weil dadurch beispielsweise die Lizenz abläuft oder weil der Prozessor zeitlich mit anderen Systemen gekoppelt ist

Datumssimulatoren erfüllen im Rahmen ihrer begrenzten Funktion ihren Zweck. Sie sollten solche Werkzeuge kaufen, wenn Sie dadurch Testzeit und Geld sparen können oder wenn es keine andere Methode gibt, einige Ihrer Änderungen zu testen.

Vorteile

- Unterstützt die Simulation einer Schnittstelle, die anderweitig schwer zu simulieren ist (die Betriebssystem-Software-Schnittstelle)
- Unterstützt das Testen von Standardprodukten

Nachteile

- Ist kaum für den Test von Schnittstellen oder Datumsangaben zu gebrauchen, die ihre Werte nicht von einer Abfrage des Tagesdatums ableiten
- Produkte sind auf spezifische Systeme zugeschnitten

Schnittstellensimulator

Schnittstellensimulatoren unterstützen das Testen von Schnittstellen, indem sie per Skript Daten an Ihr System senden oder per Skript Daten als Antwort auf System-Outputs zurücksenden. Es gibt verschiedene Arten von Schnittstellensimulatoren, angefangen bei residenter Software, die den System-Input und -Output simuliert, bis zu kompletten, externen Paketen, die genauso in Ihr System eingebunden werden wie die simulierte Schnittstelle.

Mit Schnittstellensimulatoren können Sie die Schnittstellen zwischen geänderten Partitionen und vorhandenen Partitionen und/oder zwischen Ihrem geänderten System und externen Organisationen testen. Außerdem können die Entwickler, die für die Änderung der Verbindung zu einer gemeinsamen Schnittstelle zuständig sind, mit einem Satz von Schnittstellenskripts testen, ob die Änderungen einem gemeinsam akzeptierten Standard entsprechen. Diese Vorgehensweise eignet sich sowohl innerhalb einer Organisation als auch bei der Verbindung mit elektronischen Partnern.

Schnittstellensimulatoren sind extrem hilfreich, wenn Ihr System über wichtige oder geschäftskritische Schnittstellen verfügt, die Jahr 2000-konform gemacht werden müssen. Die Anforderungen an die Schnittstellensimulation werden bei der Testplanung festgelegt. Die Abteilung oder Organisation, die für das Testen zuständig ist, verfügt möglicherweise bereits über die entsprechende Software.

Vorteil

- Unterstützt das gründliche Testen von Schnittstellen in operativen Umgebungen

Nachteile

- Konfiguration kann schwierig sein
- Mehrere Schnittstellen erfordern möglicherweise mehrere Simulatoren

Datenumwandlung

Software zur Datenumwandlung wandelt Daten aus einem Format in ein anderes um, überträgt Daten von einem Speichermedium auf ein anderes oder ändert die Codierung der Daten. Standardwerkzeuge unterstützen Datenumwandlungen bis zu einem bestimmten Grad. Beispielsweise enthalten die meisten Standarddatenbankpakete Software, um die Formate anderer Datenbankpakete in das eigene Format umzuwandeln oder ein Datensatz-Layout in ein anderes zu übertragen.

Ihre Organisation verfügt wahrscheinlich bereits über Standarddatenumwandler. Falls Sie beispielsweise mit Oracle arbeiten, verfügen Sie über die Oracle Datenlader und -konverter. Häufig werden jedoch nicht alle Datenumwandlungsanforderungen durch Standardpakete erfüllt. Falls Sie beispielsweise das Problem der zweistelligen Jahresfelder so gelöst haben, daß Sie vierstellige Jahreszahlen mit einem selbstgestrickten Verfahren verschlüsseln, müssen Sie Ihre eigene Software schreiben, um die vorhandenen Daten zu lesen und die neue Datenbank zu erstellen.

Falls Standardpakete in einer neuen Jahr 2000-konformen Version auf den Markt kommen, sollte die Software in der Lage sein, die Daten aus der alten Version in die neue umzuwandeln. Prüfen Sie doppelt, ob die Lieferanten diese Funktion bereitstellen und die Bedingungen dafür angeben. Es wäre ein kritischer Fehler, wenige Monate vor dem Jahr 2000 ein Update eines Standardpakets zu erhalten, nur um festzustellen, daß Sie damit Ihre Daten nicht rechtzeitig umwandeln können.

Vorteile

- Erforderlich, um Daten von einem Format/einer Codierung in ein anderes/eine andere umzuwandeln
- Standardprodukte unterstützen die meisten Datenumwandlungsanforderungen
- Möglicherweise verfügen Sie bereits über die Datenkonverter

Nachteile

- Keine

Arbeitskostenabschätzung

Werkzeuge zur Arbeitskostenabschätzung unterstützen die Generierung von Arbeitskostenschätzungen. Jahr 2000-spezifische Werkzeuge passen ihre Schätzungen an einige Standardphasen eines Jahr 2000-Projekts an und liefern zusammen mit anderen Informationen über Ihr Projekt eine Schätzung der Arbeitsstunden für die Planung, die Systemkorrektur und das Testen.

Diese Werkzeuge eignen sich, um Ausgangswerte für die Abschätzungen der Größenordnung zu ermitteln. Die Werkzeuge erfordern typischerweise umfangreiche Informationen über die Größe Ihres Projekts, die Implementierungsplattform, die Implementierungssprache, die Verwendung von Untersuchungs- und Korrekturwerkzeugen und die Erfahrungen Ihres Personals. Obwohl diese Werkzeuge hilfreich sein können, sind sie kein Ersatz für Erfahrung. Wenn Ihre Projektmanager die Reichweite einer Jahr 2000-Anstrengung überblicken, werden sie wahrscheinlich genauere Abschätzungen geben können als die automatisierten Werkzeuge.

Vorteile

- Relativ preiswertes Werkzeug unterstützt die Stundenschätzung
- Das Werkzeug selbst liefert die Begründung für die Abschätzung: »Es ist ein Software-Werkzeug; es muß genau sein.«
- Die Eingabe der notwendigen Informationen über Ihre Organisation und Entwicklungsmethoden zwingt Ihr Personal dazu, über mögliche Ineffizienzen Ihrer Prozeduren nachzudenken

Nachteile

- Abhängig von der Genauigkeit der zugrundeliegenden Informationen können die Schätzungen weit abweichen
- Das Werkzeug kann ein ungerechtfertigtes Vertrauen in die Ergebnisse hervorrufen, das allein auf der visuellen Qualität des Outputs basiert

Phasen-/Werkzeug-Anforderungen

An den Beschreibungen der verfügbaren Werkzeugtypen können Sie ablesen, daß die unterschiedlichen Typen für verschiedene Phasen Ihres Jahr 2000-Projekts geeignet sind. Die folgende Tabelle nennt die Phasen, in denen der Bedarf an jeder Werkzeugart definiert werden muß und in denen die Werkzeuge eingesetzt werden sollten.

Werkzeugtyp	Bedarf muß definiert werden für	Werkzeug wird angewendet in
Daten-Repositorium	Planung und Bewußtmachung	Allen Phasen
Software-Bestandsaufnahme	Planung und Bewußtmachung	Detailplanung
Code-Scanner	Detailplanung	Detailplanung
Code-Parser	Detailplanung	Detailplanung
Code-Editor	Detailplanung	Korrektur
Reverse Engineering	Detailplanung	Korrektur
Konfigurationsmanagement	Planung und Bewußtmachung	Allen Phasen
Manipulation ausführbaren Codes	Detailplanung	Korrektur
Debugger	Detailplanung	Korrektur
Script-Playback	Testplanung	Testausführung
Datumssimulator	Testplanung	Testausführung
Schnittstellensimulator	Testplanung	Testausführung
Datenumwandlung	Detailplanung	Test und Systemeinsatz
Arbeitskostenabschätzung	Planung und Bewußtmachung	Detailplanung, Korrektur, Testplanung

Anhang F: Übersicht über die Schlüsselaufgaben

Dieser Anhang bietet den Mitarbeitern der Projektüberwachung, des Konfigurationsmanagements und der Qualitätssicherung eine Anleitung und eine schnelle Referenz über Ihre Rollen im Rahmen des Jahr 2000-Projekts. Er identifiziert die Aufgaben innerhalb jeder Jahr 2000-Phase, die zu diesen Rollen gehören, und beschreibt kurz die zugehörigen auszuführenden Aktivitäten. Die Mitarbeiter sollten den sie betreffenden Abschnitt dieses Anhangs studieren, wenn sie dem Projekt zugeteilt werden, um einen Überblick über ihre Aufgaben zu bekommen. Außerdem sollten sie zu Beginn jeder Phase die zugehörigen Aktivitäten noch einmal überprüfen.

Projektüberwachung

Die folgenden Tabellen beschreiben die Jahr 2000-Aufgaben innerhalb jeder Phase, die zur Überwachung des Projekts gehören. Diese Tabellen sollen Ihrem Aufgabenmanagement helfen zu verstehen, an welchen Stellen die Projektplanentscheidungen fallen und welche Stellen sich zur Überwachung und Messung des Projektfortschritts eignen.

Planung und Bewußtmachung

Deliverable	Aufgabe	Aktivität
Anfänglicher Projektplan (1.7)	Projektzeitplan und Projektbudgetplan sowie Projektüberwachungsplan entwickeln (1.7.5)	Plan enthält Maßnahmen zur Überwachung und Abschätzung sowie Eventualmaßnahmen, die folgendermaßen benutzt werden: • In allen folgenden Phasen, um die Übereinstimmung des Projekts mit dem Plan zu überwachen

Anhang F

Deliverable	Aufgabe	Aktivität
		• Um die Daten zu spezifizieren, die überwacht werden sollen
		• Um die Anforderungen an die Projektüberwachung und Berichte zu spezifizieren einschließlich der Häufigkeit und der Art der überwachten Ereignisse und Daten
		• Um Pläne für das Feedback an das Management zu spezifizieren einschließlich der Kriterien für Ausnahmesituationen und der Empfehlungen, die an das Management gegeben werden sollen
		• Um die Anforderungen an die Datenüberwachung und die Analyse des kritischen Pfads zu spezifizieren
		• Um den Grad der Abweichung von den Planwerten zu spezifizieren, ehe Abhilfemaßnahmen notwendig werden
		• Um die möglichen Abhilfemaßnahmen zu spezifizieren
	Anfänglichen Projektplan präsentieren und genehmigen lassen (1.7.6)	Forum wird benutzt, um die Zustimmung der Geschäftsleitung zu den Überwachungs- und Wiederherstellungsplänen zu gewinnen.
Pläne für die Phasen der Bestandsaufnahme und Entscheidungsfindung (1.8)	Methodik an die Phasen der Bestandsaufnahme und Entscheidungsfindung anpassen (1.8.1)	Wenn Sie die Aufgaben und Deliverables anpassen, berücksichtigen Sie Überwachungs- und Berichtsanforderungen Ihrer Organisation. Schließen Sie die entsprechenden Überwachungs- und Berichtsaufgaben und Deliverables ein.

Übersicht über die Schlüsselaufgaben

Deliverable	Aufgabe	Aktivität
	Ressourcenanforderungen für die Bestandsaufnahme und Entscheidungsfindung identifizieren (1.8.2)	Entwickeln Sie Eventualpläne, um Abweichungen vom geplanten Projektfortschritt und Verzögerungen zu kompensieren. Sie sollten mehrere Eventualpläne für unterschiedliche Verzögerungen und zusätzlich benötigte Ressourcen entwickeln.
	Zeitplan/Budget für die Bestandsaufnahme und Entscheidungsfindung entwickeln (1.8.3)	Der Zeitplan schließt Meilensteine zur Messung sowie Treffen zur Abschätzung des Projektfortschritts ein.
	Zeitplan/Budget für die Bestandsaufnahme und Entscheidungsfindung präsentieren und genehmigen lassen (1.8.4)	Forum wird benutzt, um die Zustimmung der Geschäftsleitung zu den Plänen für die Bestandsaufnahme und Entscheidungsfindung, für die Überwachung und Abschätzung sowie zu den Eventualplänen zu gewinnen.

Bestandsaufnahme

Deliverable	Aufgabe	Aktivität
Beginn der Phase der Bestandsaufnahme (2.1)	Überwachung der Bestandsaufnahme einrichten (2.1.2)	Richten Sie die Prozeduren ein, die zur Überwachung des Fortschritts, der Anstrengungen, des Aufwands, der Ressourcennutzung und der Verminderung der Risiken verwendet werden sollen. Spezifizieren Sie die Meßwerte für Planabweichungen und Verzögerungen, bei deren Überschreiten die Eventualpläne in Kraft treten.
	Mitarbeiter über den Plan zur Bestandsaufnahme informieren (2.1.3)	Teammitglieder über Fortschrittsberichte und Bewertungskriterien informieren.

Deliverable	Aufgabe	Aktivität
	Arbeitsumgebung für die Bestandsaufnahme einrichten (2.1.6)	Werkzeuge zur Überwachung des Fortschritts einrichten.

Entscheidungsfindung

Deliverable	Aufgabe	Aktivität
Beginn der Phase der Entscheidungsfindung (3.1)	Angemessenheit der Umgebung für die Entscheidungsfindung sicherstellen (3.1.1)	Anforderungen an die Überwachung und Beurteilung des Fortschritts überprüfen und bestätigen.
	Überwachung der Entscheidungsfindung einrichten (3.1.2)	Richten Sie die Prozeduren ein, die zur Überwachung des Fortschritts, der Anstrengungen, des Aufwands, der Ressourcennutzung und der Verminderung der Risiken verwendet werden sollen. Spezifizieren Sie die Meßwerte für Planabweichungen und Verzögerungen, bei deren Überschreiten die Eventualpläne in Kraft treten.
Plan zur Detailplanung (3.3)	Methodik an die Detailplanung anpassen (3.3.1)	Wenn Sie die Aufgaben und Deliverables anpassen, berücksichtigen Sie Überwachungs- und Berichtsanforderungen Ihrer Organisation. Schließen Sie die entsprechenden Überwachungs- und Berichtsaufgaben und Deliverables ein.
	Benötigte Ressourcen für die Detailplanung abschätzen (3.3.2)	Definieren Sie die Kriterien zur Reallokation von Ressourcen, wenn die Ressourcen aufgrund zu geringen Fortschritts neu verteilt werden müssen.

Deliverable	Aufgabe	Aktivität
	Zeitplan/Budget für die Detailplanung entwickeln (3.3.6)	Der Zeitplan, der bei dieser Aufgabe entwickelt wird, dient als Input der Fortschrittsüberwachung und enthält Meilensteine und andere Meßpunkte. Er enthält auch die Termine für die Besprechungen des Projektfortschritts.
	Zeitplan/Budget für die Detailplanung präsentieren und genehmigen lassen (3.3.7)	Forum, um das Management über die detaillierte Fortschrittsüberwachung, das Berichtswesen und die Bewertungsverfahren zu informieren und seine Zustimmung zu gewinnen.

Detailplanung

Deliverable	Aufgabe	Aktivität
Beginn der Phase der Detailplanung (4.1)	Besprechung über den Beginn der Detailplanung (4.1.4)	Teammitglieder über Fortschrittsberichte und Bewertungskriterien informieren.
	Überwachung der Detailplanung einrichten (4.1.7)	Meßwerte und Bewertungskriterien für die Detailplanung identifizieren sowie Eventualpläne für die Umverteilung der Ressourcen entwickeln.
Plan zur Systemkorrektur (4.4)	Plan zur Herstellung der Jahr 2000-Konformität der elektronischen Partner entwickeln (4.4.1)	Meßwerte und Bewertungskriterien für die Detailplanung identifizieren sowie Eventualpläne für die Umverteilung der Ressourcen entwickeln.
	Standardverfahren für die Korrektur entwickeln (4.4.2)	Meßwerte und Bewertungskriterien für die Detailplanung identifizieren sowie Eventualpläne für die Umverteilung der Ressourcen entwickeln.

Anhang F

Deliverable	Aufgabe	Aktivität
	Pro System einen Korrekturplan entwickeln (4.4.3)	Meßwerte und Bewertungskriterien für die Detailplanung identifizieren sowie Eventualpläne für die Umverteilung der Ressourcen entwickeln.
	Pläne für Schnittstellen/Brücken entwickeln (4.4.4)	Meßwerte und Bewertungskriterien für die Detailplanung identifizieren sowie Eventualpläne für die Umverteilung der Ressourcen entwickeln.
	Datenumwandlungspläne entwickeln (4.4.5)	Meßwerte und Bewertungskriterien für die Detailplanung identifizieren sowie Eventualpläne für die Umverteilung der Ressourcen entwickeln.
	Korrekturschulungsplan entwickeln (4.4.7)	Meßwerte und Bewertungskriterien für die Detailplanung identifizieren sowie Eventualpläne für die Umverteilung der Ressourcen entwickeln.
Projektplan für den Korrekturzyklus (4.5)	Abschätzungen der technischen und geschäftlichen Risiken aktualisieren (4.5.2)	Als Teil der Risikoabschätzung sollten Sie die bisherige Erfüllung und Abweichung vom Plan begutachten, um ein Verständnis für die Genauigkeit des vorhandenen Plan zu entwickeln. Falls notwendig, sollten Sie Fortschrittsmeßwerte und Abschätzungen verschärfen, um das Risiko zu vermindern.
	Pläne zur Systemkorrektur konsolidieren (4.5.4)	Begutachten Sie die Meßwerte der Detailplanung, die Bewertungskriterien und die Pläne zur Umverteilung der Ressourcen, und ändern Sie bei Bedarf die Anforderungen und die Zuordnung der Ressourcen.
	Pro System den Ressourcenbedarf für die Korrektur abschätzen (4.5.5)	Eventualpläne aufstellen, um bei Bedarf zusätzliche Ressourcen bereitzustellen, um den geplanten Projektfortschritt aufrechtzuerhalten.

Übersicht über die Schlüsselaufgaben

Deliverable	Aufgabe	Aktivität
	Personalbedarf für den Korrekturzyklus ermitteln (4.5.6)	Eventualpläne aufstellen, um bei Bedarf zusätzliche Ressourcen bereitzustellen, um den geplanten Projektfortschritt aufrechtzuerhalten.
	Beschaffungsplan für den Korrekturzyklus entwickeln (4.5.7)	Meßwerte und Bewertungskriterien für die Detailplanung identifizieren sowie Eventualpläne für die Umverteilung der Ressourcen entwickeln.
	Zeitplan/Budget für den Korrekturzyklus entwickeln (4.5.8)	Meßwerte und Bewertungskriterien für die Detailplanung identifizieren, Eventualpläne für die Umverteilung der Ressourcen verabschieden sowie periodische Begutachtungen des Fortschritts festlegen.
	Pläne, Zeitpläne und Budget für den Korrekturzyklus präsentieren und genehmigen lassen (4.5.9)	Detailplanung und Eventualpläne präsentieren.

Korrektur

Deliverable	Aufgabe	Aktivität
Beginn der Phase der Korrektur (5.1)	Mechanismen zur Kosten- und Zeitkontrolle einrichten (5.1.10)	Alle Meßwerte und Bewertungskriterien für die Detailplanung endgültig verabschieden.
Ausgemusterte Systeme (5.2)	Ausmusterungspläne entwickeln (5.2.1)	Meßwerte und Bewertungskriterien für die Detailplanung identifizieren, Eventualpläne für die Umverteilung der Ressourcen verabschieden sowie periodische Begutachtungen des Fortschritts für die Phase der Korrektur festlegen.

Anhang F

Deliverable	Aufgabe	Aktivität
	Ausmusterungspläne begutachten und genehmigen lassen (5.2.2)	Zustimmung der Geschäftsleitung zur detaillierten Fortschrittsüberwachung, zu der Abschätzung sowie zu den Eventualplänen gewinnen.

Testplanung

Deliverable	Aufgabe	Aktivität
Beginn der Phase der Testplanung und -ausführung (6.1)	Methodik an die Testphase anpassen (6.1.1)	Wenn Sie die Aufgaben und Deliverables anpassen, berücksichtigen Sie Überwachungs- und Berichtsanforderungen Ihrer Organisation. Schließen Sie die entsprechenden Überwachungs- und Berichtsaufgaben und Deliverables ein.
	Testpersonal bereitstellen (6.1.3)	Eventualpläne aufstellen, um bei Bedarf zusätzliche Ressourcen bereitzustellen, um den geplanten Projektfortschritt aufrechtzuerhalten.
	Überwachung der Testphasen einrichten (6.1.6)	Meßwerte und Bewertungskriterien für die Detailplanung identifizieren, Eventualpläne für die Umverteilung der Ressourcen verabschieden sowie periodische Begutachtungen des Fortschritts aller Testaktivitäten festlegen.
	Plan der formellen Tests präsentieren und genehmigen lassen (6.1.7)	Zustimmung der Geschäftsleitung zur detaillierten Fortschrittsüberwachung, zur Abschätzung sowie zu den Eventualplänen gewinnen.

Testausführung

Deliverable	Aufgabe	Aktivität
Information über den Anstoß der Testphase (7.2)	Besprechung über die formelle Testausführung vorbereiten (7.2.1)	Fortschrittsüberwachung, Meßwerte und Bewertungskriterien sowie Eventualpläne einschließen.

Übersicht über die Schlüsselaufgaben

Systemeinsatz

Deliverable	Aufgabe	Aktivität
Beginn der Phase des Systemeinsatzes (8.1)	Einsatzteam zusammenstellen und informieren (8.1.1)	Fortschrittsüberwachung, Meßwerte und Bewertungskriterien einschließen sowie Eventualpläne diskutieren.
Plan zu Datenumwandlung (8.2)	Plan zur Umwandlung entwickeln (8.2.3)	Spezifische Maßnahmen zur Fortschrittsüberwachung, Meßpunkte sowie Kriterien zur Umverteilung der Ressourcen einschließen.
Einsatzplan (8.3)	Kundendienstplan entwickeln (8.3.6)	Spezifische Maßnahmen zur Fortschrittsüberwachung des Kundendienstes einschließen.
	Benutzerschulungsplan entwickeln (8.3.7)	Spezifische Maßnahmen zur Fortschrittsüberwachung der Schulung und Bewertungskriterien einschließen.
	Mitteilungsbedarf identifizieren (8.3.8)	Spezifische Maßnahmen zur Fortschrittsüberwachung der Benachrichtigungen und Bewertungskriterien einschließen.
	Einsatzplan entwickeln (8.3.9)	Spezifische Maßnahmen zur Fortschrittsüberwachung des Systemeinsatzes und Bewertungskriterien sowie Kriterien für die Umverteilung der Ressourcen einschließen.
	Einsatzplan präsentieren und genehmigen lassen (8.3.10)	Zustimmung der Geschäftsleitung zur detaillierten Fortschrittsüberwachung, zu der Abschätzung sowie zu den Eventualplänen zur Umverteilung der Ressourcen gewinnen.

Fallout

Deliverable	Aufgabe	Aktivität
Bericht über die QS- und KM-Prozeduren (9.1)	QS-Prozeduren begutachten (9.1.1)	Produktivität der Abteilung sowie ihre Fähigkeit, Performanzziele zu erfüllen, unter dem Aspekt der Qualitätssicherung beurteilen.

Deliverable	Aufgabe	Aktivität
	QS-Prozeduren verbessern (9.1.2)	Identifizierung und Implementierung von Verfahren zur Messung, Verbesserung, Überwachung und Beurteilung der Produktivität, der Ressourcennutzung und der Risikoverringerung unterstützen.
	KM-Prozeduren begutachten (9.1.3)	Produktivität der Abteilung sowie ihre Fähigkeit, Performanzziele zu erfüllen, unter dem Aspekt des Konfigurationsmanagements beurteilen.
	KM-Prozeduren verbessern (9.1.4)	Identifizierung und Implementierung von Verfahren zur Messung, Verbesserung, Überwachung und Beurteilung der Produktivität, der Ressourcennutzung und der Risikoverringerung unterstützen.
Gewonnene Erfahrungen (9.6)	Jahr 2000-Methoden überarbeiten (9.6.2)	Die ausgewerteten Erfahrungen mit der Fortschrittsüberwachung, dem Berichtswesen, der Bewertung und der Ressourcennutzung bei den Plänen für die laufende Jahr 2000-Arbeit berücksichtigen.

Konfigurationsmanagement

Die folgenden Tabellen beschreiben die Jahr 2000-Aufgaben innerhalb jeder Phase, die zu einem effizienten Konfigurationsmanagement gehören. Diese Tabellen sollen Ihrem Konfigurationsmanagement helfen zu verstehen, an welchen Stellen die Konfigurationsmanagemententscheidungen fallen und implementiert werden.

Planung und Bewußtmachung

Deliverable	Aufgabe	Aktivität
Management-Briefings zur Bewußtmachung (1.1)	Eigenständige Geschäftseinheiten identifizieren (1.1.2)	Mit der Struktur des Gesamtunternehmens vertraut werden und die Wege für eine effiziente Kommunikation erkunden.
Unternehmensorganigramm (1.3)	Unternehmensorganigramm entwerfen (1.3.1)	Übersichtsschaubild des Unternehmens erstellen; das Schaubild soll eine Grundlage der Planung der Jahr 2000-Datenbank bilden.
Anfänglicher Projektplan (1.7)	Vorhandenen Konfigurationsmanagementpläne begutachten und auf das Jahr 2000-Projekt anwenden (1.7.3)	Vorhandene KM-Pläne begutachten und einen angepaßten Jahr 2000-KM-Plan entwickeln.

Bestandsaufnahme

Deliverable	Aufgabe	Aktivität
Beginn der Phase der Bestandsaufnahme (2.1)	Detaillierte Anforderungen an die Werkzeuge zur Bestandsaufnahme definieren (2.1.4)	Ermitteln, welche KM-Eigenschaften die Werkzeuge für die Bestandsaufnahme haben sollten.
	Projektdatenbank und KM-Umgebung einrichten (2.1.7)	Die Jahr 2000-Datenbank entwerfen und erstellen sowie Kontrollverfahren etablieren.
Bestandsaufnahme der internen Werkzeuge (2.2)	Fragebögen zur Bestandsaufnahme der internen Werkzeuge verteilen (2.2.2)	Fragebogen zur Erfassung der internen Werkzeuge speichern.
	Fragebogen analysieren (2.2.3)	Ergebnisse speichern.
	Liste der internen Werkzeuge zusammenstellen (2.2.4)	Liste der internen Werkzeuge speichern.

Anhang F

Deliverable	Aufgabe	Aktivität
Systembestands-aufnahme (2.5)	Systemübersicht entwickeln (2.5.1)	Sicherstellen, daß die Jahr 2000-Datenbank mit den Elementen der Bestandsaufnahme konsistent ist.
	Systembestand aufnehmen (2.5.3)	Sicherstellen, daß die geltenden Verfahren zur Datensammlung und Aktualisierung der Datenbank eingehalten werden.
	Systembestand überprüfen (2.5.4)	Sicherstellen, daß die geltenden Verfahren zur Änderung der Datenbank eingehalten werden.
	Systembestand fixieren (2.5.5)	Stellen Sie den Ausgangszustand der Systembestandsaufnahme fest; benutzen Sie die Jahr 2000-KM-Prozeduren.
	Änderungskontrolle einrichten (2.5.6)	Kontrollieren Sie alle Änderungen; benutzen Sie die Jahr 2000-KM-Prozeduren.
Bestands-organigramm (2.6)	Bestandsorgani-gramm entwickeln (2.6.1)	Unterstellen Sie das Schema der Bestandsaufnahme der KM-Kontrolle.

Entscheidungsfindung

Deliverable	Aufgabe	Aktivität
Geschäftliche Risiken und Prioritäten (3.2)	Geschäftliche Prioritäten ermitteln (3.2.5)	Stellen Sie die Ausgangswerte der geschäftliche Prioritäten fest, und überwachen Sie alle Änderungen; benutzen Sie die Jahr 2000-KM-Prozeduren.

Detailplanung

Deliverable	Aufgabe	Aktivität
Beginn der Phase der Detailplanung (4.1)	Werkzeuge für die Detailplanung bereitstellen (4.1.1)	Verwalten und kontrollieren Sie eine Liste der Werkzeuge, die für die Detailplanung benutzt werden, und überwachen und dokumentieren Sie alle Änderungen.

Übersicht über die Schlüsselaufgaben

Deliverable	Aufgabe	Aktivität
	Werkzeuge für die Detailplanung entwickeln (4.1.2)	Sicherstellen, daß die entwickelten Werkzeuge die etablierten Anforderungen erfüllen und der KM-Kontrolle unterliegen.
	Besprechung über die Detailplanung durchführen (4.1.4)	Besprechung über die Detailplanung vorbereiten und durchführen.
	Daten über die Detailplanung in der Jahr 2000-Projektdatenbank speichern (4.1.6)	Sicherstellen, daß alle Änderungen, die überwacht werden müssen, der KM-Kontrolle unterliegen und in der Jahr 2000-Datenbank gespeichert werden. Ändern Sie bei Bedarf die Struktur der Datenbank und/oder des KM-Prozesses.
	Überwachung der Detailplanung einrichten (4.1.7)	Ausgangsinformationen für die Detailplanung festhalten und zugehörige KM-Dateien (beispielsweise Projektplan aktualisieren).
Systembewertung (4.2)	Benutzerspezifische Software bewerten (4.2.1)	Sicherstellen, daß die gesammelten Informationen an KM weitergeleitet werden, und Datenbank mit der benutzerspezifischen Software aktualisieren.
	Benutzerspezifische Hardware und eingebettete Systeme bewerten (4.2.2)	Sicherstellen, daß die gesammelten Informationen an KM weitergeleitet werden, und die Datenbank mit der benutzerspezifischen Hardware und den eingebetteten Systemen aktualisieren.
	Kommerzielle Standardprodukte bewerten (4.2.3)	Sicherstellen, daß die gesammelten Informationen an KM weitergeleitet werden, und die Datenbank mit den kommerziellen Standardsystemen aktualisieren. KM wird sicherstellen, daß die Lieferantensoftware die Mindestanforderungen erfüllt. Falls dies nicht der Fall ist, stellen Sie sicher, daß die korrekten Verfahren zur Änderungskontrolle benutzt werden.

Anhang F

Deliverable	Aufgabe	Aktivität
	Elektronische Partner bewerten (4.2.4)	Sicherstellen, daß die gesammelten Informationen an KM weitergeleitet werden, und die Datenbank mit den elektronischen Partnern aktualisieren.
Lösungsentwürfe (4.3)	Ergebnisse nach Problemtypen kategorisieren (4.3.1)	Sicherstellen, daß die gesammelten Informationen an KM weitergeleitet werden und daß etablierte Verfahren zur Änderungskontrolle benutzt werden.
	Systempartitionen definieren (4.3.2)	Sicherstellen, daß die gesammelten Informationen an KM weitergeleitet werden, und KM wird sicherstellen, daß etablierte Verfahren zur Änderungskontrolle benutzt werden.
	Pro System Lösungswerkzeuge wählen (4.3.4)	Kontrollierte Liste aller Lösungswerkzeuge führen und alle Änderungen überwachen und dokumentieren.
Plan für die Korrektur der Systeme (4.4)	Plan zur Herstellung der Jahr 2000-Konformität der elektronischen Partner entwickeln (4.4.1)	Plan unter Berücksichtigung der KM-Anforderungen entwickeln und sicherstellen, daß der Plan die Projektstandards erfüllt.
	Standardverfahren für die Korrektur entwickeln (4.4.2)	Sicherstellen, daß etablierte Verfahren zur Änderungskontrolle in diese Standardverfahren aufgenommen werden.
	Pro System einen Korrekturplan entwickeln (4.4.3)	Sicherstellen, daß etablierte Verfahren zur Änderungskontrolle in die Problemlösungspläne für die Systeme aufgenommen werden.
	Pläne für Schnittstellen/Brücken entwickeln (4.4.4)	Sicherstellen, daß etablierte Verfahren zur Änderungskontrolle in die Pläne für Schnittstellen/Brücken aufgenommen werden.

Übersicht über die Schlüsselaufgaben

Deliverable	Aufgabe	Aktivität
	Datenumwandlungspläne entwickeln (4.4.5)	Sicherstellen, daß etablierte Verfahren zur Änderungskontrolle in die Pläne für die Datenumwandlung aufgenommen werden.
Projektplan für den Korrekturzyklus (4.5)	Pläne, Zeitplan und Budget für den Korrekturzyklus präsentieren und genehmigen lassen (4.5.9)	Sicherstellen, daß KM alle Änderungen der verschiedenen Pläne gespeichert und dokumentiert hat.

Korrektur

Deliverable	Aufgabe	Aktivität
Beginn der Korrekturphase (5.1)	Besprechung über den Start der Korrektur durchführen (5.1.7)	Etablierte KM-Vorschriften und -Prozeduren erklären.
	Sicherstellen, daß die Daten der Korrekturphase in der Jahr 2000-Datenbank gespeichert werden (5.1.8)	Sicherstellen, daß alle entsprechenden Daten der Korrekturphase an das KM weitergeleitet und daß die festgelegten Verfahren zur Änderungskontrolle beachtet werden.
Systemausmusterung (5.2)	Ausmusterungspläne entwickeln (5.2.1)	Sicherstellen, daß die Pläne zur Ausmusterung die festgelegten KM-Verfahren zur Änderungskontrolle umfassen.
Systemreparatur und -ersatz (5.3)	Betroffene Parteien über Reparatur-/Ersatzzuständigkeiten informieren (5.3.1)	Sicherstellen, daß alle betroffenen Parteien die KM-Verfahren zur Änderungskontrolle kennen.
	Reparaturwerkzeuge entwickeln (5.3.4)	Sicherstellen, daß alle entwickelten Reparaturwerkzeuge der KM-Kontrolle unterstellt und daß die festgelegten Verfahren zum Checkin/Checkout und zur Änderungskontrolle angewendet werden.

Deliverable	Aufgabe	Aktivität
	Brücken-Code entwickeln (5.3.6)	Sicherstellen, daß der gesamte entwickelte Brückencode der KM-Kontrolle unterstellt und daß die festgelegten Verfahren zum Checkin/Checkout und zur Änderungskontrolle angewendet werden.
	Code für die Datenumwandlung entwickeln (5.3.7)	Sicherstellen, daß der gesamte entwickelte Code zur Datenumwandlung der KM-Kontrolle unterstellt und daß die festgelegten Verfahren zum Checkin/Checkout und zur Änderungskontrolle angewendet werden.
Einheitentests (5.4)	Ausgangssituation der Tests fixieren (5.4.3)	Sicherstellen, daß alle Testausgangsdaten der KM-Kontrolle unterstellt und daß die festgelegten Verfahren zur Änderungskontrolle angewendet werden.

Testplanung

Deliverable	Aufgabe	Aktivität
Beginn der Phase der Testplanung und -ausführung (6.1)	Strategie für die formellen Tests definieren (6.1.2)	Anleitung zu den KM-Verfahren geben, die angewendet werden müssen.
Bericht über die Testumgebung (6.2)	Anforderungen an die Testumgebung identifizieren (6.2.1)	Anleitung zu den KM-Verfahren geben, die angewendet werden müssen.
	Vorhandene Testumgebungen identifizieren (6.2.2)	Anleitung zu den KM-Verfahren geben, die angewendet werden müssen.
	Alternative Teststandorte identifizieren (6.2.3)	Anleitung zu den KM-Verfahren geben, die angewendet werden müssen.

Übersicht über die Schlüsselaufgaben

Deliverable	Aufgabe	Aktivität
Anforderungen an die Testhilfswerkzeuge (6.3)	Anforderungen an die Testhilfswerkzeuge präsentieren und genehmigen lassen (6.3.4)	Sicherstellen, daß KM-Kontrolle über alle Testwerkzeuge in diese Anforderungen aufgenommen wurde.
Testplan für elektronische Partnerschaften (6.4)	Testpläne für elektronische Partnerschaften präsentieren und genehmigen lassen (6.4.2)	Sicherstellen, daß die Testpläne für die elektronischen Partnerschaften der KM-Kontrolle unterliegen und daß die festgelegten Verfahren zur Änderungskontrolle angewendet werden.
Beschreibung und Daten für die Partitionstests (6.5)	Beschreibung der Partitionstests und Testdaten präsentieren und genehmigen lassen (6.5.6)	Sicherstellen, daß die Beschreibung und die Daten für die Partitionstests der KM-Kontrolle unterliegen und daß die festgelegten Verfahren zur Änderungskontrolle angewendet werden.
Beschreibung und Daten für die Integrationstests (6.6)	Beschreibung der Integrationstests und Testdaten präsentieren und genehmigen lassen (6.6.3)	Sicherstellen, daß die Beschreibung und die Daten für die Integrationstests der KM-Kontrolle unterliegen und daß die festgelegten Verfahren zur Änderungskontrolle angewendet werden.

Testausführung

Deliverable	Aufgabe	Aktivität
Bericht über den formellen Trockenlauf (7.1)	Trockenlauf durchführen (7.1.1)	Sicherstellen, daß alle Ergebnisse des formellen Trockenlaufs der KM-Kontrolle unterliegen und gespeichert werden.
Bericht über die Testausführung (7.3)	Testumgebung einrichten (7.3.1)	Sicherstellen, daß die richtige Testumgebung (Software, Dateien usw.) benutzt wird.
	Testprozeduren ausführen (7.3.3)	Sicherstellen, daß alle Ergebnisse des formellen Tests der KM-Kontrolle unterliegen und gespeichert werden.

Anhang F

Systemeinsatz

Deliverable	Aufgabe	Aktivität
Beginn der Phase des Systemeinsatzes (8.1)	Einsatzteam zusammenstellen und informieren (8.1.1)	Sicherstellen, daß alle Mitglieder des Einsatzteams die festgelegten Verfahren zur Änderungskontrolle verstehen.
Einsatzplan (8.3)	Weiter-Stopp(Rollback)-Kriterien und -Meßwerte definieren (8.3.1)	Sicherstellen, daß Verfahren zur Änderungskontrolle für die Datensammlung definiert sind.
	Indikatoren und Meßwerte zur Messung der Performanz kritischer Funktionen festlegen (8.3.2)	Sicherstellen, daß Verfahren zur Änderungskontrolle für die Datensammlung definiert sind.
	Einsatzplan entwickeln (8.3.9)	Einsatzplan der KM-Kontrolle unterstellen.
Datenumwandlung (8.5)	Datenstrukturen vor der Umwandlung sichern (8.5.1)	Daten und Datenstrukturen vor der Umwandlung der KM-Kontrolle unterstellen.
	Konfigurationsmanagement der Umwandlungsroutinen entwickeln (8.5.2)	Gesamte nicht umgewandelte benutzerspezifische Software und Standards der KM-Kontrolle unterstellen.
	Daten umwandeln (8.5.3)	Umgewandelte Daten der KM-Kontrolle unterstellen und sicherstellen, daß etablierte Verfahren zur Änderungskontrolle angewendet werden.
	Maßstäbe zur Messung der Datenumwandlungsgenauigkeit erstellen (8.5.4)	Sicherstellen, daß Verfahren zur Änderungskontrolle für die Datensammlung definiert sind.
	Umgewandelte Datenstrukturen fixieren und sichern (8.5.6)	Umgewandelte und geprüfte Daten und Datenstrukturen der KM-Kontrolle unterstellen, als Ausgangsbasis kennzeichnen und sicherstellen, daß etablierte Verfahren zur Änderungskontrolle angewendet werden.

Deliverable	Aufgabe	Aktivität
Systemeinsatz durchführen (8.6)	Umgebung vor dem Einsatz fixieren und sichern (8.6.3)	Umgebung vor dem Systemeinsatz der KM-Kontrolle unterstellen, Ausgangsbasis definieren und sicherstellen, daß etablierte Verfahren zur Änderungskontrolle angewendet werden.
Systemeinsatz prüfen (8.7)	Posteinsatzindikatoren für die Performanz kritischer Funktionen erstellen (8.7.1)	Kritische Performanzindikatoren für die Umgebung nach dem Systemeinsatz speichern.
Rollback (8.8)	Rollback-Plan ausführen (8.8.1)	Ausgangsbasis für das Rollback definieren und prüfen, ob sie an passender Stelle gespeichert ist.

Fallout

Deliverable	Aufgabe	Aktivität
Bericht über die QS- und KM-Prozeduren (9.1)	KM-Prozeduren begutachten (9.1.3)	Den KM-Prozeß begutachten, um Verbesserungsmöglichkeiten zu finden.
	KM-Prozeduren verbessern (9.1.4)	Verbesserungen vorschlagen, die auf den Erfahrungen mit diesem Projekt basieren.
Bericht über die Brückenkontrolle (9.3)	Aktualisierung der Schnittstellen koordinieren (9.3.2)	Neue und geänderte Schnittstellenumgebungen der KM-Kontrolle unterstellen und sicherstellen, daß etablierte Verfahren zur Änderungskontrolle angewendet werden.
Bericht über die Bestandsänderungen (9.4)	Bestandsaufnahme kontinuierlich aktualisieren (9.4.1)	Sicherstellen, daß etablierte Verfahren zur Änderungskontrolle angewendet werden.
Bericht über die Neubewertung der Systeme (9.5)	Aufgaben des Korrekturzyklus ausführen (9.5.4)	Sicherstellen, daß alle Daten über revidierte Korrekturpläne der KM-Kontrolle unterstellt und daß etablierte Verfahren zur Änderungskontrolle angewendet werden.

Anhang F

Deliverable	Aufgabe	Aktivität
Gewonnene Erfahrungen (9.6)	Jahr 2000-Methoden überarbeiten (9.6.2)	Jahr 2000-Projekt-KM-Methoden überarbeiten, um die gewonnenen Erfahrungen zu nutzen.

Qualitätssicherung

Die folgenden Tabellen beschreiben die Jahr 2000-Aufgaben innerhalb jeder Phase, die zu einer effizienten Qualitätssicherung gehören. Diese Tabellen sollen Ihrem Qualitätssicherungsmanagement helfen zu verstehen, an welchen Stellen Aufgaben der Qualitätssicherung anfallen.

Planung und Bewußtmachung

Deliverable	Aufgabe	Aktivität
Briefings für das Management zur Bewußtmachung (1.1)	Jahr 2000-Problem untersuchen (1.1.1)	Abschätzung des Risikos unterstützen, das mit der nicht rechtzeitigen Lösung des Jahr 2000-Problems verbunden ist.
	Präsentationen zur Bewußtmachung des Problems im Management vorbereiten (1.1.3)	QS-Themen identifizieren, die bei diesen Besprechungen thematisiert werden sollten.
Definition der Jahr 2000-Konformität (1.2)	Jahr 2000-Konformität für Ihre Organisation definieren (1.2.1)	Definition der Jahr 2000-Konformität aus der QS-Perspektive begutachten.
	Jahr 2000-Projektziele für Ihre Organisation definieren (1.2.2)	Projektziele aus der QS-Perspektive begutachten.
Bewußtmachungsprogramm für die Organisation (1.4)	Mitteilung über den Start des Jahr 2000-Projekts verteilen (1.4.1)	Sicherstellen, daß die Mitteilungen umfassend und verständlich sind.

Übersicht über die Schlüsselaufgaben

Deliverable	Aufgabe	Aktivität
Anfänglicher Projektplan (1.7)	Vorhandenen Qualitätssicherungsplan begutachten und auf das Jahr 2000-Projekt anwenden (1.7.4)	Vorhandene QS-Pläne begutachten und einen angepaßten Jahr 2000-QS-Plan entwickeln.
Pläne für die Phasen der Bestandsaufnahme und Entscheidungsfindung (1.8)	Methodik für die Bestandsaufnahme und Entscheidungsfindung anpassen (1.8.1)	Anpassung der QS-Themen unterstützen.

Bestandsaufnahme

Deliverable	Aufgabe	Aktivität
Beginn der Phase der Bestandsaufnahme (2.1)	Projektdatenbank und KM-Umgebung einrichten (2.1.7)	Verifizieren, ob der definierte KM-Prozeß eingerichtet wurde.
Systembestandsaufnahme (2.5)	Systembestand prüfen (2.5.4)	An der Prüfung der Systembestandsaufnahme teilnehmen.
	Systembestand fixieren (2.5.5)	Prüfen, ob alle Daten der Systembestandsaufnahme im KM als Ausgangsbasis fixiert wurden.
Bestandsorganigramm (2.6)	Bestandsorganigramm entwickeln (2.6.1)	An der Prüfung des Schemas der Bestandsaufnahme teilnehmen.

Entscheidungsfindung

Deliverable	Aufgabe	Aktivität
Geschäftliche Risiken und Prioritäten (3.2)	Geschäftliche Risiken abschätzen (3.2.3)	Risikoabschätzungen begutachten, um sicherzustellen, daß alle Bereiche berücksichtigt und die etablierten Verfahren angewendet wurden.
	Geschäftliche Risiken und Prioritäten in der Projektdatenbank speichern (3.2.5)	Prüfen, ob jedem System eine Priorität zugewiesen wurde und daß diese Prioritäten in die Jahr 2000-Datenbank eingefügt wurden.

Deliverable	Aufgabe	Aktivität
Plan für Detail-planungsphase (3.3)	Methodik an die Detailplanung anpassen (3.3.1)	QS-Bereiche anpassen, welche die Detailplanung betreffen, und sicherstellen, daß durch die anderen Anpassungen keine wesentlichen Aufgaben gestrichen werden.

Detailplanung

Deliverable	Aufgabe	Aktivität
Beginn der Phase der Detailplanung (4.1)	Besprechung über die Detailplanung durchführen (4.1.4)	An der Vorbereitung und Durchführung der Besprechung über den Plan für die Detailplanung teilnehmen.
Systembewertung (4.2)	Benutzerspezifische Software bewerten (4.2.1)	Prüfen, ob die gesamte benutzerspezifische Software begutachtet wurde.
	Benutzerspezifische Hardware und eingebettete Systeme bewerten (4.2.2)	Prüfen, ob die gesamte Hardware begutachtet wurde.
	Elektronische Partner bewerten (4.2.4)	Prüfen, ob alle elektronischen Partner angesprochen wurden und geantwortet haben.
	Kommerzielle Standardprodukte bewerten (4.2.3)	Prüfen, ob alle Lieferanten angesprochen wurden und geantwortet haben.
Lösungsvorschläge entwerfen (4.3)	Ergebnisse nach Problemtyp kategorisieren (4.3.1)	Prüfen, ob alle Fehler kategorisiert wurden.
	Systempartitionen definieren (4.3.2)	Prüfen, ob in jeder Partition alle zugehörigen Anwendungen und/oder Systeme eingeschlossen sind.
	Pro System Lösungsansätze entwickeln (4.3.3)	Prüfen, ob für alle Anwendungen und/oder Systeme Lösungen vorbereitet wurden.

Deliverable	Aufgabe	Aktivität
Plan zur System-korrektur (4.4)	Plan zur Herstellung der Jahr 2000-Konformität der elektronischen Partner entwickeln (4.4.1)	Sicherstellen, daß alle Pläne den etablierten Verfahrensregeln entsprechen.
	Standardverfahren für die Korrektur entwickeln (4.4.2)	Prüfen, ob die Standardverfahren zur Erreichung der definierten Jahr 2000-Konformität geeignet sind.
	Pro System einen Korrekturplan entwickeln (4.4.3)	Prüfen, ob die Pläne die zugehörigen Projektstandards erfüllen.
	Pläne für Schnittstellen/Brücken entwickeln (4.4.4)	Prüfen, ob die Pläne die zugehörigen Projektstandards erfüllen.
	Datenumwandlungspläne entwickeln (4.4.5)	Prüfen, ob die Pläne die zugehörigen Projektstandards erfüllen.
	Plan für den Geschäftsprozeß entwickeln (4.4.6)	Prüfen, ob der Plan alle Geschäftsbereiche berücksichtigt.
	Plan für die betroffenen Geschäftsprozesse entwickeln (4.4.7)	Prüfen, ob der Plan die zugehörigen Projektstandards erfüllt.
Projektplan für den Korrekturzyklus (4.5)	Methodik für den Korrekturzyklus anpassen (4.5.1)	QS-Bereiche anpassen, welche den Korrekturzyklus betreffen, und sicherstellen, daß durch die anderen Anpassungen keine wesentlichen Aufgaben gestrichen werden.
	Beschaffungsplan für Korrekturzyklus entwickeln (4.5.7)	Prüfen, ob der Plan die zugehörigen Projektstandards erfüllt.

Anhang F

Korrektur

Deliverable	Aufgabe	Aktivität
Beginn der Phase der Korrektur (5.1)	Besprechung über den Start der Korrektur durchführen (5.1.7)	Klaren Überblick über die Rolle der QS während der Korrekturphase geben.
	Implementierung von Prozessen zur Qualitätssicherung gewährleisten (5.1.9)	QS-Prozeß und seine Ziele an die bis zu diesem Zeitpunkt im Projekt gewonnenen Erfahrungen anpassen.
Systemreparatur oder -austausch (5.3)	Betroffene Parteien über Reparatur-/Ersatzzuständigkeiten informieren (5.3.1)	Sicherstellen, daß alle betroffenen Parteien benachrichtigt werden und daß die Bedeutung der Aufgabe klar hervorgehoben wird.
	Systeme reparieren (5.3.5)	Sicherstellen, daß die definierten Verfahren angewendet werden, insbesondere die KM-Änderungskontrollen.
Einheitentests (5.4)	Pläne für die Einheiten-/Systemtests der Entwickler erstellen (5.4.1)	Prüfen, ob die Pläne alle notwendigen Testbedingungen erfüllen.
	Testdaten vorbereiten (5.4.2)	Gewährleisten, daß alle Testdaten der KM-Kontrolle unterstellt wurden.
	Ausgangssituation der Tests fixieren (5.4.3)	Gewährleisten, daß die komplette Ausgangssituation der KM-Kontrolle unterstellt wurde.
	Einheitentests ausführen (5.4.4)	Prüfen, ob die Aktivitäten den definierten Plänen, Standards und Prozeduren entsprechen, und Abweichungen festhalten.
	Systemtest der Entwickler durchführen (5.4.5)	Prüfen, ob die Aktivitäten den definierten Plänen, Standards und Prozeduren entsprechen, und Abweichungen festhalten.
Dokumentation (5.5)	Geschäftsprozeßdokumente ändern (5.5.1)	Prüfen, ob die Dokumente wie gefordert geändert wurden.

Deliverable	Aufgabe	Aktivität
	Benutzer-/System-dokumentation ändern (5.5.2)	Prüfen, ob die Benutzer-/System-dokumentation wie gefordert geändert wurde.
	Systemschulungs-material ändern (5.5.3)	Prüfen, ob das Systemschulungsmaterial die anwendbaren Jahr 2000-Änderungen enthält.

Testplanung

Deliverable	Aufgabe	Aktivität
Beginn der Phase der Testplanung und -ausführung (6.1)	Methodik für die Tests anpassen (6.1.1)	Prüfen, ob die Testmethodik den Standards und Prozeduren für Test und für Überwachung von Testabweichungen entspricht.
	Plan der formellen Tests präsentieren und genehmigen lassen (6.1.7)	Prüfen, ob der Testplan alle notwendigen Testfälle und -situationen enthält.
Bericht über die Testumgebung (6.2)	Bericht über die Testumgebung präsentieren und genehmigen lassen (6.2.4)	Prüfen, ob laut Bericht die Anforderungen an die Umgebung und die Dokumentationsstandards erfüllt sind.
Anforderungen an die Testhilfswerkzeuge (6.3)	Anforderungen an die Testhilfswerkzeuge präsentieren und genehmigen lassen (6.3.4)	Prüfen, ob laut Bericht die Anforderungen an die Testwerkzeuge und die Dokumentationsstandards erfüllt sind.
Testplan für die elektronische Partnerschaften (6.4)	Testpläne für elektronische Partnerschaften vorbereiten (6.4.1)	Prüfen, ob die Pläne alle geforderten Testfälle und -situationen enthalten.
Beschreibung der Partitionstests und Testdaten (6.5)	Beschreibung und Daten für die Partitionstests präsentieren und genehmigen lassen (6.5.6)	Prüfen, ob die Pläne alle geforderten Testfälle und -situationen enthalten.

Deliverable	Aufgabe	Aktivität
Beschreibung der Integrationstests und Testdaten (6.6)	Beschreibung der Integrationstests und Testdaten präsentieren und genehmigen lassen (6.6.3)	Prüfen, ob die Pläne alle geforderten Testfälle und -situationen enthalten.

Testausführung

Deliverable	Aufgabe	Aktivität
Bericht über die Testausführung (7.3)	Testprozeduren ausführen (7.3.3)	Ausführung der Tests beobachten und sicherstellen, daß die Prozeduren befolgt, alle Testergebnisse gesammelt und alle Probleme aufgezeichnet werden.
	Testdokumentation und Testbericht erstellen (7.3.4)	Prüfen, ob der Testbericht vollständig und korrekt ist.
Bericht über die Rezertifizierung der elektronischen Partner (7.4)	Testprozeduren ausführen (7.4.3)	Ausführung der Tests beobachten und sicherstellen, daß die Prozeduren befolgt, alle Testergebnisse gesammelt und alle Probleme aufgezeichnet werden.
	Testdokumentation und Testbericht erstellen (7.4.4)	Prüfen, ob der Testbericht vollständig und korrekt ist.

Systemeinsatz

Deliverable	Aufgabe	Aktivität
Beginn der Phase des Systemeinsatzes (8.1)	Einsatzteam zusammenstellen und informieren (8.1.1)	Systemeinsatzteam mit QS-Input versorgen.
Einsatzplan (8.3)	Weiter-Stopp(Rollback)-Kriterien und -Meßwerte definieren (8.3.1)	An der Definition der Kriterien für Weiter-Stopp-Entscheidung teilnehmen.

Übersicht über die Schlüsselaufgaben

Deliverable	Aufgabe	Aktivität
	Einsatzplan entwickeln (8.3.9)	Prüfen, ob der Einsatzplan ausreichende QS-Kontrollpunkte enthält.
	Einsatzplan präsentieren und genehmigen lassen (8.3.10)	Informationsmaterial über die Rolle der QS beim Systemeinsatz bereitstellen.
Datenumwandlung (8.5)	Datenumwandlung prüfen (8.5.5)	Ergebnisse der Umwandlung prüfen. Alle Probleme dokumentieren und berichten.
Ausführung des Systemeinsatzes (8.6)	Einsatzbereitschaft feststellen (8.6.2)	Feststellen, ob die Systeme einsatzbereit sind.
	Systeme einsetzen (8.6.4)	Systemeinsatz beobachten, prüfen, ob die Prozeduren eingehalten werden, und alle Probleme festhalten.
Validierung des Systemeinsatzes (8.7)	Posteinsatzindikatoren für die Performanz kritischer Funktionen erstellen (8.7.1)	Sicherstellen, daß alle diesbezüglichen Einsatzergebnisse berücksichtigt werden.
	Systemeinsatz prüfen (8.7.2)	Prüfung des Systemeinsatzes unterstützen und die Ausgangssituation fixieren.
	Weiter-Stopp-Entscheidung treffen (8.7.3)	An der Weiter-Stopp-Entscheidung teilnehmen.
Rollback (8.8)	Rollback-Plan ausführen (8.8.1)	Sicherstellen, daß der geplante Prozeß eingehalten wird.
	Wiederhergestellte Umgebung prüfen (8.8.2)	Prüfen, ob das System korrekt wiederhergestellt wurde.

Fallout

Deliverable	Aufgabe	Aktivität
Bericht über die QS- und KM-Prozeduren (9.1)	QS-Prozeduren begutachten (9.1.1)	Den QS-Prozeß begutachten, um Verbesserungsmöglichkeiten zu finden.

Anhang F

Deliverable	Aufgabe	Aktivität
	QS-Prozeduren verbessern (9.1.2)	Verbesserungen vorschlagen, die auf den Erfahrungen mit diesem Projekt basieren.
Bericht über den Kundendienst (9.2)	Problemberichte begutachten (9.2.2)	Prüfen, ob die Problemberichte klar und vollständig sind, ob sie kategorisiert wurden und weiterverfolgt werden.
	Problemberichte verteilen (9.2.3)	Sicherstellen, daß alle betroffenen Personen die Problemberichte erhalten.
Bericht über die Kontrolle der Brücken (9.3)	Aktualisierung der Schnittstellen koordinieren (9.3.2)	Prüfen, ob die geänderten Schnittstellen die Anforderungen erfüllen.
Gewonnene Erfahrungen (9.6)	Jahr 2000-Methoden überarbeiten (9.6.2)	Jahr 2000-Projekt-QS-Methoden überarbeiten, um die gewonnenen Erfahrungen zu nutzen.

Anhang G:
Jahr 2000-
Projektdatenbank

Die Jahr 2000-Projektdatenbank ist ein Schlüsselwerkzeug, das zusammen mit Ihrem Werkzeug zur Projektüberwachung benutzt wird, um Ihr Projekt zur Herstellung der Jahr 2000-Konformität zu verwalten. In ihrer grundlegenden Form ist die Jahr 2000-Projektdatenbank ein Utility für das Konfigurationsmanagement. Dieses Buch empfiehlt Ihnen, Ihr vorhandenes System zum Konfigurationsmanagement zu erweitern, um die kritischen Jahr 2000-Informationen überwachen zu können, die in diesem Anhang beschrieben werden. Wenn Sie die Jahr 2000-Elemente parallel zu Ihren normalen Konfigurations- und Freigabeprozessen überwachen, wird die Überwachung und die endgültige Zusammenführung der Daten vereinfacht, sobald die Jahr 2000-Konformität hergestellt ist.

Es ist wichtig, daß Sie in Ihrer Organisation mit einer einzigen, zentralen Jahr 2000-Projektdatenbank arbeiten. Die meisten großen Organisationen können Kosten sparen, wenn sie die Jahr 2000-Konformität von Standardprodukten und -Software sowie von Fremdherstellern zentral überwachen. Außerdem kann die Geschäftsleitung schnell den Fortschritt der Jahr 2000-Anstrengungen des Unternehmens überprüfen. Der Status der Jahr 2000-Anstrengungen kann ein entscheidender Faktor bei der Erfüllung von Investoren- oder Kundenforderungen sein.

 Jeder Geschäftsbereich sollte Zugriff auf die zentrale Projektdatenbank haben.

Sie sollten die Projektdatenbank möglichst in Form einer relationalen Datenbank verwalten, weil diese Datenbankarchitektur die Erstellung von Fortschrittsberichten und den zugehörigen Daten sehr vereinfacht.

Die Elemente, die in den folgenden Tabellen aufgeführt sind, gehören zu der Schablone der Jahr 2000-Projektdatenbank und sollten als Vorschläge behandelt werden. Die Vorschläge umfassen eine gründliche Implementierung einer Projektdatenbank. Da jedoch jede Organisation einmalig ist, sollten Sie die Projektdatenbank an die Anforderungen Ihrer Organisation anpassen. Prüfen Sie jedes Datenelement, und sondern Sie die Datenelemente aus, die

Anhang G

Sie nicht unbedingt brauchen, um Ihre Organisation nicht unnötig durch die Sammlung dieser Informationen zu belasten. Bei der Analyse sollten Sie auch feststellen, ob Sie zusätzliche Datenelemente benötigen, die in den Tabellen nicht enthalten sind und für Ihr Jahr 2000-Projekt nützlich sein könnten. Die angepaßte Projektdatenbank sollte die funktionalen Anforderungen Ihrer gesamten Organisation abdecken.

Die Entitäten sind:

- Hardware-Plattformen
- Allgemeine Informationen über Anwendungssysteme
- Kommerzielle Standardsysteme
- Kontaktinformationen über Schnittstellen zu Lieferanten, Vertragspartnern und Fremdherstellern
- Informationen über Module
- Datenstruktur
- Fremdherstellerschnittstellen

Die Attribute oder Eigenschaften dieser Entitäten sind in der Reihenfolge der Jahr 2000-Phasen angeordnet.

Innerhalb der Tabellen gelten folgende Notationen:

- *C* markiert die Phase, in der ein Attribut erstellt (engl. *create*) wird.
- *U* markiert eine Phase, in der ein Attribut möglicherweise aktualisiert (engl. *update*) wird.
- *PK* kennzeichnet den *Primärschlüssel* (engl. *primary key*) der Entität, d.h. das Feld oder die Felder, die eine einzelnen Zeile innerhalb einer Tabelle eindeutig identifizieren und von allen anderen Zeile unterscheiden. Wählen Sie bei der Definition des Indexes die Einstellung, mit der seine Eindeutigkeit garantiert wird.
- *FK* kennzeichnet einen *Fremdschlüssel* (engl. *foreign key*), d.h. das Feld oder die Felder, die eine Verbindung zu einer Zeile in einer anderen Tabelle herstellen. Indizieren Sie Fremdschlüssel, um Abfragen oder Suchläufe zu unterstützen.
- *1 bis 5* sind einfache skalare Werte, die eine Rangfolge von niedrig (1) bis hoch (5) repräsentieren. *Blank* oder *Null* repräsentieren einen unbekannten Wert. Eine *0* (Null) repräsentiert nichts.

Hardware-Plattformen

Dieses Element der Projektdatenbank kommt einmal für jede Computer-Host-Plattform oder andere Hardware-Komponenten vor (einschließlich aller Hardware, die möglicherweise von der Nichtkonformität betroffen ist – Telefonschaltanlagen, Steuersysteme, Sicherheitssysteme usw.).

Elementbeschreibung	Planung + Bewußtmachung	Bestandsaufnahme	Entscheidungsfindung	Detailplanung	Korrektur	Testausführung	Systemeinsatz	Fallout
PK: Hardware-Bezeichnung		C						
Hardware-Standort		C						
Hardware-Zweck oder -Typ (Host, Server, Telefonsystem, Sicherheit usw.)		C						
Selbständige Geschäftseinheit		C						
Für Plattform verantwortliche Person (Hardware-Administrator)		C						
Anmerkungen	C	U	U	U	U	U	U	U
FK: Name des Hardware-Lieferanten		C						
Hardware-Seriennummer		C						
Hardware-Modell/Version		C						
Konformes Modell, Version/Ausgabe			C					
Datum der Verfügbarkeit der konformen Version (tt.mm.jjjj)			C	U				
Konformität der zugehörigen Software erforderlich? (J/N)			C					
Geschätzte Kosten der Konformität			C	U				
Komponentenaustausch notwendig? (J/N)			C					
Hat die Herstellung der Konformität Einfluß auf die Benutzerschulung? (J/N)			C	U				
Verantwortliche Person für die Korrektur			C	U				

Anhang G

Elementbeschreibung	Planung + Bewußtmachung	Bestandsaufnahme	Entscheidungsfindung	Detailplanung	Korrektur	Testausführung	Systemeinsatz	Fallout
Jahr 2000-Konformitätsabschätzung (1-5)				C	U	U	U	
Letztes Anomalietestdatum (tt.mm.jjjj)						C		
Benutzerannahmedatum (tt.mm.jjjj)						C		
Enddatum der Implementierung (tt.mm.jjjj)							C	

Allgemeine Informationen über Anwendungssysteme

Dieses Element der Projektdatenbank kommt einmal für jedes System oder Subsystem auf jeder Plattform vor.

Elementbeschreibung	Planung + Bewußtmachung	Bestandsaufnahme	Entscheidungsfindung	Detailplanung	Korrektur	Testausführung	Systemeinsatz	Fallout
PK, FK: Hardware-Bezeichnung (Host-Plattform)	C	U						
PK: System-(oder Subsystem-)Akronym	C							
Nummer der Version/Ausgabe des Systems	C							U
Systembezeichnung oder -beschreibung	C							
Zuständige selbständige Geschäftseinheit	C	U						

Jahr 2000-Projektdatenbank

Elementbeschreibung	Planung + Bewußtmachung	Bestandsaufnahme	Entscheidungsfindung	Detailplanung	Korrektur	Testausführung	Systemeinsatz	Fallout
Unterstützte Geschäftsbereiche (möglicherweise mehrere Nennungen)		C	U	U				
Zukünftige Nutzungspläne (Verbesserung, Austausch usw.)		C	U					
Für die Unterstützung verantwortliche Organisation		C						
Kontakt für den System-Support (Kontaktinformation)		C						
Systemkenntnis des Kontakts (1-5)		C		U				
Aktueller Dokumentationsstand (1-5)		C		U				
Aufbewahrungsort der Dokumentation		C		U				
Konfigurationsmanagementverfahren, das für das System benutzt wird		C						
Zweck oder Funktion des Systems		C		U				
Betriebssystem, das für das System benötigt wird		C		U				
Primäre Datenbankarchitektur		C		U				
Primäre Sprache		C		U				
Anzahl der Codezeilen		C		U				
Aktuelle(s) Datumsformat(e) des Systems (möglicherweise mehrere Nennungen)		C	U	U				
Beeinflußt der Namensstandard des Systems die Konformität? (J/N)		C		U	U			
Übersicht fertiggestellt von (Kontaktinformation)		C						
Technische Jahr 2000-Probleme (1-5)		C		U	U			
Erwartete technische Schwierigkeit (1-5)		C		U	U			
Wahrscheinliches Ausfalldatum (tt.mm.jjjj)		C		U	U			

553

Anhang G

Elementbeschreibung	Planung + Bewußtmachung	Bestandsaufnahme	Entscheidungsfindung	Detailplanung	Korrektur	Testausführung	Systemeinsatz	Fallout
Jahr 2000-Konformitätsstatus (1-5)		C	U	U	U	U	U	
Anmerkungen		C	U	U	U	U	U	U
Wahrscheinlichkeit des Jahr 2000-Geschäftseinflusses (geschätzte % oder 1-5)		C	U					
Erwartete geschäftliche Bedeutung (1-5)		C	U					
Wahrscheinliches geschäftliches Ausfalldatum (tt.mm.jjjj)		C	U					
Anzahl der erwarteten Jahr 2000-Benutzer		C	U	U				
Tage, um System bei einem Ausfall zu ersetzen (grobe Schätzung)		C	U					
Geschäftseinfluß eines Systemausfalls (Text)		C	U					
Priorität der zuständigen Organisation (1-5)		C	U					
Geschätze Korrekturkosten		C	U	U				
Datum, an dem das System konform sein muß (tt.mm.jjjj)		C	U	U	U			
Priorität für die Korrektur (1-5)		C	U	U				
System ausmustern? (J/N)		C						
Entscheidungsfindung (Detailplanung)? (J/N)		C						
Zugangs-(Sicherheits-)Informationen/Einschränkungen			C					
Anzahl der gegenwärtigen Benutzer			C	U				
Anzahl der internen Schnittstellen			C					
Anzahl der kommerziellen Standardpakete, die auf dem System eingesetzt werden			C	U				
Anzahl der Fremdherstellerschnittstellen			C	U				
Hat die Konformität Einfluß auf die Benutzerschulung? (J/N)			C					

Elementbeschreibung	Planung + Bewußtmachung	Bestandsaufnahme	Entscheidungsfindung	Detailplanung	Korrektur	Testausführung	Systemeinsatz	Fallout
Partitionsname					C	U		
Geplanter Korrekturtermin (tt.mm.jjjj)					C	U	U	
Für die Korrektur verantwortliche Person					C	U	U	
Benutzerannahmedatum (tt.mm.jjjj)						C		
Anomalietestdatum (tt.mm.jjjj)						C		
Einsatzdatum (tt.mm.jjjj)							C	
Tatsächliche Kosten der Konformität							C	

Kommerzielle Standardsysteme (COTS)

Dieses Element der Projektdatenbank kommt einmal für jedes kommerzielle Standardpaket auf jeder Plattform vor (einschließlich Betriebssysteme, Utilities, Sortierläufe, Datenstrukturen usw.).

Elementbeschreibung	Planung + Bewußtmachung	Bestandsaufnahme	Entscheidungsfindung	Detailplanung	Korrektur	Testausführung	Systemeinsatz	Fallout
PK, FK: Hardware-Bezeichnung (Host-Plattform)	C	U						
PK: Produktbezeichnung oder -akronym	C							
Aktuelle Produktversion/-ausgabe	C							

Anhang G

Elementbeschreibung	Planung + Bewußtmachung	Bestandsaufnahme	Entscheidungsfindung	Detailplanung	Korrektur	Testausführung	Systemeinsatz	Fallout
Produktfunktion (Betriebssystem, Sort, Datenstruktur, Berichtgenerator usw.)		C	U	U				
Systembeschreibung		C						
Zuständige selbständige Geschäftseinheit		C	U					
Unterstützte Geschäftsbereiche (möglicherweise mehrere Nennungen)		C	U	U				
Zukünftige Nutzungspläne (Verbesserung, Austausch usw.)		C	U					
FK: Lieferantenname		C						
Aktueller Dokumentationsstand (1-5)		C		U				
Aufbewahrungsort der Dokumentation		C		U				
Zweck oder Funktion des Systems		C		U				
Betriebssystem, das für das System benötigt wird		C		U				
Primäre Datenbankarchitektur		C		U				
Aktuelle(s) Datumsformat(e) des Systems (möglicherweise mehrere Nennungen)		C	U	U				
Beeinflußt der Namensstandard des Systems die Konformität? (J/N)		C		U	U			
Übersicht fertiggestellt von (Kontaktinformation)		C						
Datum der Lizenzvereinbarung (tt.mm.jjjj)		C						
Deckt der Wartungsvertrag die Konformität ab? (J/N)		C		U				
Wahrscheinlichkeit technischer Risiken (1-5)		C		U	U			
Bedeutung technischer Risiken (1-5)		C		U	U			
Wahrscheinliches Ausfalldatum (tt.mm.jjjj)		C		U	U			
Im Haus angepaßt? (J/N)		C		U				

Jahr 2000-Projektdatenbank

Elementbeschreibung	Planung + Bewußtmachung	Bestandsaufnahme	Entscheidungsfindung	Detailplanung	Korrektur	Testausführung	Systemeinsatz	Fallout
Jahr 2000-Konformitätsstatus (1-5)		C	U	U	U	U	U	
Anmerkungen		C	U	U	U	U	U	U
Wahrscheinlichkeit des Geschäftsrisikos (geschätzte % oder 1-5)			C	U				
Bedeutung des Geschäftsrisikos (1-5)			C	U				
Wahrscheinliches geschäftliches Ausfalldatum (tt.mm.jjjj)			C	U				
Anzahl der erwarteten Jahr 2000-Benutzer			C	U	U			
Tage, um System bei einem Ausfall zu ersetzen (grobe Schätzung)			C	U				
Geschäftseinfluß eines Systemausfalls (Text)			C	U				
Priorität der zuständigen Organisation (1-5)			C	U				
Geschätzte Korrekturkosten			C	U	U			
Datum, an dem das System konform sein muß (tt.mm.jjjj)			C	U	U	U		
Priorität für die Korrektur (1-5)			C	U	U			
System ausmustern? (J/N)			C					
Entscheidungsfindungsentscheidung (Detailplanung)? (J/N)			C					
Zugang/Sicherheitsinformationen/Einschränkungen				C				
Anzahl der gegenwärtigen Benutzer				C	U			
Anzahl der Fremdherstellerschnittstellen				C	U			
Konforme Version/Ausgabe (Ja/Nein)				C	U			
Datum, an dem die konforme Version verfügbar ist (tt.mm.jjjj)				C	U			
Aufbewahrungsort des Vertrags / der Lizenz				C				

Anhang G

Elementbeschreibung	Planung + Bewußtmachung	Bestandsaufnahme	Entscheidungsfindung	Detailplanung	Korrektur	Testausführung	Systemeinsatz	Fallout
Zusammenfassung der Lizenzvereinbarung				C				
Vertrags-/Lizenzdatum (tt.mm.jjjj)				C				
Vertrags-/Linzenzeinschränkungen				C				
Vertragsdauer				C				
Hat die Konformität Einfluß auf die Benutzerschulung? (J/N)				C				
Partitionsname				C	U			
Geplanter Korrekturtermin (tt.mm.jjjj)				C	U	U		
Für die Korrektur verantwortliche Person				C	U	U		
Benutzerannahmedatum (mm.tt.jjjj)						C		
Anomalietestdatum (tt.mm.jjjj)						C		
Einsatzdatum (tt.mm.jjjj)							C	
Tatsächliche Kosten der Konformität							C	

Kontaktinformationen über Lieferanten, Vertragspartner und Fremdherstellerschnittstellen

Dieses Element der Projektdatenbank kommt einmal für jeden Produktlieferanten, jede Fremdherstellerschnittstelle oder jeden Partner vor, den die Organisation als Outsourcer in Anspruch nimmt.

Elementbeschreibung	Planung + Bewußtmachung	Bestandsaufnahme	Entscheidungsfindung	Detailplanung	Korrektur	Testausführung	Systemeinsatz	Fallout
PK: Lieferantenname oder Vertragsfirma		C						
Art des Lieferanten: Produktlieferant, Fremdhersteller oder Dienstleister (P/F/D)		C						
Anmerkungen		C	U	U	U	U	U	U
Art des Vertrags (Vertragscode)		C						
Web-Site (URL) des Lieferanten oder der Vertragsfirma				C				
Adresse des Lieferanten oder der Vertragsfirma				C				
Kontakt beim Lieferanten oder der Vertragsfirma				C				
Telefonnummer des Kontakts beim Lieferanten oder der Vertragsfirma				C				
E-Mail-Adresse des Kontakts beim Lieferanten oder der Vertragsfirma				C				
Jahr 2000-Bewußtheit des Lieferanten oder der Vertragsfirma (1-5)				C				

Informationen über Module

Dieses Element der Projektdatenbank kommt einmal für jedes Anwendungsprogramm, jedes Modul, jede Parameterdatei, jedes Copybook, jede Prozedur, jedes Makro, jede Brücke usw. vor.

Anhang G

Elementbeschreibung	Planung + Bewußtmachung	Bestandsaufnahme	Entscheidungsfindung	Detailplanung	Korrektur	Testausführung	Systemeinsatz	Fallout
PK, FK: Hardware-Bezeichnung (Host-Plattform)				C				
PK: Pfad-, PDS- oder Verzeichnisname				C				
PK: Modulname				C				
FK: System-(oder Subsystem-)Akronym				C				
Art des Moduls (Programm, Parameter, Copybook usw.)				C				
Programmiersprache (COBOL, C, Fortran, SQL usw.)				C				
Hat Namensstandard Einfluß auf die Konformität?				C				
Quellcode verfügbar? (J/N)				C	U			
Doppelte Module? (J/N)				C	U			
Archivierte Module? (J/N)				C	U			
Anzahl der Zeilen				C				
Sind Compiler/Assembler/Linker konform? (J/N)				C	U	U		
Paßt der Objektcode zusammen? (J/N)				C	U			
Priorität der Detailplanung				C	U			
FK: Name der Vertragsfirma				C				
Name des Vertragspartners (wenn von einem Vertragspartner entwickelt)				C				
Ansprechpartner				C				
Anzahl der Jahr 2000-Probleme nach Kategorien				C	U	U		
Gewählte Jahr 2000-Korrektur-Sets				C	U	U		
Entwicklungswerkzeuge, die für die Korrektur benutzt werden sollen				C	U			

Elementbeschreibung	Planung + Bewußtmachung	Bestandsaufnahme	Entscheidungsfindung	Detailplanung	Korrektur	Testausführung	Systemeinsatz	Fallout
Für die Korrektur ausgewählt? (J/N)			C		U			
Anmerkungen			C		U	U	U	U
Name der für die Korrektur verantwortlichen Person					C			
Anfangsdatum der Korrektur (tt.mm.jjjj)					C			
Enddatum der Korrektur (tt.mm.jjjj)					C			
Hat die Konformität Einfluß auf die Benutzerschulung? (J/N)					C	U		
Verantwortliche Person für die Implementierung					C			
Benutzerannahmedatum (tt.mm.jjjj)						C		
Datum des Anomalietests (tt.mm.jjjj)						C		
Enddatum der Implementierung (tt.mm.jjjj)							C	
Tatsächliche Kosten der Konformität							C	

Datenstruktur

Dieses Element der Projektdatenbank kommt einmal für jede Datenstruktur auf einer Hardware-Plattform vor.

Anhang G

Elementbeschreibung	Planung + Bewußtmachung	Bestandsaufnahme	Entscheidungsfindung	Detailplanung	Korrektur	Testausführung	Systemeinsatz	Fallout
PK, FK: Hardware-Bezeichnung (Host-Plattform)				C				
PK: Pfad-, PDS- oder Verzeichnisname				C				
PK: Dateiname				C				
FK: System-(oder Subsystem-)Akronym				C				
Art der Datenstruktur (Flache Datei, DB2, IDMS, Oracle, Sybase usw.)				C				
Anzahl der Zeilen oder Datensätze				C	U			
Hat Namensstandard Einfluß auf die Konformität?				C				
Version/Ausgabe der Datenstruktur (falls anwendbar)				C				
Häufigkeit der Aktualisierung (Tag, Monat, Woche, Quartal, ad hoc)				C	U			
Anzahl der aktiven Versionen oder GDGs (Group Data Generation)				C	U			
Anzahl der inaktiven Versionen oder GDGs				C	U			
Anzahl der Jahr 2000-Probleme nach Kategorie				C	U	U		
Gewählte Jahr 2000-Korrektur-Sets				C	U	U		
Entwicklungswerkzeuge, die für die Korrektur benutzt werden sollen				C	U			
Für die Korrektur ausgewählt? (J/N)				C				
Anmerkungen				C	U	U	U	
Name der für die Korrektur verantwortlichen Person				C				
Anfangsdatum der Korrektur (tt.mm.jjjj)				C				
Enddatum der Korrektur (tt.mm.jjjj)				C				

Elementbeschreibung	Planung + Bewußtmachung	Bestandsaufnahme	Entscheidungsfindung	Detailplanung	Korrektur	Testausführung	Systemeinsatz	Fallout
Hat die Konformität Einfluß auf die Benutzerschulung? (J/N)					C			
Verantwortliche Person für die Implementierung					C			
Benutzerannahmedatum (tt.mm.jjjj)						C		
Datum des Anomalietests (tt.mm.jjjj)						C		
Enddatum der Implementierung (tt.mm.jjjj)							C	

Fremdherstellerschnittstellen

Dieses Element der Projektdatenbank kommt einmal für jede externe Fremdherstellerschnittstelle vor. (Als *extern* gelten solche Schnittstellen, die Ihr Schnittstellenmanager nicht direkt kontrollieren oder beeinflussen kann.)

Elementbeschreibung	Planung + Bewußtmachung	Bestandsaufnahme	Entscheidungsfindung	Detailplanung	Korrektur	Testausführung	Systemeinsatz	Fallout
PK: Name der Fremdherstellerschnittstelle	C	U						
FK: System-(oder Subsystem-)Akronym	C							
FK: Name des Fremdherstellers	C							
Anmerkungen	C	U	U	U	U	U		

Anhang G

Elementbeschreibung	Planung + Bewußtmachung	Bestandsaufnahme	Entscheidungsfindung	Detailplanung	Korrektur	Testausführung	Systemeinsatz	Fallout
FK: Hardware-Bezeichnung (Host-Plattform) der Schnittstelle				C				
FK: Pfad-, PDS- oder Verzeichnisname der Schnittstelle				C				
FK: Modulname der Schnittstelle				C				
Schnittstellenstandardname (ACH, EDI usw.)				C				
Schnittstellenhäufigkeit				C	U			
Schnittstellenmedium (Band, Diskette, CD, elektronische Übertragung usw.)				C	U			
Ist der datenerzeugende Partner konform? (J/N)				C	U	U	U	U
Ist der datenempfangende Partner konform? (J/N)				C	U	U	U	U
Brücke erforderlich? (J/N)				C	U	U		
FK: Hardware-Name (Host-Plattform) der Brücke				C				
FK: Pfad-, PDS- oder Verzeichnisname der Brücke				C				
FK: Modulname der Brücke (Status der Brücke durch Modul überwachen)				C				
Geplantes Ausmusterungsdatum der Brücke (tt.mm.jjjj)				C	U	U	U	

Anhang H:
Integrierter Projektplan

Der Jahr 2000-Projektplan ist ein Projektplan im Format von Microsoft Project. Er enthält alle Aufgaben und Deliverables, die im Jahr 2000-Projekt spezifiziert werden. Sie können den Jahr 2000-Projektplan von der CD-ROM auf Ihren Rechner kopieren und an Ihr Jahr 2000-Projekt anpassen.

Microsoft Project

Die folgende Beschreibung geht davon aus, daß Sie über Software-Vorkenntnisse für das Projektmanagement im allgemeinen und Microsoft Project im besonderen verfügen. Der Jahr 2000-Projektplan wurde mit Microsoft Project, Version 4.0, erstellt. Um damit arbeiten zu können, muß Ihr System folgende Anforderungen erfüllen:

- Microsoft Windows 3.1 oder später (Windows für Workgroups 3.11, 95, NT)
- 486/33-Prozessor
- 8 MB Hauptspeicher
- 12 MB Festplattenspeicher (zur Installation von Microsoft Project)
- 600 KB Festplattenspeicher (zur Installation des Jahr 2000-Projektplans)

Obwohl Sie die Projektdatei mit MS Project direkt auf der CD öffnen können, sollten Sie die Datei von der CD auf Ihre Festplatte kopieren. Sie benötigen dafür etwa 600 KB Speicherplatz. Der Jahr 2000-Projektplan befindet sich in der Datei HOWTO2K.MPP. Kopieren Sie die Datei von der CD in einen passenden Ordner auf Ihrer Festplatte oder in Ihrem Netzwerk, starten Sie MS Project, und laden Sie die Datei.

Der Jahr 2000-Projektplan enthält alle Aufgaben und Deliverables, die in der Jahr 2000-Methodik spezifiziert werden. Der Jahr 2000-Projektplan spezifiziert den Projektstrukturplan (PSP), die Vorgangsbezeichnung, die Vorgänger und die Ressourcen für jeden Vorgang. Die GANTT-Ansicht zeigt jeden Vorgang und die Beziehung zwischen einem Vorgang und seinen Vorgängern. Mit MS Project können Sie den Plan an die Erfordernisse Ihres Projekts anpassen, indem Sie projektspezifische Vorgänge hinzufügen, nicht benötigte Vorgänge löschen, projektspezifische Ressourcen zuweisen und die Dauer der einzelnen Vorgänge an Ihr Projekt anpassen.

MS Project unterstützt Sie bei der Planung und Überwachung der Vorgänge sowie der Allokation der Ressourcen. Die Planung und Überwachung ist einfacher, weil MS Project in Abhängigkeit von den Endzeiten der Vorgänger eines Vorgangs und der angegebenen Vorgangsdauer automatisch den Startpunkt und den Endpunkt eines Vorgangs berechnet. Nachdem Sie den Jahr 2000-Projektplan an Ihr Projekt angepaßt haben, können Sie dem Plan den Start und das Ende jedes Vorgangs entnehmen.

Mit MS Project können Sie Ihr Jahr 2000-Projekt verfolgen, indem Sie die tatsächlichen Start- und Enddaten eingeben, wenn ein Vorgang begonnen bzw. beendet wird. MS Project paßt die folgenden Aktivitäten automatisch an und berichtet, bis zu welchem Prozentsatz jedes Deliverable fertiggestellt ist. Wenn Sie die Basisplanfunktion aktivieren, können Sie Planabweichungen sowohl in den Vorgangstabellen als auch in den GANTT-Balkendiagrammen verfolgen.

Mit MS Project können Sie jedem Vorgang menschliche und nicht menschliche Ressourcen zuweisen. In dem Jahr 2000-Projektplan werden Ressourcen nach Job-Kategorien spezifiziert; Sie können jedoch die Ressourcen auch spezifizieren, indem Sie dem Projekt spezielle Individuen zuweisen. MS Project berichtet die Überlastung von Ressourcen und kann den Plan automatisch so anpassen, daß die Ressourcen abgeglichen werden. MS Project kann Ressourcen-Diagramme, Grafiken und Berichte erstellen, mit deren Hilfe Sie die Projektkosten überwachen können. Sie können jeder Ressource einen Stundenkostensatz zuweisen und die tatsächlichen und projektierten Kosten für das gesamte Projekt überwachen.

Felder

In MS Project können Sie Dutzende verschiedener Projektmanagementdaten erfassen. Der Jahr 2000-Projektplan zeigt im GANTT-Diagramm-View die folgenden Felder:

- **PSP**: Das Feld *PSP* (Projektstrukturplan) ist ein eindeutiger Bezeichner einer Aufgabe, eines Deliverables oder einer Phase. Der Jahr 2000-Projektplan benutzt ein WBS-Numerierungsschema der Form *X.Y.Z*, wobei *X* die Nummer der Phase, *Y* die Nummer des Deliverables und *Z* die Nummer der Aufgabe (des Vorgangs) bedeutet. Die WBS-IDs in dem Jahr 2000-Projektplan korrespondieren mit den Nummern, die den Aufgaben in *Die Jahr 2000-Lösung* zugeordnet sind.

- **Vorgangsname**: Das Feld *Vorgangsname* enthält eine kurze Bezeichnung oder Beschreibung der Aufgabe (des Vorgangs), des Deliverables oder der Phase. Die Vorgangsbezeichnung im Jahr 2000-Projektplan entspricht der Bezeichnung in dem Jahr 2000-Buch.

- **Dauer**: Das Feld *Dauer* soll die Anzahl der Kalenderarbeitstage aufnehmen, die zur Fertigstellung einer Aufgabe benötigt werden. In dem Jahr 2000-Projektplan ist die Dauer aller Vorgänge auf jeweils einen Tag gesetzt. Der Jahr 2000-Projektplan, der auf der CD mitgeliefert wird, soll als Schablone dienen, die Sie Ihrem eigenen Projektplan zugrunde legen können. Wenn Sie den Projektplan an Ihre Erfordernisse anpassen, müssen Sie für jeden Vorgang eine realistische Dauer einsetzen. Achten Sie dabei auf die Richtlinien für die Phasendauer, die am Anfang der Phasenbeschreibungen in dem Jahr 2000-Buch angegeben werden.

- **Anfang**: Das Feld *Anfang* enthält ein beliebiges Startdatum, das jedem Vorgang zugewiesen wird, nachdem MS Project die Vorgangsreihenfolge anhand der Vorgangsbeziehungen festgelegt hat. In dieser Schablone wird als Projektstart der 1. Januar 1997 angenommen. Die Startdaten der Vorgänge werden von MS Project automatisch angepaßt, wenn Sie das Projektstartdatum ändern und das Projekt durch Hinzufügen und Löschen von Vorgängen sowie durch Festlegung der jeweiligen Vorgangsdauer an Ihre Erfordernisse anpassen. Sie können sich über die berechneten Startdaten hinwegsetzen, indem Sie ein festes Startdatum eingeben. MS Project verfolgt die geplanten sowie die tatsächlichen Daten.

- **Ende**: Das Feld *Ende* enthält das Datum, an dem ein Vorgang laut Plan beendet sein soll. Es wird aus dem Start und der Vorgangsdauer (siehe oben) errechnet.

- **Vorgänger**: Das Feld *Vorgänger* enthält die Vorgänge, von denen der gegenwärtige Vorgang abhängig ist. Die Art der Abhängigkeit kann sein: *Ende-Anfang* (EA), *Anfang-Anfang* (AA), *Ende-Ende* (EE) oder ein Offset einer bestimmten Anzahl von Tagen (beispielsweise +5t = plus fünf Tage). Die meisten Abhängigkeiten in dem Jahr 2000-Projektplan sind von der Art *Start von Finish*. Beachten Sie bitte folgende Konstellation: Wenn C von B abhängt und B von A abhängt, haben wir versucht, nicht A und B gleichzeitig als Vorgänger von C zu spezifizieren, es sei denn, daß C ebenfalls direkt von A abhängt.

- **Ressourcen**: Der Jahr 2000-Projektplan nennt Job-Kategorien als Ressourcen jedes Vorgangs. Die spezifizierten Ressourcen entsprechen den Ressourcen, die in dem Jahr 2000-Buch für jeden Vorgang spezifiziert werden. Obwohl MS Project über die entsprechenden Möglichkeiten verfügt, haben wir nicht versucht, Ressourcenmengen oder Ressourcenzuteilungen zu spezifizieren.

- **Who**: Ein numerischer Bezeichner für jede Job-Kategorie, die dem Vorgang zugewiesen ist. Die Felder *Who* und *Ressourcen* spezifizieren dieselben Daten – *Who* als Zahl und *Ressourcen* als Job-Kategorie.

Anhang I:
Jahr 2000-
Risikomanagement

Ein Jahr 2000-Projekt ist ein Paradebeispiel für Risikomanagement. Das Hauptziel eines Jahr 2000-Projektmanagers besteht darin, potentielle Schwierigkeiten oder Risiken vorauszusehen, die durch das Jahr 2000-Problem verursacht werden könnten, und die notwendigen Vorbeugemaßnahmen zu treffen, um diese Gefahren zu vermeiden. Um dieses Ziel zu unterstützen, beschreibt dieses Buch einen umfassenden Ansatz zur Identifizierung, Verringerung und Verwaltung der Jahr 2000-Risiken. Dieser Anhang beschreibt die drei Aspekte, unter denen die Jahr 2000-Methodik die Risiken angeht: den technischen, den geschäftlichen und den projektbezogenen Aspekt.

Manager in vielen Geschäftsbereichen – sei es in der Verteidigungsindustrie, der Software-Entwicklung oder der Produktion – werden sich zunehmend der Bedeutung des Risikomanagements bewußt. Natürlich ist Risikomanagement nichts Neues. Solange es Unternehmen gibt, haben sich Unternehmensleiter und Manager damit beschäftigt, wie sie mögliche Schwierigkeiten und Gefahren vorhersehen und möglichst vermeiden können. Dieser Prozeß der Vorhersage, Vorbeugung und Vermeidung wird heute unter dem Begriff des Risikomanagements formell behandelt.

In dem Maße, wie das Bewußtsein der Bedeutung eines effizienten Risikomanagements gewachsen ist, haben Geschäftsleute und Wissenschaftler eine Vielzahl verschiedener Methoden zum Risikomanagement geschaffen. Gewöhnlich definieren diese Verfahren die wesentlichen Elemente der Risiken und der Prozeduren zu deren Bewältigung. Natürlich unterscheiden sich die Methoden bis zu einem gewissen Grad voneinander. Die Definition, was ein *Risiko* darstellt, ist von einer Methode zur anderen verschieden. Dasselbe gilt für die Prozeduren für ein erfolgreiches Risikomanagement. Dieser Anhang beschreibt die Jahr 2000-Definition und die Jahr 2000-Prozeduren des Risikomanagements.

Risikodefinition

Dieses Buch folgt der Risikodefinition in William D. Rowes *An Anatomy of Risk* (John Wiley and Sons, 1977). Für Rowe ist ein Risiko »die Möglichkeit, daß ein Ereignis unerwünschte, negative Folgen haben kann«. Ein wichtiges Element dieser Definition ist der Begriff der *Möglichkeit*. Ein Risiko ist ein Ereignis, das eintreten kann oder nicht. Weil ein Risiko immer mit Ungewißheit verbunden ist, werden häufig Begriffe und Werkzeuge der Wahrscheinlichkeitslehre im Zusammenhang mit Risiken verwendet.

Das Risiko wird gewöhnlich berechnet, indem die Wahrscheinlichkeit, daß ein negatives Ereignis eintritt, mit der Größenordnung der Folgen dieses Ereignisses multipliziert wird. Beachten Sie, daß ein Risiko durch zwei verschiedene Faktoren bestimmt wird: ein mögliches Ereignis und die Folgen dieses Ereignisses. Wegen der Ungewißheit von Risiken werden Risiken und Risikofaktoren häufig – wie bei Wahrscheinlichkeitsbetrachtungen üblich – auf einer Skala von null bis eins eingestuft. Beispielsweise würden Risikomanager sagen, daß das Risiko, welches mit einem möglichen Ereignis verbunden ist, 0,2 (relativ gering) oder 0,8 (relativ hoch) beträgt. Die beiden Risikofaktoren Eintrittswahrscheinlichkeit und Größenordnung werden miteinander multipliziert, um das Risiko zu berechnen, das mit einem bestimmten Ereignis verbunden ist.

Ein Beispiel für die Berechnung eines Risikos

Wenn die Wahrscheinlichkeit, daß ein Hurrikan auftritt, 0,2 beträgt und die Größenordnung der Folgen, die mit diesem Hurrikan verbunden sind, mit 0,99 eingestuft wird, beträgt das Risiko, das mit diesem Hurrikan verbunden ist, 0,198 (0,2 x 0,99 = 0,198).

In manchen Fällen ist es schwierig, die Risikofaktoren numerisch zu gewichten. Oft fehlen zur Bildung plausibler numerischer Werte Informationen. In solchen Fällen empfiehlt How To 2000 die Verwendung von Werten einer Likert-Skala. Eine typische Likert-Skala umfaßt Werte wie beispielsweise *Sehr hoch*, *Hoch*, *Mittel*, *Niedrig*, *Sehr Niedrig*. Diese Werte werden den verschiedenen Risikofaktoren zugeordnet, und das Risiko wird ermittelt, indem die Werte miteinander kombiniert werden. In dem Hurrikan-Beispiel betrug die Wahrscheinlichkeit für das Auftreten des Hurrikans 20%, hatte also den Wert

Niedrig. Dieser Wert wurde mit dem Wert *Sehr hoch* für die Folgen des Hurrikans multipliziert. Auf diese Weise leitet die Jahr 2000-Methodik mit Hilfe der Likert-Skala den Wert *Mittel* für die Einschätzung des Gesamtrisikos dieses Ereignisses ab.

Der Risikoprozeß

Das How To 2000-Risikomanagement stützt sich sehr stark auf die Risikomanagementmethodik, die von Barry W. Boehm (*Software Risk Management: A Tutorial*, IEEE Computer Society Press, 1989) entwickelt wurde. Boehm entwickelte ein Verfahren zum Risikomanagement, das sein größeres Spiralmodell der Software-Entwicklung ergänzt. Dieses Modell hat sowohl in öffentlichen Institutionen als auch in der Industrie einen großen Einfluß ausgeübt.

Boehms Risikomanagementprozeß besteht aus zwei Hauptphasen:

- **Risikoeinschätzung**: Risikoidentifikation, Risikoanalyse und Risikoprioritätensetzung
- **Risikokontrolle**: Risikomanagementplanung, Risikovermeidung und Risikoüberwachung

Sein Ansatz besteht aus sechs einfachen logischen Schritten:

Risikomanagment in sechs Schritten

1. Identifizieren Sie die potentiellen negativen Ereignisse oder Risiken, die Ihnen in der Zukunft zustoßen könnten.
2. Schätzen Sie die beiden Faktoren ab, die jedes Risiko charakterisieren:
   - Die Wahrscheinlichkeit, daß das Ereignis eintreten wird
   - Die Größenordnung der Folgen dieses Ereignisses
   - Berechnen Sie aus diesen Faktoren den numerischen Wert des Risikos oder den Wert des Risikos auf einer Likert-Skala.
3. Entscheiden Sie, welche Risiken für Ihr Geschäft am wichtigsten und am unwichtigsten sind.
4. Stellen Sie einen Plan auf, wie Sie diese Risiken verringern oder vermeiden können.
5. Verringern oder vermeiden Sie die Risiken.
6. Überwachen Sie jedes Risiko, während das Projekt fortschreitet. Möglicherweise müssen Sie diese Risiken periodisch neu abschätzen.

Die Risikomanagementmethodik dieses Buches baut auf diesen sechs Aktivitäten auf. Der folgende Abschnitt identifiziert die drei Hauptarten von Risiken, mit denen Sie es bei Ihrem Jahr 2000-Projekt zu tun haben werden.

Risiken Ihres Jahr 2000-Projekts

Bei Ihrem Jahr 2000-Projekt haben Sie es mit drei Arten von Risiken zu tun – das technische Risiko, das geschäftliche Risiko und das projektbezogene Risiko. Die ersten beiden Risikoarten betreffen die einzelnen Systeme, die Jahr 2000-Probleme enthalten, und die dritte Risikoart betrifft das Jahr 2000-Projekt selbst. Diese drei Risikoarten werden folgendermaßen definiert:

- **Das technische Risiko** ist das Risiko, das mit dem technischen Betrieb eines einzelnen Systems verbunden ist (d.h. die Wahrscheinlichkeit, daß das System ausfällt, multipliziert mit der Größenordnung der Folgen dieses Ausfalls). Um das technische Risiko abzuschätzen, müssen Sie ermitteln, welche Systeme möglicherweise ausfallen oder den Ausfall anderer Systeme aufgrund von Problemen verursachen können, die mit dem Jahr 2000 zu tun haben. Außerdem müssen Sie die technischen Konsequenzen oder Kosten eines solchen Ausfalls abschätzen. Mit Hilfe dieser Abschätzungen können Sie das technisches Risiko berechnen, das mit jedem System verbunden ist.

- **Das geschäftliche Risiko** ist das Risiko, das mit einer erfolgreichen Erfüllung Ihrer Geschäftsziele verbunden ist (d.h. die Wahrscheinlichkeit, daß ein Jahr 2000-spezifischer Fehler eines Systems Ihre Fähigkeit zur Erfüllung Ihrer geschäftlichen Ziele negativ beeinflußt, multipliziert mit der Größenordnung der Folgen dieses Fehlers). Um das geschäftliche Risiko abzuschätzen, müssen sie feststellen, welche Systeme möglicherweise einen Jahr 2000-Fehler enthalten, der Ihre Geschäftsziele negativ beeinflussen könnte. Außerdem müssen Sie die technischen Konsequenzen oder Kosten eines solchen Fehlers abschätzen. Mit Hilfe dieser Abschätzungen können Sie das geschäftliche Risiko berechnen, das mit jedem System verbunden ist.

- **Das projektbezogene Risiko** ist das Risiko, das mit der erfolgreichen Durchführung Ihres Jahr 2000-Projekts verbunden ist (d.h. die Wahrscheinlichkeit, daß während des Jahr 2000-Projekts negative Ereignisse eintreten können, multipliziert mit der Größenordnung der Folgen dieser Ereignisse). Um das projektbezogene Risiko abzuschätzen, müssen Sie die negativen Ereignisse identifizieren, die eine erfolgreiche Durchführung des Jahr 2000-Projekts gefährden können. Außerdem müssen Sie die

Wahrscheinlichkeit ihres Eintreffens und die Größenordnung ihres Einflusses auf das Projekt abschätzen. Sie sollten das projektbezogene Risiko regelmäßig überwachen und am Anfang jeder Phase vorbeugende Aktivitäten planen.

Ihr Jahr 2000-Projekt beschäftigt sich hauptsächlich mit der Verringerung des geschäftlichen Risikos. Das technische Risiko und das projektbezogene Risiko sind deswegen wichtig, weil sie letztlich Ihr Geschäft beeinflussen. Am Ende der Einführung dieses Buches wird die *Jahr 2000-Roadmap* gezeigt, in der die Stellen in Ihrem Jahr 2000-Projekt angegeben sind, an denen Sie das technische, das geschäftliche und das projektbezogene Risiko abschätzen sollten. Die folgenden Abschnitte enthalten zusätzliche Informationen über das Management der drei Risikoarten.

Technisches Risiko

Während Ihres gesamten Jahr 2000-Projekts werden Sie Informationen über sämtliche Systeme in Ihrer Organisation sammeln. Die Informationen über ein spezielles System werden auch eine Abschätzung der Wahrscheinlichkeit enthalten, daß der technische Betrieb dieses Systems durch ein oder mehrere Jahr 2000-Probleme negativ beeinflußt wird, sowie eine Abschätzung der Folgen dieser Probleme. Diese Abschätzungen werden auf den Meinungen der Systemexperten basieren, die über ein detailliertes Wissen über die Fähigkeiten jedes Systems verfügen. Die Empfänger Ihrer Systemübersicht werden Sie mit den Informationen versorgen, die Sie zur Berechnung des technischen Risikos benötigen.

Die Informationen über das technische Risiko jedes Systems werden während der Phase der Bestandsaufnahme gesammelt. Die Ermittlung des technischen Risikos stellt einen wesentlichen Input für die Prioritätensetzung innerhalb der Systeme Ihrer Organisation dar, die während der Phase der Entscheidungsfindung erfolgt.

Geschäftliches Risiko

In der Phase der Entscheidungsfindung legen Sie die Reihenfolge fest, in der die Systeme Ihrer Organisation Jahr 2000-konform gemacht werden. Noch wichtiger ist die Entscheidung, welche Systeme korrigiert werden sollen und welche nicht. Diese Entscheidungen basieren auf einer Analyse sowohl der technischen als auch der geschäftlichen Risiken jedes betroffenen Systems, obwohl geschäftliche Risiken im allgemeinen ein größeres Gewicht als die technischen haben. Tatsächlich geht es bei Ihrem Jahr 2000-Projekt hauptsächlich um die Verringerung des geschäftlichen Risikos, d.h. der Wahrscheinlichkeit, daß ein Jahr 2000-spezifischer Fehler eines Systems Ihre Fähigkeit zur Erfüllung Ihrer geschäftlichen Ziele negativ beeinflußt, multipliziert mit der Größenordnung der Folgen dieses Fehlers.

Beachten Sie, daß das geschäftliche Risiko, das mit einem bestimmten System verbunden ist, den Wert *Niedrig* haben kann, obwohl das technische Risiko, das mit diesem System verbunden ist, den Wert *Hoch* haben kann. Wenn beispielsweise eine bestimmte Software-Anwendung mehrere nicht Jahr 2000-konforme Datumsfelder enthält und der Systemanalytiker festgestellt hat, daß diese Datumsfelder im Jahr 2000 zu einem kompletten Systemausfall führen werden, hat das technische Risiko, das mit diesem System verbunden ist, den Wert *Hoch*. Nehmen Sie jedoch an, daß diese Software-Anwendung in Kürze ausgemustert wird und Sie bereits geplant haben, die Funktionalität dieses Systems auf anderem Wege zu duplizieren. In diesem Fall hätte ein Ausfall dieses Systems nur einen minimalen Einfluß auf Ihr Geschäft – d.h. das geschäftliche Risiko, das mit diesem System verbunden ist, hätte den Wert *Niedrig*.

Projektbezogenes Risiko

Während Ihres Jahr 2000-Projekts werden Sie Ihre Aufmerksamkeit oft auf das projektbezogene Risiko lenken. Jedesmal werden Sie dabei versuchen:

- potentiell negative Ereignisse zu identifizieren, die bei der Ausführung der Jahr 2000-Aufgaben eintreten könnten
- die Wahrscheinlichkeit abzuschätzen, daß ein negatives Ereignis tatsächlich eintritt
- die Folgen eines solchen Ereignisses abzuschätzen
- mit Hilfe der beiden abgeschätzten Risikofaktoren das Risiko zu berechnen, das mit jedem potentiellen Ereignis verbunden ist
- ein oder mehrere Maßnahmen zu finden, um jedes Risiko zu verringern
- ein oder mehrere Maßnahmen zu finden, um jedes Risiko zu überwachen

Zu Beginn Ihrer Jahr 2000-Anstrengungen müssen Sie das übergreifende Projektrisiko abschätzen. Was sind die potentiell negativen Ereignisse, die während der gesamten Durchführung des Projekts eintreten können? Beispielsweise ist ein potentiell negatives Ereignis das Scheitern der Bemühungen, kompetentes Fachpersonal für die Durchführung der Jahr 2000-Aufgaben zu finden. Unter Berücksichtigung der organisatorischen Einschränkungen müssen Sie die Wahrscheinlichkeit abschätzen, daß dieses potentielle Ereignis tatsächlich eintritt. Außerdem: was wäre die Folge dieses Scheiterns? Wie können Sie dieses Risiko überwachen? Was können Sie tun, damit dieses potentielle Problem nicht auftritt oder wenigstens geringere negative Folgen hat, falls es auftritt? Diese anfängliche Abschätzung umfaßt die Vorhersage der Risiken für Ihr gesamtes Jahr 2000-Projekt. Sie ist die wichtigste aller projektbezogenen Risikoabschätzungen. Diese anfängliche Abschätzung bildet die Basis für zusätzliche projektbezogenen Risikoabschätzungen, die zu Beginn jeder Jahr 2000-Phase erfolgen. Weil diese Abschätzung so wichtig ist, enthält die Phase der Planung und Bewußtmachung eine Aufgabe, welche die anfängliche projektbezogene Risikoabschätzung zum Inhalt hat.

Beispiele projektbezogener Risiken:

- Es gelingt nicht, die Geschäftsleitung von der Bedeutung des Jahr 2000-Projekts zu überzeugen.
- Es gelingt nicht, die notwendigen Mittel für das Projekt zu beschaffen.
- Es gelingt nicht, die passenden Ressourcen zur Durchführung der Jahr 2000-Aufgaben bereitzustellen.
- Es wird zuviel Zeit mit den Phasen der Planung und Bewußtmachung sowie der Bestandsaufnahme verbracht.
- Es wird zu spät damit begonnen, geschäftliche Schlüsselsysteme Jahr 2000-konform zu machen.

Die projektbezogenen Risiken werden in jeder Jahr 2000-Phase erneut abgeschätzt. Abschnitte mit der Überschrift *Phasenrisiken* enthalten Tabellen mit einer Reihe möglicher Risiken. Die spezifischen Risiken, mit denen Sie sich auseinandersetzen müssen, hängen von den Eigenschaften Ihrer Organisation und Ihres Jahr 2000-Projekts ab. Es ist Ihre Aufgabe, die Information in diesen Tabellen zu begutachten und zu bestimmen, ob die aufgeführten Risiken für Ihr Jahr 2000-Projekt von Bedeutung sind.

Schlußfolgerung

Die Informationen über die technischen und geschäftlichen Risiken, die Sie während Ihres Jahr 2000-Projekts in Betracht ziehen, werden Sie in die Lage versetzen, die optimale Ausführung der Jahr 2000-Aufgaben besser zu beurteilen. Wenn Sie das projektbezogene Risiko periodisch neu abschätzen, können Sie Ereignisse, die den Ablauf Ihres Jahr 2000-Projekts möglicherweise negativ beeinflussen, eher voraussehen und rechtzeitig vorbeugende Maßnahmen treffen. Wie immer ist es besser, Risiken vorherzusehen und ihnen vorzubeugen, als zu warten, bis sie eingetreten sind.

Anhang J: Ihren PC auf das Jahr 2000 vorbereiten

Die PCs und Arbeitsstationen der Mitarbeiter in dem Unternehmen bilden die größte und vielfältigste Plattform, die für das Jahr 2000 fit gemacht werden muß. Dieser Anhang behandelt einige wesentliche detaillierte Schritte, um festzustellen, ob Ihr Intel-basierter Personalcomputer (PC) und seine Anwendungen reibungslos in das nächste Jahrtausend hinüberwechseln. Sie sollten dieses Dokument an die Standardsuite der Anwendungen in Ihrem Geschäft anpassen, es gründlich testen und dann schnell in Ihrem gesamten Geschäft verteilen.

Dieser Anhang ist anders als die anderen Anhänge in diesem Buch aufgebaut, weil es auf dieser Plattform eine große Anzahl von Anwendungen und Betriebssystemen gibt. Er ist in Hauptbereiche gegliedert, die ihrerseits in Abschnitte aufgeteilt sind, welche alle Objekte und Anwendungen behandeln. Die Hauptabschnitte umfassen:

- J1: BIOS-Firmware-Konformitätstests
- J2: Konformität von Windows (Windows 3.1x, 95 und NT) herstellen
- J3: Konformität von Software-Anwendungen herstellen (MS Office unter Windows 3.1x, 95 und 97 sowie eine Reihe anderer Software-Anwendungen)
- J4: Konformität von nicht standardmäßiger und benutzerspezifischer Software herstellen

Sie brauchen diesen Anhang nicht von Anfang bis Ende zu lesen. Am besten gehen Sie folgendermaßen vor: Führen Sie zuerst die BIOS-Tests durch. Gehen Sie dann zu der für Sie zutreffenden Windows-Umgebung und führen Sie dort die notwendigen Änderungen durch. Gehen Sie danach zu den entsprechenden Standard-Office-Anwendungen. (Beachten Sie, daß verschiedene Versionen derselben Anwendung in verschiedenen Abschnitten behandelt werden und unterschiedliche Änderungen erfordern.) Lesen Sie schließlich den Abschnitt über nicht standardmäßige Anwendungen.

Aufgabe J1: BIOS-Firmware auf Konformität testen

Die Software, die notwendig ist, um Ihren Computer zu starten, ist in ihre Hardware eingebettet. Die ersten Tests werden feststellen, ob diese wesentliche Komponente Ihrer Hardware Jahr 2000-konform ist.

Vorsicht

Eine Reihe von Nebeneffekten kann selbst dann Probleme verursachen, wenn Ihr System korrekt in das Jahr 2000 wechselt. Wenn Sie mit Software arbeiten (lizensiert, geleast oder Demo), die ein Zeitlimit hat, könnte dieser Test dazu führen, daß die Gültigkeit der Software abläuft und diese dauerhaft unbrauchbar gemacht wird. Dieser einzelne Ausfall könnte zu anderen Fehlern und letztlich zu einem katastrophaleren Problem führen, wie beispielsweise einer Maschine, die sich nicht mehr starten läßt. Außerdem können andere Probleme auftreten, wie beispielsweise zeitlich begrenzte Sicherheitszertifikate, die ungültig werden, Archivdateien, die verschwinden, oder Kalendereinträge mit wichtigen Verabredungen, die plötzlich ignoriert oder gelöscht werden, usw.

Führen Sie Ihre Tests – falls möglich – auf einer Testmaschine aus. Wenn Sie nicht sicher sind, ob Sie Software mit einem Zeitlimit haben, haben Sie zwei Möglichkeiten:

1. Booten Sie von einer Diskette, die keine CONFIG.SYS-Datei und keine AUTOEXEC.BAT-Datei enthält, direkt nach DOS.
2. Erstellen Sie ein komplettes Backup Ihres Systems, ehe Sie mit der Ausführung dieser Tests beginnen.

Unabhängig von der Möglichkeit, die Sie wählen, sollten Sie dafür sorgen, daß Ihre Backups auf dem neuesten Stand sind.

Test J1A: Automatischer Wechsel des Computers in das Jahr 2000

1. Gehen Sie zur DOS-Eingabeaufforderung.
2. Tippen Sie *DATE 12-31-1999* an der DOS-Eingabeaufforderung ein. (Jawohl, er sollte mit 1999 klarkommen!). Drücken Sie auf [Enter].
3. Tippen Sie *TIME 23:59:30* an der DOS-Eingabeaufforderung ein. Drücken Sie auf [Enter].

4. Warten Sie eine Minute.
5. Tippen Sie *DATE* ein, drücken Sie auf [Enter], und prüfen Sie, ob das Datum *Sa, 01.01.2000* angezeigt wird.
6. Drücken Sie noch einmal auf [Enter].
7. Falls der PC diesen Test nicht besteht, sollte der Computer während des Übergangs am 31.12.1999 *nicht* laufen.
8. Booten Sie Ihren PC neu. Schalten Sie entweder den Strom aus und dann wieder ein, oder drücken Sie gleichzeitig auf die Tasten [Strg]+[Alt]+[Entf].
9. Tippen Sie *DATE* ein, drücken Sie auf [Enter], und prüfen Sie, ob das Datum *Sa, 01.01.2000* angezeigt wird.
10. Drücken Sie noch einmal auf [Enter].
11. Falls der PC auch diesen Test nicht besteht, sollte der Computer während des Übergangs am 31.12.1999 *nicht* laufen.

Test J1B: Falls der Computer Test J1A nicht besteht, die manuelle Einstellung des Datums testen

1. Tippen Sie *DATE 01.01.2000* ein. Drücken Sie auf [Enter].
2. Tippen Sie *DATE* ein, drücken Sie auf [Enter], und prüfen Sie, ob das Datum *Sa, 01.01.2000* angezeigt wird.
3. Drücken Sie noch einmal auf [Enter].
4. Booten Sie Ihren PC neu.
5. Tippen Sie *DATE*, drücken Sie auf [Enter], und prüfen Sie, ob das Datum *Sa, 01.01.2000* angezeigt wird.
6. Drücken Sie noch einmal auf [Enter].

Falls Ihr Computer diese beiden Tests besteht, sollte er während des Übergangs am 31.12.1999 ausgeschaltet bleiben.

Stellen Sie das korrekte Datum und die Zeit manuell beim ersten Start im Jahre 2000 ein.

Test J1C: Schaltjahrtest

1. Tippen Sie *DATE 29.02.2000* ein, und drücken Sie auf [Enter].
2. Tippen Sie *DATE* ein, drücken Sie auf [Enter], und prüfen Sie, ob das *Datum Di. 29.02.2000* angezeigt wird.

Anhang J

3. Tippen Sie *DATE 01.03.2000* ein, und drücken Sie auf [Enter].

4. Tippen Sie *DATE* ein, drücken Sie auf [Enter], und prüfen Sie, ob das Datum *Mi, 01.03.2000* angezeigt wird.

Falls Ihr Computer die Tests J1B oder J1C nicht besteht, haben Sie folgende Möglichkeiten:

- Aktualisieren Sie den BIOS-Chip. Die bevorzugte Methode besteht darin, die BIOS-Anweisungen neu zu laden; dies ist möglich, falls Sie ein sogenanntes »Flash-BIOS« haben. Die zweite Methode besteht darin, den BIOS-Chip gegen eine neue Version vom selben Hersteller auszutauschen, die Jahr 2000-konform ist.
- Ersetzen Sie Ihren Computer durch einen neuen.
- Wechseln Sie zu dem Betriebssystem Windows NT (Version 3.5.1 oder höher), das mit einer Boot-Routine arbeitet, welche die BIOS-Einstellungen automatisch korrigiert.

Aufgabe J2: Konformität von Windows herstellen

Selbst wenn Sie die folgenden Änderungen nicht durchführen, werden Anwendungen weiterhin mit Daten arbeiten, die Jahr 2000-konform sind. Sie gehen jedoch das Risiko ein, daß datumsbezogene Informationen fehlerhaft angezeigt oder übertragen werden, solange Sie die Änderungen nicht ausführen. Deshalb sollten Sie diese Anwendungen sowie die zugehörigen aktiven Dokumente und Datenbanken auf jeden Fall korrigieren. Außerdem sollten Sie inaktive und nicht umgewandelte Dokumente aussondern, sichern und von der Festplatte entfernen.

Vorsicht   Die Durchführung dieser Änderungen kann die Anzeige und/oder den gedruckten Output der Daten beeinflussen. Überprüfen Sie die Bildschirmanzeigen und Berichte, nachdem Sie die Dokumente geändert haben.

J2A: Windows 3.1x

1. Öffnen Sie die Systemsteuerung, indem Sie auf das Symbol doppelklicken.

2. Doppelklicken Sie in der Systemsteuerung auf das Symbol INTERNATIONAL.

3. Klicken Sie im Gruppenfeld für das Datum und die Zeit auf die Schaltfläche ÄNDERN.
4. Aktivieren Sie bei dem kurzen Datumsformat das Jahrhundert-Kontrollkästchen.
5. Wählen Sie in dem Drop-Down-Listenfeld des langen Datumsformats ein vierstelliges Jahr.

J2B: Windows 95

1. Öffnen Sie die Systemsteuerung, wählen Sie LÄNDEREINSTELLUNGEN.
2. Wählen Sie die Registerkarte DATUM.
3. Ändern Sie das Feld KURZES DATUMSFORMAT so, daß alle vier Stellen eines Jahres angezeigt werden. Sie können das Format direkt in das Drop-Down-Listenfeld eingeben, um Ihr eigenes Datumsformat zu erstellen. Beispielsweise würde *mmm.tt.jjjj* aussehen wie *Aug.02.1997*.
4. Falls das lange Datumsformat noch keine vier Stellen enthält, ändern Sie es ebenfalls.

J2C: Windows NT

1. Öffnen Sie die Systemsteuerung, wählen Sie LÄNDEREINSTELLUNGEN.
2. Wählen Sie die Registerkarte DATUM.
3. Ändern Sie das Feld KURZES DATUMSFORMAT so, daß alle vier Stellen eines Jahres angezeigt werden. Sie können das Format direkt in das Drop-Down-Listenfeld eingeben, um Ihr eigenes Datumsformat zu erstellen. Beispielsweise würde *mmm/tt/jjjj* aussehen wie *Aug/02/1997*.
4. Falls das lange Datumsformat noch keine vier Stellen enthält, ändern Sie es ebenfalls.

Aufgabe J3: Konformität der Software-Anwendungen herstellen

Sie müssen die allgemeine Windows-Umgebung geändert haben, ehe Sie die folgenden Änderungen durchführen können.

J3A: MS Office, Windows-3.1x-Version

Die folgenden Aktivitäten korrigieren die Versionen von Microsoft Word, Excel, PowerPoint, Project und Access für Windows 3.1x. Beachten Sie, daß diese Versionen auch unter Windows 95 installiert sein können.

Aktivität J3A1: Microsoft Word, Version 6.0x, allgemein

Es sind keine allgemeinen Änderungen notwendig.

Aktivität J3A2: Microsoft Word-Dokumente

1. Öffnen Sie jedes MS-Word-Dokument.
2. Sie müssen die Kopf- und Fußzeilen ändern, falls die Zahl *19* vor dem Datum fest in das Dokument eingefügt wurde.
3. Öffnen Sie das Menü DATEI, und wählen Sie SEITE EINRICHTEN.
4. Wählen Sie die Registerkarte KOPFZEILE/FUSSZEILE.
5. Wählen Sie BENUTZERDEFINIERTE KOPFZEILE und/oder BENUTZERDEFINIERTE FUSSZEILE, falls *19&[Datum]* in der Kopf- und/oder Fußzeile erscheint.
6. Löschen Sie die *19*.

Aktivität J3A3: Microsoft Excel, Version 5.0x, allgemein

1. Öffnen Sie MS Excel oder ein MS Excel-Dokument.
2. Öffnen Sie das Menü EXTRAS, und wählen Sie OPTIONEN.
3. Wählen Sie die Registerkarte MODULE ALLGEMEIN.
4. Wählen Sie im Gruppenfeld der internationalen Einstellungen im Dropdown-Listenfeld SPRACHE/LAND den Eintrag DEUTSCH/BENUTZERDEFINIERT.

Aktivität J3A4: Microsoft-Excel-Dokumente

1. Öffnen Sie jedes MS-Excel-Dokument.
2. Wählen auf dem Arbeitsblatt ein Datumsfeld, eine Datumsspalte oder Datumszeile.
3. Öffnen Sie das Menü FORMAT, und wählen Sie ZELLEN.
4. Wählen Sie die Registerkarte ZAHLEN.
5. Wählen Sie in der Liste KATEGORIE den Eintrag DATUM.

6. Wählen oder erstellen Sie ein Datumsformat, das ein vierstelliges Jahr enthält. Beispielsweise können Sie *jjjj.mm.tt* als gültiges Datumsformat in das Codefeld eintippen.
7. Sie müssen die Kopf- und Fußzeilen ändern, falls die Zahl 19 vor dem Datum fest in das Dokument eingefügt wurde.
   7a. Öffnen Sie das Menü DATEI, und wählen Sie SEITE EINRICHTEN.
   7b. Wählen Sie die Registerkarte KOPFZEILE/FUSSZEILE.
   7c. Wählen Sie BENUTZERDEFINIERTE KOPFZEILE und/oder BENUTZERDEFINIERTE FUSSZEILE, falls *19&[Datum]* in der Kopf- und/oder Fußzeile erscheint.
   7d. Löschen Sie die *19*.
8. Sie müssen die Formeln und Makros korrigieren, in denen das Jahrhundert *19* vorkommt.

Aktivität J3A5: Microsoft PowerPoint, Version 4.0x, allgemein

Es sind keine allgemeinen Änderungen notwendig.

Aktivität J3A6: Microsoft-PowerPoint-Dokumente

Datumsfelder befinden sich normalerweise auf der Master-Folie. Die Anweisungen gelten für dieses Szenario.

1. Öffnen Sie jedes PowerPoint-Dokument.
2. Öffnen Sie das Menü ANSICHT, wählen Sie MASTER und dann FOLIEN-MASTER.
3. Wählen (markieren) Sie das Datumsfeld.
4. Öffnen Sie das Menü EINFÜGEN, und wählen Sie DATUM UND UHRZEIT.
5. Wählen Sie ein Datumsfeld mit vier Stellen.

Aktivität J3A7: Microsoft Project, Version 4.0x, allgemein

1. Öffnen Sie MS Project oder ein MS-Project-Dokument.
2. Öffnen Sie das Menü EXTRAS, und wählen Sie OPTIONEN.
3. Wählen Sie die Registerkarte ANSICHT.
4. Wählen Sie im Dropdown-Listenfeld zur Festlegung des Datumsformats ein Datum mit einem vierstelligen Jahr.
5. Wählen Sie die Registerkarte MODULE.

6. Wählen Sie im Gruppenfeld der internationalen Einstellungen im Dropdown-Listenfeld SPRACHE/LAND den Eintrag DEUTSCH/BENUTZERDEFINIERT.

Aktivität J3A8: Microsoft-Project-Dokumente (optional)

1. Öffnen Sie jedes MS-Project-Dokument.
2. Öffnen Sie das Menü FORMAT, und wählen Sie LAYOUT.
3. Wählen Sie im Dropdown-Listenfeld für Balken ein Datumsformat mit einem vierstelligen Jahr.

Aktivität J3A9: Microsoft Access, Version 2.0x, allgemein

Es sind keine allgemeinen Änderungen notwendig.

Aktivität J3A10: Microsoft-Access-Datenbanken

Sie sollten jede Datenbank sichern, ehe Sie die Änderungen durchführen.

1. Öffnen Sie jedes MS-Access-Dokument.
2. Wählen Sie die Registerkarte TABELLE.
3. Für jede Tabelle:

    3a. Wählen Sie ENTWURF.

    3b. Prüfen Sie die Datentypen der Spalten, und suchen Sie Datumsfelder.

    3c. Ändern Sie das Datumsformat DATUM, MITTEL in DATUM, KURZ. (Jawohl. *Kurz* zeigt vier Stellen, *mittel* tut dies nicht!)

4. Wählen Sie die Registerkarte ABFRAGEN.
5. Für jede Abfrage:

    5a. Wählen Sie ENTWURF.

    5b. Prüfen Sie die Spalten und suchen Sie nach Einträgen, die ein Datum anzeigen.

    5c. Ändern Sie den Einträge so, daß sie das kurze Datumsformat benutzen.

6. Wählen Sie die Registerkarte FORMULARE.
7. Für jedes Formular:

    7a. Wählen Sie ENTWURF.

    7b. Öffnen Sie das Menü ANSICHT, und wählen Sie EIGENSCHAFTEN.

    7c. Prüfen Sie jedes Datumsfeld auf dem Formular, und suchen Sie nach Feldern mit dem mittleren Datumsformat.

    7d. Ändern Sie das Format in das kurze Datumsformat.

8. Wählen Sie die Registerkarte BERICHT.
9. Für jeden Bericht:
   9a. Wählen Sie ENTWURF.
   9b. Öffnen Sie das Menü ANSICHT, und wählen Sie EIGENSCHAFTEN.
   9c. Prüfen Sie jedes Datumsfeld auf dem Bericht, und suchen Sie nach Feldern mit dem mittleren Datumsformat.
   9d. Ändern Sie das Format in das kurze Datumsformat.

Makros und Module gehen über den Rahmen dieses Buches hinaus. Ziehen Sie einen Programmierer zu Rate, wenn Sie Hilfe bei der Änderung dieser Komponenten benötigen.

J3B: MS Office 95

Die folgenden Aktivitäten korrigieren die Office 95-Versionen von Microsoft Word, Excel, PowerPoint, Project, und Access, die normalerweise mit Windows 95 benutzt werden. Beachten Sie, daß diese Versionen auch unter Windows NT installiert sein können.

Aktivität J3B1: Microsoft Word, allgemein

Es sind keine allgemeinen Änderungen notwendig.

 Wir haben keine Möglichkeit gefunden, das Standarddatumsformat zu korrigieren.

Aktivität J3B2: Microsoft-Word-Dokumente

Sie können das Format aller eingebetteten Datumsangaben korrigieren einschließlich derer in Kopf- und Fußzeilen.

1. Öffnen Sie jedes MS-Word-Dokument.
2. Wählen (markieren) Sie das Datumsfeld.
3. Öffnen Sie das Menü EINFÜGEN, und wählen Sie DATUM UND UHRZEIT.
4. Wählen Sie ein Datumsformat mit vier Stellen.
5. Öffnen Sie das Menü ANSICHT, und wählen Sie KOPF- UND FUSSZEILE.
6. Wählen (markieren) Sie das Datumsfeld.
7. Öffnen Sie das Menü EINFÜGEN, und wählen Sie DATUM UND UHRZEIT.
8. Wählen Sie ein Datumsformat mit vier Stellen.

Aktivität J3B3: Microsoft Excel, allgemein

Es sind keine allgemeinen Änderungen notwendig.

Aktivität J3B4: Microsoft-Excel-Dokumente

1. Öffnen Sie jedes MS-Excel-Dokument.
2. Wählen Sie ein Datumsfeld, eine Datumsspalte oder eine Datumszeile auf dem Arbeitsblatt.
3. Öffnen Sie das Menü FORMAT, und wählen Sie ZELLEN.
4. Wählen Sie die Registerkarte ZAHLEN.
5. Wählen Sie in der Liste KATEGORIE den Eintrag BENUTZERDEFINIERT.
6. Wählen oder erstellen Sie ein Datumsformat mit einem vierstelligen Jahr. Beispielsweise können Sie das Datumsformat *jjjj.mm.tt* in das Feld *Formate* eingeben.
7. Sie müssen die Kopf- und Fußzeilen ändern, falls die Zahl *19* vor dem Datum fest in das Dokument eingefügt wurde.

    7a. Öffnen Sie das Menü DATEI, und wählen Sie SEITE EINRICHTEN.

    7b. Wählen Sie die Registerkarte KOPFZEILE/FUSSZEILE.

    7c. Wählen Sie BENUTZERDEFINIERTE KOPFZEILE und/oder BENUTZERDEFINIERTE FUSSZEILE, falls *19&[Datum]* in der Kopf- und/oder Fußzeile erscheint.

    7d. Löschen Sie die *19*.

8. Sie müssen die Formeln und Makros korrigieren, in denen das Jahrhundert *19* vorkommt.

Aktivität J3B5: Microsoft PowerPoint, allgemein

Es sind keine allgemeinen Änderungen notwendig.

Aktivität J3B6: Microsoft-PowerPoint-Dokumente

Datumsfelder befinden sich normalerweise auf der Master-Folie. Die Anweisungen gelten für dieses Szenario.

1. Öffnen Sie jedes PowerPoint-Dokument.
2. Öffnen Sie das Menü ANSICHT, wählen Sie MASTER und dann FOLIENMASTER.
3. Wählen (markieren) Sie das Datumsfeld.
4. Öffnen Sie das Menü EINFÜGEN, und wählen Sie DATUM UND UHRZEIT.
5. Wählen Sie ein Datumsfeld mit vier Stellen.

Aktivität J3B7: Microsoft Project, allgemein

1. Öffnen Sie MS Project oder ein MS-Project-Dokument.
2. Öffnen Sie das Menü EXTRAS, und wählen Sie OPTIONEN.
3. Wählen Sie die Registerkarte ANSICHT.
4. Wählen Sie in dem Dropdown-Listenfeld für das Datumsformat ein Format mit einem vierstelligen Jahr.

Aktivität J3B8: Microsoft-Project-Dokumente (optional)

1. Öffnen Sie jedes MS Project-Dokument.
2. Öffnen Sie das Menü FORMAT, und wählen Sie LAYOUT.
3. Wählen Sie im Dropdown-Listenfeld für Balken ein Datumsformat mit einem vierstelligen Jahr.

Aktivität J3B9: Microsoft Access, allgemein

Es sind keine allgemeinen Änderungen notwendig.

Aktivität J3B10: Microsoft-Access-Datenbanken

Sie sollten jede Datenbank sichern, ehe Sie die Änderungen durchführen.

1. Öffnen Sie jedes MS-Access-Dokument.
2. Wählen Sie die Registerkarte TABELLE.
3. Für jede Tabelle:

    3a. Wählen Sie ENTWURF.

    3b. Prüfen Sie die Datentypen der Spalten, und suchen Sie Datumsfelder.

    3c. Ändern Sie das Datumsformat DATUM, MITTEL in DATUM, KURZ. (Jawohl. *Kurz* zeigt vier Stellen, *mittel* tut dies nicht!)

4. Wählen Sie die Registerkarte ABFRAGEN.
5. Für jede Abfrage:

    5a. Wählen Sie ENTWURF.

    5b. Prüfen Sie die Spalten, und suchen Sie nach Einträgen, die ein Datum anzeigen.

    5c. Ändern Sie die Einträge so, daß sie das kurze Datumsformat benutzen.

6. Wählen Sie die Registerkarte FORMULARE.

Anhang J

7. Für jedes Formular:

   7a. Wählen Sie ENTWURF.

   7b. Öffnen Sie das Menü ANSICHT, und wählen Sie EIGENSCHAFTEN.

   7c. Prüfen Sie jedes Datumsfeld auf dem Formular, und suchen Sie nach Feldern mit dem mittleren Datumsformat.

   7d. Ändern Sie das Format in das kurze Datumsformat.

8. Wählen Sie die Registerkarte BERICHT.

9. Für jeden Bericht:

   9a. Wählen Sie ENTWURF.

   9b. Öffnen Sie das Menü ANSICHT, und wählen Sie EIGENSCHAFTEN.

   9c. Prüfen Sie jedes Datumsfeld auf dem Bericht, und suchen Sie nach Feldern mit dem mittleren Datumsformat.

   9d. Ändern Sie das Format in das kurze Datumsformat.

Makros und Module gehen über den Rahmen dieses Buches hinaus. Ziehen Sie einen Programmierer zu Rate, wenn Sie Hilfe bei der Änderung dieser Komponenten benötigen.

J3C: MS Office 97

Die folgenden Aktivitäten korrigieren die Office-97-Versionen von Microsoft Word, Excel, PowerPoint, Project und Access, die normalerweise mit Windows 95/NT benutzt werden.

Aktivität J3C1: Microsoft Word, allgemein

1. Öffnen Sie ein neues Dokument.
2. Öffnen Sie das Menü EINFÜGEN, und wählen Sie DATUM UND UHRZEIT.
3. Klicken Sie auf die Schaltfläche STANDARD.
4. Klicken Sie auf Schaltfläche JA, um das Standardformat an Ihr Jahr 2000-konformes Format anzupassen.
5. Klicken Sie auf die Schaltfläche OK.
6. Schließen Sie dieses Dokument, ohne es zu speichern.

   Das Standarddatum für Ihre Kopf- und Fußzeilen ist jetzt korrekt!

Aktivität J3C2: Microsoft-Word-Dokumente

Sie können das Format aller eingebetteten Datumsangaben korrigieren.

1. Öffnen Sie jedes MS-Word-Dokument.
2. Wählen (markieren) Sie das Datumsfeld.
3. Öffnen Sie das Menü EINFÜGEN, und wählen Sie DATUM UND UHRZEIT.
4. Wählen Sie ein Datumsformat mit vier Stellen.

Aktivität J3C3: Microsoft Excel, allgemein

Es sind keine allgemeinen Änderungen notwendig.

Aktivität J3C4: Microsoft-Excel-Dokumente

1. Öffnen Sie jedes MS-Excel-Dokument.
2. Wählen Sie ein Datumsfeld, eine Datumsspalte oder eine Datumszeile auf dem Arbeitsblatt.
3. Öffnen Sie das Menü FORMAT, und wählen Sie ZELLEN.
4. Wählen Sie die Registerkarte ZAHLEN.
5. Wählen Sie in der Liste KATEGORIE den Eintrag BENUTZERDEFINIERT.
6. Wählen oder erstellen Sie ein Datumsformat mit einem vierstelligen Jahr. Beispielsweise können Sie das Datumsformat *jjjj.mm.tt* in das Feld FORMATE eingeben.
7. Sie müssen die Kopf- und Fußzeilen ändern, falls die Zahl *19* vor dem Datum fest in das Dokument eingefügt wurde.

    7a. Öffnen Sie das Menü DATEI, und wählen Sie SEITE EINRICHTEN.

    7b. Wählen Sie die Registerkarte KOPFZEILE/FUSSZEILE.

    7c. Wählen Sie BENUTZERDEFINIERTE KOPFZEILE und/oder BENUTZERDEFINIERTE FUSSZEILE, falls *19&[Datum]* in der Kopf- und/oder Fußzeile erscheint.

    7d. Löschen Sie die *19*.

8. Sie müssen die Formeln und Makros korrigieren, in denen das Jahrhundert *19* vorkommt.

Aktivität J3C5: Microsoft PowerPoint, allgemein

Es sind keine allgemeinen Änderungen notwendig.

Aktivität J3C6: Microsoft-PowerPoint-Dokumente

Datumsfelder befinden sich normalerweise auf der Master-Folie. Die Anweisungen gelten für dieses Szenario.

1. Öffnen Sie jedes PowerPoint-Dokument.
2. Öffnen Sie das Menü ANSICHT, wählen Sie MASTER und dann FOLIEN-MASTER.
3. Wählen (markieren) Sie das Datumsfeld.
4. Öffnen Sie das Menü EINFÜGEN, und wählen Sie DATUM UND UHRZEIT.
5. Wählen Sie ein Datumsfeld mit vier Stellen.

Aktivität J3C7: Microsoft Access, allgemein

Es sind keine allgemeinen Änderungen notwendig.

Aktivität J3C8: Microsoft-Access-Datenbanken

Sie sollten jede Datenbank sichern, ehe Sie die Änderungen durchführen.

1. Öffnen Sie jedes MS-Access-Dokument.
2. Wählen Sie die Registerkarte TABELLE.
3. Für jede Tabelle:

    3a. Wählen Sie ENTWURF.

    3b. Prüfen Sie die Datentypen der Spalten, und suchen Sie Datumsfelder.

    3c. Ändern Sie das Datumsformat DATUM, MITTEL in DATUM, KURZ. (Jawohl. *Kurz* zeigt vier Stellen, *mittel* tut dies nicht!)

4. Wählen Sie die Registerkarte ABFRAGEN.
5. Für jede Abfrage:

    5a. Wählen Sie ENTWURF.

    5b. Prüfen Sie die Spalten und suchen Sie nach Einträgen, die ein Datum anzeigen.

    5c. Ändern Sie die Einträge so, daß sie das kurze Datumsformat benutzen.

6. Wählen Sie die Registerkarte FORMULARE.
7. Für jedes Formular:

    7a. Wählen Sie ENTWURF.

7b. Öffnen Sie das Menü ANSICHT, und wählen Sie EIGENSCHAFTEN.

7c. Prüfen Sie jedes Datumsfeld auf dem Formular, und suchen Sie nach Feldern mit dem mittleren Datumsformat.

7d. Ändern Sie das Format in das kurze Datumsformat.

8. Wählen Sie die Registerkarte BERICHT.

9. Für jeden Bericht:

9a. Wählen Sie ENTWURF.

9b. Öffnen Sie das Menü ANSICHT, und wählen Sie EIGENSCHAFTEN.

9c. Prüfen Sie jedes Datumsfeld auf dem Bericht, und suchen Sie nach Feldern mit dem mittleren Datumsformat.

9d. Ändern Sie das Format in das kurze Datumsformat.

Makros und Module gehen über den Rahmen dieses Buches hinaus. Ziehen Sie einen Programmierer zu Rate, wenn Sie Hilfe bei der Änderung dieser Komponenten benötigen.

J3D: Andere Software-Anwendungen

Neben diesen Office-Standardanwendungen können auf Ihrer Maschine noch andere firmenweit akzeptierte Standardprogramme installiert sein. Bitte prüfen Sie, ob sich folgende Software auf Ihrer Maschine befindet.

Aktivität J3D1: Netscape, Version 3.0 und höher, sowie Zugriff auf das Web im allgemeinen

Es sind keine allgemeinen Änderungen notwendig.

Vorsicht — Die Prüfung, ob Ihre World-Wide-Web-Browser (Netscape, Microsoft Internet Explorer usw.) Jahr 2000-konform sind, behandelt nur einen Teil der Probleme, die durch Ihren Anschluß an das Internet und das World Wide Web verursacht werden. Die zusätzlichen Fragen, die als Nächstes beschrieben werden, müssen prozedural in Ihrer Organisation bearbeitet werden.

Dynamisches Herunterladen

Web-Browser laden routinemäßig Programme herunter, die zu einer Web-Seite gehören, und führen sie dann aus. Typischerweise behandeln Browser diese Programme als Plug-ins oder selbststartende Anwendungen (beispielsweise Java-Applets, JavaScript- oder C-basierte Programme). Obwohl einige web-basierte Sprachen versucht haben, die Datumsprobleme zu lösen, die mit dem Jahrhundertwechsel verbunden sind, hat sich bis jetzt kein allgemein akzeptierter Standard für Anwendungen, Sprachen oder technische Architekturen etablieren können. Deshalb können Sie bei diesen heruntergeladenen Programmen auf Jahr 2000-spezifische Probleme stoßen. Sie können die Art, wie Datumsangaben im gesamten World Wide Web verarbeitet werden, weder kontrollieren noch standardisieren. Dieses Buch empfiehlt, daß Sie die Probleme von Fall zu Fall identifizieren und korrigieren und daß Sie Standards für Ihre intranet-basierten Anwendungen aufstellen. Außerdem sollten Sie die geschäftlichen Nutzungen des World Wide Webs identifizieren, bei denen Datumsprobleme auftreten können, und Alternativen entwickeln, um die geschäftlichen Aufgaben erfüllen zu können, falls Probleme oder Fehler auftreten, die sich Ihrer Kontrolle entziehen.

Programme herunterladen

Wenn Sie Programme über das Web herunterladen, können Sie auf Jahr 2000-spezifische Probleme stoßen. Wie diese Utilities, Demos, Datenbanken und anderen ausführbaren Programme mit dem Jahr 2000-Problem umgehen, entzieht sich Ihrer Kontrolle. Setzen Sie deshalb in Ihrer Organisation Standards für die Benutzung solcher aus dem Web heruntergeladenen Programme fest. Achten Sie besonders auf Makros und Utilities, die kurzfristig gewisse Probleme lösen, aber langfristig selbst Probleme verursachen können.

Aktivität J3D2: Andere Standard-Software der Organisation

1. Passen Sie dieses Dokument an Ihre Umgebung an, und fügen Sie Ihre spezifischen Anwendungen ein.

Aufgabe J4: Konformität von nicht standardmäßiger und benutzerdefinierter Software herstellen

Die folgenden Fragen sollen Ihnen und Ihren Benutzern helfen, die Jahr 2000-Konformität anderer Software-Pakete zu beurteilen, die nicht bei den vorangegangenen Aufgaben berücksichtigt wurden.

Aktivität J4A: Ist die Software immer noch im Einsatz?

Falls nicht, sichern Sie die Software, und entfernen Sie sie dann von dem PC.

Aktivität J4B: Ist die Software wirklich notwendig, um meine Aufgaben rechtzeitig auszuführen?

Falls nicht, sichern Sie die Software, und entfernen Sie sie dann von dem PC.

Aktivität J4C: Gibt es eine andere Methode, die Jahr 2000-konform ist oder standardmäßig in meiner Organisation eingesetzt wird?

Falls dies der Fall ist, wählen Sie jetzt die beste Methode, und stellen Sie sich darauf um.

Aktivität J4D: Ist sie geschäftskritisch?

- Kann ich die Kosten rechtfertigen, die durch das Ändern, Testen, Aktualisieren und Einführen einer Jahr 2000-konformen Version entstehen?
- Kann ich die damit verbundenen Risiken rechtfertigen?
- Kann ich einen Notfallplan aufstellen, falls die Software ausfällt, ehe sie korrigiert werden kann?

Bitte halten Sie alle nicht standardmäßigen, geschäftskritischen Anwendungen schriftlich fest, die begutachtet werden müssen.

Anhang K:
Was befindet sich auf der CD-ROM?

Die CD-ROM, die diesem Buch beiliegt, enthält eine Reihe von Dateien, die Ihnen bei einigen wichtigen Aufgaben zu einem schnelleren Start verhelfen sollen. Dieser Anhang beschreibt den Inhalt der CD-ROM.

Die CD-ROM enthält folgende Ordner:

- \Present
- \ProjPlan
- \Repos
- \Web

Der Inhalt der Ordner wird in den folgenden Abschnitten beschrieben.

ProjPlan: Der Jahr 2000-Projektplan

Der Ordner *ProjPlan* enthält eine detaillierte Planschablone für die Fertigstellung der Deliverables und Aufgaben des Jahr 2000-Projekts. Der Projektplan umfaßt Deliverables, Aufgaben und Meilensteine. Konsultieren Sie Anhang H für weitere Informationen über den Projektplan. Die Datei heißt *howto2k.mpp*. Um auf diese Datei zugreifen zu können, benötigen Sie Microsoft Project, Version 4.0 oder höher.

Der Jahr 2000-Projektplan (der Ordner *ProjPlan*)

Sie können folgendermaßen auf den Jahr 2000-Projektplan zugreifen:

1. Starten Sie Microsoft Project.
2. Wählen Sie den Menübefehl DATEI/ÖFFNEN.
3. Doppelklicken Sie im Dialogfeld DATEI ÖFFNEN auf den Laufwerksbuchstaben Ihres CD-ROM-Laufwerks.
4. Doppelklicken Sie auf das Symbol des Ordners *ProjPlan*.

5. Doppelklicken Sie auf die Datei *howto2k.mpp*.

6. Das Dialogfeld DATEI ÖFFNEN wird durch das Hauptfenster der Anwendung ersetzt, in dem der Jahr 2000-Projektplan angezeigt wird.

Repos: Jahr 2000-Projektdatenbank

Der Ordner *Repos* enthält Schablonen aller Tabellen, die zu einer typischen Jahr 2000-Projektdatenbank gehören. Die Datei heißt *howto2k.mdb*. Für den Zugriff auf diese Datei benötigen Sie Microsoft Access.

Die Jahr 2000-Projektdatenbank enthält folgende Tabellen:

Tabellenname	Tabelleninhalt
COTS	Standardsoftware und Standardkomponenten
Data	Datenstrukturen
Hardware	Hardware-Plattformen
Interfaces	Schnittstellen zu Fremdherstellern
Modules	Informationen über Module
Systems	allgemeine Systeminformationen
Vendors	Kontaktinformationen über Lieferanten, Geschäftspartner und Fremdhersteller

Die Schablone der Jahr 2000-Projektdatenbank (der Ordner *Repos*)

Sie können folgendermaßen auf die Jahr 2000-Projektdatenbank zugreifen:

1. Starten Sie Microsoft Access.

2. Wählen Sie den Menübefehl DATEI/ÖFFNEN.

3. Doppelklicken Sie im Dialogfeld DATEI ÖFFNEN auf den Laufwerksbuchstaben Ihres CD-ROM-Laufwerks.

4. Doppelklicken Sie auf das Symbol des Ordners *Repos*.

5. Doppelklicken Sie auf die Datei *howto2kr.mdb*.

6. Das Dialogfeld DATEI ÖFFNEN wird durch das Hauptfenster der Anwendung ersetzt, in dem die Tabellen und Formulare der Jahr 2000-Projektdatenbank angezeigt werden.

7. Klicken Sie im Datenbankfenster auf die Schaltfläche TABELLEN.
8. Die Namen der Tabellen werden angezeigt. Wählen Sie eine Tabelle, und klicken Sie dann auf die Schaltfläche ENTWURF, um die Felder und die Beschreibung der Tabelle anzuzeigen.

Present: Jahr 2000-Projektpräsentationen

Der Ordner *Present* enthält sieben Microsoft-PowerPoint-Dateien mit Jahr 2000-Präsentationen für verschiedene Zielgruppen. Für den Zugriff auf diese Dateien benötigen Sie Microsoft PowerPoint, Version 4.0 oder höher. Die folgende Tabelle zeigt den Inhalt der Peäsentation:

Dateiname (Unterordner *MS*)	Name der Präsentation	Inhalt der Präsentation
y2overvw.ppt (Brief Overview.ppt)	Ein kurzer Überblick	Kurzer, sehr allgemeiner Überblick über das Jahr 2000-Problem und Jahr 2000
y2aware.ppt (General Awareness.ppt)	Allgemeine Bewußtmachung	Detaillierter Blick auf das Jahr 2000-Problem, auf Jahr 2000 und Empfehlungen für die Teamverantwortlichkeiten
y2probl.ppt (Technical Problems & Solutions.ppt)	Technische Probleme und Lösungen	Ein Blick auf spezifische Jahr 2000-Probleme und ihre Lösungen
y2mgmtbr.ppt (Detailed Management Overview.ppt)	Detailliertes Management-Briefing	Ein Briefing für das mittlere Management, in dem die Probleme, Risiken, Ziele und Aufgaben eines typischen Jahr 2000-Projekts zusammengefaßt werden
y2senior.ppt (Senior Management.ppt)	Geschäftsleitung-Briefing	Eine kurze, prägnante Zusammenfassung der Jahr 2000-Projektaktivitäten und Budget-Meilensteine

Dateiname (Unterordner *MS*)	Name der Präsentation	Inhalt der Präsentation
y2triage.ppt (Triage.ppt)	Entscheidungsfindungs-Briefing	Eine Zusammenfassung der Informationen, die während der Phase der Bestandsaufnahme gesammelt werden und die Basis für die Detailplanung bilden

Jahr 2000-Projekt Präsentationen (der Ordner *Present*)

Sie können folgendermaßen auf die Jahr 2000-Projektpräsentationen zugreifen:

1. Starten Sie Microsoft PowerPoint.
2. Wählen Sie den Menübefehl DATEI/ÖFFNEN.
3. Doppelklicken Sie im Dialogfeld DATEI ÖFFNEN auf den Laufwerksbuchstaben Ihres CD-ROM-Laufwerks.
4. Doppelklicken Sie auf das Symbol des Ordners *Present*.
5. Doppelklicken Sie auf den Namen der gewünschten Präsentationsdatei.
6. Das Dialogfeld DATEI ÖFFNEN wird durch das Hauptfenster der Anwendung ersetzt, in dem die Präsentation angezeigt wird.

Web: World-Wide-Web-Bookmarks für Jahr 2000-Informationen

Der Ordner *Web* enthält eine Web-Seite mit Bookmarks (elektronischen Links) zu einer Reihe von Web-Sites, die sich mit Jahr 2000-Themen befassen. Einige dieser Sites enthalten weitere Verweise auf zusätzliche Informationsquellen zu dem Jahr 2000-Thema. Die Datei heißt *howto2k.htm*. Sie können mit einem beliebigen Internet-Browser (beispielsweise Netscape, Windows Internet Explorer usw.) zugreifen.

World-Wide-Web-Bookmarks für Jahr 2000-Informationen (der Ordner *Web*)

Sie können folgendermaßen auf die Web-Bookmarks mit Jahr 2000-Informationen zugreifen:

1. Starten Sie Ihren Browser.
2. Wählen Sie den Menübefehl DATEI/ÖFFNEN.
3. Doppelklicken Sie im Dialogfeld DATEI ÖFFNEN auf den Laufwerksbuchstaben Ihres CD-ROM-Laufwerks.
4. Doppelklicken Sie auf das Symbol des Ordners *Web*.
5. Doppelklicken Sie auf die Datei *howto2k.htm*.
6. Das Dialogfeld DATEI ÖFFNEN wird durch die Jahr 2000-Web-Seite mit den elektronischen Bookmarks ersetzt.
7. Klicken Sie auf ein Bookmark, um auf die Jahr 2000-Informationen zuzugreifen, die in dem Bookmark-Text beschrieben werden.

Glossar

acceptance test procedure → Akzeptanztestprozedur

Akzeptanztestprozedur (acceptance test procedure)
Die schriftliche Schritt-für-Schritt-Anleitung mit den erwarteten Ergebnissen der Tests, die notwendig sind, um die Funktionstüchtigkeit eines Systems zur Zufriedenheit des Benutzers, des Kunden oder des Geschäftspartners zu demonstrieren.

Änderungsantrag (change request = CR)
Ein Verfahren, mit dem Benutzer Systemprobleme melden und ihre Behebung fordern sowie Wünsche zur Verbesserung oder Erweiterung eines Systems anmelden können.

Änderungsüberwachung (change control)
Formelles Verfahren zur Anregung, Begutachtung, Überwachung, Implementierung und Dokumentation von Änderungen eines Systems.

Anfänglicher Projektplan (Initial Project Plan)
Der erste umfassende Plan für die Durchführung des Jahr 2000-Projekts, erstellt während der Planungs- und Bewußtmachungsphase.

Anomalie (anomaly)
Jede Abweichung von den Anforderungen an die Software, ihrem erwarteten oder gewünschten Verhalten oder ihrer erwarteten oder gewünschten Performanz (aus IEEE STD 1074-1991).

anomaly → Anomalie

Anwenderspezifische Systeme (custom systems)
Auch: *Benutzerspezifische Systeme*. Automatisierte Systeme, die speziell für eine Organisation erstellt werden, um ganz bestimmte organisationsspezifische Funktionen zu erfüllen. Normalerweise handelt es sich Systeme, die intern, innerhalb einer Organisation erstellt werden und nur ein einziges Mal eingesetzt werden. Sie sind das Gegenteil von Standardsystemen (Siehe *COTS*).

application or system partitioning → **Systemzerlegung**

Arbeitskonzept (concept of operations)
Die Beschreibung der Funktionalität eines bestimmten Systems und seiner Arbeitsumgebung aus der Vogelperspektive.

Arbeitskostenschätzwerkzeuge (cost-of-work estimating tools)
Software-Werkzeuge, Spreadsheets oder Verfahren, die im Voraus abschätzen, wieviel Arbeit notwendig sein wird, um die Jahr 2000-Konformität der Systeme herzustellen, die in einem Jahr 2000-Projekt eingeschlossen sind. Siehe Anhang E, *Anwendbarkeit von Werkzeugen*, für weitere Informationen über Werkzeuge zur Kostenabschätzung.

Arbeitsprodukt (work product)
Ein bestimmtes, definiertes und meßbares Ergebnis (Objekt, Dokument usw.), das im Rahmen eines Projekts, einer Datensammlung oder einer Organisation erarbeitet oder bereitgestellt werden muß. Zu den Arbeitsprodukten gehören beispielsweise Hardware- und Software-Komponenten, Design-Spezifikationen, Pflichtenhefte, Produktdatendateien, Pläne und Dokumentationen. Siehe auch *Deliverable*.

assessment strategy → **Bewertungsstrategie**

Attribut (attribute)
Jedes Detail, das dazu dient, den Zustand einer Entität oder eines Objekts zu qualifizieren, zu identifizieren, zu klassifizieren, zu quantifizieren oder zu beschreiben. Eine Eigenschaft oder ein Charakteristikum von einem oder mehreren Einträgen.

attribute → **Attribut**

Aufgaben (tasks)
Die Aktivitäten, die notwendig sind, um ein Jahr 2000-Deliverable fertigzustellen. Das Jahr 2000-Projekt besteht aus einer hierarchisch gegliederten Aufgabenstruktur: die Arbeit ist erst nach Phasen, dann nach Deliverables und schließlich nach Vorgängen unterteilt.

Aufsichtsgremium (configuration control board = CCB)
Eine Gruppe von Leuten, die vorgeschlagene Änderungen des Systems, für das sie zuständig sind, begutachten, diskutieren und genehmigen/ablehnen.

Ausgangsbasis (baseline)

1. Ein zeitpunktbezogenes Inventar von Objekten (d.h. Programmelementen, Dokumentationen usw.) und ihrer Beziehungen.
2. Konfigurationsidentifikation zu einem vorbestimmten Zeitpunkt.
3. Eine Spezifikation oder ein Produkt, die/das formell begutachtet und allgemein akzeptiert wurde und danach als Basis der weiteren Entwicklung dient. Eine solche Spezifikation oder ein solches Produkt kann nur durch eine formelle Änderungsprozedur modifiziert werden (IEEE-STD-60).

Ausgangsinventar (baseline Inventar)

Ursprüngliches Inventar der Systemdaten.

Austausch (replacement)

Ersatz des existierenden Systems durch ein anderes (vermutlich neues) automatisiertes System. Bei Jahr 2000-Projekten bezieht sich *Austausch* im allgemeinen auf den Ersatz eines vorhandenen Standardprodukts durch ein funktionell ähnliches, aber Jahr 2000-konformes Produkt.

awareness strategy →Bewußtmachungsstrategie

baseline Inventar →Ausgangsinventar

baseline →Ausgangsbasis

Benchmark

Ein Standard, der als Maßstab für Messungen und Vergleiche dient (IEEE-STD-610).

Benutzerschnittstelle (user interface)

Die Komponente eines Systems, über die der Benutzer mit dem System kommuniziert. Die graphische Benutzerschnittstelle (GUI = *graphical user interface*) eines Software-Systems besteht aus Fenstern (engl. *windows*), die auf dem Bildschirm angezeigt werden und dem Benutzer Daten präsentieren sowie ihm die Möglichkeit geben, Daten einzugeben.

Benutzerspezifische Systeme (custom systems)

Siehe: *Anwenderspezifische Systeme*

Bestandsaufnahme (Phase 2; Inventory)

Die Phase, in der alle Funktionen aller automatisierten Systeme einer Organisation erfaßt werden, die mit dem Jahr 2000-Projekt zu tun haben.

Bewertungsstrategie (assessment strategy)

Systematisches Vorgehen zur Identifikation einzelner Jahr 2000-Probleme in einem bestimmten System mit dem Ziel, eine grobe Abschätzung der Größenordnung des Einflusses zu erarbeiten, den das Jahr 2000 auf das System hat.

Bewußtmachungsstrategie (awareness strategy)

Systematisches Vorgehen zur Förderung des Jahr 2000-Problembewußtseins in einer Organisation.

bridge →Brücke

Brücke (bridge)

Ein permanentes oder temporäres Modul, das dazu dient, Daten auf der einen Seite einer Schnittstelle so umzuwandeln, daß sie mit den Erwartungen auf der anderen Seite der Schnittstelle kompatibel sind. Im Zusammenhang mit dem Jahr 2000-Projekt sorgen Brücken für die Umwandlung der Daten, wenn nur eine Seite einer Schnittstelle Jahr 2000-konform ist oder wenn die aktualisierten Schnittstellen miteinander nicht vereinbare Jahr 2000-Lösungen implementieren.

CASE

Computer-Aided Systems Engineering, auch *Computer-Aided Software Engineering*, ist eine Kombination von Grafikwerkzeugen, Data-Dictionaries, Generatoren, Projektmanagementwerkzeugen und anderen Software-Werkzeugen, die dazu dienen, Systementwickler und Softwareingenieure bei der systematischen, methodischen Entwicklung und Wartung von qualitativ hochwertigen Software-Systemen zu unterstützen.

CCB (configuration control board) →Aufsichtsgremium

CDR (critical design review) →Design-Review

change control →Änderungsüberwachung

change request (CR) → Änderungsantrag

CM (configuration management) →Konfigurationsmanagement

code editors →Code-Editoren

code parsers →Code-Parser

code scanners →Code-Scanner

Code-Editoren (code editors)
Software-Werkzeuge, mit denen Sie Quellcode oder andere Textdateien editieren können. Jahr 2000-Code-Editoren sind gewöhnlich in Datensammlungen integriert und ermöglichen es, von einem inventarisierten Datumsvorkommen zum nächsten zu springen. Sie können den Code in der Nachbarschaft des Datumsvorkommens begutachten und eine Standardkorrektur ausführen, das Datum manuell aktualisieren, den Eintrag überspringen oder ihn zur späteren Bearbeitung markieren.

Code-Parser (code parsers)
Code-Parser sind mit Code-Scannern vergleichbar. Im Gegensatz zu diesen »verstehen« Parser jedoch, wie Daten (insbesondere Datumsdaten) benutzt werden und können deshalb die Benutzung von Variablen in Zuweisungen, Berechnungen und manchmal sogar Umbenennungen und Speicherüberlagerungen verfolgen. Code-Parser sind häufig in eine Datensammlung integriert und bieten in diesem Zusammenhang die Möglichkeit, die gefundenen Daten interaktiv zu ändern. Siehe Anhang E, *Anwendbarkeit von Werkzeugen*, für weitere Informationen über Code-Parser.

Code-Scanner (code scanners)
Werkzeuge, mit denen Sie Code nach Schlüsselwörtern durchsuchen können, die Sie eingeben. Code-Scanner sind im allgemeinen einfache Suchmaschinen, die eine Liste von Dateien, die von dem Benutzer eingegeben werden, nach Schlüsselwörtern, Ausdrücken oder Mustern durchsuchen, die ebenfalls vom Benutzer eingegeben werden. Die Werkzeuge erzeugen im allgemeinen einen Bericht, in dem die Fundstellen jedes gefundenen Vorkommens durch den Dateinamen und die Position innerhalb der Datei identifiziert werden. Wenn ein Code-Scanner in eine Datensammlung integriert ist, untersucht der Scanner im allgemeinen die inventarisierten Dateien und trägt detaillierte Informationen über die Fundstellen der Schlüsselwörter in die Datensammlung ein. Siehe Anhang E, *Anwendbarkeit von Werkzeugen*, für weitere Informationen über Code-Scanner.

compliance →Konformität

concept of operations →Arbeitskonzept

configuration control board (CCB) →Aufsichtsgremium

configuration item →Konfigurationskomponente

configuration management (CM) →Konfigurationsmanagement

configuration management tools (CM tools) → Konfigurationsmanagementwerkzeuge

consolidated software development record (C-SDR) →Software-Projekthandbuch

Correction stage →Korrekturstufe

cost-of-work estimating tools →Arbeitskostenschätzwerkzeuge

COTS

Commercial Off The Shelf (dt. *kommerziell von der Stange*). Ein Standardprodukt, das von einem Lieferanten hinzugekauft und nicht oder nur minimal an die eigenen Anforderungen angepaßt wird. Bei Software spricht man von *Standardsoftware*.

CR (change request) →Änderungsantrag

critical design review (CDR) →Design-Review

C-SDR (consolidated software development record) →Software-Projekthandbuch

custom systems →Anwenderspezifische Systeme

data approach →Datenansatz

data conversion tools →Datenumwandlungswerkzeuge

data dictionary →Daten-Dictionary

data flow diagram (DFD) →Datenflußdiagramm

data repository →Projektdatenbank

data structure diagram →Datenstrukturdiagramm

database administrator →(DBA) Datenbankadministrator

date simulator →Datumssimulator

Datenansatz (data approach)
Langfristig angelegter Ansatz zur Herstellung der Jahr 2000-Konformität, der darauf basiert, Dateien, Programme und Konstrukte von Steuerungssprachen, die mit einem zweistelligen Datumsformat (jj) arbeiten, auf ein vierstelliges Format (jjjj) umzustellen. Zeitaufwendiger und teurer als der *Logikansatz*. Auch als *Felderweiterung* (engl. *field expansion*) bezeichnet. Siehe auch *Logikansatz*.

Datenbankadministrator (database administrator = DBA)
Die Person, die für die funktionale Integrität eines Datenbanksystems verantwortlich ist. Zu ihren Aufgaben gehört die Qualitätssicherung der Daten und die Benutzerzugangskontrolle zur Datenbank.

Daten-Dictionary (data dictionary)
1. Eine umfassende Beschreibung der Datenelemente in einer Datenbank.
2. Eine Datenbank zur Speicherung der Definitionen von Tabellen, Spalten, Views einer bestimmten Datenbank.

Datenflußdiagramm (data flow diagram = DFD)
Ein graphisches Verfahren zur Beschreibung des Informationsflusses in einem System. Datenflußdiagramme sind Bestandteil der Methode der strukturierten Softwareentwicklung, die ursprünglich von Edward Yourdon entwickelt und von Tom DeMarco ergänzt wurde.

Datenstrukturdiagramm (data structure diagram)
Ein Diagramm, das die Beziehungen zwischen Daten darstellt.

Datenumwandlungswerkzeuge (data conversion tools)
Software-Werkzeuge, die gespeicherte Daten aus einem Format in ein anderes umwandeln, von einem Speichermedium auf ein anderes speichern oder aus einer Codierung in eine andere übertragen. Standardwerkzeuge unterstützen die Datenumwandlung nur bis zu einem gewissen Grad. Beispiels-

weise enthalten die meisten Standarddatenbankpakete Software zur Umwandlung von Daten im Format anderer Datenbankanbieter in das eigene Format sowie zur Umwandlung eines Datensatzlayouts in ein anderes.

Datumssimulator (date simulator)

Ein Datumssimulator ermöglicht es Ihnen, das Datum zu spezifizieren, das an die Software, die das Datum vom Betriebssystem anfordert, zurückgegeben werden soll. Damit wird es leichter zu prüfen, ob ein aktualisiertes System korrekt funktioniert. Weil jedoch ein großer Teil der Jahr 2000-Fehler durch die Daten und die Schnittstellen bedingt ist, kann ein Datumssimulator normalerweise beträchtliche Teile der Änderungen nicht validieren. Ein Datumssimulator sollte sowohl für primäre Jahr 2000-Tests von Daten als auch für Regressionstests verwendet werden.

DBA (database administrator) →Datenbankadministrator

Debugger

Software-Werkzeuge, welche die Identifikation von Fehlern im Quellcode eines Software-Systems erleichtern. Diese Werkzeuge ermöglichen es Software-Entwicklern, Variablen und Speicherplätze zu untersuchen, die Ausführung des Codes an vordefinierten Stellen zu unterbrechen, den Code zeilenweise oder Einheit für Einheit auszuführen usw. Debugger können im Batch-Modus, im Online-Betrieb sowie in interaktiven Entwicklungsumgebungen ausgeführt werden. Debugging-Werkzeuge sind im allgemeinen nicht speziell auf Jahr 2000-Probleme zugeschnitten, aber gelegentlich bilden sie einen Bestandteil von Jahr 2000-Werkzeug-Sets. Siehe Anhang E, *Anwendbarkeit von Werkzeugen*, für weitere Informationen über Debugger.

Deliverable

Ein bestimmtes, definiertes und meßbares Ergebnis (Zwischenprodukt, Zwischenbericht, Objekt, Dokument usw.), das im Rahmen eines Projekts, einer Datensammlung oder einer Organisation erarbeitet oder bereitgestellt werden muß und für die Erreichung eines Ziels oder die Funktionstüchtigkeit des Systems notwendig ist. Zu den Deliverables gehören beispielsweise Hardware- und Software-Komponenten, Design-Spezifikationen, Pflichtenhefte, Produktdatendateien, Pläne und Dokumentationen. Siehe auch *Arbeitsprodukt*.

Deployment →Einsatz

Design-Review (critical design review = CDR)
Eine formelle Begutachtung eines Systementwurfs, um dessen Vollständigkeit und Korrektheit zu beurteilen. Die Begutachtung wird durchgeführt, wenn der Entwurf im Detail im wesentlichen vollständig ist. Sie soll sicherstellen, daß der fertige Systementwurf alle Anforderungen korrekt berücksichtigt.

Detailed Assessment →Detailplanung

Detailplanung (Phase 4; Detailed Assessment)
Die Phase, in der (a) einzelne Jahr 2000-Probleme innerhalb bestimmter Systeme und (b) passende Lösungen dieser Probleme identifiziert werden.

Detection stage →Entdeckungsstufe

DFD (data flow diagram) →Datenflußdiagramm

draft →Entwurf

Eigenständige Geschäftseinheit (isolated business unit)
Eine organisatorische Einheit, deren Schnittstellen mit anderen Einheiten durch budgetbedingte, organisatorische, funktionale, physische oder sicherheitsbedingte Faktoren begrenzt sind.

Eingebettetes System (embedded system)
Computerprogramme, Anweisungen oder Funktionen, die als integraler Bestandteil eines Hardware-Systems implementiert sind. Dazu zählen Programme oder Anweisungen, die dauerhaft in einem programmierbaren, readonly Speicher (PROM) gespeichert sind und eine grundlegende Komponente der System-Hardware bilden. Siehe auch *EPROM*, *PROM*.

Einheit (unit)
Ein einzelnes Objekt oder eine Sammlung von Objekten, das bzw. die eine spezielle Funktion erfüllen. Eine Software-Einheit ist typischerweise ein einzelnes Modul oder Programm, das Bibliotheken oder andere Programme aufrufen kann. Die Unit-Definition hängt davon ab, in welcher Programmiersprache (Ada, C, COBOL oder eine andere Sprache) das System geschrieben ist.

Glossar

Einheitstest (unit testing)
Test durch den Entwickler. Testet jede Programmeinheit.

Einsatz (Phase 8; Deployment)
Die Phase, in der ein Jahr 2000-konformes System für die Verwendung im normalen Geschäftsbetrieb installiert und freigegeben wird.

electronic partner →**Elektronischer Partner**

Elektronischer Partner (electronic partner)
Eine externe Organisation, die auf elektronischem Weg mit einem oder mehreren automatisierten Systemen einer anderen Organisation interagiert. Typischerweise besteht eine solche Interaktion im Austausch von Dateien oder Daten in einem festen, vordefinierten Format.

embedded system →**Eingebettetes System**

Entdeckungsstufe (Detection stage)
Die erste der beiden Jahr 2000-Stufen (die andere ist die Korrekturstufe). Die Entdeckungsstufe umfaßt vier Phasen: Planung und Bewußtmachung, Bestandsaufnahme, Entscheidungsfindung und Detailplanung.

Enterprise Schematic →**Unternehmensorganigramm**

Entität (entity)
Eine Person, ein Ort oder ein Objekt, über die/den/das ein System Informationen speichert und mit Informationen über andere Entitäten in Beziehung setzt.

entity →**Entität**

Entity-Relationship-Diagramm (ERD)
Ein Diagramm, das graphisch Entitäten und ihre Eigenschaften sowie die wesentlichen Geschäftsbeziehungen zwischen den Entitäten darstellt. Der Prozeß der Erstellung eines solchen Diagramms wird als *Entity-Modellierung* bezeichnet.

Entscheidungsfindung (Phase 3; Triage)

Die Phase, in der Ihre Organisation die kritischen Entscheidungen über den Einschluß bestimmter Systeme in das Jahr 2000-Projekt trifft. Diese Entscheidungen basieren auf der Begutachtung der technischen und geschäftlichen Risiken, die mit jedem automatisierten System verbunden sind. Systeme, die für die Organisation lebensnotwendig sind, werden in die nächste Phase (Detailplanung) aufgenommen, dort genau analysiert und bei Bedarf später korrigiert. Nicht kritische Systeme werden nicht in das Jahr 2000-Projekt aufgenommen oder nur mit niedriger Priorität bearbeitet. Einige Organisationen überprüfen ihre Entscheidungen dieser Phase während ihres gesamten Jahr 2000-Projekts.

Entwurf (draft)

Eine noch nicht genehmigte, nicht unterzeichnete und nicht freigegebene Version, normalerweise eines Dokuments.

EPROM

Erasable Programmable Readonly Memory (dt. *löschbarer, programmierbarer readonly Speicher*). Eine programmierbare Hardware-Komponente, in der Software zur Steuerung der Hardware gespeichert wird. Diese Komponenten können eingebettete Datumslogik als residente Funktion enthalten. Siehe auch *Eingebettete Systeme*, *Firmware* und *PROM*.

ERD →Entity-Relationship-Diagramm

executable manipulation tools →Werkzeuge zur Manipulation ausführbarer Dateien

executable manipulation, disassemblers → Manipulation ausführbarer Dateien, Disassembler

executable manipulation, patch → Manipulation ausführbarer Dateien, Patch

Fallout (Phase 9)

Phase, in der (a) die laufende Operation des eingeführten Systems betreut und auftretende Fehler bearbeitet werden, (b) Probleme des Kundendienstes gelöst werden, die durch neu eingeführte Systeme verursacht werden, (c) Brücken und Patches verwaltet und entfernt werden, die im Zuge des Korrekturzyklus eingesetzt wurden und (d) die Erfahrungen verarbeitet werden, die beim Einsatz des Systems gewonnen wurden, um den Einsatz zukünftiger Systeme zu vereinfachen.

Firmware

Computerprogramme, Anweisungen oder Funktionen, die in der Hardware implementiert sind. Solche Programme oder Anweisungen, die dauerhaft in einem programmierbaren readonly Speicher gespeichert sind, bilden einen grundlegenden Bestandteil der System-Hardware. Siehe auch *Eingebettete Systeme*, *EPROM*, *PROM*.

Folgeabschätzung (impact assessment)

Die Analyse der potentiellen Ergebnisse einer bestimmten Aktion (oder Untätigkeit).

Fremdhersteller (third party)

Eine Organisation, die kein primärer Partner einer Geschäftsbeziehung ist, aber zu einem der primären Geschäftspartner in einer Beziehung steht, welche die primäre Geschäftsbeziehung beeinflussen kann. Beispiel: Firma X entwickelt Software für Firma Y (primäre Beziehung). Firma X kauft von Firma T (Fremdhersteller) Software, die sie benötigt, um Firma Y zu unterstützen. Deshalb beeinflußt die mangelnde Konformität der Firma T die Firma Y auch dann, wenn es keine direkte Geschäftsbeziehung zwischen diesen Firmen gibt.

Funktion (function)

1. Ein bestimmter Zweck einer Entität oder ihre charakteristische Aktion (IEEE STD 1074-1991).

2. Ein Satz zusammenhängender Aktionen, die von einem dafür vorbereiteten oder präparierten Individuum oder Werkzeug ausgeführt werden, um ein ganz bestimmtes Ergebnis zu produzieren oder Ziel zu erreichen (CMU/SEI-93-TR-25).

Größenordnung (rough order of magnitude = ROM)

Eine ungefähre Schätzung (»über den Daumen«), die nach einer minimalen Untersuchung abgegeben wird. (Das Akronym *ROM* bedeutet auch *readonly memory*.)

IEEE (Institute of Electrical and Electronic Engineers)

Amerikanischer Verband für Elektro- und Computeringenieure, der sich auch mit der Entwicklung von Standards im Computerbereich beschäftigt (*http://www.ieee.com*).

impact assessment →Folgeabschätzung

implementation strategy →Implementierungsstrategie

Implementierungsstrategie (implementation strategy)
Der übergreifende Ansatz zur Bereitstellung eines Jahr 2000-konformen Systems. Eine Implementierungsstrategie setzt die allgemeinen Richtlinien für die Implementierung des Systems fest und berücksichtigt dabei die Kosten, den Zeitrahmen, die Risiken, die Qualität und die Produktionsanforderungen.

information services (IS) →Informationsdienst

Informationsdienst (information services = IS)
Die Einheit innerhalb einer Organisation, deren Aufgabe darin besteht, zur Unterstützung der Unternehmensaufgaben Systeme zur Datenverarbeitung, Vernetzung und Telekommunikation zu planen, zu implementieren und zu verwalten.

initial project plan →Anfänglicher Projektplan

integrated project plan →Integrierter Projektplan

integration testing →Integrationstests

Integrationstests (integration testing)
Das Testen der Zusammenarbeit von zwei oder mehr vorher einzeln getesteten und akzeptierten Entitäten (beispielsweise Partitionen, Gruppen von integrierten Partitionen, Subsystemen usw.), um festzustellen, ob sie die Anforderungen erfüllen, wenn sie als eine einzelne Entität kombiniert werden.

Integrierter Projektplan (integrated project plan)
Ein vorgeschlagener Zeitplan für die Durchführung eines Jahr 2000-Projekts einschließlich einer umfassende Liste von Aufgaben und eines Zeitplans für die Fertigstellung jeder Aufgabe. Der integrierte Projektplan des Jahr 2000-Projekts befindet sich auf der CD-ROM.

interface simulators →Schnittstellensimulatoren

interface →Schnittstelle

inventory →Bestandsaufnahme

isolated business unit →Eigenständige Geschäftseinheit

Jahr 2000-Projektdatenbank

Datenbank für alle Jahr 2000-Projektinformationen einschließlich der Endprodukte, der Systeminformationen und der Projektmanagementinformationen.

Konfigurationskomponente (configuration item)

Jede Komponente eines automatisierten Systems, die der Änderungsüberwachung unterliegt. Eine Software-Komponente, eine Hardware-Komponente, eine Spezifikation des Systempflichtenheftes, eine Spezifikation des Systementwurfs, ein Systemwartungsdokument oder ein anderes Artefakt eines automatisierten Systems, das dem formellen Konfigurationsmanagement unterworfen ist. Die Informationen über eine Konfigurationskomponente, die zur Unterstützung der Systemverwaltung gespeichert werden, umfassen im allgemeinen folgende Datenelemente: das Produktionsdatum, die Versionsnummer, den Namen der Person, welche für die Änderungen zuständig ist, usw.

Konfigurationsmanagement (configuration management = CM)

Gesamtheit der technischen und verwalterischen Tätigkeiten zur Identifikation und Dokumentation der Funktionen und physischen Eigenschaften einer Hardware- oder Software-Konfiguration, zur Überwachung der Änderungen dieser Funktionen und Eigenschaften, zur Aufzeichnung und Dokumentation der Änderungen und des Implementierungsstatus sowie zur Verifikation der Einhaltung spezifischer Anforderungen (IEEE-STD-610).

Konfigurationsmanagementwerkzeuge (configuration management tools = CM tools)

Software-Werkzeuge, welche die Verwaltung und Koordinierung von Änderungen einer ausgewählten Teilmenge von Komponenten eines automatisierten Systems unterstützen. CM-Software-Werkzeuge speichern überlicherweise Informationen über die Änderungen der verschiedenen Systemkomponenten. CM-Werkzeuge identifizieren außerdem die Generation der verschiedenen Versionen von Systemkomponenten. Siehe Anhang E, *Anwendbarkeit von Werkzeugen*, für weitere Informationen über Konfigurationsmanagementwerkzeuge.

Konformität (compliance)

1. Eine funktionale Definition: Jahr 2000-konforme Systeme ...
   - akzeptieren, verarbeiten, berechnen, sortieren, speichern, präsentieren und berichten Datumsangaben mit dem korrekten Jahrhundert und Jahr
   - arbeiten mit anderen Jahr 2000-konformen Systemen zusammen
   - wechseln ohne datumsbezogene Fehler automatisch in das Jahr 2000
   - verursachen keinen vorzeitigen Ausfall oder Ablauf von Sicherheitssystemen, Lizenzen oder Dateien, die in das Jahr 2000 hinein oder darüber hinaus reichen
   - behandeln das Jahr 2000 als Schaltjahr

   Anmerkung: Einige Organisationen erfordern eine komplette Umstellung von zweistelligen in vierstellige Jahresangaben. In diesen Fällen gilt: Ein System ist vollkommen Jahr 2000-konform, wenn alle Jahresangaben vierstellig erfolgen. Ein System ist partiell konform, wenn einige oder alle Jahresangaben in einem Format erfolgen, das keine vier Stellen enthält.

2. Die (US-)amtliche Definition: »Jahr 2000-Konformität bedeutet, daß Informationssysteme Datums- und Zeitangaben, die in den Jahren 1999 und 2000 oder im zwanzigsten oder einundzwanzigsten Jahrhundert liegen oder von einem Jahrhundert in das nächste reichen unter Berücksichtigung der Schaltjahre korrekt verarbeiten (einschließlich berechnen, vergleichen, sortieren und anderer Verarbeitungsformen). Außerdem müssen Jahr 2000-konforme Informationssysteme, die mit anderen Informationssystemen zusammenarbeiten, Datums- und Zeitangaben korrekt verarbeiten, die sie mit diesen anderen Systemen in geeigneter Form austauschen.« Federal Acquisition Regulation (FAR), Part 39.002, veröffentlicht in Federal Acquisition Circular (FAC) 90-45.

3. Standards:
   - ANSI X3.30-1985 (R1991):
     - Für Kalenderdatum und Ordnungsdatum für den Informationsaustausch
     - ANSI X3L8 Standard X3-30, Nov-1996 ‚ccyymmdd'
     - Vom IRS übernommen
   - National Institute of Standards and Technology (NIST):
     - FIPS 4-1 Federal Standard number 6 ‚yyyymmdd'
     - In Arbeit: Julianisches Datum in der Form ‚yyyyddd'

- ANSI X3.51-1994 Information Systems:
  - Für Informationen über die Universalzeit, über lokale Zeitunterschiede und über die Angabe der verschiedenen Zeitzonen der USA beim Informationsaustausch
- ISO 8601:1988 Data elements and interchange formats:
  - Informationsaustausch – Repräsentation von Datums- und Zeitangaben

Korrektur (Phase 5; Resolution)

Die Phase, in der die Systeme in Ihrer Organisation, die Jahr 2000-Probleme enthalten, repariert, ersetzt oder aus dem Verkehr gezogen werden.

Korrekturstrategie (resolution strategy)

Systematisches Vorgehen, um sicherzustellen, daß die Systeme in der Korrekturphase (Phase 5) effizient repariert, ersetzt oder aus dem Verkehr gezogen werden.

Korrekturstufe (Correction stage)

Die zweite der Jahr 2000-Stufen; umfaßt die Phasen der Entscheidung, der Testplanung, der Testausführung, des Einsatzes und des Fallouts.

leap year →Schaltjahr

Lebenszyklus (life cycle)

Ein Satz standardisierter, nach bestimmten Phasen organisierter Aktivitäten zur Entwicklung und Wartung von Systemen.

life cycle →Lebenszyklus

logic approach →Logikansatz

Logikansatz (logic approach)

Ansatz zur Herstellung der Jahr 2000-Konformität, der das zweistellige Jahresformat (jj) beibehält und Datumsangaben nach dem 31. Dezember 1999 durch die Verarbeitungslogik im Programm korrekt interpretiert. Typischerweise können Systeme, die mit diesem Ansatz arbeiten, eine hundertjährige Datumsspanne verarbeiten. Dieser Ansatz wird auch als *prozeduraler Ansatz*, *Feldinterpretation* und *Windowing* bezeichnet. Siehe auch Anhang B, *Lösungsansätze*.

Managementinformationssysteme (management information systems = MIS)

Software-Systeme zur Unterstützung der Informationsbedürfnisse von Managern einer Organisation, beispielsweise Lohn- und Gehaltssysteme, Personalinformationssysteme oder Lagerverwaltungssysteme.

Manipulation ausführbarer Dateien, Disassembler (executable manipulation, disassemblers)

Software-Werkzeuge, die aus ausführbaren Dateien (Programmen) Assembler-Code erzeugen. Der Assembler-Code enthält im allgemeinen keine Label, Variablennamen oder Kommentare, so daß es schwierig ist, ihn zu manipulieren. Dennoch ist es bei entsprechendem Aufwand möglich, Assembler-Code zu verstehen und so zu ändern, daß er Jahr 2000-konform ist.

Manipulation ausführbarer Dateien, Patch (executable manipulation, patch)

Software-Werkzeuge, mit denen ausführbare Dateien (Programme) in kleinerem Umfang direkt geändert werden können, ohne daß der Quellcode oder Werkzeuge zur Erzeugung von ausführbaren Dateien, wie beispielsweise ein Linker, benötigt werden. Die Änderung setzt ein detailliertes Verständnis der ausführbaren Datei voraus einschließlich der Kenntnis möglicher Patch-Positionen sowie der Datenbereiche.

Meilenstein (milestone)

Eine bestimmter Zeitpunkt in einem Projektplan, an dem eine Reihe von Aufgaben abgeschlossen sein muß, um ein Ergebnis oder Teilergebnis eines Projekts zu erzielen. An der Erfüllung oder Erreichung von Meilensteinen läßt sich der Fortschritt eines Projekts messen.

milestone →Meilenstein

MIS: management information systems (Managementinformationssysteme)

parallel test →Paralleltest

Paralleltest (parallel test)

Ein Test eines neuen Systems und neuer Verfahren, der parallel zu dem alten System und den alten Prozessen ausgeführt wird, um die Übereinstimmungen und Unterschiede in den Ergebnissen festzustellen. Eine Validierung eines neuen Systems und/oder Prozesses anhand echter Daten und Schnittstellen, während parallel dazu das existierende System mit denselben Daten und Schnittstellen produktiv arbeitet. Die Ergebnisse des neuen Systems können mit den Ergebnissen des vorhandenen Systems verglichen werden. Dabei werden Fehler in dem neuen System aufgedeckt, oder sein korrektes Funktionieren wird bestätigt.

Partition (partition)

Ein System mit genau definierten Grenzen, das für den Zweck der Einschätzung, der Bewertung, des Testens und des Einsatzes im Rahmen des Jahr 2000-Prozesses als Einheit behandelt wird. Eine einzelne Partition besteht aus einer beliebig umfangreichen Gruppe von Hardware- und Software-Komponenten, die im Hinblick auf die Anforderungen des Jahr 2000-Projekts durch einen Satz funktionaler, technischer und/oder geschäftsbezogener Kriterien zu einer Einheit zusammengefaßt werden.

planning and awareness →Planung und Bewußtmachung

Planung und Bewußtmachung (Phase 1; planning and awareness)

Die Phase, in der die Jahr 2000-Problematik auf allen Ebenen in der ganzen Organsiation bewußt gemacht wird und Pläne (d.h. Budgets und Zeitpläne) für die Fertigstellung der Jahr 2000-Projektaufgaben aufgestellt werden. Dazu zählt das Identifizieren von Anlaufstellen und Kontaktpunkten, die Sammlung von Informationen in der gesamten Organisation, Industrie usw. sowie die Einrichtung von Kommunikationskanälen in der Organisation, die während der und für die Lösung des Jahr 2000-Problems benutzt werden sollen.

problem report →Problembericht

Problembericht (problem report)

Formular zur Meldung von Hardware-, Software- oder Netzwerkproblemen.

Programmelement (program element)

1. Eine eindeutig benannte Software-Komponente, die während der Ausführung aufgerufen wird, beispielsweise Quellcode, Unterroutinen, Scripts, Parameterdatendateien, Prozeduren und Bildschirmmasken (Fenster).
2. Ein Code-Unterelement, das nur von einem Programm benutzt werden kann, das unter der Kontrolle des Programmelements steht. (Dies sollte auch im Code dokumentiert sein.) Wenn ein Unterlement (beispielsweise *copybooks*) nicht von einem anderen Programm benutzt oder wiederverwendet werden kann, handelt es sich um ein separates Programmelement.

Project Management Plan →Projektmanagementplan

Projektdatenbank (data repository)

Eine Datenbank, in der alle Systeminformationen gespeichert werden, die während des Jahr 2000-Projekts anfallen. Siehe Anhang G, *Jahr 2000-Projektdatenbank*, für eine Beschreibung der Arten von Daten, die in der Projektdatenbank verwaltet werden sollten, und Anhang E, *Anwendbarkeit von Werkzeugen*, für weitere Informationen über Datensammlungen.

Projektmanagementplan (project management plan)

Definiert die übergreifende Strategie einer Organisation zur erfolgreichen Bewältigung der Jahr 2000-Projektaufgaben. Beschreibt die Haupt- und Teilzeile des Jahr 2000-Projekts. Enthält Verfahren für die Zertifizierung und Beglaubigung, Kosten/Nutzen-Analysen, Performanzmeßverfahren, organisatorische Maßnahmen, Zuständigkeiten, Konfigurationsmanagement und mehr.

Projektstrukturplan (PSP, work breakdown strukture = WBS)

Eine hierarchische Struktur, die zur Organisation von Vorgängen verwendet wird, um über Terminpläne zu berichten und Kosten zu überwachen.

PROM

Programmable Readonly Memory (dt. *programmierbarer readonly Speicher*). Eine Hardware-Komponente mit Steuerinformationen, die nach dem Laden nicht mehr geändert oder umprogrammiert werden können. Diese Komponenten können eingebettete Datumslogik als residente Funktionen enthalten. Siehe auch *Eingebettete Systeme*, *EPROM* und *Firmware*.

Prototyping

Eine Technik zur Demonstration einer teilweisen oder kompletten Implementierung eines in der Entwicklung befindlichen Systems, um das endgültige Aussehen und Verhalten des Systems frühzeitig begutachten zu können. Prototyping wird oft dazu benutzt, die Anforderungen an ein System zu definieren oder zu verfeinern.

PSP: Projektstrukturplan (work breakdown strukture = WBS)

redevelopment →Sanierung

repair →Reparatur

Reparatur (repair)
Änderung eines Systems, so daß es Jahr 2000-konform wird.

replacement →Austausch

resolution strategy →Korrekturstrategie

resolution →Korrektur

Reverse Engineering-Werkzeuge
Software-Werkzeuge zur Analyse von Software-Komponenten mit dem Ziel, anhand der fertigen Produkte deren Aufbau und Bestandteile zu bestimmen, um ihre Funktionalität nachbilden zu können. Jahr 2000-Entwickler können zum Einsatz von Reverse Engineering-Werkzeugen gezwungen sein, wenn die Software-Komponenten nicht mehr aktuell sind oder ihr Quellcode nicht mehr beschafft werden kann. Zu den betroffenen Komponenten können auch Systempflichtenhefte, Systementwürfe, Quellcodemodule usw. gehören. Siehe Anhang E, *Anwendbarkeit von Werkzeugen*, für weitere Informationen über Reverse Engineering-Werkzeuge.

ROM (rough order of magnitude) →Größenordnung

rough order of magnitude (ROM) →Größenordnung

Sanierung (redevelopment)
Die Änderung eines System, entweder auf seiner vorhandenen Plattform oder auf einer neuen Plattform (beispielsweise Client/Server), um einen Aspekt der Performanz des Systems zu verbessern, beispielsweise seine Verarbeitungsgeschgwindigkeit, seine Benutzerschnittstelle oder seine Wartbarkeit.

Schaltjahr (leap year)
Jahr mit 366 statt 365 Tagen. Im Gregorianischen Kalender sind die Jahre Schaltjahre, die durch 4 teilbar sind, ausgenommen die Jahrhundertzahlen, die nicht durch 400 teilbar sind (beispielsweise ist das Jahr 2000 durch 400 teilbar und deshalb ein Schaltjahr; das Jahr 2100 ist nicht durch 400 und deshalb kein Schaltjahr).

Schnittstelle (interface)
1. Eine Verbindung zwischen zwei automatisierten Systemen.
2. Die Hardware und Software, die benötigt wird, um die Kommunikation zwischen zwei Geräten zu ermöglichen.

Schnittstellensimulatoren (interface simulators)
Software-Werkzeuge, die simulierte Daten an Ihr System senden oder auf den Output Ihres Systems mit simulierten Daten reagieren. Schnittstellensimulatoren gibt es in einer Reihe verschiedener Konfigurationen, angefangen bei residenter Software, die den Input und Output des Systems komplett simuliert, bis hin zu kompletten externen Paketen, die mit Ihrem System genauso verbunden werden wie die simulierte Schnittstelle. Siehe Anhang E, *Anwendbarkeit von Werkzeugen*, für weitere Informationen über Schnittstellensimulatoren.

SEI →Software Engineering Institute

Script-Playback-Werkzeuge
Software-Werkzeuge, mit denen Sie bestimmte Tests definieren und bei Bedarf wiederholt ausführen können. Scripting-Software wird häufig dazu benutzt, Regressionstests auszuführen und zu wiederholen, um sicherzustellen, daß Systemänderungen keinen negativen Einfluß auf unbeteiligte Systemfunktionen haben. Siehe Anhang E, *Anwendbarkeit von Werkzeugen*, für weitere Informationen über Script-Playback-Werkzeuge.

Software Engineering Institute (SEI)
Eine Software-Engineering-Forschungsinstitution, die unter der Schirmherrschaft der Carnegie Mellon University steht und hauptsächlich vom U.S. Department of Defense finanziert wird.

software inventory tools →Software-Inventarisierungswerkzeuge

software quality assurance (SQA) →Software-Qualitätssicherung

Software Requirements Review (SRR)
Eine formelle Begutachtung der funktionalen und nicht funktionalen Anforderungen eines in der Entwicklung befindlichen Systems, um die Vollständigkeit und Genauigkeit der Anforderungen zu bewerten.

Glossar

Software-Inventarisierungswerkzeuge (software inventory tools)

Software-Werkzeuge, welche die Erstellung eines Systeminventars unterstützen. Inventarisierungswerkzeuge suchen und identifizieren üblicherweise Systemkomponenten wie beispielsweise Quellcodemodule, JCL, Datenbanken, Steuerdateien usw. Siehe Anhang E, *Anwendbarkeit von Werkzeugen*, für weitere Informationen über Softwareinventarisierungswerkzeuge.

Software-Projekthandbuch (consolidated software development record = C-SDR)

Ein Dokument, das alle Informationen über die Entwicklung und Wartung eines Software-Systems zusammenfaßt einschließlich des Software-Projektplans, des Software-Pflichtenhefts, der Software-Designspezifikation, der Software-Testpläne usw.

Software-Qualitätssicherung (software quality assurance = SQA)

Das Verfahren, das sicherstellen soll, daß der Software-Entwicklungsprozeß Produkte einer akzeptablen Qualität hervorbringt. Hauptsächlich ein Prozeß der Steuerung und Überwachung. Die Software-Qualitätssicherung hat bei der Software-Entwicklung die Aufgabe, durch Überwachung sicherzustellen, daß der Software-Prozeß festgelegte Standards erfüllt.

SQA (software quality assurance) →Software-Qualitätssicherung

SRR → software requirements review

straw man →Strohmann

Strohmann (straw man)

Ein grober erster Entwurf – die Bezeichnung ist daraus abgeleitet, daß jeder die Gelegenheit erhält, den Entwurf anzugreifen oder niederzumachen.

System

System ist notwendigerweise ein sehr allgemeiner und kontextabhängiger Terminus. Das IEEE *Standard Glossary of Software Engineering Terminology* definiert ein System als »eine Sammlung von Komponenten, die so organisiert sind, daß sie eine bestimmte Funktion oder einen Satz von Funktionen erfüllen«. Es definiert auch ein Subsystem als ein »sekundäres oder untergeordnetes System innerhalb eines größeren Systems«. MIL-STD-498 (5 Dec. 1994) versucht die potentielle Mehrdeutigkeit folgendermaßen aufzulösen:

1. Ein Netzwerk zusammenhängender Komponenten, die zusammenarbeiten, um den Zweck des Systems zu erfüllen (W. Edwards Demming).
2. Eine Sammlung von Komponenten, die so organisiert sind, daß sie eine bestimmte Funktion oder einen Satz von Funktionen erfüllen (IEEE-STD-610).

Systemzerlegung (application or system partitioning)
Der Prozeß der Bildung einzelner Systeme mit klar definierten Grenzen innerhalb einer Gruppe von Systemen.

task →Aufgabe

test execution →Testausführung

test planning →Testplanung

test strategy →Teststrategie

Testausführung (Phase 7; Test Execution)
Die Phase, in der die Systeme, die zum Jahr 2000-Projekt gehören, formell getestet und die Testergebnisse dokumentiert werden.

testing phase →Testphase

Testphase (testing phase)
Die Phase, in der die Systeme auf ihre Jahr 2000-Konformität getestet werden und diese zertifiziert und beglaubigt wird.

Testplanung (Phase 6; test planning)
Die Phase, in der der formelle Test der Systeme geplant und vorbereitet wird, die zum Jahr 2000-Projekt gehören.

Teststrategie (test strategy)
Der höhere Ansatz für den Entwurf und die Durchführung von Systemtests. Die Teststrategie berücksichtigt Faktoren wie beispielsweise Zeitpläne, Verfügbarkeit von Schnittstellen, Verfügbarkeit von Ressourcen, Systemrisiken und Kundenanforderungen.

third party →Fremdhersteller

triage →Entscheidungsfindung

unit testing →Einheitstest

unit →Einheit

Unternehmensorganigramm (enterprise schematic)

Ein Diagramm oder eine Tabelle, das bzw. die alle automatisierten Hauptkomponenten eines Unternehmens sowie die kommunikativen Schnittstellen zwischen diesen Komponenten darstellt.

URL

Uniform resource locator. Die Adresse einer Internet Web-Site, im allgemeinen beginnend mit *http://*. Beispielsweise hat die How To 2000-Web-Site den URL *http://www.howto2000.com/*.

user interface →Benutzerschnittstelle

validation →Validierung

Validierung (validation)

1. Die Beurteilung einer Software während oder am Ende des Entwicklungsprozesses, um festzustellen, ob sie die spezifizierten Anforderungen erfüllt (IEEE-STD-610).
2. Die Untersuchung, ob das richtige Produkt erstellt wird.

Verifikation (verification)

1. Die Beurteilung einer Software, um festzustellen, ob die Produkte einer bestimmten Entwicklungsphase die Bedingungen erfüllen, die am Beginn der Phase festgesetzt wurden (IEEE-STD-610).
2. Die Untersuchung, ob ein Produkt korrekt erstellt wird.

Walkthrough

Eine technische Begutachtung eines neuen oder modifizierten Programm- oder Systementwurfs, einer Codesequenz oder einer Testeinheit. Die Begutachtung erfolgt durch die betroffenen Parteien, wie beispielsweise Programmierer, Systemanalytiker oder Benutzer, und/oder durch spezielle Prüfer. Programm-Walkthroughs werden von Programmierkollegen durchgeführt, um Programmfehler zu entdecken. Ein Walkthrough ist eine Situation, in der Leute »des Teufels Advokaten« spielen, um die Schwachstellen eines Entwurfs aufzudecken.

WBS (work breakdown strukture) →Projektstrukturplan = PSP

Werkzeuge zur Manipulation ausführbarer Dateien (executable manipulation tools)

Software-Werkzeuge, mit denen Software-Entwickler Objekte oder ausführbare Dateien manipulieren können, statt den zugehörigen Quellcode der Objekte oder Dateien zu ändern und dann neu zu kompilieren. Werkzeuge zur Manipulation ausführbarer Dateien haben nur einen geringen Nutzen, wenn Sie nicht zugleich über den zugehörigen Quellcode des Objekts oder der Datei verfügen, das bzw. die Sie modifizieren wollen. Siehe *Manipulation ausführbarer Dateien, Disassembler* und *Manipulation ausführbarer Dateien, Patch* für Definitionen zweier Werkzeuge zur Manipulation ausführbarer Dateien. Siehe Anhang E, *Anwendbarkeit von Werkzeugen*, für weitere Informationen über Werkzeuge zur Manipulation ausführbarer Dateien.

work product →Arbeitsprodukt

Index

A

Access 582
Änderungskontrolle 149
Änderungskontrollmechanismus 150
Änderungskontrollverfahren 149
Anfänglicher Projektplan 98
Anpassung 65
Anpassungsmaßnahmen 73
Anpassungsprobleme 104
Anwendungssysteme 552
Arbeitskostenabschätzung 519
Arbeitsressourcen 105
Aufdeckung 111
Aufgabe
    Aktualisierte Dokumentation verteilen 397
    Alternative Teststandorte identifizieren 310
    Anforderungen an die Brückenänderungen begutachten 438
    Anforderungen an die Testhilfswerkzeuge präsentieren und genehmigen lassen 317
    Anforderungen an die Testumgebung identifizieren 307
    Aufgaben des Testpersonals definieren 323
    Ausgangssituation der Tests fixieren 275
    Ausmusterungspläne begutachten und genehmigen lassen 264
    Ausmusterungspläne durchführen 265
    Ausmusterungspläne entwickeln 264
    Begutachtung KM-Prozeduren 431
    Benutzer-/Systemdokumentation ändern 278
    Benutzerschulungsplan entwickeln 391
    Bericht über den formellen Trockenlauf präsentieren und genehmigen lassen 352
    Bericht über die Testumgebung präsentieren und genehmigen lassen 312
    Beschaffung der Korrekturwerkzeuge und Ersatzsysteme anstoßen 254
    Beschaffung über obsolete Lieferantenlizenzen informieren 266, 268
    Beschreibung der Integrationstests und Testdaten präsentieren und genehmigen lassen 339
    Beschreibung der Partitionstests und Testdaten präsentieren und genehmigen lassen 333
    Beschreibungen der Integrationstests und Testdaten vorbereiten 335
    Beschreibungen der Partitionstests und Testdaten vorbereiten 327
    Besprechung über den Start der Korrektur durchführen 259
    Besprechung über den Test der elektronischen Partner vorbereiten 355
    Besprechung über den Teststart durchführen 358, 363
    Besprechung über die formelle Testausführung vorbereiten 354
    Bestandsaufnahme laufend aktualisieren 442
    Betroffene Geschäftsprozesse identifizieren 388
    Betroffene Parteien über den Beginn der Korrekturphase informieren 253
    Betroffene Parteien über Reparatur-/Ersatzzuständigkeiten informieren 267

Index

Brücken-Code entwickeln 271
Daten umwandeln 403
Datenstrukturen vor der Umwandlung sichern 401
Datenumwandlung prüfen 405
Datenumwandlungscode 272
Einheitentests durchführen 275
Einsatz- oder Implementierungsreihenfolge festlegen 386
Einsatz prüfen 412
Einsatzbereitschaft feststellen 408
Einsatzinformationen sammeln und prüfen 400
Einsatzplan entwickeln 394
Einsatzplan präsentieren und genehmigen lassen 395
Einsatzschulung durchführen 398
Einsatzteam zusammenstellen und informieren 375
Einsatzüberwachung einrichten 377
Elektronische Schnittstellen rezertifizieren 440
Externe Hilfskräfte für die Korrektur gewinnen 254
Geschäftsprozeßdokumente ändern 277
Im Haus verfügbare Testwerkzeuge dokumentieren 314
Implementierung von Prozessen zur Qualitätssicherung sicherstellen 261
Indikatoren und Meßwerte zur Messung der Performanz kritischer Funktionen festlegen 384
Informationen über die Prozeßbewertung analysieren 449
Informationsflüsse und Abhängigkeiten erneut untersuchen 378
Internes Personal für die Korrektur abstellen 256
Kandidaten für die Umstellung präsentieren und genehmigen lassen 446
KM-Prozeduren verbessern 432

Konfigurationsmanagement für die Umwandlungsroutinen entwickeln 402
Korrekturschulungsplan durchführen 257
Korrekturumgebungen einrichten 257
Kundendienst vorbereiten 399
Kundendienstplan ausführen 434
Kundendienstplan entwickeln 389
Maßstäbe für die Prüfung der Daten definieren 380
Mechanismen zur Kosten- und Zeitkontrolle einrichten 262
Meßdaten für die Messung der Umwandlungsgenauigkeit erstellen 404
Mitteilungen über den Einsatz verteilen 407
Mitteilungsbedarf identifizieren 393
Mitteilungsnetzwerk einrichten 396
Neue Kandidaten für die Umstellung identifizieren 445
Pläne für die Einheiten-/Systemtests der Entwickler entwickeln 273
Plan der formellen Tests präsentieren und genehmigen lassen 305
Posteinsatzindikatoren für die Performanz kritischer Funktionen erstellen 411
Problemberichte begutachten 435
Problemberichte verteilen 436
QS-Prozeduren begutachten 429
QS-Prozeduren verbessern 430
Quellen für Testwerkzeuge identifizieren 316
Reparaturwerkzeuge 269
Rollback-Plan ausführen 415
Rollback-Reihenfolge festlegen 387
Schnittstellen-Updates koordinieren 439
Speicherung der Korrekturdaten in der Jahr 2000-Projektdatenbank sicherstellen 260

Strategie für die formellen Tests definieren 295
Systeme einsetzen 409
Systeme ersetzen 269
Systeme reparieren 270
Systemtest der Entwickler durchführen 276
Systemtrainingsmaterial ändern 279
Testdaten vorbereiten 273
Testdokumentation und den Testbericht erstellen 360, 364
Testfälle prüfen/Trockenläufe der Testfälle durchführen 332, 338
Testpersonal bereitstellen 297
Testpersonal informieren 326
Testpläne für die elektronischen Partnerschaften präsentieren und genehmigen lassen 321
Testpläne für die elektronischen Partnerschaften vorbereiten 319
Testprozeduren durchführen 359, 363
Testumgebung einrichten 357, 362
Testverfahren anpassen 294
Top-Level-Testdaten definieren 302
Top-Level-Testfälle definieren 300
Trockenlauf durchführen 351
Überblick über die Systemprioritäten verschaffen 444
Überwachung der Testphasen einrichten 304
Umgebung vor dem Einsatz fixieren und sichern 408
Umgewandelten Datenstrukturen fixieren und sichern 406
Umstellungsaufgaben durchführen 447
Umwandlungsplan entwickeln 381
Vorhandene Testprozeduren anpassen 325
Vorhandene Testumgebungen identifizieren 309
Weiter-Stopp(Rollback)-Kriterien und -Meßwerte definieren 383
Weiter-Stopp-Entscheidung treffen 413
Wiederhergestellte Umgebung prüfen 417
Jahr 2000-Methoden überarbeiten 450
Aufgabenrichtlinien 188
Ausrüstungsressourcen 105
Auswahlkriterien 188
Automatisierte Werkzeuge 187

B

Baseline-Maßnahmen 206
Beginn der Einsatzphase 373
Bekanntmachungen 75
Benutzer-Hardware 212
Benutzerschulung 391
Bericht über Bestandsänderungen 427, 442
Bericht über den formellen Trockenlauf 349, 350
Bericht über den Kundendienst 427, 433
Bericht über die Neueinschätzung der Systeme 427, 444
Bericht über die QS- und KM-Prozeduren 426, 428
Bericht über die Rezertifizierung der elektronischen Partner 361
Bericht über die Testausführung 349, 356
Bericht über die Zertifizierung der elektronischen Partner 350
Beschreibung der Integrationstests und Testdaten 334
Besprechung über den Teststart 349, 354
Bestandsänderungen 442
Bestandsaufnahme 56, 59, 99, 111, 120
Bestandsorganigramm 114, 151, 153
Betriebssystemmodul 154
Bewertung von Systemen 199
Bewertungslösung 200
Bewußtmachung beim Management 57
Bewußtmachungsbesprechungen 73
BIOS-Firmware 578
Boehm, Barry W. 571
Browser 591
Brücken 437
Brückenmodule 480
Burnout 419

Index

C
Call-Back-Mechanismus 165
Code patchen 514
Code-Editoren 124, 511
Code-Parser 510
Code-Scanner 509
Compiler 124
COTS 555

D
Darstellung von Informationssystemen 151
Datenbankberichte 148
Datenbankdienstprogramme 124
Datenbankhilfsprogramm 130
Daten-Repositorium 507
Datensicherung 401
Datenstrukturen 124, 380, 561
Datensuchmechanismen 124
Datenumwandlung 374, 401
Datenumwandlungsplan 373, 378, 381
Datenumwandlungssoftware 518
Datenwörterbuch 124, 209
Datumsmißbrauch 460, 486
Datumsreferenzen 125
Datumssimulatoren 516
Debugger 515
Deliverable
    Beginn der Testplanungsphase 291
    Bericht über die Testumgebung 306
    Beschreibung der Integrationstests und Testdaten 334
    Beschreibung der Partitionstests und Testdaten 322
    Fallout 426
    Korrektur 251, 291
    Korrekturphase 251, 291
    Systemeinsatz 373
    Testausführung 348
Detailplanung 199, 201
Detailplanungsphase 184
Disassembler 514
Dokumentation 252, 277, 397
Dokumentverfolgungssystem 146

E
Eingebettete Systeme 212
Einheitentests 252, 273
Einsatz durchführen 407
Einsatzbereitschaft 408
Einsatzmanager 376, 382
Einsatzplan 373, 382, 394
Einsatzprüfung 374, 411
Einsatzschulung 398
Einsatzteam 375
Einsatzüberwachung 377
Einsatzvorbereitung 373, 396
Einweisung 118
Elektronische Partner 81, 361
Elektronische Partnerschaften
    Testplan 292, 318
Entfernung 250
Entscheidungsfindung 56, 59, 99, 172
Erfolgsfaktoren 107, 196
    Einsatz 422
    Fallout 453
    Testausführung 368
Ersatz 250
Eventualfälle 107
Eventualpläne 365, 415
Excel 582

F
Fallout 425
    Deliverables 426
    Erfolgsfaktoren 453
    Geschäftseinflüsse 451
    Kosten 426
    Phasenrisiken 452
    Zeit 426
Feedback 75, 82
Fehlerarten 458
Fortschrittsüberwachung 98
Fragebogen 126
Fragebogenaktionen 144
Fremdherstellerschnittstelle 558, 563

G
Geschäftliche Prioritäten 182
Geschäftliches Risiko 572, 573
Geschäftseinflüsse
    Fallout 451

Index

Systemeinsatz 417
Testausführung 365
Geschäftseinheiten 79, 80
Geschäftspartner
    Jahr 2000-Konformität 378
Geschäftsrisiken 180
Geschäftsverkehr 365
Gewonnene Erfahrungen 428, 448

H

Händlerdienstleistungen 187
Haftungsbegrenzung 78
Hardware-Plattformen 551
Hauptplan 201
Hauptteam 91

I

Identifizierung 111
Integrationstests 292, 334
Interne Tools 111
Interne Werkzeuge 123
Internet Explorer 591
Inventurmaßnahmen 70
Inventurumfrage 165
Inventurzeit 101

J

Jahr 2000
    Anpassung 57
    Fehlerarten 458
    Geschäftspartner 378
    Konformität 378, 569
    Lösungsansätze 465
    PCs konform machen 577
    Projektdatenbank 549
    Projektplan 565
    Rechtsfragen 497
    Risiken 458, 572
    Risikomanagement 569
    Schlüsselaufgaben 521
    Umstellungswerkzeuge 503
    Windows-Konformität 580
    Projektüberwachung 521
Jahrhundert 458, 471
Jahrhundertdatumswechsel 82
Juristische Auswirkungen 87

K

Kapazität 104
KM 505
KM-Prozeduren 431
KM-Umgebung 122
Kommunikation 393
Kommunikationskanäle 58, 84
Kommunikationsplan 82, 83
Kommunikationsverfahren 85
Konfigurationselemente 154, 155
Konfigurationsfehler 461, 488
Konfigurationskontrollkommission 149
Konfigurationsmanagement 94, 102, 125, 431, 505, 513, 530
    Datenumwandlung 402
Konfigurationsmanagementplan 95, 149
Konfigurationsprobleme 114, 155
Kontaktinformationen 558
Kontaktstellen 148
Kontrollbericht über die Brücken 427, 437
Kontrollmaßnahmen 147
Korrektur 249
    Deliverables 251, 291
    Erfolgsfaktoren 244, 285
    Phasenrisiken 242, 281
Korrekturphase 40
    Beginn 253
    Deliverables 251, 291
    Dokumentation 277
    Einheitentests 273
    Systemausmusterung 263
    Systemreparatur und -ersatz 267
Kosten 56
Kosten für die Entscheidungsfindung 172
Kundendienst 399, 433
Kundendienstplan 389

L

Langzeitauswirkungen 104
Lieferantendienstleistungen 139
Lieferantenwerkzeuge 131
Likert-Skala 163, 181
Lösungsansätze 465
Lösungswerkzeuge 219
Logische Partitionen 199

Index

M

Magische Zahlen 494
Managementeinweisung 63
Managerauswahl 176
Meilensteine
    Beginn der Einsatzphase 377
    Bericht über Bestandsänderungen 443
    Bericht über den formellen Trockenlauf 354
    Bericht über den Kundendienst 436
    Bericht über die Neueinschätzung der Systeme 447
    Bericht über die QS- und KM-Prozeduren 432
    Bericht über die Rezertifizierung der elektronischen Partner 364
    Bericht über die Testausführung 361
    Besprechung über den Teststart 356
    Datenumwandlung 406
    Datenumwandlungsplan 382
    Durchführung des Einsatzes 410
    Einsatzplan 395
    Einsatzprüfung 414
    Einsatzvorbereitung 401
    Gewonnene Erfahrungen 450
    Kontrollbericht über die Brücken 442
    Rollback 417
Microsoft Access 582
Microsoft Excel 582
Microsoft Office 582
Microsoft PowerPoint 582
Microsoft Project 565, 582
Microsoft Word 582
Mitteilung an die Mitarbeiter 82
Module 559
Mustererkennung 131

N

Negatives Testen 211
Netscape 591
Nichtkompatible
    Konfigurationselemente 155

O

Office 95 585
Office 97 588
Organigramm 62, 67
Organisationsplan 70

P

Partitionstests 292, 322
    Aufgabenüberblick 323
Patchen 514
Pattern Matching 125
PCs konform machen 577
PCs testen 578
Performanz 384
Personal 187
Personalbedarf 113, 135, 191
Personalkategorie 137
Personalplanung 135
Personalschätzung 136
Personelle Engpässe 138
Phasenbudget 98
Phasenrisiken 105, 164, 194
    Fallout 452
    Systemeinsatz 419
    Testausführung 366
Phasenterminplan 98
Planung und Bewußtmachung 56
PowerPoint 582
Prioritätenbildung 172
Prioritätenliste 159
Prioritätskategorien 160
PR-Kontaktstellen 79
PR-Maßnahmen 89
PR-Mechanismen 58
Problemanalyse 137, 142
Problembericht 206
Problemdefinitionskatalog 457
Problemkategorien 458
Problemtypen 457
Programmiertricks 463, 493
Project 582
Projektablauf 90
Projektbezogenes Risiko 572, 574
Projektdatenbank 101, 111, 122, 183, 549
Projektfortschritt 89
Projektinformationen 83
Projektphasen 97
Projektplan 59, 90, 565
Projektressourcen 106

Projektrisiken 94
Projektstandards 467
Projektstrukturplan 565
Projektüberwachung 521
Projektverfolgungsplan 117
Prozeßelemente 124
PR-Plan 58
Prüfungsmaßstäbe 380
Prüfwerkzeuge 124
PSP 565

Q
QS 505
QS-Plan 96
QS-Prozeduren 429
Qualitätsanforderungen 96
Qualitätssicherung 96, 429, 505, 540

R
Re-Engineering 250
Referenzmaterial 169, 198
Reparatur 249
Repräsentative Bewertung 211
Ressourcen 56, 101
Reverse Engineering 512
Rezertifizierung 214, 361, 363
Risiken 92
    abschätzen 180
Risiko
    geschäftliches 572, 573
    projektbezogenes 572, 574
    technisches 572, 573
Risikodefinition 570
Risikoeinschätzung 571
Risikofaktoren 161, 180
Risikoinformationen 161
Risikokontrolle 571
Risikomanagement 92, 569, 571
Risikominderung 107, 165, 166, 195
Risikoprozeß 571
Rollback 375, 415
Rollback-Pläne 387
Rowe, William D. 570

S
Schaltjahrprobleme 463, 493
Schnittstellen 81, 437, 563
Schnittstellenfehler 459
Schnittstellenmanager 563
Schnittstellenprobleme 480
Schnittstellensimulatoren 517
Schulung 391
Schutzmaßnahmen 75
Script-Playback 515
Sicherheitsmaßnahmen 80
Software-Bestandsaufnahme 124, 508
Standardanwendungen 591
Standardfragebogen 213
Standardprodukte 213
Standardsystem 213, 555
Start der Einsatzphase 375
Statusbericht 114, 154
Strategische Entscheidungen 171
Systemabhängigkeiten 158
Systemanalyse 105
Systemarten 145
Systemausmusterung 251, 263
    Auswirkungen 281
Systemaußerbetriebnahme 218
Systembestandsaufnahme 114, 142, 151
Systembewertung 200, 208
Systemeinsatz 371, 374
    Deliverables 373
    Erfolgsfaktoren 422
    Geschäftseinflüsse 417
    Kosten 372
    Phasenrisiken 419
    Start 375
    Zeit 372
Systemersatz 218, 252, 267
    Auswirkungen 280
Systeminformationsprobleme 147
Systemkomponenten 125
Systemkonfiguration 114
Systemneuaufbau 218
Systempartitionen 217
Systempflege 125
Systemprioritäten 444
Systemreparatur 218, 252, 267
    Auswirkungen 281
Systemübersicht 144

T

Technische Prioritäten 159
Technische Risiken 115, 160
Technisches Risiko 572, 573
Terminpläne 84
Testausführung 347, 348
    Erfolgsfaktoren 368
    Geschäftseinflüsse 365
    Kosten 348
    Phasenrisiken 366
    Zeit 348
    DeliverablesTestausfuehrung Deliverables] 348
Testhilfswerkzeuge
    Anforderungen 292, 313
Testphase vorbereiten 289
Testplan für die elektronischen Partnerschaften 318
Testplanung 289, 348
    Erfolgsfaktoren 342
    Phasenrisiken 340
Testplanungsphase
    Beginn 291
Testprozeduren 359
Tests 347
Teststart 358
Testumgebung 291, 357, 362
    Bericht 306
Trockenlauf 349, 350

U

Überlauf 462, 491
Überprüfungskriterien 89
Überwachung der Entscheidungsfindung 175
Überwachung der Bestandsaufnahme 117
Überwachungsplan 98
Umfrageinstrumente 149
Umfragen 144
Umstellungswerkzeuge 503
Unternehmenshaftung 78
Unternehmensorganigramm 62, 106
Unternehmenspolitik 88
Unterverträge 78

V

Verantwortlichkeiten 91
Verträge 78

W

Wartungsaufwand 467
Werkzeuganalyse 113
Werkzeuganforderungen 124
Werkzeugarten 124
Werkzeuge 503
Werkzeuge zur Bestandsaufnahme 119
Werkzeugklassen 507
Werkzeugplattformen 504
Werkzeugtypenübersicht 520
Windows 580
Word 582

Z

Zeichenkonventionen 152
Zeitfenster 477, 479
Zeitplan 96, 102
Zulieferer 76, 79
Zuordnung von Risikofaktoren 161

496 Seiten, 2. Aufl., 1998
69,– DM, geb., mit CD
ISBN 3-8266-0432-6

Helmut Holz, Bernd Schmitt, Andreas Tikart

Linux für Internet und Intranet
Mit S.u.S.E. Linux 5.2 Evaluationsversion

Der Bestsellertitel zur Einrichtung TCP/IP-basierter Dienste unter Linux.

Aus dem Inhalt:
- Systemvoraussetzungen: Hardware, Installation
- Netzwerkgrundlagen: IP-Adressierung und Domains, DNS, Routing, Subnetting
- Internet-Dienste mit Linux-standalone-Rechner (Workstation)
- Dienste-unabhängige Serverkonfiguration
- Internet-Server für PC-Netze: Mail, News, WWW, Proxy, Client-Konfiguration
- Allgemeine Netzwerkdienste: SAMBA, SMB
- Linux-Server in Provider-Diensten: Einwählserver Digital & Analog, Netboot
- Sicherheitsprobleme: Firewalling u.v.a.

Internet Professionell, März 1998:

»Insgesamt gehört das Buch zum besten und umfassendsten, was bisher über dieses Thema erschienen ist.«

496 Seiten,
2., aktualisierte und erweiterte Auflage 1998
69,– DM, geb., mit CD
ISBN 3-8266-0438-5

Lars Eilebrecht
Apache Web-Server

Das erste deutschsprachige Buch zum meistverbreiteten Web-Server – in der 2., überarbeiteten und erweiterten Auflage.

Der Autor, Web-Administrator bei der UNIX-AG der Universität-Gesamthochschule Siegen, zeigt mit seiner fundierten und ausführlichen Darstellung, wie sich die Möglichkeiten des Apache sinnvoll ausschöpfen lassen. Mit Anhang zu sämtlichen Neuerungen der aktuellen Apache 1.3 Distribution.

Aus dem Inhalt:
- Modulbeschreibungen, Übersetzung & Installation
- Konfiguration, Anwendungsbeispiele & Beispielkonfigurationen
- Common Gateway Interface, Server-Side Includes
- Content Negotiation, Image-Maps
- Suchsysteme und Web-Robots
- Sicherheitsaspekte, Logfile-Analyse
- Secure Web-Server: Apache-SSL, SSLeay
- CD: Apache 1.3 Distributionen für Unix- bzw. POSIX-Systeme, OS/2, AmigaOS & Windows 95/NT, aktuelle Versionen der Tools & Beispielkonfigurationen.

464 Seiten, 1998,
79,– DM, geb.,
ISBN 3-8266-4022-5

Wolfgang Martin (Hrsg.)
Data Warehousing
Steuern von Geschäftsprozessen

Der Markt für Data Warehousing-Produkte (Hardware, Software, Dienstleitungen) boomt. Wie kommt es zu diesem Erfolg? Was rechtfertigt die enormen Investitionen in die Data Warehouse-Technologie? Was hat das Unternehmen davon, wenn Data Warehouse-Lösungen Information produzieren?

In den hier zusammengestellten Beiträgen geben Profis mit konkreten und nachvollziehbaren Anwendungserfahrungen Antwort auf diese Fragen.

Aus dem Inhalt:
- Produktfaktor Information, kundenorientierte Unternehmensführung
- DW-Infrastruktur: Datenqualität, Datenakquisition, Datenhaltung, Datenspeicherung
- OLAP, Data Mining
- DW-Projekt-Organisation und -Management
- Ausblick: Knowledge Warehouse
- Intelligente Agenten, Neuronale Netze
- Informationsversorgungskette
- Glossar der wichtigsten Begriffe